Rechtsenglisch

Deutsch-englisches und englisch-deutsches
Rechtswörterbuch für jedermann

von
Gerhard Köbler
o. Universitätsprofessor

unter Mitarbeit von
Gregor Schusterschitz
und Anja Oberkofler

3., überarbeitete Auflage

Verlag Franz Vahlen München

Die Deutsche Bibliothek – CIP-Einheitsaufnahme

Köbler, Gerhard:
Rechtsenglisch : deutsch-englisches und englisch-deutsches
Rechtswörterbuch für jedermann / von Gerhard Köbler. Unter
Mitarb. von Gregor Schusterschitz und Anja Oberkofler. –
3., überarb. Aufl. – München : Vahlen, 1998
  ISBN 3 8006 2388 9

ISBN 3 8006 2388 9

Satz: DTP-Vorlagen des Autors
Druck: C. H. Beck'sche Buchdruckerei, Nördlingen
Gedruckt auf säurefreiem, alterungsbeständigem Papier
(hergestellt aus chlorfrei gebleichtem Zellstoff)

VORWORT

Die geschichtliche Entwicklung hat es mit sich gebracht, daß die Sprache, mit deren Hilfe sich die Menschen untereinander verständigen können, in der Gegenwart nicht eine einzige große Einheit bildet. Vielmehr sprechen die auf etwa 200 Staaten aufgeteilten fünf bis sechs Milliarden Erdenbürger des ausgehenden 20. Jahrhunderts fast zehntausend unterschiedliche Sprachen. Deshalb kann weder ein einziger Mensch mit allen anderen Menschen noch wenigstens eine Mehrheit der Menschen mit einer anderen Mehrheit unmittelbar sprachlich Wissen austauschen, sondern zahlreiche Minderheiten verstehen sich problemlos nur unter sich selbst.

In auffälligem Gegensatz hierzu verdichtet sich das gesamte irdische Zusammenleben immer rascher. Mit Hilfe der modernen Verkehrsmittel kann jeder Mensch jeden beliebigen Ort der Erde in wenigen Tagen oder Stunden erreichen. Durch die elektronische Datenverarbeitung ist es sogar möglich geworden, in Sekundenschnelle jede Nachricht an außerordentlich vielen Stellen verfügbar zu machen.

Damit müssen auch die unterschiedlichen Sprachgemeinschaften und Rechtsordnungen notwendigerweise in immer engere Verbindung zueinander treten. Geschäfte werden immer häufiger mit ausländischen Partnern abgeschlossen. Leistungen werden immer öfter in fremden Ländern erbracht.

Die dadurch wachsende moderne globale Internationalisierung zeigt sich für uns Europäer am deutlichsten in der Europäischen Union. Zwar wird dort noch für lange Zeit das jeweilige partikulare Recht vorherrschen. Aber schon seit vielen Jahren werden an vielen Stellen gesamteuropäische Gemeinsamkeiten immer deutlicher sichtbar und ist die gesamteuropäische Zusammenarbeit längst Wirklichkeit geworden. Umso wichtiger wird es von Tag zu Tag, fremde Sprachen und die in ihnen ablaufenden Wirklichkeitsausschnitte zu kennen und zu begreifen. Nicht umsonst verwenden die europäischen Staaten umfangreiche Mittel für Kommunikationsprogramme wie Erasmus, Sokrates oder Leonardo. Nicht ohne Grund gewinnt auch für den Juristen das außerdeutsche Recht immer mehr an Gewicht.

Über die Kenntnis der eigenen Rechtsordnung hinaus wird von ihm heute aus den tatsächlichen Gegebenheiten heraus immer öfter auch Wissen über fremde Rechtsordnungen erwartet. Dieses steht dem Einzelnen aber aufgrund seines eigenen Studiums jeweils nur in beschränktem Umfang zur Verfügung. Darüber hinaus ist es selbst hier in seinem Bestand von ständiger Veränderung bedroht.

In dieser schwierigen Lage ist es zwar theoretisch an sich in jedem internationalen Rechtsfall erforderlich, umfangreiche Vergleiche der unterschiedlich artikulierten betroffenen Rechtsordnungen anzustellen. Umfassende, erhebliche

Anstrengungen und beträchtliche Mittel erfordernde Terminologiebanken können dem Einzelnen aber kaum jemals wirklich für die Alltagsarbeit zu Gebote stehen. Vielmehr muß er sich in der Praxis zumindest vorläufig mit dem schlichten mehrsprachigen Wörterbuch bescheiden. Um ihm dieses in einfacher und preiswerter Form für die gegenwärtig aktuellen Fragen zur Verfügung zu stellen, habe ich begonnen, auf der sachlichen Grundlage meines inzwischen in 8. Auflage vorliegenden, alle Rechtsgebiete angemessen einbeziehenden deutschen Juristischen Wörterbuches mit Hilfe mehrsprachiger Mitarbeiter zweisprachige Übersichten über den gegenwärtigen Grundwortschatz wichtiger Fremdsprachen herzustellen. Sie sollen jedermann grundsätzlich in den Stand versetzen, im Rechtskernbereich fremde Rechtswörter in der eigenen Sprache zu verstehen und eigene Rechtswörter in der fremden Sprache zum Ausdruck zu bringen.

Den Beginn macht dabei, entsprechend seiner weltweiten Bedeutung, das Neuenglische. Für dieses sind in einem deutsch-englischen Teil zu den etwa 8000 wichtigsten deutschen Rechtswörtern, für welche dem fremdsprachigen Benutzer zuliebe in einfacher Art und Weise die einschlägigen grammatikalischen Kategorien und bei Bedarf zusätzlich sachliche Bedeutungshinweise (in der Form einfacher Synonyme) mitgeteilt wurden, in sachlicher Ordnung die bedeutsamsten britischen und (bzw. oder) amerikanischen Entsprechungen (mit ihren einschlägigen grammatikalischen Kategorien) ermittelt worden. Umgekehrt stehen in einem zweiten englisch-deutschen Teil etwa 10000 britischen und (bzw. oder) amerikanischen Stichwörtern in alphabetischer Reihenfolge die gängigsten deutschen Übersetzungen gegenüber. Ein kurzer Überblick über das englische und das amerikanische Rechtssystem soll dabei dem Benutzer über das formal geordnete Mosaik der Einzelwörter hinaus eine erste systematische Orientierungsgrundlage bieten, welche er mit Hilfe der beigefügten Literaturhinweise jederzeit selbst erweitern kann. Wer im übrigen die sachlichen Inhalte der deutschen Rechtswörter näher kennenlernen will, kann dazu mein 1996 in 8. Auflage erschienenes Juristisches Wörterbuch verwenden. Wer sich entstehungsanalytisch für die geschichtliche Herkunft der deutschen Rechtswörter interessiert, kann mein 1995 im Mohr-Verlag (Tübingen) veröffentlichtes Etymologisches Rechtswörterbuch zu Rate ziehen. Wer die sachgeschichtlichen Hintergründe erfahren will, kann mein 1997 vorgelegtes Lexikon der europäischen Rechtsgeschichte befragen.

Zu danken habe ich für die freundliche ausführende Unterstützung der Buchform Magister Gregor Schusterschitz, für freundschaftliche Beratung Nigel Foster aus Cardiff. Die moderne technische Programmgestaltung verdanke ich Josef Schönegger, den Satz Veronika Schönegger. Möge das neue Werk, welches ich in Erinnerung an die schöne Zeit der weiterführenden Zusammenarbeit im Zentrum für europäisches Recht gerne meinem lieben Kollegen Waldemar Hummer widme, deutschen und angloamerikanischen Juristen dazu verhelfen, das jeweils andere Recht leichter und besser zu verstehen, obwohl die Gleichsetzung geschichtlich gewachsener, unterschiedlicher Rechtskulturen, wie sich beispielsweise am deutschen Rechtsstaat oder der englischen consideration zeigt, nicht in jedem Fall problemlos vollzogen werden kann.

Washington/Erlangen, den 31. 10. 1995   Gerhard Köbler

Vorwort zur dritten Auflage

Konzeption und Ausführung dieses einfachen, fast durchweg als zuverlässig, nützlich, durchdacht, gelungen, wertvoll, gut, ausgezeichnet oder hervorragend gerühmten Hilfsmittels internationaler Lexikographie (Interlex) sind auf so großes Interesse der Leser gestoßen, daß die beiden ersten Auflagen des Rechtsenglischen binnen kurzer Zeit vergriffen waren. Ungeachtet der furios dolosen Schädigungsversuche eines menschenrechtstümelnden, klimpernd globetrottenden, unwahrhaftigen Rosenkriegsveterans konnte an der erfolgreichen Grundkonzeption ohne Einschränkung festgehalten werden. Durch Abrundung aus der Sicht des fremdsprachigen Benutzers war sogar eine nochmalige Verbesserung möglich. Dementsprechend umfaßt der deutsche Grundwortschatz nunmehr rund 10000 Stichwörter. Die Zahl der angloamerikanischen Gegenstücke beträgt etwa 12500. Daraus sind ungefähr 18000 beidseitig begehbare Übersetzungsgleichungen gebildet.

Im übrigen war auch eine Aktualisierung und Erweiterung der knappen und schlichten Einführung möglich.

Zu danken habe ich für freundliche Unterstützung sachlicher Art diesesmal besonders Anja Oberkofler. Für die formale Gestaltung ich wieder Veronika Schönegger und Josef Schönegger sehr verpflichtet. Möge unsere gemeinsame, für fördernde Anregungen stets offene und dankbare Anstrengung dazu beitragen, daß die Interlex-Rechtswörterbücher trotz einzelner unsachlicher Widerstände kleiner sich selbst bedienender Geister kurz und bündig den Einstieg in die globale moderne Welt der internationalen Jurisprudenz für jedermann eröffnen.

London/Augsburg/Washington, den 8. 10. 1998   Gerhard Köbler

EINFÜHRUNG

Literatur: Blumenwitz, D., Einführung in das angloamerikanische Recht, 6. A. 1998; David, R./Grasmann, G., Einführung in die großen Rechtssysteme der Gegenwart, 2. A. 1988

Erster Teil: Das englische Recht

Literatur: Blackstone, W., Commentaries on the Laws of England, Bd. 1ff. 1765ff.; Phillips, G., Englische Reichs- und Rechtsgeschichte seit der Ankunft der Normannen im Jahre 1066, 1828; Brunner, H., Geschichte der englischen Rechtsquellen im Grundriß, 1909; Pollack, F./Maitland, F., The History of English Law before the Time of Edward I., Bd. 1f. 2. A. 1923, Neudruck 1968; Das Zivilrecht Englands in Einzeldarstellungen, hg. v. Goldschmidt J./Heymann, E., 1931; Holdsworth, W., A History of English Law, Bd. 1ff. 2.- 7. A. 1971ff.; Plucknett, T., Concise History of Common Law, 5. A. 1956; Henrich, D., Einführung in das englische Privatrecht, 1971; Black's Law Dictionary, 5. A. 1979; James, P., Introduction to English Law, 12. A. 1989; Kluxen, K., Englische Verfassungsgeschichte, 1987; Dietl, C./Lorenz, E., Wörterbuch für Recht, Wirtschaft und Politik, Deutsch-Englisch, 4. A. 1992, Englisch-Deutsch, 5. A. 1990; Baker, J., An Introduction to English Legal History, 3. A. 1990; Geldart, W., Introduction to English Law, 11. A. 1995; Flory, P./Froschauer, B., Grundwortschatz der Rechtssprache, Deutsch-englisch Englisch-deutsch, 2. A. 1995; Romain, A., Wörterbuch der Rechts- und Wirtschaftssprache, Teil I Englisch-Deutsch, 5. A. 1992, Teil II Deutsch-Englisch, 3. A. 1990; Lyall, F., Intoduction to British Law, 1994; Hanser, T., Deutsch-englisches Glossar für Geschäftsberichte, 1995; Bernstorff, C. Graf v., Einführung in das englische Recht, 1996; Hoof, van, Dictionary for International Trade, 1997; Byrd, B., Einführung in die angloamerikanische Rechtssprache, 1997; Kerber, K., Sprachwandel im englischen Recht, 1997.

Das englische Recht ist ein aus einzelnen, nach den jeweiligen Beteiligten benannten Fällen (z.B. Abbots Ripton [Parson] v[ersus] Can [1376] oder Allcard v. Skinner) bestehendes Fallrecht (case law), das sich am besten aus seiner geschichtlichen Entwicklung heraus verstehen läßt.

A) Geschichte

I. Königsgericht

Als die germanischen Angeln und Sachsen sowie Jüten unter den sagenhaften Führern Hengist und Horsa einige der von Kelten besiedelten, um die Zeitenwende (41-54 n. Chr.) zum Teil von Rom in sein Weltreich eingegliederten britischen Inseln (England-Schottland-Wales, Irland, Man, Jersey, Guernsey) gegen 470 n. Chr. eroberten, brachten sie ihre unterschiedlichen Stammesrechte vom Festland mit. Im Jahre 1066 gerieten sie jedoch selbst infolge der Schlacht bei Hastings unter die Herrschaft der zuvor in der Normandie ansässig gewordenen französisierten, unter Wilhelm dem Eroberer die Erbfolge nach Eduard dem Bekenner beanspruchenden Normannen. Zur Festigung dieser Herrschaft entwickelte der normannische König eine besondere zentrale Königsgerichtsbarkeit mit dem Sitz in Westminster.

Diese war anfangs beschränkt auf Streitigkeiten zwischen Herren, um Königsgut oder Grundeigentum und wegen schwerer Straftaten. Weil der König aber ihre Entscheidungen mit seinen Machtmitteln durchzusetzen verstand, gewann sie immer mehr Raum. Obgleich sie bis 1875 formal Sondergerichtsbarkeit blieb, verdrängte sie in der Wirklichkeit bis zum Mittelalter die vorherige allgemeine örtliche Gerichtsbarkeit vollständig.

Ermöglicht wurde dies dadurch, daß das Königsgericht seit Heinrich II. (1154-1189) in der Form von reisenden Richtern (itinerant justices, lat. iusticiarii itinerantes) das gesamte Land durchzog. Mit Hilfe dieser Reiserichter wurde einerseits die Einheit des einen Königsgerichtes von Westminster gewahrt. Andererseits war dadurch das königliche Gericht jederzeit überall anwesend, wo immer jemand seiner bedurfte.

II. Common Law und writ

Die Gerichtssprache am normannischen Königsgericht war Französisch (sog. Law French). Das angewandte Recht war nicht das unterschiedliche Recht der Angeln, Sachsen, Jüten usw. Vielmehr bediente sich der König von Anfang an einer übergeordneten comune ley (lat. communis lex), aus welcher sich das englische, bis zur Mitte des 13. Jahrhunderts die örtlichen Gewohnheiten (county customs) verdrängende common law entwickelte.

Das zunächst einheitliche Königsgericht zerfiel wegen der Fülle seiner Aufgaben noch im 13. Jahrhundert in drei Common Law Courts. Von ihnen war der Court of Exchequer (Gericht des Schatzamtes) für Abgabenangelegenheiten zuständig, der Court of Common Pleas (Gericht für allgemeine [nicht das Lehnswesen betreffende] Angelegenheiten) für Grundstücksstreitigkeiten und der Court of King's Bench (Gericht der Bank des Königs) für Strafsachen.

Später erlangten diese drei Abteilungen wieder eine jeweils umfassende Zuständigkeit.

Das königliche Gericht stand als Sondergericht nur demjenigen zur Verfügung, der vom König ein diesbezügliches Privileg erreichte. Um es zu gewinnen, mußte man sich an den Kanzler (chancellor) bzw. die Kanzlei des Königs wenden. Gegen eine gewisse Gebühr erhielt der bittende Antragsteller von der Kanzlei ein privilegierendes Schriftstück (writ, lat. breve).

In diesem in lateinischer Sprache abgefaßten writ befahl der König seinem Sheriff in der Grafschaft des vom um den writ nachsuchendenden Antragsteller (A) angegriffenen Beklagten (B) beispielsweise: Befehle dem B, daß er rechtmäßig und ohne Verzögerung dem A 1000 Schillinge zurückgibt, die er (B) ihm (A) schuldet und zu Unrecht vorenthält, wie er (A) sagt. Und wenn er (B) es nicht tut, fordere ihn auf, daß er vor unseren Richtern in Westminster binnen 14 Tagen erklärt, warum er es nicht tut. Und bringe den Ladenden (A) und dieses Schreiben mit.

Der writ war also eine vielleicht über die Kirche durch das römische Recht beeinflußte streng formalisierte verfahrensrechtliche Weisung für eine bestimmte Art von Geschehen, die aufgrund ihrer Komplexität nur dem Rechtspraktiker in allen Einzelheiten verständlich war. Dies hatte deswegen besondere Bedeutung, weil, wer nicht die zutreffende Art des Verfahrens, einleitete, ohne Rücksicht auf die innerliche Berechtigung seines Anliegens das Verfahren verlor, weil der Satz galt, daß Verfahren vor Recht geht (remedies precede rights). Soweit kein writ geeignet war, ein Recht durchzusetzen, konnte das Begehren nicht vor königlichen Gerichten vorgebracht werden, was angesichts der Vielfalt der rechtsschutzbedürftigen Lebenserscheinungen zwangsläufig zu einer allmählichen Ausweitung der formularmäßigen writs führte, so daß Henricus de Bracton in seinem Tractatus de legibus et consuetudinibus Angliae (1240-1258) bereits 56 verschiedene writs darstellen konnte. Im 14.Jahrhundert wurden die writs in halbamtlichen Verzeichnissen, den „Registers of Writs", zusammengefaßt.

Aufgrund des Gewichtes des Königsgerichts und der Bedeutung seiner unterschiedlichen Verfahren rückte das englische Gericht im Laufe des Mittelalters in den Mittelpunkt des Rechtswesens. Sowohl die anfangs gar nicht seltenen Gesetze des Königs (z.B. König Edwards I. 1272-1303) wie auch die Schriften der Gelehrten traten dahinter fast ganz zurück. Entscheidend wurden die Protokolle über die besonderen Verfahren und Urteile (amtliche records bzw. private reports). Ihnen gegenüber blieb auch das römische Recht weitgehend im Hintergrund.

III. Equity

Wegen der geringen Abwandelbarkeit der verschiedenen writ-Formulare fanden seit dem späten Mittelalter immer weniger Kläger die von ihnen angestrebte Entscheidung. Deswegen baten sie seit Edward III. (1327-1377) den König und bei seiner häufigen Verhinderung zunehmend den zu dieser Zeit bereits durch juristische Studien gebildeten Kanzler als seinen Beichtvater um Eingreifen for the love of God and in the way of charity. Daraufhin entschied in einem schriftlichen Verfahren der Kanzler unter Abweichung vom allgemeinen Recht (common law) nach der Billigkeit (equity, lat. aequitas). Hieraus erwuchs neben den bestehenden Königsgericht(sabteilung)en ein eigenes Gericht des Kanzlers (Court of Chancery), dem anfangs nur der Kanzler und ab 1730 als ranghöchster Untergebener der Master of the Rolls angehörte.

Der König begünstigte zunächst dieses rezipiertem römisch-kanonischem Verfahren folgende Gericht des Kanzlers. Als dieses immer größere Bedeutung erlangte, kam es am Beginn des 17. Jahrhunderts zu Streitigkeiten. Deshalb entschied König Jakob (James) I. 1616 mit dem Satz: equity shall prevail, doch durfte nach equity keine dem common law widersprechende Entscheidung gefällt werden (equity follows the law), so daß equity nur als ergänzender Rechtsschutz zu verstehen war.

In der Folge blieb es bei der bis zu diesem Zeitpunkt entstandenen Aufgabenteilung. Das Gericht des Königs und sein common law hatten ihren Schwerpunkt im Strafrecht, Vertragsrecht und Haftungsrecht. Das Gericht des Kanzlers war mit seiner equity vor allem zuständig für das Grundstücksrecht, das Erbrecht und das Gesellschaftsrecht.

IV. Behutsame Modernisierung

Noch zu Beginn des 19. Jahrhunderts war entsprechend dieser nur sehr schleppend ablaufenden Entwicklung das englische Recht von hergebrachten Altertümlichkeiten wie dem gerichtlichen Zweikampf, der Übertragung von Grundstücken in Scheinprozessen, dem Eidhelfereid, der Auslieferung tötender Tiere an die Krone oder der Friedloslegung gekennzeichnet. Unter dem Einfluß von Jeremy Benthams (1748-1832) Schrift „An Introduction to the Principles of Morals and Legislation" kam es jedoch allmählich zur Bildung von Gesetzesrecht (statute law), das immer mehr Rechtsgebiete erreichte. Gleichwohl bleibt der einzelne Fall und seine Beurteilung durch das Gericht bis in die Gegenwart der Kern des englischen Rechts. Allerdings wirkt die Europäische Gemeinschaft (seit 1973) bzw. die Europäische Union (1993) in Richtung auf die gesetzliche Festlegung von Rechtssätzen.

Gleichzeitig wurde mit der großen Reform des Prozeßrechts und Gerichtsverfassungsrechts zwischen 1873 und 1875 (Judicature Act 1873) das parallele Bestehen von common law und equity dadurch abgeändert, daß seither alle Abteilungen des High Court of Justice, der durch die Verschmelzung der drei Common Law gerichte und dem Gericht der equity entstand, und des englischen Court of Appeal (Berufungsgericht) alle Regeln des englischen Rechts, gleichgültig, ob sie dem common law oder der equity entstammten, anwenden mußten. Die Reform hat weiter die prozeßtechnischen

Auswirkungen des alten writ-Systems insofern verändert, als von nun an jeder Prozeß vor dem High Court of Justice durch einen „writ of summons" eingeleitet wurde. Dies bedeutete, daß der Kläger sich nicht mehr auf einen bestimmten Klagetyp festzulegen brauchte und nicht mehr Gefahr lief, durch rein förmliche Fehler das Verfahren zu verlieren.

V. Schottland, Nordirland, Man

Literatur: Marshall, E., General principles of Scots law, 6. A. 1995; Stewart, W., Scottish contemporary judicial dictionary, 1995.

Von England und Wales etwas verschieden verlief die Entwicklung in den anderen Teilen Großbritanniens. Insbesondere in Schottland drang in größerem Ausmaß römisches Recht ein.

B) Öffentliches Recht (public law)

Literatur: Das Recht des öffentlichen Rechts in den Mitgliedsstaaten der Europäischen Gemeinschaft, hg. v. Magiera, S./Siedentopf, H., 1994

Die im Ansatz bereits bei den späten römischen Juristen sichtbare grundsätzliche Unterscheidung des Rechts in öffentliches Recht und privates Recht blieb England lange Zeit fremd. Erst allmählich beginnt sich eine Sonderung in public law und private law durchzusetzen. Zum public law zählen dabei vor allem Verfassungsrecht, Verwaltungsrecht, Verfahrensrecht und Strafrecht.

I. Verfassungsrecht (constitutional law, law of the constitution)

Literatur: Löwenstein, K., Staatsrecht und Staatspraxis von Großbritannien, 1967; Jowell, J./Dawn, O., The Changing Constitution, 3. A. 1994; Hübner, E./Münch, U., Das politische System Großbritanniens, 1998

Wie jede verdichtete Gesellschaft weist auch Großbritannien eine materielle Verfassung im Sinne der Grundordnung des menschlichen Zusammenlebens auf. Im Gegensatz zu den meisten anderen europäischen Staaten fehlt jedoch eine seit mehr als 200 Jahren allgemein üblich gewordene formelle Verfassung. Außer den bekannten Freiheitsgarantien der Magna Charta libertatum (Große Urkunde der Freiheiten) von 1215, der Habeas-Corpus-Akte von 1679 oder der Bill of Rights von 1689 gibt es zwar weitere verfassungsrechtlich bedeutsame Gesetze (Acts of Union 1707, Parliament Acts 1911, 1949), jedoch fehlt eine zusammenfassende Urkunde. Zuletzt wurde das Recht der Europäischen Union durch den European Communities Act 1972 in die englische „Constitution" mitaufgenommen. Eine weitere Besonderheit besteht im übrigen in Großbritannien darin, daß viele Bereiche des Staatsrechts, die nach kontinentaleuropäischem Rechtsverständnis der Staatslehre zuzurechnen sind, in England zur sogenannten Political Science gehören.

Grundlage der englischen Staatsorganisation ist im wesentlichen Gewohnheitsrecht bzw. Brauch (conventions). Nach diesem ist England eine erbliche Monarchie, an deren Spitze der König oder die Königin steht. Die Herrschaftsgewalt des Staatsoberhaupts ist aber nahezu ganz auf repräsentative Aufgaben eingeschränkt.

Tatsächlich wird die Staatsgewalt entsprechend der parlamentarisch-demokratischen Regierungsform und der Bill of Rights (1689), derzufolge die gesetzgebende Gewalt der Krone auf das Parlament überging, weitgehend von der Volksvertretung ausgeübt (House of Commons, Unterhaus mit etwa 650 Abgeordneten). Diese wird durch allgemeine, freie, geheime und direkte Wahlen nach dem Mehrheitswahlrecht bestimmt, wobei sich in der Gegenwart hauptsächlich die (freiheitlicher eingestellte) Konservative Partei (Tories) und die (sozialer eingestellte) Arbeitspartei (Labour Party) gegenüberstehen. Der Führer der Mehrheitsfraktion im Unterhaus wird vom Monarchen zum Premierminister ernannt, der die Richtlinien der Politik bestimmt und die übrigen Mitglieder der Regierung zur Ernennung vorschlägt. Er kann jederzeit beim Staatsoberhaupt die Auflösung des Unterhauses beantragen und dadurch vorzeitige Neuwahlen herbeiführen. Auch die Minister gehen im allgemeinen aus dem Unterhaus hervor. Die Regierung bedarf des Vertrauens des Parlaments.

Die wichtigste Aufgabe der Volksvertretung ist die von der jeweiligen Opposition ständig ausgelöste Diskussion über die zentralen politischen Fragen. Die Opposition muß darüber hinaus bereit sein, selbst die Regierung zu übernehmen, sofern sie eine Mehrheit bei Wahlen erzielt. Diese Einrichtung einer „verantwortlichen Opposition" ist eines der bezeichnendsten Merkmale der parlamentarischen Regierungsweise, durch welche das englische Parlament prägend auf alle freiheitlichen Verfassungen späterer Zeit einwirkte.

Demgegenüber tritt vor allem wegen der geringeren Bedeutung des Gesetzes für das Rechtswesen das hauptsächlich von der Regierung gelenkte Gesetzgebungsverfahren zurück. Eingebracht werden die Gesetzgebungsvorschläge (bills) meist von der Regierung.

Üblicherweise werden die Gesetzgebungsvorschläge zuerst im Unterhaus behandelt. Nach der Verabschiedung im Unterhaus werden sie an das aus erblichen Angehörigen des Hochadels (peers), aus auf Lebenszeit ernannten Adligen (peers), aus ernannten Lords of Appeal in Ordinary (Appellationsrichtern) und aus den (26) Bischöfen der anglikanischen Kirche bestehende Oberhaus (House of Lords, insgesamt etwa 1200 Mitglieder, von denen regelmäßig nur 350 bis 450 an den Sitzungen teilnehmen) weitergeleitet.

Dessen Ablehnung hat bei einfachen Gesetzen seit 1911 nur aufschiebende Wirkung, bei Finanzgesetzen überhaupt keine Bedeutung. Nach der Verabschiedung der Gesetzesvorlage bedarf das Gesetz der Unterzeichnung (Royal Assent) durch das Staatsoberhaupt und der Eintragung in das Gesetzesregister (Book of Statutes).

II. Verwaltungsrecht

Literatur: Wiesner, Administrative Tribunals in Großbritannien, 1974; Wade W./Forsyth, C., Administrative Law, 7. A. 1994; Lepsius, O., Verwaltungsrecht unter dem Common Law, 1997

Das Vereinigte Königreich Großbritannien und Nordirland war lange ein zentraler Einheitsstaat, in welchem die Regionen Wales, Schottland und Nordirland eine gewisse geringe Selbstverwaltung besaßen, doch wird dies in der Gegenwart in föderalistischer Richtung geändert. England und Wales sind in (47 bzw. 8) Grafschaften (counties), einige (6) metropolitan counties und Greater London eingeteilt, Schottland in 9 Regionen und 3 Inselgebiete sowie Nordirland in 26 Distrikte. Die Insel Man und die Kanalinseln Jersey und Guernsey unterstehen staatsrechtlich unmittelbar der Krone. An der Spitze der örtlichen Selbstverwaltungseinheiten stehen auf vier Jahre gewählte Räte, welche ihrerseits ihre Vorsitzenden bzw. Bürgermeister wählen.
Die Vorstellung eines besonderen Verwaltungsrechtes ist erst spät entstanden. Zunächst umfaßte es im wesentlichen nur die Haftung der Regierung und der Gebietskörperschaften, für die das allgemeine Fallrecht anzuwenden war. Infolge der Entwicklung der Leistungsverwaltung entwickelt sich aber seit einiger Zeit ein Bedürfnis nach gesetzlicher Regelung. Ein umfassendes Verwaltungsgesetzbuch fehlt.

III. Verfahrensrecht

Literatur: Bunge, Das englische Zivilprozeßrecht, 1974; McCleary, G., Die englische Rechtsprechung, hg. v. Grabowsky, A., 2. A. 1985; Thalmann, Der englische Zivilprozeß, Jura 1989, 178ff.; Bunge, J., Zivilprozeß und Zwangsvollstreckung in England, 1995

Seit der in den Jahren 1873/1875 begonnenen, 1925 und 1970/1971 fortgeführten Reform der Gerichtsverfassung, in der 1857 bereits die geistlichen Gerichte aus der weltlichen Gerichtsbarkeit verdrängt worden waren, sind die früheren Obergerichte (Court of Exchequer, Court of Common Pleas, Court of King's Bench, Court of Chancery) durch einen einheitlichen High Court of Justice abgelöst. Sie sind also nicht länger Sondergerichte.

Außerdem ist der High Court in drei Abteilungen (King's [Queen's] Bench Division, Chancery Division [für Erbauseinandersetzungen, Gesellschaften, freiwillige Gerichtsbarkeit], Family Division [für Nachlässe, Scheidungen und Schiffsangelegenheiten]) geteilt, von denen jede common law und equity anzuwenden hat. Jede dieser Hauptabteilungen hat sogenannte Divisional Courts. Der Divisional Court of Queen`s Bench ist Berufungsinstanz für Fälle der Magistrates` und Crown Courts. Der Divisional Court of the Chancery Division ist Berufungsinstanz für Konkursfälle außerhalb Londons. Und schließlich ist der Divisional Court of the Family Division Berufungsinstanz für Familiensachen aus Magistrates` Courts .

Eingangsgericht in Zivilsachen ist bei niedrigem Streitwert regelmäßig eines der 60 im Jahre 1846 für England und Wales eingeführten Grafschaftsgerichte (county courts). Dem County Courts Act 1984 zufolge fallen in den sachlichen Zuständigkeitsbereich der county courts u.a. Klagen aus Vertragsverletzungen oder unerlaubter Handlung mit einem Streitwert von bis zu 50.000 Pfund und Grundstücksangelegenheiten mit Streitwerten bis zu 30.000 Pfund. Dort entscheidet meist einer der insgesamt nur rund 600 Richter in dem in der Rechtswirklichkeit vom Anwaltszwang gekennzeichneten Verfahren. Zusätzlich ist jedem county court ein registrar beigegeben, der den Verwaltungsstab des Gerichts leitet und der auch als Richter tätig wird. Gegen die richterliche Entscheidung ist meist Berufung zum Hochgericht (High Court) möglich, danach zum Appellationsgerichtshof (Court of Appeal/Civil Division) am (aus Court of Appeal, High Court und Crown Court zusammengesetzten) Supreme Court of Judicature, der ein Zentralgericht für England und Wales ist. Die zivilrechtliche Abteilung ist mit höchstens 30 Lords Justices of Appeal besetzt, die in Abteilungen zu je drei Richtern entscheiden, und wird vom Master of the Rolls präsidiert. Letztlich ist nach dem Court of Appeal in verhältnismäßig wenigen Fällen eine Berufung zum Oberhaus (Lords of Appeal in Ordinary) möglich. Das House of Lords fällt keine Sachentscheidung, sondern erklärt eine Appellation entweder für unbegründet (dismissed) oder für begründet (allowed). Ist die Appellation begründet, wird der Streitfall an das erstinstanzliche Gericht zurückverwiesen.

Neben den genannten ordentlichen Gerichtshöfen besteht noch das Judicial Committee of the Privy Council. Dieser Kronrat richtet Empfehlungen an den Monarchen. Grund für das Bestehen des Privy Council ist, daß das House of Lords nur für das Vereinigte Königreich bindende Entscheidungen treffen kann, nicht aber für die Kolonien und heutigen Commonwealth-Staaten. Der Privy Council ist letzte Gerichtsinstanz für Appellationen aus diesen Staaten, wenn dort der Rechtszug erschöpft ist. Das Judicial Committee of the Privy Council legt bei seinen Entscheidungen nicht nur das englische Recht, sondern darüber hinaus auch das jeweilige Recht des Staates, aus dem der zu entscheidende Fall stammt, zugrunde.

Grundlage des nicht in einer Prozeßordnung gesetzlich geregelten Verfahrensrechtes in Großbritannien, innerhalb dessen die Beschränkung auf zuletzt

76 Verfahrensformen (writs) 1832 beseitigt wurde, ist die Bindung der Gerichte durch vorliegende Urteile höherer Gerichte (sog. stare-decisis-rule), welche im regelmäßigen following the precedent zum Ausdruck kommt. Bindend sind dabei nur die tragenden Urteilsgründe (holding, lat. rationes decidendi), während den sonstigen Ausführungen (lat. obiter dicta) nur eine Plausibilitätsfunktion (persuasive authority) zukommt. Die einer Rechtsnorm vergleichbare Bindungswirkung eines Urteils (‚von denen es bereits im Jahre 1916 rund 6500 gesammelte Bände [reports] gab,) bleibt so lange bestehen, bis sie durch ein höheres Gericht oder ein Gesetz aufgehoben (overruled) wird. Da ein Gericht grundsätzlich nicht verpflichtet ist, maßgebliche Vorentscheidungen zu ermitteln, kann es sie übergehen, läuft dabei allerdings Gefahr, daß sein Urteil von dem Berufungsgericht aufgehoben wird. Wird ein Präjudiz mehrfach nicht angewendet, schwindet seine Bedeutung.
Ein bewußtes Abweichen von einem früheren Urteil erfolgt demgegenüber vor allem mit Hilfe des sog. Unterscheidens (distinguishing). Erkennt nämlich der Richter, daß sein Sachverhalt sich in einem wesentlichen Umstand von einem durch ein früheres Urteil entschiedenen Sachverhalt unterscheidet, kann er durch Abwandlung der früheren Entscheidung neues Recht schaffen (applying the precedent im Gegensatz zum regelmäßigen following the precedent). Bei der Fallrechtsweiterentwicklung kann der Richter sich in den sog. development cases, in denen überhaupt noch kein Präjudiz vorhanden ist, vor allem der Analogie bedienen oder eine der Billigkeit (equity) entsprechende Lösung versuchen.
In der jüngsten Vergangenheit wurden dabei sachlich die Grundsätze der Mündlichkeit, der Parteiherrschaft und der Geheimhaltung der Zeugenbeweise bis zur gerichtlichen Verhandlung, die das englische Zivilprozeßrecht prägen, erheblich eingeschränkt.
In Strafsachen ist das Eingangsgericht regelmäßig eines des vielen Magistratsgerichte (magistrate's court), an denen außer in den großen Städten Richter ehrenamtlich tätig sind, welche juristisch geschulte Gerichtsschreiber (clerks to the justices) zur Seite haben. Zu unterscheiden ist bei ihrer Tätigkeit nach Summary Offences, bei denen das Urteil auf einer Mehrheitsentscheidung der Magistrates` basiert, und Offences triable either Way, bei denen ein summarisches Verfahren nur mit Zustimmung des Beschuldigten möglich ist, ansonsten das Verfahren vor einer Jury mündlich durchgeführt wird. Daneben haben diese Gerichte auch die Aufgabe der Voruntersuchung.
Das Eingangsgericht in gewichtigeren Strafsachen ist (nach der Voruntersuchung durch das Magistratsgericht) das Krongericht (crown court, z.B. Old Bailey in London). Der Crown Court hat die ausschließliche Zuständigkeit für Straftatbestände, die mündlich verhandelt werden müssen und ist Appellationsgericht für Entscheidungen der Magistrates` Courts. Die Rechtsprechung erfolgt durch High Court Judges oder Circuit Judges oder Recorder.

Bevor das Verfahren vor dem Crown Court beginnen kann, muß eine Anklageschrift (bill of indictment) gefertigt werden, die vom Crown Prosecution Service vorbereitet wird. Im pre-trial review kommt es zu einer ersten Sichtung der Anklageschrift, der Beweismittel usw. Spätestens 8 Wochen nach den verfahrenseinleitenden Schritten muß das Verfahren durchgeführt werden. Angeklagte dürfen bis zu 112 Tage in Untersuchungshaft gehalten werden und müssen nach Ablauf des Haftbefehls gegen Sicherheitsleistung (bail) entlassen werden. In der förmlichen Anklageverlesung (arraignment) wird der Angeschuldigte vor Gericht gerufen (called to the bar)und wird zu jedem Anklagepunkt befragt, ob er sich schuldig (guilty) bekennt oder nicht. Bekennt er sich schuldig, werden die Tatumstände verlesen und können weitere Aussagen gehört werden. Bestreitet der Angeklagte die ihm zu Last gelegte Straftat (plead not guilty), werden Geschworene ausgewählt. Nach der Eröffnungsrede der Strafverfolgungsbehörde, der Beweismittelprüfung und Erwiderungen der Verteidigung sowie den Schlußplädoyers erstellt das Gericht eine Zusammenfassung (summing up), in der es die Beweislage schildert und einzelne Tatbestände und Beweise gewichtet. Schließlich hat das Gericht die Aufgabe, auf die für den Fall relevanten Gesetzesvorschriften oder Präzedenzfälle hinzuweisen. Nach dem summing up zieht sich die Jury zur Beratung des Urteilsspruchs (verdict) zurück. Es wird keine Einstimmigkeit des Urteils verlangt, doch müssen bei 11 Geschworenen mindestens zehn zustimmen, ansonsten wird eine neue Jury gebildet. Gelingt es auch im zweiten Anlauf nicht, ein Urteil zu finden, wird der Angeklagte üblicherweise freigelassen. Während die Geschworenen über die Frage der Schuld entscheiden, urteilt hernach der Richter über die Höhe der Strafe.

Wichtige Verfahrensgrundsätze sind die Unschuldsvermutung und die Möglichkeit des Kreuzverhörs.

Appellationsgericht ist der Divisional Court of the Queen's Bench Division of the High Court, der für Appellationen gegen Entscheidungen von Magistrates' Courts sowie gegen Entscheidungen des Crown Court zuständig ist.

Die Criminal Division des Court of Appeal ist Berufungsgericht für Entscheidungen des Crown Court. Der Court of Appeal entscheidet nur über Rechtsfragen oder bei Vorliegen einer neuen Beweislage.

Oberste Berufungsinstanz in Strafsachen für englische und walisische Fälle ist das House of Lords, sofern es um eine Rechtsfrage von außergewöhnlichem öffentlichen Interesse geht.

Danach kommt nur noch ein Gnadenakt des Monarchen in Betracht.

IV. Strafrecht

Literatur: Seago, P., Criminal Law, 4. A. 1994; Ashworth, A., Principles of Criminal Law, 2. A. 1995

Seit dem 12. Jahrhundert konnten die Richter des High Court auf Grundregeln des Common Law zurückgreifen, welche die ernsteren Verstöße gegen das geltende Richterrecht erfaßten. Später kamen weitere Rechtssätze für leichtere Vergehen hinzu, die auch heute noch weitgehend englisches Richterrecht sind. Ein besonderes Strafgesetzbuch gibt es trotz zahlreicher Gesetzgebungsversuche nicht. Allerdings sind viele Einzelgesetze geschaffen worden, die teilweise das materielle Strafrecht, teilweise auch das Strafprozeßrecht erfassen. Sie werden durch das Common Law zu einer übergreifenden Einheit verbunden. Dabei besteht die Besonderheit des englischen Rechts darin, daß beispielsweise der Straftatbestand des Mordes zwar hinsichtlich der Sanktionen in einem Strafgesetz geregelt ist, die Definition dieses Straftatbestandes aber dem Common Law, also dem Richterrecht, entnommen werden muß. Von den älteren Strafen wurde die Todesstrafe in England im Jahre 1965 abgeschafft.

Das englische Recht kennt Grundprinzipien, die auch im kontinentaleuropäischen Strafrecht zu finden sind, wie beispielsweise der Grundsatz „nulla poena sine lege". Allgemein setzt ein Straftatbestand eine strafbare Handlung (actus reus) und ein vorsätzliches oder grob fahrlässiges Verhalten (mens rea) voraus, wobei Kausaliät zwischen Tathandlung und Taterfolg bestehen muß (actus reus and mens rea must coincide).

C) Privatrecht

Literatur: Keeton, The Law of Trust, 9. A. 1968; Lawson, Introduction to the Law of Property, 1958; Markesinis, B./Deakin, S., Tort Law, 3. A. 1994; Atiyah, P., An Introduction to the Law of Contract, 5. A. 1995; Triebel, V. u.a., Englisches Handels- und Wirtschaftsrecht, 2. A., 1995; Stein, R., Arbeitsrecht in Großbritannien, 1996; Eisenhauer, M., Moderne Entwicklungen im englischen Grundstücksrecht, 1997; Jewell, M., An introduction to English contract law, 1997; Güthoff, J., Gesellschaftsrecht in Großbritannien, 2. A. 1998; Byrd, B., Angloamerikanisches Vertrags- und Deliktsrecht, 1998; Wolff, N., Spiel und Wette im englischen Recht, 1998

Das Privatrecht beruht im wesentlichen auf den richterlichen Fallentscheidungen, denen gegenüber eine zusammenfassende Kodifikation fehlt. Daneben steht eine Reihe von Einzelgesetzen, von denen etwa die Married Women's Acts von 1882 und 1893 der Ehefrau dieselben Vermögensrechte und Handlungsfähigkeit verliehen, wie sie die Ehemänner hatten, der Property Act von 1925 die Grundstücksübertragung erleichterte oder der Guardianship of Infants Act von 1925 die Stellung der Mutter verstärkte.

Hauptgebiete des Privatrechts sind Law of Persons, Law of Contracts und Law of Torts sowie Law of Property und Law of Trusts.

Innerhalb des Personenrechts beginnt die volle Geschäftsfähigkeit in der Gegenwart mit 18 Jahren. Vertragsrecht und Deliktsrecht entsprechen gemeinsam in etwa dem Schuldrecht, Eigentumsrecht und Trustrecht zusammen etwa dem Sachenrecht. Dabei bedeutet der vor allem dem Schutz Geschäftsunfähiger und der Abwicklung von Nachlässen dienende trust im wesentlichen eine Aufspaltung des Rechts (Eigentums) an einer Sache in einen legal title (at law) für den trustee (Treunehmer) und einen equitable title (in equity) für den beneficiary (Begünstigten), wobei equity den legal title des trustee anerkennt, den trustee aufgrund der im trust gegebenen moralischen Beschränkung der Verfügungsmacht aber zwingt, die einzelnen Anordnungen des trusts auszuführen. Das Familienrecht und das Erbrecht sind nicht ausgesondert, sondern im Personenrecht, Schuldrecht und Sachenrecht enthalten. Hinzu kommt noch das besondere Handelsrecht (commercial law), das zwar im 18. Jahrhundert im common law eingebunden war, im 19. Jahrhundert aber durch Einzelgesetze verselbständigt wurde und vor allem den Warenkauf, die Wertpapiere, Versicherungen, Handelsgesellschaften und den Konkurs bzw. die Insolvenz umfaßt, jedoch kein Handelsgesetzbuch, kein Handelsregister, keinen Handelskauf und kein Sonderrecht für Kaufleute kennt. Das englische Vertragsrecht (law of contracts) gründet sich auf Rechtsregeln, die seit dem Mittelalter bekannt sind, und kaum auf Gesetz. Ihm war seit alters der Grundgedanke fremd, daß eine Vereinbarung auf dem Austausch zweier übereinstimmender Willenserklärungen der Vertragsparteien basiert, die sich gegenseitig zu einer Leistung bzw. Gegenleistung verpflichten. Statt dessen konnte man im frühen Mittelalter entweder nur ein writ of debt oder ein writ of convenant erhalten, wenn man eine Leistung einfordern wollte. Erst ab dem 16. Jahrhundert konnte man auch bei dem Bruch eines nur formlos abgegebenen Leistungsversprechens durch den Kläger mit Hilfe eines writ of assumpsit zur Leistung gezwungen werden.

Im einzelnen wird bis heute noch zwischen formlos wirksamen Verträgen, die dann allerdings einer weiteren Voraussetzung bedürfen, und den streng formbedürftigen Verträgen, die auf das mittelalterliche System des writ of convenant zurückgehen, unterschieden. Nachdem sich das System der writs überlebt hatte, war es anerkannt, daß ein Vertrag (agreement/convenant) die Grundlage der Verpflichtung zwischen zwei Parteien ist. Im übrigen kommt ein Vertrag grundsätzlich erst durch Annahme eines Angebots zustande, doch kann ein Angebot jederzeit frei widerrufen werden, solange noch keine Annahme erfolgt ist. (The sale is complete when the hammer falls, and until that time any bid may be withdrawn.) Die Begründung dieser Gestaltung liegt in der consideration-Lehre, wonach eine bindende vertragliche Verpflichtung nur dann wirksam eingegangen werden kann, wenn einer vertraglichen Verpflichtungserklärung eine Gegenleistung (consideration) gegenübersteht. Zudem wird die Wirksamkeit der Annahmeerklärung vorverlegt. Eine Annahme erfolgt danach nicht erst, wenn die entsprechende Erklärung dem Anbietenden zugeht, sondern schon dann, wenn sie vom Angebotsempfänger bzw. dem Annehmenden auf den Weg gebracht wird (sogenannte mailbox-Theorie). Da in England hinsichtlich des Vertragsabschlusses Formfreiheit besteht, hat sich für die überwiegende Mehrheit der alltäglichen Verträge (simple contracts) der Grundsatz der consideration herausgebildet. Es ist nicht entscheidend, ob jemand sich formlos mündlich oder schriftlich verpflichtet, sondern es ist von Bedeutung, ob und wann seitens des Vertragspartners das Gegenversprechen abgegeben wird. Ergebnis der consideration-Lehre ist, daß ein Vertrag erst dann rechtswirksam ist, wenn die consideration zweifelsfrei vorliegt. Anders verhält es sich beim contract under seal, dem zweiten Vertragstypus. Das Formgebot, dem u.a. bestimmte Grundstücksgeschäfte unterliegen, verlangt, daß der Vertrag unterzeichnet, mit einem Siegel versehen und dann in einer Ausfertigung an den Vertragspartner übergeben werden muß (signed, sealed und delivered).

Im englischen Deliktsrecht (Law of Torts) geht der Begriff des tort über Schadensersatzansprüche und den Bereich der unerlaubten Handlung hinaus und umfaßt auch diejenigen Rechtsbehelfe, die im deutschen Recht beispielsweise als Herausgabeanspruch oder Unterlassungsanspruch des Eigentümers bekannt sind. Auffällig ist eine bis heute bestehende Zweiteilung der torts hinsichtlich ihrer rechtlichen Behandlung. Bei den seit dem Mittelalter bekannten torts (wie etwa trespass) geht es immer nur um die Frage einer Rechtsverletzung, nicht aber um die tatsächliche Entstehung eines Schadens. Allerdings gibt es seit dem zweiten Statute of Westminster (1285) für einen weiteren Teil der sich entwickelnden torts-Klagen stets die Voraussetzung eines Schadensnachweises.

Unter dem Oberbegriff des Law of Property wird das gesamte Sachenrecht zusammengefaßt. Bei dem Begriff property (Vermögensrecht) unterscheidet man real property, das sich nur auf das Eigentum und nicht auf weitere denkbare Rechte an Grundstücken bezieht, und das personal property zur Bezeichnung beweglicher Vermögenswerte. Die Begriffe ownership und possession werden im englischen Recht nur bedingt ähnlich gebraucht wie Eigentum und Besitz. Ownership ist möglich an körperlichen Gegenständen. Ein absolutes Eigentumsrecht an Grundstücken hat sich dagegen – anders als in den kontinentaleuropäischen Rechtsordnungen – im englischen Recht niemals entwickelt. Possession ist im Vergleich zur ownership der Besitz, und zwar der unmittelbare Besitz ohne Rechtsanspruch (physical possession without legal title), der unmittelbare Besitz mit Rechtsanspruch und bzw. oder der mittelbare Besitz.

D) Juristen

Das hervorstechende Merkmal der in England im Rechtsbereich tätigen Personen ist der besondere Praxisbezug der Ausbildung, der so weit reicht, daß ein juristisches Universitätsstudium zwar als hilfreich angesehen wird, aber grundsätzlich nicht notwendig ist, obgleich Vacarius aus Bologna schon im 12. Jahrhundert in England (Lincoln?) römisches Recht auf der Grundlage seines (lat.) Liber pauperum (Buch der Armen) zu lehren begonnen hatte und auch die ältesten englischen Universitäten Oxford und Cambridge etwa bis in diese Zeit zurückgehen.

Das früher ausschließlich am gelehrten Recht ausgerichtete juristische Studium an gegenwärtig etwa 65 Law schools mit etwa 25000 Studenten gliedert sich in zwei Teile. Am Ende des dreijährigen Grundstudiums wird der Grad eines Bachelor of Law (LL.B.) erworben. In einjährigen postgraduate-Kursen kann eine Vertiefung in einzelnen Rechtsgebieten erreicht werden (LL.M., M. Phil.). Vom universitären Studium eindeutig zu trennen ist die Ausbildung zum barrister oder zum solicitor.

Wer barrister (1989 etwa 6000 bzw. 1993 7500 bzw. 1995 8000 barristers, meist in London) werden will, muß Mitglied einer der vier Inns of Court (Lincoln's Inn, Gray's Inn, Inner Temple, Middle Temple) werden. In dieser Berufsvereinigung muß er während seiner dreijährigen Lehrzeit zwölfmal jährlich an einem gemeinschaftlichen Essen teilnehmen, ehe er zum bar exam zugelassen wird, das aus einem theoretischen Teil, auf den der Universitätsabschluß angerechnet werden kann, und einem praktischen Teil besteht. Danach muß der angehende barrister noch ein Jahr bei einem barrister arbeiten, ehe er selbst vor Gericht als barrister (Anwalt) auftreten darf. In der Regel spezialisiert er sich in einem einzelnen Rechtsgebiet.

Ein barrister hat seinen Haupttätigkeitsbereich in der Fertigung der Schriftsätze und dem Vortrag „at the bar". Daneben sind barristers befugt, Rechtsauskünfte zu geben und umfangreiche Vertragsgestaltungen zu entwerfen. Barristers haben aber keine unmittelbare Verbindung mit einer Partei, sondern werden von einem solicitor ausgewählt, wenn es beispielsweise zu einem Prozeß kommt. So betrachtet ist für den wirtschaftlichen Erfolg eines barristers die enge Zusammenarbeit mit einem oder mehreren solicitors notwendig.

Wer solicitor (1989 etwa 45000 bzw. 1993 65000 bzw. 1995 80000 solicitors) werden will, muß sich bei der Vereinigung der solicitors (Law Society) einschreiben. Nach einem einjährigen Legal Practice Course muß er zwei Jahre als articled clerk, nach einem zweijährigen Legal Practice Course zwei Jahre als clerk bei einem solicitor arbeiten. Am Ende der durch Kurse ergänzten Ausbildung steht eine Prüfung, welche aus einem theoretischen Teil, auf den das Universitätsexamen angerechnet werden kann, und einem praktischen Teil besteht. Aufgaben des solicitors sind Beurkundung, Beratung und Vertretung außerhalb des Gerichts.

Die grundsätzliche Trennung von solicitors und barristers ist allerdings durch den Courts and Legal Service Act von 1990 theoretisch beseitigt, doch ist der Zugang zur gerichtlichen Tätigkeit für solicitors tatsächlich weiterhin eingeschränkt.

Eine besondere Ausbildung zum Richter als staatsrechtlichen und gerichtsverfassungsrechtlichen Vertreter des Monarchen, von dem alle

Jurisdiktionsgewalt ausgeht, gibt es nicht. Vielmehr werden die Richter aus dem Kreis der aufgrund mindestens 10jähriger Tätigkeit besonders angesehenen barristers ausgewählt. Dementsprechend ausgeprägt ist das richterliche Selbstverständnis.

Berichte über das Studium oder eine sonstige Weiterbildung deutscher Juristen in England finden sich in JuS 1965, Heft 9, 372, JuS 1966, Heft 1, 44, JuS 1969, Heft 7, 346f., JuS 1973, Heft 1, 66f., JuS 1977, Heft 1, 64f., JuS 1981, Heft 12, 932, JuS 1982, Heft 2, 151f., JuS 1982, Heft 8, 634f., JuS 1985, Heft 2, 157f., JuS 1985, Heft 6, 495, JuS 1985, Heft 7, 573, JuS 1986, Heft 11, 929f., JuS 1988, Heft 2, 168, JuS 1988, Heft 12, 1004, JuS 1989, Heft 10, 854f., JuS 1989, Heft 12, 1027f., JuS 1990, Heft 8, 686ff., JuS 1990, Heft 9, 773f., JuS 1990, Heft 12, IX-X, JuS 1991, Heft 1, IX-X, XIII, JuS 1991, Heft 3, XVI-XVII, JuS 1991, Heft 6, 522ff., JuS 1993, Heft 3, XII, XVII, JuS 1993, Heft 5, XIII, 439, JuS 1993, Heft 6, X-XII, JuS 1993, Heft 11, IX, JuS 1993, Heft 12, X-XI, JuS 1994, Heft 1, XX, JuS 1994, Heft 2, IX-X, XVIII-XXII, JuS 1994, Heft 10, XV-XVI, JuS 1994, Heft 11, XII-XIV, JuS 1995, Heft 2, X-XIII, JuS 1995, Heft 3, XVIII, JuS 1995, Heft 7, X, JuS 1995, Heft 9, 855f., JuS 1995, Heft 11, XI-XVIII, JuS 1996, Heft 1, X, JuS 1996, Heft 3, XII, JuS 1996, Heft 5, 469, JuS 1996, Heft 8, XIV, XX, 758, JuS 1996, Heft 9, XVI, XXV, JuS 1996, Heft 11, X, XVIII, JuS 1996, Heft 12, X, JuS 1997, Heft 2, XXV, JuS 1997, Heft 3, 285, JuS 1997, Heft 5, 478, NJW 1997, 1543, JuS 1997, Heft 7 XVIII, JuS 1997, Heft 8, X, Jus 1997, Heft 12, 1150, JuS 1998, Heft 3, XII.

Zweiter Teil: Das amerikanische Recht

Literatur: Fulda, Einführung in das Recht der USA, 1966; Hay, P., Einführung in das amerikanische Recht, 4. A. 1995; Clark, D./Ansay, T., Introduction to the Laws of the United States, 1992; Farnsworth, An Introduction to the Legal System of the United States, 2. A. 1993; Gifts, S., Barron's Dictionary of Legal Terms, 3. A. 1996; Zimmermann, R., Amerikanische Rechtskultur und europäisches Privatrecht, 1995; Wersich, R. B., USA Lexikon, 1995; Redling, J., Kleines USA-Lexikon, 1995; Garner, G., A dicitionary of modern legal usage, 2. A. 1995

Auch das amerikanische, vom englischen Recht stark beeinflußte Recht wird als Fallrecht angesehen. Allerdings hat es im Laufe seiner Entwicklung eine gewisse Verselbständigung gegenüber dem englischen Recht erfahren.

A) Geschichte

Nach der Entdeckung Amerikas griffen bekanntlich verschiedene europäische Mächte auf seine nördliche Hälfte zu. Neben Spanien und Frankreich erhob dabei England bereits seit den Entdeckungsfahrten Cabotos auf Teile der Ostküste Anspruch. Dieser verfestigte sich zu Beginn des 17. Jahrhunderts durch die Gründung von Kolonien.

Bereits zu diesem Zeitpunkt wurde im Jahre 1608 im Fall Calvin v. Smith entschieden, daß in den englischen Kolonien englisches Recht anzuwenden sei. Allerdings war die in den Kolonien entstehende Gesellschaft von der englischen Gesellschaft verschieden und gab es in ihr kaum Juristen, so daß dieses Urteil sich nicht wirklich durchzusetzen vermochte. Deswegen schufen verschiedene Kolonien wie beispielsweise Massachusetts (1634) eigene Rechtsbücher. Kurz vor der Erklärung der Unabhängigkeit der 13 englischen Kolonien vom Mutterland am 4. 7. 1776 nahm der Konvent von Virginia am 12. 6. 1776 sogar eine eigene Erklärung der Menschenrechte (Virginia Bill of Rights) an.

Infolge der Herkunft der Einwanderer aus unterschiedlichen europäischen Staaten kam es zu Beginn des 19. Jahrhunderts in den Vereinigten Staaten von Amerika zu einem Widerstreit zwischen dem in der Zwischenzeit vorgedrungenen Recht des englischen Mutterlandes und der kontinentaleuropäischen Rechtsvorstellung. Dieser folgte im Ergebnis aber nur Louisiana, das sich im Jahre 1808 ein Zivilgesetzbuch nach dem Vorbild des 1804 geschaffenen französischen Code civil gab. Daneben wurden etwa Ehegüterrecht und Grundstücksrecht gesetzlich geregelt. Im übrigen setzte sich bis zur Mitte des 19. Jahrhunderts die englische Fallrechtsvorstellung gegenüber dem kontientaleuropäischen Kodifikationsgedanken durch. Ihr tritt aber in zunehmender Weise die Notwendigkeit gesetzlicher Regelung wichtiger Fragen entgegen.

B) Öffentliches Recht

Literatur: Brugger, W., Einführung in das öffentliche Recht der USA, 1993

Im Gegensatz zum englischen Mutterland gaben sich nach Virginia (1776) schon bis zum Jahre 1780 noch zehn weitere Kolonien eine Verfassung. Hierauf konnte nach der Anerkennung der amerikanischen Unabhängigkeit durch Großbritannien im Frieden von Paris im Jahre 1783 der neue Staat der Vereinigten Staaten von Amerika aufbauen. Mit der 1787 formulierten und 1788 ratifizierten Verfassung gewährte er der gesetzten Norm einen besonders wichtigen Rang.

I. Verfassungsrecht

1. Die ursprüngliche Verfassung bestand nur aus einer Präambel und 7 Artikeln über die bedeutendsten Einrichtungen und Grundsätze des damit geschaffenen Bundesstaates, welche große Spielräume für unterschiedliches Verständnis eröffneten. Diesen wenigen Bestimmungen wurden 1791 zehn die Grundrechte betreffende Zusätze (amendments) hinzugefügt, zu denen im Laufe der Entwicklung weitere 16 Zusätze hinzugekommen sind. Wichtigste Grundsätze sind dabei die Teilung der Gewalt und die Ausgewogenheit der einzelnen Teilgewalten.

a) Die ausführende Gewalt steht dem Präsidenten zu, der Staatsoberhaupt und Regierungschef zugleich ist. Der Präsident wird für vier Jahre gewählt und kann (seit 1951) nur einmal wiedergewählt werden.

Die Nominierung der Präsidentschaftskandidaten (der derzeitigen großen Wählerparteien der eher liberalen Demokraten und der eher konservativen Republikaner) findet in fast allen der 50 Einzelstaaten in Vorwahlen statt. In ihnen werden die einzelstaatlichen Delegierten für den nationalen Parteikonvent gewählt, der den Kandidaten der jeweiligen Partei bestimmt. In den anschließenden nationalen Präsidentschaftswahlen werden Wahlmänner ermittelt. Die in einem Staat siegreiche Partei erhält alle in ihrer Zahl von der Bevölkerungszahl des jeweiligen Staates abhängigen Wahlmännerstimmen des Staates. Die Mehrheit der Wahlmännerstimmen bestimmt dann den Präsidenten.

Der Präsident vertritt die Vereinigten Staaten nach außen. Er ernennt mit Zustimmung des Senats die den Präsidenten beratenden Minister und kann mit Zustimmung des Senats völkerrechtliche Verträge schließen. Er kann dem Kongreß von ihm für notwendig und nützlich erachtete Maßnahmen zur

Beratung empfehlen. Er ist dem Kongreß nicht verantwortlich, kann aber im Wege eines Amtsanklageverfahrens (impeachment) abgesetzt werden. Er hat ein aufschiebendes Vetorecht gegenüber allen Beschlüssen des Kongresses. Ihm steht ein umfangreiches Präsidialamt (Executive Office of the President) als Unterstützung zur Verfügung.

b) Die gesetzgebende Gewalt obliegt dem Kongreß. Dieser besteht nach englischem Vorbild aus zwei Kammern. Der Senat setzt sich aus 100 Senatoren zusammen, von denen je zwei aus jedem Bundesstaat stammen und von denen alle zwei Jahre ein Drittel für eine jeweils sechs Jahre während Amtsperiode gewählt wird. Die 435 Mitglieder des Repräsentantenhauses werden alle zwei Jahre nach dem Mehrheitswahlrecht gewählt bzw. wieder-gewählt. Jede Gesetzesvorlage bedarf der Zustimmung beider Kammern, welche gegebenenfalls mit Hilfe eines Joint Conciliation Committee (Ver-mittlungsausschuß) angestrebt werden muß. Gesetzeskraft erhält ein Beschluß mit der Unterzeichnung durch den Präsidenten. Dessen Veto können die beiden Kammern mit Zweidrittelmehrheit überstimmen.

c) Die rechtsprechende Gewalt besteht aus Bundesgerichten und Einzel-staatsgerichten mit jeweils eigenen, voneinander getrennten Instanzenzügen. Das höchste Bundesgericht ist der Supreme Court. Er entscheidet auch über die Anwendung der Bundesverfassung.

d) Im Verhältnis des Bundes zu den Einzelstaaten zählt die Verfassung in Art. I sec. 8 die Zuständigkeiten des Bundes auf (z.B. Verteidigung, Wirtschaft, Steuern, Zölle) und überläßt sie im übrigen in einer Generalklausel den Einzelstaaten. Im Gegensatz zu dieser ursprünglichen Verfassungsvorstellung hat die tatsächliche Entwicklung zu einem Anwachsen der Bedeutung des Bundes geführt. Ihm kommt innerhalb einer kooperativen Föderalismus das Schwergewicht zu.

2. Die ausführende Gewalt in jedem der 50 Einzelstaaten steht dem in allgemeinen und direkten Wahlen vom Volk des jeweiligen Einzelstaates gewählten Gouverneur zu. Die Gesetzgebung obliegt dem Parlament. Dieses besteht - außer in Nebraska - aus jeweils zwei Kammern.

Aufgrund der föderalistischen Struktur haben die Einzelstaaten jeweils ihr besonderes case law entwickelt. Weil dies in gewisser Weise für den Gesamtstaat problematisch ist, wurden Bestrebungen zur Rechtsverein-heitlichung eingeleitet. Durch die Empfehlung von durch Kommissionen ausgearbeiteten Mustertexten (uniform laws) zur Annahme an die Einzelstaaten soll der Rechtszersplitterung Einhalt geboten werden.

II. Verwaltungsrecht

Literatur: Linneweber, A., Einführung in das US-amerikanische Verwaltungsrecht, 1994; Lepsius, O., Verwaltungsrecht unter dem Common Law, 1997

Die Verwaltung ist stark von Föderalismus und dezentralisierter kommunaler Selbstverwaltung geprägt. Die Einzelstaaten sind in counties unterteilt, denen - abgesehen von einigen Großstädten - die Gemeinden eingegliedert sind. Bundesgesetze werden durch Bundesbehörden, Einzelstaatsgesetze durch Einzelstaatsbehörden ausgeführt. Eine klare Teilung der Gewalten ist dabei nicht mehr gegeben, da insbesondere die sog. commissions sowohl administrative wie auch legislative und judikative Züge aufweisen. Wegen der Zunahme der vom Staat erwarteten Leistungsfunktionen gewinnt das durch Gesetze geschaffene Verwaltungsrecht insgesamt an Bedeutung.

III. Verfahrensrecht

Literatur: Schack, H., Einführung in das US-amerikanische Zivilprozeßrecht, 2. A. 1995

Sowohl der Bund wie auch alle Einzelstaaten haben jeweils ein voll ausgebildetes Gerichtssystem. Eine besondere Verwaltungsgerichtsbarkeit gibt es nicht, wohl aber besondere Gerichte für Steuerangelegenheiten, Zollsachen, Patentwesen und Kriegsgerichtssachen.
1. Die Gerichtsorganisation des Bundes gliedert sich in drei Stufen. Eingangsgericht ist grundsätzlich eines der (93) Distriktgerichte (district court). Das Rechtsmittel gegen seine Entscheidung führt zu einem der (11) Appellationsgerichte (court of appeals). Über ihnen steht der Supreme Court in Washington D.C., der außer Bundesrecht auch Einzelstaatsrecht aufheben kann, wenn es mit der Bundesverfassung in Widerspruch steht.
Alle Bundesrichter werden vom Präsidenten mit Zustimmung des Senats auf Lebenszeit ernannt.
2. Die Gerichtsorganisation der Einzelstaaten weist unterschiedlich viele Instanzen auf. Meist steht über den ordentlichen Eingangsgerichten ein Berufungsgericht (court of appeals) oder eine besondere Berufungsabteilung (appelate division) des Eingangsgerichts. Die Spitze bildet ein unterschiedlich benanntes Höchstgericht (meist Supreme Court).

IV. Strafrecht

Das Strafrecht ist von Einzelstaat zu Einzelstaat verschiedenes case-law-Partikularrecht. Nur bei wenigen Delikten (Devisenschmuggel u.ä.) greifen die Bundesbehörden ein. In weitem Umfang (derzeit 38 Einzelstaaten) wird die Todesstrafe angewendet.

C) Privatrecht

Literatur: Laubrock, C., Nachlaß und Erbschaft in den USA, 1986; Merkt, H., US-amerikanisches Gesellschaftsrecht, 1991; Grundlagen des amerikanischen Gesellschafts-, Wirtschafts-, Steuer-, und Fremdenrechts, hg. v. Turcon, R./Zimmer, D., 1994; Byrd, B., Angloamerikanisches Vertrags- und Deliktsrecht, 1998; Kageneck, K. Graf, Deutsch-amerikanisches Begriffslexikon für Direktinvestititonen, 1998

Das Privatrecht ist von Einzelstaat zu Einzelstaat verschiedenes case-law-Partikularrecht. Nur auf dem Wege von Uniform Laws kommt es zur Rechtsvereinheitlichung. Sie ist beispielsweise im Handelsrecht durch den Uniform Commercial Code von 1952 gelungen.

D) Juristen

Literatur: Remmertz, F., Anwaltschaft zwischen Tradition und Wettbewerb, 1996

I. Studium

Die große Mehrzahl der amerikanischen Einzelstaaten setzt für die Ausübung eines juristischen Berufs das Studium an einer der rund 200 jährlich durch eine Rangordnung (ranking) bewerteten Law Schools (z.B. Harvard, Yale, New York University, Chicago, Ann Arbor, Notre Dame, Madison usw.) voraus. Der häufig dem Collegestudium von Geschichte oder Politik folgende Besuch ist nur nach Bestehen einer bereits juristisches Verständnis erfordernden Aufnahmeprüfung möglich. Die Kosten sind verhältnismäßig hoch. Der Unterricht erfolgt nach der sokratischen Methode, bei welcher der Professor das von den Studenten in häuslicher Vorbereitung an Fällen gewonnene Wissen durch Frage und Antwort ans Licht zu bringen versucht. Im ersten Jahr wird dabei ein allgemeiner Überblick über alle Rechtsgebiete vermittelt, der in den beiden anschließenden Jahren in Sondergebieten vertieft wird. Den Abschluß bildet der Grad Juris Doctorate (J.D.).

II. Berufstätigkeit

Mit dem Abschluß der wissenschaftlichen Ausbildung an der Law School ist der Student lawyer (Anwalt). Zur tatsächlichen Berufsausübung vor Gericht muß er an den Gerichten mindestens eines Bundesstaates zugelassen werden. Dies setzt das Bestehen eines Anwaltsexamens (bar exam) voraus. Danach kann der Bewerber in die Anwaltsvereinigung (bar association) des betreffenden Einzelstaates aufgenommen werden. Damit darf der lawyer auch vor allen in dem betreffenden Einzelstaate gelegenen Bundesgerichten tätig werden.

Die Richter (an einzelstaatlichen Gerichten) werden meist vom Volk gewählt, wobei allerdings die Bewerber vom Gouverneur und der bar association anerkannt worden sein müssen. Zu Bundesrichtern werden vom Präsidenten überhaupt nur Juristen mit umfassender Berufserfahrung ernannt.

Auch die Staatsanwälte im Einzelstaat (district attorney) werden meist vom Volk gewählt. Bevorzugt werden Bewerber, welche als Gegner des Verbrechens (tough on crime) auftreten. Vielfach dient die staatsanwaltschaftliche Tätigkeit als Grundlage für eine spätere politische Laufbahn.

Alle lawyers, welche nicht bei einem Gericht zugelassen werden, betätigen sich in den außergerichtlichen Aufgabenbereichen der Notare, Rechtsberater oder Steuerberater. Ihr Ziel ist vielfach die möglichst geschickte Streitverhütung.

III. Ausländerstudium

Zahlreiche europäische Absolventen des rechtswissenschaftlichen Studiums halten die amerikanische Rechtsausbildung für so vorteilhaft, daß sie ein Aufbaustudium in den Vereinigten Staaten durchführen, das nach meist einjähriger Dauer mit dem Master of Law (LL.M.) oder Master of Comparative Law (M.C.L.) abschließt. Literaturberichte finden sich in zahlreichen Heften der Juristischen Schulung: JuS 1962, Heft 9, 366ff., JuS 1963, Heft 6, 251, JuS 1964, Heft 11, 429ff., JuS 1966, Heft 4, 166f., JuS 1966, Heft 6, 256, JuS 1966, Heft 7, 268ff., JuS 1967, Heft 2, 96, JuS 1973, Heft 4, 261, JuS 1976, Heft 1, 8ff., JuS 1977, Heft 1, 63f., JuS 1977, Heft 4, 277, JuS 1978, Heft 1, 69, JuS 1978, Heft 2, 142f., JuS 1978, Heft 4, 287f., JuS 1978, Heft 7, 503, JuS 1979, Heft 12, 915f., JuS 1980, Heft 9, 695, JuS 1981, Heft 4, 312f., JuS 1981, Heft 6, 469ff., JuS 1981, Heft 10, 780, JuS 1982, Heft 1, 73f., JuS 1982, Heft 10, 792, JuS 1983, Heft 8, 644f., JuS 1983, Heft 9, 732f., JuS 1984, Heft 2, 92ff., JuS 1984, Heft 2, 157ff., JuS 1985, Heft 2, 155f., 326, JuS 1986, Heft 4, 328, JuS 1987, Heft 4, 333f., JuS 1987, Heft 7, 587ff., JuS 1988, Heft 1, 85ff., JuS 1988, Heft 8, 699, JuS 1989, Heft 10, 855f., JuS 1990, Heft 11, 949f., JuS 1991, Heft 7, 616, JuS 1992, Heft 10, 893f., JuS 1993, Heft 4, 272ff., Heft 12, 1072ff., JuS 1994, Heft 4, 282ff., JuS 1994, Heft 11, 991f., JuS 1995, Heft 3, XIV, XX, 227f., JuS 1995, Heft 4, 375f., JuS 1995, Heft 6, IX, JuS 1995, Heft 8, 757ff., JuS 1995, Heft 10, IX, JuS 1995, Heft 11, XVIII, JuS 1996, Heft 1, IX, 83, 85, JuS 1996, Heft 3, XVII, JuS 1996, Heft 4, XVIII, JuS 1996, Heft 5, XXXII, JuS 1996, Heft 10, XVI, JuS 1996, Heft 12, XI, JuS 1997, Heft 2, XXVII, JuS 1997, Heft 7, XII, Jus 1998, Heft 1, XX, JuS 1998, Heft 3, XVI, JuS 1998, Heft 5, XXIX.

ABKÜRZUNGSVERZEICHNIS

Adj.	Adjektiv
Adv.	Adverb
am.	amerikanisch
br.	britisch
engl.	englisch
F.	Femininum
franz.	französisch
jur.	juristisch
lat.	lateinisch
M.	Maskulinum
N.	Neutrum
Part.	Partikel
Pl.	Plural
Präp.	Präposition
V.	Verb

Deutsch - Englisch

A

abändern alter (V.), amend (V.), change (V.), modify (V.), revise (V.), vary (V.)

Abänderung (F.) alteration (N.), amendment (N.), change (N.), modification (N.), revision (N.)

Abänderungsklage (F.) petition (N.) to modify a judgement

Abandon (M.) relinquishment (N.), abandonment (N.)

abandonnieren abandon (V.)

abberufen (einen Botschafter zurückrufen) recall (V.)

Abberufung (F.) (Abberufung eines Botschafters) recall (N.)

abbrechen break (V.) off, call (V.) off

Abbruch (M.) (Abriß eines Hauses) dismantling (N.), demolition (N.)

Abbruch (M.) (Beendigung von Verhandlungen) rupture (N.), breaking (N.) off

Abbruch (M.) der Schwangerschaft abortion (N.)

abbuchen debit (V.)

Abbuchung (F.) direct debit (N.), write (N.) off

ABC-Waffen (F.Pl.) ABC-weapons (N.Pl.)

abdanken resign (V.), retire (V.), renounce (V.) the throne

abdingbar not mandatory (Adj.), subject (Adj.) to be contracted away

abdingen settle (V.)

aberkennen deprive (V.), disallow (V.)

Aberkennung (F.) deprivation (N.), disallowance (N.)

aberratio (F.) ictus (lat.) miscarriage (N.) of criminal act, transferred malice (N.)

Abfall (M.) waste (N.)

Abfallbeseitigung (F.) waste disposal (N.)

Abfallentsorgung (F.) waste management (N.)

Abfertigung (F.) (Fertigmachen für Versendung) dispatching (N.)

Abfertigung (F.) (geldlicher Ausgleich im Arbeitsrecht) compensation payment (N.)

abfinden settle (V.), pay (V.) off

Abfindung (F.) settlement (N.), accord and satisfaction (N.)

Abfindungsguthaben (N.) credit balance (N.) upon withdrawal

Abgabe (F.) tax (N.), levy (N.), fiscal charge (N.), duty (N.)

Abgabenordnung (F.) internal revenue code (N.), tax code (N.)

Abgabenüberhebung (F.) overcharging (N.), excessive rates (N.Pl.)

Abgasuntersuchung (F.) exhaust emission examination (N.)

abgeleitet derivative (Adj.)

abgeleiteter Eigentumserwerb (M.)

Abgeordnetenbestechung (F.) bribing (N.) Members of Parliament, bribing (N.) congressmen

Abgeordneter (M.) deputy (M. bzw. F.), delegate (M. bzw. F.), Member (M. bzw. F.) of Parliament (br.), Congressman (M.) (am.), representative (M. bzw. F.) (am.)

abgeschlossen closed (Adj.)

abhandenkommen get (V.) lost

abhängig depending (Adj.) on, subject (Adj.) to

Abhängigkeitsverhältnis (N.) dependent condition (N.), state (N.) of dependence

abheben draw (V.), withdraw (V.)

Abhebung (F.) withdrawal (N.)

abhelfen remedy (V.), redress (V.)

Abhilfe (F.) redress (N.), interlocutory revision (N.), remedy (N.)

abholen collect (V.)

abhören monitor (V.), intercept (V.)

Abhören (N.) monitoring (N.)

Abhörgerät (N.) bugging device (N.)

Abitur (N.) school-leaving examination (N.), final examination (N.)

Abkommen (N.) agreement (N.), accord (N.), convention (N.), treaty (N.)

Abkömmling (M.) descendant (M. bzw. F.), scion (M. bzw. F.)

Abkömmlinge (M.Pl. bzw. F.Pl.) offspring (N.), progeny (N.)

Abkunft (F.) descent (N.), extraction (N.), origin (N.)

Abkürzung (F.) abbreviation (N.)

Ablaß (M.) indulgence (N.)

Ablauf (M.) expiry (N.) (br.), expiration (N.) (am.)

ablehnen decline (V.), object (V.), refuse (V.), reject (V.)

Ablehnung (F.) challenge (N.), refusal (N.), rejection (N.), repudiation (N.)
ableiten derive (V.)
abliefern deliver (V.)
Ablieferung (F.) delivery (N.)
ablösen (tilgen) redeem (V.)
Ablösung (F.) (Tilgung) redemption (N.)
Ablösungsrecht (N.) right (N.) of redemption
abmachen settle (V.)
Abmachung (F.) agreement (N.)
abmahnen warn (V.)
Abmahnung (F.) warning (N.)
Abmahnungsschreiben (N.) written notice (N.), warning notice (N.)
Abmahnverein (M.) association (N.) to watch against unfair practices
Abmarkung (F.) demarcation (N.)
Abnahme (F.) (Billigung beim Werkvertrag) acceptance (N.) of performance
Abnahme (F.) (Entgegennahme beim Kaufvertrag) taking (N.) delivery
abnehmen (billigen beim Werkvertrag) accept (V.)
abnehmen (entgegennehmen beim Kaufvertrag) take (V.) delivery
Abnehmer (M.) purchaser (M. bzw. F.), consumer (M. bzw. F.)
abnorm abnormal (Adj.), anomalous (Adj.)
abnutzen be (V.) subject to wear and tear
Abnutzung (F.) wear (N.) and tear (N.), wearing off (N.)
Abolition (F.) general pardon (N.)
Abonnement (N.) subscription (N.)
abonnieren be a subscriber to (V.)
abordnen delegate (V.)
Abordnung (F.) delegation (N.)
abrechnen render (V.) an account, account (V.), invoice (V.)
Abrechnung (F.) account (N.), settlement (N.) of accounts, rendering (N.) an account, clearing (N.)
Abrechnungsstelle (F.) clearing house (N.)
Abrede (F.) understanding (N.), accord (N.), agreement (N.)
abreden agree (V.) to, arrange (V.)
Abrogation (F.) abrogation (N.)
abrogieren abrogate (V.), annul (V.)
Abruf (M.) call (N.), request (N.) for the delivery of, request (N.) for funds

abrufen recall (V.)
Absage (F.) refusal (N.)
absagen call (V.) off, cancel (V.)
Absatz (M.) (Teil eines Gesetzes) article (N.), paragraph (N.), section (N.)
Absatz (M.) (Verkauf) selling (N.), sale (N.)
abschaffen abolish (V.)
Abschaffung (F.) abolition (N.)
abschieben deport (V.)
Abschiebung (F.) deportation (N.), summary return (N.) to native country
Abschlag (M.) discount (N.), rebate (N.), abatement (N.)
Abschlagszahlung (F.) payment (N.) on account, anticipation payment (N.)
abschließen (beenden) end (V.), conclude (V.), finish (V.)
abschließen (vereinbaren) conclude (V.), effect (V.), enter (V.) into
abschließend closing (Adj.), in conclusion (Adj.)
Abschluß (M.) conclusion (N.), deal (N.)
Abschlußfreiheit (F.) freedom (N.) to contract
Abschlußprüfung (F.) school-leaving examination (N.), graduation (N.) (am.)
Abschlußvertreter (M.) agent (M. bzw. F.) with power to conclude a contract
Abschlußvollmacht (F.) power (N.) to close deal
Abschlußzwang (M.) obligation (N.) to conclude a contract, obligation (N.) to contract
Abschnitt (M.) section (N.), part (N.), chapter (N.), paragraph (N.)
abschöpfen skim (V.) off, tax (V.) away, absorb (V.)
Abschöpfung (F.) price-adjustment levy (N.), siphoning (V.) off
abschrecken deter (V.), scare (V.) away
Abschreckung (F.) deterrence (N.)
abschreiben (als Verlust anrechnen) take (V.) depreciation on, mark (V.) down
Abschreibung (Anrechnung als Verlust) depletion (N.)
Abschreibung (F.) depreciation (N.), write-down (N.)
Abschreibungsgesellschaft (F.) tax shelter company (N.)
Abschrift (F.) transcript (N.)

absenden (eine Fracht absenden) dispatch (V.), ship (V.)
absenden (einen Brief absenden) send (V.)
Absender (M.) (Briefabsender) sender (M. bzw. F.)
Absender (M.) (Frachtabsender) consignor (M. bzw. F.), shipper (M. bzw. F.)
absetzen (als Verlust anrechnen) deduct (V.)
absetzen (entlassen) oust (V.), remove (V.)
Absetzung (F.) (Anrechnung als Verlust) deduction (N.)
Absetzung (F.) (Entlassung von einem Amt) dismissal (N.), discharge (N.)
absichern provide (V.) security for
Absicht (F.) intention (N.), intent (N.), purpose (N.)
absichtlich intentionally (Adv.), on purpose
Absichtserklärung (F.) letter (N.) of intent
Absichtsprovokation (F.) intentional provocation (N.), provocation (N.) on purpose
absolut absolute (Adj.), total (Adj.)
absolute Fahruntüchtigkeit (F.) absolute unfitness (N.) to drive
absolute Mehrheit (F.) absolute majority (N.)
absoluter Revisionsgrund (M.) fundamental error (N.), automatic error (N.)
absolutes Fixgeschäft (N.) absolute time bargain (N.)
absolutes Recht (N.) absolute right (N.)
Absolution (F.) absolution (N.)
Absolutismus (M.) absolutism (N.)
absolvieren graduate (V.) from, complete (V.)
absondern separate (V.), segregate (V.)
Absonderung (F.) preferential treatment (N.) for secured creditor
Absonderungsrecht (N.) preferential right (N.)
absorbieren absorb (V.)
Absorption (F.) absorption (N.)
Absorptionsprinzip (N.) absorbing principle (N.)
absperren cordon (V.) off, seal (V.) off
Absprache (F.) (oral) agreement (N.), (oral) arrangement (N.)
Absprache (F.) über Schuldigerklärung (zwischen Verteidiger und Staatsanwalt) plea bargaining (N.)

abstammen descend (V.)
Abstammung (F.) origin (N.), parentage (N.), (lineage) descent (N.)
Abstand (M.) distance (N.), gap (N.), interval (N.)
abstellen park (V.), abolish (V.), abate (V.), cut (V.) off
abstimmen ballot (V.), vote (V.)
Abstimmung (F.) vote (N.), voting (N.), poll (N.)
abstrahieren abstract (V.)
abstrakt abstract (Adj.)
abstrakte Normenkontrolle (F.) abstract judicial review (N.) of the constitutionality of laws, abstract test (N.) of constitutionality
abstraktes Gefährdungsdelikt (N.) abstract strict-liability tort (N.)
Abstraktion (F.) abstraction (N.)
Abstraktionsprinzip (N.) principle (N.) of the abstract nature of rights in rem
abstreiten (bestreiten) contest (V.), dispute (V.)
abstreiten (leugnen) deny (V.)
Abt (M.) abbot (M.)
Abtei (F.) abbey (N.)
Abteilung (F.) (Abteilung einer Behörde) (F.)department (of an authority) (N.)
Abteilung (F.) (Abteilung einer Verwaltung) (F.) division (of an administration) (N.)
Äbtissin (F.) abbess (F.)
abtreiben abort (V.)
Abtreibung (F.) abortion (N.), feticide (N.)
Abtreibungsmittel (N.) abortifacient (N.)
abtreten (ein Recht abtreten) relinquish (V.)
abtreten (eine Forderung abtreten) assign (V.)
Abtretung (F.) assignment (N.), cession (N.)
Abtretungsempfänger (M.) assignee (M. bzw. F.)
Abtretungserklärung (F.) declaration (N.) of assignment, act (N.) of assignment
Abtretungsformular (N.) letter (N.) of remunication
Abtretungsverbot (N.) convenant (N.) not to assign
Abwasser (N.) waste water (N.), sewage (N.)
Abwehr (F.) defence (N.) (br.), defense (N.) (am.), warding (N.) off

abwehren ward (V.) off, avert (V.)
abweichen differ (V.), deviate (V.)
abweichend divergent (Adj.), deviating (Adj.), differing (Adj.)
abweichende Meinung (F.) (eines Richters) dissenting opinion (N.)
abweichendes Verhalten (N.) divergent behaviour (N.) (br.), divergent behavior (N.) (am.)
abweisen reject (V.), dismiss (V.), repudiate (V.), turn down (V.)
Abweisung (F.) rejection (N.), dismissal (N.)
abwerben entice (V.) away
Abwerbung (F.) enticement (N.)
abwerten devalue (V.)
Abwertung (F.) devaluation (N.)
abwesend absent (Adj.)
Abwesender (M.) absentee (M. bzw. F.)
Abwesenheit (F.) absence (N.)
Abwesenheitspflegschaft (F.) guardianship (N.) of absentees
Abwesenheitsverfahren (N.) proceeding (N.) against absentee
abwickeln (ein Unternehmen bzw. einen Nachlaß abwickeln) wind (V.) up, liquidate (V.)
Abwicklung (F.) liquidation (N.), handling (N.)
abzahlen pay (V.) off, pay (V.) by installments, redeem (V.)
Abzahlung (F.) paying (N.) off, gradual payment (N.)
Abzahlungskauf (M.) purchase (N.) by installments
Abzahlungskredit (M.) consumer credit (N.), installment credit (N.)
abzeichnen initial (V.)
abziehen deduct (V.)
Abzug (M.) deduction (N.)
Acht (F.) outlawry (N.), proscription (N.)
achtlos careless (Adj.)
Achtung (F.) attention (N.)
ad hoc (lat.) ad hoc (lat.)
Adäquanztheorie (F.) theory (N.) of adequate causation
adäquat adequate (Adj.)
Adel (M.) nobility (N.), aristocracy (N.)
adeln ennoble (V.), raise (V.) to nobility
Adelsstand (M.) nobility (N.), peerage (N.)

Adhäsion (F.) adhesion (N.)
Adhäsionsverfahren (N.) adhesive procedure (N.)
Adjutant (M.) adjutant (M. bzw. F.), aide-de-camp (M. bzw. F.)
Administration (F.) administration (N.)
administrativ administrative (Adj.)
Administrativenteignung (F.) expropriation (N.) by administrative authorities, condemnation (N.) by administrative authorities
Admiral (M.) admiral (M.)
adoptieren adopt (V.)
Adoption (F.) adoption (N.)
Adoptiveltern (Pl.) adoptive parents (Pl.)
Adoptivkind (N.) adoptive child
Adressat (M.) (Angebotsempfänger) offeree (M. bzw. F.)
Adressat (M.) (Normadressat) adressee (M. bzw. F.)
Adresse (F.) address (N.)
adressieren address (V.)
Advokat (M.) lawyer (M. bzw. F.)
Affekt (M.) emotional impulse (N.), uncontrollable impulse (N.)
Affektion (F.) affection (N.)
Affektionsinteresse (N.) sentimental interest (N.)
Affektionswert (M.) sentimental value (N.), imaginary value (N.)
Affidavit (N.) affidavit (N.)
affirmativ affirmative (Adj.)
Affront (M.) affront (N.), insult (N.)
Afrika (N.) Africa (F.)
Agende (F.) ritual (N.)
Agent (M.) agent (M. bzw. F.)
agent (M.) provocateur (franz.) agent provocateur (M. bzw. F.), entrapping person (M. bzw. F.)
Agentur (F.) agency (N.)
Aggression (F.) aggression (N.)
aggressiv aggressive (Adj.)
aggressiver Notstand (M.) aggressive state (N.) of emergency
agieren act (V.)
Agio (N.) premium (N.)
Agnat (M.) agnate (M. bzw. F.)
Agrarrecht (N.) agricultural law (N.)
Agrément (N.) agrément (N.) (franz.)
Ahn (M.) ancestor (M.), progenitor (M.)
ahnden punish (V.)

Ahnfrau (F.) ancestress (F.)
Aids (N.) aids (N.)
Akademie (F.) academy (N.)
akademisch academic (Adj.)
akademischer Grad (M.) academical degree (N.), university degree (N.)
Akklamation (F.) acclamation (N.)
Akkord (M.) piecework (N.)
Akkordlohn (M.) piecework pay (N.), piece wage (N.), task wage (N.), job rate pay (N.)
akkreditieren accredit (V.)
Akkreditierung (F.) accreditation (N.)
Akkreditiv (N.) letter (N.) of credit, commercial credit (N.)
Akt (M.) act (N.), deed (N.)
Akte (F.) file (N.)
Akteneinsicht (F.) access (N.) to records, inspection (N.) of files
aktenkundig on the record, in the file
Aktenlage (F.) status (N.) of the case, record (N.) as it stands
Aktenversendung (F.) forwarding (N.) of records, dispatch (N.) of records
Aktenzeichen (N.) reference number (N.), file number (N.), reference (N.)
Aktie (F.) share (N.) (br.), stock (N.) (am.)
Aktienbuch (N.) share register (N.), register (N.) of shareholders (br.), stock record book (N.) (am.)
Aktiengesellschaft (F.) joint-stock company (N.) (br.), joint-stock corporation (N.) (am.), public company (N.) (br.), corporation (N.) (am.)
Aktiengesetz (N.) Company Act (N.) (br.), Corporation Act (N.) (am.)
Aktieninhaber (M.) shareholder (M. bzw. F.) (br.), stockholder (M. bzw. F.) (am.)
Aktienrecht (N.) company law (N.) (br.), corporation law (N.) (am.)
Aktion (F.) action (N.), operation (N.)
Aktionär (M.) shareholder (M. bzw. F.) (br.), stockholder (M. bzw. F.) (am.)
aktiv active (Adj.)
Aktiva (N.Pl.) assets (N.Pl.)
aktives Wahlrecht (N.) right (N.) to vote, electoral franchise (N.)
Aktivlegitimation (F.) right (N.) to sue, right (N.) of action
Aktivschuld (F.) active debt (N.), outstanding debt (N.)
Aktivvertretung (F.) active representation (N.)
aktuell of immediate interest, immediate (Adj.), urgent (Adj.), up-to-date
Akzept (N.) acceptance (N.)
akzeptabel acceptable (Adj.)
Akzeptant (M.) acceptor (N.)
akzeptieren accept (V.)
Akzessorietät (F.) accessoriness (N.)
akzessorisch accessory (Adj.), incidental (Adj.)
akzidentiell accidental (Adj.)
Akzise (F.) excise (N.)
Alarm (M.) alarm (N.), warning (N.), alert (N.)
Alarmanlage (F.) burglar alarm (N.)
aleatorisch aleatory (Adj.)
alias alias, otherwise known as
Alibi (N.) alibi (N.)
Alimentation (F.) alimony (N.), maintenance (N.)
Alimentationstheorie (F.) theory (N.) of adequate remuneration of public officials
Alimente (N.Pl.) maintenance payments (N.Pl.)
aliud wrong good (N.)
Alkohol (M.) alcohol (N.)
Alkoholdelikt (N.) crime (N.) committed under the influence of alcohol
allgemein common (Adj.), general (Adj.)
allgemeine Geschäftsbedingungen (F.Pl.) general terms and conditions (N.Pl.) of trade
allgemeine Gütergemeinschaft (F.) universal partnership (N.)
allgemeine Gütergemeinschaft (F.) (allgemeine Gütergemeinschaft unter Ehegatten) general community (N.) of goods
allgemeine Handlungsfreiheit (F.) general freedom (N.) of action
allgemeine Staatslehre (F.) general political science (N.)
allgemeine Wahl (F.) general election (N.)
allgemeiner Rechtsgrundsatz (M.) general principle (N.) of law
allgemeiner Studentenausschuß (M.) students' committee (N.)
allgemeiner Teil (M.) general part (N.)
allgemeines Gesetz (N.) general law (N.), general act (N.)

allgemeines Gewaltverhältnis (N.) general relationship (N.) of subordination
Allgemeinverbindlichkeit (F.) universal validity (N.)
Allgemeinverfügung (F.) general disposition (N.)
Allgemeinwohl (N.) common weal (N.)
Allianz (F.) alliance (N.)
Alliierte (M.Pl.) allies (Pl.)
Allmende (F.) folkland (N.), commons (N. Pl.)
Allod (N.) allod (N.)
Allonge (F.) rider (N.)
Allzuständigkeit (F.) comprehensive jurisdiction (N.)
Alm (F.) alpine pasture (N.), alp (N.)
Almosen (N.) alms (N.Pl.)
Alpe (F.) alpine pasture (N.), alp (N.)
Altenteil (M.) retired farmer's portion (N.)
Altenteilsrecht (N.) law (N.) of retired farmers' portion
Alter (N.) age (N.)
alternativ alternative (Adj.)
Alternative (F.) alternative (N.)
Alternativobligation (F.) alternative obligation (N.)
Altersgrenze (F.) age limit (N.), retirement age (N.)
Altershilfe (F.) old age benefits (N.Pl.)
Alterspräsident (M.) chairman (M.) by seniority, Father (M.) of the House
Altersruhegeld (N.) retirement income (N.), retirement pension (N.), retirement benefits (N.Pl.)
Altersversorgung (F.) retirement income (N.), retirement pension (N.), retirement benefits (N.Pl.)
Ältestenrat (M.) Council (N.) of Elders
ambulant mobile (Adj.)
Amendement (N.) amendment (N.)
Amerika (N.) America (F.)
Amnestie (F.) amnesty (N.), general pardon (N.)
amnestieren amnesty (V.)
Amok (M.) amok (N.)
Amoklauf (M.) running amok (N.)
Amortisation (F.) amortization (N.), redemption (N.)
amortisieren amortize (V.), repay (V.) gradually

Amt (N.) agency (N.), office (N.), post (N.), function (N.), position (N.)
amtlich official (Adj.)
amtliches Wertzeichen (N.) official stamp (N.)
Amtmann (M.) bailiff (M. bzw. F.)
Amtsanmaßung (F.) usurpation (N.) of office, false assumption (N.) of authority
Amtsanwalt (M.) official solicitor (M. bzw. F.), public prosecutor (M. bzw. F.)
Amtsarzt (M.) official physician (M. bzw. F.), medical officer (M. bzw. F.) of health (br.), medical examiner (M. bzw. F.) (am.)
Amtsbetrieb (M.) ex officio proceedings (N.Pl.)
Amtsblatt (N.) official journal (N.), official gazette (N.)
Amtsdelikt (N.) malfeasance (N.) in office, malpractice (N.) in office
Amtsermittlungsgrundsatz (N.) principle (N.) of official investigation
Amtsgericht (N.) local court (N.), magistrates' court (N.), county court (N.) (br.), district court (N.) (am.)
Amtshaftung (F.) public liability (N.), liability (N.) for a public officer
Amtshilfe (F.) administrative aid (N.)
Amtshilfeersuchen (N.) rogatory letters (N. Pl.)
Amtspflicht (F.) official duty (N.)
Amtspflichtverletzung (F.) violation (N.) of official duty, breach (N.) of official duty
Amtsträger (M.) office-holder (M. bzw. F.), office-bearer (M. bzw. F.) (br.), functionary (M. bzw. F.)
Amtsvergehen (N.) malfeasance (N.) in office
Amtsverschwiegenheit (F.) official secrecy (N.)
Amtsvormundschaft (F.) ex officio guardianship (N.)
Amtswalter (M.) office bearer (M. bzw. F.), holder (M. bzw. F.) of an office
Amtszeit (F.) tenure (N.), term (N.) of office
an Zahlungs Statt in lieu of payment
analog analogous (Adj.)
Analogie (F.) analogy (N.)
Analogieschluß (M.) conclusion (N.) by analogy, parity (N.) of reasoning

Analogieverbot (N.) prohibition (N.) of analogy

Anarchie (F.) anarchy (N.)

anarchisch anarchical (Adj.)

Anarchist (M.) anarchist (M. bzw. F.)

Anathema (N.) anathema (N.)

Anatozismus (M.) anatocism (N.)

anberaumen set (V.) down, fix (V.) a date

anbieten offer (V.), tender (V.)

Anderkonto (N.) trust account (N.), client account (N.), nominee acount (N.)

ändern change (V.), alter (V.), amend (V.), modify (V.)

Änderung (F.) change (N.), alteration (N.), amendment (N.), modification (N.)

Änderung (F.) des rechtlichen Gesichtspunktes change (N.) of the legal aspect

Änderungskündigung (F.) notice (N.) of termination pending a change of contract

androhen threaten (V.), warn (V.)

Androhung (F.) threat (N.), warning (N.)

aneignen appropriate (V.), ursurp (V.)

Aneignung (F.) appropriation (N.), original occupancy (N.)

Anerbe (M.) exclusive heir (M. bzw. F.) to a farm, principal heir (M. bzw. F.)

anerkennen acknowledge (V.), accept (V.)

Anerkenntnis (N.) acknowledgement (N.), cognovit (N.) (in court)

Anerkenntnisurteil (N.) judgement (N.) by confession, decree (N.) by consent (in civil procedure)

Anerkennung (F.) (Anerkennung im Völkerrecht) recognition (N.)

Anfall (M.) accession (N.), accrual (N.), devolution (N.)

anfallen accrue (V.), become (V.) available

Anfang (M.) der Ausführung beginning (N.) of the commission of the act

anfänglich initial (Adj.), first (Adj.)

anfängliche Unmöglichkeit (F.) initial impossibility (N.)

Anfechtbarkeit (F.) (Angreifbarkeit) challengeability (N.), impeachability (N.)

Anfechtbarkeit (F.) (Urteilsanfechtbarkeit) appealability (N.), voidableness (N.)

Anfechtbarkeit (F.) (Willenserklärungsanfechtbarkeit) contestability (N.), voidability (N.)

anfechten (ein Urteil anfechten) appeal (V.)

anfechten (eine Willenserklärung anfechten) contest (V.), avoid (V.)

anfechten (einen Zeugen angreifen) impeach (V.), challenge (V.)

Anfechtung (F.) (Anfechtung einer Willenserklärung) contestation (N.), opposition (N.) to

Anfechtung (F.) (Anfechtung eines Urteils) appeal (N.) against

Anfechtung (F.) (Anfechtung eines Zeugen) impeachment (N.) of, challenge (N.), objection (N.) to

Anfechtungsgesetz (N.) creditor's avoidance of transfers act (N.)

Anfechtungsklage (F.) (Anfechtung einer Willenserklärung) action (N.) for avoidance

Anfechtungsklage (F.) (Anfechtungsklage gegen ein Urteil) action (N.) to set aside

Anfechtungsklage (F.) (Anfechtungsklage im Eherecht) action (N.) for annullment

anfordern call (V.) in, request (V.)

Anforderung (F.) request (N.)

Anfrage (F.) inquiry (N.), interpellation (N.), question (N.)

anfragen ask (V.), inquire (V.)

Angabe (F.) statement (N.), representation (N.)

angeben state (V.), denounce (V.)

angeblich alleged (Adj.)

Angebot (N.) bid (N.), offer (N.), proposal (N.), proffer (N.), tender (N.)

angehören belong (V.) to, pertain (V.) to

angehörig related (Adj.) to

Angehöriger (M.) relative (M. bzw. F.)

Angehörigkeit (F.) relationship (N.), kinship (N.)

Angeklagter (M.) accused (M. bzw. F.), defendant (M. bzw. F.)

Angelegenheit (F.) matter (N.), business (N.), affair (N.), concern (N.)

angemessen appropriate (Adj.), proper (Adj.)

Angeschuldigter (M.) person (M. bzw. F.) charged, indicted person (M. bzw. F.), accused (M. bzw. F.)

angestellt employed (Adj.)

Angestelltenversicherung (F.) obligatory employee's insurance (N.)

Angestellter (M.) employee (M. bzw. F.), salary earner (M. bzw. F.)

angreifen assault (V.), attack (V.)
Angreifer (M.) attacker (M. bzw. F.)
angrenzen adjoin (V.)
Angriff (M.) attack (N.)
Angriffskrieg (M.) offensive war (N.), aggressive war (N.)
Angriffsnotstand (M.) aggressive state (N.) of emergency
Anhalt (M.) supporting fact (N.), clue (N.)
Anhang (M.) rider (N.), annex (N.) (am.)
anhängen append (V.), annexe (V.) (am.)
anhängig pending (Adj.), pendent (Adj.)
Anhängigkeit (F.) pendency (N.)
anheben raise (V.)
anheften affix (V.)
anhören grant (V.) a hearing, give (V.) the opportunity to be heard, give (V.) an audience
Anhörung (F.) hearing (N.)
Anklage (F.) accusation (N.), indictment (N.), charge (N.)
Anklagebank (F.) dock (N.)
Anklageerzwingung (F.) compelling (N.) the public prosecutor to prefer charges
Anklagemonopol (N.) sole right (N.) of the state to institute criminal proceedings
anklagen accuse (V.), charge (V.), indict (V.), impeach (V.)
Ankläger (M.) accuser (M. bzw. F.), indictor (M. bzw. F.), prosecutor (M. bzw. F.)
Anklageschrift (F.) indictment (N.), charge sheet (N.)
ankündigen announce (V.)
Ankündigung (F.) announcement (N.)
Anlage (F.) (Einrichtung) installation (N.), plant (N.), facilities (N.Pl.)
Anlage (F.) (Vermögenseinsatz) investment (N.), placement (N.)
Anlagevermögen (N.) fixed assets (N.Pl.), invested assets (N.Pl.), fixed capital (N.)
Anlandung (F.) alluvion (N.)
Anlaß (M.) occasion (N.), motive (N.)
anlegen (einsetzen) invest (V.), place (V.)
Anleihe (F.) loan (N.), stock (N.) (br.), bond (N.) (am.)
Anlieger (M.) adjacent owner (M. bzw. F.), abutter (M. bzw. F.)
anmelden register (V.)
Anmeldung (F.) registration (N.)
Anmerkung (F.) comment (N.)

Annahme (F.) acceptance (N.), taking delivery (N.)
Annahme als Kind (F.) adoption (N.)
Annahmeverzug (M.) default (N.) in acceptance, default (N.) in taking delivery, mora (N.) accipiendi (lat.)
annehmen accept (V.)
annektieren annex (V.)
Annex (M.) annex (N.), enclosure (N.)
Annexion (F.) annexiation (N.)
Annexkompetenz (F.) competence (N.) of annex schedule
annullieren cancel (V.), annul (V.)
Annullierung (F.) annulment (N.), cancellation (N.), rescission (N.)
anonym anonymous (Adj.)
anordnen order (V.), direct (V.)
Anordnung (F.) order (N.), directive (N.), precept (N.)
Anordnung (F.) der aufschiebenden Wirkung order (N.) of suspensive effect
anormal abnormal (Adj.)
anpassen adjust (V.)
Anpassung (F.) adjustment (N.)
Anpassung (F.) der Wahlbezirke reapportionment (N.) (am.)
Anrecht (N.) right (N.), claim (N.)
anregen suggest (V.)
Anregung (F.) suggestion (N.)
ansässig resident (Adj.)
Anschein (M.) appearance (N.), semblance (N.)
anscheinend apparent (Adj.)
Anscheinsbeweis (M.) prima facie evidence (N.), half proof (N.)
Anscheinsgefahr (F.) apparent danger (N.)
Anscheinsvollmacht (F.) apparent authority (N.), ostensible authority (N.), agency (N.) by estoppel, agency (N.) by holding out
Anschlag (M.) attempt (N.)
anschlagen knock (V.)
anschließen connect (V.), add (V.), lock (V.)
Anschluß (M.) connection (N.), joinder (N.), affiliation (N.)
Anschlußberufung (F.) cross appeal (N.), counter-appeal (N.)
Anschlußkonkurs (M.) follow up bankruptcy (N.)
Anschlußpfändung (F.) second distress (N.), secondary attachment (N.)

Anschlußrevision (F.) counter-appeal (N.)

Anschlußzwang (M.) compulsory participation (N.)

anschuldigen accuse (V.), charge (V.)

Anschwemmung (F.) alluvion (N.)

ansetzen schedule (V.), fix (V.)

Ansetzen (N.) zur Tatbestandsverwirklichung begin (V.) with the realization of an offence

Ansicht (F.) opinion (N.), view (N.)

Ansichtssendung (F.) consignment (N.) for inspection, consignment (N.) on approval

Anspruch (M.) claim (N.), demand (N.), right (N.), title (N.), interest (N.), entitlement (N.)

Anspruchsgrundlage (F.) basis (N.) of claim, foundation (N.) of claim

Anspruchskonkurrenz (F.) concurring claims (N.Pl.)

Anstalt (F.) institution (N.), establishment (N.), foundation (N.)

Anstand (M.) decency (N.), propriety (N.)

ansteigen rise (V.), increase (V.)

anstellen engage (V.), employ (V.)

Anstellung (F.) engagement (N.), employment (N.)

Anstellungsbetrug (M.) employment fraud (N.)

Anstieg (M.) rise (N.), increase (N.)

anstiften instigate (V.), incite (V.), abet (V.)

Anstifter (M.) instigator (M. bzw. F.), abettor (M. bzw. F.), inciter (M. bzw. F.), suborner (M. bzw. F.)

Anstiftung (F.) instigation (N.), subornation (N.), solicitation (N.), incitement (N.)

Anstiftung (F.) zu grundloser Prozeßführung barratry (N.)

Anteil (M.) share (N.), part (N.), portion (N.), quota (N.), interest (N.), proportion (N.)

anteilig pro rata (Adj.), proportionate (Adj.)

Anteilseigner (M.) owner (M. bzw. F.) of a share, shareholder (M. bzw. F.) (br.), stockholder (M. bzw. F.) (am.)

Anteilsschein (M.) share certificate (N.)

Antichrese (F.) antichresis (N.), Welsh mortgage (N.)

Antidiskriminierung (F.) affirmative action (N.)

Antinomie (F.) antinomy (N.)

Antisemitismus (M.) antisemitism (N.)

antizipieren anticipate (V.)

Antrag (M.) application (N.), motion (N.), proposition (N.), submission (N.), petition (N.), request (N.)

Antragsdelikt (N.) offence (N.) requiring an application for prosecution

Antragsteller (M.) claimant (M. bzw. F), appellant (M. bzw. F)

Antwort (F.) answer (N.), reply (N.)

antworten answer (V.), reply (V.)

anvertrauen trust (V.)

anwachsen augment (V.), accrue (V.), increase (V.)

Anwachsung (F.) accretion (N.), accrual (N.)

Anwalt (M.) lawyer (M. bzw. F.), advocate (M. bzw. F.), councel (M. bzw. F.), solicitor (M.F.) (br.), attorney (M. bzw. F.) (am.), attorney (M. bzw. F.) at law (am.)

Anwaltschaft (F.) bar (N.), the bar (N.), attorneyship (N.), advocacy (N.)

Anwaltschinesisch (N.) boilerplate (N.)

Anwaltsgebühr (F.) attorney's fee (N.)

Anwaltsgehilfe (M.) clerk (M. bzw. F.), lawyer's secretary (F.)

Anwaltskammer (F.) Inn (N.) of Court (br.), bar association (N.) (am.), law society (N.)

Anwaltsnotar (M.) notary-advocate (M. bzw. F.)

Anwaltsprozeß (M.) litigation (N.) with necessary representation by lawyers

Anwaltszwang (M.) mandatory representation (N.) by lawyers

Anwärter (M.) candidate (M. bzw. F.), aspirant (M. bzw. F.)

Anwartschaft (F.) expectancy (N.), future interest (N.), future estate (N.)

Anwartschaft (F.) (Anwartschaft im Erbrecht) remainder (N.)

Anwartschaftsrecht (N.) expectancy (N.), expectant right (N.), contingent right (N.)

anweisen order (V.), direct (V.), give (V.) instructions

anweisen (Geld anweisen) remit (V.), assign (V.), instruct (V.)

Anweisung (F.) order (N.), directive (N.), remittance (N.), direction (N.), instruction (N.)

anwendbar applicable (Adj.)

anwenden use (V.), utilize (V.)

Anwender (M.) user (N.)

Anwendung (F.) use (N.), application (N.), utilization (N.), usage (N.)

anwerben solicit (V.)

Anwesen (N.) real estate (N.), premises (N. Pl)

anwesend present (Adj.)

Anwesenheit (F.) presence (N.)

anzahlen make (V.) a down payment, make (V.) a first install

Anzahlung (F.) down payment (N.), payment (N.) on account, deposit (N.)

Anzeichen (N.) indication (N.)

Anzeige (F.) announcement (N.), notice (N.), notification (N.)

Anzeige (F.) (Anzeige bei der Polizei) report (N.)

Anzeige (F.) (Anzeige bei einer Behörde) charge (N.), denunciation (N.)

anzeigen report (V.), give (V.) notice

Anzeigepflicht (F.) obligation (N.) to report to the police, obligation (N.) to notify

anzeigepflichtig notifiable (Adj.), reportable (Adj.)

Apanage (F.) appanage (N.)

apostolisch apostolic (Adj.)

Apotheke (F.) pharmacy (N.)

Apotheker (M.) chemist (M. bzw. F), druggist (M. bzw. F.) (am.)

Appellation (F.) appeal (N.)

Appellationsgericht (N.) court (N.) of appeal

appellieren appeal (V.)

Approbation (F.) licence (N.) to practice (br.), license (N.) to practice (am.)

approbieren approbate (V.), admit (V.), license (V.)

äquivalent equivalent (Adj.)

Äquivalenz (F.) equivalence (N.)

Äquivalenzprinzip (N.) principle (N.) of equivalence

Äquivalenztheorie (F.) theory (N.) of equivalent consideration

Arbeit (F.) work (N.), job (N.), employment (N.), labour (N.) (br.), labor (N.) (am.)

arbeiten work (V.), be (V.) employed

Arbeiter (M.) worker (M. bzw. F.), labourer (M. bzw. F.) (br.), laborer (M. bzw. F.) (am.)

Arbeitgeber (M.) employer (M. bzw. F.), principal (M. bzw. F.)

Arbeitgeberanteil (M.) employer's share (N.), employer's contribution (N.)

Arbeitgeberverband (M.) employer's association (N.)

Arbeitnehmer (M.) jobholder (M. bzw. F.), employee (M. bzw. F.)

arbeitnehmerähnlich quasi-employee (Adj.)

Arbeitnehmererfindung (F.) employee invention (N.)

Arbeitnehmerfreibetrag (M.) earned income relief (N.), employee exempted amount (N.)

Arbeitnehmerhaftung (F.) liability (N.) of employees

Arbeitnehmerüberlassung (F.) personnel leasing (N.)

Arbeitsamt (N.) labour exchange (N.) (br.), employment exchange (N.) (br.), labor office (N.) (am.), employment office (N.) (am.), job centre (N.)

Arbeitsbereitschaft (F.) willingness (N.) to work

Arbeitsbewilligung (F.) green card (N.) (am.), work permit (N.)

Arbeitsdirektor (M.) labour director (M. bzw. F.) (br.), labor-relations director (M. bzw. F.) (am.)

Arbeitseinkommen (N.) earned income (N.)

Arbeitsförderung (F.) employment promotion (N.), promotion (N.) of job creation

Arbeitsgericht (N.) labour court (N.) (br.), labor court (N.) (am.), industrial tribunal (N.)

Arbeitskampf (M.) industrial dispute (N.), labour struggle (N.) (br.), labor struggle (N.) (am.)

Arbeitskraft (F.) manpower (N.), worker (M. bzw. F.)

Arbeitslohn (M.) wage (N.), pay (N.)

arbeitslos unemployed (Adj.), out of work (Adj.), jobless (Adj.)

Arbeitslosengeld (N.) unemployed benefit (N.)

Arbeitslosenhilfe (F.) unemployment support (N.)

Arbeitslosenversicherung (F.) unemployment insurance (N.)

Arbeitslosigkeit (F.) unemployment (N.)

Arbeitsmündigkeit (F.) minimum age (N.) for employment

Arbeitsprozeß (M.) operation (N.), production process (N.)
Arbeitsrecht (N.) labour law (N.) (br.), labor law (N.) (am.)
Arbeitsschutz (M.) industrial safety (N.)
Arbeitssicherheit (F.) on-the-job safety (N.)
Arbeitssicherheitsgesetz (N.) Act (N.) on safety at work
Arbeitsstätte (F.) place (N.) of work
arbeitsunfähig unfit (Adj.) for work
Arbeitsunfähigkeit (F.) inability (N.) to work, unfitness (N.) to work
Arbeitsunfall (M.) occupational accident (N.)
Arbeitsverhältnis (N.) employment (N.), employment relationship (N.)
Arbeitsvermittlung (F.) procurement (N.) of work, employment placement service (N.)
Arbeitsvertrag (M.) employment contract (N.), labour contract (N.) (br.), labor contract (N.) (am.), service contract (N.)
Arbeitsvertrag (M.) mit Gewerkschaftsbeitrittsverbot yellowdog contract (N.)
Arbeitsverwaltung (F.) employment authorities (N.Pl.), employment services (N.Pl.)
Arbeitszeit (F.) work hours (N.Pl.), working time (N.)
Arbeitszeitsrechtsgesetz (N.) Act (N.) on hours of work
Arbitrage (F.) arbitrage (N.)
arbiträr arbitrary (Adj.)
archaisch archaic (Adj.)
Architekt (M.) architect (M. bzw. F.)
Architektenrecht (N.) law (N.) concerning architects
Archiv (N.) archive (N.)
Arglist (F.) malevolence (N.), malice (N.)
arglistig malevolent (Adj.), malicious (Adj.)
arglistige Täuschung (F.) wilful deceit (N.), fraudulent misinterpretation (N.)
arglos unsuspecting (Adj.)
Argument (N.) argument (N.), reasoning (N.)
argumentieren argue (V.), reason (V.)
Argwohn (M.) suspicion (N.), distrust (N.)
Aristokrat (M.) aristocrat (M. bzw. F.)
Aristokratie (F.) aristocracy (N.)
Armee (F.) army (N.)
Armenrecht (N.) poverty law (N.), legal aid (N.)
Arrest (M.) arrest (N.), seizure (N.), apprehension (N.), taking (N.) into custody, confinement (N.)
arrestieren arrest (V.), apprehend (V.), take (V.) into custody
arrha (F.) (lat.) earnest (N.), earnest money (N.)
arrondieren round (V.) off
Art (F.) (Gattung) kind (N.), type (N.)
Art (F.) (Methode) mode (N.)
Artenschutz (M.) protection (N.) of endangered species
Artikel (M.) article (N.)
Arznei (F.) medicine (N.), remedy (N.)
Arzneimittel (N.) medicine (N.), medical preparation (N.)
Arzneimittelgesetz (N.) Medical Preparations Act (N.)
Arzt (M.) doctor (M. bzw. F.), physician (M. bzw. F.), medical practitioner (M. bzw. F.)
ärztlich medical (Adj.)
Arztrecht (N.) law (N.) concerning medical doctors
asozial asocial (Adj.), unsocial (Adj.)
Asperationsprinzip (N.) principle (N.) of asperity
Aspirant (M.) aspirant (M. bzw. F.)
Assekuranz (F.) insurance (N.), assurance (N.)
Assessor (M.) junior judge (M. bzw. F.), associate judge (M. bzw. F.)
Assistent (M.) assistant (M. bzw. F.), aide (M. bzw. F.)
Assoziation (F.) association (N.)
assoziieren associate (V.)
Asyl (N.) asylum (N.), sanctuary (N.), refuge (N.)
Asylant (M.) asylum seeker (M. bzw. F.)
Asylrecht (N.) (Asylrechtsanspruch) right (N.) of sanctuary
Asylrecht (N.) (Asylrechtsordnung) law (N.) of asylum
Aszendenten (M.Pl. bzw. F.Pl.) ascendants (M.Pl. bzw.F.Pl.)
Atomgesetz (N.) atomic energy law (N.)
Attaché (M.) attaché (M.)
Attentat (N.) assassination (N.), assassination attempt (N.)
Attentäter (M.) assassinator (M. bzw. F.), assassin (M. bzw. F.)

Attest (N.) certificate (N.)
Audienz (F.) audience (N.), formal reception (N.)
aufbewahren keep (V.)
aufdecken disclose (V.), reveal (V.)
Aufenthalt (M.) stay (N.), sojourn (N.), residence (N.)
Aufenthaltserlaubnis (F.) residence permit (N.)
Aufenthaltsgenehmigung (F.) residence permit (N.)
Aufenthaltsort (M.) place (N.) of residence, abode (N.), whereabouts (N.Pl.)
auferlegen impose (V.)
auffordern request (V.), call (V.) on
Aufforderung (F.) request (N.), demand (N.), requisition (N.)
Aufgabe (F.) task (N.), function (N.), duty (N.)
aufgeben abandon (V.), leave (V.), quit (V.)
Aufgebot (N.) (Aufgebot einer Behörde) public invitation (N.) to assert claims
Aufgebot (N.) (Aufgebot im Eherecht) banns (N.) of matrimony, notice (N.) of an intended marriage
Aufgebotsverfahren (N.) public citation (N.), public summons (N.)
Aufgeld (N.) premium (N.), agio (N.), surcharge (N.)
aufheben lift (V.), cancel (V.), reverse (V.), repeal (V.), rescind (V.)
aufheben (ein Gesetz beseitigen) abrogate (V.)
Aufhebung (F.) reversal (N.), repeal (N.), cancellation (N.)
aufhetzen incite (V.), stir (V.) up
Aufhetzung (F.) incitement (N.)
aufklären clarify (V.), clear (V.) up
Aufklärung (F.) clarification (N.), clearing-up (N.)
Aufklärung (F.) (Wahrheitsfindung) detection (N.)
Aufklärung (F.) (Zeit der Aufklärung) enlightenment (N.)
Aufklärungspflicht (F.) duty (N.) to provide clarification, duty (N.) to disclose
Aufklärungsquote (F.) detection rate (N.)
Auflage (F.) imposition (N.), condition (N.), burden (N.)
auflassen (eine Anlage schließen) close

(V.) down
auflassen (über den Eigentumsübergang an einem Grundstück einig werden) convey (V.)
Auflassung (F.) conveyance (N.) of land, closing (N.) of title
Auflassungsvormerkung (F.) priority notice (N.) of conveyance, caution (N.) of conveyance
Auflauf (M.) unlawful assembly (N.), riot (N.)
auflaufen acccrue (V.), accumulate (V.)
auflösen dissolve (V.), resolve (V.), annul (V.)
auflösende Bedingung (F.) condition (N.) subsequent
Auflösung (F.) dissolution (N.), annulment (N.), liquidation (N.)
aufopfern sacrifice (V.)
Aufopferung (F.) sacrifice (N.)
Aufopferungsanspruch (M.) denial damage (N.)
Aufopferungstheorie (F.) theory (N.) of denial damage
aufrechnen set (V.) off (br.), offset (V.) (am.)
Aufrechnung (F.) set-off (N.) (br.), setoff (N.) (am.), recoupment (N.)
Aufruf (M.) call (N.)
aufrufen call (V.)
Aufruhr (M.) insurrection (N.), rebellion (N.), revolt (N.), riot (N.)
Aufrührer (M.) fomenter (M. bzw. F), agitator (M. bzw. F.)
aufschieben postpone (V.), defer (V.), put (V.) off
aufschiebende Bedingung (F.) suspensive condition (N.)
aufschiebende Wirkung (F.) suspensory effect (N.), suspensive effect (N.)
Aufschub der Strafvollstreckung (M.) stay (N.) of execution
Aufseher (M.) supervisor (M. bzw. F.), overseer (M. bzw. F.), warder (M. bzw. F.)
Aufsicht (F.) supervision (N.), care (N.), control (N.)
Aufsichtsbehörde (F.) supervisory authority (N.)
Aufsichtspflicht (F.) supervising duty (N.)
Aufsichtsrat (M.) board (N.), directorate (N.)

Aufsichtsrat (M.) (einer Gesellschaft) supervisory board (N.), board (N.) of trustees, board (N.) of directors

aufspüren trace (V.)

Aufstand (M.) uprising (N.), insurrection (N.), rebellion (N.)

aufstellen set (V.) up, lay (V.) down, state (V.), prepare (V.), nominate (V.), compile (V.), stand (V.) for (brit.), run (V.) for (am.)

Aufstellung (F.) setting up (N.), arrangement (N.), statement (N.), preparation (N.), nomination (N.), specification (N.), itemization (N.) (am.)

aufteilen divide (V.) up, share (V.)

Auftrag (M.) mandate (N.), commission (N.), order (N.)

Auftraggeber (M.) mandator (M. bzw. F.), principal (M. bzw. F.), customer (M. bzw. F.)

Auftragnehmer (M.) consignee (M. bzw. F.), contractor (M. bzw. F.)

Auftragsangelegenheit (F.) delegated function (N.), matter (N.) handled upon request

Auftragsbestätigung (F.) acknowledgement (N.) of an order, confirmation (N.) of an order

Auftragsgeschäft (N.) commission business (N.)

Auftragsverwaltung (F.) administration (N.) by commission

Aufwand (M.) expense (N.), expenditure (N.)

Aufwandsentschädigung (F.) expense allowance (N.), representation allowance (N.)

aufwenden spend (V.), use (V.), expend (V.)

Aufwendung (F.) expense (N.), expenditure (N.), outlay (N.)

Aufwendungserstattung (F.) reimbursement (N.) of expenses

aufwerten revalue (V.), revaluate (V.)

Aufwertung (F.) revaluation (N.)

aufwiegeln incite (V.), stir (V.) up

aufzeichnen (mitschreiben) record (V.)

Aufzeichnung (F.) record (N.), recording (N.), memorandum (N.)

Augenschein (M.) inspection (N.), judicial view (N.)

Augenzeuge (M.) eyewitness (M. bzw. F.)

Auktion (F.) auction (N.), public sale (N.)

Auktionator (M.) auctioneer (M. bzw. F.)

ausbilden train (V.), educate (V.)

Ausbildender (M.) vocational instructor (M. bzw. F.), master craftman (M.), master craftsman (M.)

Ausbildung (F.) training (N.), professional training (N.), vocational training (N.)

Ausbildungsförderung (F.) promotion (N.) of vocational training

ausbleiben fail (V.) to appear, be (V.) absent

Ausbleiben (N.) non-appearance (N.), failure (N.) to appear

ausbrechen escape (V.), break (V.) out

Ausbruch (M.) escape (N.), jailbreak (N.) (am.)

ausbürgern expatriate (V.), denationalize (V.), deprive (V.) of citizenship

Ausbürgerung (F.) expatriation (N.), deprival (N.) of citizenship, denaturalization (N.)

ausdrücklich explicit (Adj.), express (Adj.)

Ausdrücklichkeitsgebot (N.) requirement (N.) of explicit expression

auseinandersetzen (teilen) divide (V.), partition (V.)

Auseinandersetzung (F.) partition (N.), division (N.), distribution (N.), apportionment (N.)

Ausfall (M.) shortfall (N.), loss (N.), breakdown (N.)

Ausfallzeit (F.) lost period of time (N.), insurance shortfall (N.)

ausfertigen exemplify (V.), make (V.) an authentic copy, engross (V.)

Ausfertigung (F.) official copy (N.), authentic copy (N.), engrossment (N.), antigraphy (N.), transcript (N.)

ausforschen sound (V.) out, explore (V.)

Ausforschung (F.) exploratory soundings (N.Pl.), sounding (N.) out

Ausforschungsbeweisantrag (M.) application (N.) to carry out inquiries

Ausfuhr (F.) export (N.)

ausführen (ein Gesetz ausführen) implement (V.), execute (V.)

Ausfuhrerlaubnis (F.) export permit (N.), export licence (N.), export license (N.) (am.)

Ausführung (F.) (Ausführung eines Gesetzes) implementation (N.), execution (N.)

Ausführungsgesetz (N.) implementation law (N.), regulatory statute (N.)

Ausführungsverordnung (F.) implementing ordinance (N.)

ausfüllen fill (V.) in, complete (V.)

Ausfüllungsbefugnis (F.) authority (N.) to complete

Ausgabe (F.) expense (N.), expenditure (N.), disbursement (N.), outlay (N.), issue (N.)

ausgeben give (V.), distribute (V.), spend (V.), issue (V.), emit (V.)

ausgeübter Gewerbebetrieb (M.) industrial enterprise (N.) in exercise

Ausgleich (M.) adjustment (N.), equalization (N.)

Ausgleich (M.) (Ersatz eines Schadens) compensation (N.)

ausgleichen adjust (V.), equalize (V.), balance (V.)

ausgleichen (einen Schaden ersetzen) compensate (V.)

Ausgleichsabgabe (F.) equalization levy (N.), countervailing levy (N.), compensatory charge (N.)

Ausgleichsabgabe (F.) equalization levy (N.), countervailing levy (N.), compensatory tax (N.)

Ausgleichsanspruch (M.) compensation claim (N.), equalization claim (N.), right (N.) of contribution

Auskunft (F.) information (N.), disclosure (N.)

Auskunftsklage (F.) claim (N.) to be entitled to discovery

Auskunftspflicht (F.) obligation (N.) to disclose, duty (N.) to give information

Auskunftsverweigerungsrecht (N.) right (N.) to refuse to give information, privilege (N.) of non-disclosure

ausladen unload (V.), discharge (V.), unship (V.)

Auslage (F.) expense (N.), disbursement (N.), outlay (N.)

Ausland (N.) foreign countries (N.Pl.)

Ausländer (M.) foreigner (M. bzw. F.), alien (M. bzw. F.)

Ausländerrecht (N.) law (N.) concerning foreign nationals

ausländisch foreign (Adj.)

Auslandsdelikt (N.) offence (N.) commited in a foreign country

auslegen interpret (V.), construe (V.)

Auslegung (F.) interpretation (N.), construction (N.)

ausleihen lend (V.), loan (V.)

ausliefern (an ausländische Behörden ausliefern) extradite (V.)

Auslieferung (F.) (Auslieferung an ausländische Behörden) extradition (N.)

Auslieferungshaft (F.) custody (N.), pending extradition (N.)

Auslieferungsverbot (N.) prohibition (N.) of extraditing someone

Auslieferungsvertrag (M.) extradition treaty (N.)

ausloben offer (V.) as a reward

Auslobung (F.) public promise (N.), public offer (N.) of reward

auslosen choose (V.) by lot, draw (V.) by lot

Auslosung (F.) drawing (N.) of lots, premature redemption (N.) of bonds

Ausnahme (F.) exception (N.)

Ausnahmegericht (N.) special tribunal (N.)

Ausnahmezustand (M.) state (N.) of emergency

ausreichend sufficient (Adj.), adequate (Adj.)

Aussage (F.) testimony (N.), statement (N.) of a witness, evidence (N.)

Aussageerpressung (F.) extortion (N.) of statements

Aussagegenehmigung (F.) permission (N.) to give evidence

aussagen testify (V.), give (V.) evidence

Aussagenotstand (M.) testimony (N.) under duress

Aussagepflicht (F.) duty (N.) to give evidence

Aussageverweigerungsrecht (N.) privilege (N.) to refuse to give evidence, right (N.) to remain silent

ausschlagen (nicht annehmen) disclaim

ausschlagen (sich nicht einverstanden erklären) decline (V.)

Ausschlagung (F.) disclaimer (N.), renouncement (N.) of succession

Ausschlagung (F.) turning (N.) down, disclaimer (N.), non-acceptance (N.), renouncement (N.)

ausschließen exclude (V.), preclude (V.), rule (V.) out

ausschließlich exclusive (Adj.)

ausschließliche Gesetzgebung (F.) exclusive legislation (N.)

ausschließliche Gesetzgebungskompetenz (F.) (des US-Kongresses) preemption (N.) (am.)

Ausschließung (F.) exclusion (N.), preclusion (N.), expulsion (N.)

Ausschluß (M.) exclusion (N.), preclusion (N.), expulsion (N.)

Ausschlußfrist (F.) time (N.) of preclusion, preclusive period (N.), exclusive time limit (N.)

Ausschuß (M.) committee (N.), board (N.), commission (N.)

Außenbereich (M.) external sphere (N.), external undeveloped land (N.)

Außenminister (M.) foreign minister (M. bzw. F.), Foreign Secretary (M. bzw. F.) (br.), Secretary (M. bzw. F.) of State (am.)

Außenministerium (N.) foreign ministry (N.), Foreign Office (N.) (br.), State Department (N.) (am.)

Außenprüfung (F.) field (N.) auditing, independent audit (N.)

Außensteuerrecht (N.) external law (N.) of taxation

Außenverhältnis (N.) external relationship (N.), relation (N.) to third parties

Außenvollmacht (F.) external power (N.) of agency

Außenwirtschaft (F.) foreign trade (N.)

Außenwirtschaftsrecht (N.) law (N.) of foreign trade

außer except (Konj.)

außer Kraft setzen abrogate (V.), rescind (V.)

außergerichtlich extrajudicial (Adj.), out of court (Adj.)

außergewöhnlich exceptional (Adj.), extraordinary (Adj.)

äußern utter (V.), comment (V.)

außerordentlich extraordinary (Adj.)

außerordentliche Kündigung (F.) extraordinary termination (N.)

Äußerung (F.) remark (N.)

aussetzen (in eine hilflose Lage verbringen) abandon (V.), expose (V.)

aussetzen (unterbrechen) stay (V.), suspend (V.)

Aussetzung (F.) (Unterbrechung) suspension (N.)

Aussetzung (F.) (Verbringung in eine hilflose Lage) exposure (N.), abandonment (N.)

Aussiedler (M.) repatriate (M. bzw. F.), newly settled farmer (M. bzw. F.)

aussondern segregate (V.), sort (V.) out, single (V.) out

Aussonderung (F.) segregation (N.), assertion (N.) of rights of ownership against the bankrupt's estate

aussperren lock (V.) out

Aussperrung (F.) lockout (N.)

ausspielen play (V.), outplay (V.), give (V.) as a prize

Ausspielvertrag (M.) lottery contract (N.)

Ausstand (M.) strike (N.), walkout (N.)

ausstatten fit (V.) out, equip (V.), provide (V.)

Ausstattung (F.) equipment (N.), advancements (N.Pl.)

ausstehend outstanding (Adj.), receivable (Adj.)

ausstellen draw (V.) up, issue (V.)

Aussteller (M.) drawer (M. bzw. F.) of a bill

Aussteller (M.) (Aussteller eines Wechsels) maker (M. bzw. F.)

Ausstellung (F.) issue (N.), making (N.) out, drawing (N.), execution (N.)

Aussteuer (F.) trousseau (N.), dowry (N.)

Austausch (M.) exchange (N.), interchange (N.), substitution (N.)

austauschen exchange (V.), interchange (V.), substitute (V.)

Austauschpfändung (F.) levy (N.) of execution in exchange

austreten withdraw (V.), resign (V.) from membership

Austritt (M.) withdrawal (N.), resignation (N.) of membership

ausüben exercise (V.), practise (V.), serve (V.)

Ausübung (F.) exercise (N.)

Ausübungsermächtigung (F.) power (N.) to exercise a right

Ausverkauf (M.) clearance sale (N.), selling off (N.), sale (N.)

Auswahl (F.) selection (N.)
auswählen select (V.)
auswandern emigrate (V.)
Auswanderung (F.) emigration (N.)
Auswanderungsbetrug (M.) fraudulent enticement (N.) to emigrate
auswärtig exterior (Adj.), foreign (Adj.), non-resident (Adj.)
auswärtige Angelegenheiten (F.Pl.) foreign affairs (N.Pl.)
auswärtiger Dienst (M.) foreign service (N.)
ausweichen avoid (V.), evade (V.)
Ausweis (M.) identity card (N.), identification document (N.), proof (N.) of identity, pass (N.)
ausweisen (außer Landes verbringen) expel (V.), deport (V.)
ausweisen (zu erkennen geben) disclose (V.), prove (V.), identify (V.)
Ausweismißbrauch (M.) misuse (N.) of identification papers
Ausweispflicht (F.) obligation (N.) to carry identification papers, requirement (N.) in respect of publication
Ausweisung (F.) expulsion (N.), deportation (N.)
auswirken affect (V.), bear (V.) on
Auswirkung (F.) effect (N.), influence (N.)
auszahlen pay (V.) off, disburse (V.)
Auszahlung (F.) disbursement (N.)
Auszubildender (M.) trainee (M. bzw. F.), apprentice (M. bzw. F.)
Auszug (M.) abstract (N.), extract (N.)
authentisch authentical (Adj.), genuine (Adj.)
authentische Interpretation (F.) authentical interpretation (N.)
Autobahn (F.) motorway (N.) (br.), superhighway (N.) (am.), turnpike (N.) (am.)
Automat (M.) automatic machine (N.)
Automat (M.) (Verkauf) slot machine (N.)
Automatenmißbrauch (M.) purloining (N.) automats, misuse (N.) of automatic machines, misuse (N.) of slot machines
automatisch automatic (Adj.), ipso facto (lat.)
autonom autonomous (Adj.)
Autonomie (F.) autonomy (N.), home rule (N.)

Autopsie (F.) autopsy (N.), necropsy (N.), post-mortem examination (N.)
Autor (M.) author (M. bzw. F.), writer (M. bzw. F.)
autorisieren authorize (V.)
Aval (M.) aval (N.), bank guarantee (N.), suretyship (N.)
Avis (M.) advice note (N.)
Axiom (N.) axiom (N.)

B

baccalaureus (M.) (lat.) bachelor (M. bzw. F.)
Baden (N.) Baden (F.)
Baden-Württemberg (N.) Baden-Württemberg (F.)
Bagatelldelikt (N.) petty offence (N.), minor offence (N.)
Bagatelle (F.) bagatelle (N.), petty matter (N.), small matter (N.)
Bagatellsache (F.) petty case (N.), small claim (N.)
Bahn (F.) railway (N.)
Bahnpolizei (F.) railway police (N.)
Baisse (F.) slump (N.), fall (N.), drop (N.)
Bande (F.) gang (N.)
Bandendiebstahl (M.) theft (N.) committed by a gang
Bandit (M.) bandit (M.), gangster (M.)
Bank (F.) bank (N.), banking house (N.)
Bankakzept (N.) banker's acceptance (N.), bank acceptance (N.)
Bankbürgschaft (F.) bank guarantee (N.), security note (N.) of a bank
Bankeinlage (F.) bank deposit (N.), savings deposit (N.)
Bankenpfandrecht (N.) banker's lien (N.)
Bankgeheimnis (N.) banker's discretion (N.), banker's privilege (N.), banking secrecy (N.)
Bankgeschäft (N.) banking (N.), bank transaction (N.)
Bankier (M.) banker (M. bzw. F.)
Bankkonto (N.) banking account (N.), bank account (N.), account (N.)
Banknote (F.) note (N.), bank note (N.), bill (N.) (am.)
Bankomat (M.) cash dispenser (N.)

Bankrecht (N.) banking law (N.)
bankrott bankrupt (Adj.)
Bankrott (M.) bankruptcy (N.), insolvency (N.)
Bankrotteur (M.) defaulter (M. bzw. F.), bankrupt person (M. bzw. F.)
Bann (M.) (Kirchenbann) ban (N.), excommunication (N.), anathema (N.)
Bannkreis (M.) protected zone (N.), precincts (N.Pl.)
Bannmeile (F.) neutral zone (N.), precincts (N.Pl.)
bar cash (Adj.)
Bargebot (N.) cash bid (N.)
Bargeld (N.) ready cash (N.), cash (N.), ready money (N.)
Barkauf (M.) cash purchase (N.), purchase (N.) for cash
Barscheck (M.) open cheque (N.) (br.), payable check (N.) (am.), uncrossed cheque (N.)
Barzahlung (F.) cash payment (N.), payment (N.) in cash, ready cash (N.)
Bataillion (N.) batallion (N.)
Bau (M.) building (N.), edifice (N.), construction (N.), structure (N.)
Bauaufsicht (F.) building inspection (N.)
Bauer (M.) farmer (M. bzw. F.), peasant (M.)
Bauernbefreiung (F.) emancipation (N.) of the peasantry
Bauernkriege (M.Pl.) peasant's wars (N.Pl.)
baufällig dilapidated (Adj.)
Baufreiheit (F.) freedom (N.) to build on property
Baugenehmigung (F.) building permit (N.), building licence (N.) (br.), building license (N.) (am.), planning permission (N.)
Baugesetzbuch (N.) building code (N.)
Baugestaltungsrecht (N.) law (N.) on building and designing buildings
Bauherr (M.) builder (M. bzw. F.), building owner (M. bzw. F.)
Baukosten (N.Pl.) building costs (N.Pl.), building expenses (N.Pl.)
Baukostenzuschuß (M.) contribution (N.) to building costs
Bauland (N.) building land (N.), building ground (N.)

Baulandsachen (F.Pl.) building land cases (N.Pl.)
Baulast (F.) obligation (N.) to construct and maintain
Baulastenverzeichnis (N.) register (N.) of obligations to construct and maintain
Bauleiter (M.) building supervisor (M. bzw. F.)
Bauleitplan (M.) zoning map (N.)
Bauleitplanung (F.) zoning (N.)
Baulinie (F.) building line (N.)
Baumangel (M.) defect (N.) of construction work, structural defect (N.)
Baumeister (M.) master builder (M. bzw. F.), builder (M. bzw. F.)
Baunutzungsverordnung (F.) ordinance (N.) on use of buildings, use order (N.)
Bauordnung (F.) building code (N.), building regulations (N.Pl.)
Bauordnungsamt (N.) planning department (N.)
Bauordnungsrecht (N.) building regulations (N.Pl.)
Bauplan (M.) building plan (N.), construction plan (N.)
Bauplanungsrecht (N.) law (N.) on planning for building projects
Bauplatz (M.) building site (N.), lot (N.) (am.)
Baupolizei (F.) building control office (N.), building inspection (N.)
Bauprozeß (M.) building lawsuit (N.)
Baurecht (N.) (Anspruch auf Ausführung eines Bauvorhabens) right (N.) to build
Baurecht (N.) (Baurechtsordnung) building law (N.)
Bauschein (M.) building permit (N.), construction permit (N.)
Bausparkasse (F.) building society (N.) (br.), building and loan association (N.) (am.)
Bausparvertrag (M.) building society savings contract (N.)
Bauüberwachung (F.) building inspection (N.)
Bauwerk (N.) building (N.), edifice (N.), construction (N.), structure (N.)
Bauwich (M.) minimum spacing (N.) of buildings
bayerisch Bavarian (Adj.)

Bayerisches Oberstes Landesgericht (N.) Bavarian Supreme Court (N.)

Bayern (N.) Bavaria (F.)

Bayern (N.) Bavaria (N.)

beabsichtigen intend (V.), plan (V.)

beachten take (V.) notice of, observe (V.)

Beachtung (F.) attention (N.), notice (N.)

Beamtenbestechung (F.) bribery (N.) of an official

Beamtenhaftung (F.) public liability (N.)

Beamtenrecht (N.) civil service law (N.)

Beamtenrechtsrahmengesetz (N.) general act (N.) governing the public service

Beamtenverhältnis (N.) status (N.) of a public officer

Beamter (M.) public official (M. bzw. F.), public officer (M. bzw. F.), civil servant (M. bzw. F.), officer (M. bzw. F.), official (M. bzw. F.)

beanspruchen claim (V.)

beanstanden complain (V.), object (V.) to, criticize (V.), query (V.)

bearbeiten work (V.) on, treat (V.), process (V.), handle (V.)

Bearbeitung (F.) treatment (N.), working (N.), handling (N.)

beaufsichtigen supervise (V.), control (V.)

beauftragen charge (V.), commission (V.), empower (V.), entrust (V.), instruct (V.)

Beauftragter (M.) commissioner (M. bzw. F.), mandatary (M. bzw. F.)

beauftragter Richter (M.) commissioned judge (M. bzw. F.)

bebauen build (V.) upon, build (V.) up

Bebauungsplan (M.) development plan (N.), building scheme (N.)

Bedarf (M.) need (N.), requirements (N. Pl.), demand (N.)

Bedenken (N.) doubt (N.), concern (N.), objection (N.)

bedeuten mean (V.), stand (V.) for

Bedeutung (F.) meaning (N.), importance (N.)

bedienen serve (V.), operate (V.)

Bediensteter (M.) employee (M. bzw. F.), staff member (M. bzw. F.)

Bediensteter (M.) (Bediensteter des öffentlichen Dienstes) public servant (M. bzw. F.), public employee (M. bzw. F.), official (M. bzw. F.), servant (M. bzw. F.)

bedingen (bewirken) cause (V.), effect (V.)

bedingen (verlangen) condition (V.), call (V.) for

bedingt conditional (Adj.), qualified (Adj.)

bedingte Schuldfähigkeit (F.) qualified criminal capacity (N.)

bedingter Vorsatz (M.) contingent intent (N.)

Bedingung (F.) condition (N.), provision (N.), term (N.), stipulation (N.)

bedingungsfeindlich absolute (Adj.), not permitting a condition, unconditional (Adj.)

Bedingungsfeindlichkeit (F.) not permitting (N.) of a condition

bedrohen threaten (V.), menace (V.)

Bedrohung (F.) threat (N.), menace (N.)

Bedürfnis (N.) need (N.), requirement (N.)

Bedürfnisprüfung (F.) public need test (N.)

bedürftig indigent (Adj.), needy (Adj.), poor (Adj.)

Bedürftigkeit (F.) need (N.), indigence (N.)

beeiden affirm (V.) upon oath, affirm (V.) by oath, swear (V.) to

beeidigen affirm (V.) upon oath, affirm (V.) by oath, swear (V.) to

Beeidigung (F.) affirmation (N.) by oath, swearing (N.) in

beeinflussen influence (V.), prejudice (V.), bias (V.)

beeinträchtigen prejudice (V.), infringe (V.), affect (V.)

Beeinträchtigung (F.) impairment (N.), encroachment (N.) on, interference (N.) with, nuisance (N.)

beenden complete (V.), finish (V.), end (V.), terminate (V.)

beendeter Versuch (M.) finished attempt (N.)

beendigen complete (V.), finish (V.), end (V.), terminate (V.)

Beendigung (F.) termination (N.), completion (N.)

beerdigen bury (V.)

Beerdigung (F.) funeral (N.), burial (N.)

Beerdigungskosten (N.Pl.) funeral expenses (N.Pl.)

befähigen enable (V.), qualify (V.)

Befähigung (F.) qualification (N.), capability (N.), capacity (N.)

Befähigungsnachweis (M.) certificate (N.)

of qualification, certificate (N.) of proficiency

befangen biased (Adj.), prepossessed (Adj.), prejudiced (Adj.)

Befangenheit (F.) partiality (N.), prejudice (N.), bias (N.)

befassen deal (V.), engage (V.), consider (V.)

Befehl (M.) order (N.), command (N.)

befehlen order (V.), command (V.)

befolgen comply (V.), obey (V.), observe (V.)

befördern transport (V.)

Beförderung (F.) (im Beruf) advancement (N.), promotion (N.)

Beförderung (F.) (im Verkehr) transportation (N.), haulage (N.)

Beförderungsvertrag (M.) (von Personen) passage contract (N.)

Beförderungsvertrag (M.) (von Sachen) transportation contract (N.), contract (N.) of carriage

befragen question (V.), interview (V.), examine (V.), interrogate (V.)

befreien liberate (V.), set (V.) free, release (V.), free (V.), excuse (V.)

Befreiung (F.) liberation (N.), freeing (N.), release (N.), discharge (N.), dispensation (N.), exemption (N.)

Befreiungsanspruch (M.) right (N.) of indemnity, right (N.) of exemption

Befreiungsvorbehalt (M.) reservation (N.) of dispensation

befriedet fenced (Adj.) in, enclosed (Adj.)

befriedigen satisfy (V.)

Befriedigung (F.) satisfaction (N.)

befristen limit (V.), restrict (V.), set (V.) a time limit

Befristung (F.) limitation (N.), time limit (N.), terminability (N.)

Befugnis (F.) authority (N.), power (N.), competence (N.), warrent (N.)

befugt authorized (Adj.), entitled (Adj.)

befürworten approve (V.), sponsor (V.), advocate (V.), support (V.)

Befürwortung (F.) recommendation (N.), support (N.), advocacy (N.)

Begabtenförderung (F.) furthering (N.) of the gifted

begebbares Wertpapier (N.) negotiable instrument (N.)

begehen commit (V.), perpetrate (V.), carry (V.) out

begehren desire (V.), request (V.), wish (V.)

Begehren (N.) petition (N.), demand (N.), request (N.)

Begehung (F.) commission (N.), committal (N.), perpetration (N.)

Begehungsdelikt (N.) offence (N.) by commission

beglaubigen attest (V.), authenticate (V.), verify (V.), certify (V.)

Beglaubigung (F.) attestation (N.), verification (N.), certification (N.)

Beglaubigungsschreiben (N.) credentials (N.Pl.)

Beglaubigungsvermerk (M.) attestation clause (N.), testimonium clause (N.)

begleichen settle (V.)

Begleittat (F.) collateral act (N.)

begnadigen pardon (V.), grant (V.) a pardon, reprieve (V.)

Begnadigung (F.) pardon (N.), granting (N.) of pardon, clemency (N.)

begrenzen limit (V.), restrict (V.), determine (V.)

Begriff (M.) term (N.)

Begriffsjurisprudenz (F.) analytical jurisprudence (N.)

begründen give (V.) reasons, set (V.) forth grounds, justify (V.)

begründet well-founded (Adj.), justified (Adj.), legitimate (Adj.)

Begründetheit (F.) reasonable justification (N.), arguments for (N.Pl.)

Begründung (F.) reason (N.), grounds (N.Pl.), justification (N.)

begünstigen favor (V.), be (V.) partial to, abet (V.)

begünstigender Verwaltungsakt (M.) administrative act (N.) which results in a benefit

Begünstigter (M.) beneficiary (M. bzw. F.), payee (M. bzw. F.), grantee (M. bzw. F.)

Begünstigter (M.) (eines Trusts) beneficiary (M. bzw. F.), grantee (M. bzw. F.)

Begünstigung (F.) preferential treatment (N.), abetting (N.), convinnance (N.)

behandeln treat (V.), deal (V.)

Behandlung (F.) treatment (N.)

behaupten claim (V.), allege (V.), assert (V.)

Behauptung (F.) claim (N.), allegation (N.), assertion (N.), averment (N.)
Behelf (M.) makeshift (N.)
beherbergen give (V.) shelter, accomodate (V.)
Beherbergung (F.) housing (N.), accomodation (N.), shelter (N.)
beherrschen rule (V.), control (V.), dominate (V.)
Beherrschung (F.) rule (N.), control (N.), domination (N.)
Beherrschungsvertrag (M.) direct control contract (N.)
behindern hinder (V.), impede (V.), obstruct (V.)
Behindertentestament (N.) will (N.) in favour of a disabled person
Behinderter (M.) disabled person (M. bzw. F.), handicapped person (M. bzw. F.)
Behinderung (F.) hindrance (N.), obstruction (N.), impediment (N.)
Behinderungswettbewerb (M.) competition (N.) of restraints
Behörde (F.) public authority (N.), official authority (N.), government agency (N.), council (N.)
beibringen produce (V.), supply (V.), submit (V.)
Beibringung (F.) production (N.), adduction (N.), causing (N.)
Beibringungsgrundsatz (M.) principle (N.) of party presentation
beifügen affix (V.), enclose (V.)
Beigeladener (M.) summoned third party (N.)
Beigeordneter (M.) associate (M. bzw. F.), adjunct (M. bzw. F.)
Beihilfe (F.) (Gehilfenschaft) assistance (N.), aid (N.), help (N.)
Beihilfe (F.) (Unterstützungsleistung) allowance (N.), grant (N.), benefit (N.)
beiladen call (V.) in
Beiladung (F.) calling (N.) in
beilegen enclose (V.), settle (V.)
Beilegung (F.) settlement (N.)
Beirat (M.) advisory board (N.), counsellor (M. bzw. F.)
Beischlaf (M.) sexual intercourse (N.), carnal knowledge (N.)
beischlafen cohabit (V.)

Beisitzer (M.) associate judge (M. bzw. F.), puisne judge (M. bzw. F.)
Beistand (M.) support (N.), aid (N.), assistance (N.)
Beitrag (M.) contribution (N.), share (N.)
Beitrag (M.) (Sozialversicherungsbeitrag) premium (N.)
Beitragsbemessungsgrenze (F.) income limit (N.) up to which contributions are chargeable
beitreiben collect (V.), recover (V.), enforce (V.) the payment of
Beitreibung (F.) (Beitreibung im Privatrecht) recovery (N.), enforcement (N.) of payment
Beitreibung (F.) (Beitreibung im Verwaltungsrecht) enforced collection (N.), exaction (N.)
beitreten join (V.), become (V.) a member of, accede (V.)
Beitritt (M.) joining (N.), accession (N.), adherence (N.)
Beiurteil (N.) interlocutory decree (N.)
beiwohnen witness (V.), attend (V.), cohabit (V.)
Beiwohnung (F.) cohabitation (N.), sexual intercourse (N.)
bejahen affirm (V.), accept (V.)
Bekanntgabe (F.) announcement (N.), promulgation (N.), publication (N.)
bekanntgeben announce (V.), promulgate (V.)
bekanntmachen publish (V.), make (V.) known, announce (V.)
Bekanntmachung (F.) announcement (N.), publication (N.), proclamation (N.)
bekennen confess (V.), profess (V.), acknowledge (V.)
Bekenntnis (N.) confession (N.), profession (N.), acknowledgement (N.)
Bekenntnisfreiheit (F.) freedom (N.) of faith, freedom (N.) of religion, religious liberty (N.)
Bekenntnisschule (F.) denominational school (N.) (br.), parochial school (N.) (am.)
Beklagter (M.) defendant (M. bzw. F.), respondent (M. bzw. F.)
Belang (M.) relevance (N.), concern (N.), significance (N.)
belasten burden (V.), charge (V.), debit (V.)

belästigen molest (V.), annoy (V.), harass (V.)
Belästigung (F.) harassment (N.), molestation (N.)
Belastung (F.) burden (N.), charge (N.), debit (N.)
Belastungszeuge (M.) prosecution witness (M. bzw. F.)
belaufen run (V.) up to
Beleg (M.) voucher (N.), receipt (N.), slip (N.)
belegen (Adj.) situate (Adj.), located (Adj.)
belegen (V.) impose (V.), inflict (V.), prove (V.)
Belegenheit (F.) situs (N.), locus (N.) rei sitae (N.)
Belegenheitsgrundsatz (M.) principle (N.) of locus rei sitae
beleglos without proof
belehren inform (V.), instruct (V.), advise (V.), caution (V.)
Belehrung (F.) instruction (N.), advice (N.), cautioning (N.)
Belehrungspflicht (F.) obligation (N.) to caution
beleidigen insult (V.), offend (V.)
Beleidigung (F.) insult (N.), defamation (N.), offence (N.), libel (N.), stander (N.)
beleihen lend (V.) on security, grant (V.) a loan on
Beliehener (M.) granted contractor (M. bzw. F.)
Bemessung (F.) assessment (N.), awarding (N.), determination (N.)
Bemessungsgrundlage (F.) evaluation basis (N.), basis (N.) of assessment
beneficium (N.) (lat.) benefice (N.)
Benehmen (N.) (Benehmen im Verwaltungsrecht) consultation (N.)
Benelux-Staaten (M.Pl.) Benelux countries (N.Pl.)
benutzen use (V.), utilize (V.)
Benutzung (F.) use (N.), usage (N.), utilization (N.)
Benutzungsgebühr (F.) fee (N.) for the use of, charge (N.) for the use of
Benutzungsgebühr (F.) (Straßenbenutzungsgebühr) toll (N.)
Benutzungsordnung (F.) regulation (N.) for the use of something

Benutzungsverhältnis (N.) relationship (N.) of utilization
Benutzungszwang (M.) compulsory use (N.), compulsory usage (N.)
Benzin (N.) gas (N.), petrol (N.)
beobachten observe (V.)
beraten (einen Rat geben) advise (V.), give (V.) advice
beraten (überlegen) deliberate (V.), consider (V.)
Berater (M.) advisor (M. bzw. F.), counsellor (M. bzw. F.)
Beratung (F.) (Beratung durch einen Anwalt) consultation (N.)
Beratung (F.) (Beratung eines Gerichtes) deliberation (N.)
Beratungshilfe (F.) assistance (N.) under legal advice scheme, green form scheme (N.)
Beratungszimmer (N.) (Beratungszimmer der Geschworenen) jury room (N.)
Beratungszimmer (N.) (Beratungszimmer des Anwalts) consultation room (N.)
berauben rob (V.), divest (V.)
berechnen calculate (V.), charge (V.)
berechtigen entitle (V.), authorize (V.), empower (V.)
Berechtigter (M.) legitimate claimant (M. bzw. F.), beneficiary (M. bzw. F.)
Berechtigung (F.) entitlement (N.), authority (N.), right (N.), privilege (N.)
Bereich (M.) domain (N.), scope (N.), area (N.)
bereichern enrich (V.), make (V.) rich
Bereicherung (F.) enrichment (N.), gain (N.)
Bereicherungsabsicht (F.) intent (N.) to enrich oneself
Bereicherungsanspruch (M.) claim (N.) on account of unjust enrichment
bereinigen adjust (V.), clear (V.) up, correct (V.), settle (V.)
Bereinigung (F.) adjustment (N.), clearing up (N.), correction (N.), settlement (N.)
bereit prepared (Adj.), willing (Adj.)
Bereitschaft (F.) readiness (N.), preparedness (N.), attendance (N.)
Bereitschaftspolizei (F.) mobile police (N.), riot police (N.), flying squad (N.)
Bergarbeiter (M.) miner (M.), mine worker (M.), pitman (M.)

Bergbau (M.) mining (N.), mining industry (N.)

Bergelohn (M.) salvage (N.) (money)

bergen salvage (V.), rescue (V.)

Bergrecht (N.) mining privilege (N.)

Bergwerk (N.) mine pit (N.)

Bergwerkseigentum (N.) proprietary mining rights (N.Pl.)

Bericht (M.) report (N.)

berichten report (V.)

Berichterstatter (M.) rapporteur (M. bzw. F.), associate judge (M. bzw. F.)

berichtigen correct (V.), rectify (V.), adjust (V.), amend (V.)

Berichtigung (F.) correction (N.), rectification (N.)

Berlin (N.) Berlin (F.)

Berliner Testament (N.) Berlin Testament (N.)

Berner Übereinkunft (F.) Berne Convention (N.)

berücksichtigen take (V.) into consideration, take (V.) into account, respect (V.)

Beruf (M.) profession (N.), occupation (N.), vocation (N.)

berufen appoint (V.), call (V.) to

beruflich occupational (Adj.), professional (Adj.)

Berufsausübung (F.) exercise (N.) of one's profession, vocational practice (N.), practice (N.)

Berufsbeamter (M.) permanent civil servant (M. bzw. F.), established civil servant (M. bzw. F.)

Berufsberatung (F.) vocational guidance office (N.)

Berufsbildung (F.) vocational education (N.)

Berufsfreiheit (F.) occupational liberty (N.), freedom (N.) to choose a profession

Berufsgenossenschaft (F.) professional association (N.), mutual indemnity association (N.)

Berufskrankheit (F.) occupational disease (N.)

Berufsrichter (M.) professional judge (M. bzw. F.), salaried judge (M. bzw. F.), stipendiary magistrate (M. bzw. F.)

Berufsschule (F.) vocational school (N.)

Berufsunfähigkeit (F.) vocational disability (N.)

Berufsunfähigkeitsversicherung (F.) occupational disability insurance (N.)

Berufsverband (M.) professional association (N.), vocational association (N.)

Berufsverbot (N.) prohibition (N.) to practise one's profession

Berufswahl (F.) choice (N.) of career, occupational choice (N.)

Berufung (F.) appeal (N.)

Berufungsgericht (N.) appeal court (N.), appeals court (N.) (am.)

Berufungsverfahren (N.) appeal proceedings (N.Pl.), procedure (N.) on appeal

berühmen assert (V.), claim (V.) to oneself, arrogate (V.)

Besatzung (F.) occupation (N.), occupation forces (N.Pl.)

Besatzungsgebiet (N.) occupied territory (N.), zone (N.) of occupation, territory (N.) of occupation

Besatzungsgewalt (F.) occupying authority (N.)

Besatzungsmacht (F.) occupying power (N.)

Besatzungsrecht (N.) law (N.) imposed by the occupying power

Besatzungsstatut (N.) Occupation Statute (N.)

Besatzungszone (F.) zone (N.) of occupation, occupied zone (N.)

beschädigen damage (V.), injure (V.)

Beschädigung (F.) damage (N.), damaging (N.), injury (N.)

beschaffen procure (V.), obtain (V.), supply (V.), raise (V.)

Beschaffung (F.) procurement (N.), acquisition (N.)

Beschaffungsschuld (F.) procurement debt (N.)

Beschaffungsverwaltung (F.) procurement division (N.)

beschäftigen occupy (V.), give (V.) employment, employ (V.)

beschäftigt concerned (Adj.), engaged (Adj.), busy (Adj.)

Beschäftigung (F.) occupation (N.), employment (N.), engagement (N.)

Beschäftigungspflicht (F.) obligation (N.) to continue the actual employment

Bescheid (M.) decision (N.), decree (N.), ruling (N.), order (N.), note (N.), notice (N.)

Bescheidungsurteil (N.) administrative court judgement (N.) instructing a public authority to make a certain ruling
bescheinigen certify (V.), attest (V.)
Bescheinigung (F.) certification (N.), certificate (N.), attestation (N.)
beschimpfen abuse (V.), revile (N.), vituperate (V.)
Beschimpfung (F.) revilement (N.), invective (N.), vituperation (N.), abusive language (N.), abuse (N.)
Beschlag seizure (N.)
Beschlagnahme (F.) seizure (N.), attachment (N.), distraint (N.), confiscation (N.), sequestration (N.)
beschlagnahmen seize (V.), attach (V.), impound (V.), sequestrate (V.)
beschleunigt summary (Adj.)
beschleunigtes Verfahren (N.) expedited procedure (N.), summary proceedings (N.Pl.)
beschließen decide (V.), resolve (V.), decree (V.), fix (V.), hold (V.)
Beschluß (M.) decision (N.), resolution (N.)
Beschluß (M.) (Gerichtsbeschluß) court order (N.), order (N.), intermediate order (N.)
beschlußfähig quorate (Adj.)
Beschlußfähigkeit (F.) presence (N.) of a quorum
beschlußunfähig inquorate (Adj.)
Beschlußverfahren (N.) court-order proceedings (N.Pl.), decision-making (N.) by vote
beschränken limit (V.), restrict (V.), restrain (V.)
beschränkte Haftung (F.) limited liability (N.)
beschränkte persönliche Dienstbarkeit (F.) restricted easement (N.)
beschränktes dingliches Recht (N.) restricted right (N.) in rem
Beschränkung (F.) limitation (N.), restrict (N.), restraint (N.)
beschuldigen blame (V.), charge (V.), accuse (V.), incriminate (V.)
Beschuldigter (M.) person (M. bzw. F.) charged, defendant (M. bzw. F.), accused (M. bzw. F.)
Beschwer (F.) grievance (N.), gravamen (N.)
Beschwerde (F.) plaint (N.), complaint (N.), request (N.) for relief, remonstrance (N.)

Beschwerdeführer (M.) complainant (M. bzw. F.), remonstrant (M. bzw. F.), appellant (M. bzw. F.)
Beschwerdeverfahren (N.) grievance procedure (N.), complaints procedure (N.)
beschweren (beklagen) complain (V.)
beschweren (belasten) aggrieve (V.)
beseitigen eliminate (V.), remove (V.), abate (V.)
Beseitigung (F.) elimination (N.), removal (N.), abatement (N.)
Beseitigungsanspruch (M.) right (N.) to the abatment of a nuisance, right (N.) to have something removed
besetzen occupy (V.), take (V.) possession of
Besetzung (F.) (Besetzung eines Postens) appointment (N.)
Besetzung (F.) (Besetzung eines Territoriums) occupation (N.)
Besitz (M.) possession (N.), tenure (N.), holding (N.), occupancy (N.)
Besitzdiener (M.) underpossessor (M. bzw. F.), possessor's agent (M. bzw. F.), possessor's servant (M. bzw. F.)
Besitzeinweisung (F.) livery (N.) of seisin
besitzen possess (V.), hold (V.), own (V.)
Besitzentziehung (F.) dispossession (N.), divestment (N.)
Besitzer (M.) possessor (M. bzw. F.), tenant (M. bzw. F.), holder (M. bzw. F.)
Besitzergreifung (F.) taking (N.) possession, seizin (N.), occupation (N.), occupancy (N.)
Besitzkehr (F.) aggressive protection (N.) of possession
Besitzkonstitut (N.) bailment (N.), constructive possession (N.) of chattels based on agreement
Besitzmittelungsverhältnis (N.) bailment (N.), constructive possession (N.) of chattels based on agreement
Besitznahme (F.) taking (N.) possession, entry (N.) into possession
Besitzrecht (N.) right (N.) of possession, right (N.) to possession, possessory right (N.)
besitzrechtlich possessory (Adj.)
Besitzschutz (M.) protection (N.) of possession

Besitzstand (M.) seisin (N.), seizin (N.), acquired status (N.)

Besitzsteuer (F.) property tax (N.), tax (N.) on earned and unearned income

Besitzstörung (F.) disturbance (N.) of possession, interference (N.) with possession, trespass (N.)

Besitztum (N.) estate (N.), property (N.), possessions (N.Pl.)

Besitzwehr (F.) defence (N.) of property

besolden salary (V.), remunerate (V.), pay (V.) a salary

Besoldung (F.) salary (N.), remuneration (N.), pay (N.)

Besoldungsdienstalter (N.) remuneration seniority (N.), pay seniority (N.)

Besoldungsordnung (F.) salary scheme (N.), system (N.) of remuneration

besonderer particular (Adj.), special (Adj.)

besonderer Teil (M.) special part (N.)

besonderes Gewaltverhältnis (N.) special relationship (N.) of subordination

besorgen (beschaffen) provide (V.), procure (V.), supply (V.)

besorgen (erledigen) handle (V.), deal (V.) with

Besorgnis (F.) concern (N.), anxiety (N.)

Besorgung (F.) (Beschaffung) procurement (N.), provision (N.), errand (N.)

Besorgung (F.) (Erledigung) handling (N.), management (N.)

Besserung (F.) improvement (N.), reformation (N.)

bestallen appoint (V.), install (V.), vest (V.)

Bestallung (F.) order (N.) of appointment, appointment (N.), investiture (N.), call (N.)

Bestand (M.) holdings (N.Pl.), stock (N.) on hand, inventory (N.), supply (N.)

Bestandskraft (F.) administrative finality (N.)

Bestandsschutz (M.) protection (N.) of vested rights

Bestandteil (M.) component (N.), part (N.)

bestätigen affirm (V.), confirm (V.), validate (V.), attest (V.), certify (V.), verify (V.)

Bestätigung (F.) confirmation (N.), validation (N.), attestation (N.)

Bestätigungsschreiben (N.) letter (N.) of confirmation, confirmation note (N.), letter (N.) of acknowledgement

bestechen bribe (V.), buy (V.) over, corrupt (V.)

bestechlich corruptible (Adj.), bribable (Adj.), open (Adj.) to bribery, corrupt (Adj.)

Bestechlichkeit (F.) corruptibility (N.), venality (N.), bribery (N.)

Bestechung (F.) corruption (N.), bribing (N.), graft (N.) (am.), bribery (N.)

bestellen book (V.), reserve (V.) (am.), order (V.), subscribe (V.), appoint (V.)

bestellen (von Waren) order (V.), place (V.) an order

Bestellung (F.) order (N.), subscription (N.), appointment (N.)

besteuern tax (V.), levy (V.) taxes, rate (V.)

Besteuerung (F.) taxation (N.), taxing (N.)

Besteuerungsverfahren (N.) taxation procedure (N.)

bestimmen determine (V.), provide (V.), lay (V.) down, rule (V.)

bestimmt specific (Adj.)

Bestimmtheit (F.) certainty (N.), definiteness (N.), determination (N.)

Bestimmtheitserfordernis (N.) necessity (N.) of clarity and definiteness

Bestimmtheitsgebot (N.) requirement (N.) of clarity and definiteness

Bestimmtheitsgrundsatz (M.) principle (N.) of clarity and definiteness

Bestimmung (F.) provision (N.), stipulation (N.), enactment (N.)

bestrafen penalize (V.), punish (V.)

Bestrafung (F.) punishment (N.)

bestreiten deny (V.), contest (V.), disclaim (V.)

besuchen visit (V.), call (V.) on, attend (V.)

Besuchsrecht (N.) access (N.)

Betagung (F.) terminability (N.)

betäuben stupefy (V.), narcotize (V.), stun (V.)

Betäubung (F.) stunning (N.), anasthetization (N.), narcotization (N.)

Betäubungsmittel (N.) narcotic (N.), drug (N.), narcotic drug (N.)

Betäubungsmittelgesetz (N.) drugs act (N.), narcotics act (N.)

beteiligen participate (V.), take (V.) part

Beteiligter (M.) participant (M. bzw. F.), party (M. bzw. F.) interested, person (M. bzw. F.) involved

Beteiligung (F.) participation (N.)

Beteiligung (F.) (Beteiligung im Handelsrecht) holding (N.), share (N.), equity interest (N.)

Beteiligungsdarlehen (N.) loan (N.) for purposes of participation

betrachten examine (V.), consider (V.)

Betrachtungsweise (F.) approach (N.), way (N.) of looking at

Betrag (M.) amount (N.), sum (N.)

betreiben operate (V.), carry (V.) on , run (V.), pursue (V.)

betreten (V.) trespass (V.), enter (V.)

betreuen take (V.) care, look (V.) after

Betreuer (M.) person (M. bzw. F.) who attends to a person, coach (M. bzw. F.)

Betreuung (F.) care (N.), looking (N.) after

Betrieb (M.) business (N.), enterprise (N.), firm (N.), company (N.), establishment (N.)

Betriebsanlage (F.) plant (N.), production facilities (N.Pl.)

Betriebsausgabe (F.) operating expenditure (N.), working expense (N.), trade expense (N.)

Betriebseinnahme (F.) operating receipt (N.), operating revenue (N.)

Betriebsgefahr (F.) operational risk (N.), operational hazard (N.)

Betriebsprüfung (F.) fiscal tax audit (N.), revenue investigation (N.)

Betriebsrat (M.) staff committee (N.), factory committee (N.), shop committee (N.)

Betriebsrente (F.) occupational pension (N.)

Betriebsrentengesetz (N.) law (N.) on occupational pension schemes, law (N.) on company-provided pensions

Betriebsrisiko (N.) business risk (N.), business hazard (N.)

Betriebsschutz (M.) industrial safety (N.), works security (N.)

Betriebsstörung (F.) operating trouble (N.), breakdown (N.)

Betriebsübergang (M.) transfer (N.) of a firm

Betriebsvereinbarung (F.) works agreement (N.), factory agreement (N.), shop agreement (N.)

Betriebsverfassung (F.) industrial relations (N.Pl.)

Betriebsverfassungsgesetz (N.) Employees' Representation Act (N.)

Betriebsverhältnis (N.) operating condition (N.)

Betriebsversammlung (F.) staff meeting (N.), works meeting (N.), factory meeting (N.)

betrinken (sich) get (V.) drunk

Betrug (M.) fraud (N.), cheat (N.), swindle (N.), deceit (N.)

betrügen commit fraud (V.), cheat (V.), defraud (V.), deceive (V.)

Betrüger (M.) swindler (M. bzw. F.), defrauder (M. bzw. F.), deceiver (M. bzw. F.)

betrügerisch fraudulent (Adj.), surreptitious (Adj.), deceptive (Adj.)

betrunken drunken (Adj.), drunk (Adj.)

Bettelei (F.) begging (N.), mendicancy (N.)

betteln ask (V.) alms, beg (V.)

Bettler (M.) beggar (M. bzw. F.), mendicant (M. bzw. F.)

Beugemittel (N.Pl.) means (N.Pl.) of coercion, coercive measure (N.)

Beugestrafe (F.) coercive penalty (N.)

beurkunden record (V.), authenticate (V.), place (V.) on record

Beurkundung (F.) notarial recording (N.), acknowledgement (N.), authentication (N.)

beurlauben give (V.) leave

Beurlaubung (F.) granting (N.) of a leave

beurteilen judge (V.), assess (V.), give (V.) an opinion

Beurteilung (F.) judgement (N.), assessment (N.), appraisal (N.), measurement (N.)

Beurteilungsspielraum (M.) scope (N.) for judgement evaluation

Beute (F.) booty (N.), loot (N.)

bevollmächtigen authorize (V.), empower (V.), give (V.) power of an attorney, delegate (V.)

Bevollmächtigter (M.) grantee (M. bzw. F.), attorney (M. bzw. F.), agent (M. bzw. F.), delegate (M. bzw. F.)

Bevollmächtigung (F.) authorization (N.)

bevorrechtigt privileged (Adj.), preferential (Adj.)

bewähren prove (V.), verify (V.), show (V.)

Bewährung (F.) probation (N.)

Bewährungsauflage (F.) condition (N.) of probation

Bewährungshelfer (M.) probation officer

(M. bzw. F.), parole officer (M. bzw. F.) (am.)

Beweggrund (M.) motive (N.), motivation (N.), inducement (N.)

beweglich movable (Adj.), tangible (Adj.)

bewegliche Sache (F.) movable good (N.), movable (N.), chattel (N.)

Beweis (M.) proof (N.), evidence (N.)

Beweisantrag (M.) motion (N.) to take evidence

Beweisantritt (M.) offer (N.) of evidence, submission (N.) of evidence

Beweisaufnahme (F.) taking (N.) evidence, hearing (N.) evidence

beweisen prove (V.), evidence (V.), make (V.) evident

Beweiserhebung (F.) taking (N.) evidence, hearing (N.) evidence

Beweiserhebungsverbot (N.) interdiction (N.) of taking evidence

Beweisführung (F.) production (N.) of evidence, reasoning (N.), argumentation (N.)

Beweisgrund (M.) argument (N.), proof (N.), plea (N.)

Beweisinterlokut (N.) interlocutory decision (N.) of evidence

Beweiskraft (F.) probatory force (N.), probative value (N.), conclusiveness (N.)

Beweislast (F.) burden (N.) of proof, onus (N.) probandi (lat.), onus (N.) of proof

Beweislastumkehr (F.) shift (N.) of the burden of proof, change (N.) in the onus of proof

Beweismittel (N.) judicial evidence (N.), means (N.Pl.) of proof, proof (N.)

Beweisregel (F.) rule (N.) of evidence

Beweissicherung (F.) preservation (N.) of evidence, perpetuating evidence (N.)

Beweisstück (N.) piece (N.) of evidence, exhibit (N.)

Beweisthema (N.) facts (N.Pl.) to be proved, premise (N.) for evidence

Beweisverfahren (N.) evidential procedure (N.)

Beweisverwertungsverbot (N.) exclusionary rule (N.), fruit of the poisonous tree doctrine (N.)

Beweiswürdigung (F.) estimation (N.) of evidence, consideration (N.) of evidence

bewerben apply (V.) for

Bewerber (M.) applicant (M. bzw. F.), candidate (M. bzw. F.), competitor (M. bzw. F.)

Bewerbung (F.) application (N.)

bewerten evaluate (V.), assess (V.), appraise (V.)

Bewertung (F.) valuation (N.), assessment (N.), appraisal (N.)

bewilligen grant (V.), allow (V.), approbiate (V.), authorize (V.)

Bewilligung (F.) grant (N.), approbation (N.), permission (N.), authorization (N.)

bewußt conscious (Adj.), aware (Adj.), deliberate (Adj.)

bewußte Fahrlässigkeit (F.) recklessness (N.), conscious negligence (N.)

bewußtlos unconscious (Adj.)

Bewußtlosigkeit (F.) unconsciousness (N.)

Bewußtsein (N.) consciousness (N.)

Bewußtseinsstörung (F.) mental disturbance (N.)

bezahlen pay (V.), pay (V.) for

bezahlen (tilgen) settle (V.)

Bezahlung (F.) payment (N.), pay (N.)

Bezahlung (F.) (Tilgung) settlement (N.)

bezeugen testify (V.), bear (V.) witness to

bezichtigen accuse (V.), impute (V.), incriminate (V.)

Bezichtigung (F.) imputation (N.)

beziehen subscribe (V.), obtain (V.)

Beziehung (F.) relation (N.), relationship (N.), connection (N.)

Bezirk (M.) district (N.), region (N.), county (N.), precinct (N.), circuit (N.)

Bezirksgericht (N.) district court (N.), local court (N.)

Bezirkshauptmann (M.) district commissioner (M. bzw. F.), chief officer (M. bzw. F.) of a county

Bezirksnotar (M.) district notary (M. bzw. F.)

Bezogener (M.) drawee (M. bzw. F.)

Bezug (M.) (Erwerb) buying (N.), subscription (N.)

Bezugsrecht (N.) subscription right (N.), stock option (N.)

Bibliographie bibliography (N.)

Bibliothek (F.) library (N.)

bieten offer (V.), make (V.) a bid

Bigamie bigamy (N.)

Bilanz (F.) balance (sheet) (N.), financial statement (N.)

Bilanzrecht (N.) law (N.) on balance sheets
bilateral bilateral (Adj.)
Bildschirmtext videotext (N.), picture-screen text (N.)
Bildung (F.) education (N.)
Bildungsverwaltungsrecht (N.) administrative law (N.) on education
billig moderate (Adj.), equitable (Adj.), fair (Adj.)
billigen approve (V.) of, authorize (V.), connive (V.)
Billigkeit (F.) equity (N.), equitableness (N.), fairness (N.)
Billigkeitshaftung (F.) liability (N.) on the grounds of equitable principles
Billigung (F.) approval (N.), authorization (N.), adoption (N.)
binden bind (V.), commit (V.), tie (V.)
bindend binding (Adj.), obligatory (Adj.)
Bindung (F.) binding (N.), commitment (N.)
Bindungswirkung commitment effect (N.)
binnen within (Adv.), in (Präp.)
Binnenhandel (M.) home trade (N.), domestic trade (N.)
Binnenmarkt (M.) home market (N.), domestic matket (N.), Single Market (N.)
Binnenschiffahrt (F.) inland navigation (N.), inland waterway transportation (N.)
Bischof (M.) bishop (M.)
Bistum (N.) bishopric (N.), diocese (N.)
Bitte (F.) request (N.)
bitten beg (V.), ask (V.), solicit (V.), request (V.)
Blankett (N.) blank (N.), specimen (N.)
Blankettmißbrauch (M.) fraudulent use (N.) of documents signed in blank
Blankettvorschrift (F.) blanket act (N.), enabling statute (N.)
blanko in blank
Blankogeschäft (N.) uncovered transaction (N.), selling (N.) short
Blankoindossament (N.) general endorsement (N.), endorsement (N.) in blank, blank indorsement (N.)
Blankoscheck (M.) blank cheque (N.) (brit.), blank check (N.) (am.)
Blankounterschrift blank signature (N.), signature (N.) in blank
Blankovollmacht (F.) proxy (N.) in blank,

carte (N.) blanche (franz.), unlimited power (N.)
Blankowechsel (M.) blank bill (N.)
Blankozession (F.) assignment (N.) in blank
Blasphemie (F.) blasphemy (N.)
Blockade (F.) blockade (N.)
blockieren block (V.), blockade (V.)
Blockwahl (F.) uniform ticket election (N.)
Blutalkohol (M.) blood-alcohol (N.)
Blutprobe (F.) blood test (N.), blood sample (N.)
Blutrache (F.) blood-vengeance (N.), blood revenge (N.)
Blutschande (F.) incest (N.)
Blutsverwandtschaft (F.) consanguinuty (N.), blood relationship (N.)
Boden (M.) soil (N.), land (N.)
Bodenaltertum (N.) archeological find (N.)
Bodenkredit (M.) land credit (N.), land loan (N.), credit (N.) secured by land
Bodenordnung (F.) regulations (N.Pl.) concerning agricultural land
Bodenrecht (N.) land law (N.)
Bodenreform (F.) land reform (N.), agrarian reform (N.)
Bodenschatz (M.) natural resource (N.), mineral resource (N.)
Bodenverkehr (M.) land transactions (N.Pl.)
Bodenverkehrsgenehmigung (F.) permission (N.) to transfer land
Bodmerei (F.) bottomry (N.)
Bon (M.) chit (N.), slip (N.), ticket (N.)
bona fides (F.) (lat.) bona fides (N.) (lat.), good faith (N.)
Bonität (F.) soundness (N.), financial standing (N.), financial reliability (N.)
Bonus (M.) bonus (N.), premium (N.), extra dividend (N.), special dividend (N.)
Bord (N.) board (N.)
Bordell (N.) brothel (N.)
borgen borrow (V.)
Börse (F.) stock exchange (N.), bourse (N.), exchange (N.), stock market (N.)
Börsengesetz (N.) Stock Exchange Act (N.)
böser Glaube (M.) bad faith (N.), mala fides (N.) (lat.)
bösgläubig in bad faith, mala fide
Bösgläubigkeit (F.) mala fides (N.) (lat.), bad faith (N.)

böswillig with malice aforethought, malicious (Adj.)

Bote (M.) messenger (M. bzw. F.), courier (M. bzw. F.)

Botschaft (F.) (Mitteilung) message (N.)

Botschaft (F.) (Vertretung) embassy (N.)

Botschafter (M.) ambassador (M. bzw. F.)

Boykott (M.) boycott (N.)

boykottieren boycott (V.)

Brand (M.) burning (N.), fire (N.), conflagration (N.)

Brandenburg (N.) Brandenburg (F.)

Brandmauer (F.) fire wall (N.)

Brandschutz (M.) fire safety (N.)

Brandstifter (M.) arsonist (M. bzw. F.), fire-raiser (M. bzw. F.)

Brandstiftung (F.) arson (N.), incendiarism (N.), intentional fire (N.), fire-raising (N.)

Brauch (M.) custom (N.), practice (N.) (br.), practise (N.) (am.), convention (N.)

brauchen need (V.), require (V.), take (V.)

Braut (F.) fiancée (F.), bride (F.)

Bräutigam (M.) fiancé (M.), bridegroom (M.)

brechen break (V.), violate (V.), run (V.)

Bremen (N.) Bremen (F.)

brevi manu traditio (F.) (lat.) transfer (N.) of title by constructive delivery

Brief (M.) letter (N.)

Briefgeheimnis (N.) secrecy (N.) of letters, privacy (N.) of correspondance

Briefgrundschuld (F.) certificated land charge (N.)

Briefhypothek (F.) certificated mortgage (N.)

Briefmarke (F.) stamp (N.), postal stamp (N.)

Briefrecht (N.) certificated land charge (N.)

Briefwahl (F.) postal vote (N.), absentee ballot (N.), mail ballot (N.), postal ballot (N.)

Brigade (F.) brigade (N.)

Bringschuld (F.) debt (N.) payable to the creditor

Bruch (M.) break (N.), infringement (N.), breach (N.), violation (N.)

Bruchteil (M.) fraction (N.), fractional part (N.)

Bruchteilseigentum (N.) co-ownership (N.)

Bruchteilsgemeinschaft (F.) community (N.) of part-owners, tenancy (N.) in common

Bruder (M.) brother (M.)

Brüsseler Vertrag (M.) Brussels Treaty (N.)

brutto gross (Adj.)

Buch (N.) book (N.), volume (N.), ledger (N.)

Bucheintragung (F.) entry (N.) in the land register

buchen book (V.), account (V.), enter (V.) in the books

Buchführung (F.) bookkeeping (N.), accountancy (N.), keeping accounts (N.), accounting (N.)

Buchgeld (N.) deposit currency (N.)

Buchhalter (M.) bookkeeper (M. bzw. F.)

Buchhaltung (F.) bookkeeping (N.), accountancy (N.), keeping accounts (N.), accounting (N.)

Buchhypothek (F.) registered mortgage (N.), uncertified mortgage (N.)

Buchung (F.) (Buchhaltung) booking (N.), entering (N.) in the books

Buchung (F.) (Vertragsabschluß einer Reise) booking (N.), reservation (N.)

Buchwert (M.) book value (N.), carrying value (N.)

Budget (N.) budget (N.), estimates (N.Pl.), annual estimates (N.Pl.)

Budgetrecht (N.) right (N.) to decide on the budget

Bulle (F.) (kirchlich-päpstliches Gesetz) bull (N.)

Bulletin (N.) bulletin (N.)

Bund (M.) bond (N.), union (N.), league (N.), alliance (N.)

Bundesamt (N.) federal office (N.)

Bundesangelegenheit (F.) federal matter (N.)

Bundesangestelltentarifvertrag (M.) (BAT) collective bargaining contract (N.) for federal white collar workers

Bundesanstalt (F.) federal institution (N.), federal corporation (N.), federal administration (N.)

Bundesanwalt (M.) Federal Prosecutor (M. bzw. F.)

Bundesanwaltschaft (F.) Federal Prosecutor's Department (N.)

Bundesanzeiger (M.) Federal Gazette (N.)

Bundesarbeitsgericht (N.) Federal Labour Court (N.)
Bundesaufsicht (F.) federal supervision (N.)
Bundesaufsichtsamt (N.) Federal Supervisory Office (N.)
Bundesauftragsverwaltung (F.) administration (N.) on behalf of the Federation
Bundesausbildungsförderungsgesetz (N.) Federal Student Aid Act (N.)
Bundesautobahn (F.) federal autobahn (N.)
Bundesbahn (F.) Federal Railways (N.Pl.), Federal Railroad (N.)
Bundesbank (F.) Federal Bank (N.)
Bundesbaugesetz (N.) Federal Building Law (N.)
Bundesbeamter (M.) federal officer (M. bzw. F.), civil servant (M. bzw. F.)
Bundesbeauftragter (M.) federal commissioner (M. bzw. F.)
Bundesbehörde (F.) federal authority (N.), federal department (N.)
Bundesdatenschutzgesetz (N.) federal data protection act (N.), privacy act (N.) (am.)
Bundesfernstraße (F.) federal highway (N.)
Bundesfinanzhof (M.) Federal Fiscal Court (N.)
Bundesflagge (F.) federal flag (N.)
Bundesgebiet (N.) federal territory (N.)
Bundesgebührenordnung (F.) für Rechtsanwälte Attorneys' Fees Act (N.)
Bundesgericht (N.) federal court (N.), district court (N.) (am.)
Bundesgerichtshof (M.) Federal High Court (N.) of Justice
Bundesgesetz (N.) federal law (N.), Congressional Act (N.) (am.)
Bundesgesetzblatt (N.) Federal Law Gazette (N.)
Bundesgesetzblatt (N.) Federal Law Gazette (N.)
Bundesgesetzgebung (F.) federal legislation (N.)
Bundesgesundheitsamt (F.) Federal Health Office (N.)
Bundesgrenzschutz (M.) Federal Frontier Guards (M.Pl.), Federal Border Police (N.)
Bundeshandelskommission (F.) Federal Trade Commission (N.)
Bundeshaushalt (M.) federal budget (N.)
Bundesheer (N.) Federal Army (N.)

Bundesjustizministerium (N.) federal ministry (N.) of justice
Bundeskabinett (N.) Federal Cabinet (N.)
Bundeskanzler (M.) Federal Chancellor (M. bzw. F.)
Bundeskanzleramt (N.) Federal Chancellery (N.)
Bundeskartellamt (N.) Federal Cartel Office (N.)
Bundesknappschaft (F.) Federal Miners' Insurance (N.)
Bundeskriminalamt (N.) Federal Bureau (N.) of Investigation (F.B.I.) (am.)
Bundesland (N.) land (N.)
Bundesland (N.) (Bundesland in Österreich) province (N.)
Bundesminister (M.) federal minister (M. bzw. F.)
Bundesnachrichtendienst (M.) Federal Intelligence Service (N.)
Bundesnotarkammer (F.) Federal Association (N.) of Notaries
Bundesoberbehörde (F.) federal superior authority (N.)
Bundespatentgericht (N.) Federal Patent Tribunal (N.)
Bundespolizei (F.) federal police (N.)
Bundespost (F.) Federal Post Administration (N.)
Bundespräsident (M.) Federal President (M. bzw. F.)
Bundespräsidialamt (N.) Office (N.) of the Federal President
Bundesrat (M.) Federal Council (N.)
Bundesrechnungshof (M.) Federal Audit Office (N.)
Bundesrecht (N.) federal law (N.)
Bundesrechtsanwaltsgebührenordnung (F.) Federal Attorney Fees Act (N.)
Bundesrechtsanwaltsordnung (F.) Rules (N.Pl.) and Regulations (N.Pl.) for the bar
Bundesregierung (F.) federal government (N.)
Bundesrepublik (F.) federal republic (N.)
Bundesrichter (M.) federal judge (M. bzw. F.)
Bundesseuchengesetz (N.) federal law (N.) concerning prevention of epidemics
Bundessozialgericht (N.) Federal Social Court (N.)

Bundessozialhilfegesetz (N.) federal public assistance (N.) for poor persons
Bundesstaat (M.) federal state (N.)
bundesstaatlich federal (Adj.)
Bundesstaatlichkeit (F.) federalism (N.)
Bundestag (M.) Lower House (N.) of the Federal Parliament, "Bundestag" (N.)
Bundestreue (F.) allegiance (N.) to the Federal Government
Bundesverfassung (F.) federal constitution (N.)
Bundesverfassungsgericht (N.) Federal Constitutional Court (N.)
Bundesversammlung (F.) federal assembly (N.), federal convention (N.)
Bundesversicherungsamt (N.) Federal Insurance Authority (N.)
Bundesversicherungsanstalt (F.) für Angestellte Federal Insurance Institution (N.) for Salaried Employees
Bundesverwaltung (F.) federal administration (N.)
Bundesverwaltungsgericht (N.) Federal Administrative Court (N.)
Bundeswaldgesetz (N.) Federal Act (N.) on the preservation of forests
Bundeswehr (F.) Federal Armed Forces (N.Pl.)
Bundeswehrverwaltung (F.) Federal Armed Forces Administration (N.)
Bundeszentralregister (N.) Federal Central Register (N.)
Bundeszwang (M.) federal compulsory action (N.)
Bürge (M.) surety (M. bzw. F.), guarantor (M. bzw. F.), voucher (M. bzw. F.), sponsor (M. bzw. F.), bondsman (M.), surety (M. bzw. F.)
bürgen guarantee (V.), stand surety (V.), sponsor (V.), vouch (V.)
Bürger (M.) citizen (M. bzw. F.)
Bürgerinitiative (F.) citizens' action group (N.), public-interest group (N.)
bürgerlich civil (Adj.)
bürgerlicher Tod (M.) civil death (N.), death (N.) in law
Bürgerliches Gesetzbuch (N.) Civil Code (N.)
bürgerliches Recht (N.) civil law (N.)
Bürgermeister (M.) mayor (M. bzw. F.)

Bürgerrecht (N.) political liberty (N.)
Bürgerversammlung (F.) town-meeting (N.)
Bürgschaft (F.) surety (N.), guarantee (N.), guaranty (N.) (am.), bail (N.), security (N.)
Büro (N.) office (N.), bureau (N.), agency (N.)
Bürokratie (F.) bureaucracy (N.)
Buße (F.) atonement (N.), expiation (N.), satisfaction (N.)
büßen atone (V.), expiate (V.), satisfy (V.)
Bußgeld (N.) penalty (N.), administrative fine (N.), civil fine (N.)
Bußgeldbescheid (M.) penalty notice (N.)
Bußgeldkatalog (M.) schedule (N.) of penalties
Bußgeldverfahren (N.) summary proceedings (N.Pl.) concerning administrative penalties
Büttel (M.) beadle (M. bzw. F.)

C

case-iaw (N.) (engl.) case law (N.)
causa (F.) (lat.) cause (N.)
cessio (F.) (lat.) assignment (N.)
Chance (F.) chance (N.), opportunity (N.), prospect (N.)
Chancengleichheit (F.) equal opportunities (N.Pl.)
Charta (F.) charter (N.)
Charter (F.) charter (N.)
chartern charter (V.), hire (V.)
Chartervertrag (M.) charter party (N.)
Chemikalien (F.) chemicals (N.Pl.)
Chemikaliengesetz (N.) Act (N.) on chemicals
christlich christian (Adj.)
cif cif (N.)
clausula (F.) rebus sic stantibus (lat.) rebus sic stantibus clause (N.)
Clearing (N.) clearing (N.)
Code (M.) civil (franz.) Civil Code (N.)
Code (M.) de commerce (franz.) commercial code (N.)
Code (M.) pénal (franz.) penal code (N.), criminal code (N.)
codex (M.) (lat.) code (N.), law code (N.), statute book (N.)
commodum (N.) (lat.) substitute (N.)

compensatio (F.) lucri cum damno (lat.) offsetting (N.) losses by advantages due to the damaging event
Computer (M.) computer (N.)
Computerbetrug (M.) computer fraud (N.)
Computersabotage (F.) computer sabotage (N.)
condicio (F.) sine qua non (lat.) condition (N.) sine qua non (lat.)
contra legem (lat.) versus the law
Copyright (N.) copyright (N.)
corpus (N.) delicti (lat.) corpus (N.) delicti (lat.), material proof (N.), material evidence (N.)
Coupon (M.) coupon (N.), dividend warrant (N.)
Cousin (M.) cousin (M.)
culpa (F.) in abstracto (lat.) proper care (N.) and attention (N.), reasonable care (N.)
culpa (F.) in contrahendo (lat.) negligence (N.) in the course of contracting

D

Dachgesellschaft (F.) holding company (N.), parent company (N.)
Damnationslegat (N.) civil law legacy (N.)
damnum (N.) (lat.) loss (N.), discount (N.)
Darlehen (N.) loan (N.), money loan (N.), credit (N.)
Darlehensgeschäft (N.) lending transaction (N.), loan business (N.)
Darlehensvertrag (M.) loan agreement (N.)
darleihen lend (V.), loan (V.) (am.)
Dasein (N.) being (N.), existence (N.)
Daseinsvorsorge (F.) provision (N.) for elementary requirements
Datei (F.) data file (N.)
Daten (N.Pl.) data (N.Pl.)
Datenbank (F.) data bank (N.), database (N.)
Datenschutz (M.) data protection (N.), privacy (N.) of data
Datenschutzbeauftragter (M.) commissioner (M. bzw. F.) for data protection
Datenveränderung (F.) modification (N.) of data
Datenverarbeitung (F.) data processing (N.)

Datum (N.) date (N.)
Dauer (F.) duration (N.), length (N.) of time, term (N.)
Dauerarrest (M.) custody (N.) for an indefinite time
Dauerauftrag (M.) standing order (N.)
Dauerdelikt (N.) continous wrong (N.), continuing offence (N.)
dauern last (V.), endure (V.)
Dauerschuldverhältnis (N.) continous obligation (N.)
de facto (lat.) de facto (lat.), in fact
de iure (lat.) de jure (lat.), by right
de lege ferenda (lat.) law (N.) to be enacted
de lege lata (lat.) law (N.) in force
Debatte (F.) debate (N.)
Debet (N.) debit (N.)
Debitor (M.) debtor (M. bzw. F.)
decken (Verlust bzw. Schulden bezahlen) cover (V.), provide (V.) cover for, secure (V.)
Deckung (F.) (Absicherung) cover (N.), security (N.), backing (N.)
Deckungsverhältnis (N.) cover ratio (N.)
Deckungszusage (F.) cover note (N.), binder (N.) (am.)
defensiv defensive (Adj.)
defensiver Notstand (M.) national emergency (N.) for the defence of the country
definieren define (V.)
Definition (F.) definition (N.)
Defizit (N.) deficit (N.), shortfall (N.)
degradieren degrade (V.)
Deich (M.) dike (N.), dyke (N.)
Deichrecht (N.) dike law
Dekan (M.) dean (M. bzw. F.)
Dekanat (N.) deanery (N.), deanship (N.)
Deklaration (F.) declaration (N.), declaring (N.)
deklaratorisch declaratory (Adj.), declarative (Adj.)
deklarieren declare (V.)
Dekonzentration (F.) deconcentration (N.), dispersal (N.)
Dekret (N.) decree (N.), order (N.), ordinance (N.)
Delegation (F.) (Beauftragung) delegation (N.), delegating (N.)
Delegation (F.) (Personengruppe) delegation (N.), delegacy (N.)

delegieren delegate (V.)
Delegierter (M.) delegate (M. bzw. F.), deputy (M. bzw. F.)
Delikt (N.) offence (N.) (br.), offense (N.) (am.), tort (N.), tortious act (N.)
Deliktsbesitzer (M.) holder (M. bzw. F.) by tort
deliktsfähig responsible (Adj.) in law, legally capacitated (Adj.)
Deliktsfähigkeit (F.) criminal responsibility (N.), tortious liability (N.), legal capacity (N.)
Deliktsrecht (N.) law (N.) of torts
Delinquent (M.) delinquent (M. bzw. F.), offender (M. bzw. F.)
Delirium (N.) delirium (N.)
Delkredere (N.) delcredere (N.), guarantee (N.)
Delkredereprovision (F.) delcredere commission (N.)
Demagoge (M.) demagogue (M. bzw. F.)
Demarche (F.) demarche (N.)
Dementi (N.) dementi (N.), official denial (N.)
dementieren deny (V.)
Demission (F.) resignation (N.)
Demokrat (M.) democrat (M. bzw. F.)
Demokratie (F.) democracy (N.)
Demokratieprinzip (N.) principle (N.) of democracy
demokratisch democratic (Adj.)
Demonstrant (M.) demonstrator (M. bzw. F.), protester (M. bzw. F.)
Demonstration (F.) demonstration (N.), manifestation (N.)
demonstrativ demonstrative (Adj.)
demonstrieren demonstrate (V.)
Demoskopie (F.) public opinion research (N.), population research (N.)
Denkmal (N.) monument (N.), memorial (N.)
Denkmalschutz (M.) protection (N.) of monuments
Denunziant (M.) informer (M. bzw. F.), denouncer (M. bzw. F.), delator (M. bzw. F.)
Denunziation (F.) denunciation (N.), delation (N.)
denunzieren denounce (V.), inform (V.) against

Departement (N.) department (N.)
Deponie (F.) dump (N.), disposal site (N.)
deponieren deposit (V.), lodge (V.)
Deportation (F.) deportation (N.)
deportieren deport (V.)
Depositen (N.Pl.) deposits (N.Pl.), deposited funds (N.Pl.)
Depositenzertifikat (N.) certificate of deposit (N.)
depositum (N.) irregulare (lat.) irregular deposit (N.)
Depot (N.) depot (N.), security deposit (N.), safe deposit (N.), depositary (N.) (am.)
Depotgeschäft (N.) security deposit business (N.), safe-custody business (N.)
Depotgesetz (N.) securities deposit law (N.)
Deputat (N.) allowance (N.) in kind, remuneration (N.) in kind
Deputation (F.) deputation (N.), delegation (N.)
Deputierter (M.) deputy (M. bzw. F.), delegate (M. bzw. F.)
deregulieren deregulate (V.)
Deregulierung (F.) deregulation (N.)
Dereliktion (F.) dereliction (N.), abandonment (N.) of property
Derivat (N.) derivative (N.)
derivativer derivative (Adj.)
derivativer Eigentumserwerb (M.) succession (N.) of title, derivative title (N.)
Derogation (F.) derogation (N.)
Deserteur (M.) deserter (M. bzw. F.), runaway (M. bzw. F.)
desertieren desert (V.)
Designation (F.) designation (N.)
designieren designate (V.)
deskriptiv descriptive (Adj.)
deskriptives Tatbestandsmerkmal (N.) descriptive ingredient (N.) of an offence, descriptive constituent fact (N.)
Despot (M.) despot (M. bzw. F.), tyrant (M. bzw. F.)
Despotie (F.) despotic rule (N.), tyranny (N.)
despotisch despotic (Adj.), tyrannical (Adj.)
Destinatär (M.) intended recipient (M. bzw. F.)
Deszendent (M.) descendant (M. bzw. F.)
Deszendenz (F.) (Abkömmlinge) descendants (M.Pl. bzw. F.Pl.)

Deszendenz (F.) (Abstammung) descent (N.)
detachiert detached (Adj.), detailed (Adj.)
detachierte Kammer (F.) detached chamber (N.)
Detektiv (M.) detective (M. bzw. F.)
Detektor (M.) detector (N.)
Deutsche Demokratische Republik (F.) (DDR) German Democratic Republic (F.)
Deutscher (M.) German (M. bzw. F.)
Deutscher Gewerkschaftsbund (M.) (DGB) Federation (N.) of German Trade Union
Deutsches Reich (N.) German Reich (F.)
Deutschland (N.) Germany (F.)
Deutschlandvertrag (M.) German Treaty (N.)
Devise (F.) motto (N.), slogan (N.)
Devisen (F.Pl.) foreign currency (N.), foreign exchange (N.)
Devisenmarkt (M.) foreign exchange market (N.)
Devisenreserven (F.Pl.) foreign exchange reserves (N.Pl.)
Devolution (F.) devolution (N.)
Devolutionsrecht (N.) chief prosecutor's right (N.) to take over the proceedings
Devolutiveffekt (M.) devolutionary effect (N.)
Dezentralisation (F.) decentralisation (N.)
dezentralisieren decentralize (V.)
Dezernat (N.) department (N.), section (N.), squad (N.)
Dezernent (M.) departmental head (M. bzw. F.), chief (M. bzw. F.) of a section
DGB (M.) (Deutscher Gewerkschaftsbund) German Trade Union (N.)
Diakon (M.) deacon (M.)
Diäten (F.Pl.) parliamentary allowance (N.)
Dichotomie (F.) dichotomy (N.)
Dieb (M.) thief (M. bzw. F.)
Diebstahl (M.) theft (N.), larceny (N.), stealing (N.)
dienen serve (V.)
dienendes Grundstück (N.) servient estate (N.)
Diener (M.) servant (M.), attendant (M.)
Dienst (M.) service (N.), duty (N.)
Dienstalter (N.) job seniority (N.), length (N.) of service
Dienstaufsicht (F.) supervision (N.)

Dienstaufsichtsbeschwerde (F.) disciplinary complaint (N.)
Dienstbarkeit (F.) servitude (N.), easement (N.), subservience (N.)
Dienstbezug (M.) official emolument (N.), official income (N.)
Dienstbote (M.) servant (M. bzw. F.), domestic help (M. bzw. F.)
Diensteid (M.) official oath (N.), oath (N.) in office
Diensterfindung (F.) employee invention (N.)
Dienstflucht (F.) desertion (N.) from civil service
Dienstgeheimnis (N.) official secret (N.)
Dienstgrad (M.) rank (N.), grade (N.) (am.)
Dienstherr (M.) employer (M. bzw. F.), master (M. bzw. F.)
Dienstleistung (F.) service (N.), services (N.Pl.) rendered
Dienstleistungsfreiheit (F.) freedom (N.) to provide services
Dienstleistungsmarke (F.) service mark (N.)
dienstlich official (Adj.), in official capacity
Dienstrecht (N.) service regulations (N.Pl.)
Dienstsiegel (N.) official seal (N.)
Dienststelle (F.) office (N.), bureau (N.), official agency (N.)
Dienstvereinbarung (F.) works agreement (N.), company deal (N.)
Dienstvergehen (N.) disciplinary offence (N.), infringement (N.) of duty
Dienstverhältnis (N.) employment (N.), service status (N.)
Dienstverschaffungsvertrag (M.) contract (N.) for the procurement of service
Dienstvertrag (M.) contract (N.) of service, contract (N.) of employment
Dienstvorgesetzter (M.) superior official (M. bzw. F.), supervisor (M. bzw. F.)
Dienstweg (M.) official channels (N.PL.)
Dienstzeit (F.) period (N.) of service, office hours (N.Pl.)
Dietrich (M.) picklock (N.), skeleton key (N.)
diffamieren defame (V.), slander (V.)
Differenz (F.) difference (N.), balance (N.), disagreement (N.)

Differenzgeschäft (N.) margin business (N.), marginal trading (N.), gambling (N.) in futures
differenzieren differentiate (V.)
Differenzierung (F.) differentiation (N.)
Differenzierungsklausel (F.) differentiation clause (N.)
Diktator (M.) dictator (M. bzw. F.)
Diktatur (F.) dictatorship (N.)
dilatorisch dilatory (Adj.)
dilatorische Einrede (F.) dilatory plea (N.), dilatory procedural defence (N.), dilatory objection (N.)
Ding (N.) (Sache) thing (N.), object (N.)
dinglich real (Adj.), concrete (Adj.), in rem
dingliche Belastung (F.) encumberance (N.)
dingliches Recht (N.) right (N.) in rem, real right (N.)
Diözese (F.) diocese (N.)
Diplom (N.) diploma (N.)
Diplomat (M.) diplomat (M. bzw. F.)
Diplomatie (F.) diplomacy (N.)
Diplomatik (F.) diplomatics (N.Pl.)
diplomatisch diplomatic (Adj.)
diplomatische Beziehung (F.) diplomatic relation (N.)
direkt direct (Adj.), lineal (Adj.), immediate (Adj.)
direkte Stellvertretung (F.) direct representation (N.)
direkte Steuer (F.) direct tax (N.), direct duty (N.)
direkter Verbotsirrtum (M.) direct error (N.) as to the prohibited nature of an act
direkter Vorsatz (M.) direct intent (N.)
Direkterwerb (M.) direct acquisition (N.)
Direktion (F.) direction (N.), management (N.), headquarters (N.), head office (N.)
Direktionsrecht (N.) right (N.) to give instructions
Direktive (F.) directive (N.), instruction (N.)
Direktmandat (N.) constituency seat (N.), direct seat (N.)
Direktor (M.) director (M. bzw. F.), manager (M. bzw. F.), warden (M. bzw. F.)
Direktversicherung (F.) original insurance (N.)
Dirne (F.) prostitute (F.)
Disagio (N.) disagio (N.), discount (N.), below par (N.)

Diskont (M.) discount (N.), rebate (N.)
diskontieren discount (V.), take (V.) on discount
Diskontsatz (M.) discount rate (N.)
diskriminieren discriminate (V.)
Diskriminierung (F.) discrimination (N.)
Dispens (M.) exemption (N.), dispensation (N.)
dispensieren dispense (V.)
disponieren dispose (V.) of, make (V.) arrangements
Disposition (F.) disposition (N.), disposal (N.), arrangement (N.)
Dispositionsmaxime (F.) principle (N.) of party disposition
dispositiv optional (Adj.), dispositive (Adj.)
dispositives Recht (N.) optional rules (N.Pl.), flexible law (N.)
Disput (M.) dispute (N.), controversy (N.)
Disputation (F.) disputation (N.)
Dissens (M.) dissent (N.), disagreement (N.)
Dissertation (F.) dissertation (N.), thesis (N.)
Dissident (M.) dissident (M. bzw. F.), dissenter (M. bzw. F.), non-conformist (M. bzw. F.)
distinguieren (im Verfahrensrecht bezüglich einer älteren Entscheidung unterscheiden) distinguish (V.)
Distinktion (F.) distinction (N.), discrimination (N.)
Distrikt (M.) district (N.)
Disziplin (F.) discipline (N.)
Disziplinargericht (N.) disciplinary tribunal (N.)
disziplinarisch disciplinary (Adj.)
Disziplinarmaßnahme (F.) disciplinary action (N.)
Disziplinarrecht (N.) disciplinary law (N.)
Disziplinarverfahren (N.) disciplinary proceedings (N.Pl.), disciplinary procedure (N.)
Diversion (F.) diversion (N.)
Dividende (F.) dividend (N.)
Division (F.) division (N.)
Dogma (N.) dogma (N.)
Dogmatik (F.) dogmatics (N.Pl.)
Doktor (M.) doctor (M. bzw. F.)
Doktorand (M.) candidate (M. bzw. F.) for a doctorate
Doktorgrad (M.) doctor's degree (N.)

Doktorprüfung (F.) examination (N.) to take a doctor's degree
Doktrin (F.) doctrine (N.)
Dokument (N.) document (N.)
Dokumentenakkreditiv (N.) documentary letter (N.) of credit
dolmetschen interpret (V.)
Dolmetscher (M.) interpreter (M. bzw. F.)
dolos dolos (Adj.), with criminal intent
dolus (M.) (lat.) intent (N.)
dolus (M.) directus (lat.) direct intent (N.)
dolus (M.) eventualis (lat.) contingent intent (N.)
dolus (M.) generalis (lat.) general intent (N.)
dolus (M.) indirectus (lat.) indirect intent (N.)
dolus (M.) malus (lat.) malice (N.), cunning (N.)
dolus (M.) subsequens (lat.) subsequent intent (N.)
Domäne (F.) domaine (N.), estate (N.)
Domkapitel (N.) chapter (N.)
Doppelbesteuerung (F.) double taxation (N.)
Doppelehe (F.) bigamous marriage (N.)
Doppelname (M.) double name (N.)
Doppelstaatsangehörigkeit (F.) dual citizenship (N.), dual nationality (N.)
Dossier (N.) dossier (N.), file (N.)
Dotation (F.) grant (N.), endowment (N.), allocation (N.)
dotieren (ausstatten) endow (V.)
dotieren (vergüten) remunerate (V.)
Doyen (M.) (franz.) doyen (M. bzw. F.)
Dozent (M.) university teacher (M. bzw. F.), docent (M. bzw. F.)
drakonisch draconic (Adj.), draconian (Adj.), harsh (Adj.)
Drang (M.) pressure (N.), impulse (N.), urge (N.), drive (N.)
Draufgabe (F.) earnest (N.), earnest money (N.)
Drei-Elemente-Lehre (F.) doctrine of the three elements of a state
Dreiecksverhältnis (N.) three-cornered relationship (N.), ménage (N.) à trois (franz.)
Dreifelderwirtschaft (F.) three-course rotation (N.), three field system (N.)
Dreiklassenwahlrecht (N.) three-class franchise (N.)

Dreißigster (M.) thirty day's maintenance (N.)
dringend pressing (Adj.), urgent (Adj.)
dringlich pressing (Adj.), urgent (Adj.)
dritte third (Adj.)
Dritter third party (M. bzw. F.)
Dritter (M.) the third (M. bzw. F.)
Drittorganschaft (F.) third-integrated inter-company relation (N.)
Drittschadensliquidation (F.) realization (N.) of third party damage
Drittschuldner (M.) third party debtor (M. bzw. F.), garnishee (M. bzw. F.)
Drittschutz (M.) protection (N.) of third party
Drittwiderspruchsklage (F.) third party action (N.) against execution, third party opposition (N.), interpleader (N.)
Drittwirkung (F.) effect (N.) on third party
Droge (F.) drug (N.), medicine (N.)
Drohbrief (M.) threatening letter (N.)
drohen threaten (V.)
drohend threatening (Adj.), impending (Adj.)
Drohung (F.) threat (N.), menace (N.)
Druck (M.) (Veröffentlichung durch Vervielfältigung) print (N.), edition (N.)
drucken print (V.)
Drucksache (F.) printed matter (N.), book post (N.) (br.), second-class mail (N.) (am.)
Druckschrift (F.) (Druckbuchstaben) block letters (N.Pl.)
Druckschrift (F.) (Druckwerk) publication (N.), printed document (N.)
Druckwerk (N.) printed work (N.), printed publication (N.)
Dualismus (M.) dualism (N.)
dualistisch dualistic (Adj.)
Duell (N.) duel (N.)
dulden suffer (V.), bear (V.), acquiesce (V.), condone (V.)
Duldung (F.) acquiescence (N.), sufferance (N.), toleration (N.)
Duldungsvollmacht (F.) power (N.) of representation by estoppel
Dumping (N.) dumping (N.)
Dunkelfeld (N.) percentage (N.) of undetected crime
Duplik (F.) rejoinder (N.), duplicatio (N.)
Duplikat (N.) duplicate (N.), counterpart (N.)

durchführen (hindurchleiten) lead (V.) through, transport (V.) through
durchführen (verwirklichen) execute (V.), implement (V.), accomplish (V.), carry (V.) out
Durchführung (F.) implementation (N.), accomplishment (N.)
Durchführungsverordnung (F.) implementing order (N.), executive decree (N.)
Durchgriff (M.) drastic action (N.)
Durchgriffshaftung (F.) direct liability (N.) of controlling shareholder
Durchschnitt (M.) average (N.), standard (N.)
durchschnittlich average (Adj.), common (Adj.)
Durchschnittsmensch (M.) reasonable man (M.)
durchsuchen search (V.)
Durchsuchung (F.) search (N.)
dürftig (bedürftig) indigent (Adj.), needy (Adj.), poor (Adj.)
dürftig (kümmerlich) insufficient (Adj.), inadequate (Adj.), miserable (Adj.)
Dürftigkeit (F.) neediness (N.), indigence (N.), miserableness (N.)
Dürftigkeitseinrede (F.) plea (N.) of insufficient assets in an estate
dynamisch dynamic (Adj.)
dynamische Rente (F.) index-linked pension (N.)
Dynastie (F.) dynasty (N.)

E

e. V. (M.) (eingetragener Verein) registered association (N.)
ebenbürtig of equal birth
Ebenbürtigkeit (F.) equality (N.) of birth, equality (N.) of rank
echt real (Adj.), authentic (Adj.), true (Adj.), genuine (Adj.)
echte Urkunde (F.) authentic document (N.)
echtes Unterlassungsdelikt (N.) genuine crime (N.) by omission
Echtheit (F.) authenticity (N.), genuineness (N.)
Ecklohn (M.) standard wage (N.), basic wage (N.), basic pay (N.)

ECU (M.) (European Currency Unit) ECU (N.) (European Currency Unit)
edel noble (Adj.)
Edikt (N.) edict (N.), decree (N.)
Ediktalzitation (F.) citation (N.) by edict
Edition (F.) edition (N.), editing (N.)
Editionspflicht (F.) duty (N.) to produce a document
EDV (F.) (elektronische Datenverarbeitung) electronic data processing (N.)
Effekt (M.) effect (N.), result (N.), outcome (N.)
Effekten (M.Pl.) securities (N.Pl.), stocks and bonds (N.Pl.), stocks and shares (N.Pl.)
effektiv effective (Adj.)
Effektivklausel (F.) specified currency clause (N.)
EG (F.) (Europäische Gemeinschaft) European Community (N.) (EC)
Ehe (F.) marriage (N.), matrimony (N.), wedlock (N.)
Eheaufhebung (F.) dissolution (N.) of marriage, annulment (N.) of marriage
ehebrechen commit (V.) adultery
Ehebrecher (M.) adulterer (M.)
Ehebrecherin (F.) adulteress (F.)
ehebrecherisch adulterous (Adj.)
Ehebruch (M.) adultery (N.)
Ehefähigkeit (F.) nubility (N.), fitness (N.) to marry
Ehefrau (F.) wife (F.)
Ehegatte (M.) spouse (M. bzw. F.), marital partner (M. bzw. F.)
Ehegattenerbrecht (N.) entitlement (N.) to inheritance of surviving spouse
Ehegesetz (N.) marriage act (N.), marriage law (N.)
Ehegüterrecht (N.) marriage property law (N.)
Ehehindernis (N.) impediment (N.) to marriage
ehelich matrimonial (Adj.), conjugal (Adj.), marital (Adj.)
ehelich (in der Ehe gezeugt) legitimate (Adj.)
eheliche Lebensgemeinschaft (F.) conjugal life (N.)
ehelichen marry (V.), wed (V.)
Ehelicherklärung (F.) legitimation (N.)
Ehelichkeit (F.) legitimacy (N.), status (N.) of legitimacy

Ehelichkeitsanfechtung (F.) denial (N.) of legitimacy, contestation (N.) of legitimacy

Ehelichkeitserklärung (F.) legitimation (N.), declaration (N.) of legitimacy

Ehemann (M.) husband (M.)

Ehemündigkeit (F.) marriageable age (N.), legal majority (N.) for marriage, nubility (N.)

Ehename (M.) married name (N.)

Ehenichtigkeit (F.) nullity (N.) of marriage

Eheprozeß (M.) matrimonial cause (N.)

Eherecht (N.) matrimonial law (N.), marriage law (N.)

Ehescheidung (F.) divorce (N.)

Eheschließung (F.) marriage (N.), celebration (N.) of marriage, solemnization (N.) of marriage

Ehestörung (F.) disturbance (N.) of marriage

Eheverbot (N.) restraint (N.) of marriage, marriage prohibition (N.)

Eheverfehlung (F.) matrimonial offence (N.)

Ehevermittler (M.) marriage broker (M. bzw. F.)

Ehevermittlung (F.) marriage-broking (N.), procurement (N.) of marriage

Ehevertrag (M.) marriage contract (N.), matrimonial property agreement (N.)

Ehre (F.) honour (N.) (br.), honor (N.) (am.)

Ehrenamt (N.) honorary post (N.), honorary office (N.)

ehrenamtlich honorary (Adj.)

Ehrenbeamter (M.) honorary officer (M. bzw. F.)

Ehrendoktor (M.) doctor (M. bzw. F.) honoris causa (lat.)

Ehrengericht (N.) disciplinary court (N.), disciplinary committee (N.)

Ehrenrecht (N.) honorary right (N.)

Ehrenstrafe (F.) degrading punishment (N.)

Ehrenwort (N.) word (N.) of honour (br.), word (N.) of honor (am.)

eichen standardize (V.), calibrate (V.)

Eid (M.) oath (N.)

Eidesmündigkeit (F.) legal age (N.) to take an oath

eidesstattlich in lieu of an oath

eidesstattliche Versicherung (F.) affirmation (N.) in lieu of an oath

Eifersucht (F.) jealousy (N.)

eifersüchtig jealous (Adj.)

eigen own (Adj.), of one's own

Eigenbedarf (M.) own requirements (N. Pl.), personal requirements (N.Pl.)

Eigenbesitz (M.) proprietary possession (N.), exclusive possession (N.)

Eigenbesitzer (M.) proprietary possessor (M. bzw. F.), exclusive possessor (M. bzw. F.)

Eigenbetrieb (M.) owner-operated enterprise (N.)

eigener Wirkungskreis (M.) original competence (N.)

eigenes Kapital net worth (N.)

Eigengeschäftsführung (F.) management (N.) of business transaction for one's account

eigenhändig by one's own hand (Adj.), personal (Adj.), manu propria (Adj.)

eigenhändig (eigenhändig geschrieben und unterschrieben) holographic (Adj.)

Eigenheim (N.) owner-occupied house (N.), privately owned residence (N.)

Eigenjagdbezirk (M.) owner's hunting district (N.)

Eigenkapital (N.) proprietary capital (N.), equity capital (N.), net worth (N.)

Eigenmacht (F.) self-given authority (N.)

Eigenname (M.) proper name (N.), surname (N.)

Eigenschaft (F.) quality (N.), attribute (N.), capacity (N.), property (N.)

Eigentum (N.) property (N.), ownership (N.), proprietorship (N.), title (N.)

Eigentümer (M.) proprietor (M.), owner (M. bzw. F.)

Eigentümergrundschuld (F.) owner's charge (N.), owner's land charge (N.)

Eigentümerhypothek (F.) owner's mortgage (N.)

Eigentümerin (F.) proprietress (F.)

Eigentumsaufgabe (F.) abandonment (N.) of goods, dereliction (N.)

Eigentumserwerb (M.) acquisition (N.) of property, accession (N.) of title

Eigentumsherausgabeanspruch (M.) claim (N.) for possession based on ownership

Eigentumsstörung (F.) private nuisance (N.), infringement (N.) of property rights, trespass (N.)

Eigentumsübertragung (F.) transfer (N.) of ownership, conveyance (N.) of property, transfer (N.) of property

Eigentumsverlust (M.) loss (N.) of ownership, loss (N.) of property

Eigentumsvermutung (F.) presumption (N.) of ownership, presumption (N.) of title

Eigentumsvorbehalt (M.) reservation (N.) of title, retention (N.) of title, retention (N.)

Eigentumswohnung (F.) freehold flat (N.) (br.), condominium apartment (N.) (am.)

eignen be (V.) suitable, be (V.) adequate, fit (V.)

Eignung (F.) qualification (N.), applicability (N.), capacity (N.)

Einbahnstraße (F.) one-way street (N.)

einbenennen confer (V.) one's family name upon an illegitimate child

Einbenennung (F.) conferring (N.) one's family name upon an illegitimate child

einberufen convene (V.), convoke (V.), call (V.) up, draft (V.) (am.)

einbrechen break (V.) in, commit (V.) burglary, burgle (V.)

Einbrecher (M.) burglar (M. bzw. F.), housebreaker (M. bzw. F.)

einbringen (eine Petition einbringen) file (V.)

einbringen (Kapital einbringen) contribute (V.), bring (V.) in

Einbringung (F.) (Kapitaleinbringung) bringing in (N.), contribution (N.)

Einbruch (M.) burglary (N.), house-breaking (N.)

Einbruchsdiebstahl (M.) theft (N.) by breaking and entering, burglary (N.)

einbürgern naturalize (V.)

Einbürgerung (F.) naturalization (N.)

eindringen enter (V.) by force, penetrate (V.)

Einfuhr (F.) import (N.), importation (N.)

einführen (eine Person bzw. ein Thema einführen) introduce (V.), initiate (V.)

einführen (Waren einführen) import (V.)

Einführung (F.) introduction (N.), initiation (N.)

Einführungsgesetz (N.) introductory act (N.), introductory law (N.)

Eingabe (F.) petition (N.), application (N.), presentation (N.)

eingehen undertake (V.), enter (V.) into

Eingehungsbetrug (M.) fraud (N.) in treaty

eingetragene Genossenschaft (F.) registered society (N.)

eingetragener Verein (M.) registered association (N.), registered club (N.)

eingreifen intervene (V.), interfere (V.)

Eingriff (M.) interference (N.), intrusion (N.), encroachment (N.), intervention (N.)

Eingriffskondiktion (F.) claim (N.) on account of unjust enrichment because of interference with private property

Eingriffsverwaltung (F.) executive administration (N.)

einhalten observe (V.), keep (V.), meet (V.), comply (V.)

Einhaltung (F.) compliance (N.), observance (N.)

einheimisch domestic (Adj.)

Einheit (F.) unity (N.), entity (N.), unit (N.)

einheitlich unitary (Adj.), uniform (Adj.), standardized (Adj.)

einheitliches Gesetz (in den USA) uniform law (N.) (am.)

einheitliches Kaufrecht (N.) uniform law (N.) on the sale of goods

Einheitsstrafe (F.) consolidated single penalty (N.)

Einheitswert (M.) standard value (N.), taxable value (N.), assessable value (N.), rateable value (N.)

Einheitswert (M.) (Einheitswert einer Liegenschaft) assessment unit value (N.)

einig agreed on, in agreement with

einigen agree (V.), come (V.) to an agreement

Einigung (F.) agreement (N.), settlement (N.), mutual consent (N.)

Einigungsmangel (M.) lack (N.) of agreement, disagreement (N.)

Einigungsstelle (F.) board (N.) of conciliation

Einigungsvertrag (M.) unification treaty (N.)

Einkammersystem (N.) unicameral system (N.)

Einkauf (M.) purchase (N.), buying (N.)

einkaufen purchase (V.)

Einkaufskommission (F.) buying commission (N.)

Einkaufspreis (M.) buying price (N.)
einklagen sue (V.)
Einkommen (N.) income (N.), revenue (N.), earnings (N.Pl.)
Einkommensteuer (F.) income tax (N.)
Einkunft (F.) revenue (N.), earnings (N.Pl.), profit (N.), income (N.)
einladen invite (V.)
Einladung (F.) invitation (N.), call (N.)
Einlage (F.) (Bankguthaben) deposit (N.)
Einlage (F.) (Briefeinlage) enclosure (N.)
Einlage (F.) (Gesellschaftseinlage) initial share (N.)
einlassen defend (V.) the charge, enter (V.) an appearance
Einlassung (F.) appearance (N.), pleading (N.) to the charge, joining (N.) of issue
Einlassungsfrist (F.) time (N.) for appearance, period (N.) for filing a defence
einlegen deposit (V.), file (V.)
Einleger (M.) depositor (M. bzw. F.), investor (M. bzw. F.), layer-on (M. bzw. F.)
einliefern commit (N.)
Einmanngesellschaft (F.) one-man company (N.), sole proprietorship (N.)
einmischen interfere (V.), intervene (V.)
Einmischung (F.) intervention (N.), interference (N.)
Einnahme (F.) taking (N.), receipt (N.), revenue (N.), take (N.)
Einnahmen (F.Pl.) takings (N.Pl.), proceeds (N.Pl.), earnings (N.Pl.)
einnehmen take (V.) in, receive (V.), collect (V.), occupy (V.), assume (V.)
Einrede (F.) plea (N.), defence (N.) (br.), defense (N.) (am.), objection (N.), exception (N.)
einreichen file (V.), submit (V.), bring (V.)
einreisen enter (V.) a country
einrichten establish (V.), organize (V.), institute (V.)
Einrichtung (F.) establishment (N.), organization (N.), facility (N.), installation (N.)
einschlägig pertinent (Adj.), relevant (Adj.), applicable (Adj.)
einschließen include (V.)
Einschließung (F.) inclusion (N.)
Einschließung (F.) (Personeneinschließung) confinement (N.), locking (N.) in
einschränken restrict (V.), limit (V.)

Einschränkung (F.) limitation (N.), reservation (N.), restraint (N.), restriction (N.)
Einschreiben (N.) registered mail (N.), registered letter (N.), recorded letter (N.) (br.), certified mail (N.) (am.)
einschreiten interfere (V.), intervene (V.), prosecute (V.)
Einschreiten (N.) intervention (N.), interference (N.), action (N.)
einsehen (Einsicht nehmen) examine (V.), inspect (V.), look (V.) into
einseitig one-sided (Adj.), unilateral (Adj.)
einseitig verpflichtend unilaterally obligating (Adj.), one-sided (Adj.)
einseitiges Rechtsgeschäft (N.) unilateral juristic act (N.)
einsetzen (ein Wort einsetzen) insert (V.)
einsetzen (eine Person einsetzen) appoint (V.)
einsetzen (Geld bzw. Leben einsetzen) stake (V.)
Einsetzung (F.) insertion (N.), appointment (N.), institution (N.)
Einsicht (F.) examination (N.), inspection (N.)
Einsicht (F.) (Verständnis) insight (N.), understanding (N.)
Einsichtsfähigkeit (F.) capacity (N.) to understand
einsperren lock (V.) up, take (V.) into custody, imprison (V.), confine (V.)
Einsperren (N.) locking (N.) up, confinement (N.), imprisonment (N.)
Einspruch (M.) objection (N.), opposition (N.), protest (N.), veto (N.)
Einspruchsgesetz (N.) act which is subject to a possible objection by the Bundesrat
einstehen be (V.) responsible, guarantee (V.)
einstellen (beschäftigen) hire (V.), employ (V.), engage (V.)
einstellen (unterbrechen bzw. beenden) discontinue (V.), stay (V.)
Einstellung (F.) (Beschäftigung) hiring (N.), employment (N.)
Einstellung (F.) (Haltung) attitude (N.), approach (N.)
Einstellung (F.) (Unterbrechung bzw. Beendigung) stay (N.), discontinuance (N.)
Einstellungsbeschluß (M.) order (N.) to

dismiss a case, order (N.) to stay proceedings

einstweilig temporary (Adj.), provisional (Adj.), interim (Adj.), interlocutory (Adj.)

einstweilige Anordnung (F.) provisional order (N.), temporary order (N.), interim order (N.)

einstweilige Verfügung (F.) injunction (N.), interlocutory injunction (N.)

einstweiliger Ruhestand (M.) provisional retirement (N.)

Eintrag (M.) (Registereintrag) entry (N.), item (N.)

eintragen enter (V.), make (V.) an entry, register (V.), put (V.) down

Eintragung (F.) registration (N.), entry (N.), recording (N.)

Eintragungsbewilligung (F.) authorization (N.) for registration

Eintragungsfähigkeit (F.) registrability (N.), eligibility (N.) for registration

eintreiben collect (V.), enforce (V.)

eintreten (hineingehen) step (V.) in, enter (V.)

eintreten (sich ereignen) occur (V.)

Eintritt (M.) (Eingang) entry (N.), entrance (N.)

Eintritt (M.) (Geschehen) occurrence (N.)

Eintrittsrecht (N.) right (N.) of entry, right (N.) of preemption

Einverleibung (F.) incorporation (N.), inclusion (N.), annexation (N.)

Einverständnis (N.) agreement (N.), consent (N.), approval (N.)

Einwand (M.) objection (N.), defence (N.) (brit.), defense (N.) (am.), demur (N.)

Einwanderer (M.) immigrant (M. bzw. F.)

einwandern immigrate (V.)

Einwanderung (F.) immigration (N.)

einweisen commit (V.), vest (V.)

Einweisung (F.) guidance (N.), installation (N.), assignment (N.), commitment (N.)

einwenden object (V.), oppose (V.), remonstrate (V.), plead (V.)

Einwendung (F.) objection (N.), remonstration (N.), plea (N.), defence (N.) (br.), defense (N.) (am.), exception (N.)

einwilligen consent (V.), agree (V.) to, approve (V.)

Einwilligung (F.) consent (N.), approval (N.)

einwirken affect (V.), influence (V.), act (V.)

Einwirkung (F.) influence (N.), action (N.)

Einwohner (M.) inhabitant (M. bzw. F.), resident (M. bzw. F.)

einzahlen deposit (V.), pay (V.) in

Einzahlung (F.) deposit (N.), paying (N.) in, payment (N.)

Einzelhaft (F.) solitary confinement (N.)

Einzelhandel retail (N.), retail trade (N.)

Einzelkaufmann (M.) sole trader (M. bzw. F.)

Einzelrechtsnachfolge (F.) singular succession (N.)

Einzelrichter (M.) sole judge (M. bzw. F.), single judge (M. bzw. F.), judge (M. bzw. F.) sitting alone

Einzelvollmacht (F.) special authority (N.), sole authority (N.)

einziehen (beschlagnahmen) withdraw (V.) from circulation

einziehen (einkassieren) collect (V.), redeem (V.), confiscate (V.), seize (V.)

Einziehung (F.) (Einsammlung) collection (N.), redemption (N.), confiscation (N.)

Einziehung (F.) (Papiergeldbeschlagnahme) withdrawal (N.)

Einziehungsermächtigung (F.) direct debit authorization (N.)

Einziehungsverfahren (N.) collection procedure (N.), method (N.) of collection

Eisenbahn (F.) railway (N.), railroad (N.) (am.)

Elektrizität (F.) electricity (N.)

elektronische Datenverarbeitung (F.) (EDV) electronic data processing (N.)

elterlich parental (Adj.)

elterliche Gewalt (F.) parental power (N.)

elterliche Sorge (F.) parental care (N.) and custody (N.)

Eltern (Pl.) parents (Pl.)

Emanzipation (F.) emancipation (N.)

emanzipieren emancipate (V.)

Embargo (N.) embargo (N.)

Embryo (M.) embryo (N.)

emeritieren retire (V.) from an academic chair, give (V.) an emeritus status

Emeritierung (F.) retirement (N.) from an academic chair

Emigrant (M.) emigrant (M. bzw. F.)

Emigration (F.) emigration (N.)

emigrieren emigrate (V.)
Emission (F.) emission (N.)
Emission (F.) (Wertpapieremission) emission (N.), issue (N.), flotation (N.)
emittieren issue (V.)
Empfang (M.) receipt (N.), receiving (N.)
empfangen receive (V.)
Empfänger (M.) recipient (M. bzw. F.), addressee (M. bzw. F.), receiver (M. bzw. F.)
Empfängerhorizont (M.) horizon (N.) of recipient
Empfängnis (F.) conception (N.)
Empfängnisverhütung (F.) contraception (N.)
Empfängniszeit (F.) period (N.) of conception
Empfangsbedürftigkeit (F.) requirement (N.) of receipt
empfehlen recommend (V.), suggest (V.), advise (V.)
Empfehlung (F.) recommendation (N.), suggestion (N.), advice (N.)
Endurteil (N.) final decision (N.), final judgement (N.), definitive decision (N.)
Endurteil (N.) (Eherechtsendurteil) final decree (N.)
Energie (F.) energy (N.), power (N.)
Energieeentziehung (F.) divestment (N.) of energy
Energierecht (N.) energy laws (N.Pl.)
Energieversorgungsunternehmen (N.) energy supply company (N.)
England (N.) England (F.)
Enkel (M.) grandchild (N.)
Enklave (F.) enclave (N.)
Enquête (F.) official inquiry (N.)
Enquêtekommission (F.) commission (N.) of inquiry
Enquêterecht (N.) parliamentary enquiry privilege (N.)
enteignen expropriate (V.)
Enteignung (F.) expropriation (N.)
enteignungsgleicher Eingriff (M.) inverse condemnation (N.)
enterben disinherit (V.), exheredate (V.)
Enterbung (F.) disinheritance (N.), exheredation (N.)
entfalten develop (V.), evolve (V.)
Entfaltung (F.) unfolding (N.), development (N.), evolution (N.)

entfernen remove (V.), oust (V.)
entfernen (sich) leave (V.)
Entfernung (F.) (Entlassung) aus dem Dienst removal (N.) from office, dismissal (N.)
Entfernung (F.) (Ortsunterschied) distance (N.)
Entfernung (F.) (Wegnahme) removal (N.), ouster (N.)
Entfremdung (F.) (Entfremdung im Eherecht) alienation (N.) of affections
entführen kidnap (V.), abduct (V.)
entführen (ein Fahrzeug entführen) hijack (V.)
Entführer (M.) abductor (M. bzw. F.), kidnapper (M. bzw. F.), hijacker (M. bzw. F.)
Entführung (F.) kidnapping (N.), abduction (N.)
Entführung (F.) (Fahrzeugentführung) hijacking (N.)
entgangener Gewinn (M.) lost profits (N.Pl.), loss (N.) of earnings
Entgelt (N.) remuneration (N.), compensation (N.), consideration (N.), pay (N.)
entgelten remunerate (V.), pay (V.) for, compensate (V.)
Entgeltfortzahlung (F.) continuation (N.) of wage payments
Entgeltfortzahlungsgesetz (N.) continuation of wage payments during sickness Act (N.)
entgeltlich for consideration, against payment, lucrative (Adj.)
Entgeltlichkeit (F.) remunerativeness (N.), payment basis (N.)
enthaupten decapitate (V.), behead (V.)
Enthauptung (F.) decapitation (N.), beheading (N.)
Entkolonialisierung (F.) decolonization (N.)
entlassen discharge (V.), dismiss (V.), oust (V.)
Entlassung (F.) dismissal (N.), discharge (N.), removal (N.) from office
entlasten relieve (V.), ease (V.), disengage (V.), unburden (V.), clear (V.), exonerate (V.)
Entlastung (F.) relief (N.), easing (N.)
Entlastung (F.) (Beschuldigtenentlastung) exculpation (N.), exoneration (N.)

Entlastungsbeweis (M.) exculpatory evidence (N.), exonerating evidence (N.)

entleihen borrow (V.)

entmündigen place (V.) under the control of a guardian, declare (V.) legally incapable

Entmündigung (F.) legal incapacitation (N.), deprivation (N.) of legal capacity

Entnahme (F.) drawing (N.), withdrawal (N.), taking (N.)

Entnazifizierung (F.) denazification (N.)

entnehmen take (V.), draw (V.)

entschädigen indemnify (V.), compensate (V.), reimburse (V.)

Entschädigung (F.) indemnification (N.), compensation (N.), reimbursement (N.), restitution (N.)

Entscheid (M.) decision (N.), ruling (N.), decree (N.)

entscheiden decide (V.), rule (V.) on, adjudge (V.), adjucate (V.), hold (V.), judge (V.)

Entscheidung (F.) decision (N.), ruling (N.), determination (N.), adjucation (N.)

Entscheidung nach Lage der Akten (F.) decision (N.) as the case lies

Entscheidungsgrund (M.) reason (N.) for the decision, ground (N.) of judgement

Entscheidungsgrund (M.) (Urteilsentscheidungsgrund) ratio (N.) decidendi (lat.)

Entscheidungssammlung (F.) casebook (N.), law reports (N.Pl.)

entscheidungsunfähige Geschworene (M.Pl. bzw. F.Pl.) hung jury (N.)

entschließen (sich) decide (V.), come (V.) to a decision, resolve (V.)

Entschließung (F.) resolution (N.), order (N.)

Entschluß (M.) decision (N.)

entschuldigen excuse (V.), pardon (V.), condone (V.)

entschuldigen (sich) apologize (V.)

entschuldigender Notstand (M.) excusing emergency (N.)

Entschuldigung (F.) apology (N.), excuse (N.)

Entschuldigungsgrund (M.) excuse (N.), exculpation (N.)

entwenden take (V.) away, pilfer (V.), filch (V.), steal (V.)

Entwendung (F.) pilfering (N.), pilfery (N.), stealing (N.), larceny (N.)

Entwerung (F.) eviction (N.)

entwickeln develop (V.)

Entwicklung (F.) development (N.), trend (N.)

Entwicklungskriminalität (F.) criminality (N.) concerning young people who are still developing

entwidmen withdraw (V.) from public use, privatize (V.)

Entwidmung (F.) withdrawal (N.) from public use, privatization (N.)

Entwurf (M.) rough copy (N.), bill (N.), draft agreement (N.)

entziehen deprive (V.), take (V.) away, divest (V.)

entziehen (sich) abscond (V.)

Entziehung (F.) deprivation (N.), divestment (N.)

Entziehungsanstalt (F.) treatment centre (N.) for alcoholics and drug addicts

Entzug (M.) withdrawal (N.), suspension (N.)

Enumeration (F.) enumeration (N.)

enumerativ enumerative (Adj.)

Enzyklika (F.) encyclical (N.)

Enzyklopädie (F.) encyclopedia (N.)

Erbanfall (M.) inheritance (N.), accrual (N.) of an inheritance, devolution (N.) of an inheritance

Erbausgleich (M.) money compensation (N.) in lieu of future inheritance

Erbbaurecht (N.) hereditable building right (N.), building lease (N.)

Erbbauzins (M.) ground rent (N.)

erbbiologisches Gutachten (N.) expert opinion (N.) on hereditary factors

Erbe (M.) heir (M.), successor (M. bzw. F.), inheritor (M. bzw. F.)

Erbe (N.) inheritance (N.), heritage (N.)

Erbeinsetzung (F.) appointment (N.) as an heir

erben inherit (V.)

Erbengemeinschaft (F.) community (N.) of heirs, joint heirs (Pl.)

Erbenhaftung (F.) personal liability (N.) of the heir

Erbersatzanspruch (M.) substituted inheritance right (N.)

Erbfall (M.) devolution (N.) of an inheritance, accrual (N.) of an inheritance, succession (N.)

Erbfolge (F.) succession (N.), inheritance (N.), heirship (N.)

Erbin (F.) inheritrix (F.), inheritress (F.), heiress (F.)

Erblasser (M.) decedent (M. bzw. F.), testator (M.)

Erblasserin (F.) testatrix (F.)

erblich hereditary (Adj.), inheritable (Adj.)

Erbpacht (F.) hereditary lease (N.), emphyteusis (N.)

Erbrecht (N.) (Erbrechtsanspruch) right (N.) to an inheritance, right (N.) of succession, hereditary right (N.), claim (N.) to an inheritance

Erbrecht (N.) (Erbrechtsordnung) law (N.) of succession

Erbschaft (F.) inheritance (N.)

Erbschaftsanspruch (M.) right (N.) to an inheritance, right (N.) of succession, hereditary right (N.), claim (N.) to an inheritance

Erbschaftsbesitzer (M.) possessor (M. bzw. F.) of the estate

Erbschaftserwerber (M.) purchaser (M. bzw. F.) of an inheritance as a whole

Erbschaftskauf (M.) purchase (N.) of the total inheritance

Erbschaftsklage (F.) action (N.) for recovery of an inheritance

Erbschaftsteuer (F.) inheritance tax (N.), succession tax (N.), death duty (N.), death tay (N.)

Erbschein (M.) certificate (N.) of inheritance, grant (N.) of probate

Erbschleicher (M.) legacy hunter (M. bzw. F.)

Erbteil (M.) hereditary portion (N.), share (N.) of the inheritance

Erbunfähigkeit (F.) legal incapacity (N.) to inherit

Erbunwürdigkeit (F.) unworthiness (N.) of inheritance, disqualification (N.) from succession

Erbvertrag (M.) contract (N.) of inheritance

Erbverzicht (M.) renunciation (N.) of inheritance, waiver (N.) of hereditary titles

ereignen (sich) happen (V.), occur (V.), take (V.) place

Ereignis (N.) event (N.), happening (N.), incident (N.), occurrence (N.)

erfahren (V.) be (V.) informed, experience (V.)

Erfahrung (F.) experience (N.)

erfassen register (V.), record (V.), list (V.)

Erfassung (F.) registration (N.), recording (N.), listing (N.)

erfinden invent (V.), devise (V.)

Erfinder (M.) inventor (M. bzw. F.)

Erfindung (F.) invention (N.)

Erfolg (M.) success (N.), achievement (N.)

Erfolgsabwendungspflicht (F.) duty (N.) to prevent the effect

Erfolgsdelikt (N.) objective crime (N.)

Erfolgshaftung (F.) strict liability (N.), liability (N.) without fault

Erfolgshonorar (N.) contingent fee (N.)

Erfolgsort (M.) place (N.) of effect

erforderlich necessary (Adj.), requisite (Adj.), required (Adj.)

Erforderlichkeit (F.) necessity (N.), requirement (N.)

erfordern require (V.), necessitate (V.), demand (V.)

Erfordernis (N.) requirement (N.), requisite (N.), necessity (N.)

Erfüllbarkeit (F.) fulfillability (N.)

erfüllen fulfill (V.), perform (V.), carry (V.) out

erfüllen (verwirklichen) meet (V.)

Erfüllung (F.) fulfillment (N.), performance (N.), satisfaction (N.)

Erfüllungsbetrug (M.) fraud (N.) in the performance

Erfüllungsgehilfe (M.) vicarious agent (M. bzw. F.)

Erfüllungsinteresse (N.) positive interest (N.), interest (N.) in the complete satisfaction of an obligation

Erfüllungsort (M.) place (N.) of performance

Erfüllungsübernahme (F.) vicarious performance (N.)

Erfüllungsverweigerung (F.) anticipatory breach (N.), repudiation (N.)

ergänzen supplement (V.)

ergänzende Vertragsauslegung (F.) supplementary interpretation (N.) contract

Ergänzung (F.) supplement (N.), supplementation (N.)

Ergänzungspflegschaft (F.) supplementary curatorship (N.)

Ergänzungsurteil (N.) supplementing judgement (N.)

Erhalt (M.) receipt (N.)

erhalten receive (V.), be (V.) granted, maintain (V.), get (V.)

erheben (feststellen) ascertain (V.), investigate (V.)

erheben (verlangen) levy (V.), impose (V.)

erheblich substantial (Adj.), relevant (Adj.)

Erhebung von Steuern (F.) imposition (N.) of taxes

Erhebung (F.) (Erhebung eines Volkes) rebellion

erhöhen increase (V.), raise (V.), lift (V.)

Erhöhung (F.) increase (N.), raise (N.), rise (N.) (am.)

erinnern remind (V.)

Erinnerung (F.) (Mahnung) admonition (N.)

Erinnerung (F.) (Rückbesinnung) memory (N.)

Erinnerung (F.) (Verwaltungsrechtserinnerung) opposition (N.), objection (N.)

erkennen recognize (V.), identify (V.), adjudge (V.)

Erkenntnis (F.) (Einsicht) realization (N.), comprehension (N.), perception (N.)

Erkenntnis (N.) (Entscheidung) decision (N.), judgement (N.)

Erkenntnisverfahren (N.) contentious proceedings (N.Pl.)

erklären (darlegen) declare (V.)

Erklärung (F.) (Zollerklärung) declaration (N.)

Erklärungsirrtum (M.) mistake (N.) in the utterance

Erklärungstheorie (F.) doctrine (N.) of declaratory effect of an act

Erklärungswille (M.) intention (N.) of stating something of legal consequence

erkundigen seek (V.) information, inquire (V.)

Erkundigung (F.) inquiry (N.)

Erlaß (M.) (Anordnung einer Verwaltungsbehörde) decree (N.), order (N.)

Erlaß (M.) (Befreiung) release (N.)

Erlaß (M.) (Schaffung eines Gesetzes oder Urteils) pronouncement (N.), passing (N.), rendition (N.)

erlassen (ausgeben) issue (V.)

erlassen (befreien) release (V.) from, dispense (V.) from

erlassen (ein Gesetz bzw. Urteil schaffen) pass (V.), render (V.)

erlauben allow (V.), permit (V.)

Erlaubnis (F.) permission (N.), licence (N.) (br.), license (N.) (am.)

Erlaubnisirrtum (M.) error (N.) concerning permissibility

Erlaubnisvorbehalt (M.) reservation (N.) on the granting of permission

erläutern comment (V.), illustrate (V.), explain (V.)

erledigen settle (V.), arrange (V.), finish (V.)

Erledigung (F.) disposal (N.), arrangement (N.), termination (N.)

Erlös (M.) profit (N.)

erlöschen come (V.) to an end, expire (V.), lapse (V.)

Erlöschen (N.) extinguishment (N.), lapse (N.), discharge (N.)

erlösen realize (V.)

ermächtigen empower (V.), authorize (V.), vest (V.) with authority

Ermächtigung (F.) power (N.), authorization (N.), delegated power (N.)

Ermächtigungsgesetz (N.) enabling act (N.), enabling statute (N.)

Ermächtigungsgrundlage (F.) basis (N.) of authorization

ermahnen admonish (V.), warn (V.), caution (V.)

Ermahnung (F.) admonition (N.), warning (N.)

ermäßigen reduce (V.), lower (V.), mark (V.) down

Ermäßigung (F.) reduction (N.), lowering (N.)

ermessen estimate (V.)

Ermessen (N.) discretion (N.)

Ermessensfehler (M.) abuse (N.) of discretion

Ermessensmangel (M.) lack (N.) of discretion

Ermessensmißbrauch (M.) abuse (N.) of discretion

Ermessensnichtgebrauch (M.) non-use (N.) of discretion

Ermessensreduzierung (F.) restriction (N.) of discretion

Ermessensüberschreitung (F.) exceeding (N.) of one's discretionary powers
Ermessensunterschreitung (F.) falling (N.) short of discretion
ermitteln investigate (V.), trace (V.), ascertain (V.)
Ermittler (M.) detective (M. bzw. F.)
Ermittlung (F.) criminal investigation (N.), tracing (N.), inquiry (N.)
Ermittlungsbeamter investigating officer (M. bzw. F.)
Ermittlungsrichter (M.) summary judge (M. bzw. F.), committing magistrate (M. bzw. F.)
Ermittlungsverfahren (N.) preliminary investigation (N.)
ernennen appoint (V.), nominate (V.), name (V.), designate (V.)
Ernennung (F.) appointment (N.), nomination (N.)
Ernennungsurkunde (F.) letter (N.) of appointment
eröffnen open (V.), disclose (V.)
Eröffnung (F.) opening (N.), disclosure (N.)
Eröffnungsbeschluß (M.) committal (N.) for trial
Eröffnungsbilanz (F.) opening balance (N.)
Eröffnungsverfahren (N.) committal proceedings (N.Pl.)
erörtern discuss (V.), debate (V.), argue (V.)
Erörterung (F.) discussion (N.), debate (N.)
erpressen blackmail (V.), extort (V.)
Erpresser (M.) blackmailer (M. bzw. F.), extortionist (M. bzw. F.), racketeer (M. bzw. F.)
erpresserisch blackmailing (Adj.), extortionate (Adj.)
erpresserischer Menschenraub (M.) extortionate kidnapping (N.)
Erpressung (F.) extortion (N.), blackmail (N.)
erregen excite (V.), irritate (V.), provoke (V.), create (V.), cause (V.)
Erregung (F.) öffentlichen Ärgernisses causing (N.) a public nuisance
Errungenschaft (F.) acquisition (N.), achievement (N.)
Errungenschaftsgemeinschaft (F.) joint ownership (N.) of acquired property

Ersatz (M.) substitute (N.), replacement (N.)
Ersatz (M.) (Ersatz eines Schadens) compensation (N.), indemnification (N.), restitution (N.)
Ersatzdienst (M.) non-military service (N.), alternative service (N.)
Ersatzerbe (M.) substitutional heir (M. bzw. F.), alternate heir (M. bzw. F.), revisionary heir (M. bzw. F.)
Ersatzfreiheitsstrafe (F.) imprisonment (N.) in default of payment
Ersatzgeschäft (N.) substitutional transaction (N.)
Ersatzkasse (F.) substitutional social health insurance institution (N.)
Ersatzvermächtnis (N.) substitutional legacy (N.), substitutional bequest (N.)
Ersatzvornahme (F.) substitute performance (N.)
Ersatzzeit (F.) substituted qualifying period (N.)
Ersatzzustellung (F.) substituted service (N.)
Ersatzzwangshaft (F.) substitutional coercive detention (N.)
erscheinen appear (V.)
Erscheinen (N.) appearance (N.), attendance (N.)
Erscheinen (N.) (Veröffentlichung) publication (N.), issue (N.)
erschließen develop (V.), improve (V.), open (V.) up
Erschließung (F.) development (N.), improvement (N.), planning (N.)
erschöpfen exhaust (V.), drain (V.)
ersetzen substitute (V.), replace (V.)
ersetzen (einen Verlust ausgleichen) compensate (V.), reimburse (V.)
Ersetzung (F.) substitution (N.), replacement (N.)
Ersetzungsbefugnis (F.) alternative performance (N.), authority (N.) to provide a substitute
ersitzen acquire (V.) by prescription, prescribe (V.), usucapt (V.)
Ersitzung (F.) prescription (N.), usucaption (N.)
erstatten (ersetzen) reimburse (V.), refund (V.), repay (V.)
Erstattung (F.) reimbursement (N.), refund (N.)

Erstattungsanspruch (M.) claim (N.) for reimbursement, claim (N.) of restitution

ersuchen request (V.)

Ersuchen (N.) request (N.)

ersuchter Richter (M.) requested judge (M. bzw. F.)

Ertrag (M.) yield (N.), return (N.), revenue (N.), proceeds (N.Pl.)

Ertragshoheit (F.) tax sovereignty (N.)

Ertragsteuer (F.) tax (N.) on earnings, tax (N.) on profits, profit tax (N.)

Erwachsener (M.) adult (M. bzw. F.)

erwägen consider (V.), examine (V.), take (V.) into account, entertain (V.)

Erwägung (F.) consideration (N.), deliberation (N.)

Erwerb (M.) acquisition (N.), acquiring (N.), purchase (N.)

erwerben acquire (V.), obtain (V.), purchase (V.)

Erwerber (M.) purchaser (M. bzw. F.), vendee (M. bzw. F.), transferee (M. bzw. F.), assign (M. bzw. F.)

erwerbslos unemployed (Adj.), jobless (Adj.), idle (Adj.)

Erwerbstätigkeit (F.) gainful employment (N.)

Erwerbsunfähigkeit (F.) invalidity (N.), disability (N.), total incapacity (N.)

Erwerbsverbot (N.) prohibition (N.) to acquire

erwidern reply (V.), answer (V.)

Erwiderung (F.) reply (N.), answer (N.), rejoinder (N.)

Erzbischof (M.) archbishop (M.)

erzeugen produce (V.), cause (V.), create (V.)

Erzeugnis (N.) product (N.), production (N.)

erziehen educate (V.), bring (V.) up

Erziehung (F.) education (N.), upbringing (N.)

Erziehungsbeistand (M.) educational supervisor (M. bzw. F.)

Erziehungsgeld (N.) educational allowance (N.)

Erziehunghilfe (F.) disciplinary aid (N.) and supervision (N.)

Erziehungsmaßregel (F.) compulsory measure (N.) of care

Erziehungsurlaub (M.) leave (N.) granted to a non-working parent of a small child

erzwingbar enforceable (Adj.)

erzwingen compel (V.), enforce (V.)

Erzwingung (F.) enforcement (N.), compulsion (N.), extortion (N.)

Erzwingungshaft (F.) coercive detention (N.), arrest (N.) to enforce a court order

Estoppel (N.) estoppel (N.)

Etat (M.) budget (N.), estimates (N.Pl.)

Ethik (F.) ethics (N.Pl.)

ethnisch ethnic (Adj.), ethnical (Adj.)

Ethos (M.) ethos (N.)

EU (F.) (Europäische Union) European Union (N.) (EU)

Eurocheque (M.) eurocheque (N.)

Europa (N.) Europe (F.)

europäisch european (Adj.)

Europäische Akte (F.) Single European Act (N.)

Europäische Atomgemeinschaft (F.) European Atomic Energy Community (N.)

Europäische Gemeinschaft (F.) für Kohle und Stahl European Coal and Steel Community (N.)

Europäische Gemeinschaften (F.Pl.) European Communities (N.Pl.)

Europäische Konvention (F.) zum Schutz der Menschenrechte und Grundfreiheiten European Convention (N.) on Human Rights

Europäische Sozialcharta (F.) European Social Charter (N.)

Europäische Union (F.) European Union (N.)

Europäische Universität (F.) European University (N.)

Europäische Wirtschaftliche Interessenvereinigung (F.) European economic interest grouping (N.)

Europäische Wirtschaftsgemeinschaft (F.) European Economic Community (N.)

Europäischer Gerichtshof (M.) European Court (N.) of Justice

Europäischer Gerichtshof (M.) für Menschenrechte European Court (N.) of Human Rights

Europäischer Rat (M.) European Council (N.)

Europäischer Wirtschaftsraum (M.) European market (N.)

Europäisches Gemeinschaftsrecht (N.) European community law (N.)
Europäisches Parlament (N.) European Parliament (N.)
Europäisches Recht (N.) European law (N.)
Europäisches Währungssystem (N.) European Monetary System (N.)
Europarat (M.) Council (N.) of Europe
Europarecht (N.) European law (N.)
Europawahl (F.) election (N.) to the European Parliament
European Currency Unit (N.) (ECU) European Curency Unit (N.) (ECU)
Euthanasie (F.) euthanasia (N.), mercy killing (N.)
evakuieren evacuate (V.)
Evakuierung (F.) evacuation (N.)
Evaluation (F.) evaluation (N.)
evaluieren evaluate (V.)
evangelisch protestant (Adj.)
eventual possible (Adj.), contingent (Adj.)
Eventualaufrechnung (F.) cautionary setting-off (N.)
Eventualmaxime (F.) alternative pleading (N.), contingency motion (N.)
Eventualvorsatz (M.) contingent intent (N.)
evident evident (Adj.)
Evidenz (F.) evidence (N.)
Eviktion (F.) eviction (N.)
Evokationsrecht (N.) the right (N.) to withdraw a matter from the cognizance of another court, right (N.) to issue a writ of certiorari
ex lege (lat.) by operation of law
ex nunc (lat.) from now on, a data
ex officio (lat.) ex officio (lat.)
ex tunc (lat.) ab initio (lat.)
Examen (N.) examination (N.), exam (N.)
exceptio (F.) (lat.) exception (N.)
exceptio (F.) doli (lat.) plea (N.) of fraud
exekutieren execute (V.)
Exekution (F.) execution (N.)
exekutiv executive (Adj.)
Exekutive (F.) executive (N.), executive power (N.)
Exequatur (N.) exequatur (N.)
Exhibitionist (M.) exhibitionist (M.)
exhibitionistisch exhibitionist (Adj.)
exhibitionistische Handlung (F.) exhibitionist act (N.)

exhumieren exhume (V.), disinter (V.)
Exhumierung (F.) exhumation (N.), disinterment (N.)
Exil (N.) exile (N.)
Existenz (F.) existence (N.), living (N.)
Existenzminimum (N.) subsistance minimum (N.), subsistance level (N.)
Exklave (F.) exclave (N.)
exklusiv exclusive (Adj.)
Exkommunikation (F.) excommunication (N.)
exkommunizieren excommunicate (V.)
Exkulpation (F.) exculpation (N.)
Exmatrikulation (F.) removal (N.) of one's name from the university register
Expertensystem (N.) expert system (N.)
explodieren explode (V.)
Explosion (F.) explosion (N.)
Export (M.) export (N.), exportation (N.)
exportieren export (V.)
expressis verbis (lat.) explicit (Adj.), definite (Adj.)
extensiv extensive (Adj.)
exterritorial exterritorial (Adj.), extraterritorial (Adj.)
Exterritorialität (F.) extraterritoriality (N.)
Extremismus (M.) extremism (N.)
Extremist (M.) extremist (M. bzw. F.)
Exzeß (M.) excess (N.)

F

Fabrik (F.) factory (N.)
Fabrikant (M.) manufacturer (M. bzw. F.), fabricant (M. bzw. F.)
Fabrikationsfehler (M.) flaw (N.), manufacturing defect (N.)
Fachanwalt (M.) specialized solicitor (M. bzw. F.)
Facharbeiter (M.) skilled labour (M. bzw. F.), skilled worker (M. bzw. F.), trained worker (M. bzw. F.)
Fachaufsicht (F.) supervisory power (N.), supervising authority (N.)
Fachbereich (M.) (Fachbereich an Universitäten) faculty (N.)
Fachhochschule (F.) vocational college (N.), technical college (N.)
Fachmann (M.) expert (M. bzw. F.), spe-

cialist (M. bzw. F.), professional (M. bzw. F.)

Fachschaft (F.) students' union (N.) of a department

Factoring (N.) factoring (N.)

facultas (F.) alternativa (lat.) optional right (N.) of performance

fähig able (Adj.), capable (Adj.), qualified (Adj.), eligible (Adj.)

Fähigkeit (F.) ability (N.), capability (N.), eligibility (N.)

fahnden pursue (V.), search (V.) for

Fahndung (F.) search (N.)

Fahndungsschreiben (N.) "wanted" notice (N.)

Fahnenflucht (F.) desertion (N.)

fahnenflüchtig be (V.) a deserter

Fähnrich (M.) (Fähnrich im Landheer) cadet sergeant (M.)

Fahrbahn (F.) roadway (N.), carriageway (N.), pavement (N.) (am.)

fahren drive (V.)

Fahrerflucht (F.) hit-and-run offence (N.)

Fahrerlaubnis (F.) driving licence (N.) (br.), driver's license (N.) (am.)

Fahrhabe (F.) movables (N.Pl.), personal property (N.Pl.), chattels (N.Pl.)

Fahrkarte (F.) ticket (N.)

fahrlässig negligent (Adj.), careless (Adj.), heedless (Adj.)

Fahrlässigkeit (F.) negligence (N.), carelessness (N.), heedlessness (N.)

Fahrlässigkeitsdelikt (N.) negligent offence (N.), offence (N.) committed by negligence

Fahrlehrer (M.) driving instructor (M. bzw. F.)

Fahrnis (F.) movables (N.Pl.), chattel (N.), personal property (N.)

Fahrnisgemeinschaft (F.) community (N.) of movables

Fahrschein (M.) ticket (N.)

Fahrt (F.) journey (N.), voyage (N.), trip (N.)

Fahrtenbuch (N.) logbook (N.), vehicle log (N.)

Fahruntüchtigkeit (F.) unfitness (N.) to drive

Fahrverbot (N.) driving ban (N.)

Fahrzeug (N.) vehicle (N.)

Fahrzeughalter (M.) car owner (M. bzw. F.), registered user (M. bzw. F.) of a motor vehicle

fair fair (Adj.)

Fairneß (F.) fairness (N.)

Faksimile (N.) facsimile (N.)

faktisch de facto, actual (Adj.)

faktische Gesellschaft (F.) de facto society (N.)

faktischer Vertrag (M.) de facto contract (N.)

Faktor (M.) factor (N.)

Faktum (N.) fact (N.)

Faktura (F.) invoice (N.), bill (N.), statement (N.) of an account

Fakultät (F.) faculty (N.), school (N.)

fakultativ facultative (Adj.), optional (Adj.)

Fall (M.) case (N.), precedent (N.)

Fallgerechtigkeit (F.) equity (N.) and justice (N.) in the individual case

fällig due (Adj.), owing (Adj.), payable (Adj.)

Fälligkeit (F.) maturity (N.), due date (N.), payability (N.)

Fälligkeitsklausel (F.) accelerating clause (N.)

Fallrecht (N.) case law (N.)

Fallsammlung (F.) casebook (N.)

falsch false (Adj.), wrong (Adj.)

Falschaussage false testimony (N.)

Falschbeurkundung (F.) false certification (N.)

Falscheid (M.) false oath (N.), false swearing (N.)

fälschen falsify (V.), forge (V.), fake (V.)

Fälscher (M.) falsifier (M. bzw. F.), forger (M. bzw. F.), faker (M. bzw. F.)

Falschgeld (N.) false money (N.), counterfeit money (N.)

Falschlieferung (F.) mistaken delivery (N.), wrong shipment (N.)

Falschmünzer (M.) forger (M. bzw. F.), counterfeiter (M. bzw. F.)

Fälschung (F.) forgery (N.), falsification (N.), fake (N.), fabrication (N.)

falsus procurator (M.) (lat.) agent (M. bzw. F.) without authority

Familie (F.) family (N.)

Familienbuch (N.) family record (N.), familiy register (N.)

Familienfideikommiß (M.) large entailed estate (N.) held by a family
Familiengericht (N.) family court (N.)
Familiengesellschaft (F.) family company (N.)
Familienhilfe (F.) family support (N.), family allowance (N.)
Familienname (N.) family name (N.), surname (N.)
Familienrecht (N.) family law (N.), law (N.) of domestic relations
Familiensache (F.) cause (N.) falling within the province of the family court
Faschismus (M.) fascism (N.)
fassen apprehend (V.), hold (V.), contain (V.)
Fassung (F.) draft (N.), version (N.)
Faustpfand (N.) pawn (N.), pledge (N.), dead pledge (N.)
Faustrecht (N.) club law (N.), right (N.) of private warfare
Fehde (F.) feud (N.)
Fehlen (N.) der Geschäftsgrundlage lack (N.) of the basis of a transaction
Fehlen (N.) der Vollendung lack (N.) of completion
Fehler (M.) mistake (N.), fault (N.), error (N.), defect (N.)
fehlerhaft faulty (Adj.), defective (Adj.), vicious (Adj.), imperfect (Adj.), incorrect (Adj.)
Fehlerhaftigkeit faultiness (N.), incorrectness (N.)
Fehlgeburt (F.) miscarriage (N.)
Fehlprozeß (M.) mistrial (N.)
Feiertag (M.) holiday (N.), non-working day (N.), non-business day (N.)
feilbieten offer (V.) for sale, put up (V.) for sale
feilschen bargain (V.) for, haggle (V.) over
Feind (M.) enemy (M. bzw. F.), foe (M. bzw. F.)
feindlich hostile (Adj.), adverse (Adj.)
Feldwebel (M.) sergeant (M.)
Feriensache (F.) vacation business (N.)
Fernmeldegeheimnis (N.) secrecy (N.) of telecommunications
Fernmelderecht (N.) law (N.) governing telecommunications
Fernmeldewesen (N.) tele-communications (N.Pl.)

Fernsehrecht (N.) television law (N.)
Fernsprecher (M.) telephone (N.)
Fernstraße (F.) arterial road (N.), trunk road (N.), highway (N.) (am.)
Fernunterricht (M.) correspondance act (N.)
fertigstellen complete (V.), finish (V.)
Fertigstellung (F.) completion (N.)
fest firm (Adj.), fixed (Adj.), hard (Adj.), permanent (Adj.)
Festgeld (N.) fixed deposit (N.), time deposit (N.) (am.)
Festhalten (N.) (Zurückhalten) retention (N.)
Festnahme (F.) apprehension (N.), arrest (N.), seizure (N.)
festnehmen apprehend (V.), put (V.) under arrest, take (V.) into custody
Festpreis (M.) fixed price (N.), firm price (N.)
festsetzen determine (V.), stipulate (V.), fix (V.), schedule (V.) (am.), lay (V.) down, evaluate (V.)
Festsetzung (F.) fixing (N.), determination (N.), assessment (N.), evaluation (N.)
feststellen determine (V.), ascertain (V.), declare (V.), state (V.)
Feststellung (F.) determination (N.), ascertainment (N.), declaration (N.), statement (N.)
Feststellungsinteresse (N.) legal interest (N.) in a declaratory judgement
Feststellungsklage (F.) declaratory action (N.), declaratory proceeding (N.), suit (N.) for a declaration
Feststellungsurteil (N.) declaratory judgement (N.), declaration (N.) of right
Festung (F.) fortification (N.), fortress (N.)
feudal feudal (Adj.), aristocratic (Adj.)
Feudalismus (M.) feudalism (N.)
Feuer (N.) fire (N.)
Feuerversicherung (F.) fire insurance (N.), insurance (N.) against fire risks
Fideikommiß (M.) entailed estate (N.), estate (N.) in fee tail, entail (N.)
Fideikommißbesitz (M.) fee tail (N.)
fiduziarisch fiduciary (Adj.)
Fiktion (F.) fiction (N.)
Filiale (F.) branch (N.), branch store (N.), branch office (N.)

Filmrecht (N.) film rights (N.Pl.)
final final (Adj.)
finale Handlungslehre (F.) doctrine (N.) of criminal liability for intended wrongdoings only
Finanz (F.) finance (N.)
Finanzamt (N.) revenue office (N.), Inland Revenue Office (N.) (br.), finance office (N.), (am.)
Finanzausgleich (M.) fiscal adjustment (N.), financial equalization (N.)
Finanzen (F.Pl.) finance (N.)
Finanzgericht (N.) fiscal court (N.), tax court (N.), revenue court (N.)
Finanzgerichtsbarkeit (F.) fiscal court jurisdiction (N.)
finanziell financial (Adj.), pecuniary (Adj.)
finanziell financial (Adj.), pecuniary (Adj.)
finanzieren finance (V.)
Finanzierung (F.) financing (N.), financial backing (N.)
Finanzminister (M.) Minister of Finance (M. bzw. F.), Chancellor of the Exchequer (M. bzw. F.) (brit.), Secretary of the Treasury (M. bzw. F.) (am.)
Finanzmonopol (N.) revenue-producing monopoly (N.)
Finanzplanung (F.) budgeting (N.), budgetary planning (N.)
Finanzrecht (N.) financial law (N.), law (N.) of public finance
Finanzverfassung (F.) financial system (N.)
Finanzvermögen (N.) financial assets (N. Pl.), revenue-producing assets (N.Pl.)
Finanzverwaltung (F.) fiscal administration (N.), Inland Revenue (N.) (br.)
Findelkind (N.) foundling (M. bzw. F.)
finden find (V.)
Finder (M.) finder (M. bzw. F.)
Finderlohn (M.) finder's reward (N.)
Fingerabdruck (M.) finger print (N.), dactylogram (N.)
fingieren feign (V.), pretend (V.), fake (V.)
Firma (F.) (Name des Kaufmanns) commercial name (N.), firm name (N.), business name (N.)
Firma (F.) (Unternehmen) firm (N.), commercial undertaking (N.), business company (N.), establishment (N.)
fischen fish (V.), angle (V.)

Fischerei (F.) fishery (N.)
Fischereirecht (N.) fishing right (N.)
Fischwilderei (F.) fish poaching (N.)
fiskalisch fiscal (Adj.)
Fiskus (F.) treasury (N.), Inland Revenue (N.) (br.)
Fixgeschäft (N.) time bargain (N.), transaction (N.) at a fixed date
Flächennutzungsplan (M.) development plan (N.)
Flagge (F.) flag (N.)
flexibel flexible (Adj.)
fliehen flee (V.), escape (V.)
Flotte (F.) fleet (N.)
Flucht (F.) flight (N.), escape (N.)
Fluchtgefahr (F.) danger (N.) of escape, risk (N.) of flight, risk (N.) of absconding
flüchtig sein abscond (V.)
Flüchtling (M.) refugee (M. bzw. F.), fugitive (M. bzw. F.)
Fluchtlinie (F.) building line (N.)
Flug (M.) flight (N.)
Flugblatt (N.) leaflet (N.), pamphlet (N.), flysheet (N.), flyer (N.) (am.)
Flugschrift (F.) leaflet (N.), pamphlet (N.)
Flugzeug (N.) plane (N.), aircraft (N.)
Flurbereinigung (F.) land consolidation (N.), re-allocation (N.) of land
Flurstück (N.) lot (N.), plot (N.)
fob (free on board) fob (free on board) (Adj.)
Föderalismus (M.) federalism (N.)
föderalistisch federal (Adj.), federalistic (Adj.)
Föderation (F.) federation (N.)
Folge (F.) effect (N.), consequence (N.), outcome (N.)
folgen (eine Folge sein) result (V.)
folgen (nachfolgen) follow (V.)
Folgenbeseitungungsanspruch (M.) claim (N.) to remedial action, claim (N.) to nullify consequences
Folgerecht (N.) right (N.) to follow the asset, right (N.) of stoppage in transitu
Folgeschaden (M.) consequential damage (N.), consequential loss (N.)
Folter (F.) torture (N.)
foltern torture (V.), torment (V.)
Fond (M.) fund (N.)
Fonds (M.) fund (N.)

fordern demand (V.), claim (V.), require (V.)
fördern (abbauen) produce (V.), extract (V.)
fördern (unterstützen) sponsor (V.), promote (V.), encourage (V.)
Förderung (F.) (Abbau) production (N.), extraction (N.)
Forderung (F.) (Anspruch) outstanding debt (N.), account (N.) receivable
Förderung (F.) (Unterstützung) promotion (N.), backing (N.)
Forderung (F.) (Verlangen) demand (N.), claim (N.)
Forderungspfändung (F.) garnishment (N.), attachment (N.) of debts, order (N.) of attachment
Forderungsrecht (N.) right (N.) to claim, chose (N.) in action
Forderungsübergang (M.) transmission (N.) of claims
Forderungsverletzung (F.) breach (N.) of an obligation
Förderungsverwaltung (F.) supportive administration (N.)
forensisch forensic (Adj.)
Form (F.) form (N.), formalities (N.Pl.)
formal formal (Adj.)
Formalbeleidigung (F.) verbal insult (N.), abusive language (N.)
Formalie (F.) formality (N.), matter (N.) of form
Formalismus (M.) formalism (N.)
Formalität (F.) formality (N.)
Formel (F.) formula (N.)
formell formal (Adj.)
formell legitimierter Wertpapierinhaber (M.) holder (M. bzw. F.) in due course
formelle Rechtskraft (F.) formal validity (N.)
formelle Verfassung (F.) formal constitution (N.)
formelles Recht (N.) strict law (N.), procedural law (N.)
Formfreiheit (F.) informality (N.), absence (N.) of formal requirements
Formkaufmann (M.) merchant (M. bzw. F.) by legal form
Formular (N.) form (N.), blank (N.), printed form (N.)
formulieren formulate (V.), word (V.), define (V.)

Formulierung (F.) formulation (N.), wording (N.), definition (N.), form (N.) of words
Forst (M.) forest (N.), woodland (N.)
Förster (M.) forester (M. bzw. F.), forest official (M. bzw. F.), forest officer (M. bzw. F.)
fortbilden provide (V.) further education
Fortbildung (F.) further education (N.)
fortführen carry (V.) on, resume (V.), continue (V.)
Fortführung (F.) continuation (N.), resumption (N.)
fortgesetzt continued (Adj.), continuing (Adj.)
fortgesetzte Gütergemeinschaft (F.) continued community (N.) of property
fortgesetzte Handlung (F.) continued act (N.), successive act (N.)
fortsetzen continue (V.)
Fortsetzung (F.) continuation (N.), sequel (N.)
Fortsetzungszusammenhang (M.) continuation (N.) of offence
forum (N.) (lat.) forum (lat.)
Fotorecht (N.) law (N.) of photography
Fötus (M.) fetus (N.), foetus (N.)
Fracht (F.) freight (N.), load (N.), cargo (N.), carriage (N.)
Frachtbrief (M.) consignment note (N.), way bill (N.), bill (N.) of freight, shipping note (N.)
Frachtführer (M.) carrier (M. bzw. F.), conveyor (M. bzw. F.), haulage contractor (M. bzw. F.)
Frachtgut (N.) cargo (N.), goods (N.Pl.) for transport
Frachtvertrag (M.) freight contract (N.), contract (N.) of carriage
Fragebogen (M.) questionnaire (N.), form (N.)
fragen ask (V.), question (V.), inquire (V.)
Fragestunde (F.) question time (N.)
Fraktion (F.) parliamentary group (N.), fraction (N.), caucus (N.) (am.)
Fraktionszwang (M.) party-loyalty obligation (N.), obligation (N.) to the party line
Franchisegeber (M.) franchiser (M. bzw. F.)
Franchisenehmer (M.) franchisee (M. bzw. F.)

Franchisevertrag (M.) franchising (N.), franchising agreement (N.)

Franchising (N.) franchising (N.)

Franken (M.) (Schweizer Geldeinheit) franc (N.)

frankieren stamp (V.), prepay postage (V.), frank (V.)

franko free (Adj.) of charge, postpaid (Adj.), uncharged (Adj.), postage-free (Adj.), franco (Adj.)

Frankreich (N.) France (F.)

Frau (F.) woman (F.), female (F.)

Frauenhandel (M.) traffic (N.) in women

Frauenhaus (N.) home (N.) for women, refuge (N.) for women

Frauenraub (M.) carrying (N.) away of a woman

free on board (fob) free on board (fob) (Adj.)

frei Haus free (Adj.) house, free delivered (Adj.), delivery free (Adj.)

frei Haus free domicile, free (Adj.) to the door

Freibank (F.) public meat (N.), cheap-meat department (N.)

freiberuflich (Journalist bzw. Schriftsteller) free-lance (Adj.)

freiberuflich (Rechtsanwalt bzw. Arzt) in private practice

Freibetrag (M.) free allowance (N.), tax-free allowance (N.)

Freibeuter (M.) freebooter (M. bzw. F.), buccaneer (M. bzw. F.), pirate (M. bzw. F.)

Freibeweis (M.) moral evidence (N.), informal evidence (N.)

freibleibend not binding (Adj.), subject to confirmation

Freibrief (M.) carte (N.) blanche (franz.)

freier Beruf (M.) free-lance profession (N.)

Freiexemplar (N.) free copy (N.), presentation copy (N.)

Freigabe (F.) release (N.), floating (N.), deregulation (N.)

Freigang (M.) free passage (N.) within goal liberties, employment (N.) of privileged prisoners outside of prison

Freihafen (M.) free port (N.)

Freihandel (M.) free trade (N.)

freihändig by private contract, in the open market

freihändiger Verkauf (M.) open-market sale (N.), private sale (N.)

Freiheit (F.) freedom (N.), liberty (N.)

freiheitlich liberal (Adj.), free (Adj.)

freiheitlich-demokratische Grundordnung (F.) free democratic constitutional structure (N.)

Freiheitsberaubung (F.) deprivation (N.) of liberty, unlawful detention (N.), false arrest (N.), false imprisonment (N.)

Freiheitsentziehung (F.) deprivation (N.) of liberty, incarceration (N.), detention (N.)

Freiheitsstrafe (F.) sentence (N.) of imprisonment, prison sentence (N.), jail sentence (N.), term (N.) of imprisonment

Freiherr (M.) baron (M.)

Freikirche (F.) free church (N.)

freilassen free (V.), liberate (V.), set (V.) free, release (V.)

Freilassung (F.) liberation (N.), setting free (N.), release (N.)

Freimaurer (M.) free mason (M.), mason (M.)

freisprechen acquit (V.), discharge (V.), exonerate (V.)

Freisprechung (F.) acquittal (N.), discharge (N.), exoneration (N.)

Freispruch (M.) judgement (N.) of acquittal, verdict (N.) of not-guilty, order (N.) of discharge, acquittal (N.)

Freistaat (M.) free state (N.)

freistellen (befreien) exempt (V.) from, release (V.) from

Freistellung (F.) release (N.), exemption (N.)

Freistellungsanspruch (M.) right (N.) of indemnity, right (N.) of recourse

Freitod (M.) suicide (N.)

freiwillig voluntary (Adj.)

freiwillige Gerichtsbarkeit (F.) voluntary jurisdiction (N.), non-contentious jurisdiction (N.)

freiwillige Versicherung (F.) voluntary insurance (N.)

Freizeichen (N.) (Freizeichen im Handelsrecht) free mark (N.), unprotected mark (N.)

freizeichnen (sich) contract (V.) out, stipulate (V.) exemption

Freizeichnung (F.) contracting (N.) out, agreed exemption (N.) from liability

Freizeichnungsklausel (F.) exclusion clause (N.), exemption clause (N.)

Freizeit (F.) spare time (N.), leisure time (N.)

Freizeitarrest (M.) weekend arrest (N.)

freizügig unrestricted (Adj.), liberal (Adj.), free (Adj.) to move

Freizügigkeit (F.) unrestricted mobility (N.), freedom (N.) of movement, liberalness (N.)

fremd foreign (Adj.), alien (Adj.)

Fremdbesitz (M.) possession (N.) for another, possession (N.) as a bailee

Fremdbesitzer (M.) possessor (M. bzw. F.) as bailee

Fremdbesitzerexzeß (M.) excess (N.) of a person who possesses on behalf of someone else

Fremdenrecht (N.) law (N.) concerning aliens, law (N.) governing the registration of aliens

Fremder (M.) foreigner (M. bzw. F.), alien (M. bzw. F.)

Fremdkapital (N.) loan capital (N.), borrowed capital (N.), outside capital (N.)

Freudenhaus (N.) brothel (N.), house (N.) of pleasure

Freudenmädchen (F.) lady (F.) of pleasure, prostitute (F.)

Freundschaftsvertrag (M.) treaty (N.) of friendship

Frevel (M.) sacrilege (N.), social crime (N.), outrage (N.)

freveln commit (V.) a crime, trespass (V.), outrage (V.)

Frevler (M.) outrager (M. bzw. F.), sacrilegist (M. bzw. F.)

Friede (M.) peace (N.)

Friedensbruch (M.) breach (N.) of the peace, violation (N.) of the peace

Friedenspflicht (F.) obligation (N.) to keep the peace

Friedensrichter (M.) (Friedensrichter in den Vereinigten Staaten) squire (M. bzw. F.) (am.)

Friedensvertrag (M.) peace treaty (N.)

Friedhof (M.) cemetery (N.), graveyard (N.)

Frist (F.) time limit (N.), period (N.) of time, fixed period (N.), deadline (N.)

fristlos without notice, instantly (Adv.)

Fristsetzung (F.) fixing (N.) of a time-limit, appointment (N.) of a term

Fristverlängerung (F.) extension (N.) of time

Fronde (F.) conspiracy (N.), fronde (N.)

Frucht (F.) (Frucht im rechtlichen Sinn) fruit (N.), profit (N.), benefit (N.), proceed (N.)

Fruchtgenuß (M.) enjoyment (N.) of fruits and benefits

führen lead (V.), carry (V.) on, conduct (V.), run (V.), manage (V.), handle (V.), keep (V.)

Führer (M.) leader (M. bzw. F.)

Führer des Unterhauses Leader of the House (M. bzw. F.)

Führerschein (M.) driving licence (N.) (br.), driver's license (N.) (am.)

Führung (F.) (Benehmen) conduct (N.), behaviour (N.) (br.), behavior (N.) (am.)

Führung (F.) (Leitung) guidance (N.), direction (N.), management (N.)

Führungsaufsicht (F.) supervision (N.) of conduct

Führungszeugnis (N.) certificate (N.) of conduct, police clearance (N.)

Fund (M.) finding (N.), found object (N.)

Fünfprozentklausel (F.) 5% hurdle (N.), 5% barrier (N.)

fungibel fungible (Adj.)

fungieren function (V.), serve (V.)

Funk (M.) radio (N.), wireless (N.) (br.)

funken radio (V.), wireless (V.) (br.), broadcast (V.)

Funktion (F.) function (N.)

Funktionär (M.) functionary (M. bzw. F.)

funktionell functional (Adj.)

funktionelles Synallagma (N.) functional reciprocity (N.)

Funktionsnachfolge (F.) succession (N.) in governmental functions

Furcht (F.) fear (N.), fright (N.)

Fürsorge (F.) care (N.), assistance (N.), relief (N.), welfare (N.)

Fürsorgeerziehung (F.) corrective education (N.), education (N.) in approved school

Fürsorgepflicht (F.) duty (N.) in respect of care and supervision

Fürsorger (M.) welfare officer (M. bzw. F.)

Fürsprache (F.) intercession (N.), interposition (N.), plea (N.)

Fürsprecher (M.) intercessor (M. bzw. F.), advocate (M. bzw. F.)
Fürst (M.) prince (M.), sovereign (M. bzw. F.)
Fürstentum (N.) principality (N.)
Fürstin (F.) princess (F.)
furtum (N.) usus (lat.) larceny (N.) for temporary use
Fusion (F.) fusion (N.), merger (N.), amalgamation (N.), takeover (N.)
fusionieren fuse (V.), merge (V.), amalgamate (V.)
Fusionskontrolle (F.) supervision (N.) of mergers
Fuß (M.) foot (N.)
Fußgänger (M.) pedestrian (M. bzw. F.)
Fußgängerzone (F.) traffic-free zone (N.), pedestrian precinct (N.), shopping precinct (N.)
Futtermittel (N.) fudder (N.), feeding stuff (N.)

G

Gabe (F.) (Geldgabe) donation (N.), gratification (N.), bounty (N.)
Gage (F.) remuneration (N.), salary (N.)
Galgen (M.) gallows (N.), gibbet (N.)
Gallone (F.) gallon (N.)
Garage (F.) garage (N.)
Garant (M.) guarantor (M. bzw. F.), guarantee (M. bzw. F.), warrantor (M. bzw. F.), surety (M. bzw. F.)
Garantenpflicht (F.) guarantor's obligation (N.)
Garantenstellung (F.) position (N.) of being a guarantor
Garantie (F.) guarantee (N.), warranty (N.), indemnity (N.), surety (N.)
Garantiefrist (F.) term (N.) of guarantee, period (N.) of guarantee, guarantee period (N.)
Garantiegeschäft (N.) guarantee transaction (N.), indemnity transaction (N.)
garantieren guarantee (V.), warrant (V.)
Garantievertrag (M.) guarantee agreement (N.), contract (N.) of guarantee
Garde (F.) guard (N.)
Gas (N.) gas (N.)

Gaskammer (F.) (Gaskammer in den Vereinigten Staaten) gas chamber (N.) (am.)
Gast (M.) guest (M. bzw. F.), visitor (M. bzw. F.)
Gasthaus (N.) inn (N.), restaurant (N.), guest-house (N.) (br.), public house (N.)
Gasthof (M.) inn (N.)
Gastrecht (N.) law (N.) of hospitality
Gastronomie (F.) gastronomy (N.)
Gaststätte (F.) restaurant (N.)
Gastwirt (M.) innkeeper (M. bzw. F.), restaurant owner (M. bzw. F.)
Gatte (M.) husband (M.), spouse (M.)
Gattin (F.) wife (F.), spouse (F.)
Gattung (F.) species (N.), genus (N.), kind (N.)
Gattungskauf (M.) sale (N.) of unascertained goods, purchase (N.) of fungible goods
Gattungsschuld (F.) indeterminate obligation (N.), obligation (N.) in kind
Gattungsvermächtnis (N.) general legacy (N.), unspecified legacy (N.)
Gau (M.) district (N.), region (N.)
Gebärde (F.) gesture (N.)
gebären give (V.) birth
Gebaren (N.) behaviour (N.) (br.), behavior (N.) (am.), conduct (N.)
Gebäude (N.) building (N.), edifice (N.), structure (N.)
geben give (V.), grant (V.)
Gebiet (N.) territory (N.), region (N.), area (N.), domain (N.), district (N.)
gebieten command (V.), order (V.), impose (V.)
Gebietshoheit (F.) territorial sovereignty (N.)
Gebietskörperschaft (F.) territorial entity (N.), territorial authority (N.)
Gebot (N.) (Angebot) offer (N.)
Gebot (N.) (Anordnung) command (N.), order (N.), precept (N.)
Gebot (N.) (Versteigerungsgebot) bid (N.)
Gebotsirrtum (M.) mistake (N.) as to a guarantor's obligation
Gebrauch (M.) use (N.), usage (N.)
gebrauchen use (V.)
Gebrauchsanmaßung (F.) unauthorized use (N.), illicit use (N.)
Gebrauchsanweisung (F.) directions (N. Pl.) for use, instructions (N.Pl.) for use

Gebrauchsentwendung (F.) larceny (N.) for temporary use

Gebrauchsgegenstand (M.) utility article (N.), article (N.) for daily use

Gebrauchsmuster (N.) utility patent (N.), utility model (N.)

Gebrauchsvorteil (M.) the amenity (N.) and advantage (N.) of using, use (N.) and enjoyment (N.)

gebrechlich (altersgebrechlich) infirm (Adj.)

Gebrechlichkeit (F.) infirmity (N.)

Gebrechlichkeitspflegschaft (F.) curatorship (N.) due to infirmity

Gebühr (F.) charge (N.), fee (N.), duty (N.), rate (N.)

gebührenfrei free (Adj.) of charge, without fee

Gebührenordnung (F.) scale (N.) of charges, schedule (N.) of fees

gebührenpflichtig chargeable (Adj.), liable (Adj.) to a fee, liable (Adj.) to a charge

Gebührenüberhebung (F.) overcharging (N.), excessive rates (N.Pl.)

gebunden tied (Adj.), bound (Adj.), fixed (Adj.)

Gebundenheit (F.) bondage (N.), dependence (N.), restraint (N.), restriction (N.)

Geburt (F.) birth (N.)

Geburtenbuch (N.) register (N.) of births

gebürtig born (Adj.), by birth

Geburtsname (M.) name (N.) at birth

Geburtsurkunde (F.) certificate (N.) of birth, birth certificate (N.)

Gedanke (M.) thought (N.), idea (N.), opinion (N.)

Gedankenfreiheit (F.) freedom (N.) of thought

Gefahr (F.) danger (N.), peril (N.), jeopardy (N.), hazard (N.), risk (N.)

Gefahr (F.) im Verzug danger ahead (N.)

gefährden endanger (V.), imperil (V.), jeopardize (V.)

gefährdet endangered (Adj.), threatened (Adj.)

Gefährdung (F.) endangerment (N.), imperilment (N.), jeopardizing (N.)

Gefährdungsdelikt (N.) strict-liability tort (N.)

Gefährdungshaftung (F.) strict liability (N.), absolute liability (N.)

Gefahrenabwehr (F.) averting (N.) dangers, accident prevention (N.)

gefahrengeneigte Tätigkeit (F.) hazardous employment (N.)

Gefahrenzulage (F.) danger pay (N.), danger money (N.), hazard bonus (N.) (am.)

gefährlich dangerous (Adj.), hazardous (Adj.)

gefährliche Körperverletzung (F.) dangerous bodily injury (N.), felonious wounding (N.)

Gefahrstoffverordnung (F.) ordinance (N.) on perilous substances

Gefahrtragung (F.) bearing (N.) of the risk

Gefälle (N.) (Geländeneigung) descent (N.), gradient (N.)

gefällig complaisant (Adj.), pleasant (Adj.), kind (Adj.)

Gefälligkeit (F.) act (N.) of courtesy, accommodation (N.), complaisance (N.), favour (N.)

Gefälligkeitsverhältnis (N.) courtesy relationship (N.)

gefangen caught (Adj.), captured (Adj.), imprisoned (Adj.)

Gefangenenbefreiung (F.) freeing (N.) prisoners, rescue (N.) of prisoners

Gefangenenmeuterei (F.) mutiny (N.) by prisoners

Gefangener (M.) prisoner (M. bzw. F.), captive (M. bzw. F.), detainee (M. bzw. F.)

Gefangennahme (F.) capture (N.)

Gefangenschaft (F.) captivity (N.), confinement (N.)

Gefängnis (N.) prison (N.), jail (N.), imprisonment (N.), penitentiary (N.) (am.)

Gefängnisstrafe (F.) imprisonment (N.), prison sentence (N.), jail sentence (N.)

gefügig complaint (Adj.), amenable (Adj.), submissive (Adj.)

Gegenanspruch (M.) counter-claim (N.)

Gegenbeweis (M.) counter-evidence (N.), rebutting evidence (N.), evidence (N.) in rebuttal

Gegendarstellung (F.) counterstatement (N.), reply (N.)

Gegenforderung (F.) counterclaim (N.), cross-claim (N.)

Gegenleistung (F.) counter-performance (N.), valuable consideration (N.), consideration (N.)

Gegensatz (M.) contrast (N.)

Gegenschluß (M.) argumentum (N.) e contrario (lat.)

Gegenseite (F.) opponent (M. bzw. F.), other side (N.)

gegenseitig mutual (Adj.), reciprocal (Adj.)

gegenseitiger Vertrag (M.) reciprocal agreement (N.)

gegenseitiges Testament (N.) reciprocal will (N.), mutual testament (N.)

Gegenseitigkeit (F.) mutuality (N.), reciprocity (N.)

Gegenstand (M.) object (N.), thing (N.), subject matter (N.)

gegenstandslos to no purpose, irrelevant (Adj.), immaterial (Adj.), invalid (Adj.)

Gegenstandslosigkeit (F.) invalidity (N.)

Gegenstandswert (M.) value (N.) of the subject matter, amount (N.) involved

Gegenstimme (F.) adverse vote (N.), opposition (N.)

Gegenüberstellung (F.) confrontation (N.), identification parade (N.), police line-up (N.)

Gegenüberstellung (F.) (Gegenüberstellung zur Identifizierung) lineup (N.)

Gegenvormund (M.) co-guardian (M. bzw. F.), supervisory guardian (M. bzw. F.)

Gegenvorstellung (F.) remonstration (N.), arguments (N.Pl.), remonstrances (N.Pl.)

Gegenwart (F.) presence (N.)

gegenwärtig (anwesend) present (Adj.), in attendance

gegenwärtig (derzeitig) current (Adj.), present (Adj.)

gegenwärtige Gefahr (F.) actual danger (N.)

Gegenzeichnung (F.) counter-signature (N.)

Gegner (M.) opponent (M. bzw. F.), adversary (M. bzw. F.)

Gehalt (N.) salary (N.), pay (N.), compensation (N.) (am.)

Gehaltsexekution (F.) garnishment (N.) of salary claims

Gehaltspfändung (F.) attachment (N.) of earnings

geheim secret (Adj.), confidential (Adj.)

Geheimbund (M.) secret society (N.)

Geheimdienst (M.) secret service (N.), intelligence service (N.)

geheime Wahl (F.) secret ballot (N.), secret voting (N.)

geheimer Vorbehalt (M.) mental reservation (N.)

Geheimnis (N.) secrecy (N.), secret (N.)

Geheimpolizei (F.) secret police (N.)

Gehilfe (M.) assistant (M. bzw. F.), aide (M. bzw. F.)

Gehilfe (M.) (Gehilfe im Strafrecht) accessory (M. bzw. F.), aider and abetter (M. bzw. F.)

Gehirn (N.) brain (N.), mind (N.)

Gehör (N.) hearing (N.)

gehorchen obey (V.)

gehören belong (V.) to

gehorsam obedient (Adj.)

Gehorsam (M.) obedience (N.)

Gehorsamspflicht (F.) duty (N.) to obey

Gehweg (M.) pavement (N.), sidewalk (N.)

Geisel (F.) hostage (M. bzw. F.)

Geiselnahme (F.) taking (N.) of hostages, hostage-taking (N.)

Geisterfahrer (M.) ghost driver (M. bzw. F.)

geisteskrank insane (Adj.), mentally ill (Adj.), lunatic (Adj.)

Geisteskrankheit (F.) insanity (N.), lunacy (N.), mental disease (N.)

Geistesschwäche (F.) feeble-mindedness (N.), weakness (N.) of mind, imbecility (N.)

geistig intellectual (Adj.), mental (Adj.)

geistiges Eigentum (N.) intellectual property (N.), literary property (N.)

geistlich (kirchlich) ecclesiastical (Adj.), clerical (Adj.)

Geistlicher (M.) cleric (M.), clergyman (M.), ecclesiastic (M.)

Geld (N.) money (N.)

Geldbetrag (M.) amount (N.), sum (N.)

Geldbuße (F.) administrative fine (N.), pecuniary penalty (N.)

Geldersatz (M.) monetary compensation (N.)

Geldfälschung (F.) counterfeiting (N.)

Geldforderung (F.) pecuniary claim (N.), money claim (N.), money due (N.)

Geldrente (F.) periodical payments (N.)

Geldschein (M.) banknote (N.)

Geldschuld (F.) money debt (N.), pecuniary debt (N.)

Geldstrafe (F.) fine (N.), pecuniary penalty (N.), penalty (N.)

Geldstück (N.) coin (N.)

Geldwäsche (F.) laundering (N.)

Geldwäschegesetz (N.) law (N.) of laundering

Geldwert (M.) monetary value (N.), value (N.) of money

Geldwertsicherungsklausel (F.) clause (N.) securing the value of money

gelegen (befindlich) situated (Adj.), located (Adj.)

Gelegenheit (F.) occasion (N.), opportunity (N.), chance (N.)

Gelegenheitsgesellschaft (F.) ad hoc association (N.), temporary association (N.)

Gelegenheitstäter (M.) infrequent offender (M. bzw. F.)

gelegentlich occasional (Adj.), accidental (Adj.), temporary (Adj.), casual (Adj.)

Geleit (N.) conduct (N.), escort (N.)

geloben promise (V.) solemnly, vow (V.), pledge (V.), swear (V.)

Gelöbnis (N.) solemn promise (N.), vow (N.), pledge (N.)

gelten be (V.) valid, be (V.) in effect, prevail (V.), be (V.) prevalent, rule (V.)

geltend in force (Adv.), ruling (Adj.), assert (Adj.)

Geltung (F.) validity (N.)

Geltungsbereich (M.) scope (N.), field (N.) of application

Geltungsbereich (M.) (eines Gesetzes) purview (N.) (of a law)

Gelübde (N.) solemn promise (N.), vow (N.), pledge (N.)

GEMA (F.) (Gesellschaft für musikalische Aufführungsrechte und mechanische Vervielfältigungsrechte) German Society (N.) for Musical Performance and Mechanical Reproduction Rights

Gemahl (M.) spouse (M.), husband (M.)

Gemahlin (F.) spouse (F.), wife (F.)

Gemarkung (F.) boundary (N.), local subdistrict (N.)

gemein (allgemein) ordinary (Adj.), common (Adj.), usual (Adj.)

Gemeinde (F.) municipality (N.), community (N.), local authority (N.)

Gemeindebeamter (M.) local government official (M. bzw. F.), municipal officer (M. bzw. F.)

Gemeindebetrieb (M.) municipal enterprise (N.), local authority enterprise (N.)

Gemeindedirektor (M.) chief communal officer (M. bzw. F.)

gemeindefreies Gebiet (N.) land (N.) not subject to local authorities' jurisdiction

Gemeindegericht (N.) County Court (N.)

Gemeindeordnung (F.) municipal regulations (N.Pl.), local government code (N.)

Gemeinderat (M.) municipal council (N.), local council (N.), borough council (N.)

Gemeinderecht (N.) municipal law (N.), local government law (N.)

Gemeindesatzung (F.) ordinance (N.) (am.)

Gemeindesteuer (F.) municipal tax (N.), local tax (N.)

Gemeindeverband (M.) association (N.) of municipalities, district board (N.)

Gemeindeverfassung (F.) constitution (N.) of a local authority

gemeine Gefahr (F.) common danger (N.)

Gemeineigentum (N.) common property (N.), public ownership (N.)

gemeines Recht (N.) common law (N.)

Gemeingebrauch (M.) common use (N.), public use (N.)

gemeingefährlich dangerous (Adj.) to the public, constituting (Adj.) a public danger

gemeingefährliche Mittel (N.Pl.) means (N.Pl.) endangering the public

Gemeingefährlichkeit (F.) danger (N.) to the public

Gemeingut (N.) public domain (N.), common property (N.)

Gemeinkosten (F.Pl.) overhead costs (N. Pl.), general expenses (N.Pl.), indirect costs (N.Pl.), fixed costs (N.Pl.)

gemeinnützig non-profit (Adj.), serving (Adj.) public purposes, charitable (Adj.)

Gemeinnützigkeit (F.) benefit (N.) to the public, non-profit making character (N.), charitable nature (N.)

gemeinsam joint (Adj.), common (Adj.), collective (Adj.)

gemeinsamer Senat (M.) joint senate (N.)

Gemeinschaft (F.) community (N.), association (N.)

gemeinschaftlich joint (Adj.), common (Adj.), in common

gemeinschaftliches Testament (N.) joint will (N.), common will (N.)

Gemeinschaftsaufgaben (F.Pl.) joint tasks (N.Pl.)

Gemeinschaftsgut (N.) (Gemeinschaftsgut im Eherecht) community property (N.)

Gemeinschaftsrecht (N.) community law (N.)

Gemeinschaftsschule (F.) nondenominational school (N.), coeducational school (N.)

Gemeinschaftsunternehmen (N.) joint venture (N.), joint adventure (N.) (am.)

Gemeinschaftswert (M.) joint value (N.)

Gemeinschuldner (M.) common debtor (M. bzw. F.), adjudicated bankrupt (M. bzw. F.)

Gemeinwohl (N.) common weal (N.), general public interest (N.), public policy (N.)

gemischte Schenkung (F.) mixed donation (N.)

gemischter Vertrag (M.) mixed contract (N.)

genehm convenient (Adj.), agreeable (Adj.), acceptable (Adj.)

genehmigen approve (V.) of, sanction (V.), authorize (V.), permit (V.), give (V.) one's assent, give (V.) approval

genehmigtes Kapital (N.) authorized capital (N.), authorized stock (N.)

Genehmigung (F.) approval (N.), permit (N.), sanction (N.), assent (N.), permission (N.), licence (N.) (br.)

General (M.) general (M.)

Generalamnestie (F.) general amnesty (N.)

Generalbundesanwalt (M.) federal attorney general (M. bzw. F.)

Generaleinwilligung (F.) general consent (N.)

generalisieren generalize (V.)

Generalklausel (F.) blanket clause (N.), comprehensive clause (N.)

Generalkonsens (M.) general consent (N.)

Generalprävention (F.) general crime prevention (N.)

Generalsekretär (M.) secretary (M. bzw. F.) general

Generalstreik (M.) general strike (N.)

Generalversammlung (F.) general assembly (N.)

Generalvollmacht (F.) general power (N.), general authority (N.), full power (N.)

generell general (Adj.)

genetisch genetic (Adj.)

genetischer Fingerabdruck (M.) genetic dactylogram (N.)

genetisches Synallagma (N.) genetic reciprocity (N.)

Genfer Konvention (F.) Geneva Convention (N.)

Genosse (M.) member (M. bzw. F.) of a cooperative society

Genosse (M.) (Parteigenosse) comrade (M. bzw. F.)

Genossenschaft (F.) co-operative society (N.) (br.), cooperative society (N.) (am.)

genossenschaftlich co-operative (Adj.) (br.), cooperative (Adj.) (am.)

Genozid (M.) genocide (N.)

Genrecht (N.) gene law (N.)

Gentechnik (F.) genetic technology (N.)

Genugtuung (F.) satisfaction (N.), redress (N.), amends (N.Pl.), reparation (N.)

Genus (N.) genus (N.), type (N.), kind (N.)

Genuskauf (M.) sale (N.) of unascertained goods

Genuß (M.) enjoyment (N.), use (N.), consumption (N.)

Genusschuld (F.) unascertained debt (N.)

Genußmittel (N.) semi-luxury (N.)

Genußschein (M.) participating certificate (N.), bonus share (N.)

gepfändet attached (Adj.), distrained (Adj.)

Gepflogenheit (F.) practice (N.), custom (N.), habit (N.)

gerade Linie (F.) direct line (N.)

Gerät (N.) device (N.), piece (N.) of equipment, appliance (N.), utensil (N.), implement (N.)

Gerätesicherheitsgesetz (N.) Equipment-Safety Law (N.)

gerecht just (Adj.), fair (Adj.), equitable (Adj.)

gerechter Krieg (M.) just war (N.)

gerechter Preis (M.) fair price (N.)

gerechtfertigt justified (Adj.), justifiable (Adj.)

Gerechtigkeit (F.) justice (N.), fairness (N.), justness (N.)

Gericht (N.) court (N.), tribunal (N.)

Gericht (N.) erster Instanz der Europäischen Gemeinschaften court (N.) of first instance of the European Communities

gerichtlich judicial (Adj.), legal (Adj.), per curiam (Adj.)

gerichtliche Verfügung (F.) injunction (N.)

Gerichtsassessor (M.) junior judicial officer (M. bzw. F.)

Gerichtsbarkeit (F.) jurisdiction (N.)

Gerichtsdiener (M.) court attendant (M. bzw. F.), court usher (M. bzw. F.)

Gerichtsferien (Pl.) vacation (N.) of the court, recess (N.), non-term (N.)

Gerichtsgebrauch (M.) judicial custom (N.)

Gerichtshilfe (F.) court assistance (N.)

Gerichtshof (M.) court (N.), court (N.) of justice, court (N.) of law, law court (N.)

Gerichtskasse (F.) court cashier (N.)

Gerichtskosten (F.Pl.) court fees (N.Pl.), court costs (N.Pl.)

Gerichtskostenvorschuß (M.) advance (N.) on court fees

Gerichtsordnung (F.) court rules (N.Pl.), rules (N.Pl.) of the court

Gerichtsreferendar (M.) judicial trainee (M. bzw. F.)

Gerichtsschreiber (M.) clerk (M. bzw. F.) of the court, legal clerk (M. bzw. F.)

Gerichtssprache (F.) language (N.) of the court, official language (N.)

Gerichtssprengel (M.) court district (N.)

Gerichtsstand (M.) legal venue (N.), place (N.) of jurisdiction, forum (N.), venue (N.)

Gerichtstag (M.) court day (N.), day (N.) of hearing, judicial day (N.)

Gerichtsverfahren (N.) legal proceedings (N.Pl.), court proceedings (N.Pl.)

Gerichtsverfassung (F.) court system (N.), system (N.) of judicature, constitution (N.) of the courts

Gerichtsverhandlung (F.) judicial hearing (N.), trial (N.)

Gerichtsverwaltung (F.) administration (N.) of the courts

Gerichtsvollzieher (M.) bailiff (M. bzw. F.), officer (M. bzw. F.) of the court, sheriff's officer (M. bzw. F.)

geringfügig petty (Adj.), minor (Adj.), slight (Adj.)

geringstes Gebot (N.) legal minimum bid (N.)

gesamt entire (Adj.), total (Adj.), whole (Adj.)

Gesamtakt (M.) general act (N.)

Gesamtgläubiger (M.) joint creditor (M. bzw. F.)

Gesamtgläubigerschaft (F.) community (N.) of joint creditors

Gesamtgut (N.) common property (N.), joint marital property (N.)

Gesamthand (F.) joint title (N.), collective ownership (N.)

gesamthänderisch per my et per tout

Gesamthandseigentum (N.) joint tenancy (N.), aggregate property (N.)

Gesamthandsgemeinschaft (F.) community (N.) of joint owners

Gesamtheit (F.) entirety (N.), aggregate (N.), whole (N.), total (N.)

Gesamthochschule (F.) comprehensive university (N.)

Gesamthypothek (F.) collective mortgage (N.), comprehensive mortgage (N.)

Gesamtprokura (F.) joint power (N.) of Prokura

Gesamtrechtsnachfolge (F.) universal succession (N.)

Gesamtschuld (F.) joint obligation (N.), joint debt (N.)

Gesamtschuldner (M.) joint debtor (M. bzw. F.), co-debtor (M. bzw. F.)

gesamtschuldnerisch joint (Adj.) and several

gesamtschuldnerische Haftung (F.) joint liability (N.)

Gesamtschule (F.) comprehensive school (N.)

Gesamtsteuerung (F.) general control (N.), general management (N.)

Gesamtstrafe (F.) compound sentence (N.), cumulative sentence (N.), concurrent sentence (N.)

Gesamtvertretung (F.) joint representation (N.), joint agency (N.), overall representation (N.)

Gesamtvorsatz (M.) overall intent (N.), comprehensive intent (N.)

Gesandter (M.) embassy minister (M. bzw. F.)

Geschädigter (M.) injured party (N.), injured person (M. bzw. F.), victim (M. bzw. F.)

Geschäft (N.) (Rechtsgeschäft) transaction (N.), deal (N.), bargain (N.)

Geschäft (N.) (Unternehmen) shop (N.), store (N.)

geschäftlich on business, commercial (Adj.)
Geschäftsanteil (M.) participation (N.), share (N.)
Geschäftsaufsicht (F.) receivership (N.)
Geschäftsbedingungen (F.Pl.) terms (N.Pl.) and conditions (N.Pl.) of trade
Geschäftsbericht (M.) business report (N.), annual report (N.)
Geschäftsbesorgung (F.) agency business (N.)
Geschäftsbesorgungsvertrag (M.) contract (N.) of agency
Geschäftsbetrieb (M.) conduct (N.) of business, course (N.) of business
Geschäftsbrief (M.) business letter (N.)
geschäftsfähig legally capable (Adj.), capable (Adj.) of contracting, sui juris (lat.)
Geschäftsfähigkeit (F.) legal capacity (N.), contractual capacity (N.)
Geschäftsführer (M.) manager (M. bzw. F.), executive (M. bzw. F.), director (M. bzw. F.)
Geschäftsführung (F.) conduct (N.) of business, management (N.), managership (N.)
Geschäftsführung (F.) ohne Auftrag agency (N.) without authority, management (N.) without mandate
Geschäftsgeheimnis (N.) business secret (N.), trade secret (N.)
Geschäftsgrundlage (F.) basis (N.) of a transaction
Geschäftsguthaben (N.) credit balance (N.)
Geschäftsherr (M.) principal (M. bzw. F.)
Geschäftsherrnpflichtverletzung (F.) vicarious liability (N.) in tort
Geschäftsjahr (N.) business year (N.), trading year (N.), financial year (N.), fiscal year (N.)
geschäftsmäßig businesslike (Adj.)
Geschäftsordnung (F.) rules and regulations (N.Pl.), standing rules (N.Pl.), order (N.)
Geschäftsordnung (F.) (Gerichtsgeschäftsordnung) rules (N.Pl.) of procedure
Geschäftsraum (M.) business premises (N.Pl.)
Geschäftsraummiete (F.) rent (N.) for business premises
Geschäftsstelle (F.) office (N.), agency (N.), bureau (N.)
Geschäftsträger (M.) chargé (M. bzw. F.)

d'affaires (franz.)
geschäftsunfähig legally incapacitated (Adj.), incompetent (Adj.)
Geschäftsunfähigkeit (F.) legal incapacity (N.), incapacity (N.) to contract
Geschäftsverteilung (F.) allocation (N.) of duties, distribution (N.) of business
Geschäftsverteilung (F.) (Geschäftsverteilung bei Gericht) assignment (N.) of actions
Geschäftswert (M.) goodwill (N.), value (N.) of a transaction
Geschäftswille (M.) intention (N.) underlying a transaction
Geschäftszeit (F.) business hours (N.Pl.), opening hours (N.Pl.)
geschehen happen (V.), occur (V.)
Geschehen (N.) happenings (N.Pl.), events (N.Pl.)
Geschenk (N.) present (N.), gift (N.)
Geschichte (F.) history (N.)
geschichtlich historical (Adj.)
Geschlecht (N.) (Familie) lineage (N.), clan (N.)
Geschlecht (N.) (natürliches Geschlecht) sex (N.), gender (N.)
geschlechtlich sexual (Adj.), carnal (Adj.)
Geschlechtstrieb (M.) sexual impulse (N.), sexual desire (N.)
Geschlechtsverkehr (M.) sexual intercourse (N.), carnal knowledge (N.)
Geschmacksmuster (N.) design (N.), design patent (N.)
Geschoß (N.) (Geschoß aus einer Waffe) projectile (N.), bullet (N.)
Geschwader (N.) squadron (N.)
Geschwindigkeit (F.) speed (N.)
Geschwister (Pl.) brothers and sisters (Pl.)
Geschworenenbank (F.) jury box (N.) (am.)
Geschworenenprozeß (M.) jury trial (N.)
Geschworener (M.) juror (M. bzw. F.), member (M. bzw. F.) of a jury
Geselle (M.) craftsman (M.)
Gesellschaft (F.) society (N.), association (N.), company (N.)
Gesellschaft (F.) des bürgerlichen Rechts civil-law partnership (N.), non-commercial partnership
Gesellschaft (F.) mit beschränkter Haftung private limited company (N.)
Gesellschafter (M.) partner (M. bzw. F.)

Gesellschafter (M.) (Gesellschafter bei Gesellschaft mit beschränkter Haftung) shareholder (M. bzw. F.)

Gesellschafterbeschluß (M.) resolution (N.) adopted by the partners

Gesellschafterversammlung (F.) company meeting (N.), partners' meeting

gesellschaftlich social (Adj.)

Gesellschaftskapital (N.) stock (N.)

Gesellschaftsrecht (N.) law (N.) of associations

Gesellschaftsschuld (F.) partnership debt (N.), debt (N.) of a company

Gesellschaftsvermögen (N.) partnership property (N.), company assets (N.)

Gesellschaftsvertrag (M.) memorandum (N.) of association, partnership agreement (N.), articles (N.Pl.) of partnership

Gesetz (N.) law (N.), act (N.), statute (N.)

Gesetzblatt (N.) legal gazette (N.), official gazette (N.)

Gesetzbuch (N.) code (N.), law code (N.)

Gesetzentwurf (M.) bill (N.), draft law (N.)

Gesetzesanalogie (F.) analogous application (N.) of laws

Gesetzesänderung (F.) alteration (N.) of a statute, amendment (N.) of a law

Gesetzeseinheit (F.) unity (N.) of the law

gesetzesfrei

gesetzesfrei free (Adj.) of acts

Gesetzesinitiative (F.) legislative initiative (N.)

Gesetzeskonkurrenz (F.) overlapping (N.) of laws

Gesetzeskraft (F.) legal force (N.), force (N.) of law

Gesetzeslücke (F.) loophole (N.) in the law, gap (N.), legal defect (N.)

Gesetzesrecht (N.) statutory law (N.), written law (N.), enacted law (N.)

Gesetzessammlung (F.) compendium (N.) of laws, statute book (N.) (br.), digest (N.)

Gesetzesumgehung (F.) evasion (N.) of the law

Gesetzesvorbehalt (M.) legal reservation (N.), legal proviso (N.)

Gesetzesvorlage (F.) bill (N.), draft law (N.)

gesetzgebend legislative (Adj.)

gesetzgebende Gewalt (F.) legislative power (N.)

Gesetzgeber (M.) legislator (M.), legislature (N.)

Gesetzgebung (F.) legislation (N.), lawmaking (N.)

Gesetzgebungsnotstand (M.) legislative state (N.) of emergency

Gesetzgebungsverfahren (N.) legislative procedure (N.), process (N.) of legislation

Gesetzgebungszuständigkeit (F.) legislative competence (N.)

gesetzlich lawful (Adj.), legal (Adj.), statutory (Adj.)

gesetzliche Erbfolge (F.) intestate succession (N.), intestacy (N.), legal succession (N.)

gesetzliche Vermutung (F.) legal fiction (N.)

gesetzlicher Güterstand (M.) statutory regime (N.) of matrimonial property

gesetzlicher Richter (M.) legally competent judge (M. bzw. F.)

gesetzlicher Vertreter (M.) legal representative (M. bzw. F.), legal agent (M. bzw. F.)

gesetzliches Erbrecht (N.) law (N.) of intestate succession

gesetzliches Pfandrecht (N.) statutory lien (N.), tacit hypothecation (N.)

gesetzliches Schuldverhältnis (N.) statutory obligation (N.)

gesetzliches Zahlungsmittel (N.) legal tender (N.)

gesetzmäßig legal (Adj.), lawful (Adj.), in accordance with the law, in law

Gesetzmäßigkeit (F.) legality (N.), lawfulness (N.)

gesetzwidrig illegal (Adj.), unlawful (Adj.), contrary (Adj.) to the law

Gesetzwidrigkeit (F.) illegality (N.), unlawfulness (N.)

Gesichtspunkt (M.) point (N.) of view, aspect (N.)

Gestaltung (F.) formation (N.), shape (N.), configuration (N.)

Gestaltungsakt (M.) formative act (N.)

Gestaltungsklage (F.) action (N.) for the modification of rights

Gestaltungsrecht (N.) right (N.) to alter a legal relationship

Gestaltungsurteil (N.) judgement (N.) altering a legal relationship

gestädig confessing (Adj.), pleading (Adj.) guilty
Geständnis (N.) (Geständnis im Strafprozeß) confession (N.)
Geständnis (N.) (Geständnis im Zivilprozeß) admission (N.)
gestatten permit (V.), allow (V.)
Gestattung (F.) permission (N.), licence (N.) (br.), license (N.) (am.)
gestehen admit (V.), confess (V.)
Gestehungskosten (F.Pl.) prime cost (N.)
Gesuch (N.) petition (N.), request (N.), application (N.)
gesund healthy (Adj.), fit (Adj.)
Gesundheit (F.) health (N.)
Gesundheitsamt (N.) public health department (N.), sanitary board (N.), board (N.) of health
Gesundheitsbeschädigung (F.) personal injury (N.)
Gesundheitsverletzung (F.) injury (N.) to health
Gesundheitszerstörung (F.) destruction (N.) of good health
Getreide (N.) grain (N.)
getrennt separate (Adj.), separated (Adj.)
Getrenntleben (N.) living (N.) apart, living (N.) separated, separation (N.)
Getto (N.) ghetto (N.)
Gewähr (F.) guarantee (N.), guaranty (N.), warranty (N.), security (N.)
gewähren grant (V.), allow (V.)
gewährleisten ensure (V.), guarantee (V.), warrant (V.), secure (V.)
Gewährleistung (F.) guarantee (N.), guaranty (N.), warranty (N.), security (N.)
Gewahrsam (M.) custody (N.), safekeeping (N.), detention (N.)
Gewahrsamsbruch (M.) breach (N.) of custody
Gewalt (F.) (Kraft) power (N.), force (N.)
Gewalt (F.) (Kraftanwendung) violence (N.), force (N.)
Gewaltenteilung (F.) separation (N.) of powers
Gewalthaber (M.) holder (M. bzw. F.) of power
gewaltsam atrocious (Adj.), violent (Adj.)
gewaltsame Körperverletzung (F.) battery (N.)

Gewalttat (F.) act (N.) of violence, violent act (N.)
gewalttätig violent (Adj.), outrageous (Adj.)
Gewalttätigkeit (F.) violence (N.), outrage (N.)
Gewaltverhältnis (N.) relationship (N.) of subordination
Gewässer (N.) waters (N.Pl.)
Gewässerschutz (M.) prevention (N.) of water pollution
Gewehr (N.) gun (N.), rifle (N.)
Gewerbe (N.) trade (N.), business (N.), industry (N.)
Gewerbeaufsicht (F.) trade inspection (N.), industrial control (N.)
Gewerbeaufsichtsamt (N.) factory inspectorate (N.), industrial inspection board (N.)
Gewerbebetrieb (M.) industrial enterprise (N.), business enterprise (N.)
Gewerbefreiheit (F.) freedom (N.) of trade, economic freedom (N.)
Gewerbegebiet (N.) industrial estate (N.), trading estate (N.)
Gewerbegericht (N.) trade court (N.), industrial court (N.)
Gewerbeordnung (F.) trade law (N.), industrial code (N.)
Gewerbepolizei (F.) trade police (N.), factory inspection (N.)
Gewerberaum (M.) industrial premises (N.Pl.), commercial premises (N.Pl.)
Gewerberaummietrecht (N.) law (N.) on the tenancy of industrial or commercial premises
Gewerbesteuer (F.) trade tax (N.), professional tax (N.)
gewerbetreibend trading (Adj.), manufacturing (Adj.)
Gewerbetreibender (M.) tradesman (M.), businessman (M.)
Gewerbeuntersagung (F.) prohibition (N.) of further trade activity
Gewerbezentralregister (N.) central register (N.) of trade and industrial offences
gewerblich commercial (Adj.), industrial (Adj.), trade (Attrib.)
gewerblicher Rechtsschutz (M.) legal protection (N.) of industrial property
gewerbsmäßig professional (Adj.), commercial (Adj.)

Gewerbsmäßigkeit (F.) commercial nature (N.)

Gewerke (M.) member (M. bzw. F.) of a mining company

Gewerkschaft (F.) trade union (N.), labour union (N.) (br.), labor union (N.) (am.)

Gewerkschaftler (M.) trade-unionist (M. bzw. F.), covenor (M. bzw. F.)

gewerkschaftlich unionist (Adj.), trade-unionist (Adj.)

Gewicht (N.) weight (N.)

gewillkürt voluntary (Adj.)

gewillkürte Erbfolge (F.) willed succession (N.), testamentary succession (N.)

Gewinn (M.) profit (N.), gain (N.), return (N.)

Gewinnanteil (M.) profit share (N.), percentage (N.) of profits, quota (N.) of the profit

gewinnen win (V.), gain (V.), profit (N.)

Gewinnermittlung (F.) assessment (N.) of profits, determination (N.) of profits

Gewinnrechnung und Verlustrechnung (F.) profit and loss account (N.), statement (N.) (am.)

Gewissen (N.) conscience (N.)

Gewissensfreiheit (F.) freedom (N.) of conscience

Gewißheit (F.) certainty (N.)

Gewohnheit (F.) custom (N.), habit (N.), practice (N.)

gewohnheitsmäßig habitual (Adj.), customary (Adj.)

Gewohnheitsmäßigkeit (F.) habitualness (N.)

Gewohnheitsrecht (N.) customary law (N.)

Gewohnheitsverbrecher (M.) habitual criminal (M. bzw. F.), persistent offender (M. bzw. F.)

gewöhnlich common (Adj.), usual (Adj.), costumary (Adj.)

Gier (F.) greed (N.), greediness (N.)

Gift (N.) poison (N.)

giftig toxic Adj.), poisonous (Adj.), noxious (Adj.)

Gilde (F.) guild (N.), corporation (N.)

Giralgeld (N.) deposit money (N.), money (N.) in account, check book money (N.) (am.)

Giro (N.) endorsement (N.), indorsement (N.), bank transfer (N.)

Girokonto (N.) current account (N.)

Girokonto (N.) giro transfer account (N.), giro checking account (N.), cheque account (N.), current account (N.)

Girovertrag (M.) bank giro contract (N.)

Glaube (M.) belief (N.), faith (N.)

glauben believe (V.)

Glaubensfreiheit (F.) freedom (N.) of faith, freedom (N.) of religion

glaubhaft believable (Adj.), credible (Adj.), reliable (Adj.)

Glaubhaftmachung (F.) making (N.) credible, preliminary proof (N.), substantiation (N.)

Gläubiger (M.) creditor (M. bzw. F.), obligee (M. bzw. F.), lender (M. bzw. F.)

Gläubigeranfechtung (F.) creditor's avoidance (N.) of debitor's transactions

Gläubigerversammlung (F.) meeting (N.) of creditors, creditors' meeting (N.)

Gläubigerverzug (M.) creditor's delay (N.), obligee's delay (N.)

glaubwürdig credible (Adj.), trustworthy (Adj.)

Glaubwürdigkeit (F.) credibility (N.)

gleich identical (Adj.), share and share alike, alike (Adv.), immediately (Adv.)

gleichartig similar (Adj.), homogeneous (Adj.), kindred (Adj.)

gleichartige Tateinheit (F.) concurrence (N.) of offences of the same kind in one act

Gleichartigkeit (F.) similarity (N.), homogenity (N.), equality (N.) in kind

Gleichbehandlungsgrundsatz (M.) principle (N.) of equal treatment

gleichberechtigt having equal rights (Adj.), equally entitled (Adj.)

Gleichberechtigung (F.) equality (N.), equality (N.) of rights

gleiche Wahl (F.) equal suffrage (N.)

Gleichheit (F.) equality (N.), parity (N.)

Gleichheitsgrundsatz (M.) principle (N.) of equality

gleichwertig equivalent (Adj.), of the same value

gleichzeitig simultaneous (Adj.)

Gleitklausel (F.) escalator clause (N.)

global global (Adj.), world-wide (Adj.)

Globalzession (F.) general assignment (N.)

Glück (N.) luck (N.), fortune (N.)

Glücksspiel (N.) gambling (N.), game (N.) of chance, game (N.) of hazard

Glücksvertrag (M.) aleatory contract (N.)

GmbH (F.) (Gesellschaft mit beschränkter Haftung) private limited company (N.)

Gnade (F.) mercy (N.), pardon (N.), clemency (N.)

Gnadenakt (M.) act (N.) of mercy, act (N.) of clemency

Gnadenerweis (M.) act (N.) of pardon

Gnadenfrist (F.) grace period (N.)

Gnadenstoß (M.) finishing stroke (N.), coup (N.) de grâce (franz.)

Goodwill (M.) goodwill (N.), intangible value (N.)

Gott (M.) God (M.)

Gottes Gnade grace (N.) of God

Gotteslästerung (F.) blasphemy (N.), blasphemous libel (N.)

Gouverneur (M.) governor (M. bzw. F.)

Grad (M.) degree (N.), grade (N.)

gradual gradual (Adj.)

Gradualsystem (N.) gradual system (N.)

graduieren graduate (V.)

Graduierter (M.) graduate (M. bzw. F.)

Graf (M.) count (M.), earl (M.) (br.)

Granate (F.) shell (N.), grenade (N.)

Gratifikation (F.) bonus (N.), staff bonus (N.), gratuity (N.)

gratis gratis (Adj.), free (Adj.) of charge, without payment, free (Adj.), gratuitous (Adj.)

grausam cruel (Adj.), brutal (Adj.)

Grausamkeit (F.) cruelty (N.), atrocity (N.)

greifen (intransitiv) grip (V.), be (V.) effective

greifen (transitiv) grab (V.), catch (V.), grasp (V.)

Gremium (N.) body (N.), panel (N.), board (N.), committee (N.)

Grenze (F.) (Grenzlinie) abuttal (N.), limit (N.)

Grenze (F.) (Staatsgrenze) frontier (N.), border (N.)

grob rough (Adj.), coarse (Adj.), crude (Adj.), gross (Adj.)

grobe Fahrlässigkeit (F.) gross negligence (N.), gross fault (N.)

grober Unfug (M.) public mischief (N.), common nuisance (N.), public nuisance (N.)

grober Unverstand (M.) gross injudiciousness (N.)

Gros (N.) major part (N.), majority (N.)

Großbritannien (N.) Great Britain (F.)

großdeutsch Pan-German (Adj.), All-German (Adj.)

großer Senat (M.) large senate (N.), large division (N.)

Großhandel (M.) wholesale business (N.), wholesale trade (N.), wholesale (N.)

Großhändler wholesale dealer (M. bzw. F.), wholesaler (M. bzw. F.)

Großstadt (F.) large city (N.), metropolis (N.)

Grube (F.) (Mine) mine (N.), pit (N.)

Grund (M.) (Anlaß) cause (N.), reason (N.), motive (N.)

Grund (M.) (Land) land (N.), soil (N.), real estate (N.), ground (N.)

Grundabtretung (F.) surrender (N.) of land

Grundbesitz (M.) real estate (N.), landholding (N.), landed property (N.), realty (N.)

Grundbesitzer (M.) land holder (M. bzw. F.), land owner (M. bzw. F.)

Grundbuch (N.) land register (N.), land title register (N.), real-estate register (N.)

Grundbuchamt (N.) land registry (N.), real-estate recording office (N.) (am.)

Grundbuchauszug (M.) land certificate (N.)

Grundbuchberichtigung (F.) rectification (N.) of the land register

Grundbucheintragung (F.) land registration (N.)

Grundbuchordnung (F.) land registry act (N.)

Grundbuchverfügung (F.) Land Register Regulations (N.Pl.)

Grunddienstbarkeit (F.) real servitude (N.), landed servitude (N.), easement (N.)

Grundeigentum (N.) real property (N.), landed property (N.), real estate (N.)

Grundeigentümer (M.) freeholder (M. bzw. F.), ground landlord (M. bzw. F.)

gründen found (V.), establish (V.), form (V.)

Gründer (M.) founder (M. bzw. F.)

Grunderwerbsteuer (F.) land transfer duty (N.), real estate acquisition tax (N.)

Grunderwerbsteuergesetz (N.) Act (N.) on real estate transfer tax

Grundgehalt (N.) basic salary (N.)

Grundgesetz (N.) basic law (N.), constitution (N.)

Grundhandelsgewerbe (N.) general commercial business (N.)

Grundherr (M.) landlord (M.)

Grundherrschaft (F.) manorial domain (N.), manorial estate (N.), seigniory (N.)

Grundkapital (N.) nominal capital (N.), registered capital (N.), capital stock (N.) (am.)

Grundkapital (N.) (Grundkapital einer Aktiengesellschaft) stock (N.)

Grundlage (F.) basis (N.), foundation (N.), fundamentals (N.Pl.)

Grundlohn (M.) basic wage (N.)

Grundordnung (F.) basic system (N.), constitutional order (N.)

Grundpfand (N.) real estate mortgage (N.), land mortgage (N.)

Grundpfandrecht (N.) lien (N.) on real property

Grundrecht (N.) civil right (N.), constitutional right (N.), natural right (N.)

Grundrechtsfähigkeit (F.) capacity (N.) to acquire and hold civil liberties

Grundrechtsmündigkeit (F.) capacity (N.) to assert civil rights by court action

Grundrechtsschranke (F.) limitation (N.) of civil rights

Grundrente (F.) (Bodenrente) ground rent (N.)

Grundrente (F.) (Mindestrente) basic pension (N.)

Grundsatz (M.) principle (N.), maxim (N.)

Grundschuld (F.) land charge (N.),charge (N.) on land

Grundschuldbrief (M.) land charge certificate (N.)

Grundsteuer (F.) land tax (N.), real-estate tax (N.)

Grundstück (N.) piece (N.) of land, real estate (N.), ground (N.), premises (N.Pl.)

Grundstückskauf (M.) land purchase (N.), purchase (N.) of real estate

Grundstücksrecht (N.) land law (N.), law (N.) of property

Grundstücksverkehr (M.) real-estate transactions (N.Pl.)

Grundstückszubehör (N.) fixture (N.)

Gründung (F.) foundation (N.), establishment (N.), formation (N.)

Gründungsfreiheit (F.) freedom (N.) to form associations

Gründungsgesellschaft (F.) pre-incorporation business association (N.)

Gründungsvertrag (M.) promotions agreement (N.), memorandum (N.) of association

Grundurteil (N.) judgement (N.) on the basis of the cause of action

Grundvertrag (M.) Basic Treaty (N.)

Grundwehrdienst (M.) basic military service (N.)

Gruppe (F.) group (N.), cluster (N.)

Gruppenklage (F.) (Gruppenklage im amerikanischen Recht) class action (N.)

Gruppenwahl (F.) election (N.) by groups, election (N.) by classes

Guerillakämpfer (M.) guerilla (M.bzw. F.)

Guerillero (M.) guerrilla fighter (M. bzw. F.)

Guillotine (F.) guillotine (N.)

gültig valid (Adj.), in force

Gültigkeit (F.) validity (N.), legal force (N.), effectiveness (N.)

Gunst (F.) favour (N.) (br.), favor (N.) (am.)

günstig favourable (Adj.) (br.), favorable (Adj.) (am.)

Günstigkeitsprinzip (N.) deviation (N.) for employee's benefit from collective bargaining agreement

Gut (N.) commodity (N.), property (N.), good (N.)

Gutachten (N.) expertise (N.), expert opinion (N.), opinion (N.)

Gutachter (M.) consultant (M. bzw. F.), expert (M. bzw. F.)

Güte (F.) (Gütigkeit) good nature (N.), kindness (N.)

Güte (F.) (Qualität) quality (N.), grade (N.), class (N.)

gute Sitten (F.Pl.) public morals (N.Pl.), good manners (N.Pl.)

guter Glaube (M.) good faith (N.), bona fides (N.) (lat.)

Güterabwägung (F.) balancing consideration (N.) of legally protected values

Güterfernverkehr (M.) long-distance transport (N.), long haul trucking (N.) (am.)

Gütergemeinschaft (F.) joint marital property (N.), community (N.) of goods

Güterkraftverkehr (M.) road haulage (N.), trucking (N.)

Güterrecht (N.) law (N.) of property, property law (N.)

Güterrechtsregister (N.) marriage property register (N.)

Güterstand (M.) system (N.) of marital property, matrimonial regime (N.)

Gütertrennung (F.) separation (N.) of property

Güteverfahren (N.) conciliatory proceedings (N.Pl.)

Güteverhandlung (F.) conciliatory hearing (N.)

Gutglaubensschutz (M.) bona fide rights protection (N.)

gutgläubig in good faith, bona fide (Adj.), credulous (Adj.)

gutgläubiger Erwerb (M.) bona fide transaction (N.), acquisition (N.) in good faith

gutgläubiger Erwerber (M.) bona fide purchaser (M. bzw. F.)

Guthaben (N.) balance (N.) in one's favor, credit balance (N.)

Gutschein (M.) coupon (N.), voucher (N.)

Gutsherr (M.) landlord (M.)

Gutsherrschaft (F.) manorial domain (N.), manorial estate (N.)

Gymnasium (N.) grammar school (N.) (br.), secondary school (N.)

H

Haager Kaufrechtsübereinkommen (N.) Hague Convention (N.) Relating to a Uniform Law on the International Sale of Goods

Haager Landkriegsordnung (F.) Hague Land Warfare Convention (N.)

Habe (F.) belongings (N.Pl.), possessions (N.Pl.)

Haben (N.) credit (N.)

Habgier (F.) greed (N.), avarice (N.), cupidity (N.)

Habilitation (F.) habilitation (N.)

habilitieren habilitate (V.)

Hader (M.) quarrel (N.), strife (N.), emnity (N.)

Hafen (M.) harbour (N.) (br.), harbor (N.)

(am.), port (N.)

Haft (F.) arrest (N.), confinement (N.), detention (N.), custody (N.), imprisonment (N.)

haftbar liable (Adj.)

Haftbefehl (M.) order (N.) of arrest, warrant (N.) of arrest, arrest warrant (N.), bench warrant (N.)

haften be (V.) liable for, incur (V.) a liability, answer (V.) for

Haftgrund (M.) reason (N.) for arrest

Haftpflicht (F.) legal liability (N.), third party indemnity (N.), public liability (N.)

Haftpflichtgesetz (N.) public liability act (N.)

Haftpflichtprozeß (M.) liability case (N.), indemnity case (N.)

Haftpflichtversicherung (F.) liability insurance (N.), third party insurance (N.)

Haftprüfung (F.) writ (N.) of habeas corpus, review (N.) of remand in custody

Haftstrafe (F.) imprisonment (N.)

Haftunfähigkeit (F.) disability (N.) for imprisonment

Haftung (F.) liability (N.)

Haftungsausschluß (M.) exclusion (N.) of liability, exemption (N.) from liability

haftungsbegründende Kausalität (F.) causation (N.) creating liability

Haftungsbeschränkung (F.) limitation (N.) of liability

Haftungsrecht (N.) liability law (N.)

Hafturlaub (M.) parole (N.)

Hagel (M.) hail (N.)

Hagelschaden (M.) damage (N.) by hail

Hagelversicherung (F.) hail insurance (N.), hail storm insurance (N.)

Halbwaise (M.) half-orphan (M. bzw. F.)

Halde (F.) dump (N.), heap (N.)

Hälfte (F.) half (N.), moiety (N.)

halten hold (V.), keep (V.), maintain (V.)

Halten (N.) (Besitzen) keeping (N.), holding (N.)

Halten (N.) (Stehenbleiben) halt (N.), stop (N.), standing (N.)

Halter (M.) holder (M. bzw. F.), keeper (M. bzw. F.), owner (M. bzw. F.)

Hamburg (N.) Hamburg (F.)

Hammelsprung (M.) vote (N.) by division

hamstern hoard (V.)

Hand (F.) hand (N.)

Handel (M.) trade (N.), commerce (N.)
Händel (M.Pl.) quarrel (N.)
handeln (Handel treiben) trade (V.), do (V.) business, bargain (V.)
Handeln (N.) acting (N.), action (N.), practice (N.)
handeln (tätig sein) act (V.)
Handelnder (M.) acting person (M. bzw. F.)
Handelsabkommen (N.) trade agreement (N.)
Handelsbilanz (F.) trade balance (N.), balance (N.) of trade
Handelsbrauch (M.) trade custom (N.), commercial usage (N.), mercantile custom (N.)
Handelsbuch (N.) account book (N.), ledger (N.)
Handelsembargo (N.) embargo (N.) on trade
Handelsgericht (N.) commercial court (N.)
Handelsgeschäft (N.) (Rechtsgeschäft im Handelsbereich) mercantile transaction (N.), commercial transaction (N.)
Handelsgeschäft (N.) (Unternehmen) trading firm (N.), commercial enterprise (N.)
Handelsgesellschaft (F.) trading association (N.), commercial company (N.)
Handelsgesetzbuch (N.) commercial code (N.)
Handelsgewerbe (N.) trade business (N.)
Handelskammer (F.) chamber (N.) of commerce, board (N.) of trade (am.)
Handelskauf (M.) mercantile sale (N.)
Handelsklasse (F.) grade (N.)
Handelsmakler (M.) mercantile broker (M. bzw. F.)
Handelsmündigkeit (F.) unlimited capacity (N.) of a minor concerning all legal transactions linked to the management of a business undertaking
Handelsrecht (N.) mercantile law (N.), commercial law (N.)
Handelsregister (N.) commercial register (N.)
Handelsrichter (M.) commercial judge (M. bzw. F.), judge (M. bzw. F.) of a commercial court
Handelssache (F.) commercial affair (N.), commercial matter (N.), mercantile affair (N.)

Handelsverkehr (M.) commerce (N.), trading (N.)
Handelsvertrag (M.) commercial treaty (N.), trade agreement (N.), treaty (N.) of commerce
Handelsvertreter (M.) commercial agent (M. bzw. F.), trade representative (M. bzw. F.)
Handkauf (M.) handsale (N.)
Händler (M.) trader (M. bzw. F.), dealer (M. bzw. F.), tradesman (M.)
Handlung (F.) act (N.), action (N.)
Handlungsbevollmächtigter (M.) authorized agent (M. bzw. F.), managing agent (M. bzw. F.)
handlungsfähig capable (Adj.) to act, entitled (Adj.) to act
Handlungsfähigkeit (F.) capacity (N.) to act, power (N.) to act
Handlungsfreiheit (F.) freedom (N.) of action, liberty (N.) of action
Handlungsgehilfe (M.) commercial assistant (M. bzw. F.), shop assistant (M. bzw. F.)
Handlungshaftung (F.) liability (N.) for acts done
Handlungslehre (F.) doctrine (N.) of criminal responsibility
Handlungsobjekt (N.) object (N.) of action
Handlungsort (M.) place (N.) of performance
Handlungspflicht (F.) duty (N.) to act
Handlungsstörer (M.) disturber (M. bzw. F.) by action
Handlungsvollmacht (F.) commercial power (N.), mercantile agency (N.)
Handlungswille (M.) intention (N.) to act
Handschelle (F.) handcuff (N.)
Handschenkung (F.) manual gift (N.), executed gift (N.)
Handschrift (F.) handwriting (N.)
Handwerk (N.) handicraft (N.), craft (N.)
Handwerker (M.) craftsman (M.), tradesman (M.) (am.)
Handwerksinnung (F.) craft guild (N.)
Handwerkskammer (F.) chamber (N.) of handicrafts
Handwerksordnung (F.) handicrafts code (N.)
Handwerksrolle (F.) register (N.) of craftmen
hängen hang (V.)

Hansestadt (F.) hanseatic town (N.)
Hardware (F.) hardware (N.)
Häresie (F.) heresy (N.)
Härtefall (M.) hardship case (N.)
Haschisch (N.) hashish (N.)
Haß (M.) hate (N.), hatred (N.), animosity (N.)
häufig frequent (Adj.), wide-spread (Adj.), numerous (Adj.)
Häufung (F.) accumulation (N.), heaping (N.)
Hauptaktionär (M.) major shareholder (M. bzw. F.), principal shareholder (M. bzw. F.), principal stockholder (M. bzw. F.) (am.)
Hauptantrag (M.) main request (N.), main petition (N.)
Hauptforderung (F.) principal claim (N.), chief claim (N.), main demand (N.)
Hauptintervention (F.) interpleader summons (N.)
Hauptmangel (M.) principal defect (N.), main fault (N.)
Hauptmann (M.) captain (M. bzw. F.)
Hauptpflicht (F.) primary obligation (N.), principal obligation (N.)
Hauptsache (F.) main issue (N.), principal matter (N.), main point (N.)
Hauptsachlage (F.) main factual position (N.)
hauptsächlich main (Adj.), principal (Adj.), chief (Adj.), primary (Adj.)
Hauptsatzung (F.) main charter (N.)
Hauptstadt (F.) capital (N.)
Hauptstrafe (F.) main sentence (N.)
Haupttäter (M.) principal (M. bzw. F.), principal offender (M. bzw. F.)
Haupttermin (M.) trial date (N.), main hearing (N.)
Hauptursache (F.) proximate cause (N.)
Hauptverfahren (N.) main proceedings (N.Pl.), full trial (N.)
Hauptverhandlung (F.) main trial (N.), trial (N.) of indictment
Hauptversammlung (F.) general meeting (N.), meeting (N.) of stockholders, meeting (N.) of shareholders
Hauptversammlungsbeschluß (M.) shareholders' resolution (N.)
Hauptzeuge (M.) principal witness (M. bzw. F.), material witness (M. bzw. F.)

Haus (N.) house (N.), building (N.)
Hausarrest (M.) house arrest (N.)
Hausdurchsuchung (F.) house search (N.), domiciliary visit (N.)
Hausfriede (M.) privacy (N.)
Hausfriedensbruch (M.) unlawful entry (N.), forcible entry (N.)
Hausgehilfe (M.) home help (M. bzw. F.), domestic servant (M. bzw. F.)
Hausgemeinschaft (F.) house community (N.)
Hausgesetz (N.) family law (N.)
Haushalt (M.) (Einzelhaushalt) household (N.)
Haushalt (M.) (Staatshaushalt) budget (N.)
Haushaltsgesetz (N.) budget law (N.)
Haushaltsgrundsatz (M.) basic budgetary rule (N.)
Haushaltsplan (M.) budget (N.), estimates (N.Pl.)
Haushaltsrecht (N.) budget law (N.)
Haushaltsvorlage (F.) finance bill (N.), budget bill (N.), appropriation bill (N.)
hausieren peddle (V.), hawk (V.)
Hausierer (M.) pedlar (M. bzw. F.) (br.), peddler (M. bzw. F.) (am.)
häuslich domestic (Adj.)
Hausmeister (M.) caretaker (M. bzw. F.), house-superintendent (M. bzw. F.)
Hausrat (M.) household effects (N.Pl.), household equipment (N.)
Hausratsteilung (F.) dividing-up (N.) of matrimonial household effects
Hausratsverordnung (F.) ordinance (N.) on dividing-up the matrimonial household effects
Hausratversicherung (F.) household effects insurance (N.), house contents insurance (N.)
Hausrecht (N.) domiciliary right (N.), right (N.) of the key
Hausse (F.) boom (N.), bull market (N.), upward tendency (N.)
Haussuchung (F.) house search (N.), domiciliary visit (N.)
Haustürgeschäft (N.) door-to-door selling (N.)
Hausverbot (N.) ban (N.) on entering the house, prohibition (N.) of entering the house

Haverei (F.) average (N.), loss (N.) by sea, damage (N.) by sea
Hebamme (F.) midwife (F.)
heben lift (V.), raise (V.)
Hebesatz (M.) tax factor (N.), collection multiplier (N.)
Heer (N.) army (N.), armed forces (N.Pl.)
Hegemonie (F.) hegemony (N.)
hegen preserve (V.), care (V.) for, look (V.) after
hehlen receive stolen goods (V.), fence (V.)
Hehler (M.) receiver (M. bzw. F.) of stolen goods, fence (M. bzw. F.)
Hehlerei (F.) receiving (N.) stolen goods, fencing (N.)
heil whole (Adj.), intact (Adj.), uninjured (Adj.)
Heilanstalt (F.) sanatorium (N.) (brit.), sanitarium (N.) (am.)
Heilanstalt (F.) sanatorium (N.), hospital (N.)
heilen heal (V.), cure (V.)
heilig saint (Adj.), holy (Adj.)
Heiliger Stuhl (M.) Holy See (N.)
Heilkunde (F.) medical science (N.)
Heilung (F.) healing (N.), curing (N.), cure (N.)
Heimarbeit (F.) homework (N.), outwork (N.)
Heimarbeiter (M.) homeworker (M. bzw. F.), outworker (M. bzw. F.)
Heimat (F.) home (N.), mother country (N.)
heimatlos homeless (Adj.), expatriate (Adj.)
heimatloser Ausländer (M.) stateless alien (M. bzw. F.)
Heimatvertriebener (M.) displaced person (M. bzw. F.)
Heimfall (M.) reversion (N.), escheat (N.)
Heimfallsrecht (N.) right (N.) of reversion, right (N.) of escheat
Heimgesetz (N.) Act (N.) on homes and houses
heimlich secret (Adj.), hidden (Adj.), clandestine (Adj.), surreptitious (Adj.)
Heimstätte (F.) homestead (N.)
Heimtücke (F.) perfidy (N.), treachery (N.)
heimtückisch perfidious (Adj.), treacherous (Adj.), insidious (Adj.)
Heirat (F.) marriage (N.), matrimony (N.)
heiraten marry (V.), wed (V.)

Heiratsbuch (N.) register (N.) of marriages
Heiratserlaubnis (F.) marriage licence (N.) (br.), marriage license (N.) (am.), permission (N.) to marry
Heiratsurkunde (F.) marriage certificate (N.)
Heiratsvermittlung (F.) procurement (N.) of marriage, marriage brokerage (N.)
heißen (anordnen) order (V.), command (V.)
Heizkostenverordnung (F.) ordinance (N.) on heating expenses
Hektar (M.) hectare (N.)
helfen help (V.), assist (V.)
Heller (M.) penny (N.), cent (N.)
hemmen hinder (V.), check (V.), hamper (V.), retard (V.)
Hemmung (F.) hindrance (N.), check (N.), restraint (N.)
Henker (M.) executioner (M.), hangman (M.)
Henkersmahlzeit (F.) last meal (N.)
herabsetzen commute (V.), decrease (V.), reduce (V.), curtail (V.), scale (V.) down, minimize (V.)
Herabsetzung (F.) abatement (N.), reduction (N.), mitigation (N.)
Heranwachsender (M.) adolescent (M. bzw. F.), young adult (M. bzw. F.)
Herausgabe (F.) (Besitzrückgabe einer Sache) delivery (N.), surrender (N.), restitution (N.), restoration (N.)
Herausgabe (F.) (Veröffentlichung) editing (N.), publication (N.)
Herausgabeanspruch (M.) claim (N.) for restitution, right (N.) of redemption
herausgeben return (V.), issue (V.), surrender (V.), publish (V.)
Herausgeber (M.) editor (M.), publisher (M. bzw. F.)
Herausgeberin (F.) editress (F.)
herausverlangen claim (V.) recovery of possession, reclaim (V.)
Herberge (F.) hostel (N.), inn (N.)
Herde (F.) herd (N.)
hergebracht traditional (Adj.), conventional (Adj.), established (Adj.)
hergebrachte Grundsätze (M.Pl.) traditional principles (N.Pl.)
Herkommen (N.) origin (N.), ancestry (N.)

Herkunft (F.) background (N.), origin (N.), descent (N.)
herleiten derive (V.), deduce (V.)
Hermeneutik (F.) hermeneutics (N.Pl.)
Heroin (N.) heroin (N.)
Herold (M.) herald (M.)
Herr (M.) master (M. bzw. F.), ruler (M. bzw. F.)
herrenlos abandoned (Adj.), ownerless (Adj.), derelict (Adj.)
Herrschaft (F.) domination (N.), regency (N.), supremacy (N.), reign (N.), rule (N.)
Herrschaftsrecht (N.) domain (N.), right (N.) of domination
herrschen rule (V.), reign (V.), control (V.)
herrschende Lehre (F.) prevailing doctrine (N.)
herrschende Meinung (F.) prevailing opinion (N.)
herrschendes Grundstück (N.) dominant estate (N.)
Herrscher (M.) ruler (M. bzw. F.), sovereign (M. bzw. F.), monarch (M. bzw. F.)
herstellen make (V.), produce (V.), manufacture (V.)
Hersteller (M.) manufacturer (M. bzw. F.), maker (M. bzw. F.), producer (M. bzw. F.)
Herstellung (F.) production (N.), manufacture (N.), making (N.)
Herstellungsklage (F.) (Herstellungsklage auf eheliche Lebensgemeinschaft) action (N.) for specific performance
Herz (N.) heart (N.)
Herzog (M.) duke (M.)
Herzogin (F.) duchess (F.)
Herzogtum (N.) duchy (N.)
Hessen (N.) Hessen (F.)
hetzen chase (V.), bait (V.), hunt (V.)
heucheln dissemble (V.), feign (V.), sham (V.), play (V.) the hypocrite
Heuer (F.) pay (N.) for sailors, wages (N. Pl.)
Heuervertrag (M.) shipping articles (N. Pl.), seamen's agreement (N.)
Hexe (F.) witch (F.)
Hexenprozeß (M.) witch trial (N.)
Hierarchie (F.) hierarchy (N.)
Hilfe (F.) help (N.), aid (N.), assistance (N.), support (N.), relief (N.)
hilfeleisten help (V.), aid (V.), assist (V.)

Hilfeleistung (F.) aid (N.), salvage (N.), rescue (N.)
hilflos helpless (Adj.), destitute (Adj.)
Hilflosigkeit (F.) helplessness (N.)
Hilfsantrag (M.) motion (N.) for alternative relief
Hilfsbeamter (M.) auxiliary officer (M. bzw. F.)
Hilfsbegründung (F.) precautionary argument (N.) in support of the claim
hindern hinder (V.), impede (V.), hamper (V.)
Hindernis (N.) hindrance (N.), obstacle (N.), legal impediment (N.), statutory bar (N.)
hinkend lame (Adj.), defective (Adj.)
hinkendes Inhaberpapier (N.) limping bearer instrument (N.)
hinrichten execute (V.), put (V.) to death
Hinrichtung (F.) execution (N.)
hinterblieben survived (Adj.), bereaved (Adj.)
Hinterbliebener (M.) surviving dependant (M. bzw. F.), survivor (M. bzw. F.)
hinterlegen deposit (V.), lodge (V.)
Hinterleger (M.) bailor (M. bzw. F.)
Hinterlegung (F.) deposition (N.), lodgement (N.), bailment (N.), deposit (N.)
Hinterlist (F.) deceit (N.), insidiousness (N.), treachery (N.)
hinterlistig deceitful (Adj.), insidious (Adj.), treacherous (Adj.)
hinterziehen (Steuern rechtswidrig behalten) defraud (V.), evade (V.)
Hinweis (M.) clue (N.), hint (N.), reference (N.), instruction (N.)
Hirn (M.) brain (N.)
Hirntod (M.) cerebral death (N.)
Hirtenbrief (M.) pastoral letter (N.)
historisch historical (Adj.), historic (Adj.)
Hochachtung (F.) esteem (N.)
hochdeutsch standard German (Adj.)
Hochschulassistent (M.) assistant professor (M. bzw. F.)
Hochschuldozent (M.) university teacher (M. bzw. F.), university professor (M. bzw. F.)
Hochschule (F.) university (N.), college (N.)
Hochschulgrad (M.) college degree (N.)

hochstapeln swindle (V.)
Hochstapler (M.) impostor (M. bzw. F.), swindler (M. bzw. F.)
Höchstbetragshypothek (F.) maximumsum mortgage (N.), closed mortgage (N.)
Höchstgebot (N.) highest bid (N.)
Höchstgericht (N.) supreme court (N.)
höchstpersönlich strict personal (Adj.), strict private (Adj.)
Höchstpreis (M.) maximum price (N.), ceiling price (N.), peak price (N.)
Hochverrat (M.) high treason (N.), sedition (N.), treason felony (N.)
Hochverräter (M.) high treasoner (M. bzw. F.), traitor (M. bzw. F.)
Hochzeit (F.) marriage (N.), wedding (N.)
Hof (M.) (Bauernhof) farm (N.)
Hof (M.) (Herrenhof) court (N.)
Hof (M.) (Innenhof) courtyard (N.)
Hofamt (N.) court office (N.)
Höfegesetz (N.) law (N.) on inheritance of agricultural estates
Höfeordnung (F.) law (N.) on inheritance of agricultural estates
Höferecht (N.) law (N.) of entailed succession of agricultural estates
Hofrat (M.) (Beratergruppe eines Fürsten) Privy Council (N.) (br.)
Hofrat (M.) (einzelner Berater eines Fürsten) court counsellor (M. bzw. F.), Hofrat (M. bzw. F.)
Hoheit (F.) (Fürst) highness (M. bzw. F.)
Hoheit (F.) (Hoheitsgewalt) sovereignty (N.), supreme power (N.)
hoheitlich sovereign (Adj.)
Hoheitsakt (M.) act (N.) of state, sovereign act (N.)
Hoheitsgewalt (F.) sovereign power (N.), territorial sovereignty (N.), national jurisdiction (N.)
Hoheitsgewässer (N.) territorial waters (N.Pl.)
Hoheitsrecht (N.) sovereign right (N.), official authority (N.)
Hoheitszeichen (N.) sovereign emblem (N.), national emblem (N.)
höhere Gewalt (F.) superior force (N.), vis (N.) maior (lat.), force (N.) majeure (franz.)
Hohlmaß (N.) cubic measure (N.), measure (N.) of capacity

Hohn (M.) mockery (N.), derision (N.), scorn (N.)
Holding (F.) holding (N.)
Holdinggesellschaft (F.) holding company (N.)
Hölle (F.) hell (N.)
holographisch holographic (Adj.), handwritten (Adj.)
holographisches Testament (N.) holograph will (N.)
Holschuld (F.) debt (N.) collectible by the creditor
Homosexualität (F.) homosexuality (N.)
homosexuell homosexual (Adj.)
Honorar (N.) professional fee (N.), fee (N.), professional charge (N.), remuneration (N.)
Honorarprofessor (M.) honorary professor (M. bzw. F.)
honorieren remunerate (V.), honour (V.) (brit.), honor (V.) (am.)
honoris causa (lat.) for reasons of honour (brit.), for reasons of honor (am.)
hören hear (V.), listen (V.), heed (V.)
Hörensagen (N.) hearsay (N.)
hörig dependent (Adj.), submissive (Adj.), subordinate (Adj.)
Hörigkeit (F.) dependence (N.), subordination (N.)
Horizont (M.) horizon (N.)
horizontal horizontal (Adj.)
horizontaler Finanzausgleich (M.) horizontal fiscal adjustment (N.)
Hospital (N.) hospital (N.)
Hospitant (M.) auditor (M. bzw. F.)
huldigen pay (V.) homage to
Huldigung (F.) homage (N.)
Hundertschaft (F.) group (N.) of a hundred
Hure (F.) whore (F.), prostitute (F.)
hüten look (V.) after, tend (V.), herd (V.)
hüten (sich) beware (V.) of
Hüter (M.) keeper (M. bzw. F.), guardian (M. bzw. F.)
Hymne (F.) hymn (N.), national anthem (N.)
Hypothek (F.) mortgage (N.), mortgage charge (N.)
Hypothekenbank (F.) mortgage bank (N.)
Hypothekenbrief (M.) mortgage certificate (N.)
Hypothekenpfandbrief (M.) mortgage bond (N.), mortgage debenture (N.)

Hypothekenübernahme (F.) taking-over (N.) of a mortgage, acceptance (N.) of a mortgage
Hypothese (F.) hypothesis (N.)

I

IAO (Internationale Arbeitsorganisation) ILO (International Labour Organization)
ICAO (International Civic Aviation Organization) ICAO (International Civil Aviation Organization)
ideal ideal (Adj.), perfect (Adj.)
Ideal (N.) ideal (N.), model (N.)
Idealkonkurrenz (F.) nominal coincidence (N.), concurrence (N.) of offences
Idealverein (M.) non-profit association (N.), non-trading society (N.)
Idee (F.) idea (N.), notion (N.)
ideell ideational (Adj.), imaginary (Adj.)
identifizieren identify (V.)
identisch identical (Adj.)
Identität (F.) identity (N.)
Ideologie (F.) ideology (N.)
Idiot (M.) idiot (M. bzw. F.)
Idiotie (F.) idiocy (N.)
illegal illegal (Adj.), unlawful (Adj.)
Illegalität (F.) illegality (N.), unlawfulness (N.)
illegitim illegitimate (Adj.)
im Zweifel in doubt, in two minds
immanent immanent (Adj.), inherent (Adj.)
immanente Grundrechtsschranke (F.) inherent limitation (N.) of civil rights
Immaterialgut (N.) incorporeal good (N.)
immateriell immaterial (Adj.), intangible (Adj.), incorporable (Adj.), incorporeal (Adj.)
immaterieller Schaden (M.) intangible damage (N.), non-material damage (N.)
Immatrikulation (F.) matriculation (N.), enrollment (N.)
immatrikulieren matriculate (V.), enroll (V.)
Immission (F.) intromission (N.), immission (N.)
Immissionsschutz (M.) protection (N.) against intromission
immobil immobile (Adj.), inmovable (Adj.)

Immobiliarzwangsvollstreckung (F.) execution (N.) upon real estate
Immobilien (F.Pl.) real estate (N.), immovables (N.Pl.), realty (N.)
immun immune (Adj.)
Immunität (F.) immunity (N.)
imperativ imperative (Adj.)
imperatives Mandat (N.) imperative mandate (N.)
Imperialismus (M.) imperialism (N.)
Imperium (N.) empire (N.)
impfen vaccinate (V.), inoculate (V.)
Impfschaden (M.) vaccine damage (N.)
Impfschein (M.) vaccination certificate (N.)
Impfung (F.) vaccination (N.), inoculation (N.)
Impfzwang (M.) compulsory vaccination (N.)
Import (M.) import (N.), importation (N.)
Importeur (M.) importer (M. bzw. F.), import dealer (M. bzw. F.)
importieren import (V.)
Impressum (N.) imprint (N.)
Impugnationsklage (F.) action (N.) to oppose enforcement
in dubio pro reo (lat.) giving the accused the benefit of the doubt
in flagranti (lat.) in the very act, red-handed (Adj.)
Inauguration (F.) inauguration (N.)
Inbegriff (M.) essence (N.), embodiment (N.), quintessence (N.)
inbegriffen included (Adj.), implied (Adj.)
Inbesitznahme (F.) taking (N.) into possession, distress (N.)
Indemnität (F.) indemnity (N.), exemption (N.) from criminal responsibility
Index (M.) index (N.)
Indexklausel (F.) escalator clause (N.)
Indigenat (N.) citizenship (N.)
Indikation (F.) indication (N.)
indirekt indirect (Adj.)
indirekte Stellvertretung (F.) indirect agency (N.)
indirekte Steuer (F.) indirect tax (N.), indirect duty (N.)
indirekter Verbotsirrtum (M.) indirect error (N.) as to the prohibited nature of an act
indirekter Vorsatz (M.) indirect intent (N.)
Individualarbeitsrecht (N.) law (N.) on

the individual employer-employee relationship

Individualrechtsgut (N.) individual legal asset (N.)

individuell individual (Adj.)

Individuum (N.) individual (M. bzw. F.), individual person (M. bzw. F.)

Indiz (N.) indication (N.), indicium (N.)

Indizienbeweis (M.) circumstantial evidence (N.), indirect evidence (N.), presumptive evidence (N.)

indizieren indicate (V.), index (V.), ban (V.)

Indossament (N.) endorsement (N.), indorsement (N.)

Indossant (M.) endorser (M. bzw. F.)

Indossant (M.) endorser (M. bzw. F.)

Indossat (M.) endorsee (M. bzw. F.)

Industrie (F.) industry (N.)

Industrie- und Handelskammer (F.) chamber (N.) of industry and commerce

Industriegebiet (N.) industrial estate (N.), trading estate (N.)

industriell industrial (Adj.)

Infallibilität (F.) infallibility (N.)

infam infamous (Adj.)

Infamie (F.) infamy (N.)

Infanterie (F.) infantry (N.)

Inflation (F.) inflation (N.)

Informant (M.) informant (M. bzw. F.), informer (M. bzw. F.)

Information (F.) information (N.)

informationell regarding information

Informationsfreiheit (F.) freedom (N.) of information

Informationsfreiheit (F.) freedom (N.) of information

Informationssystem (N.) information system (N.)

informell informal (Adj.)

informieren inform (V.)

Ingerenz (F.) imposition (N.) and enforcement (N.) of compliance with the law

Inhaber (M.) holder (M. bzw. F.), bearer (M. bzw. F.), occupier (M. bzw. F.), keeper (M. bzw. F.)

Inhaberaktie (F.) bearer share (N.) (br.), bearer stock (N.) (am.)

Inhaberanteilsschein (M.) investment certificate (N.) made out to bearer

Inhaberklausel (F.) bearer clause (N.)

Inhaberpapier (N.) bearer paper (N.), bearer certificate (N.)

Inhaberscheck (M.) bearer cheque (N.) (br.), bearer check (N.) (am.)

Inhaberschuldverschreibung (F.) bearer bond (N.), debenture bond (N.)

Inhaberzeichen (N.) bearer token (N.)

inhaftieren arrest (V.), imprison (V.), take (V.) into custody, put (V.) in jail

Inhaftierter (M.) detainee (M. bzw. F.)

Inhaftierung (F.) detention (N.), imprisonment (N.), commital (N.), arrest (N.), detainer (N.)

Inhalt (M.) content (N.), subject matter (N.), essence (N.)

Inhaltsfreiheit (F.) freedom (N.) of contents

Inhaltsirrtum (M.) error (N.) as to the content of the declaration

Inhaltskontrolle (F.) terms control (N.)

Initiale (F.) initial (N.)

Initiative (F.) initiative (N.)

Initiativrecht (N.) right (N.) of initiative

Injurie (F.) insult (N.), defamation (N.), libel (N.)

Inkassomandat (N.) order (N.) for collection, encashment order (N.)

Inkassozession (F.) assignment (N.) of accounts receivable for collection

inklusive inclusive (Adv), including (Adj.)

inkognito incognito (Adv.)

inkompatibel incompatible (Adj.)

Inkompatibilität (F.) incompatibility (N.)

inkompetent incompetent (Adj.)

Inkorporation (F.) incorporation (N.)

inkorporieren incorporate (V.)

Inkrafttreten (N.) entry (N.) into force

Inland (N.) home country (N.), inland (N.), interior (N.)

inländisch native (Adj.), national (Adj.), domestic (Adj.)

innehaben hold (V.)

Innehaber (M.) occupant (M. bzw. F.)

Innehabung (F.) tenure (N.), occupancy (N.), holding (N.), possession (N.)

Innenbereich (M.) internal sphere (N.)

Innengesellschaft (F.) subpartnership (N.), undisclosed association (N.)

Innenminister (M.) Minister of Interior (M. bzw. F.), Secretary of State for the

Home Department (M. bzw. F.) (brit.), Secretary of the Interior (M. bzw. F.) (am.)
Innenverhältnis (N.) internal relationship (N.)
Innenvollmacht (F.) internal power (N.) of agency
innere interior (Adj.)
innere Verwaltung (F.) interior administration (N.)
Innung (F.) craft guild (N.), corporation (N.)
inoffiziell informal (Adj.), unofficial (Adj.), off the record
inquirieren inquire (V.)
Inquisition (F.) inquisition (N.)
Inquisitionsmaxime (F.) principle (N.) of ex officio judicial investigation
Inquisitionsprozeß (M.) inquisitorial proceedings (N.Pl.), inquisitorial trial (N.)
Insasse (M.) (Anstaltsinsasse) inmate (M. bzw. F.)
Insasse (M.) (Verkehrsmittelbenutzer) passenger (M. bzw. F.)
Insemination (F.) insemination (N.)
Inserat (N.) advertisement (N.), ad (N.), insertion (N.)
Insichgeschäft (N.) self-dealing (N.), self-contracting (N.)
Insichprozeß (M.) inter se proceedings (N. Pl.)
Insider (M.) insider (M. bzw. F.)
Insiderhandel (M.) insider dealing (N.), insider trading (N.)
Insignien (F.Pl.) insignia (N.Pl.)
Insinuation (F.) (Einhändigung) insinuation (N.)
Insinuation (F.) (Zustellung) serving (N.)
insinuieren insinuate (V.), hand (V.) in
insolvent insolvent (Adj.)
Insolvenz (F.) insolvency (N.)
Insolvenzgericht (N.) insolvency court (N.)
Insolvenzgläubiger (M.) creditor (M. bzw. F.) in insolvency
Insolvenzmasse (F.) insolvency's estate (N.)
Insolvenzordnung (F.) Insolvency Act (N.)
Insolvenzplan (M.) insolvency plan (N.)
Insolvenzrecht (N.) insolvency law (N.)
Insolvenzverfahren (N.) insolvency proceedings (N.Pl.)
Insolvenzverwalter (M.) trustee (M. bzw. F.) in insolvency

Inspekteur (M.) inspector (M. bzw. F.), supervisor (M. bzw. F.), superintendent (M. bzw. F.)
Inspektion (F.) inspection (N.), check (N.)
inspizieren inspect (V.), check (V.)
Installateur (M.) fitter (M. bzw. F.), plumber (M. bzw. F.)
instandhalten keep (V.) in good order, maintain (V.), service (V.)
instandsetzen repair (V.), fix (V.), mend (V.)
Instanz (F.) instance (N.)
Instanzenweg (M.) stages (N.Pl.) of appeal, sequence (N.) of authorities
Instanzenzug (M.) sequence (N.) of courts, stages (N.Pl.) of appeal
Institut (N.) institute (N.)
Institution (F.) institution (N.)
institutionell institutional (Adj.)
Instruktion (F.) instruction (N.), direction (N.)
Instruktionsfehler (M.) mistake (N.) in the instructions
Instrument (N.) instrument (N.), tool (N.), implement (N.)
Insubordination (F.) insubordination (N.)
Integration (F.) integration (N.)
integrieren integrate (V.)
Integrität (F.) integrity (N.)
Interaktion (F.) interaction (N.)
Interesse (N.) interest (N.), concern (N.)
Interessenjurisprudenz (F.) jurisprudence (N.) of interests
Interessenkollision (F.) conflict (N.) of interests, clash (N.) of interests
Interim (N.) interim (N.)
Interimsschein (M.) interim certificate (N.)
interlokutorisch interlocutory (Adj.)
international international (Adj.)
internationale Handelskammer (F.) International Chamber (N.) of Commerce
internationale Organisation (F.) international organisation (N.)
internationale Schiedsgerichtsbarkeit (F.) international arbitration (N.)
internationale Zuständigkeit (F.) international jurisdiction (N.)
Internationaler Gerichtshof (M.) International Court (N.) of Justice
internationaler Währungsfonds (M.)

(IWF) International Monetary Fund (N.) (IMF)

internationales Einheitskaufsrecht (N.) uniform law (N.) on the international sale of goods

internationales Privatrecht (N.) international private law (N.)

internationales Recht (N.) international law (N.)

internieren intern (V.), detain (V.)

Internierung (F.) internment (N.), detention (N.)

Interpellation (F.) interpellation (N.)

Interpellationsrecht (N.) right (N.) of interpellation

Interpol (F.) Interpol (N.)

Interpolation (F.) interpolation (N.)

Interpretation (F.) interpretation (N.)

interpretieren interpret (V.)

Interregnum (N.) interregnum (N.)

Intervenient (M.) intervener (M. bzw. F.), intervening party (M. bzw. F.)

intervenieren intervene (V.), intercede (V.), interfere (V.)

Intervention (F.) intervention (N.), interference (N.)

Interventionsklage (F.) action (N.) of replevin, action (N.) of intervention

Interzession (F.) intercession (N.)

Intestaterbfolge (F.) intestate succession (N.)

intim intimate (Adj.)

Intimität (F.) intimacy (N.)

Intimsphäre (F.) privacy (N.)

Invalide (M.) invalid (M. bzw. F.), disabled person (M. bzw. F.)

Invalidenversicherung (F.) invalidity insurance (N.), disability insurance (N.)

Invalidität (F.) invalidity (N.), disability (N.)

Inventar (N.) inventory (N.), stock (N.)

Inventur (F.) inventory-taking (N.), stock-taking (N.)

investieren invest (V.)

Investition (F.) investment (N.), investing (N.)

Investitur (F.) investiture (N.)

Investment (N.) investment (N.)

Investmentfonds (M.) investment fund (N.)

Investmentgesellschaft (F.) investment company (N.)

invitatio (F.) ad offerendum (lat.) invitation (N.) to make an offer

Inzest (F.) incest (N.)

ipso iure (lat.) by fact of law, by operation of law, ipso jure

irreführen mislead (V.), deceive (V.)

Irrenanstalt (F.) lunatic asylum (N.), insane asylum (N.), mental home (N.)

Irrer (M.) lunatic (M. bzw. F.), insane (M. bzw. F.), psychopath (M. bzw. F.)

irreversibel non-reversible (Adj.) (br.), nonreversible (Adj.) (am.)

Irrtum (M.) mistake (N.), error (N.)

irrtümlich by mistake, mistaken (Adj.)

ISBN ISBN

ISDN ISDN

Italien (N.) Italy (F.)

ius (N.) (lat.) law (N.)

IWF (M.) (Internationaler Währungsfonds) IMF (N.) (International Monetary Fund)

J

Jagd (F.) hunt (N.), hunting (N.)

Jagdausübung (F.) hunting (N.)

Jagdausübungsrecht (N.) shooting rights (N.Pl.), hunting rights (N. Pl)

jagdbar in season

Jagdbezirk (M.) hunting district (N.)

Jagdgenossenschaft (F.) official association (N.) of proprietors of hunting rights

Jagdpacht (F.) hunting lease (N.), lease (N.) of a hunting ground

Jagdrecht (N.) (Jagdrechtsberechtigung) hunting right (N.)

Jagdrecht (N.) (Jagdrechtsordnung) game law (N.)

Jagdschein (M.) hunting licence (N.) (br.), hunting license (N.) (am.), game licence (N.)

Jagdwilderei (F.) poaching (N.)

jagen hunt (V.), chase (V.)

Jäger (M.) hunter (M. bzw. F.), huntsman (M.)

Jahr (N.) year (N.)

Jahr und Tag year and a day (N.)

Jahresabschluß (M.) annual accounts (N. Pl.)

Jahresbericht (M.) annual report (N.)
Jahresbilanz (F.) annual balance sheet (N.)
Jahresmiete (F.) rack rent (N.)
jährlich annual (Adj.), yearly (Adv.)
Joint venture (N.) (engl.) joint venture (N.)
Jude (M.) Jew (M. bzw. F.)
Judikat (N.) judgement (N.)
Judikation (F.) judication (N.)
Judikative (F.) judiciary (N.)
Judikatur (F.) judicature (N.), practice (N.) of the courts (br.), practise (N.) of the courts (am.)
judizieren adjudicate (V.), administer justice (V.), dispense justice (V.)
Jugend (F.) youth (N.)
Jugendamt (N.) youth welfare office (N.)
Jugendarbeit (F.) youth welfare (N.), juvenile care (N.)
Jugendarbeitsschutz (M.) protection (N.) of minors in employment
Jugendarrest (M.) arrest (N.) of juveniles, juvenile detention (N.)
jugendgefährdend harmful (Adj.) for adolescents
jugendgefährdende Schrift (F.) publication (N.) morally harmful for adolescents
Jugendgericht (N.) juvenile court (N.)
Jugendgerichtsgesetz (N.) juvenile courts act (N.)
Jugendgerichtshilfe (F.) juvenile court assistance (N.)
Jugendhilfe (F.) youth welfare (N.)
Jugendkriminalität (F.) juvenile delinquency (N.)
jugendlich juvenile (Adj.), adolescent (Adj.)
Jugendlicher (M.) juvenile (M. bzw. F.), adolescent (M. bzw. F.), young person (M. bzw. F.)
jugendlicher Straftäter (M.) youthful offender (M. bzw. F.)
Jugendrecht (N.) juvenile law (N.)
Jugendrichter (M.) juvenile-court judge (M. bzw. F.)
Jugendschutz (M.) protection (N.) of young people
Jugendschutzgesetz (N.) Children and Young Persons Act (N.)
Jugendschutzrecht (N.) law (N.) concerning the protection of children and young persons

Jugendstrafanstalt (F.) borstal (N.), detention centre (N.) (brit.)
Jugendstrafe (F.) sentence (N.) for juveniles
Jugendstrafrecht (N.) juvenile penal law (N.)
Jugendvertretung (F.) representation (N.) of young juveniles
Jugendwohlfahrt (F.) youth welfare (N.)
jung young (Adj.)
Jungfernrede (F.) maiden speech (N.)
Jungfrau (F.) virgin (F.)
Junggeselle (M.) bachelor (M.)
Junker (M.) young nobleman (M.)
Junkertum (N.) junkerism (N.)
Junktim (N.) mutual condition (N.), package deal (N.)
Junktimklausel (F.) package deal clause (N.), reciprocal clause (N.)
Junta (F.) junta (N.)
Jura (N.) law (N.), jurisprudence (N.)
juridisch juridical (Adj.)
Jurisdiktion (F.) jurisdiction (N.)
Jurisprudenz (F.) jurisprudence (N.)
Jurist (M.) jurist (M. bzw. F.), lawyer (M. bzw. F.), jurisprudent (M. bzw. F.)
Juristentag (M.) law congress (N.)
Juristerei (F.) jurisprudence (N.)
juristisch juridical (Adj.), legal (Adj.), juristic (Adj.)
juristische Ausbildung (F.) legal training (N.), legal education (N.)
juristische Person (F.) juristic person (N.), legal entity (N.)
Jury (F.) jury (N.), panel (N.)
Jus (N.) law (N.)
Justitiar (M.) justiciary (M. bzw. F.), legal staff lawyer (M. bzw. F.), legal adviser (M. bzw. F.)
Justiz (F.) judiciary (N.), administration (N.) of justice
Justizausbildung (F.) court training (N.)
Justizbeitreibungsordnung (F.) court-fee collection ordinance (N.)
Justizgewährungsanspruch (M.) right (N.) to have justice administered
justiziabel capable (Adj.) of being adjudicated, justiciable (Adj.)
Justizminister (M.) Attorney General (M. bzw. F.) (am.)
Justizmord (M.) judicial murder (N.)

Justizverwaltung (F.) administration (N.) of justice, legal administrative body (N.)
Justizverwaltungsakt (M.) administrative judicial act (N.)
Justizverwaltungsgesetz (N.) administration of justice law (N.)
Justizvollzugsanstalt (F.) prison (N.), jail (N.)
Justizwachtmeister (M.) court sergeant (M. bzw. F.), tipstaff (M. bzw. F.)

K

Kabel (N.) cable (N.)
Kabinett (N.) cabinet (N.)
Kabinettsbeschluß (M.) cabinet decision (N.)
Kabinettsvorlage (F.) cabinet bill (N.)
Kadett (M.) cadet (M.)
kaduzieren declare (V.) forfeited
Kaduzierung (F.) forfeiture (N.), cancellation (N.), declaring void (N.)
Kaiser (M.) emperor (M.)
Kaiserin (F.) empress (F.)
kaiserlich imperial (Adj.)
Kaiserreich (N.) empire (N.)
kalendarisch calendrical (Adj.)
Kalender (M.) calendar (N.)
Kalkulation (F.) calculation (N.), estimate (N.)
Kalkulationsirrtum (M.) miscalculation (N.), error (N.) in one's calculation
kalkulieren calculate (V.), estimate (V.), reckon (V.)
Kammer (F.) chamber (N.)
Kämmerer (M.) treasurer (M. bzw. F.)
Kampagne (F.) campaign (N.)
Kampf (M.) fight (N.), struggle (N.), combat (N.)
kämpfen fight (V.), struggle (V.), combat (V.), contend (V.)
Kanal (M.) (künstlicher Kanal) canal (N.)
Kanal (M.) (natürliche Meeresenge) channel (N.)
Kandidat (M.) candidate (M. bzw. F.), applicant (M. bzw. F.), nominee (M. bzw. F.), appointee (M. bzw. F.)
Kandidatur (F.) candidacy (N.), candidature (N.)

kandidieren candidate (V.), run (V.) for, apply (V.)
Kannkaufmann (M.) optionally registrable trader (M. bzw. F.)
Kannvorschrift (F.) discretionary clause (N.), permissive provision (N.)
Kanon (M.) canon (N.), ecclesiastical law (N.)
Kanone (F.) cannon (N.)
kanonisch canon (Adj.), canonic (Adj.)
kanonisches Recht (N.) canon law (N.)
Kanton canton (N.)
Kanzlei (F.) (Büro von Rechtsanwälten) law office (N.)
Kanzlei (F.) (Gerichtskanzlei) chancery (N.) (br.)
Kanzlei (F.) (Verwaltungskanzlei) chancellery (N.)
Kanzler (M.) chancellor (M. bzw. F.)
Kanzleramt (N.) chancellorship (N.), Office of the Federal Chancellor (N.), Cabinet Office (N.)
Kapazität (F.) capacity (N.), leading authority (M. bzw. F.)
Kapelle (F.) chapel (N.)
Kaperei (F.) privateering (N.), capturing (N.)
kapern capture (V.), seize (V.), take (V.)
Kapital (N.) capital (N.), capital stock (N.), asset (N.)
Kapitalanlage (F.) investment (N.), capital investment (N.), employment (N.) of capital
Kapitalanlagebetrug (M.) investment fraud (N.)
Kapitalanlagegesellschaft (F.) investment trust (N.), investment company (N.)
Kapitalanleger (M.) investor (M. bzw. F.)
Kapitalanteil (M.) capital share (N.), share (N.) of capital
Kapitalerhöhung (F.) increase of capital (N.)
Kapitalertrag (M.) interest (N.), income (N.) from capital, revenue (N.) from capital, capital yield (N.)
Kapitalertragsteuer (F.) capital income tax (N.), capital-yield tax (N.)
Kapitalgesellschaft (F.) stock company (N.), joint-stock company (N.) (br.), joint-stock corporation (N.) (am.)
Kapitalherabsetzung (F.) reduction (N.) of capital, capital reduction (N.)
kapitalisieren capitalize (V.)

Kapitalismus (M.) capitalism (N.)
Kapitalist (M.) capitalist (M. bzw. F.)
kapitalistisch capitalist (Adj.), capitalistic (Adj.)
Kapitalmarkt (M.) capital market (N.)
Kapitalverbrechen (N.) capital crime (N.), felony (N.)
Kapitalverkehr (M.) circulation (N.) of capital, capital transactions (N.Pl.), capital movements (N.Pl.)
Kapitalverkehrsfreiheit (F.) free movement (N.) of capital
Kapitalverkehrsteuer (F.) capital transfer tax (N.)
Kapitän (M.) captain (M. bzw. F.)
Kapitulation (F.) capitulation (N.), surrender (N.)
kapitulieren capitulate (V.), surrender (V.)
Karat (N.) carat (N.)
Kardinal (M.) cardinal (M.)
Karenz (F.) waiting period (N.), qualifying period (N.)
Karenzentschädigung (F.) waiting allowance (N.), compensation (N.) for restraint of competition
Karenzzeit (F.) waiting period (N.), period (N.) of restraint
Kartei (F.) card index (N.), card catalog (N.)
Kartell (N.) cartel (N.), syndicate (N.), combine (N.), trust (N.) (am.)
Kartellbehörde (F.) cartel authority (N.), fair trading office (N.) (br.), antitrust division (N.) (am.)
Kartellrecht (N.) cartels law (N.), antitrust law (N.) (am.)
Karzer (M.) lockup (N.), detention cell (N.)
Kaserne (F.) barracks (N.Pl.)
Kasko (F.) own vehicle insurance (N.), collision insurance (N.)
Kaskoversicherung (F.) own vehicle insurance (N.), collision insurance (N.)
Kassation (F.) annulment (N.), reversal (N.), quashing (N.)
kassatorisch quashing (Adj.)
Kasse (F.) cash (N.), cash box (N.), cash register (N.)
Kasse gegen Faktura cash (N.) against statement of account
Kasse gegen Verladedokumente cash (N.) against shipping documents

Kassenarzt (M.) panel doctor (M. bzw. F.)
Kassiber (M.) smuggled prison message (N.)
Kassier (M.) cashier (M. bzw. F.)
kassieren (aufheben) annul (V.), cancel (V.), quash (V.)
kassieren (Geld einnehmen) cash (V.), collect (V.)
Kaste (F.) caste (N.)
Kastration (F.) castration (N.)
kastrieren castrate (V.)
Kasuistik (F.) casuistry (N.), case law (N.)
Kataster (M. bzw. N.) cadastral land survey (N.)
Katasteramt (N.) cadastral office (N.), land registry (N.), land survey office (N.)
Katastrophe (F.) catastrophe (N.), disaster (N.)
katholisch catholic (Adj.)
Kauf (M.) buying (N.), purchase (N.)
Kauf (M.) auf Probe sale (N.) on approval, memorandum sale (N.), sale (N.) on trial
Kauf (M.) nach Probe sale (N.) by sample
kaufen buy (V.), purchase (V.)
Käufer (M.) buyer (M. bzw. F.), purchaser (M. bzw. F.), acquirer (M. bzw. F.), emptor (M. bzw. F.)
Kaufmann (M.) businessman (M.), trader (M. bzw. F.), dealer (M. bzw. F.), merchant (M. bzw. F.)
kaufmännisch mercantile (Adj.), commercial (Adj.), trading (Adj.)
kaufmännisches Bestätigungsschreiben (N.) commercial letter (N.) of confirmation
kaufmännisches Zurückbehaltungsrecht (N.) mercantile lien (N.), commercial lien (N.)
Kaufmannsgericht (N.) commercial court (N.), trade court (N.)
Kaufpreis (M.) purchase price (N.), price (N.) of acquisition, purchase money (N.)
Kaufrecht (N.) (Kaufrechtsanspruch) right (N.) of purchase
Kaufrecht (N.) (Kaufrechtsordnung) law (N.) on sales
Kaufschein (M.) certificate (N.) of sales
Kaufvertrag (M.) sales contract (N.), contract (N.) of purchase
kausal causal (Adj.), causative (Adj.)
kausale Handlungslehre (F.) doctrine (N.) of the causality of criminal responsibility

Kausalgeschäft (N.) transaction (N.) subject to causation
Kausalität (F.) causality (N.), causation (N.)
Kausalzusammenhang (M.) causal connection (N.), chain (N.) of causation
Kaution (F.) surety (N.), security bond (N.), bail (N.)
Kavallerie (F.) cavalry (N.)
Keinmanngesellschaft (F.) no-man-company (N.)
kennen know (V.), be (V.) acquainted with
kennen müssen must (V.) know, must (V.) be acquainted with
Kenntnis (F.) knowledge (N.)
Kenntnisnahme (F.) taking (N.) notice
Kerker (M.) dungeon (N.), jail (N.)
Kette (F.) chain (N.)
Kettenarbeitsverhältnis (N.) chain employment relationship (N.)
Ketzer (M.) heretic (M. bzw. F.)
Ketzerei (F.) heresy (N.)
keusch chaste (Adj.), pure (Adj.)
kidnappen kidnap (V.)
Kidnapper (M.) kidnapper (M. bzw. F.)
Killer (M.) killer (M. bzw. F.)
Kind (N.) child (N.), infant (N.)
Kindererziehung (F.) upbringing (N.)
Kindergeld (N.) child benefit (N.)
Kinderhilfe (F.) children welfare (N.)
Kindesannahme (F.) adoption (N.)
Kindesentziehung (F.) child abduction (N.)
Kindeskind (N.) grandchild (N.)
Kindesraub (M.) child stealing (N.), child kidnapping (N.)
Kindestötung (F.) infanticide (N.), child murder (N.)
Kindesunterhalt (M.) child support (N.)
Kindschaft (F.) filiation (N.), parent and child relation (N.)
Kindschaftssache (F.) parent and child case (N.)
Kiosk (M.) kiosk (N.), kiosque (N.) (am.)
Kirche (F.) church (N.)
Kirchenbuch (N.) parish register (N.)
Kirchengemeinde (F.) parish (N.), congregation (N.)
Kirchenrecht (N.) canon law (N.), ecclesiastical law (N.)
Kirchenstaat (M.) Pontifical State (N.), Papal State (N.)

Kirchensteuer (F.) church tax (N.)
Kirchenvertrag (M.) church agreement (N.)
Kirchenverwaltung (F.) church administration (N.), ecclesiastical administration (N.)
kirchlich church (Adj.), ecclesiastical (Adj.)
Kirchspiel (N.) parish (N.)
klagbar actionable (Adj.)
Klage (F.) action (N.), suit (N.), lawsuit (N.), legal action (N.)
Klageänderung (F.) amendment (N.) of action, amendment (N.) of pleadings
Klageantrag (M.) petition (N.), motion (N.) for judgement, application (N.) for relief, prayer (N.)
Klageart (F.) form (N.) of action
Klagebefugnis (F.) right (N.) of action
Klagebegehren (N.) petition (N.), prayer (N.) for relief, plaintiff's claim (N.), claim (N.), relief (N.)
Klagebegründung (F.) statement (N.) of claim, plaintiff's statement (N.) of the grounds of claim
Klageerhebung (F.) filing (N.) of action, commencement (N.) of action
Klageerwiderung (F.) answer (N.), statement (N.) of defence
Klageerzwingungsverfahren (N.) enforcement (N.) of public prosecution proceedings
Klagefrist (F.) time limitation (N.)
Klagegrund (M.) cause (N.) of action
klagen take (V.) legal action, file (V.) an action, go (V.) to court, sue (V.)
Klagenhäufung (F.) joinder (N.) of actions
Kläger (M.) plaintiff (M. bzw. F.), petitioner (M. bzw. F.), claimant (M. bzw. F.), complainant (M. bzw. F.)
Klagerücknahme (F.) withdrawal (N.) of an action, voluntary nonsuit (N.)
Klageschrift (F.) statement (N.) of claim, bill (N.) of complaint, writ (N.), claim (N.), complaint (N.), plaint note (N.)
klar clear (Adj.), explicit (Adj.)
Kläranlage (F.) sewage plant (N.), purification plant (N.)
klären clear (V.) up, clarify (V.)
Klasse (F.) class (N.), category (N.)
Klassenjustiz (F.) class justice (N.)
Klassenkampf (M.) class struggle (N.)
klassifizieren class (V.), classify (V.)

Klausel (F.) clause (N.), provision (N.), stipulation (N.)

Klausur (F.) (örtlicher Abschluß) enclosure (N.)

Klausur (F.) (Prüfungsarbeit) written examination (N.)

Kleinod (N.) jewel (N.), gem (N.)

Kleinstaat (M.) small state (N.)

Klempner (M.) plumber (M. bzw. F.), tinsmith (M. bzw. F.)

Kleptomane (M.) kleptomaniac (M. bzw. F.)

Kleptomanie (F.) kleptomania (N.)

klerikal clerical (Adj.)

Kleriker (M.) clerical (M.), clergyman (M.)

Klerus (M.) clergy (N.)

Klient (M.) client (M. bzw. F.)

Klientel (F.) clientele (N.)

Klinik (F.) clinic (N.), hospital (N.)

Kloster (N.) cloister (N.)

Kloster (N.) (Kloster für Mönche) monastery (N.)

Kloster (N.) (Kloster für Nonnen) nunnery (N.)

Knappe (M.) miner (M.), pitman (M.), mine worker (M.)

Knappschaft (F.) miners' guild (N.), society (N.) of miners

Knebel (M.) gag (N.)

knebeln gag (V.)

Knebelung (F.) gagging (N.)

Knebelungsvertrag (M.) tying contract (N.), oppressive agreement (N.)

Knechtschaft (F.) servitude (N.), thraldom (N.)

Knowhow (N.) (engl.) knowhow (N.)

Koadjutor (M.) coadjutor (M.)

koalieren form (V.) a coalition

Koalition (F.) coalition (N.)

Koalitionsfreiheit (F.) freedom (N.) of association, right (N.) of coalition

Kodex (M.) codex (N.), code (N.)

Kodifikation (F.) codification (N.)

kodifizieren codify (V.)

Kodizill (N.) codicil (N.)

Kodizill (N.) codicil (N.)

Kognat (M.) cognate (M. bzw. F.)

Koitus (M.) coitus (N.), sexual intercourse (N.)

Kokain (N.) cocaine (N.)

Kolchose (F.) kolkhoz (N.)

Kollation (F.) collation (N.), comparison (N.)

Kollege (M.) colleague (M. bzw. F.), fellow (M. bzw. F.)

kollegial collegial (Adj.), cooperative (Adj.)

Kollegialbehörde (F.) board (N.)

Kollegialgericht (N.) panel (N.) of judges, divisional court (N.)

Kollegialorgan (N.) collegial organ (N.), board (N.)

Kollegium (N.) board (N.), council (N.), body (N.)

kollektiv collective (Adj.), joint (Adj.)

Kollektiv (N.) collective (N.)

Kollektivarbeitsrecht (N.) collective labour law (N.)

Kollektivbeleidigung (F.) collective defamation (N.), collective libel (N.)

Kollektiveigentum (N.) collective ownership (N.), joint ownership (N.)

Kollektivschuld (F.) collective guilt (N.)

Kollektivvertrag (M.) collective bargaining agreement (N.)

Kollision (F.) collision (N.)

Kollisionsnorm (F.) conflict of laws rule (N.)

Kollisionsrecht (N.) law (N.) of conflict of laws

Kollusion (F.) collusion (N.)

Kolonie (F.) colony (N.)

Komitee (N.) committee (N.)

Kommandeur (M.) commander (M. bzw. F.), commissioner (M.)

kommandieren command (V.)

Kommanditgesellschaft (F.) limited partnership (N.)

Kommanditist (M.) limited partner (M. bzw. F.)

Kommentar (M.) comment (N.), commentary (N.), annotation (N.)

Kommentator (M.) commentator (M. bzw. F.), annotator (M. bzw. F.)

kommentieren comment (V.)

kommerzialisieren commercialize (V.)

kommerziell commercial (Adj.)

Kommissar (M.) commissary (M. bzw. F.), commissioner (M. bzw. F.)

Kommissariat (N.) commissariat (N.), commissioner's office (N.)

kommissarisch temporary (Adj.), provisional (Adj.)
Kommission (F.) commission (N.)
Kommission (F.) der Europäischen Union Commission (N.) of the European Union
Kommissionär (M.) (Kommissionär im Handelsrecht) commission agent (M. bzw. F.)
Kommittent (M.) consignor (M. bzw. F.), principal (M. bzw. F.)
Kommorient (M.) commoriente (M. bzw. F.), person (M. bzw. F.) dying together with someone
Kommorientenvermutung (F.) presumption (N.) of commorientes
kommunal municipal (Adj.)
Kommunalaufsicht (F.) supervision (N.) of local authorities by the state
Kommunalrecht (N.) municipal law (N.), local government law (N.)
Kommunalverfassung (F.) constitution (N.) of local authorities
Kommunalverwaltung (F.) local government (N.)
Kommunalwahl (F.) local government election (N.), municipal election (N.)
Kommune (F.) (Gemeinde) municipality (N.), local government body (N.)
Kommune (F.) (Gemeinschaft) commune (N.)
Kommunikation (F.) communication (N.)
Kommunismus (M.) communism (N.)
Kommunist (M.) communist (M. bzw. F.)
kommunistisch communist (Adj.)
Kommunistisches Manifest (N.) Communist Manifesto (N.)
Kompendium (N.) compendium (N.), abstract (N.), manual (N.)
Kompensation (F.) compensation (N.), offset (N.)
kompensieren compensate (V.), offset (V.), make (V.) up for
kompetent (fachwissend) competent (Adj.), qualified (Adj.), cognizant (Adj.)
kompetent (zuständig) competent (Adj.), authorized (Adj.), responsible (Adj.)
Kompetenz (F.) competence (N.), cognizance (N.), authority (N.)
Kompetenzkompetenz (F.) competence (N.) for jurisdictional allocation

Kompetenzkonflikt (M.) jurisdictional conflict (N.)
Kompilation (F.) compilation (N.)
kompilieren compile (V.)
Komplementär (M.) general partner (M. bzw. F.), full partner (M. bzw. F.), personally liable partner (M. bzw. F.)
komplex complex (Adj.), many-sided (Adj.)
Komplex (M.) whole (N.), aggregate (N.), complex (N.)
Komplize (M.) accomplice (M. bzw. F.), joint offender (M. bzw. F.), accessory (M. bzw. F.)
Komplott (N.) plot (N.), conspiracy (N.)
Komposition (F.) composition (N.)
Kompromiß (M.) compromise (N.)
Kondiktion (F.) action (N.) for restitution
Kondition (F.) condition (N.)
Kondominat (N.) condominium (N.)
Kondominium (N.) condominium (N.)
Konferenz (F.) für Sicherheit und Zusammenarbeit (KSZE) Conference (N.) on Security and Cooperation in Europe (CSCE)
Konfession (F.) religious belief (N.), faith (N.)
Konfiskation (F.) confiscation (N.), seizure (N.), forfeiture (N.)
konfiszieren confiscate (V.), seize (V.), forfeit (V.)
Konflikt (M.) conflict (N.)
Konföderation (F.) confederation (N.)
konform conforming (Adj.), in conformity with
Konfusion (F.) confusion (N.)
Kongregation (F.) congregation (N.)
Kongreß (M.) congress (N.)
Kongreß (M.) congress (N.), convention (N.), the Congress (N.) of the U.S.A.
Kongreßabgeordneter (M.) (Kongreßabgeordneter in den Vereinigten Staaten) congressman (M.) (am.)
König (M.) king (M.)
Königin (F.) queen (F.)
königlich royal (Adj.), kingly (Adj.)
Königtum (N.) royalty (N.)
Konklave (F.) conclave (N.)
konkludent implied (Adj.)
konkludentes Handeln (N.) action (N.) implying intention, implied conduct (N.)

Konklusion (F.) conclusion (N.)
Konkordat (M. bzw. N.) concordat (N.)
konkret concrete (Adj.), real (Adj.), definite (Adj.)
konkrete Normenkontrolle (F.) specific judicial review (N.)
konkretes Gefährdungsdelikt (N.) real strict-liability tort (N.)
Konkretisierung (F.) (Bestimmtheitsvermehrung) concretization (N.)
Konkretisierung (F.) (Konkretisierung einer Gattungsschuld) appropriation (N.)
Konkubinat (N.) concubinage (N.), illicit cohabitation (N.)
Konkubine (F.) concubine (F.)
Konkurrent (M.) competitor (M. bzw. F.), rival (M. bzw. F.)
Konkurrentenklage (F.) legal action (N.) by a competitor, action (N.) against unfair award to competitor
Konkurrenz (F.) (Wettbewerb) competition (N.), rivalry (N.)
Konkurrenz (F.) (Zusammentreffen von Gesetzen) concurrence (N.), conflict (N.)
konkurrieren (im Wettbewerb sein) compete (V.), rival (V.)
konkurrieren (zusammentreffen von Gesetzen) be (V.) concurrent
konkurrierend competing (Adj.), rival (Adj.), concurrent (Adj.)
konkurrierende Bundesgesetzgebung (F.) concurrent federal legislation (N.)
Konkurs (M.) bankruptcy (N.), failure (N.), insolvency (N.)
Konkursanfechtung (F.) rescission (N.) by the trustee in bankruptcy
Konkursantrag (M.) petition (N.) in bankruptcy
Konkursausfallgeld (N.) substitute insolvency pay (N.)
Konkursforderung (F.) provable claim (N.), debt (N.) provable in bankruptcy
Konkursgläubiger (M.) creditor (M. bzw. F.) of a bankrupt's estate
Konkursgrund (M.) act (N.) of bankruptcy, ground (N.) for bankruptcy proceedings
Konkursmasse (F.) bankrupt's estate (N.)
Konkursstraftat (F.) bankruptcy offence (N.)
Konkursverfahren (N.) bankruptcy proceedings (N.Pl.), procedure (N.) of bankruptcy

Konkursverwalter (M.) trustee (M. bzw. F.) in bankruptcy, liquidator (M. bzw. F.)
Können (N.) skill (N.), ability (N.)
Konnexität (F.) coherence (N.)
Konnivenz (F.) connivance (N.)
Konnossement (N.) bill (N.) of lading, shipping bill (N.)
Konnotation (F.) connotation (N.)
Konrektor (M.) deputy principal (M. bzw. F.)
Konsens (M.) consent (N.), agreement (N.), approval (N.), consensus (N.)
konsensual consensual (Adj.)
Konsensualvertrag (M.) consensual contract (N.)
konservativ conservative (Adj.)
konservieren conserve (V.), preserve (V.)
Konsignation (F.) consignment (N.)
Konsistorium (N.) consistory (N.)
Konsolidation (F.) consolidation (N.), funding (N.)
konsolidieren consolidate (V.), fund (V.)
Konsorte (M.) associate (M. bzw. F.), syndicate member (M. bzw. F.)
Konsortium (N.) syndicate (N.), pool (N.), consortium (N.), concert party (N.)
Konspiration (F.) conspiracy (N.), plot (N.)
konspirieren conspire (V.), plot (V.)
Konstitution (F.) constitution (N.), condition (N.)
Konstitutionalismus (M.) constitutionalism (N.)
konstitutionell constitutional (Adj.)
konstitutiv constitutive (Adj.)
konstruieren construct (V.), design (V.)
Konstruktionsfehler (M.) design fault (N.), fault (N.) in the construction, structural defect (N.)
konstruktiv constructive (Adj.), positive (Adj.)
konstruktives Mißtrauensvotum (N.) constructive vote (N.) of no confidence
Konsul (M.) consul (M. bzw. F.)
Konsulat (N.) consulate (N.)
Konsulent (M.) counsel (M. bzw. F.), consultant (M. bzw. F.)
Konsultation (F.) consultation (N.)
Konsum (M.) consumption (N.)
Konsument (M.) consumer (M. bzw. F.)
Konsumgenossenschaft (F.) consumer co-

operative society (N.), co-operative association (N.), co-op (N.), coop (N.)
konsumieren consume (V.)
Konsumtion (F.) consumption (N.)
Kontakt (M.) contact (N.), touch (N.)
Kontaktsperre (F.) incommunicado confinement (N.), contact ban (N.)
Konterbande (F.) contraband goods (N.Pl.)
Konterrevolution (F.) counterrevolution (N.)
Kontingent (N.) contingent (N.), quota (N.), share (N.), allotment (N.), delivery percentage (N.), commitments (N.Pl.)
Konto (N.) account (N.)
Kontoauszug (M.) statement (N.) of account
Kontokorrent (N.) current account (N.), open account (N.), running account (N.)
Kontokorrentkredit (M.) open credit (N.)
Kontokorrentvorbehalt (M.) current account reservation (N.)
Kontostand (M.) bank balance (N.)
kontrahieren contract (V.)
Kontrahierungszwang (M.) obligation (N.) to contract, obligation (N.) to conclude a contract
Kontrakt (M.) contract (N.)
Kontribution (F.) contribution (N.)
Kontrolle (F.) control (N.), check (N.), inspection (N.)
Kontrolleur (M.) supervisor (M. bzw. F.), ticket inspector (M. bzw. F.), inspector (M. bzw. F.)
kontrollieren control (V.), check (V.), inspect (V.)
Kontrollrat (M.) Control Council (N.)
kontumazial contumacious (Adj.)
Kontumazialverfahren (N.) proceedings (N.Pl.) by default, proceedings (N.Pl.) in the absence of the defendant
Konvaleszenz (F.) convalescence (N.)
Konvent (M.) convention (N.), assembly (N.)
Konvention (F.) convention (N.)
Konvention (F.) zum Schutz der Menschenrechte Convention (N.) on the Protection of Human Rights
konventional conventional (Adj.)
Konventionalscheidung (F.) divorce (N.) by consent

Konventionalstrafe (F.) stipulated penalty (N.), conventional fine (N.)
Konversion (F.) conversion (N.)
Konvertibilität (F.) convertibility (N.)
Konzentration (F.) concentration (N.), integration (N.)
Konzentrationslager (N.) concentration camp (N.)
konzentrieren concentrate (V.)
Konzern (M.) syndicate (N.), group (N.), combine (N.), trust (N.) (am.)
Konzernrecht (N.) business combination law (N.)
Konzernvorbehalt (M.) multiple reservation (N.)
Konzession (F.) concession (N.), licence (N.) to trade (br.), license (N.) to trade (am.), franchise (N.)
Konzessionär (M.) concessionaire (M. bzw. F.)
Konzessionensystem (N.) franchise system (N.)
Konzessionsabgabe (F.) licence tax (N.), municipal compensation (N.)
Konzil (N.) synod (N.)
kooperieren co-operate (V.)
kooptieren co-opt (V.)
Kopf (M.) head (N.), heading (N.)
köpfen behead (V.), decapitate (V.)
Kopfsteuer (F.) poll tax (N.)
Kopie (F.) copy (N.), duplicate (N.), counterpart (N.)
kopieren copy (V.), duplicate (V.)
Körper (M.) body (N.), substance (N.)
körperlich physical (Adj.), bodily (Adj.), corporal (Adj.), material (Adj.)
körperliche Mißhandlung (F.) physical abuse (N.)
Körperschaft (F.) corporation (N.), body (N.), corporate body (N.)
körperschaftlich corporate (Adj.), corporative (Adj.)
Körperschaftsteuer (F.) corporation tax (N.)
Körperverletzung (F.) physical injury (N.), bodily harm (N.), battery (N.)
Korporation (F.) corporation (N.), body (N.), corporate body (N.)
korrekt correct (Adj.)
korrespektiv correspective (Adj.), mutual (Adj.), reciprocal (Adj.)

korrespektives Testament (N.) reciprocal will (N.), joint and mutual will (N.)
Korrespondenz (F.) correspondence (N.)
Korrespondenzgeheimnis (N.) privacy (N.) of correspondence
korrigieren correct (V.), adjust (V.), read (V.)
korrumpieren corrupt (V.)
korrupt corrupt (Adj.), purchasable (Adj.)
Korruption (F.) corruption (N.), graft (N.) (am.), bribery (N.)
kostbar valuable (Adj.), precious (Adj.)
Kostbarkeit (F.) valuable (N.), precious thing (N.)
kosten cost (V.)
Kosten (F.Pl.) costs (N.Pl.), expenses (N. Pl.), outlay (N.)
Kostendeckung (F.) cost recovery (N.), cost coverage (N.)
Kostenentscheidung (F.) order (N.) as to costs, order (N.) to pay costs
Kostenfestsetzung (F.) taxation (N.) of costs, assessment (N.) of costs
Kostenfestsetzungsbeschluß (M.) order (N.) as to costs, certificate (N.) of costs
kostenlos free (Adj.), gratuitous (Adj.), for nothing
Kostenordnung (F.) regulations (N.Pl.) on exparte costs
Kostenrechnung (F.) (Kostenrechnung im Geschäft) bill (N.) of costs, bill (N.) of charges
Kostenrechnung (F.) (Kostenrechnung im Rechnungswesen) cost accounting (N.), costing (N.)
Kostenvoranschlag (M.) estimate (N.), quotation (N.)
kraft Gesetzes by act of law, by operation of law
Kraftfahrtbundesamt (N.) Federal Office (N.) for Motor Traffic
Kraftfahrzeug (N.) motor vehicle (N.)
Kraftfahrzeugbrief (M.) certificate (N.) of title to a motor vehicle
Kraftfahrzeughalter (M.) registered user (M. bzw. F.) of a motor vehicle
Kraftfahrzeugkennzeichen (N.) registration number (N.)
Kraftfahrzeugschein (M.) motor vehicle registration certificate (N.)

Kraftfahrzeugsteuer (F.) motor vehicle tax (N.)
Kraftfahrzeugversicherung (F.) automobile insurance (N.), motor car insurance (N.), car insurance (N.)
kraftlos invalid (Adj.), null and void (Adj.)
Kraftloserklärung (F.) invalidation (N.)
Kraftverkehr (M.) roadborne traffic (N.), road transport (N.)
Kraftverkehrsordnung (F.) road traffic ordinance (N.)
krank ill (Adj.), sick (Adj.)
Krankengeld (N.) contributory sickness benefit (N.)
Krankenhaus (N.) hospital (N.)
Krankenkasse (F.) health insurance institution (N.)
Krankenschein (M.) sick certificate (N.), health service cheque (N.)
Krankenversicherung (F.) health insurance (N.), medical insurance (N.)
Krankheit (F.) disease (N.), illness (N.)
Kranzgeld (N.) breach-of-promise award (N.), indemnity (N.) for defloration
Kredit (M.) credit (N.), loan (N.), advance (N.)
Kreditauftrag (M.) credit order (N.)
Kreditbetrug (M.) loan fraud (N.), obtaining (N.) credit by false pretences
Kreditbrief (M.) letter (N.) of credit
kreditfähig credit-worthy (Adj.), trustworthy (Adj.), sound (Adj.), solvent (Adj.)
Kreditgeber (M.) creditor (M. bzw. F.), lender (M. bzw. F.)
Kreditinstitut (N.) credit institute (N.), financial institution (N.), banking institution (N.)
Kreditkarte (F.) credit card (N.)
Kreditkauf (M.) purchase (N.) on credit, credit sale (N.)
Kreditnehmer (M.) borrower (M. bzw. F.), debtor (M. bzw. F.)
Kreditschädigung (F.) discredit (N.), defamation (N.) of business reputation
Kreditsicherung (F.) collateral security (N.)
Kreditvermittlung (F.) arranging (N.) credit facilities
Kreditvermittlungsvertrag (M.) contract (N.) on arranging credit facilities

Kreditvertrag (M.) credit contract (N.), credit agreement (N.)
Kreditwesen (N.) credit system (N.), lending business (N.)
Kreditwucher (M.) usury (N.)
kreditwürdig credit-worthy (Adj.), trustworthy (Adj.), sound (Adj.), solvent (Adj.), credible (Adj.)
Kreis (M.) (staatliche Verwaltungseinheit) district (N.), county (N.)
Kreisausschuß (M.) district committee (N.)
kreisfrei not belonging to a district
Kreisgericht (N.) district court (N.), county court (N.)
Kreisordnung (F.) county constitution (N.)
Kreistag (M.) county assembly (N.), county council (N.)
Kreisverfassung (F.) county constitution (N.)
Kreuz (N.) cross (N.), crucifix (N.), back (N.)
Kreuzverhör (N.) cross-examination (N.)
Krida (F.) (österr.) infringement (N.) of the bankruptcy laws
Krieg (M.) war (N.)
Kriegsdienst (M.) war service (N.)
Kriegsdienstverweigerung (F.) conscientious objection (N.)
Kriegserklärung (F.) declaration (N.) of war
Kriegsgefangener (M.) prisoner (M.) of war
Kriegsgefangenschaft (F.) war captivity (N.)
Kriegsgericht (N.) military tribunal (N.)
Kriegsrecht (N.) (innerstaatliches Notstandsrecht) martial law (N.)
Kriegsrecht (N.) (zwischen Kriegsparteien gültiges Recht) law (N.) of war
Kriegswaffe (F.) weapon (N.) of war, military weapon (N.)
Kriegswaffenkontrollgesetz (N.) Act (N.) on the control of military weapons
kriminal criminal (Adj.)
kriminalisieren criminalize (V.)
Kriminalistik (F.) criminology (N.), forensic science (N.)
Kriminalität (F.) criminality (N.), delinquency (N.)
Kriminalpolizei (F.) criminal police (N.),

Criminal Investigation Department (N.) (C.I.D.) (br.), Federal Bureau (N.) of Investigation (am.)
Kriminalprozeß (M.) criminal proceedings (N.Pl.)
Kriminalsache (F.) criminal case (N.)
Kriminalstatistik (F.) criminal statistics (N.Pl.)
kriminell criminal (Adj.), delinquent (Adj.)
kriminelle Vereinigung (F.) criminal association (N.)
Kriminologe (M.) criminologist (M. bzw. F.)
Kriminologie (F.) criminology (N.)
kriminologisch criminological (Adj.)
Kronanwalt (M.) Attorney General (M. bzw. F.)
Krone (F.) crown (N.)
krönen crown (V.), cap (V.)
Kronrat (M.) (Kronrat in Großbritannien) Judicial Committee of the Privy Council (N.) (brit.), Privy Council (N.) (brit.)
Krönung (F.) coronation (N.)
Kronzeuge (M.) chief witness (M. bzw. F.), king's evidence (M. bzw. F.) (br.), state's evidence (M. bzw. F.) (am.)
KSZE (F.) (Konferenz für Sicherheit und Zusammenarbeit) CSCE (N.) (Confernece on Security and Cooperation in Europe)
Kulanz (F.) generosity (N.), fairness (N.)
Kultur (F.) culture (N.)
Kulturhoheit (F.) educational autonomy (N.)
Kulturverwaltungsrecht (N.) law (N.) of administration concerning cultural affairs
Kumulation (F.) cumulation (N.)
Kumulationsprinzip (N.) cumulative system (N.)
kumulativ cumulative (Adj.)
kumulative Kausalität (F.) cumulative causality (N.)
kumulative Schuldübernahme (F.) cumulative assumption (N.) of a debt
kumulieren accumulate (V.)
kündbar terminable (Adj.), subject (Adj.) to notice, callable (Adj.), at call, liable (Adj.) to be foreclosed, redeemable (Adj.)
Kunde (F.) (Kenntnis) knowledge (N.), cognition (N.), notice (N.)
Kunde (M.) (Geschäftspartner) costumer (M. bzw. F.), client (M. bzw. F.)

kundig knowing (Adj.), skilful (Adj.)

kündigen terminate (V.), give (V.) notice to quit, leave (V.), quit (V.), resign (V.)

Kündigung (F.) termination (N.), notice (N.) to quit, notice (N.) to terminate

Kündigungsfrist (F.) period (N.) of notice

Kündigungsschutz (M.) protection (N.) from unwarranted termination, security (N.) of tenure

künftig future (Adj.), coming (Adj.)

Kunst (F.) art (N.), craft (N.)

Kunstfehler (M.) unskilful treatment (N.), professional error (N.), malpractice (N.)

Kunstfreiheit (F.) freedom (N.) of art

Künstler (M.) artist (M. bzw. F.), performer (M. bzw. F.)

künstlich artificial (Adj.), false (Adj.)

Kunstverwaltungsrecht (N.) law (N.) of administration concerning arts

Kupon (M.) coupon (N.), dividend warrant (N.)

Kuppelei (F.) procuring (N.), pandering (N.)

kuppeln procure (V.), pander (V.)

Kuppler (M.) procurer (M.), pander (M.)

Kupplerin (F.) procuress (F.), panderess (F.)

Kuratel (F.) tutelage (N.), guardianship (N.)

Kurator (M.) trustee (M. bzw. F.), curator (M. bzw. F.), administrator (M. bzw. F.)

Kuratorium (N.) board (N.) of trustees, supervisory council (N.)

Kurfürst (M.) prince elector (M.)

Kurie (F.) (Kurie im Kirchenrecht) curia (N.)

Kurier (M.) courier (M. bzw. F.), messenger (M. bzw. F.)

Kurs (M.) (Wertverhältnis) rate (N.), quotation (N.), exchange rate (N.)

Kurtoisie (F.) courtesy (N.)

Kurzarbeit (F.) short-time work (N.), short hours (N.Pl.)

Kurzarrest (M.) short-term detention (N.)

kürzen shorten (V.), abridge (V.), cut (V.), reduce (V.), curtail (V.)

Küste (F.) coast (N.), shore (N.)

Küstengewässer (N.Pl.) coastal waters (N.Pl.)

Kux (M.) mining share (N.) (br.), mining stock (N.) (am.)

L

laden (aufladen) load (V.)

laden (herbestellen) summon (V.), serve (V.) a summons, call (V.), cite (V.)

Laden (M.) shop (N.), store (N.)

Ladenangestellter (M.) shop assistant (M. bzw. F.)

Ladendieb (M.) shop-lifter (M.bzw.F.)

Ladendiebstahl shoplifting (N.)

Ladendiebstahl (M.) shoplifting (N.)

Ladenschluß (M.) shop closing (N.), closing time (N.)

Ladeschein (M.) bill (N.) of lading, shipping bill (N.)

lädieren injure (V.), hurt (V.)

Ladung (F.) (Aufladung von Gütern) load (N.), freight (N.), cargo (N.), shipment (N.)

Ladung (F.) (Herbestellung) summons (N.), citation (N.), writ (N.) of process

Lager (N.) camp (N.), detention camp (N.)

Lager (N.) (Warenlager) store-room (N.), store (N.), stock (N.)

Lagergeschäft (N.) warehousing (N.), storage business (N.)

Lagerhalter (M.) warehouse keeper (M. bzw. F.)

Lagerhaus (N.) ware-house (N.), storehouse (N.)

lagern warehouse (V.), halt (V.)

Lagerschein (M.) warehouse keeper's warrant (N.), warehouse receipt (N.) (am.)

Lagervertrag (M.) warehousing contract (N.), storage contract (N.)

Laie (M.) layman (M.)

Laienrichter (M.) lay judge (M. bzw. F.), non-professional judge (M. bzw. F.), lay magistrate (M. bzw. F.)

Land (N.) (Boden bzw. Gebiet) land (N.), soil (N.), region (N.)

Land (N.) (Bundesland im österreichischen Verfassungsrecht) province (N.)

Land (N.) (Bundesland) Land (N.), state (N.)

Landesarbeitsgericht (N.) industrial court (N.) of appeal, employment appeal tribunal (N.)

Landesbehörde (F.) Land authority (N.)

Landesbehörde (F.) (Landesbehörde in Österreich) provincial authority (N.)

Landesgesetz (N.) law (N.) of a Land, state law (N.)

Landesgesetz (N.) (Landesgesetz in Österreich) provincial law (N.)

Landesgesetzgebung (F.) Land legislation (N.)

Landesgesetzgebung (F.) state legislation (N.)

Landesgesetzgebung (F.) (Landesgesetzgebung in Österreich) province legislation (N.)

Landeshauptmann (M.) governor (M. bzw. F.)

Landesherr (M.) sovereign (M. bzw. F.), ruler (M. bzw. F.)

Landeskirche (F.) protestant church (N.) of a Land

Landesplanung (F.) regional planning (N.)

Landesrecht (N.) state law (N.), Land law (N.)

Landesrecht (N.) (Landesrecht in Österreich) province law (N.)

Landesregierung (F.) state government (N.), Land government (N.)

Landesregierung (F.) (Landesregierung in Österreich) provincial government (N.)

Landessozialgericht (N.) regional social insurance appeals tribunal (N.)

Landesstrafrecht (N.) state penal law (N.)

Landesverfassung (F.) Land constitution (N.)

Landesverfassung (F.) (Landesverfassung in Österreich) provincial constitution (N.)

Landesverrat (M.) treason (N.)

Landesverräter (M.) traitor (M. bzw. F.)

landesverräterisch treasonable (Adj.)

Landesverwaltung (F.) Land administration (N.)

Landesverwaltung (F.) (Landesverwaltung in Österreich) provincial administration (N.)

Landeszentralbank (F.) Land central bank (N.)

Landfriede (M.) public peace (N.)

Landfriedensbruch (M.) breach (N.) of public peace, public violence (N.)

Landgericht (N.) regional court (N.)

Landkreis (M.) county (N.), district (N.)

Landpacht (F.) tenure (N.) of land, farm tenancy (N.)

Landrat (M.) chief executive (M. bzw. F.) of a county

Landratsamt (N.) county office (N.)

Landschaft (F.) countryside (N.), landscape (N.)

Landschaftsverband (M.) agricultural association (N.)

Landstraße (F.) county road (N.), highway (N.)

Landstreicher (M.) vagabond (M. bzw. F.), tramp (M. bzw. F.), vagrant (M. bzw. F.)

Landtag (M.) Land parliament (N.)

Landtag (M.) (Landtag in Österreich) provincial parliament (N.)

Landwehr (F.) territorial force (N.), territorial army (N.)

Landwirt (M.) farmer (M. bzw. F.), agriculturist (M. bzw. F.)

Landwirtschaft (F.) agriculture (N.), farming (N.)

Landwirtschaftskammer (F.) chamber (N.) of agriculture

Landwirtschaftsrecht (N.) farm law (N.)

Lärm (M.) noise (N.)

Last (F.) (Belastung) burden (N.), onus (N.)

Last (F.) (Ladung) load (N.)

Lastenausgleich (M.) equalization (N.) of burdens

lastenfrei (unbelastet) unencumbered (Adj.)

Laster (N.) vice (N.)

lästern slander (V.), defame (V.), backbite (V.)

Lästerung (F.) slander (N.), defamation (N.), calumny (N.)

lästig burdensome (Adj.), onerous (Adj.), annoying (Adj.), inconvenient (Adj.)

Lastschrift (F.) debit advice (N.), debit entry (N.)

Lastschriftanzeige (F.) debit note (N.)

Lastschriftverfahren (N.) direct debiting (N.)

Laufbahn (F.) career (N.)

Laufpaß (M.) dismissal (N.)

Laufzeit (F.) currency (N.), term (N.), life (N.), run (N.), running period (N.)

leasen lease (V.)

Leasing (N.) leasing (N.)

leben live (V.), be (V.) alive
Leben (N.) life (N.)
Lebensalter (N.) age (N.)
Lebenserfahrung (F.) life experience (N.), knowledge (N.) of life
Lebensgefahr (F.) danger (N.) of life, mortal danger (N.)
Lebensgemeinschaft (F.) partnership (N.) for life
lebenslang for life, lifelong (Adj.)
lebenslänglich for life, lifelong (Adj.)
Lebensmittel (N.Pl.) food (N.), articles (N.) of food
Lebensmittelrecht (N.) law (N.) relating to food production and distribution
Lebensrisiko (N.) risk (N.) of life , life contingency (N.)
Lebensstrafe (F.) capital punishment (N.)
Lebensversicherung (F.) life insurance (N.)
ledig single (Adj.), unmarried (Adj.)
legal legal (Adj.), lawful (Adj.)
Legaldefinition (F.) legal definition (N.), statutory definition (N.)
Legalenteignung (F.) legal compulsory purchase (N.)
Legalisation (F.) legalization (N.)
legalisieren legalize (V.)
Legalisierung (F.) legalization (N.), legitimization (N.), legitimation (N.)
Legalität (F.) legality (N.), lawfulness (N.)
Legalitätsprinzip (N.) principle (N.) of mandatory prosecution
Legalservitut (F.) servitude (N.) required by law
Legalzession (F.) assignment (N.) by operation of law
Legat (M.) (Gesandter) legate (M.)
Legat (N.) (Vermächtnis) legacy (N.), devise (N.), bequest (N.)
Legation (F.) legation (N.)
Legationsrat (M.) legation councillor (M. bzw. F.)
Legationssekretär (M.) secretary (M. bzw. F.) of legation
legislativ legislative (Adj.)
Legislative (F.) legislative (N.), legislature (N.)
Legislaturperiode (F.) parliamentary term (N.), legislative period (N.)
legitim legitimate (Adj.)

Legitimation (F.) legitimation (N.)
Legitimationspapier (N.) (Legitimationspapier im Schuldrecht) non-negotiable document (N.) of entitlement
legitimieren legitimate (V.), authorize (V.)
legitimieren (sich) prove (V.) one's identity
Legitimierung (F.) legitimation (N.), proof (N.) of identity
Legitimität (F.) legitimacy (N.), legal standing (N.)
Lehen (N.) feud (N.), feudal tenure (N.)
Lehrbeauftragter (M.) lecturer (M. bzw. F.)
Lehre (F.) (Ausbildung) apprenticeship (N.), training (N.)
Lehre (F.) (Lehren) teaching (N.), instruction (N.)
lehren teach (V.), instruct (V.), train (V.)
Lehrer (M.) teacher (M. bzw. F.), instructor (M. bzw. F.), trainer (M. bzw. F.)
Lehrfreiheit (F.) freedom (N.) of teaching
Lehrling (M.) apprentice (M. bzw. F.)
Lehrstuhl (M.) professorship (N.), professorial chair (N.)
Leib (M.) body (N.)
Leibesfrucht (F.) foetus (N.), embryo (N.), unborn child (N.)
Leibesstrafe (F.) corporal punishment (N.)
Leibgedinge (N.) life endowment (N.)
Leibrente (F.) life annuity (N.)
Leibzucht (F.) life endowment (N.)
Leiche (F.) corpse (N.), dead body (N.), remains (N.Pl.), cadaver (N.) (am.)
Leichenfledderei (F.) plundering (N.) the dead
Leichenöffnung (F.) autopsy (N.), postmortem examination (N.)
Leichenschau (F.) autopsy (N.), post-mortem examination (N.), coroner's inquest (N.), inquest (N.)
Leichnam (M.) corpse (N.), dead body (N.), remains (N.Pl.)
leichtfertig careless (Adj.), thoughtless (Adj.), negligent (Adj.), reckless (Adj.)
Leichtfertigkeit (F.) carelessness (N.), thoughtlessness (N.), negligence (N.), recklessness (N.)
Leihe (F.) lending (N.), loan (N.) for use, borrowing (N.)
leihen (etwas einem anderen leihen) lend (V.), advance (V.)

leihen (sich etwas von jemandem anderen leihen) borrow (V.), loan (V.), rent (V.)
Leihhaus (N.) pawnshop (N.) (brit.), loanoffice (N.) (brit.)
leisten render (V.), perform (V.), accomplish (V.), achieve (V.)
Leistung (F.) performance (N.), accomplishment (N.), achievement (N.), merit (N.)
Leistungsbescheid (M.) administrative demand (N.) for payment, requisition order (N.)
Leistungsgefahr (F.) performance risk (N.)
Leistungsinhalt (M.) content (N.) of the obligation to be performed
Leistungsklage (F.) action (N.) for satisfaction, action (N.) for performance
Leistungskondiktion (F.) claim (N.) for the recovery of pecuniary advantage obtained by performance without legal cause
Leistungskontrolle (F.) efficiency check (N.), efficiency verification (N.)
Leistungsort (M.) place (N.) of performance
Leistungsschutz (M.) law (N.) of industrial property and copyright protection
Leistungsschutzrecht (N.) law (N.) of industrial property and copyright protection
Leistungsstörung (F.) impairment (N.) of performance
Leistungsurteil (N.) judgement (N.) granting affirmative relief
Leistungsverwaltung (F.) administration (N.) of community services
Leistungsverweigerung (F.) refusal (N.) to perform
Leistungsverweigerungsrecht (N.) right (N.) to withhold performance
Leistungsverzug (M.) delay (N.) in performance
Leistungswettbewerb (M.) competitive production (N.), competition (N.) in performance
Leistungszeit (F.) time (N.) of performance
leiten lead (V.), guide (V.), direct (V.), conduct (V.), run (V.)
leitend (führend) leading (Adj.), directive (Adj.), managerial (Adj.), in charge
leitender Angestellter (M.) executive employee (M. bzw. F.), senior employee (M. bzw. F.), officer (M. bzw. F.)

Leiter (M.) head (M. bzw. F.), chief (M. bzw. F.), director (M. bzw. F.), principal (M. bzw. F.)
Leitsatz (M.) head note (N.), guiding principle (N.)
Leitsatz (M.) (Leitsatz eines Urteils) syllabus (N.)
Leitung (F.) guidance (N.), control (N.), management (N.), operation (N.) (am.), chairmanship (N.)
Leitzins (M.) prime rate (N.)
Lektor (M.) (Universitätslektor) lecturer (M. bzw. F.), lector (M. bzw. F.)
Lektor (M.) (Verlagslektor) reader (M. bzw. F.)
lenken guide (V.), direct (V.), control (V.)
lenken (ein Fahrzeug lenken) steer (V.), drive (V.)
lernen learn (V.), study (V.)
Lesbierin (F.) lesbian (F.)
lesbisch lesbian (Adj.)
lesen read (V.), decipher (V.), give (V.) lectures
Lesung (F.) reading (N.)
letzter Wille (M.) last will (N.)
letztes Wort (N.) last word (N.)
letztes Wort (N.) des Angeklagten allocution (N.)
letztwillig by testament, by will
letztwillige Verfügung (F.) last will (N.)
leugnen deny (V.), repudiate (V.)
Leumund (M.) reputation (N.), repute (N.)
Leumundszeugnis (N.) attestation (N.) of good character
Leutnant (M.) lieutenant (M.)
Lexikon (N.) dictionary (N.), encyclopedia (N.), lexicon (N.)
liberal liberal (Adj.)
Liberaler (M.) liberal (M. bzw. F.)
Liberalismus (M.) liberalism (N.)
Liebhaber (M.) lover (M. bzw. F.), admirer (M. bzw. F.)
Liebhaberwert (M.) collector's value (N.), sentimental value (N.)
Liechtenstein (N.) Liechtenstein (N.)
Lieferant (M.) supplier (M. bzw. F.), purveyor (M. bzw. F.), deliverer (M. bzw. F.)
liefern supply (V.), deliver (V.), provide (V.)
Lieferschein (M.) delivery note (N.), supply note (N.)

Lieferung (F.) delivery (N.), supply (N.), purveyance (N.), provision (N.), consignment (N.)

Lieferzeit (F.) time (N.) of delivery, delivery-date (N.), lead time (N.)

liegen (sich befinden) lie (V.), be (V.) situated), be (V.) located

Liegenschaft (F.) real estate (N.), real property (N.), property (N.)

Liga (F.) league (N.)

limitieren limit (V.), restrict (V.)

limitiert limited (Adj.)

limitierte Akzessorität (F.) limited accessoriness (N.)

Linie (F.) line (N.), course (N.)

Liquidation (F.) liquidation (N.), winding-up (N.), realization (N.)

Liquidator (M.) liquidator (M. bzw. F.)

liquide liquid (Adj.), solvent (Adj.)

liquidieren liquidate (V.), wind (V.) up, realize (V.)

Liquidität (F.) liquidity (N.), solvency (N.)

Liquiditätsreserve (F.) cash reserves (N.Pl.)

List (F.) cunning (N.)

Liste (F.) list (N.), table (N.), schedule (N.), register (N.)

Listenpreis (M.) list price (N.), catalogue price (N.)

Listenwahl (F.) list voting (N.)

listig cunning (Adj.), crafty (Adj.)

lizensieren license (V.), permit (V.)

Lizentiat (M.) licentiate (M. bzw. F.)

Lizenz (F.) licence (N.) (br.), license (N.) (am.), permit (N.), franchise (N.)

Lizenzgeber (M.) licenser (M. bzw. F.) (brit.), licensor (M. bzw. F.) (am.)

Lizenzgebühr (F.) licence-fee (N.), royalty (N.)

Lizenzgebühr (F.) royalty (N.)

Lizenznehmer (M.) licensee (M. bzw. F.)

Lobby (F.) lobby (N.)

Lobbyist (M.) lobbyist (M. bzw. F.)

Logik (F.) logic (N.), reasoning (N.)

logisch logical (Adj.)

Lohn (M.) wage (N.), pay (N.), remuneration (N.), compensation (N.) (am.)

Lohnfortzahlung (F.) continued payment (N.) of wages

Lohnhandwerker (M.) craftsman (M.) working on someone else's goods

Lohnpfändung (F.) garnishment (N.) of wages, attachment (N.) of earnings

Lohnsteuer (F.) wage tax (N.), employment tax (N.), PAYE-tax (N.) (br.)

lokal local (Adj.)

Lokaltermin (M.) viewing (N.) the scene, taking (N.) a view

Lombard (M.) collateral (N.), collateral loan (N.), collateral advance (N.)

lombardieren hypothecate (V.)

Lombardkredit (M.) lombard loan (N.), loan (N.) on securities

Londoner Schuldenabkommen (N.) London Agreement (N.) on German External Debts

Lord (M.) Lord (M.)

Lordkanzler (M.) (Lordkanzler in Großbritannien) Lord Chancellor (M.)

Lordoberrichter (M.) (Lordoberrichter in Großbritannien) Lord Chief Justice (M.)

Los (N.) lot (N.)

löschen (ausladen) unload (V.), discharge (V.), land (V.)

löschen (tilgen) delete (V.), erase (V.), extinguish (V.), cancel (V.), expunge (V.)

Löschung (F.) (Ausladung) unloading (N.), landing (N.)

Löschung (F.) (Tilgung) deletion (N.), cancellation (N.), obliteration (N.), extinguishment (N.)

Löschungsanspruch (M.) cancellation right (N.)

Löschungsbewilligung (F.) approval (N.) of cancellation

Löschungsvormerkung (F.) cautionary entry (N.) to ensure future cancellation

Lösegeld (N.) ransom (N.), ransom money (N.)

losen draw (V.) lots, toss (V.)

lösen loosen (V.), open (V.), release (V.), solve (V.), settle (V.), dissolve (V.), sever (V.), cancel (V.), terminate (V.), rescind (V.)

Lotterie (F.) lottery (N.)

Lotto (N.) lottery (N.), numbers game (N.)

loyal loyal (Adj.)

Lücke (F.) gap (N.), omission (N.), blank (N.), vacancy (N.)

Luftfahrzeug (N.) aircraft (N.)

Luftrecht (N.) air law (N.)

lügen lie (V.)

Lügendetektor (M.) lie detector (N.), polygraph (N.)
Lügner (M.) liar (M. bzw. F.)
Lust (F.) pleasure (N.), delight (N.), joy (N.)
Lustmord (M.) sex murder (N.), sexually motivated murder (N.)
Luxus (M.) luxury (N.)
lynchen lynch (V.)
Lynchjustiz (F.) lynch-law (N.), mob-law (N.)
Lyzeum (N.) lyceum (N.)

M

Machenschaft (F.) machination (N.), intrigue (N.), practice (N.) (br.), practise (N.) (am.)
Macht (F.) power (N.)
Machtpyramide (F.) pyramid (N.) of power
Mafia (F.) Mafia (N.)
Magazin (N.) (Lager) magazine (N.), storehouse (N.), store (N.)
Magazin (N.) (Zeitschrift bzw. Geschoßbehälter) magazine (N.), periodical (N.)
Magister (M.) Master (M. bzw. F.)
Magistrat (N.) municipal authority (N.), municipal board (N.)
Magistratsverfassung (F.) constitution (N.) of a local government, constitution (N.) of magistrate
Magnifizenz (F.) magnificence (M. bzw. F.)
Mahnauftrag (M.) order (N.) to pay
Mahnbescheid (M.) default summons (N.), notice (N.) to pay
mahnen remind (V.), warn (V.), dun (V.)
Mahnschreiben (N.) letter (N.) of demand
Mahnung (F.) reminder (N.), warning (N.), dunning (N.), demand (N.)
Mahnverfahren (N.) default action (N.), dunning proceedings (N.Pl.)
Majestät (F.) majesty (M. bzw. F.)
Majestätsbeleidigung (F.) lèse-majesty (N.)
Majestätsverbrechen (N.) high treason (N.)
Major (M.) major (M.)
Majorat (N.) primogeniture (N.), estate (N.) in tail
Majorität (F.) majority (N.)

Makler (M.) broker (M. bzw. F.), agent (M. bzw. F.)
Maklervertrag (M.) brokerage contract (N.), brokerage agreement (N.)
mala fides (F.) (lat.) bad faith (N.), mala fides (N.) (lat.)
Mandant (M.) client (M. bzw. F.), mandator (M. bzw. F.)
Mandat (N.) (Volksvertretungsrecht im Parlament) seat (N.)
Mandat (N.) (Vollmacht für Anwalt) retainer (N.), warrant (N.) of attorney, mandate (N.)
Mandatar (M.) mandatory (M. bzw. F.), mandatary (M. bzw. F.)
Mangel (M.) (Fehler) defect (N.), deficiency (N.), vice (N.), fault (N.), imperfection (N.)
Mangel (M.) (Knappheit) shortage (N.), lack (N.), shortcoming (N.)
Mangelfolgeschaden (M.) consequential harm (N.) caused by a defect
mangelhafter Titel (M.) bad title (N.)
mangeln be (V.) lacking, be (V.) deficient, be (V.) in want of, be (V.) short of
Mängelrüge (F.) notice (N.) of defects, complaint (N.) about defects, deficiency claim (N.)
Mangelschaden (M.) harm (N.) caused by defect
Manie (F.) mania (N.)
Manifest (N.) (Manifest im Seeverkehrsrecht) manifest (N.), shipping bill (N.)
Manifest (N.) (politischer Aufruf) manifesto (N.)
Manteltarif (M.) skeleton wage agreement (N.), framework collective agreement (N.)
Manteltarifvertrag (M.) skeleton wage agreement (N.), framework collective agreement (N.)
Manufaktur (F.) (Fabrik) factory (N.)
Manufaktur (F.) (Handarbeitserzeugnis) manufacture (N.)
Marine (F.) navy (N.)
Marke (F.) mark (N.), trademark (N.), brand (N.)
Markenartikel (M.) branded good (N.), branded article (N.), proprietary article (N.)
Markenrecht (N.) (Markenrechtsanspruch) title (N.) to a trade mark

Markenrecht (N.) (Markenrechtsordnung) law (N.) of trademarks
Markenrechtsreformgesetz (N.) Reformed Act (N.) on trademarks
Markenware (F.) branded good (N.), branded article (N.), proprietary article (N.)
Markt (M.) market (N.)
Marktführer (M.) market leader (M. bzw. F. bzw. N.)
Marktordnung (F.) market organization (N.), market regulations (N.Pl.)
Marktpreis (M.) market price (N.)
Marktrecht (N.) market law (N.)
Marktwirtschaft (F.) market economy (N.), free enterprise (N.)
Marschall (M.) marshall (M.)
Marter (F.) torture (N.)
martern torment (V.), torture (V.), rack (V.)
Maschine (F.) machine (N.)
Masochismus (M.) masochism (N.)
Maß (N.) extent (N.), degree (N.), rate (N.), measure (N.)
Massaker (N.) massacre (N.)
Masse (F.) mass (N.), crowd (N.), bulk (N.)
Masse (F.) (Insolvenzvermögen) bankrupt's estate (N.), assets (N.Pl.)
Massegläubiger (M.) creditor (M. bzw. F.) of bankrupt's estate
Massekosten (F.Pl.) costs (N.Pl.) of bankruptcy
Masseschulden (F.Pl.) priority debts (N.Pl.)
Masseverbindlichkeit (F.) obligation (N.) of an insolvency's estate
Masseverwalter (M.) trustee (M. bzw. F.) in bankruptcy, administrator (M. bzw. F.) of a bankrupt's estate
Maßnahme (F.) measure (N.), action (N.), step (N.)
Maßregel (F.) rule (N.), regulation (N.), disciplinary action (N.)
Material (N.) material (N.)
Materialismus (M.) materialism (N.)
materiell material (Adj.), substantive (Adj.)
materielle Rechtskraft (F.) res (N.) judicata
materielle Verfassung (F.) material constitution (N.)
materieller Schaden (M.) physical damage (N.), actual loss (N.)
materielles Recht (N.) substantive law (N.)

Matriarchat (N.) matriarchy (N.), matriarchate (N.)
Matrikel (F.) register (N.)
Matrose (M.) sailor (M.), seaman (M.)
Matura (F.) school-leaving examination (N.), final examination (N.)
Maut (F.) toll (N.)
Maxime (F.) dictum (N.), maxim (N.)
Mecklenburg-Vorpommern (N.) Mecklenburg-Western Pomerania (F.)
mediatisieren mediatize (V.)
Mediatisierung (F.) mediatization (N.)
Medien (N.Pl.) media (N.Pl.)
Medienrecht (N.) media law (N.)
Medium (N.) medium (N.)
Medizin (F.) medicine (N.), medical science (N.)
medizinisch medical (Adj.), medicinal (Adj.)
Meer (N.) sea (N.), ocean (N.), open sea (N.)
Mehrheit (F.) majority (N.)
Mehrheitsbeschluß (M.) majority vote (N.), majority decision (N.)
Mehrheitsbeteiligung (F.) majority shareholding (N.), majority interest (N.)
Mehrheitswahl (F.) majority vote (N.)
Mehrheitswahlrecht (N.) majority vote system (N.)
Mehrstaater (M.) multiple national (M. bzw. F.)
mehrstufig multistage (Adj.)
mehrstufiger Verwaltungsakt (M.) multistage administrative act (N.)
Mehrtäterschaft (F.) multi-perpetration (N.)
Mehrwert (M.) added value (N.), surplus value (N.), excess value (N.)
Mehrwertsteuer (F.) value added tax (N.) (VAT), VAT (N.) (value added tax)
meiden avoid (V.), shun (V.)
Meineid (M.) perjury (N.), false oath (N.)
meineidig perjured (Adj.)
Meinung (F.) opinion (N.)
Meinungsfreiheit (F.) freedom (N.) of opinion, freedom (N.) of expression
Meistbegünstigungsklausel most-favoured-nation clause (N.)
Meistbegünstigungsklausel (F.) most-favoured-nation clause (N.)
Meister (M.) master (M. bzw. F.), master craftsman (M.), master craftsman (M.)

Meister (M.) (Sieger im Wettkampf) champion (M. bzw. F.)

Meisterprüfung (F.) examination (N.) for the master's certificate

Meisterstück (N.) masterpiece (N.)

Meistgebot (N.) highest bid (N.)

melden report (V.), register (V.), return (V.)

Meldepflicht (F.) duty (N.) to report

Meldepflicht (F.) (Meldepflicht bei der Polizei) compulsory registration (N.)

meldepflichtig notifiable (Adj.), subject (Adj.) to registration

Meldewesen (N.) registration matters (N.Pl.)

Memorandum (N.) memorandum (N.)

Menge (F.) quantity (N.), amount (N.)

Menschenhandel (M.) slave traffic (N.), trade (N.) in human beings

Menschenraub (M.) kidnapping (N.)

Menschenrecht (N.) human right (N.)

Menschenwürde (F.) human dignity (N.)

menschlich human (Adj.), humane (Adj.)

Mentalreservation (F.) mental reservation (N.)

merkantiler Minderwert (M.) loss (N.) in value upon resale

Merkantilismus (M.) mercantilism (N.)

Merkmal (N.) characteristic (N.), distinctive feature (N.), trait (N.), indication (N.)

Messe (F.) fair (N.), trade fair (N.), trade exhibition (N.), show (N.)

messen measure (V.)

Methode (F.) method (N.), mode (N.)

Methodenlehre (F.) methodology (N.)

Methodik (F.) methodology (N.)

methodisch methodic (Adj.), systematic (Adj.)

Methodologie (F.) methodology (N.)

Meuchelmord (M.) treacherous murder (N.), foul assassination (N.)

Meuchelmörder (M.) treacherous murderer (M. bzw. F.), foul assassin (M. bzw. F.)

Meuterei (F.) mutiny (N.)

Meuterer (M.) mutineer (M. bzw. F.)

meutern mutiny (V.), mutinee (V.)

Miete (F.) tenancy (N.), hire (N.), rent (N.)

mieten (eine bewegliche Sache mieten) rent (V.), hire (V.), charter (V.)

mieten (eine unbewegliche Sache mieten) lease (V.), rent (V.)

Mieter (M.) tenant (M. bzw. F.), lessee (M.

bzw. F.), lodger (M. bzw. F.), hirer (M.bzw.F.), charterer (M. bzw. F.)

Mieterhöhung (F.) raising (N.) rent

Mieterschutz (M.) legal protection (N.) of tenants

Mietgericht (N.) rent court (N.)

Mietkauf (M.) hire-purchase (N.)

Mietpreisbindung (F.) rent controls (N.Pl.)

Mietrecht (N.) law (N.) of tenancy

Mietshaus (N.) block (N.) of flats (br.), apartment building (N.) (am.), tenenment (N.)

Mietskaserne (F.) tenement house (N.), barracks (N.Pl.)

Mietverhältnis (N.) tenancy (N.)

Mietvertrag (M.) (Mietvertrag über eine bewegliche Sache) hiring contract (N.), hiring agreement (N.)

Mietvertrag (M.) (Mietvertrag über eine unbewegliche Sache) contract (N.) of tenancy, tenancy agreement (N.), lease (N.)

Mietwagen (M.) hire car (N.), hired car (N.)

Mietwohnung (F.) tenement (N.), lodgings (N.Pl.), rented flat (N.), apartment (N.) (am.)

Mietwucher (M.) usurious rent (N.), exorbitant rent (N.)

Mietzins (M.) rent (N.)

Mietzins (M.) (Mietzins bei einer beweglichen Sache) rental (N.), hire (N.)

mildern mitigate (V.), soften (V.), extenuate (V.)

Milderungsgrund (M.) mitigation cause (N.), extenuating reason (N.)

Milieu (N.) milieu (N.), social surroundings (N.Pl.)

Militär (N.) military (N.), armed forces (N.Pl.)

militärisch military (Adj.), soldierly (Adj.), martial (Adj.)

Militärverordnung (F.) ordinance (N.) on armed forces

Miliz (F.) militia (N.)

Minderheit (F.) minority (N.)

Minderheitsbeteiligung (F.) minority shareholding (N.), minority interest (N.)

minderjährig minor (Adj.), under age (Adj.), infant (Adj.)

Minderjährigkeit (F.) minority (N.), infancy (N.)

Minderkaufmann (M.) small trader (M. bzw. F.)

mindern diminish (V.), reduce (V.), decrease (V.), lessen (V.)

Minderung (F.) diminution (N.), reduction (N.)

Minderwert (M.) depreciation (N.), decrease (N.) in value

Mindestgebot (N.) lowest bid (N.), reserved price (N.)

Mindestkapital (N.) minimum capital (N.)

Mindestlohn (M.) minimum wage (N.)

Mindestreserve (F.) minimum reserve (N.), statutory reserve (N.), required reserve (N.), special deposit (N.)

Mindeststrafe (F.) minimum penalty (N.), minimum sentence (N.)

Minister (M.) minister (M. bzw. F.), secretary (M. bzw. F.) (am.)

Ministerialblatt (N.) departmental gazette (N.)

ministeriell ministerial (Adj.)

Ministerium (N.) ministry (N.), government department (N.), department (N.) of state

Ministerpräsident (M.) premier (M. bzw. F.), prime minister (M. bzw. F.)

Ministerrat (M.) Council (N.) of Ministers

Minorennität (F.) minority (N.), infancy (N.)

Minorität (F.) minority (N.)

Mischehe (F.) mixed marriage (N.)

mischen mix (V.), mingle (V.)

mißachten disregard (V.), ignore (V.), neglect (V.), despise (V.), flout (V.), hold (V.) in contempt

mißbilligen disapprove (V.) of, deprecate (V.)

Mißbilligung (F.) disapproval (N.), disapprobation (N.), rejection (N.)

Mißbrauch (M.) abuse (N.), improper use (N.), misuse (N.)

mißbrauchen abuse (V.), take (V.) unfair advantage (N.) of, misuse (V.), misapply (V.)

Mißbrauchstatbestand (M.) elements (N. Pl.) of abuse

Missetat (F.) misdeed (N.), misdoing (N.), wrongful act (N.)

Mißgeburt (F.) monstrosity (N.)

mißhandeln ill-treat (V.), maltreat (V.),

abuse (V.), brutalize (V.), maul (V.), beat (V.), manhandle (V.) (am.), rough (V.) up (am.)

Mißhandlung (F.) maltreatment (N.), illtreatment (N.), abuse (N.), battery (N.)

missio (F.) canonica (lat.) ecclesiastical authority (N.) to teach

mißtrauen distrust (V.), be (V.) suspicious of

Mißtrauen (N.) distrust (N.), lack (N.) of confidence

Mißtrauensvotum (N.) vote (N.) of no confidence

Mißverständnis (N.) misunderstanding (N.)

mißverstehen misunderstand (V.), misread (V.), mistake (V.), misconstrue (V.)

Mitarbeit (F.) collaboration (N.), assistance (N.), participation (N.)

Mitarbeiter (M.) co-worker (M. bzw. F.), collaborateur (M. bzw. F.), colleague (M. bzw. F.), work-fellow (M. bzw. F.), staff member (M. bzw. F.)

Mitbesitz (M.) joint possession (N.), joint tenancy (N.)

Mitbesitzer (M.) joint possessor (M. bzw. F.), joint holder (M. bzw. F.)

Mitbestimmung (F.) codetermination (N.), joint management (N.)

mitbestrafte Nachtat (F.) punishable subsequent lesser offence (N.)

Mitbürge (M.) co-surety (M. bzw. F.), coguarantor (M. bzw. F.), co-sponsor (M. bzw. F.)

Mitbürgschaft (F.) co-suretyship (N.), collective guarantee (N.)

Miteigentum (N.) joint ownership (N.), co-ownership (N.), common ownership (N.), joint property (N.)

Miteigentümer (M.) coparcener (M. bzw. F.)

Miterbe (M.) joint heir (M. bzw. F.), co-heir (M. bzw. F.), fellow heir (M. bzw. F.)

Miterbengemeinschaft (F.) joint heirs (Pl.), community (N.) of heirs

Mitgift (F.) dowry (N.), trousseau (N.)

Mitglied (N.) member (M. bzw. F.)

Mitgliedschaft (F.) membership (N.)

Mittäter (M.) accomplice (M. bzw. F.), joint offender (M. bzw. F.), joint perpetrator (M. bzw. F.), joint tortfeasor (M. bzw. F.)

Mittäterschaft (F.) complicity (N.), joint commission (N.) of crime

Mittel (N.) means (N.Pl.), medium (N.), instrument (N.), funds (N.Pl.)

mittelbar mediate (Adj.), indirect (Adj.)

mittelbare Falschbeurkundung (F.) constructive false certification (N.)

mittelbare Staatsverwaltung (F.) indirect public administration (N.)

mittelbare Stellvertretung (F.) indirect agency (N.)

mittelbarer Besitz (M.) indirect possession (N.), constructive possession (N.)

mittelbarer Besitzer (M.) bailor (M. bzw. F.)

mittelbarer Schaden (M.) indirect damage (N.), consequential damage (N.)

mittelbarer Täter (M.) indirect perpetrator (M. bzw. F.)

mittelbarer Zwang (M.) indirect compulsion (N.)

Mittelbehörde (F.) regional authority (N.)

Mitunternehmer (M.) joint contractor (M. bzw. F.), co-partner (M. bzw. F.)

Mitvermächtnis (N.) joint legate (N.), colegate (N.)

Mitverschulden (N.) joint guilt (N.), contributory negligence (N.)

Mitwirken (N.) participation (N.), assistance (N.), cooperation (N.)

mitwirkungsbedürftig requiring participation

mitwirkungsbedürftiger Verwaltungsakt (M.) administrative act (N.) requiring participation

Mitwirkungspflicht (F.) duty (N.) to co-operate

Möbel (Pl.) piece (N.) of furniture, furniture (N.)

mobil mobile (Adj.), movable (Adj.)

Mobiliar (N.) furniture (N.), furnishings (N.Pl.), goods (N.Pl.) and chattels

Mobiliarzwangsvollstreckung (F.) levy (N.) of execution on movable goods

Mobilien (Pl.) movables (N.Pl.), personal property (N.), movable proberty (N.), chattels (N.Pl.)

modus (M.) (lat.) mode (N.)

Möglichkeit (F.) (Gelegenheit) occasion (N.), opportunity (N.), chance (N.)

Möglichkeit (F.) (Wahrscheinlichkeit) possibility (N.), practicability (N.)

Monarch (M.) monarch (M. bzw. F.), sovereign (M. bzw. F.)

Monarchie (F.) monarchy (N.)

monarchisch monarchic (Adj.)

monarchisches Prinzip (N.) monarchic principle (N.)

Monarchismus (M.) monarchism (N.)

Monat (M.) month (N.)

monatlich monthly (Adj.), on a month-by-month basis

Mönch (M.) monk (M.)

Monismus (M.) (Monismus im Völkerrecht) monism (N.)

Monogamie (F.) monogamy (N.)

Monokratie (F.) sole reign (N.)

monokratisch monocratic (Adj.)

Monopol (N.) monopoly (N.)

monopolisieren monopolize (V.)

Montanunion (F.) Coal and Steel Community (N.)

Moral (F.) morale (N.), moral code (N.), morals (N.Pl.)

moralisch moral (Adj.)

Moratorium (N.) moratorium (N.)

Mord (M.) murder (N.), homicide (N.) (am.), assassination (N.)

morden commit (V.) murder, murder (V.), kill (V.), slay (V.)

Mörder (M.) murderer (M. bzw. F.)

Mordlust (F.) murderous lust (N.), bloodlust (N.)

Mordversuch (M.) attempted murder (N.)

morganatisch morganatic (Adj.)

Morphium (N.) morphine (N.), morphia (N.)

Moslem (M.) Moslem (M. bzw. F.), Muslim (M. bzw. F.)

Motiv (N.) motive (N.), reason (N.), incentive (N.)

Motivirrtum (M.) errror (N.) in motivation

Müll (M.) rubbish (N.), waste (N.) dust (N.) (br.), garbage (N.) (am.)

Müllabfuhr (F.) refuse collection (N.), garbage collection (N.) (am.)

multilateral multilateral (Adj.)

multinational multinational (Adj.)

Münchener Abkommen (N.) Munich Agreement (N.)

Mund (M.) mouth (N.), opening (N.), orifice (N.), stoma (N.)

Mündel (N.) ward (M. bzw. F.)

Mündelgeld (N.) ward money (N.), trust money (N.)

mündelsicher gilt-edged (Adj.)

mündig major (Adj.), of age

Mündigkeit (F.) majority (N.), full age (N.)

mündlich oral (Adj.), verbal (Adj.)

mündliche Verhandlung (F.) oral hearing (N.)

Mündlichkeit (F.) orality (N.), oral proceedings (N.Pl.)

Mündlichkeitsgrundsatz (M.) principle (N.) of oral proceedings

Mundraub (M.) petty larceny (N.) of food

Munition (F.) ammunition (N.)

Münzdelikt (N.) coinage offence (N.)

Münze (F.) coin (N.)

Mußkaufmann (M.) mandatory merchant (M. bzw. F.)

Muster (N.) sample (N.), model (N.), pattern (N.), example (N.)

mustern examine (V.), inspect (V.), review (V.)

Musterprozeß (M.) test case (N.)

Musterung (F.) examination (N.), inspection (N.), review (N.)

Mustervertrag (M.) standard agreement (N.), standard contract (N.)

mutmaßen suppose (V.), guess (V.), assume (V.), presume (V.)

mutmaßlich presumable (Adj.), putative (Adj.), assumed (Adj.)

mutmaßliche Einwilligung (F.) presumable consent (N.)

Mutter (F.) mother (F.)

Muttergesellschaft (F.) parent company (N.)

Mutterrecht (N.) matriarchy (N.)

Mutterschaft (F.) motherhood (N.), maternity (N.)

Mutterschaftsurlaub (M.) maternity leave (N.)

Mutterschutz (M.) protection (N.) of the working mother

Mutung (F.) application (N.) for a mining concession

mutwillig playful (Adj.), mischievous (Adj.), wanton (Adj.), malicious (Adj.), wilful (Adj.)

N

nach strengem Recht at law

Nachbar (M.) neighbour (M. bzw. F.)

Nachbarklage (F.) legal action (N.) against a neighbour

Nachbarrecht (N.) neighbour law (N.)

nachbessern improve (V.) subsequently, mend (V.), remedy (V.) a defect

Nachbesserung (F.) subsequent improvement (N.), remedying (N.) a defect

Nachbürge (M.) collateral surety (M. bzw. F.), second bail (M. bzw. F.)

Nachbürgschaft (F.) sub-suretyship (N.), collateral security (N.)

Nacheid (M.) oath (N.) after statement, oath (N.) sworn after testimony

Nacheile (F.) hot pursuit (N.)

Nacherbe (M.) reversionary heir (M. bzw. F.)

Nacherbschaft (F.) reversionary inheritance (N.)

Nachfolge (F.) succession (N.)

Nachfolger (M.) follower (M. bzw. F.), successor (M. bzw. F.)

Nachfrist (F.) additional respite (N.), additional period time (N.), period (N.) of grace, extension (N.) of time

nachgiebig yielding (Adj.), indulgent (Adj.)

nachgiebiges Recht (N.) flexible law (N.), jus dispositivum (N.)

Nachkomme (M.) descendant (M. bzw. F.)

Nachkommen (Pl.) offspring (Pl.), issue (N.)

Nachlaß (M.) (Hinterlassenschaft) property left (N.), deceased's estate (N.), heritage (N.)

Nachlaß (M.) (Minderung) remission (N.), abatement (N.), relief (N.), deduction (N.)

nachlassen devise (V.), bequeath (V.), elax (V.), decrease (V.), weaken (V.), deteriorate (V.), fail (V.), wane (V.), drop (V.), ease (V.) off

Nachlaßgericht (N.) probate court (N.) (br.), surrogate's court (N.)

Nachlaßgläubiger (M.) creditor (M. bzw. F.) of the estate

nachlässig negligent (Adj.), neglectful (Adj.), careless (Adj.), sloppy (Adj.)

Nachlässigkeit (F.) negligence (N.), neglect (N.), carelessness (N.), irregularity (N.)

Nachlaßinsolvenzverfahren (N.) procedure (N.) in insolvency administration of an insolvent estate

Nachlaßkonkurs (M.) bankruptcy (N.) of an estate

Nachlaßpfleger (M.) provisional administrator (M. bzw. F.)

Nachlaßpflegschaft (F.) provisional administration (N.) of an estate

Nachlaßrecht (N.) probate law (N.)

Nachlaßverbindlichkeit (F.) debt (N.) of the estate, liability (N.) of the estate

Nachlaßverwalter (M.) administrator (M. bzw. F.) of an estate

Nachlaßverwaltung (F.) administration (N.) of an estate

Nachlieferung (F.) subsequent delivery (N.), additional supply (N.)

Nachnahme (F.) cash (N.) on delivery (C.O.D.), C.O.D. (N.) (cash on delivery), payment (N.) on delivery

Nachname (M.) surname (N.), last name (N.)

Nachrede (F.) calumny (N.), aspersion (N.)

Nachricht (F.) news (N.), tidings (N.), message (N.), information (N.), notice (N.), report (N.)

Nachschieben (N.) later submission (N.), subsequent presentation (N.)

Nachschuß (M.) additional contribution (N.), subsequent payment (N.), further margin (N.)

Nachsichtwechsel (M.) after-sight bill (N.)

nachstellen be (V.) after, pursue (V.)

Nachtat (F.) subsequent act (N.), subsequent offence (N.)

Nachteil (M.) disadvantage (N.)

Nachteil (M.) (Mangel bzw. Schaden) drawback (N.), detriment (N.)

Nachtrag (M.) supplement (N.), addendum (N.)

nachträglich subsequent (Adj.), belated (Adj.), later (Adj.)

nachträglich erworbenes Eigentum (N.) (im Eherecht) after-acquired property (N.)

nachträgliche Unmöglichkeit (F.) subsequent impossibility (N.)

Nachtragsanklage (F.) supplementary charge (N.), amended charge (N.)

Nachtragshaushalt (M.) supplementary budget (N.)

Nachvermächtnis (N.) reversionary legacy (N.)

Nachversicherung (F.) re-insurance (N.), subsequent insurance (N.)

Nachwahl (F.) by-election (N.)

Nachweis (M.) proof (N.), evidence (N.), record (N.), certificate (N.), list (N.), inventory (N.)

Nachzahlung (F.) additional payment (N.), extra payment (N.), fresh call (N.), back payment (N.)

Name (M.) name (N.)

Namensaktie (F.) personal share (N.), registered share (N.)

Namensänderung (F.) change (N.) of names

Namensehe (F.) nominal marriage (N.)

Namenspapier (N.) registered paper (N.), registered security (N.)

Namensrecht (N.) right (N.) to the use of a name

nasciturus (M.) (lat.) unborn child (N.), child (N.) en ventre sa mère

Nation (F.) nation (N.)

national national (Adj.), nationwide (Adj.)

Nationalbewußtsein (N.) national consciousness (N.)

Nationalfarbe (F.) national colour (N.) (br.), national color (N.) (am.)

Nationalgefühl (N.) national feeling (N.)

Nationalhymne (F.) national anthem (N.)

Nationalismus (M.) nationalism (N.)

nationalistisch nationalist (Adj.), nationalistic (Adj.)

Nationalität (F.) nationality (N.)

Nationalkonvent (M.) national convention (N.)

Nationalrat (M.) National Council (N.)

Nationalsozialismus (M.) national socialism (N.)

nationalsozialistisch national socialist (Adj.), nazi (Adj.)

Nationalstaat (M.) nation state (N.)

Nationalsymbol (N.) national symbol

Nationalversammlung (F.) national assembly (N.)

NATO (F.) (North Atlantic Treaty Or-

ganization) NATO **(N.)** (North Atlantic Treaty Organization)

Natur (F.) nature (N.)

Naturalherstellung (F.) compensation (N.) for damage in kind, restitution (N.) in kind

Naturalisation (F.) naturalization (N.)

naturalisieren naturalize (V.)

Naturallohn (M.) wage (N.) in kind, remuneration (N.) in kind

Naturalobligation (F.) natural obligation (N.), unenforceable claim (N.)

Naturalrestitution (F.) compensation (N.) for damage in kind, restitution (N.) in kind

Naturalwirtschaft (F.) barter economy (N.), moneyless economy (N.)

natürlich natural (Adj.)

natürliche Person (F.) natural person (M. bzw. F.)

Naturrecht (N.) law (N.) of nature, natural law (N.), natural justice (N.)

Naturschutz (M.) nature protection (N.), nature preservation (N.)

ne bis in idem (lat.) prohibition (N.) against double jeopardy

Nebenamt (N.) additional function (N.), secondary office (N.)

Nebenbemerkung (F.) (Nebenbemerkung in einem Urteil) obiter dicta (N.) (lat.)

Nebenbestimmung (F.) incidental provision (N.)

Nebenfolge (F.) incidental consequence (N.)

Nebenintervenient (M.) intervener (M. bzw. F.)

Nebenintervention (F.) intervention (N.), joinder (N.) of parties

Nebenklage (F.) accessory prosecution (N.)

Nebenklage (F.) intervener (M. bzw. F.)

Nebenkläger (M.) intervener (M. bzw. F.), accessory prosecutor (M. bzw. F.)

Nebenkosten (F.Pl.) additional expenses (N.Pl.), outgoings (N.Pl.), incidental expenses (N.Pl.)

Nebenpflicht (F.) accessory obligation (N.), collateral obligation (N.)

Nebenrecht (N.) accessory right (N.), subsidiary right (N.), secondary right (N.)

Nebenstrafe (F.) supplementary penalty (N.), secondary punishment (N.)

Nebenstrafrecht (N.) law (N.) on supplementary penalties

Nebentäter (M.) independent perpetrator (M. bzw. F.)

Nebentätigkeit (F.) secondary activity (N.)

Nebenverdienst (M.) additional earnings (N.Pl.), incidental income (N.)

Nebenvereinbarung (F.) covenant (N.)

negativ negative (Adj.)

Negativattest (M.) clearance certificate (N.)

negative Koalitionsfreiheit (F.) negative side (N.) of the right of coalition

negative Publizität (F.) negative public disclosure (N.)

negatives Interesse (N.) interest (N.) due to reliance on trustworthiness

negatives Schuldanerkenntnis (N.) acknowledgement (N.) of non-indebtedness

negatives Tatbestandsmerkmal (N.)

Negativtestament (N.) negative testament (N.)

negatorisch negating (Adj.), denying (Adj.)

negatorischer Anspruch (M.) negating right (N.)

nehmen take (V.), grasp (V.), accept (V.), charge (V.), engage (V.), retain (V.), take (V.) away

Nehmer (M.) taker (M. bzw. F.), buyer (M. bzw. F.), purchaser (M. bzw. F.)

Neigung (F.) inclination (N.), tendency (N.)

Nennbetrag (M.) nominal amount (N.), face value (N.)

nennen name (V.)

Nennkapital (N.) nominal capital (N.)

Nennwert (M.) (Wertpapiernennwert) par (N.), nominal value (N.)

neppen fleece (V.)

netto net (Adj.), after all deductions (Adj.)

netto Kasse net cash (N.)

Neuformulierung (F.) (Neuformulierung von Rechtssätzen) restatement (N.) (am.)

Neuhegelianismus (M.) Neo-Hegelianism (N.)

Neukantianismus (M.) Neo-Kantianism (N.)

neutral neutral (Adj.)

Neutralität (F.) neutrality (N.)

Neuwahl (F.) new election (N.)

Nichtanzeige (F.) einer geplanten Straftat non - disclosure (N.) of an intended crime

nichtberechtigt non-entitled (Adj.), unauthorized (Adj.)

Nichtberechtigter (M.) non-entitled party (M. bzw. F.), unauthorized party (M. bzw. F.)

Nichte (F.) niece (F.)

Nichtehe (F.) non-existent marriage (N.)

nichtehelich (nicht in der Ehe gezeugt) illegitimate (Adj.)

nichtehelich (nicht in der Ehe zeugend) natural (Adj.)

nichteheliche Lebensgemeinschaft (F.) extra-marital cohabitation (N.)

Nichtehelichkeit (F.) illegitimacy (N.)

Nichterfüllung (F.) non-performance (N.), non-compliance (N.), failure (N.) to perform, default (N.)

Nichterfüllungsschaden (M.) damage (N.) caused by non-performance

nichtig null (Adj.) and void (Adj.), void (Adj.), invalid (Adj.)

Nichtigerklärung (F.) rescission (N.)

Nichtigkeit (F.) nullity (N.), voidness (N.)

Nichtigkeitsbeschwerde (F.) nullity appeal (N.)

Nichtigkeitsklage (F.) nullity suit (N.), action (N.) for annulment, invalidity suit (N.)

Nichtleistung (F.) non-performance (N.), failure (N.) to perform

Nichtleistungskondiktion (F.) condiction (N.) of non-performance

nichtöffentlich private (Adj.), closed (Adj.)

nichtrechtsfähiger Verein (M.) non-incorporated society (N.)

nichtstreitig undefended (Adj.)

Nichtvermögensschaden (M.) non-property damage (N.)

Nichtzulassung (F.) non-admission (N.)

Nichtzulassungsbeschwerde (F.) appeal (N.) against denial of leave to appeal

niederlassen settle down (V.)

niederlassen (Geschäft eröffnen) set (V.) up, establish (V.)

Niederlassung (F.) (Ansiedelung) settlement (N.)

Niederlassung (F.) (Geschäftseröffnung) setting-(N.) up, establism (N.)

Niederlassung (F.) (Unternehmensteil) place (N.) of business, branch (N.)

Niederlassungsfreiheit (F.) right (N.) of settlement

Niedersachsen (N.) Lower Saxony (F.)

niederschreiben write (V.) down, put (V.) down, record (V.)

Niederschrift (F.) record (N.), minutes (N.Pl.), memorandum (N.)

niedriger Beweggrund (M.) base motive (N.)

Nießbrauch (M.) usufruct (N.), usufructuary enjoyment (N.), use (N.), beneficial interest (N.)

Nießbrauchsberechtigter (M.) beneficial occupier (M. bzw. F.)

Nikotin (N.) nicotine (N.)

nominal nominal (Adj.)

nominell nominal (Adj.)

nominieren nominate (V.)

Nominierung (F.) nomination (N.)

Nonne (F.) nun (F.)

Nord-Süd-Dialog (M.) North-South-Dialogue (N.)

Nordrhein-Westfalen (N.) North Rhine-Westphalia (F.)

Norm (F.) norm (N.), standard (N.), rule (N.)

Normadressat (M.) adressee (M. bzw. F.) of a norm

normal normal (Adj.), regular (Adj.), usual (Adj.), ordinary (Adj.)

normativ normative (Adj.)

Normativbestimmung (F.) standard regulation (N.), standard provision (N.)

normatives Tatbestandsmerkmal (N.) normative element (N.) of an offence (br.), normative operative fact (N.) (am.)

Normenkollision (F.) conflict (N.) of laws

Normenkontrolle (F.) judicial review (N.) of the constitutionality of laws

Normenkontrollverfahren (N.) judicial proceedings (N.Pl.) on the constitutionality of laws

North Atlantic Treaty Organization (N.) (NATO) North Atlantic Treaty Organization (N.) (NATO)

Not (F.) need (N.), want (N.), distress (N.)

Notar (M.) notary (M. bzw. F.), notary (M. bzw. F.) public

Notariat (N.) notariate (N.), notary's office (N.)

notariell notarial (Adj.)

Note (F.) (Leistungsbeurteilung) mark (N.)

Note (F.) (Urkunde im Völkerrecht bzw. Geldwesen) note (N.)

Notenbank (F.) bank (N.) of issue, central bank (N.)

Noterbe (M.) legitimate heir (M. bzw. F.), statutory heir (M. bzw. F.)

Noterbrecht (N.) compulsory right (N.) of inheritance, forced heirship (N.)

Notfall (M.) case (N.) of need, case (N.) of necessity, emergency (N.)

Notfrist (F.) peremptory term (N.)

Nothilfe (F.) help (N.) in need, emergency relief (N.)

notieren note (V.), make (V.) a note of, put (V.) down, jot (V.) down, make (V.) a memorandum of, quote (V.) at, book (V.)

Notierung (F.) noting (N.), booking entry (N.), quotation (N.), Stock Exchange quotation (N.)

Notifikation (F.) notification (N.)

notifizieren notify (V.)

nötig necessary (Adj.), needful (Adj.)

nötigen coerce (V.), compel (V.), molest (V.)

Nötigung (F.) coercion (N.), unlawful compulsion (N.), duress (N.)

Nötigungsnotstand (M.) emergency (N.) of coercion

Notlage (F.) emergency (N.), distress (N.), predicament (N.), plight (N.), hardship (N.)

notorisch notorious (Adj.), known (Adj.)

Notstand (M.) emergency (N.), emergency situation (N.), urgent necessity (N.)

Notstandsexzeß (M.) act (N.) not excused by the emergency

Notstandsgesetzgebung emergency legislation (N.)

Notstandsklage (F.) action (N.) of emergency

Notstandsverfassung (F.) emergency constitution (N.)

Nottestament (N.) emergency will (N.), privileged will (N.)

Notverordnung (F.) emergency decree (N.)

Notvorstand (M.) temporary board (N.)

Notweg (M.) way (N.) of necessity, emergency route (N.)

Notwehr (F.) self-defence (N.) (br.), self-defense (N.) (am.)

Notwehrexzeß (M.) excessive self-defence (N.) (br.), excessive self-defense (N.) (am.)

Notwehrprovokation (F.) provocation (N.) of self-defence

Notwehrüberschreitung (F.) excessive self-defence (N.) (br.), excessive self-defense (N.) (am.)

notwendig necessary (Adj.), needful (Adj.)

notwendige Streitgenossenschaft (F.) compulsory joinder (N.)

notwendige Verteidigung (F.) compulsory legal representation (N.)

notwendige Verwendung (F.) necessary outlay (N.)

notwendiger Verteidiger (M.) official defence counsel (M. bzw. F.), court - appointed counsel (M. bzw. F.), assigned counsel (M. bzw. F.)

Notzucht (F.) rape (N.)

Novation (F.) novation (N.)

Novelle (F.) supplementary law (N.), amending law (N.)

novellieren amend (V.)

Novellierung (F.) amendment (N.)

Novize (M.) novice (M.)

nstitutionelle Garantie (F.) institutional guarantee (N.)

nullum crimen (N.) sine lege (lat.) no crime (N.) without law

numerisch numerical (Adj.)

numerus (M.) clausus (lat.) restricted admission (N.), numerus (M.) clausus (lat.)

Nummer (F.) number (N.)

Nuntius (M.) nuncio (M.)

Nurnotar (M.) full-time notary (M. bzw. F.)

nützen (benützen) use (V.), utilize (V.), make (V.) use of

Nutzen (M.) utility (N.), benefit (N.), profit (N.)

nützen (nützlich sein) be (V.) of use, be (V.) useful

nützlich useful (Adj.), of use

nützliche Verwendung (F.) useful outlay (N.)

Nutznießung (F.) use (N.), usufruct (N.)

Nutzung (F.) use (N.), utilization (N.)

Nutzungsänderung (F.) change (N.) of use

Nutzungsausfall (M.) loss (N.) of use

Nutzungsentschädigung (F.) compensation (N.) for use

Nutzungspfand (N.) antichresis (N.), Welsh mortgage (N.)

Nutzungsrecht (N.) beneficial interest (N.)

Nutzungsrecht (N.) beneficial interest (N.), right (N.) of user, right (N.) of usufruct

O

Obacht (F.) care (N.), attention (N.)

Obdach (N.) shelter (N.), lodging (N.), dwelling (N.)

obdachlos homeless (Adj.), shelterless (Adj.), vagrant (Adj.)

Obdachlosenasyl (N.) night shelter (N.), common lodging house (N.)

Obdachlosigkeit (F.) homelessness (N.)

Obduktion (F.) autopsy (N.), post-mortem examination (N.)

Oberbundesanwalt (M.) chief public attorney (M. bzw. F.)

Oberbürgermeister (M.) lord mayor (M. bzw. F.)

Obereigentum (N.) title paramount (N.), eminent domain (N.)

Oberfinanzdirektion (F.) superior finance directorate (N.)

Oberhaus (N.) House (N.) of Lords (br.)

Oberkreisdirektor (M.) chief administrative officer (M. bzw. F.) of a rural district

Oberlandesgericht (N.) regional appeal court (N.)

Oberrichter (M.) (Oberrichter in den Vereinigten Staaten) Chief Justice (M. bzw. F.) (am.)

Oberst (M.) colonel (M.)

Oberstadtdirektor (M.) senior town clerk (M. bzw. F.) (brit.), senior city manager (M. bzw. F.) (am.)

Oberster Gerichtshof (M.) (Oberster Gerichtshof in den Vereinigten Staaten) Supreme Court (N.) (am.)

oberstes Bundesgericht (N.) Supreme Court (N.) (am.)

Oberverwaltungsgericht (N.) higher administrative court (N.)

Obhut (F.) (Fürsorge) care (N.), charge (N.)

Obhut (F.) (Verwahrung) custody (N.), trust (N.)

Obhutspflicht (F.) duty (N.) to exercise proper care

Objekt (N.) object (N.), item (N.)

objektiv objective (Adj.)

objektive Bedingung (F.) der Strafbarkeit objective condition (N.) of criminality

objektive Unmöglichkeit (F.) absolute impossibility (N.), physical impossibility (N.)

objektives Recht (N.) objective law (N.)

objektives Tatbestandsmerkmal (N.) actus reus (lat.)

objektives Verfahren (N.) in rem proceedings (N.Pl.)

obliegen lie (V.) on, fall (V.) to, be (V.) the duty of

Obliegenheit (F.) responsibility (N.), duty (N.)

obligat obligatory (Adj.), customary (Adj.)

Obligation (F.) obligation (N.), debenture (N.), bond (N.)

obligatorisch obligatory (Adj.), compulsory (Adj.), mandatory (Adj.)

Obligo (N.) liability (N.), engagement (N.)

Obmann (M.) chairman (M.), chairwoman (F.), steward (M. bzw. F.), spokesman (M.), president (M. bzw. F.), umpire (M. bzw. F.), foreman (M.)

Obrigkeit (F.) public authority (N.), government (N.)

Observanz (F.) observance (N.)

Ochlokratie (F.) ochlocracy (N.)

Oder-Neiße-Linie (F.) Oder-Neisse-Line (N.)

OECD (F.) (Organization for European Economic Cooperation) OECD (Organization for European Economic Cooperation)

offenbar apparent (Adj.), evident (Adj.), plain (Adj.)

offenbaren manifest (V.), reveal (V.), unveil (V.), show (V.)

Offenbarung (F.) disclosure (N.)

Offenbarungseid (M.) oath (N.) of disclosure

offene Handelsgesellschaft (F.) general partnership (N.), mercantile partnership (N.)

offenkundig patent (Adj.), flagrant (Adj.)

offenkundiger Mangel (M.) patent defect (N.)

öffentlich public (Adj.)

öffentliche Aufgabe (F.) public function (N.)

öffentliche Beglaubigung (F.) public certification (N.), official attestation (N.)

öffentliche Dienstbarkeit (F.) public easement (N.)

öffentliche Hand (F.) public authorities (N.Pl.), fisc (N.), state (N.)
öffentliche Klage (F.) public action (N.), action (N.) by the state
öffentliche Last (F.) public charge (N.), rates (N.Pl.) and taxes (N.Pl.)
öffentliche Meinung (F.) public opinion (N.)
öffentliche Sache (F.) public property (N.)
öffentliche Sicherheit und Ordnung (F.) public safety (N.), law and order (N.)
öffentliche Urkunde (F.) public document (N.), official document (N.)
öffentliche Versteigerung (F.) public auction (N.)
öffentliche Zustellung (F.) service (N.) by publication, public notification (N.)
öffentlicher Belang (M.) matter (N.) of public concern
öffentlicher Dienst (M.) public service (N.)
öffentlicher Glaube (M.) public faith (N.)
öffentliches Gut (N.) public property (N.)
öffentliches Interesse (N.) public interest (N.), public benefit (N.)
öffentliches Recht (N.) public law (N.)
öffentliches Testament (N.) notarial will (N.)
öffentliches Wohl (N.) public weal (N.), common welfare (N.)
Öffentlichkeit (F.) public (N.), general public (N.)
Öffentlichkeit (F.) (Öffentlichkeit von Sitzungen) publicness (N.)
öffentlichrechtliche Streitigkeit (F.) public-law dispute (N.)
öffentlichrechtliche Verwahrung (F.) public-law deposit (N.)
öffentlichrechtlicher Vertrag (M.) contract (N.) governed by public law
offerieren offer (V.), tender (V.)
Offerte (F.) offer (N.), tender (N.)
Offizial (M.) (Offizial im Kirchenrecht) official (M.)
Offizialat (N.) officiality (N.)
Offizialmaxime (F.) accusatory principle (N.), principle (N.) of ex officio proceedings
Offizialverfahren (N.) procedure (N.) in which the accused is liable to public prosecution

Offizialverteidigung (F.) official defense (N.)
offiziell official (Adj.)
Offizier (M.) officer (M. bzw. F.)
offiziös semi-official (Adj.)
Ohrfeige (F.) slap (N.), box (N.) on the ear
ohrfeigen slap (V.), box (V.) someone's ear
Okkupation (F.) occupation (N.)
okkupieren occupy (V.)
Ökologie (F.) ecology (N.)
Ökonomie (F.) economics (N.)
Oktroi (N.) octroi (N.)
Ökumene (F.) eucumene (N.)
ökumenisch eucumenical (Adj.)
Oligarchie (F.) oligarchy (N.)
Oligokratie (F.) oligocraty (N.)
Oligopol (N.) oligopoly (N.)
Ombudsmann (M.) ombudsman (M.)
Onkel (M.) uncle (M.)
Onomasiologie (F.) onomasiology (N.)
Operation (F.) operation (N.)
operieren operate (V.)
Opfer (N.) (Einbuße) sacrifice (N.)
Opfer (N.) (Verletzter) victim (M. bzw. F.)
Opferentschädigung (F.) crime victims compensation (N.)
opfern sacrifice (V.)
Opferschutz (M.) protection (N.) of crime victims
opponieren be (V.) opposed to, oppose (V.)
opportun opportune (Adj.), expedient (Adj.)
Opportunist (M.) opportunist (M. bzw. F.)
Opportunität (F.) opportunity (N.), expedience (N.)
Opportunitätsprinzip (N.) principle (N.) of discretionary prosecution
Opposition (F.) opposition (N.)
oppositionell oppositional (Adj.)
Oppositionspartei (F.) opposition party (N.), opposition (N.)
Option (F.) option (N.), right (N.) of choice
Orden (M.) (Ehrenzeichen) medal (N.), decoration (N.)
Orden (M.) (Vereinigung im Kirchenrecht) order (N.)
ordentlich ordinary (Adj.), regular (Adj.), orderly (Adj.)
ordentliche Gerichtsbarkeit (F.) ordinary jurisdiction (N.)
ordentliche Kündigung (F.) notice (N.) to terminate

ordentlicher Rechtsweg (M.) resort (N.) to the general courts of law
Order (F.) order (N.)
Orderklausel (F.) order clause (N.), pay to order clause (N.)
ordern order (V.)
Orderpapier (N.) order paper (N.), instrument (N.) to order
ordinär common (Adj.), vulgar (Adj.)
Ordinarius (M.) professor-in-ordinary (M. bzw. F.)
ordnen order (V.), straighten (V.) up, tidy (V.), regulate (V.), arrange (V.), organize (V.), settle (V.), disentangle (V.), sort (V.), file (V.)
Ordnung (F.) order (N.)
Ordnungsbehörde (F.) regulatory authority (N.)
Ordnungsgeld (N.) administrative fine (N.), disciplinary fine (N.)
ordnungsgemäß orderly (Adj.), regular (Adj.)
ordnungsgemäße Buchführung (F.) proper bookkeeping (N.)
Ordnungshaft (F.) arrest (N.) for disobedience to court orders
Ordnungsmittel (N.) legal measure (N.) to maintain public order
Ordnungsrecht (N.) regulatory law (N.), administrative rules (N.Pl.)
Ordnungsstrafe (F.) administrative penalty (N.), penalty (N.) for contempt of court
ordnungswidrig disorderly (Adj.), irregular (Adj.)
Ordnungswidrigkeit (F.) breach (N.) of regulations, regulatory offence (N.), summary offence (N.)
ordre (M.) public (franz.) public policy (N.)
Organ (N.) organ (N.), body (N.), institution (N.)
Organhaftung (F.) responsibility (N.) for executive organs
Organisation (F.) organization (N.)
Organisationsakt (M.) act (N.) of establishment, act (N.) of foundation
Organisationsklausel (F.) closed-shop clause (N.)
Organisationsmangel (M.) lack (N.) of organization

organisieren organize (V.)
organisierter Streik (M.) organized strike (N.)
Organismus (M.) organism (N.), system (N.)
Organleihe (F.) loan (N.) of organ
Organschaft (F.) integrated inter-company relation (N.)
Organstreit (M.) litigation (N.) between two public bodies
original original (Adj.)
Original (N.) original (N.), top copy (N.)
originär original (Adj.), initial (Adj.), primary (Adj.)
originärer Eigentumserwerb (M.) primary acquisition (N.) of title
Ort (M.) place (N.), location (N.), site (N.), situs (N.)
orthodox orthodox (Adj.)
örtlich local (Adj.)
örtliche Zuständigkeit (F.) venue (N.), local jurisdiction (N.)
Ortsbeirat (M.) local advisory board (N.)
Ortsgericht (N.) local court (N.)
Ortskrankenkasse (F.) local branch (N.) of national health insurance
Ortsverzeichnis (N.) register (N.) of places
Ortszuschlag (M.) local cost-of-living allowance (N.), weighting allowance (N.)
Österreich (N.) Austria (F.)
Ostgebiete (N.Pl.) Eastern territories (N.Pl.)
Ostverträge (M.Pl.) treaties (N.Pl.) with East bloc countries
Ostzone (F.) Eastern Zone (N.)
OSZE (F.) (Organisation über Sicherheit und Zusammenarbeit in Europa) OSCE (N.) (Organization on Security and Cooperation in Europe)

P

Pacht (F.) (Pachtbesitz) leasehold (N.)
Pacht (F.) (Pachtgeld) rent (N.)
Pacht (F.) (Pachtverhältnis) lease (N.)
pachten lease (V.), take (V.) on lease, rent (V.)
Pächter (M.) leaseholder (M. bzw. F.), leasee (M. bzw. F.), tenant (M. bzw. F.)
Pachtkredit (M.) credit (N.) for leaseholders

Pachtverhältnis (N.) land tenure (N.)
Pachtvertrag (M.) lease (N.), tack (N.)
Pachtzins (M.) rent (N.), leasehold rent (N.)
pacta (N.Pl.) sunt servanda (lat.) agreements (N.Pl.) must be observed
pactum (N.) de non petendo (lat.) agreement (N.) not to sue
Pair (M.) peer (M.)
Pairschub (M.) batch (N.) of new peers
Paket (N.) parcel (N.) (brit.), package (N.) (am.), block (N.)
Pakt (M.) pact (N.)
Palast (M.) palace (N.), palais (N.)
panaschieren cast (V.) one's vote for candidates of different parties
Pandekten (F.Pl.) pandects (N.Pl.)
Panzer (M.) (Panzerfahrzeug) tank (N.)
Panzer (M.) (Schutzpanzer) armour (N.)
Papier (N.) paper (N.), stationery (N.), document (N.), security (N.), stock (N.)
Papiergeld (N.) paper money (N.), paper currency (N.)
Papst (M.) Pope (M.)
Paragraph (M.) paragraph (N.), article (N.), clause (N.), section (N.)
Paraphe (F.) paraph (N.), initials (N.Pl.)
paraphieren initial (V.), paraph (V.)
Paraphierung (F.) initialling (N.) of treaty
Parentel (F.) parentela (N.)
Parität (F.) parity (N.)
paritätisch in equal numbers, on equal terms, at par
parken park (V.)
Parken (N.) parking (N.)
Parkplatz (M.) parking lot (N.), car park (N.)
Parlament (N.) parliament (N.)
Parlamentarier (M.) parlamentarian (M. bzw. F.)
parlamentarisch parliamentary (Adj.)
Parlamentarischer Rat (M.) Parliamentary Council (N.)
Parlamentarismus (M.) parliamentarism (N.)
Parlamentsanklage (F.) articles of impeachment (N.Pl.)
Parlamentsgebäude (N.) Parliament Building (N.)
Partei (F.) party (N.)
Parteiänderung (F.) alteration (N.) in party

Parteiantrag (M.) motion (N.) submitted by a party
Parteibetrieb (M.) principle (N.) of party prosecution
Parteienfinanzierung (F.) financing (N.) of political parties
Parteienstaat (M.) party-state (N.)
Parteifähigkeit (F.) admissibility (N.) as a party in court
Parteigenosse (M.) party member (M. bzw. F.)
Parteiherrschaft (F.) party rule (N.)
parteiisch partial (Adj.), biassed (Adj.), one-sided (Adj.), unfair (Adj.)
Parteilichkeit (F.) partiality (N.), bias (N.)
Parteiprozeß (M.) civil procedure (N.) based on the system of party prosecution
Parteivereinbarung (F.) contractual stipulation (N.), agreement (N.) by the parties
Parteivernehmung (F.) interrogation (N.) of a party
Parteiverrat (M.) prevaricatio (N.), double - crossing (N.) of a client by a lawyer
partiarisches Darlehen (N.) loan (N.) coupled with a share in the profits
partiarisches Verhältnis (N.) relationship (N.) with a share in the profits
partiell partial (Adj.)
Partikularrecht (N.) particular law (N.)
Partner (M.) partner (M. bzw. F.), fellow-member (M. bzw. F.)
Partnerschaft (F.) partnership (N.)
Partnerschaft (F.) partnership (N.)
Parzelle (F.) parcel (N.), plot (N.), lot (N.), fractional tract (N.) of land
parzellieren parcel (V.) out, divide (V.) into lots
Paß (M.) passport (N.)
Passierschein (M.) pass (N.), permit (N.)
passiv passive (Adj.)
Passiva (N.Pl.) liabilities (N.Pl.)
passives Wahlrecht (N.) eligibility (N.), right (N.) to be elected
Passivlegitimation (F.) answerability (N.) as the proper party
Passivvertretung (F.) passive representation (N.)
Paßpflicht (F.) obligation (N.) to carry a passport
Paßrecht (N.) passports law (N.)

Pastor (M.) pastor (M. bzw. F.), minister (M. bzw. F.)
Pate (M.) sponsor (M. bzw. F.), godfather (M.), godmother (F.), stand sponsor (M. bzw. F.), baron (M.)
Patenschaft (F.) sponsorship (N.), godparenthood (N.)
Patent (N.) patent (N.)
Patentamt (N.) patent office (N.), commissioner (M. bzw. F.) of patents (am.)
Patentanwalt (M.) patent agent (M. bzw. F.) (br.), patent attorney (M. bzw. F.) (am.)
Patentgericht (N.) patent court (N.)
patentieren patent (V.)
Patentinhaber (M.) patent holder (M. bzw. F.), patentee (M. bzw. F.)
Patentrecht (N.) patents law (N.), patent right (N.)
Patentverletzung (F.) patent infringement (N.), infringement (N.) of patent
Patient (M.) patient (M. bzw. F.)
Patrimonialgericht (N.) patrimonial court (N.)
Patrimonialgerichtsbarkeit (F.) patrimonial jurisdiction (N.)
Patrimonium (N.) patrimony (N.)
Patristik (F.) patristics (N.)
Patron (M.) patron (M. bzw. F.), sponsor (M. bzw. F.), protector (M. bzw. F.)
Patronat (N.) patronage (N.), sponsorship (N.)
Patrone (F.) cartridge (N.)
Pauperismus (M.) pauperism (N.)
Pauschale (F.) inclusive sum (N.), inclusive charge (N.), flat rate (N.), global amount (N.)
Pause (F.) pause (N.), stop (N.), interval (N.), break (N.) (brit.), intermission (N.) (am.)
Pazifismus (M.) pacifism (N.)
Pension (F.) (Rente) pension (N.), retired pay (N.)
pensionieren pension off (V.)
peremptorisch peremptory (Adj.), strict (Adj.), commanding (Adj.)
peremptorische Einrede (F.) peremptory plea (N.), plea (N.) in bar, bar (N.)
Periode (F.) period (N.)
periodisch periodic (Adj.), periodical (Adj.)

perpetuatio (F.) fori (lat.) continued jurisdiction (N.)
Person (F.) person (M. bzw. F.), party (N.)
persona (F.) ingrata (lat.) persona (M. bzw. F.) non grata (lat.)
persona (F.) non grata (lat.) persona (M. bzw. F.) non grata (lat.)
Personal (N.) personnel (N.), staff (N.), employees (Pl.)
Personalakte (F.) personal file (N.), personal dossier (N.)
Personalausweis (M.) identity card (N.)
Personalfirma (F.) personal-name firm (N.)
Personalfolium (N.) proprietorship register (N.)
Personalgesellschaft (F.) partnership (N.), close company (N.)
Personalhoheit (F.) ultimate jurisdiction (N.) for appointments
Personalien (F.Pl.) personal data (N.Pl.)
Personalinformationssystem (N.) personal information system (N.)
Personalität (F.) personality (M. bzw. F.)
Personalitätsprinzip (N.) principle (N.) of personality
Personalkörperschaft (F.) public-law corporation (N.) whose membership depends on personal facts
Personalkredit (M.) personal loan (N.), personal credit (N.), fiduciary loan (N.)
Personalrat (M.) staff council (N.)
Personalstatut (N.) (Personalstatut im internationalen Privatrecht) personal statutes (N.Pl.)
Personalunion (F.) personal union (N.)
Personalversammlung (F.) staff meeting (N.)
Personalvertretung (F.) staff representation (N.), personnel committee (N.)
Personenbeförderung (F.) passenger transportation (N.)
Personenbeförderungsrecht (N.) law (N.) concerning passenger transportation
Personenrecht (N.) law (N.) concerning persons
Personenschaden (M.) personal injury (N.), physical damage (N.)
Personensorge (F.) care and custody (N.)
Personenstand (M.) civil status (N.), family status (N.), personal status (N.)

Personenstandsbuch (N.) register (N.) of births deaths and marriages (br.), register (N.) of births marriages and burials (am.)
Personenstandsfälschung (F.) fraudulent alteration (N.) of civil status
Personenvereinigung (F.) association (N.)
Personenversicherung (F.) personal insurance (N.)
persönlich personal (Adj.), private (Adj.), in person
persönliche Haftung (F.) personal liability (N.), private liability (N.)
persönlicher Strafaufhebungsgrund (M.) reason (N.) in personam for withdrawing punishment
persönlicher Strafausschließungsgrund (M.) personal legal reason in personam for exemption from punishment
persönliches Erscheinen (N.) personal appearance (N.), appearance (N.) in person
Persönlichkeit (F.) personality (N.)
Persönlichkeitsrecht (N.) right (N.) of personality
pervers perverse (Adj.)
Petition (F.) petition (N.)
Petitionsausschuß (M.) committee (N.) on public petitions
Petitionsrecht (N.) right (N.) of petition
petitorischer Anspruch (M.) claim (N.) under a property
Petschaft (F.) signet (N.), seal (N.)
Pfand (N.) pawn (N.), pledge (N.), security (N.)
Pfandbrief (M.) mortgage bond (N.), mortgage-bank bond (N.)
Pfandbriefinhaber (M.) bondholder (M. bzw. F.), debenture holder (M. bzw. F.)
pfänden levy (V.), take (V.) in execution, distrain (V.), seize (V.), attach (V.)
Pfandgläubiger (M.) pledgee (M. bzw. F.), pawnee (M. bzw. F.), lienholder (M. bzw. F.)
Pfandkehr (F.) unlawful recovery (N.) of pledged goods
Pfandleiher (M.) pawnbroker (M. bzw. F.)
Pfandnehmer (M.) pledgee (M. bzw. F.), pawnee (M. bzw. F.), mortgagee (M. bzw. F.)
Pfandrecht (N.) lien (N.), right (N.) of lien
Pfandsiegel (N.) bailiff's stamp (N.)
Pfändung (F.) levy (N.) of execution, distress (N.), distraint (N.), seizure (N.), attachment (N.)
Pfändungsbeschluß (M.) attachment order (N.), distress warrant (N.), garnishee order (N.)
Pfändungspfandrecht (N.) execution lien (N.), lien (N.) by attachment
Pfändungsschutz (M.) exemption (N.) from execution, exemption (N.) from distraint
Pfandverkauf (M.) distress sale (N.)
Pfarre (F.) parish (N.)
Pfarrer (M.) priest (M.)
Pflanzenschutz (M.) plant protection (N.)
Pflege (F.) care (N.), nursing (N.), maintenance (N.)
Pflegeeltern (Pl.) foster-parents (Pl.)
Pflegekind (N.) foster child (N.)
Pflegemutter (F.) foster-mother (F.)
pflegen take (V.) care of, nurse (V.), look after (V.)
Pfleger (M.) curator (M. bzw. F.), guardian (M. bzw. F.), custodian (M. bzw. F.)
Pfleger (M.) (Krankenpfleger) male nurse (M.)
Pflegevater (M.) foster-father (M.)
Pflegeversicherung (F.) nursing and care insurance (N.)
Pflegling (M.) ward (M. bzw. F.), person (M. bzw. F.) subject to curatorship
Pflegschaft (F.) curatorship (N.), tutelage (N.), trusteeship (N.)
Pflicht (F.) duty (N.), obligation (N.)
Pflichtenkollision (F.) conflict (N.) of duties, clash (N.) of responsibilities
Pflichtenverhältnis (N.) relationship (N.) of legal duties
Pflichtexemplar (N.) statutory copy (N.), duty copy (N.)
Pflichtteil (M.) compulsory portion (N.), statutory portion (N.)
Pflichtteilergänzungsanspruch (M.) right (N.) to augmentation of compulsory portion
Pflichtteilsberechtigter (M.) person (M. bzw. F.) entitled to a compulsory portion
Pflichtteilsrestanspruch (M.) claim (N.) to a residuary compulsory portion
Pflichtverletzung (F.) breach (N.) of duty, misfeasance (N.), dereliction (N.) of duty
Pflichtversicherung (F.) compulsory insurance (N.), obligatory insurance (N.)

Pflichtverteidiger (M.) official-defence counsel (M. bzw. F.), court-appointed counsel (M. bzw. F.)

Pfründe (F.) sinecure (N.)

Pfund (N.) pound (N.)

Philosophie (F.) philosophy (N.)

physisch physical (Adj.)

Pirat (M.) pirate (M. bzw. F.)

Piratensender (M.) pirate radio (N.)

Piraterie (F.) piracy (N.)

Pistole (F.) pistol (N.), gun (N.)

plädieren plead (V.), sum (V.) up

Plädoyer (N.) pleading (N.), summing up (N.)

Plagiat (N.) plagiarism (N.), literary piracy (N.)

Plagiator (M.) plagiarist (M. bzw. F.), pirat (M. bzw. F.)

plagiieren plagiarize (V.), pirate (V.)

Plakette (F.) badge (N.), medal (N.)

Plan (M.) plan (N.), scheme (N.), project (N.), design (N.)

planen plan (V.), design (V.)

Planfeststellung (F.) project approval (N.)

Planfeststellungsbeschluß (M.) project-determination ruling (N.)

Plangewährleistungsanspruch (M.) claim (N.) to the compliance with a project-plan

Planstelle (F.) established post (N.)

Planung (F.) planning (N.), organization (N.)

Planwirtschaft (F.) planned economy (N.), centrally managed economy (N.)

Platz (M.) place (N.), point (N.), room (N.), space (N.), locality (N.), site (N.), seat (N.), position (N.), ground (N.)

Platzgeschäft (N.) spot contract (N.), local transaction (N.)

plausibel plausible (Adj.)

Plebiszit (N.) plebiscite (N.)

plebiszitär plebiscitary (Adj.)

plebiszitäre Demokratie (F.) plebiscitary democracy (N.)

Pleite (F.) failure (N.), bankruptcy (N.), smash (N.) (br.), bust (N.) (am.)

Pleitegeier (M.) threat (N.) of bankruptcy

Plenarausschuß (M.) Committee of the Whole House (N.)

Plenum (N.) plenum (N.), general assembly (N.), plenary session (N.)

Plombe (F.) (Verschlußsicherung) lead seal (N.), seal (N.)

plombieren seal (V.), lead (V.)

Plünderer (M.) plunderer (M. bzw. F.), pillager (M. bzw. F.), looter (M. bzw. F.)

plündern plunder (V.), pillage (V.), loot (V.), maraud (V.)

Plünderung (F.) plundering (N.), pilferage (N.), looting (N.)

Pluralismus (M.) pluralism (N.)

Plutokratie (F.) plutocracy (N.)

Pogrom (N.) pogrom (N.)

Police (F.) insurance policy (N.)

Politik (F.) (Politik im allgemeinen) politics (N.)

Politik (F.) (spezielle Vorgangsweise) policy (N.)

Politikwissenschaft (F.) political science (N.)

politisch political (Adj.)

politische Verdächtigung (F.) political suspicion (N.)

Polizei (F.) police (N.), police force (N.)

Polizeichef (M.) marshal (M. bzw. F.) (am.)

polizeilich police (Adj.), by the police

polizeiliche Generalklausel (F.) blanket clause (N.) of the police

Polizeiordnung (F.) ordinance (N.) on the police

Polizeirecht (N.) police law (N.)

Polizeistaat (M.) police state (N.)

Polizeistunde (F.) closing time (N.), closing hour (N.)

Polizeiverfügung (F.) police order (N.)

Polizeiverordnung (F.) police ordinance (N.)

Polizeiverwaltung (F.) police administration (N.)

Polizeiverwaltungsgesetz (N.) police administration act (N.)

Polizeivollzugsdienst (M.) law enforcement officers' service (N.)

Polizist (M.) policeman (M.), police officer (M. bzw. F.), lawman (M.) (am.)

polygam polygamous (Adj.)

Polygamie (F.) polygamy (N.)

Pontifikat (N.) pontificate (N.)

Popularklage (F.) taxpayer's suit (N.), relator action (N.)

Pornographie (F.) pornography (N.)

pornographisch pornographic (Adj.)
Porto (N.) postage (N.)
positiv positive (Adj.)
positive Forderungsverletzung (F.) breach (N.) of contract
positives Interesse (N.) interest (N.) in the performance of the contract
positives Recht (N.) positive law (N.)
Positivismus (M.) positivism (N.)
possessorisch possessory (Adj.)
possessorische Klage (F.) possessory action (N.)
possessorischer Anspruch (M.) possessory claim (N.)
Post (F.) post (N.) (br.), mail (N.) (am.)
Postamt (N.) post office (N.) (br.), mail office (N.) (am.)
Postanweisung (F.) postal money order (N.), postal remittance (N.), money order (N.) (br.)
Postgeheimnis (N.) postal secrecy (N.) (br.), secrecy (N.) of mail (am.)
Postkarte (F.) post card (N.)
postlagernd post restante (Adj.)
Postleitzahl (F.) post code (N.) (brit.), zip code (N.) (am.)
Postscheck (M.) postal cheque (N.) (br.), postal check (N.) (am.)
Postulationsfähigkeit (F.) right (N.) of audience, capacity (N.) to conduct a case in court
postulieren postulate (V.), demand (V.), claim (V.)
postum posthumous (Adj.)
potent potent (Adj.)
potentiell potential (Adj.), possible (Adj.)
potentielles Unrechtsbewußtsein (N.) potential guilty knowlegde (N.)
Potsdamer Abkommen (N.) Potsdam Agreement (N.)
Präambel (F.) preamble (N.)
Präfekt (M.) prefect (M. bzw. F.)
Präjudiz (N.) judicial precedent (N.), prejudication (N.)
Präklusion (F.) preclusion (N.), foreclosure (N.)
Praktik (F.) practice (N.) (br.), practise (N.) (am.)
Praktikant (M.) trainee (M. bzw. F.), intern (M. bzw. F.) (am.)

Prälat (M.) prelate (M.)
Prälegat (N.) preferential legacy (N.)
Prämie (F.) premium (N.), bonus (N.)
Pranger (M.) pillory (N.)
Prärogative (F.) prerogative (N.)
Präses (M.) chairman (M.)
Präsident (M.) president (M. bzw. F.)
Präsidialdemokratie (F.) presidential democracy (N.)
Präsidialrat (M.) presidential council (N.)
Präsidium (N.) presidium (N.), presiding committee (N.), executive board (N.)
Präsumption (F.) presumtion (N.), assumption (N.)
Prätendent (M.) pretender (M. bzw. F.), claimant (M. bzw. F.)
Prätendentenstreit (M.) interpleader issue (N.)
Prävarikation (F.) prevarication (N.)
Prävention (F.) prevention (N.)
präventiv preventive (Adj.)
präventives Verbot (N.) preventive interdiction (N.)
Praxis (N.) practice (N.) (br.), practise (N.) (am.), practical experience (N.)
Präzedenz (F.) precedence (N.)
Präzedenzfall (M.) judicial precedent (N.), leading decision (N.)
Preis (M.) (Belohnung) prize (N.), award (N.)
Preis (M.) (Kaufpreis) price (N.), cost (N.), rate (N.), tariff (N.)
Preisausschreiben (N.) prize contest (N.), prize competition (N.)
Preisbindung (F.) control (N.) of prices, price fixing (N.), price control (N.)
Preisempfehlung (F.) price recommendation (N.)
Preisgabe (F.) abandonment (N.), surrender (N.), give-away (N.), disclosure (N.)
preisgeben abandon (V.), give (V.) up, relinquish (V.)
Preisgefahr (F.) seller's risk (N.) as to the loss of the purchase price
Preistreiberei (F.) forcing-up (N.) of prices, deliberate overcharging (N.), puffing (N.), profiteering (N.)
Premierminister (M.) premier (M. bzw. F.), prime minister (M. bzw. F.)
Presse (F.) (Gesamtheit der Druckerzeugnisse) press (N.), newspapers (N.Pl.)

Pressedelikt (N.) offence (N.) by press publication
Pressefreiheit (F.) freedom (N.) of press
Presserat (M.) Press Council (N.)
Presserecht (N.) press law (N.)
Preußen (N.) Prussia (F.)
Priester (M.) priest (M.)
prima-facie-Beweis (M.) prima facie evidence (N.)
Primat (M.) primacy (N.)
Prime Rate (N.) (engl.) prime rate (N.)
Primogenitur (F.) primogeniture (N.)
Prinz (M.) prince (M.)
Prinzessin (F.) princess (F.)
Prinzip (N.) principle (N.), doctrine (N.)
Prinzipal (M.) principal (M. bzw. F.), head (M. bzw. F.) of a business, employer (M. bzw. F.)
prinzipiell in principal
Prior (M.) prior (M.)
Priorität (F.) priority (N.), precedence (N.)
Prioritätsprinzip (N.) principle (N.) of priority
Prise (F.) prize (N.), naval prize (N.), prize (N.) of war
privat private (Adj.), personal (Adj.)
Privatautonomie (F.) doctrine (N.) of privity of contract
Privatdozent (M.) private lecturer (M. bzw. F.)
Privateigentum (N.) private property (N.), private ownership (N.)
privatisieren privatize (V.), transfer (V.) to private ownership
Privatisierung (F.) denationalization (N.), transfer (N.) to private ownership
privativ privative (Adj.)
privative Schuldübernahme (F.) assumption (N.) of a debt with full discharge of original debtor
Privatklage (F.) private prosecution (N.)
Privatkläger (M.) private prosecutor (M. bzw. F.)
Privatrecht (N.) private law (N.)
Privatschule (F.) independent school (N.) (brit.), endowed school (N.) (am.)
Privatstraße (F.) private road (N.)
Privaturkunde (F.) private document (N.)
Privatversicherungsrecht (N.) private insurance law (N.)

Privileg (N.) privilege (N.), special right (N.)
privilegieren privilege (V.), grant (V.) a privilege
privilegiert privileged (Adj.)
privilegierte Straftat (F.) privileged offence (N.)
Probe (F.) (Muster) sample (N.), specimen (N.)
Probe (F.) (Prüfung) test (N.), trial (N.)
Produkt (N.) product (N.)
Produkthaftung (F.) product liability (N.)
Produktpiraterie (F.) counterfeit merchandise (N.)
Produzent (M.) producer (M. bzw. F.), manufacturer (M. bzw. F.)
Produzentenhaftung (F.) product liability (N.)
Produzentenleasing (N.) producer's leasing (N.)
produzieren produce (V.), manufacture (V.)
Professor (M.) professor (M. bzw. F.)
Professur (F.) professorship (N.)
Prognose (F.) prognosis (N.), prediction (N.)
Programm (N.) program (N.), programme (N.) (br.)
Progression (F.) progression (N.), progressive scale (N.)
progressiv progressive (Adj.)
Prokura (F.) full commercial power (N.) of representation
Prokurator (M.) procurator (M. bzw. F.), proctor (M. bzw. F.)
Prokurist (M.) authorized signatory (M. bzw. F.), fully authorized officer (M. bzw. F.)
Proletarier (M.) proletarian (M. bzw. F.)
Prolongation (F.) prolongation (N.), extension (N.)
prolongieren prolong (V.), extend (V.), carry (V.) over
Promotion (F.) awarding (N.) of a doctorate
Promotionsverfahren (N.) procedure (N.) in awarding a doctorate
promovieren obtain (V.) a doctorate
Promulgation (F.) promulgation (N.)
Properhändler (M.) trader (M. bzw. F.) on own account
Proportion (F.) proportion (N.)

proportional proportional (Adj.), proportionate (Adj.)

Proporz (M.) proportional representation (N.)

Propst (M.) provost (M.)

Prorektor (M.) pro-rector (M. bzw. F.)

Prorogation (F.) prorogation (N.) of jurisdiction

Prostituierte (F.) prostitute (F.)

Prostitution (F.) prostitution (N.)

protegieren patronize (V.), sponsor (V.)

Protektorat (N.) protectorate (N.)

Protest (M.) protest (N.)

protestieren protest (V.), remonstrate (V.), object (V.)

Protokoll (N.) (Niederschrift einer Gerichtsverhandlung) record (N.), record (N.) of proceedings

Protokoll (N.) (Niederschrift einer Sitzung) minutes (N.Pl.)

Protokoll (N.) (übliche Verfahrensweise im Völkerrecht) protocol (N.)

Protokollant (M.) (Protokollführer bei Gerichtsverhandlungen) clerk (M. bzw. F.) of the court

Protokollant (M.) (Protokollführer bei Sitzungen) keeper (M. bzw. F.) of the minutes

protokollieren take (V.) down the minutes, record (V.), minute (V.)

Provinz (F.) province (N.)

Provision (F.) commission (N.), factorage (N.), brokerage (N.)

Provokateur (M.) agent provocateur (M. bzw. F.) (franz.)

Provokation (F.) provocation (N.)

provozieren provoke (V.)

Prozedur (F.) procedure (N.), process (N.)

Prozent (N.) per cent (N.)

Prozeß (M.) lawsuit (N.), legal proceedings (N.Pl.), trial (N.), procedure (N.), court case (N.)

Prozeßagent (M.) law agent (M. bzw. F.)

Prozeßanwalt (M.) barrister (M. bzw. F.) (br.)

Prozeßbetrug (M.) deceitful plea (N.), malicious use (N.) of process

Prozeßbevollmächtigter (M.) counsel (M. bzw. F.), attorney (M. bzw. F.) of record (am.)

prozeßfähig fit (Adj.) to plead, having (Adj.) capacity to sue

prozeßfähig (Adj.) fit (Adj.) to plead

Prozeßfähigkeit (F.) capacity (N.) to sue and to be sued

Prozeßführung (F.) conduct (N.) of a case, trial conduct (N.)

Prozeßführungsbefugnis (F.) standing (N.) to sue

Prozeßgebühr (F.) general fee (N.) for court proceedings

Prozeßgericht (N.) trial court (N.)

Prozeßhandlung (F.) step (N.) in the proceedings

Prozeßhandlungsvoraussetzung (F.) preconditions (N.Pl.) of the pleadings

Prozeßhindernis (N.) bar (N.) of trial, impediment (N.) to an action

prozessieren sue (V.), carry (V.) on a lawsuit, litigate (V.)

Prozeßkosten (F.Pl.) costs (N.Pl.) of litigation, legal charges (N.Pl.), law costs (N.Pl.), costs (N.Pl.)

Prozeßkostenhilfe (F.) legal aid (N.), green form scheme (N.)

Prozeßkostenvorschuß (M.) advance payment (N.) of costs, suit money (N.)

Prozeßordnung (F.) code (N.) of procedure, court rules (N.Pl.)

Prozeßrecht (N.) procedural law (N.), law (N.) of procedure

Prozeßstandschaft (F.) standing (N.) to sue doctrine, representative action (N.)

Prozeßtaktik (F.) lawyer's tactics (N.Pl.) during the legal proceedings

Prozeßtrennung (F.) severance (N.) of action

prozessual procedural (Adj.)

prozeßunfähig unfit (Adj.) to plead

Prozeßurteil (N.) judgement (N.) on procedural grounds

Prozeßvergleich (M.) court settlement (N.), compromise (N.) in court

Prozeßverschleppung (F.) protracting (N.) of a lawsuit, dilatory methods (N.Pl.)

Prozeßvollmacht (F.) power (N.) of attorney for legal proceedings, retainer (N.)

Prozeßvoraussetzung (F.) procedural requirement (N.)

prüfen test (V.), inspect (V.), review (V.), investigate (V.), examine (V.), verify (V.)

Prüfer (M.) tester (M. bzw. F.), inspector (M. bzw. F.), auditor (M. bzw. F.)

Prüfling (M.) candidate (M. bzw. F.), examinee (M. bzw. F.)

Prüfung (F.) examination (N.), check (N.), test (N.), inspection (N.), trial (N.)

Prüfungsordnung (F.) examination regulations (N.Pl.)

prügeln beat (V.), whip (V.), flog (V.)

Prügelstrafe (F.) corporal punishment (N.), whipping (N.)

Pseudonym (N.) pseudonym (N.)

Psyche (F.) psyche (N.), mind (N.)

Psychiatrie (F.) psychiatry (N.)

psychisch psychic (Adj.), psychical (Adj.)

Psychologie (F.) psychology (N.)

Psychopath (M.) psychopath (M. bzw. F.)

Psychopathie (F.) psychopathy (N.)

psychopathisch psychopathic (Adj.)

Psychose (F.) psychosis (N.)

Psychotherapie (F.) psychopathology (N.)

publik public (Adj.), generally known (Adj.)

Publikum (N.) audience (N.), public (N.)

Publikumsgesellschaft (F.) open corporation (N.)

Publizität (F.) publicity (N.), public disclosure (N.)

Publizitätsprinzip (N.) principle (N.) of public disclosure

Puff (M.) brothel (N.), whorehouse (N.), crip (N.) (am.)

Punktation (F.) punctation (N.), draft (N.) of a contract, binder (N.)

Putativgefahr (F.) putative danger (N.)

Putativnotstand (M.) imaginary necessity (N.)

Putativnotwehr (F.) imaginary self-defence (N.)

Putsch (M.) putsch (N.), coup (N.) d'état (franz.)

putschen carry out (V.) a putsch, carry (V.) out a coup d'état

Q

Qualifikation (F.) (Ausbildung) qualification (N.)

Qualifikation (F.) (Einordnung) qualification (N.), classification (N.)

qualifiziert (bestimmt) qualified (Adj.), specified (Adj.), aggravated (Adj.)

qualifiziert (gut ausgebildet) qualified (Adj.), skilled (Adj.)

qualifizierte Mehrheit (F.) special majority (N.)

qualifizierte Straftat (F.) qualified offence (N.), aggravated crime (N.)

qualifizierter Versuch (M.) qualified attempt (N.)

Quartal (N.) quarter (N.), term (N.)

quasi (Partik.) quasi (Partik.), in a way

Quasidelikt (N.) quasi-tort (N.)

Quasikontrakt (M.) quasi-contract (N.)

quasinegatorisch quasi-negating

Quasisteuer (F.) quasi-tax (N.)

Quästur (F.) (Rechnungsbehörde an Universitäten) bursar's office (N.)

Quelle (F.) origin (N.), source (N.)

Quellensteuer (F.) tax (N.) at source, withholding tax (N.)

Querulant (M.) quareller (M. bzw. F.), troublemaker (M. bzw. F.)

Querulanz (F.) troublemaking (N.)

querulieren grumble (V.), be (V.) querelous

quittieren receipt (V.), give (V.) a receipt

Quittung (F.) written receipt (N.)

Quorum (N.) quorum (N.)

Quote (F.) quota (N.), proportional share (N.)

Quotenvorrecht (N.) preferential quota (N.) of damages

quotieren quote (V.)

Quotierung (F.) quotation (N.)

R

Rabatt (M.) discount (N.), rebate (N.), reduction (N.)

Rache (F.) revenge (N.), vengeance (N.), retalisation (N.)

rächen revenge (V.), avenge (V.)

Rädelsführer (M.) ringleader (M. bzw. F.), leader (M. bzw. F.) of a gang

rädern break (V.) someone on the wheel

radikal radical (Adj.)

Radikalismus (M.) radicalism (N.)

Rahmen (M.) framework (N.), scope (N.), setting (N.)

Rahmengesetzgebung (F.) framework legislation (N.)

Rahmenkompetenz (F.) competence (N.) to issue framework legislation

Rahmenrecht (N.) fundamental - principle right (N.), general right (N.)

Rahmenvorschrift (F.) general regulation (N.)

Rakete (F.) rocket (N.)

randalieren rampage (V.), make (V.) a row

Rang (M.) rank (N.), status (N.)

Rangänderung (F.) change (N.) in priority

Rangordnung (F.) order (N.) of rank, ranking (N.), order (N.) of priorities

Rangverhältnis (N.) rank (N.), priority (N.)

Rangvorbehalt (M.) reservation (N.) of priority

Ränkeschmied (M.) plotter (M. bzw. F.), schemer (M. bzw. F.)

Rapport (M.) report (N.)

Räson (F.) reason (N.)

Rasse (F.) race (N.), racial group (N.)

Rassendiskriminierung (F.) racial discrimination (N.)

Rassendiskriminierung (F.) racial discrimination (N.)

Rassenschande (F.) race defilement (N.)

rassisch racial (Adj.)

Rassismus (M.) racism (N.)

rassistisch racist (Adj.)

Raster (N.) pattern (N.)

Rasterfahndung (F.) search (N.) for wanted persons by screening devices

Rat (M.) (Berater) counsel (M. bzw. F.)

Rat (M.) (Beratergremium) council (N.)

Rat (M.) (Ratschlag) advice (N.), council (N.)

Rate (F.) rate (N.), part-payment (N.), installment (N.)

Ratengeschäft (N.) installment trading (N.), hire-purchase (N.)

Ratenkauf (M.) hire purchase (N.)

Ratenzahlung (F.) payment (N.) by installments, deferred payment (N.), installment plan (N.) (am.)

Räterepublik (F.) republic (N.) governed by commissars

Raterteilung (F.) giving (N.) of advice

Rathaus (N.) town hall (N.), city hall (N.)

Rathauspartei (F.) local political party (N.)

Ratifikation (F.) ratification (N.)

ratifizieren ratify (V.)

ratio (F.) (lat.) logical reason (N.), sense (N.), rationale (N.)

Raub (M.) robbery (N.)

rauben rob (V.), commit (V.) robbery

Räuber (M.) robber (M. bzw. F.)

räuberisch predatory (Adj.), rapacious (Adj.)

räuberische Erpressung (F.) extortionary robbery (N.)

räuberischer Diebstahl (M.) violent larceny (N.)

Raubmord (M.) murder (N.) and robbery (N.)

Raubüberfall (M.) armed-robbery (N.), stick-up (N.)

Rauch (M.) smoke (N.), steam (N.), vapour (N.), fume (N.)

rauchen smoke (V.), fume (V.)

Rauchverbot (N.) ban (N.) on smoking

raufen fight (V.), tussle (V.)

Raufhandel (M.) joint assault (N.), affray (N.)

Raum (M.) (Gegend) area (N.), region (N.)

Raum (M.) (Platz) space (N.), room (N.)

räumen remove (V.), clear (V.) away, sweep (V.), dredge (V.), vacate (V.), evacuate (V.), leave (V.), sell (V.) off

Raumordnung (F.) regional planning (N.)

Raumplanung (F.) regional planning (N.)

Räumung (F.) removal (N.), clearing (N.), clearance (N.), eviction (N.) (brit.), ejectment (N.) (am.), quitting (N.)

Räumungsklage (F.) action (N.) of eviction (brit.), action (N.) of ejectment (am.)

Räumungsverkauf (M.) clearance sale (N.)

Rausch (M.) inebriety (N.), intoxication (N.)

Rauschgift (N.) drug (N.), narcotic (N.), narcotic drug (N.)

Rauschtat (F.) offence (N.) committed in the state of intoxication

Razzia (F.) police raid (N.), roundup (N.), raid (N.)

Reaktion (F.) (Gegenhandlung) reaction (N.), response (N.)

Reaktion (F.) (Nichtfortschrittlichkeit) reaction (N.), reactionary movement (N.)

reaktionär reactionary (Adj.)

Reaktionär (M.) reactionary (M. bzw. F.)

Reaktionszeit (F.) reaction time (N.), thinking distance (N.)
real (dinglich) material (Adj.), substantial (Adj.), substantive (Adj.)
real (wirklich) real (Adj.), actual (Adj.)
Realakt (M.) physical act (N.)
Realfolium (N.) land register folio (N.)
Realgemeinde (F.) village community (N.) with common property
Realinjurie (F.) insult (N.) by physical act
Realkonkurrenz (F.) accumulation (N.) of offences
Realkontrakt (M.) executed treaty (N.)
Realkredit (M.) real-estate loan (N.), credit (N.) on real estate
Reallast (F.) land charge (N.)
Realrecht (N.) real-estate right (N.), real-estate encumbrance (N.)
Realunion (F.) real union (N.)
Realvertrag (M.) executed treaty (N.)
Rebell (M.) rebell (M. bzw. F.), insurgent (M. bzw. F.)
rebellieren rebel (V.), mutiny (V.)
Rebellion (F.) rebellion (N.), revolt (N.)
Rechenschaft (F.) account (N.), rendering (N.) of account
Rechenschaftslegungspflicht (F.) liability (N.) to account, accountability (N.)
rechnen calculate (V.), count (V.), estimate (V.), expect (V.)
Rechnung (F.) bill (N.), invoice (N.), sales bill (N.), account (N.), note (N.) of costs
Rechnungshof (M.) audit office (N.), General Accounting Office (N.) (am.)
Rechnungsjahr (N.) financial year (N.), fiscal year (N.)
Rechnungslegung (F.) submission (N.) of accounts, rendering (N.) account
Rechnungsprüfer (M.) auditor (M. bzw. F.), comptroller (M. bzw. F.), accountant (M. bzw. F.)
Rechnungsprüfung (F.) audit (N.)
Recht (N.) (Rechtsanspruch) right (N.), interest (N.)
Recht (N.) (Rechtsordnung) law (N.)
Recht (N.) am eigenen Bild privilege (N.) as to one's own image
Recht (N.) am eingerichteten und ausgeübten Gewerbebetrieb right (N.) to one's business establishment

rechtfertigen justify (V.), warrant (V.)
Rechtfertigung (F.) justification (N.), warranty (N.)
Rechtfertigungselement (N.) element (N.) of justification
Rechtfertigungsgrund (M.) legal justification (N.), ground (N.) of justification, privilege (N.)
rechtlich legal (Adj.), jural (Adj.), juridical (Adj.)
rechtliche Einwendung (F.) demurrer (N.)
rechtliches Gehör (N.) due process (N.) of law
rechtlos rightless (Adj.), without rights, deprived (Adj.) of rights
Rechtlosigkeit (F.) rightlessness (N.)
rechtmäßig lawful (Adj.), legitimate (Adj.), legal (Adj.), proper (Adj.)
Rechtmäßigkeit (F.) lawfulness (N.), legality (N.), legitimacy (N.)
Rechtsakt (M.) legally relevant act (N.), legally relevant conduct (N.)
Rechtsakte (F.) der Europäischen Gemeinschaften legally relevant act (N.) of the European Community
Rechtsakzeptanz (F.) acceptance (N.) of law
Rechtsanalogie (F.) analogous law (N.)
Rechtsanspruch (M.) legal claim (N.), title (N.)
Rechtsanwalt (M.) lawyer (M. bzw. F.), solicitor (M. bzw. F.) (br.), attorney (M. bzw. F.) (am.), attorney (M. bzw. F.) at law (am.), advocate (M. bzw. F.)
Rechtsanwaltsfachangestellter (M.) skilled clerk (M. bzw. F.) in a law office
Rechtsanwaltsgehilfe (M.) clerk (M. bzw. F.) in a law office
Rechtsanwendung (F.) application (N.) of law
Rechtsaufsicht (F.) supervisory control (N.), legal supervision (N.)
Rechtsausschuß (M.) Law Commission (N.) (brit.)
Rechtsausübung (F.) exercise (N.) of a right
Rechtsbegriff (M.) legal conception (N.), nomen (N.) juris
Rechtsbehelf (M.) legal redress (N.), legal remedy (N.), judicial remedy (N.)

Rechtsbehelfsbelehrung (F.) instruction (N.) about legal remedies available

Rechtsbeistand (M.) legal counsel (M. bzw. F.), legal assistance (N.), advocate (M. bzw. F.)

Rechtsberater (M.) legal adviser (M. bzw. F.), counsellor (M. bzw. F.) (am.)

Rechtsberatung (F.) legal advice (N.), legal aid (N.)

Rechtsbereinigung (F.) repealing (N.) obsolete statutes

Rechtsbeschwerde (F.) appeal (N.) on points of law

Rechtsbesitz (M.) legal possession (N.), naked possession (N.)

Rechtsbeugung (F.) perversion (N.) of justice, perversion (N.) of law, miscarriage (N.) of justice

Rechtsbindungswille (M.) willingness (N.) to enter into a commitment

Rechtsblindheit (F.) recklessly ignoring (N.) the law

Rechtsdogmatik (F.) dogmatics (N.) of law

Rechtseinheit (F.) legal uniformity (N.)

Rechtsentscheid (M.) legal decision (N.)

Rechtserwerb (M.) acquisition (N.) of a right, acquisition (N.) of a title

rechtsfähig having legal capacity (Adj.)

rechtsfähiger Verein (M.) incorporated society (N.)

Rechtsfähigkeit (F.) legal capacity (N.), juristic personality (N.), legal status (N.)

Rechtsfolge (F.) legal consequence (N.)

Rechtsfolgenirrtum (M.) mistake (N.) as to the legal consequences

Rechtsfolgewille (M.) willingness (N.) to create legal consequences

Rechtsfortbildung (F.) updating (N.) of the law

Rechtsgang (M.) practice (N.) of the court, court proceedings (N.Pl.)

Rechtsgebiet (N.) branch (N.) of law

Rechtsgeschäft (N.) legal transaction (N.), juristic act (N.)

rechtsgeschäftsähnliche Handlung (F.) act (N.) of the party, contractual act (N.)

Rechtsgeschichte (F.) history (N.) of law, legal history (N.)

Rechtsgrund (M.) cause (N.) in law, legal basis (N.)

Rechtsgrundsatz (M.) principle (N.) of law, legal maxim (N.)

Rechtsgut (N.) object (N.) of legal protection

Rechtsgutachten (N.) legal opinion (N.), counsel's opinion (N.), counsel's advice (N.)

Rechtshandlung (F.) legal act (N.), lawful act (N.)

rechtshängig pending (Adj.) in court, sub judice (Adj.)

Rechtshängigkeit (F.) pendency (N.), litispendence (N.)

Rechtshilfe (F.) legal aid (N.), juristic assistance (N.)

Rechtsinformatik (F.) computer science (N.) in the field of law

Rechtsinstitut (N.) legal institution (N.)

Rechtsirrtum (M.) error (N.) in law, judicial error (N.)

Rechtskraft (F.) legal force (N.), legal validity (N.)

rechtskräftig absolute (Adj.), indefeasible (Adj.), unappealable (Adj.)

Rechtslage (F.) legal status (N.), legal position (N.)

Rechtsmangel (M.) cloud (N.) on title, defect (N.) in title, deficiency (N.) in title

Rechtsmißbrauch (M.) abuse (N.) of title, abuse (N.) of law

Rechtsmittel (N.) legal remedy (N.), appeal (N.), remedy (N.), relief (N.)

Rechtsmittelbelehrung (F.) instruction (N.) about a person's right to appeal, caution (N.)

Rechtsmittelgericht (N.) appellate court (N.)

Rechtsmittelverzicht (M.) waiver (N.) of right to appeal

Rechtsnachfolge (F.) succession (N.), succession (N.) in title

Rechtsnachfolger (M.) legal successor (M. bzw. F.), successor (M. bzw. F.) in interest, assign (M. bzw. F.)

Rechtsnachteil (M.) legal detriment (N.), legal disadvantage (N.)

Rechtsnorm (F.) legal norm (N.), rule (N.) of law

Rechtsobjekt (N.) legal object (N.), object (N.) of a right

Rechtsordnung (F.) legal system (N.), legal regime (N.)

Rechtspersönlichkeit (F.) legal personality (N.), legal status (N.)

Rechtspflege (F.) administration (N.) of justice, judicature (N.)

Rechtspfleger (M.) clerk (M. bzw. F.) of the court, judicial officer (M. bzw. F.), master (M. bzw. F.)

Rechtspflicht (F.) legal duty (N.), legal obligation (N.)

Rechtsphilosophie (F.) legal philosophy (N.), philosophy (N.) of law

Rechtspolitik (F.) legal policy (N.)

Rechtspositivismus (M.) legal positivism (N.)

Rechtspraxis (F.) legal practice (N.) (br.), legal practise (N.) (am.), practice (N.) of the courts (br.), practise (N.) of the courts (am.)

Rechtsprechung (F.) jurisdiction (N.), dispensation (N.)

Rechtsquelle (F.) source (N.) of law

Rechtsreferendar (M.) trainee (M. bzw. F.) in the judicial service, trainee lawyer (M. bzw. F.)

Rechtssatz (M.) legal rule (N.), legal provision (N.)

Rechtsschein (M.) appearance (N.) of a legal position, prima facie entitlement (N.), color (N.) of law (am.), color (N.) of title (am.). colour (N.) of law (N.) (br.), colour (N.) of title (br.)

Rechtsschöpfung (F.) creation (N.) of laws, lawmaking (N.)

Rechtsschule (F.) school (N.) of law

Rechtsschutz (M.) protection (N.) of law, legal protection (N.)

Rechtsschutzbedürfnis (N.) legitimate interest (N.) to take legal action

Rechtsschutzversicherung (F.) insurance (N.) for legal costs

Rechtssicherheit (F.) legal security (N.), certainty (N.) of the law

Rechtssoziologie (F.) sociology (N.) of law

Rechtssprache (F.) legal language (N.)

Rechtssprichwort (N.) legal proverb (N.)

Rechtsstaat (M.) constitutional state (N.)

Rechtsstaatsprinzip (N.) principle (N.) of due course of law, rule (N.) of law

Rechtsstreit (M.) litigation (N.), lawsuit (N.), suit (N.), cause (N.)

Rechtsstreitigkeit (F.) legal dispute (N.), litigation (N.)

Rechtssubjekt (N.) legal subject (M. bzw. F.), holder (M. bzw. F.) of rights, entity (N.)

Rechtssymbol (N.) symbol (N.) of law

Rechtssystem (N.) legal system (N.)

Rechtsübergang (M.) devolution (N.) of title, transmission (N.) of rights

Rechtsübertragung (F.) transfer (N.) of title, assignment (N.), subrogation (N.)

Rechtsunsicherheit (F.) legal uncertainty (N.), uncertainty (N.) as to what the law is

rechtsunwirksam invalid (Adj.), legally ineffective (Adj.), of no legal force

Rechtsverfolgung (F.) prosecution (N.)

Rechtsvergleichung (F.) comparative jurisprudence (N.), comparative law (N.)

Rechtsverhältnis (N.) privity (N.), legal relationship (N.), legal relations (N.Pl.)

Rechtsverkehr (M.) legal relations (N.Pl.)

Rechtsverletzung (F.) violation (N.) of law, infringement (N.) of rights

Rechtsvermutung (F.) presumtion (N.) of law

Rechtsverordnung (F.) statutory order (N.), decree (N.), order (N.), statutory instrument (N.)

Rechtsverweigerung (F.) refusal (N.) of justice, denial (N.) of justice

Rechtsverwirkung (F.) estoppel (N.)

Rechtsvorgänger (M.) predecessor (M. bzw. F.) in title

Rechtsweg (M.) course (N.) of law, legal process (N.), judical process (N.)

Rechtsweggarantie (F.) guarantee (N.) of access to the courts

Rechtswegzulässigkeit (F.) access (N.) to the courts

rechtswidrig illegal (Adj.), unlawful (Adj.)

rechtswidrige Einwirkung (F.) trespass (N.)

Rechtswidrigkeit (F.) illegality (N.), unlawfulness (N.)

Rechtswissenschaft (F.) jurisprudence (N.)

Rechtswohltat (F.) legal benefit (N.), benefit (N.) of the law

Rechtszug (M.) instance (N.), recourse to legal process (N.)

Rediskontierung (F.) rediscounting (N.)

redlich honest (Adj.), in good faith

Redlichkeit (F.) good faith (N.), uprightness (N.), integrity (N.), sincerity (N.)

Reduktion (F.) reduction (N.)
Reede (F.) roadsteed (N.), roads (N.Pl.)
Reeder (M.) shipowner (M. bzw. F.)
Reederei (F.) (Schiffahrtsunternehmen) shipping company (N.)
Reederei (F.) (Schiffahrtswesen) shipping trade (N.), shipping business (N.)
Referat (N.) (Abteilung) department (N.)
Referat (N.) (Vortrag) report (N.)
Referendar (M.) post-graduate civil service trainee (M. bzw. F.)
Referendum (N.) referendum (N.)
Referent (M.) (Referatsleiter) head (M. bzw. F.) of section
Referent (M.) (Vortragender) reporter (M. bzw. F.), rapporteur (M. bzw. F.)
referieren report (V.)
Reform (F.) reform (N.)
reformatio (F.) in peius (lat.) worsening (N.) of sentence on appeal
Reformation (F.) Reformation (N.)
reformieren reform (V.)
Regel (F.) rule (N.), guiding rule (N.)
Regel (F.) der Präjudizienbindung stare-decisis-rule (N.)
Regelbedarf (M.) normal requirement (N.)
regeln regulate (V.), settle (V.)
Regelstrafe (F.) normal penalty (N.)
Regelung (F.) regulation (N.), settlement (N.)
Regelunterhalt (M.) periodic payment (N.) according to normal requirement
Regent (M.) ruler (M. bzw. F.), sovereign (M. bzw. F.), regent (M. bzw. F.)
Regiebetrieb (M.) ancillary municipal enterprise (N.), public undertaking (N.)
regieren govern (V.)
Regierung (F.) government (N.), administration (N.)
Regierungsbezirk (M.) administrative district (N.)
Regierungspräsident (M.) chief official (M. bzw. F.) in a district
Regierungsrat (M.) (Beamtentitel) senior executive officer (M. bzw. F.)
Regierungsrat (M.) (Kantonsregierung in der Schweiz) cantonal government (N.)
Regierungsvorlage (F.) Command paper (N.), Government bill (N.)
Regime (N.) regime (N.)

Regiment (N.) regiment (N.)
Region (F.) region (N.)
regional regional (Adj.)
Register (N.) register (N.), registry (N.), index (N.)
Registratur (F.) filing department (N.), registry (N.)
registrieren register (V.), record (V.)
Regreß (M.) recourse (N.), redress (N.)
Regulation (F.) regulation (N.)
regulieren regulate (V.), adjust (V.), settle (V.)
Regulierung (F.) regulation (N.), adjustment (N.), settlement (N.)
Rehabilitation (F.) rehabilitation (N.)
rehabilitieren rehabilitate (V.)
Reich (N.) empire (N.), realm (N.)
Reich (N.) (Deutsches Reich 1871-1945) Reich (N.)
Reichsgericht (N.) Supreme Court (N.) of the German Reich
Reichsgesetz (N.) Reich law (N.)
Reichsgesetzblatt (N.) Reich Law Gazette (N.)
Reichsgesetzblatt (N.) (Reichsgesetzblatt in Österreich) Imperial Law Gazette (N.)
Reichskanzler (M.) Reich Chancellor (M.)
Reichspräsident (M.) Reich President (M.)
Reichsrat (M.) Imperial Senate (N.)
Reichsrat (M.) (Reichsrat in Österreich) Imperial Parliament (N.)
Reichsregierung (F.) Reich Government (N.)
Reichstag (M.) German Diet (N.)
Reichsverfassung (F.) Constitution (N.) of the German Reich
Reichsversicherungsordnung (F.) Reich Insurance Code (N.)
Reichsverweser (M.) regent (M. bzw. F.), protector (M. bzw. F.)
Reife (F.) maturity (N.), matureness (N.)
Reifeprüfung (F.) school-leaving examination (N.), "A"-levels (N.Pl.) (br.)
Reingewinn (M.) clear profit (N.), net profit (N.)
Reinigungseid (M.) purgative oath (N.)
Reinvermögen (N.) net worth (N.)
Reise (F.) journey (N.), trip (N.)
Reisegewerbe (N.) itinerant trade (N.), itinerant occupation (N.)

Reisekosten (Pl.) travelling expenses (N. Pl.) (br.), travel expenses (N.Pl.) (am.)
Reisekostenrecht (N.) travelling expenses law (N.) (br.), travel expenses law (N.) (am.)
reisen travel (V.)
Reisepaß (M.) passport (N.)
Reiserecht (N.) law (N.) on travelling
Reisescheck (M.) traveller's cheque (N.) (br.), traveller's check (N.) (am.)
Reiseversicherung (F.) travel insurance (N.), voyage insurance (N.)
Reisevertrag (M.) travel contract (N.), contract (N.) of tourism
reiten ride (V.), go (V.) on horseback, go (V.) for a ride
Reitweg (M.) bridle-path (N.), bridleway (N.)
Rekrut (M.) recruit (M. bzw. F.)
Rektapapier (N.) unendorsable title (N.), non-negotiable instrument (N.)
Rektor (M.) (Rektor einer Universität) rector (M. bzw. F.), president (M. bzw. F.) (am.), vice-chancellor (M. bzw. F.) (br.)
Rektor (M.) (Rektor einer Volksschule) headmaster (M.)
Rektorat (N.) (Rektorat einer Universität) rector's office (N.), vice-chancellor's office (N.) (br.)
Rektorat (N.) (Rektorat einer Volksschule) headmaster's room (N.)
Rekurs (M.) recourse (N.)
Relation (F.) relation (N.), relationship (N.)
relativ relative (Adj.)
relative Mehrheit (F.) relative majority (N.), plurality (N.)
relative Unwirksamkeit (F.) uneffectiveness (N.) as between the parties
relatives Recht (N.) relative right (N.)
Relegation (F.) expulsion (N.)
relevant relevant (Adj.), pertinent (Adj.), significant (Adj.)
Relevanz (F.) relevancy (N.), significance (N.), relevance (N.)
Religion (F.) religion (N.)
Religionsfreiheit (F.) religious freedom (N.), religious liberty (N.)
Religionsgesellschaft (F.) religious society (N.)
Religionsunterricht (M.) religious education (N.)
Remittent (M.) payee (M. bzw. F.) of a bill

of exchange
Remonstration (F.) remonstrance (N.), formal protest (N.), representation (N.)
Remonstrationspflicht (F.) public officer's duty to remonstrate
remuneratorisch remunerative (Adj.)
remuneratorische Schenkung (F.) remunerative gift (N.)
Rendite (F.) yield (N.), return (N.)
Rente (F.) pension (N.), social insurance pension (N.), annuity (N.)
Rentenanspruch (M.) pension entitlement (N.)
Rentenrecht (N.) law (N.) relating to social security pensions
Rentenschuld (F.) annuity charge (N.), annuity land charge (N.)
Rentenversicherung (F.) pension insurance fund (N.), social pension insurance (N.), pension scheme (N.)
Rentner (M.) pensioner (M. bzw. F.), social insurance pensioner (M. bzw. F.)
Renvoi (M.) renvoi (N.)
Reparation (F.) reparation (N.)
Reparatur (F.) repair (N.), repair work (N.), repairing (N.)
reparieren repair (V.)
repetieren repeat (V.)
Repetitor (M.) coach (M. bzw. F.), tutor (M. bzw. F.)
Repetitorium (N.) refresher course (N.)
Replik (F.) reply (N.), replication (N.), reply comment (N.), answer (N.)
Repräsentant (M.) representative (M. bzw. F.), exponent (M. bzw. F.)
Repräsentantenhaus (N.) House (N.) of Representatives (am.)
Repräsentation (F.) representation (N.)
Repräsentationsprinzip (N.) principle (N.) of representation
repräsentativ representative (Adj.), represential (Adj.)
repräsentative Demokratie (F.) representative democracy (N.)
repräsentieren represent (V.)
Repressalie (F.) reprisal (N.), retaliation (N.)
Repression (F.) repression (N.)
repressiv repressive (Adj.)
repressives Verbot (N.) repressive interdiction (N.)

reprivatisieren denationalize (V.)
Reprivatisierung (F.) restoration (N.) to private ownership, denationalization (N.)
Republik (F.) republic (N.)
Republikaner (M.) republican (M. bzw. F.)
Republikaner (M.Pl.) (politische Partei in den USA) Republicans (Pl.), GOPs (Pl.)
republikanisch republican (Adj.)
Requisition (F.) requisitioning (N.)
Reservation (F.) reservation (N.)
Reserve (F.) reserve (N.)
reservieren book (V.), reserve (V.)
Reservist (M.) reservist (M.)
Residenz (F.) residence (N.)
Residenzpflicht (F.) residence requirement (N.)
Resolution (F.) resolution (N.)
resolutiv resolutory (Adj.)
Resolutivbedingung (F.) resolutory condition (N.), dissolving condition (N.)
resozialisieren rehabilitate (V.)
Resozialisierung (F.) social adjustment (N.), rehabilitation (N.)
Ressort (N.) department (N.), purview (N.), portfolio (N.)
Rest (M.) rest (N.), residue (N.), remainder (N.)
restitutio (F.) in integrum (lat.) restoration (N.) to the previous condition
Restitution (F.) restitution (N.), restoration (N.) of property
Restitutionsklage (F.) proceedings (N.Pl.) for restitution
Restkaufpreishypothek (F.) purchase-money mortgage (N.)
restlich remaining (Adj.), left (Adj.) over, residual (Adj.), residuary (Adj.)
restriktiv restrictive (Adj.)
Retention (F.) retention (N.), holding back (N.)
Retentionsrecht (N.) right (N.) of retention
Retorsion (F.) retorsion (N.), retaliation (N.)
Reue (F.) remorse (N.), repentance (N.)
Reugeld (N.) salvage-money (N.)
Revier (N.) (Forstrevier) forestry district (N.)
Revier (N.) (Polizeirevier) police district (N.)
revisibel reversible (Adj.) on error
Revision (F.) (Revision im Handelsrecht) auditing (N.), audit (N.)

Revision (F.) (Revision im Zivilprozeßrecht) writ (N.) of error, appeal (N.) on points of law
Revisionsgericht (N.) appeal court (N.), court (N.) of appeal
Revisionsgericht (N.) Appeal Court (N.), Court (N.) of Appeal
Revisionsgrund (M.) error (N.), common error (N.)
Revolution (F.) revolution (N.)
Rezeption (F.) reception (N.)
rezipieren take (V.) gradually over a foreign system of law
reziprok reciprocal (Adj.)
reziprokes Testament (N.) reciprocal will (N.), mutual will (N.)
Reziprozität (F.) mutuality (N.), reciprocity (N.)
Rheinland-Pfalz (N.) Rhineland-Palatinate (F.)
Rhetorik (F.) rhetoric (N.)
richten set (V.) right, arrange (V.), put (V.) in order, repair (V.), straighten (V.), direct (V.), level (V.) at, address (V.), depend (V.) on, follow (V.), judge (V.), pass (V.) sentence on, pronounce (V.) sentence on, condemn (V.)
Richter (M.) judge (M. bzw. F.), justice (M. bzw. F.)
Richter (M.) (Richter am U.S. Supreme Court) associate judge (M. bzw. F.) (am.)
Richteramt (N.) judgeship (N.), justiceship (N.)
Richteramtsbefähigung (F.) qualification (N.) to exercise the function of a judge
richterlich judicial (Adj.), judiciary (Adj.)
richterliche Haftprüfung (F.) habeas corpus (N.) (lat.)
Richterprivileg (N.) privilege of judges
Richterrecht (N.) judge-made law (N.)
Richterschaft (F.) judiciary (N.), justiciary (N.)
Richterspruch (M.) verdict (N.), judgement (N.), ruling (N.), judicial decision (N.), sentence (N.), decree (N.), finding (N.)
richtig right (Adj.), correct (Adj.), proper (Adj.), suitable (Adj.), just (Adj.), fair (Adj.)
Richtlinie (F.) directive (N.), guidance (N.), rule (N.)

Richtung (F.) direction (N.), course (N.), trend (N.), views (N.Pl.)
Rigorosum (N.) doctoral viva
Risiko (N.) risk (N.), peril (N.), danger (N.), hazard (N.)
Risikoübernahme (F.) assumption (N.) of risk
Ritter (M.) knight (M.)
Rittergut (N.) manor (N.), nobleman's estate (N.)
Robe (F.) gown (N.), robe (N.)
Rolle (F.) roll (N.), scroll (N.)
römisch Roman (Adj.)
römisches Recht (N.) Roman law (N.)
Rota (F.) Romana (lat.) Sacred Roman Rota (N.)
Rotation (F.) rotation (N.)
Rotte (F.) (Gruppe von Menschen) mob (N.), gang (N.), horde (N.)
Rubrum (N.) caption (N.), recitals (N.Pl.), title reference (N.)
Rückbürge (M.) counter-surety (M. bzw. F.), counter-guarantor (M. bzw. F.)
Rückbürgschaft (F.) counter-surety (N.), back-to-back-guarantee (N.)
rückerstatten restore (V.), return (V.), refund (V.), repay (V.), reimburse (V.)
Rückerstattung (F.) return (N.), restitution (N.), restoration (N.), repayment (N.), refund (N.), reimbursement (N.)
Rückfall (M.) relapse (N.), recidivism (N.), reversion (N.)
rückfällig relapsing (Adj.), recidivous (Adj.)
Rückfalltäter (M.) recidivist (M. bzw. F.)
rückfordern claim (V.) back, reclaim (V.)
Rückforderung (F.) reclamation (N.), clawback (N.)
Rückgewähr (F.) return (N.), restitution (N.)
Rückgewähranspruch (M.) claim (N.) for restitution
Rückgewährschuldverhältnis (N.) obligation (N.) of restitution
Rückgriff (M.) recourse (N.)
Rücklage (F.) reserve (N.), reserve fund (N.), provision (N.)
Rücknahme (F.) taking back (N.), withdrawal (N.), retraction (N.)
Rückseite (F.) back (N.), rear (N.), reverse (N.)
Rücksicht (F.) regard (N.), consideration

(N.), respect (N.)
rücksichtslos reckless (Adj.), unfeeling (Adj.), inconsiderate (Adj.), ruthless (Adj.)
Rückstellung (F.) special reserve (N.), special contigency reserve (N.), provision (N.)
Rückstellungen (F.Pl.) appropriated surplus (N.)
Rücktritt (M.) resignation (N.), withdrawal (N.) from, abandonment (N.) of priority
Rücktritt (M.) vom Versuch renunciation (N.), cancellation clause (N.)
Rücktrittsklausel (F.) escape clause (N.)
Rücktrittsrecht (N.) right (N.) of cancellation, right (N.) of withdrawal from a contract
Rückversicherung (F.) reinsurance (N.)
Rückverweisung (F.) referring back (N.), renvoi (N.), cross-reference (N.)
rückwirkend ex post facto (lat.), retroactive (Adj.), retrospective (Adj.)
Rückwirkung (F.) retroactive force (N.), retroactivity (N.)
Rückwirkungsverbot (N.) prohibition (N.) on retroactive legislation
Rückzahlung (F.) payback (N.), back payment (N.), redemption (N.), repayment (N.), amortization (N.)
Ruf (M.) reputation (N.), standing (N.), repute (N.), name (N.), credit (N.), fame (N.), renown (N.)
Rüge (F.) rebuke (N.), reprehension (N.), reprimand (N.)
rügen rebuke (V.), reprimand (V.), notify (V.) a defect, censure (V.)
Rügepflicht (F.) requirement (N.) to notify a defect
Ruhe (F.) rest (N.), recreation (N.), silence (N.)
Ruhegehalt (N.) retirement pension (N.), retired pay (N.), pension (N.)
ruhen rest (V.), be (V.) suspended
Ruhen (N.) des Verfahrens suspension (N.) of proceedings
Ruhestand (M.) retirement (N.)
Ruhestandsverhältnis (N.) relationship (N.) of retirement
Ruhestörung (F.) breach (N.) of the peace, disorder (N.), disturbance (N.)
Rundfunk (M.) radio (N.)

Rundfunkfreiheit (F.) freedom (N.) of broadcasting
rüsten prepare (V.), arm (V.), get (V.) ready
Rüstung (F.) armament (N.)

S

Saarland (N.) Saarland (F.)
Saat (F.) (Aussäen) seeding (N.)
Saat (F.) (Saatgut) seeds (N.Pl.)
Sabotage (F.) sabotage (N.)
sabotieren sabotage (V.)
Sachbearbeiter (M.) employee (M. bzw. F.) in charge, subject specialist (M. bzw. F.), clerk (M. bzw. F.)
Sachbefugnis (F.) entitlement (N.) to a cause of action, authority (N.) to claim
Sachbeschädigung (F.) damage (N.) to property, injury (N.) to property
Sache (F.) (Angelegenheit) matter (N.), case (N.), affair (N.), business (N.), cause (N.)
Sache (F.) (Ding) thing (N.), physical object (N.)
Sacheinlage (F.) subscription (N.) in kind, investment (N.) in kind
Sachenrecht (N.) real law (N.), law (N.) of property, law (N.) of things
Sachfirma (F.) objective firm name (N.)
Sachgesamtheit (F.) impersonal entity (N.)
Sachherrschaft (F.) possession (N.)
Sachinbegriff (M.) aggregate (N.) of things, entirety (N.) of things
Sachkunde (F.) technical competence (N.), expert knowledge (N.)
Sachlegitimation (F.) legitimacy (N.) as the proper party
sachlich factual (Adj.), objective (Adj.), material (Adj.)
sachliche Zuständigkeit (F.) jurisdiction (N.) over the subject
Sachmangel (M.) defect (N.) of quality, fault (N.), redhibitory defect (N.)
Sachsen (N.) Saxony (F.)
Sachsen-Anhalt (N.) Saxony-Anhalt (F.)
Sachurteil (N.) judgement (N.) on the merits
Sachverhalt (M.) state (N.) of facts, facts (N.Pl.) of the case
Sachversicherung (F.) property insurance

(N.), non-life insurance (N.)
sachverständig expert (Adj.), competent (Adj.)
Sachverständiger (M.) expert (M. bzw. F.), specialist (M. bzw. F.), expert witness (M. bzw. F.)
Sachvortrag (M.) averment (N.)
Sachwalter (M.) agent (M. bzw. F.), private attorney (M. bzw. F.)
Sachwucher (M.) usurious enrichment (N.), predatory dealing (N.)
Sachzusammenhang (M.) factual connection (N.)
Sackgasse (F.) blind alley (N.), dead-end (N.) (am.)
Sadismus (M.) sadism (N.)
Sakrament (N.) sacrament (N.)
Sakrileg (N.) sacrilege (N.)
Säkularisation (F.) secularization (N.)
säkularisieren secularize (V.)
saldieren balance (V.), settle (V.)
Saldo (M.) balance (N.)
Sammelladung (F.) consolidated shipment (N.), collective consignment (N.)
sammeln collect (V.), gather (V.)
Sammelwerk (N.) compilation (N.)
Sammlung (F.) collection (N.), compilation (N.)
sanieren reconstruct (V.), rehabilitate (V.), stabilize (V.), sanitate (V.)
Sanierung (F.) reconstruction (N.), sanitation (N.), reorganization (N.)
Sanktion (F.) sanction (N.)
sanktionieren sanction (V.), confirm (V.)
Satisfaktion (F.) satisfaction (N.)
Satz (M.) (in sich geschlossene Abfolge von Wörtern) sentence (N.)
Satz (M.) (Satz in der Drucktechnik) composition (N.)
Satz (M.) (Tarif) rate (N.)
Satz (M.) (zusammengehörige Gegenstände) set (N.)
Satzung (F.) charter (N.), articles (N.Pl.) of incorporation, articles (N.Pl.) of association
satzungsgemäß constitutional (Adj.), statutory (Adj.)
Satzungsrecht (N.) statutory law (N.)
Säumnis (F.) delay (N.), dilatoriness (N.)
schaden harm (V.), hurt (V.), do (V.) damage

Schaden (M.) damage (N.), loss (N.), harm (N.)

Schadensersatz (M.) compensation (N.) for damage, compensatory damages (N.Pl.), restitution (N.), indemnification (N.)

Schadensersatzanspruch (M.) damage claim (N.), claim (N.) for compensation

Schadensfreiheitsrabatt (M.) no-claims bonus (N.)

Schadensversicherung (F.) indemnity insurance (N.), compensation insurance (N.)

schädigen damage (V.), harm (V.), prejudice (V.)

Schädiger (M.) (Schädiger im Privatrecht) tortfeasor (M. bzw. F.)

schädlich injurious (Adj.), damaging (Adj.), harmful (Adj.), noxious (Adj.)

schädliche Neigung (F.) proclivity (N.), destructive leanings (N.Pl.), damaging tendency (N.)

Schadloshaltung (F.) indemnification (N.)

Schaffner (M.) conductor (M. bzw. F.)

Schafott (N.) scaffold (N.)

Schalter (M.) (Ort an dem Publikum bedient wird) counter (N.)

Schande (F.) disgrace (N.), shame (N.)

Schändung (F.) ravishment (N.), rape (N.)

Schankkonzession (F.) licence (N.) for sale of alcoholic drinks (brit.), license (N.) for sale of alcoholic drinks (am.), licence (N.) to sell liquor, liquor licence (N.)

Scharfrichter (M.) executioner (M.)

Schatz (M.) treasure (N.)

schätzen estimate (V.), assess (V.), appraise (V.), appreciate (V.)

Schatzfund (M.) treasure-trove (N.)

Schatzkanzler (M.) (Schatzkanzler in Großbritannien) Chancellor (M. bzw. F.) of the Exchequer (brit.)

Schätzung (F.) estimate (N.), assessment (N.) (brit.), assessed valuation (N.) (am.), appraisal (N.)

Scheck (M.) cheque (N.) (br.), check (N.) (am.)

Scheckkarte (F.) cheque card (N.) (br.), check card (N.) (am.)

Scheidemünze (F.) divisional coin (N.), subsidiary coin (N.)

scheiden divorce (V.)

Scheidung (F.) divorce (N.)

Schein (M.) appearance (N.)

Scheinbestandteil (M.) fictitious element (N.)

Scheinehe (F.) fictitious marriage (N.), mock marriage (N.), marriage (N.) of convenience

Scheinerbe (M.) presumptive heir (M. bzw. F.)

Scheingericht (N.) kangaroo court (N.)

Scheingeschäft (N.) fictitious bargain (N.), sham transaction (N.)

Scheinkaufmann (M.) merchant (M. bzw. F.) by appearance

Scheintod (M.) apparent death (N.)

Scheinurteil (N.) fictitious judgement (N.)

Scheinvollmacht (F.) ostensible agency (N.), apparent authority (N.)

scheitern break (V.) down, fail (V.)

Scheitern (N.) der Ehe irretrievable breakdown (N.) of marriage, failure (N.) of marriage

Schelte (F.) scolding (N.), chiding (N.)

schelten scode (V.), chide (V.)

schenken donate (V.), make (V.) a gift, endow (V.)

Schenker (M.) donor (M.), giver (M.)

Schenkerin (F.) donatrix (F.), giver (F.)

Schenkung (F.) gift (N.), present (N.), donation (N.)

Schenkung (F.) von Todes wegen gift (N.) causa mortis

Schenkungsempfänger (M.) donee (M. bzw. F.)

Schenkungsteuer (F.) gift tax (N.), tax (N.) on donations

Scherz (M.) jest (N.), joke (N.)

Schicht (F.) (Arbeitszeit) shift (N.)

Schicht (F.) (Lage) layer (N.)

Schichtarbeit (F.) shift work (N.)

schicken send (V.), dispatch (V.), consign (V.)

Schicksal (N.) fate (N.)

Schickschuld (F.) obligation (N.) to be performed at the debtor's place of business

Schiedsgericht (N.) court (N.) of arbitration, tribunal (N.)

Schiedsgutachter (M.) arbitrator (M. bzw. F.), adjudicator (M. bzw. F.)

Schiedsklausel (F.) arbitration clause (N.), obligation (N.) to arbitrate, future disputes clause (N.)

Schiedsmann (M.) arbitrator (M. bzw. F.), official referee (M. bzw. F.)

Schiedsrichter (M.) (im Rechtswesen) arbitrator (M. bzw. F.)

Schiedsrichter (M.) (im Sport) referee (M. bzw. F.)

Schiedsspruch (M.) arbitral award (N.), arbitration award (N.)

Schiedsstelle (F.) arbitration board (N.)

Schiedsvertrag (M.) arbitration agreement (N.), arbitration clause (N.)

schießen shoot (V.), fire (V.)

Schiff (N.) ship (N.), vessel (N.), boat (N.)

Schiffahrt (F.) shipping (N.), navigation (N.)

Schiffahrtsgericht (N.) naval court (N.), navigation court (N.)

Schiffbruch (M.) shipwreck (N.), wreck (N.)

Schiffspfandrecht (N.) maritime lien (N.)

Schikane (F.) chicanery (N.), vexation (N.), harassment (N.)

Schikaneverbot (N.) prohibition (N.) of chicanery

schikanieren use (V.) chicanery, vex (V.), harass (V.)

schikanös vexatious (Adj.), spiteful (Adj.)

schikanöse Prozeßführung (F.) vexatious litigation (N.)

Schilling (M.) shilling (N.)

schimpfen scold (V.), grumble (V.)

schinden maltreat (V.), strain (V.)

Schinder (M.) taskmaster (M.), oppressor (M. bzw. F.)

Schirmherr (M.) sponsor (M. bzw. F.), patron (M. bzw. F.)

Schisma (N.) schism (N.)

Schizophrenie (F.) schizophrenia (N.)

Schlag (M.) stroke (N.), knock (N.), blow (N.)

Schlagbaum (M.) toll bar (N.)

schlagen beat (V.), hit (V.), strike (V.)

Schläger (M.) (Person) thug (M. bzw. F.), ruffian (M. bzw. F.)

Schlägerei (F.) brawl (N.), fight (N.), row (N.), affray (N.)

Schlechterfüllung (F.) malperformance (N.), misperformance (N.)

Schlechtleistung (F.) poor workmanship (N.), insuffiecent performance (N.)

Schleswig-Holstein (N.) Schleswig-Holstein (F.)

schlichten (einen Streit friedlich beenden) conciliate (V.), settle (V.) amicably

Schlichter (M.) adjudicator (M. bzw. F.), arbitrator (M. bzw. F.), official mediator (M. bzw. F.)

Schlichtung (F.) settlement (N.), conciliation (N.), mediation (N.), aritration (N.)

Schlichtungsstelle (F.) mediation agency (N.)

schließen (vereinbaren) conclude (V.)

schließen (zumachen) shut (V.), close (V.)

Schließung (F.) closing (N.), closure (N.) (brit.), cloture (N.) (am.), shut-down (N.)

Schluß (M.) (Beendigung) termination (N.), closure (N.)

Schluß (M.) (Folgerung) conclusion (N.), presumption (N.)

Schlüssel (M.) key (N.)

Schlüsselgewalt (F.) wife's authorization (N.) to purchase necessaries

schlüssig conclusive (Adj.), convincing (Adj.), logical (Adj.)

schlüssiges Handeln (N.) conclusive action (N.)

Schlüssigkeit (F.) conclusiveness (N.)

Schlußverkauf (M.) seasonal sale (N.)

Schlußvortrag (M.) summing up (N.)

Schmerz (M.) pain (N.)

Schmerzensgeld (N.) compensation (N.) for pain and suffering, smart money (N.)

Schmiergeld (N.) bribemoney (N.) (brit.), slush money (N.) (am.)

Schmuggel (M.) smuggling (N.)

schmuggeln smuggle (V.)

Schmuggler (M.) smuggler (M. bzw. F.)

Schock (M.) shock (N.)

Schöffe (M.) lay assessor (M. bzw. F.), unpaid magistrate (M. bzw. F.), juror (M. bz. F.), juryman (M.), jurywoman (F.)

Schöffenbank (F.) (Schöffenbank im angloamerikanischen Recht) jury box (N.) (am.)

Schöffengericht (N.) magistrates' court (N.)

schonen take (V.) care of

Schönheitsreparatur (F.) interior decorative repair (N.)

Schonzeit (F.) close season (N.)

schöpfen (erschaffen) create (V.)

Schöpfung (F.) creation (N.)
Schornstein (M.) chimney (N.)
Schornsteinfeger (M.) chimney sweep (M.
bzw. F.)
Schornsteinfegergesetz (N.) act (N.) on
chimney-sweeps
Schranke (F.) gate (N.), bar (N.), barrier
(N.)
schrecken frighten (V.), scare (V.)
Schreibtischtäter (M.) desk murderer (M.
bzw. F.)
Schrift (F.) writing (N.), pamphlet (N.),
publication (N.)
Schriftform (F.) written form (N.)
Schriftführer (M.) secretary (M. bzw. F.)
schriftlich written (Adj.)
schriftliches Verfahren (N.) written
proceedings (N.Pl.)
Schriftlichkeit (F.) written form (N.)
Schriftsatz (M.) brief (N.), written pleading (N.), pleading (N.)
Schriftwerk (N.) literary work (N.), literary
composition (N.)
Schuld (F.) (Verpflichtung im Privatrecht) debt (N.), obligation (N.), liability
(N.)
Schuld (F.) (Verschulden im Strafrecht)
guilt (N.), fault (N.)
Schuldanerkenntnis (F.) acknowledgement (N.) of indebtedness
Schuldausschließungsgrund (M.) lawful
excuse (N.), reason (N.) excluding punishability
Schuldbeitritt (M.) cumulative assumption
(N.) of debts
schulden owe (V.)
schuldenfrei free (Adj.) from debt
Schuldentilgung (F.) liquidation (N.) of
debts
schuldfähig capable (Adj.) of being guilty
Schuldfähigkeit (F.) criminal responsibility (N.), culpability (N.)
Schuldform (F.) type (N.) of guilt
schuldhaft culpable (Adj.)
Schuldhaft (F.) detention (N.) for debt
schuldig (schuldbehaftet im Strafrecht)
guilty (Adj.)
schuldig (verpflichtet im Privatrecht)
owing (Adj.), payable (Adj.)
Schuldiger (M.) party (M. bzw. F.) at fault,

guilty party (M. bzw. F.), culprit (M. bzw. F.)
Schuldinterlokut (N.) separate finding (N.)
of guilt
Schuldmerkmal (N.) element (N.) of guilt
Schuldner (M.) debtor (M. bzw. F.), obli-
gor (M. bzw. F.)
Schuldnerin (F.) debtrix (F.)
Schuldnerverzeichnis (N.) list (N.) of in-
solvent debtors
Schuldnerverzug (M.) debtor's delay (N.),
mora (N.) debitoris (lat.)
Schuldrecht (N.) law (N.) of obligations
Schuldschein (M.) memorandum (N.) of
debt, promissory note (N.), bond (N.), de-
benture (N.)
Schuldspruch (M.) verdict (N.) of guilty,
conviction (N.)
Schuldübernahme (F.) assumption (N.) of
an obligation, assumption (N.) of a debt
Schuldübernahme (F.) assumption (N.) of
indebtedness
Schuldumschaffung (F.) novation (N.)
schuldunfähig incapable (Adj.) of being
guilty
Schuldunfähigkeit (F.) lack (N.) of crimi-
nal capacity
Schuldverhältnis (N.) obligation (N.), debt
relationship (N.)
Schuldverschreibung (F.) debenture bond
(N.), bond (N.), debt certificate (N.), trea-
sury bond (N.)
Schuldversprechen (N.) promise (N.) to
pay, recognition (N.) of liability
Schuldzinsen (M.Pl.) interest (N.) on debts
Schule (F.) school (N.)
Schüler (M.) pupil (M. bzw. F.), student
(M. bzw. F.) (am.)
Schulgewalt (F.) state power (N.) over
school-bodies and pupils
Schulpflicht (F.) compulsory education (N.)
Schulzwang (M.) compulsory education (N.)
schürfen prospect (V.)
Schuß (M.) shot (N.)
Schußwaffe (F.) fire-arm (N.), gun (N.)
Schutt (M.) rubble (N.)
Schutz (M.) protection (N.), security (N.)
Schutzbereich (M.) area (N.) of protection,
extent (N.) of protection, restricted area (N.)
Schütze (M.) rifleman (M.), shooter (M.
bzw. F.)

schützen protect (V.), safeguard (V.), shield (V.)

Schutzgelderpressung (F.) extortion racket (N.), racketeering (N.)

Schutzgesetz (N.) protective law (N.), remedial statute (N.)

Schutzmann (M.) policeman (M.)

Schutzmaßnahme (F.) safety measure (N.), protective measure (N.), precautionary measure (N.)

Schutzpflicht (F.) duty (N.) to protect

Schutzschrift (F.) caveat (N.)

Schutzzoll (M.) protective duty (N.)

Schutzzweck (M.) protective purpose (N.)

Schwager (M.) brother-in-law (M.)

Schwägerin (F.) sister-in-law (F.)

Schwägerschaft (F.) relationship (N.) by marriage, affinity (N.)

schwanger pregnant (Adj.)

Schwangerschaft (F.) pregnancy (N.)

Schwangerschaftsabbruch (M.) abortion (N.), interruption (N.) of pregnancy

Schwangerschaftsunterbrechung (F.) termination (N.) of pregnancy, induced abortion (N.), abortion (N.)

Schwarzarbeit (F.) illicit work (N.), moonlighting (N.)

Schwarzarbeiter (M.) moonlighter (M. bzw. F.)

Schwarzhandel (M.) black-marketeering (N.), illicit trade (N.)

Schwarzhändler (M.) black marketeer (M. bzw. F.)

Schwarzkauf (M.) illicit purchase (N.), black-market sale (N.)

Schwarzmarkt (M.) black market (N.)

schweben dangle (V.), be (V.) suspended

schwebend pending (Adj.), in suspense

schwebende Unwirksamkeit (F.) provisional invalidity (N.)

Schwebezustand (M.) abeyance (N.)

schweigen be (V.) silent, keep (V.) silence

Schweigen (N.) silence (N.)

Schweigepflicht (F.) pledge (N.) of secrecy, professional discretion (N.)

Schweiz (F.) Switzerland (F.)

schwer heavy (Adj.), oppressive (Adj.), onerous (Adj.)

Schwerbehinderter (M.) severely handicapped person (M. bzw. F.), invalid (M.

bzw. F.)

Schwerbeschädigter (M.) seriously disabled person (M. bzw. F.)

Schwere (F.) gravity (N.)

Schwere (F.) der Schuld severity (N.) of guilt

schwere Brandstiftung (F.) aggravated arson (N.)

schwere Körperverletzung (F.) grievous bodily harm (N.)

Schwester (F.) sister (F.)

Schwiegereltern (Pl.) parents-in-law (Pl.)

Schwiegermutter (F.) mother-in-law (F.)

Schwiegersohn (M.) son-in-law (M.)

Schwiegertochter (F.) daughter-in-law (F.)

Schwiegervater (M.) father-in-law (M.)

Schwippschwager (M.) (Bruder des Schwagers) brother (M.) of the brother-in-law

Schwippschwager (M.) (Ehemann der Schwägerin) husband (M.) of the sister-in-law

schwören swear (V.), take (V.) the oath

Schwur (M.) oath (N.), vow (N.)

Schwurgericht (N.) crown court (N.)

See (F.) (Meer) sea (N.)

See (M.) lake (N.)

Seegericht (N.) admiralty court (N.) (br.)

seelischer Schmerz (M.) mental anguish (N.)

Seemann (M.) seaman (M.), sailor (M.)

Seeräuber (M.) pirate (M. bzw. F.)

Seerecht (N.) law (N.) of the sea, maritime law (N.)

Seeweg (M.) sea-route (N.)

Seite (F.) side (N.), feature (N.)

Seitenlinie (F.) collateral line (N.)

Sekretär (M.) secretary (M. bzw. F.)

Sekretariat (N.) secretariat (N.)

Sekte (F.) sect (N.)

Sektion (F.) (Abteilung im Verwaltungsrecht) section (N.), group (N.)

Sektion (F.) (Leichenöffnung in der Medizin) autopsy (N.), post-mortem examination (N.)

Sektor (M.) sector (N.)

selbständig independent (Adj.), self-employed (Adj.)

Selbständiger (M.) independent person (M. bzw. F.), self-employed person (M. bzw. F.)

Selbstauflösung (F.) voluntary winding up (N.)

Selbstauflösungsrecht (N.) right (N.) to wind up voluntarily

Selbstbehalt (M.) excess (N.)

Selbstbelieferung (F.) obtaining (N.) supplies oneself

Selbstbelieferungsklausel (F.) obtaining supplies oneself clause (N.)

Selbstbestimmung (F.) self-determination (N.)

Selbstbestimmungsrecht (N.) right (N.) of self-determination

Selbstbindung (F.) self-engagement (N.), unilateral engagement (N.)

Selbsteintritt (M.) adopting (N.) a transaction for oneself

Selbsthilfe (F.) self-help (N.), self-redress (N.)

Selbsthilferecht (N.) right (N.) of self-redress

Selbsthilfeverkauf (M.) emergency sale (N.), sale (N.) without resort to legal process

Selbstkontrahieren (N.) self-dealing (N.)

Selbstmord (M.) suicide (N.)

Selbstmörder (M.) suicide (M. bzw. F.)

Selbstorganschaft (F.) self-integrated inter-company relation (N.)

Selbstschuldner (M.) principal debtor (M. bzw. F.)

selbstschuldnerisch directly liable (Adj.)

selbstschuldnerische Bürgschaft (F.) absolute suretyship (N.), directly enforceable guarantee (N.)

Selbstverteidigung (F.) self-defence (N.)

Selbstverwaltung (F.) home rule (N.), self-government (N.), self-administration (N.)

Selbstverwaltungskörperschaft (F.) self-governing body (N.)

Semester (N.) semester (N.), term (N.)

Seminar (N.) (Lehrveranstaltung in der Universität) seminar (N.)

Seminar (N.) (Priesterseminar) seminary (N.)

Senat (M.) senate (N.)

Senator (M.) senator (M. bzw. F.)

Sequester (M.) receiver (M. bzw. F.), sequestrator (M. bzw. F.)

sequestieren sequestrate (V.)

Sequestration (F.) sequestration (N.), official receivership (N.)

Servitut (F.) servitude (N.), easement (N.)

Session (F.) session (N.)

Seuche (F.) epidemic (N.)

Sex (M.) sex (N.), sexual intercourse (N.)

Sexualdelikt (N.) sexual offence (N.)

sexuell sexual (Adj.)

sexuelle Handlung (F.) sexual act (N.)

sexueller Mißbrauch (M.) sexual abuse (N.)

Sezession (F.) secession (N.)

Sheriff (M.) (Sheriff im angloamerikanischen Recht) sheriff (M. bzw. F.) (am.)

sicher secure (Adj.), safe (Adj.), immune (Adj.), certain (Adj.)

Sicherheit (F.) security (N.), safety (N.), surety (N.)

Sicherheitsleistung (F.) security deposit (N.), civil bail (N.), lodging (N.) of security

Sicherheitsrat (M.) Security Council (N.)

Sicherheitsverwahrung (F.) preventive detention (N.)

Sicherheitsverwahrung (F.) preventive detention (N.)

Sicherheitsvorschrift (F.) safety regulations (N.Pl.), safety rule (N.)

sichern secure (V.), provide (V.) security, save (V.)

Sicherstellung (F.) provision (N.) of security, safeguarding (N.)

Sicherung (F.) securing (N.), ensuring (N.), safeguarding (N.)

Sicherungsabrede (F.) agreement (N.) on the provision of collateral

Sicherungsabtretung (F.) assignment (N.) by way of security

Sicherungseigentum (N.) ownership (N.) by way of a chattel mortgage

Sicherungsgeschäft (N.) security transaction (N.)

Sicherungsgrundschuld (F.) cautionary land charge (N.)

Sicherungshypothek (F.) cautionary mortgage (N.)

Sicherungsübereignung (F.) chattel mortgage (N.), transfer (N.) of ownership by way of security

Sicherungsverfahren (N.) attachment proceedings (N.Pl.), safeguarding proceedings (N.Pl.), preventive detention (N.)

Sicherungsvertrag (M.) agreement (N.) on the provision of collateral

Sicherungsverwahrung (F.) preventive detention (N.), extended sentence (N.) of imprisonment

Sicht (F.) sight (N.), view (N.)

Sichtvermerk (M.) endorsement (N.), visa (N.), visé (N.)

Sichtwechsel (M.) sight bill (N.), sight draft (N.), demand bill (N.)

Sieg (M.) victory (N.)

Siegel (N.) seal (N.), signet (N.)

Siegelbruch (M.) breaking (N.) of official seals

siegeln seal (V.)

simultan simultaneous (Adj.)

Sippe (F.) clan (N.), kin (N.)

Sippenhaft (F.) joint liability (N.) of family members

sistieren suspend (V.), stay (V.)

Sistierung (F.) stay (N.) of execution, stay (N.) of proceedings

Sitte (F.) custom (N.), morality (N.), convention (N.), usage (N.)

Sittengesetz (N.) moral law (N.), rule (N.) of ethics

sittenwidrig immoral (Adj.), offending (Adj.) against good morals

Sittenwidrigkeit (F.) immorality (N.), violation (N.) of moral principles

sittlich moral (Adj.), ethical (Adj.)

Sittlichkeit (F.) morality (N.), morals (N. Pl.), public decency (N.), decency (N.)

Sittlichkeitsdelikt (N.) offence (N.) against morality, sexual offence (N.)

Sitz (M.) (Sitz in einem Gremium) chair (N.), seat (N.)

Sitz (M.) (Standort) registered seat (N.), corporate domicile (N.), seat (N.), base (N.)

Sitzung (F.) session (N.), meeting (N.), hearing (N.)

Sitzungsperiode (F.) session (N.), term (N.)

Sitzungspolizei (F.) police power (N.) in court

Sitzverteilung (F.) allotment (N.) of seats

Sklave (M.) slave (M. bzw. F.)

Skonto (N.) cash discount (N.)

Skript (N.) script (N.)

Skriptum (N.) script (N.)

Smog (M.) smog (N.)

Sodomie (F.) sodomy (N.), buggery (N.)

sofort immediate (Adj.), instantaneous (Adj.)

sofortig immediate (Adj.)

sofortige Beschwerde (F.) immediate appeal (N.)

sofortige Verfolgung (F.) fresh pursuit (N.)

soft law (N.) (engl.) soft law (N.)

Software (F.) (engl.) soft ware (N.)

Sohn (M.) son (M.)

Solawechsel (M.) negotiable promissory note (N.), negotiable note (N.)

Sold (M.) soldier's pay (N.)

Soldat (M.) soldier (M.)

Soldatenmeuterei (F.) mutiny (N.) of soldiers

Söldner (M.) mercenary (M.)

Solidarhaftung (F.) joint and several liability (N.)

solidarisch solidary (Adj.), joint and several (Adj.)

Solidarität (F.) solidarity (N.)

Solidaritätsbeitrag (M.) solidarity contribution (N.)

Soll (N.) (Plansoll) target (N.), output target (N.)

Soll (N.) (Schuld in der Buchhaltung) debit (N.), debit side (N.)

Sollkaufmann (M.) obligatorily registrable trader (M. bzw. F.)

Sollvorschrift (F.) directory provision (N.), directory statute (N.)

solvent solvent (Adj.), able (Adj.) to pay

Solvenz (F.) solvency (N.), ability (N.) to pay

Sommer (M.) summer (N.)

Sommerzeit (F.) summer-time (N.)

Sonderabfall (M.) special waste (N.)

Sonderausgabe (F.) specially allowed tax reduction (N.), special expenditure (N.)

Sonderbehörde (F.) special administrative board (N.)

Sonderdelikt (N.) special statutory offence (N.)

Sondererbfolge (F.) special succession (N.) to property upon death

Sondergericht (N.) special tribunal (N.)

Sondergut (N.) special property (N.)

Sondernutzung (F.) seperate use (N.)

Sonderopfer (N.) special sacrifice (N.)

Sonderrecht (N.) (besonderes Vorrecht) special right (N.), privilege (N.)

Sonderrecht (N.) (Sonderrechtsordnung) special law (N.)

Sonderrechtsnachfolge (F.) subrogation (N.)

Sonderrechtsverhältnis (N.) special legal relationship (N.)

Sondervermögen (N.) special fund (N.), separate property (N.)

Sonderverordnung (F.) special ordinance (N.)

Sondervotum (N.) (Sondervotum in einem Gerichtssenat) dissenting opinion (N.)

Sondervotum (N.) (Sondervotum in einem Gremium) dissenting vote (N.)

Sonntag (M.) sunday (N.)

sonstiges Recht (N.) other right (N.)

Sorge (F.) (Besorgnis) sorrow (N.)

Sorge (F.) (Fürsorge) care (N.), concern (N.), solicitude (N.)

sorgen (für) take (V.) care of, provide (V.) for

sorgen (sich) be (V.) worried, be (V.) concerned

Sorgerecht (N.) right (N.) to the custody, care and control (N.)

Sorgfalt (F.) care (N.), diligence (N.), due care (N.)

sorgfältig careful (Adj.), attentive (Adj.), accurate (Adj.)

Sorgfaltspflicht (F.) duty (N.) to take care, duty (N.) of care

Sorgfaltspflichtverletzung (F.) breach (N.) of duty, malpractice (N.)

Sorte (F.) sort (N.), kind (N.), variety (N.), type (N.)

Sortenschutz (M.) plant varieties patent (N.)

souverän sovereign (Adj.)

Souverän (M.) sovereign (M. bzw. F.)

Souveränität (F.) sovereignty (N.)

Sowjetunion (F.) Soviet Union (F.)

sozial social (Adj.)

Sozialadäquanz (F.) adequance (N.) in a social sense

Sozialarbeiter (M.) social worker (M. bzw. F.)

Sozialbindung (F.) restriction (N.) on individual property for the benefit of society

soziale Frage (F.) social question (N.)

soziale Indikation (F.) permissible abortion (N.) for social reasons

sozialer Wohnungsbau (M.) low-rent housing (N.), council houses (N.Pl.)

Sozialethik (F.) social ethics (N.Pl.)

Sozialgericht (N.) social court (N.), social insurance tribunal (N.)

Sozialgesetzbuch (N.) social security code (N.)

Sozialgesetzgebung (F.) social legislation (N.)

Sozialhilfe (F.) public welfare (N.), supplementary benefits (N.Pl.), social security (N.)

sozialisieren nationalize (V.), socialize (V.)

Sozialisierung (F.) nationalization (N.), socialization (N.)

Sozialismus (M.) socialism (N.)

Sozialist (M.) socialist (M. bzw. F.)

sozialistisch socialist (Adj.)

Sozialleistung (F.) social security benefit (N.)

Sozialleistungsanspruch (M.) entitlement (N.) to social security benefits, claim (N.) to social security benefits

Sozialleistungsquote (F.) social security benefits quota (N.)

Sozialpartner (M.) employers (Pl.) and employees (Pl.), management (N.) and labour (N.)

Sozialpflichtigkeit (F.) social obligation (N.)

Sozialplan (M.) social plan (N.)

Sozialrecht (N.) social welfare law (N.)

Sozialrente (F.) social insurance pension (N.), social security pension (N.)

sozialschädlich socially harmful (Adj.)

Sozialschädlichkeit (F.) harmfulness (N.) for society

Sozialstaat (M.) welfare state (N.), social state (N.)

Sozialstaatsprinzip (N.) principle (N.) of social justice and the welfare state

sozialtherapeutische Anstalt (F.) social therapeutic institution (N.)

Sozialversicherung (F.) social insurance (N.), national insurance (N.) (br.), social security (N.) (am.)

Sozialversicherungsanspruch (M.) right (N.) to social security benefits

Sozialversicherungsbeitrag (M.) social insurance contribution (N.), national insurance contribution (N.) (br.), social security tax (N.) (am.)

Sozialversicherungsträger (M.) social insurance institution (N.)

Sozialverwaltungsrecht (N.) law (N.) governing social security authorities

Sozialwohnung (F.) council home (N.), socially subsidized flat (N.), public-assistance dwelling (N.)

Sozietät (F.) society (N.), professional partnership (N.), partnership (N.)

Soziologie (F.) sociology (N.)

Sozius (M.) partner (M. bzw. F.)

Sparbuch (N.) pass-book (N.), savings-bank book (N.)

Spareinlage (F.) saving deposit (N.)

sparen save (V.), economize (V.)

Sparer (M.) saver (M. bzw. F.)

Sparkasse (F.) savings bank (N.), mutual savings bank (N.)

Sparkonto (N.) deposit account (N.)

Spediteur (M.) forwarder (M. bzw. F.), forwarding agent (M. bzw. F.)

Spedition (F.) forwarding (N.), forwarding trade (N.)

Spekulant (M.) speculator (M. bzw. F.), speculative dealer (M. bzw. F.)

Spekulation (F.) speculation (N.), venture (N.)

spekulieren speculate (V.), operate (V.)

Spende (F.) donation (N.), charity (N.), benefication (N.), contribution (N.)

spenden donate (V.), contribute (V.)

Spender (M.) giver (M.), contributor (M.), donor (M.), benefactor (M.)

sperren obstruct (V.), block (V.), stop (V.), freeze (V.), cut (V.) off

Sperrgebiet (N.) prohibited area (N.), barred zone (N.), neutral zone (N.), blockaded area (N.), exclusion zone (N.)

Sperrstunde (F.) closing hour (N.), curfew (N.)

Sperrung (F.) barring (N.), blocking (N.), closing (N.), stop order (N.)

Spesen (F.Pl.) petty expenses (N.Pl.), out-of-pocket-expenses (N.Pl.), expenses (N.Pl.)

Spezialhandlungsvollmacht (F.) special commercial power (N.)

Spezialist (M.) specialist (M. bzw. F.)

Spezialität (F.) speciality (N.)

Spezialprävention (F.) deterrent effect (N.) on a particular offender

speziell special (Adj.)

spezielles Schuldmerkmal (N.) special indication (N.) of guilt

Spezies (F.) species (N.)

Speziesschuld (F.) specific obligation (N.), determinate obligation (N.)

Spezifikation (F.) specification (N.)

Spezifikationskauf (M.) sale (N.) subject to buyer's specification

Sphäre (F.) sphere (N.)

Spiel (N.) game (N.), gambling (N.), play (N.)

spielen play (V.), gamble (V.), perform (V.)

Spion (M.) spy (M. bzw. F.)

Spionage (F.) espionage (N.)

spionieren spy (V.)

Spital (N.) hospital (N.)

Spitzel (M.) informer (M. bzw. F.), common informer (M. bzw. F.), stool pigeon (M. bzw. F.)

Splitting (N.) (engl.) splitting (N.)

Sponsor (M.) (engl.) sponsor (M. bzw. F.)

Sponsoring (N.) (engl.) sponsoring (N.)

Sport (M.) sport (N.), sports (N.Pl.)

Sprache (F.) language (N.)

sprechen speak (V.), talk (V.), plead (V.)

Sprecher (M.) speaker (M. bzw. F.), spokesman (M.)

Sprecherausschuß (M.) committee (N.) of spokesmen

Sprengel (M.) parish (N.), district (N.)

sprengen blow (V.) up, blast (V.)

Sprengstoff (M.) blasting agent (N.), explosive (N.)

Spruch (M.) award (N.), verdict (N.), judgement (N.)

Spruchkörper (M.) panel (N.) of judges

Spruchrichter (M.) trial judge (M. bzw. F.)

Sprungrevision (F.) leap-frog appeal (N.), leap frogging (N.), leap frog procedure (N.)

Spur (F.) trace (N.), track (N.)

Spur (F.) (Fahrspur auf der Straße) lane (N.)

Staat (M.) state (N.), country (N.)

Staatenbund (M.) confederation (N.), union (N.)

staatenlos stateless (Adj.)

Staatenlosigkeit (F.) statelessness (N.)

Staatennachfolge (F.) succession (N.) of states

staatlich governmental (Adj.), national (Adj.), public (Adj.)

Staatsangehöriger (M.) national (M. bzw. F.), subject (M. bzw. F.)

Staatsangehörigkeit (F.) nationality (N.), citizenship (N.)

Staatsanwalt (M.) prosecutor (M. bzw. F.), prosecution counsel (M. bzw. F.) (br.), district, attorney (M. bzw. F.) (am.)

Staatsanwaltschaft (F.) prosecution (N.)

Staatsaufsicht (F.) governmental supervision (N.)

Staatsbürger (M.) citizen (M. bzw. F.), national (M. bzw. F.), subject (M. bzw. F.)

Staatsbürgerschaft (F.) nationality (N.) (brit.), citizenship (N.) (am.)

Staatsdienst (M.) civil service (N.) (brit.), public service (N.) (am.)

Staatsform (F.) form (N.) of government

Staatsgebiet (N.) national territory (N.)

Staatsgeheimnis (N.) official secret (N.), state secret (N.)

Staatsgerichtshof (M.) state tribunal (N.), constitutional court (N.)

Staatsgewalt (F.) state authority (N.), state power (N.)

Staatshaftung (F.) state liability (N.), government liability (N.)

Staatskanzlei (F.) state chancellery (N.)

Staatskasse (F.) public treasury (N.)

Staatskirche (F.) state church (N.), national church (N.), established church (N.) (br.)

Staatskirchenrecht (N.) public law (N.) concerning religious bodies

Staatskommissar (M.) state commissioner (M. bzw. F.)

Staatslehre (F.) political science (N.)

Staatsmann (M.) statesman (M.)

Staatsnotstand (M.) state emergency (N.)

Staatsoberhaupt (M.) head (M. bzw. F.) of state

Staatspartei (F.) state party (N.)

Staatspräsident (M.) president (M. bzw. F.)

Staatsprüfung (F.) state examination (N.)

Staatsräson (F.) reason (N.) of state, raison (N.) d'état (franz.)

Staatsrecht (N.) public law (N.)

Staatsreligion (F.) state religion (N.)

Staatsschuldenrecht (N.) law (N.) on national debts

Staatsschutz (M.) state security (N.)

Staatssekretär (M.) secretary (M. bzw. F.) of state

Staatssymbol (N.) national emblem (N.)

Staatsvertrag (M.) state treaty (N.), international agreement (N.)

Staatsverwaltung (F.) public administration (N.)

Staatsvolk (N.) leading nation (N.)

Staatszweck (M.) purpose (N.) of a state

Stab (M.) staff (N.)

stabil stable (Adj.), steady (Adj.), solid (Adj.), firm (Adj.)

Stadt (F.) town (N.), city (N.)

Stadtdirektor (M.) town clerk (M. bzw. F.) (br.), city manager (M. bzw. F.) (am.)

Städtebauförderungsrecht (N.) law (N.) concerning the promotion of urban construction

städtisch muncipal (Adj.), urban (Adj.)

Stadtplanung (F.) town planning (N.) (brit.), city planning (N.) (am.)

Stadtrat (M.) municipal council (N.), town council (N.), city council (N.)

Stadtrecht (M.) municipal right (N.)

Stadtstaat (M.) city state (N.)

Stamm (M.) stock (N.), permanent staff (N.), parentela (N.)

Stammaktie (F.) original share (N.), ordinary share (N.) (brit.), common stock (N.) (am.)

Stammeinlage (F.) original capital share (N.), original capital contribution (N.)

stammen be (V.) descended, come (V.), spring (V.)

Stammkapital (N.) registered capital (N.), original capital (N.)

Stammkapital (N.) (Stammkapital einer Gesellschaft mit beschränkter Haftung) stock (N.)

Stand (M.) status (N.), position (N.), social station (N.)

Standard (M.) standard (N.)

Standesamt (N.) registry office (N.), registrar's office (N.) (br.), district registry (N.)

Standesbeamter (M.) registrar (M. bzw. F.) (br.), civil magistrate (M. bzw. F.) (am.)

Standesrecht (N.) canons (N.Pl.) of professional etiquette

Standgericht (N.) court-martial (N.), drumhead trial (N.)

ständig permanent (Adj.), standing (Adj.)

Standort (M.) position (N.), site (N.), place (N.), base (N.)

Standrecht (N.) martial law (N.)

Station (F.) station (N.), ward (N.)

Statistik (F.) statistics (N.)

Stätte (F.) site (N.), location (N.)

statthaft admissible (Adj.), permissible (Adj.)

Statthaftigkeit (F.) admissibility (N.), permissibility (N.)

Statthalter (M.) governor (M. bzw. F.), prefect (M. bzw. F.)

statuieren establish (V.), constitute (V.)

Status (M.) status (N.), standing (N.)

status (M.) quo (lat.) status (N.) quo (lat.)

Statusprozeß (M.) procedure (N.) on the personal status of a child

Statut (N.) charter (N.), statute (N.), regulation (N.)

Statutenkollision (F.) conflict (N.) of laws

Stau (M.) (Verkehrsstau) traffic jam (N.), congestion (N.) (am.)

Steckbrief (M.) warrant (N.) of apprehension, wanted circular (N.)

stehlen steal (V.), purloin (V.), commit (V.) larceny

steigern increase (V.), augment (V.)

Stelle (F.) (Amt) agency (N.)

Stelle (F.) (Ort) place (N.), post (N.), site (N.), locality (N.)

Stellenvermittlung (F.) placement (N.), Job Centre (N.), employment office (N.), employment bureau (N.), employment agency (N.)

Stellung (F.) position (N.), standing (N.), status (N.)

stellvertretend vicarious (Adj.), substitutionary (Adj.)

stellvertretendes commodum (N.) vicarious substitute (N.)

Stellvertreter (M.) agent (M. bzw. F.), representative (M. bzw. F.), deputy (M. bzw. F.), substitute (M. bzw. F.)

Stellvertretung (F.) agency (N.), representation (N.), proxy (N.)

Stempel (M.) stamp (N.), imprint (N.)

Stempelgebühr (F.) (Stempelgebühr im angloamerikanischen Recht) stamp duty (N.)

stempeln stamp (V.), mark (V.)

Sterbebuch (N.) register (N.) of deaths

Sterbegeld (N.) death benefit (N.), death grant (N.)

Sterbehilfe (F.) euthanasia (N.)

sterben die (V.), decease (V.)

Sterbeurkunde (F.) death certificate (N.)

steril (keimfrei) sterile (Adj.), aseptic (Adj.)

steril (unfruchtbar) sterile (Adj.), infertile (Adj.)

Sterilisation (F.) sterilization (N.)

sterilisieren sterilize (V.), make (V.) sterile

Steuer (F.) tax (N.), duty (N.), levy (N.)

Steuerbefreiung (F.) exemption (N.) from tax, tax exemption (N.), tax holiday (N.)

Steuerbehörde (F.) revenue authorities (N. Pl.)

Steuerberater (M.) tax consultant (M. bzw. F.)

Steuerbescheid (M.) tax assessment (N.), tax demand (N.)

Steuerbevollmächtigter (M.) tax representative (M. bzw. F.)

Steuerbilanz (F.) tax balance (N.), fiscal balance sheet (N.)

Steuererklärung (F.) tax declaration (N.), tax return (N.)

Steuerfahndung (F.) investigation (N.) of tax offences, fiscal investigation (N.)

Steuerflucht (F.) tax evasion (N.), evasion (N.) of tax

steuerfrei tax-free (Adj.), tax-exempt (Adj.)

Steuerfreibetrag (M.) tax free allowance (N.) (brit.), tax credit (N.) (am.)

Steuergeheimnis (N.) tax secrecy (N.)

Steuerhehlerei (F.) receiving (N.) property obtained by tax evasion

Steuerhinterziehung (F.) evasion (N.) of tax, tax evasion (N.), fiscal fraud (N.), defraudation (N.) of the revenue

Steuerhoheit (F.) tax sovereignty (N.), taxing power (N.)

steuerlich fiscal (Adj.)

Steuerpflicht (F.) tax liability (N.)

steuerpflichtig taxable (Adj.), liable (Adj.) to taxation

Steuerpflichtiger (M.) tax payer (M. bzw. F.), taxable person (M. bzw. F.)

Steuerrecht (N.) fiscal law (N.), tax law (N.), revenue law (N.)

Steuerrichtlinie (F.) administrative tax regulation (N.)

Steuerstrafrecht (N.) law (N.) on criminal prosecution for tax offences

Steuerungsfähigkeit (F.) (Steuerungsfähigkeit im Strafrecht) ability (N.) to control

Steuerverbund (M.) combined revenue collection (N.)

Steuervergünstigung (F.) tax privilege (N.), tax concession (N.)

Stichtag (M.) fixed date (N.), key date (N.), computation date (N.), deadline (N.)

Stichwahl (F.) run-off vote (N.), decisive ballot (N.)

Stiefbruder (M.) step-brother (M.)

Stiefkind (N.) step-child (M. bzw. F.)

Stiefmutter (F.) step-mother (F.)

Stiefschwester (F.) step-sister (F.)

Stiefsohn (M.) step-son (M.)

Stieftochter (F.) step-daughter (F.)

Stiefvater (M.) step-father (M.)

Stift (N.) foundation (N.), convent (N.)

stiften (gründen) found (V.), establish (V.)

stiften (spenden) donate (V.), endow (V.)

Stifter (M.) (Gründer) founder (M. bzw. F.), originator (M. bzw. F.)

Stifter (M.) (Spender) donor (M. bzw. F.)

Stiftung (F.) foundation (N.), endowed institution (N.), donation (N.), endowment (N.)

stille Gesellschaft (F.) undisclosed participation (N.), dormant partnership (N.)

stillschweigend tacit (Adj.), implied (Adj.)

Stillstand (M.) standstill (N.), stoppage (N.), deadlock (N.)

Stillstand (M.) des Verfahrens suspension (N.) of proceedings

Stimmabgabe (F.) voting (N.), polling (N.)

Stimme (F.) (Wählerstimme) vote (N.)

Stimmenmehrheit (F.) majority (N.) of votes

Stimmenthaltung (F.) (Zurückhaltung von Bundesgerichten in den USA) abstention (N.)

Stimmrecht (N.) right (N.) to vote, voting right (N.), franchise (N.), suffrage (N.)

Stimmzettel (M.) ballot paper (N.), voting paper (N.), ballot (N.)

Stipendium (N.) scholarship (N.)

Stockwerk (N.) floor (N.), storey (N.) (br.), story (N.) (am.)

Stoff (M.) stuff (N.), substance (N.), material (N.), subject-matter (N.)

stören disturb (V.), annoy (V.)

Störer (M.) disturber (M. bzw. F.), intruder (M. bzw. F.)

stornieren cancel (V.), annul (V.), revoke (V.)

Storno (N.) cancellation (N.)

Störung (F.) disturbance (N.), annoyance (N.), nuisance (N.)

Strafanstalt (F.) prison (N.), penal institution (N.) (brit.), penitentiary (N.) (am.), custodial establishment (N.), custodial institution (N.)

Strafantrag (M.) demand (N.) for prosecution, demand (N.) for a penalty

Strafanzeige (F.) complaint (N.) of an offence, denunciation (N.), information (N.)

Strafarrest (M.) imprisonment (N.)

Strafaufhebungsgrund (M.) reason (N.) for withdrawing punishment

Strafaufschub (M.) suspension (N.) of sentence, respite (N.) in punishment

Strafausschließungsgrund (M.) reason (N.) for not exacting punishment

Strafaussetzung (F.) suspension (N.) of sentence

strafbar punishable (Adj.), criminal (Adj.), guilty (Adj.)

Strafbarkeit (F.) punishability (N.), culpability (N.), guilt (N.)

strafbedrohte Handlung (F.) act (N.) subject to penalty

Strafbefehl (M.) summary sentence (N.)

Strafbestimmung (F.) penal provision (N.)

Strafe (F.) punishment (N.), penalty (N.), sentence (N.)

strafen punish (V.), sentence (V.)

Straferkenntnis (F.) sentence (N.)

Strafgefangener (M.) convict (M. bzw. F.), prisoner (M. bzw. F.)

Strafgericht (N.) criminal court (N.)

Strafgesetz (N.) criminal law (N.), penal law (N.)

Strafgesetzbuch (N.) criminal code (N.), penal code (N.)

Strafherabsetzung (F.) commutation (N.)

Strafkammer (F.) criminal division (N.)

Sträfling (M.) prisoner (M. bzw. F.), convict (M. bzw. F.)

Strafmaß (N.) degree (N.) of punishment, measure (N.) of penalty

Strafmaßrevision (F.) appeal (N.) against sentence
Strafmilderung (F.) mitigation (N.) of sentence, extenuation (N.)
Strafmilderungsgrund (M.) ground (N.) for mitigation
strafmündig of criminally responsible age
Strafmündigkeit (F.) age (N.) of criminal responsibility
Strafprozeß (M.) criminal procedure (N.), criminal proceedings (N.Pl.)
Strafprozeßordnung (F.) code (N.) of criminal procedure
Strafrahmen (M.) range (N.) of punishment
Strafrecht (N.) penal law (N.), criminal law (N.)
strafrechtlich penal (Adj.), criminal (Adj.)
Strafregister (N.) register (N.) of conviction
Strafrichter (M.) criminal court judge (M. bzw. F.), sentencer (M. bzw. F.)
Strafsache (F.) criminal case (N.)
Strafschadensersatz (M.) punitive damage (N.)
Strafschärfung (F.) aggravation (N.) of sentence
Strafschärfungsgrund (M.) aggravating circumstance (N.)
Strafsenat (M.) (Strafsenat beim Bundesgerichtshof) criminal section (N.)
Straftat (F.) criminal act (N.), punishable deed (N.), crime (N.), offence (N.) (br.), offense (N.) (am.)
Straftatbestand (M.) facts (N.Pl.) constituting an offence, statutory definition (N.) of a crime
Straftäter (M.) delinquent (M. bzw. F.), offender (M. bzw. F.)
Straftilgung (F.) extinction (N.) of previous convictions
Strafumwandlung (F.) commutation (N.)
strafunmündig incapax doli (lat.)
Strafunmündigkeit (F.) age (N.) below criminal responsibility, criminal incapacity (N.) due to young age
Strafurteil (N.) penal judgement (N.), conviction (N.) and sentence (N.)
Strafvereitelung (F.) obstruction (N.) of criminal execution

Strafverfahren (N.) criminal procedure (N.), penal proceedings (N.Pl.), criminal action (N.)
Strafverfolgung (F.) prosecution (N.)
Strafverfügung (F.) penal order (N.), disciplinary penalty (N.)
Strafverteidiger (M.) defence counsel (M. bzw. F.) (br.), defense counsel (M. bzw. F.) (am.)
Strafvollstreckung (F.) execution (N.) of a sentence
Strafvollzug (M.) execution (N.) of a sentence
Strafvollzugsanstalt (F.) correctional institution (N.), prison (N.), penal institution (N.)
Strafvollzugsbeamter (M.) prison officer (M. bzw. F.)
Strafvorschrift (F.) penal provisions (N.Pl.)
Strafzumessung (F.) award (N.) of punishment, assessment (N.) of penalty
Strafzweck (M.) object (N.) of punishment, purpose (N.) of punishment
Strand (M.) sea-shore (N.), beach (N.)
Strandgut (N.) stranded goods (N.Pl.), flotsam (N.) and jetsam (N.)
Strang (M.) (Strang am Galgen) halter (N.), death rope (N.), death cord (N.)
Strangulation (F.) strangulation (N.)
strangulieren strangle (V.), choke (N.)
Straße (F.) (Landstraße) road (N.)
Straße (F.) (Stadtstraße in bebautem Gebiet) street (N.)
Straßenbau (M.) (Bau einer Landstraße) road construction (N.)
Straßenbau (M.) (Bau einer Stadtstraße) street works (N.Pl.)
Straßenbaubehörde (F.) highway authority (N.) (br.), road construction office (N.)
Straßenbaulast (F.) duty (N.) to construct and maintain roads
Straßenbaulastträger (M.) party (N.) liable to construct and maintain roads
Straßenraub (M.) highway robbery (N.), mugging (N.)
Straßenrecht (N.) law (N.) of public streets and roads
Straßenverkehr (M.) road traffic (N.)
Straßenverkehrsbehörde (F.) road traffic authority (N.)

Straßenverkehrsordnung (F.) road traffic regulations (N.Pl.), highway code (N.) (br.)
Straßenverkehrsrecht (N.) road traffic law (N.)
streichen (beseitigen) delete (V.), eliminate (V.), cancel (V.)
Streife (F.) patrol (N.), beat (N.)
Streifenwagen (M.) patrol car (N.), police car (N.) (brit.), prowl car (N.)
Streik (M.) strike (N.)
Streikbrecher (M.) strike-breaker (M. bzw. F.), backleg (M. bzw. F.)
streiken strike (V.), be (V.) on strike
Streikrecht (N.) right (N.) to strike, freedom (N.) to strike
Streit (M.) dispute (N.), controversy (N.)
streiten dispute (V.), quarrel (V.), argue (V.)
Streitgegenstand (M.) object (N.) at issue, subject (N.) of litigation
Streitgenosse (M.) joint litigant (M. bzw. F.), joint plaintiff (M. bzw. F.)
Streitgenossenschaft (F.) joinder (N.) of parties
streitig litigant (Adj.), in dispute, at issue
streitige Gerichtsbarkeit (F.) contentious jurisdiction (N.)
Streitigkeit (F.) quarrel (N.), dispute (N.)
Streitverkündung (F.) third party notice (N.), third party complaint (N.) (am.)
Streitwert (M.) value (N.) in dispute, sum (N.) in dispute
streng severe (Adj.), rigorous (Adj.), hard (Adj.)
Strengbeweis (M.) strict evidence (N.)
Strich (M.) (Straßenstrich von Prostituierten) street prostitution (N.)
strittig point at issue, contentious (Adj.)
Strohmann (M.) man (M.) of straw, figurehead (M. bzw. F.), straw man (M.)
Strom (M.) (elektrischer Strom) electricity (N.), electric power (N.)
Strom (M.) (Wasserstrom) river (N.)
Stück (N.) piece (N.), item (N.)
Stückschuld (F.) determinate obligation (N.)
Student (M.) student (M. bzw. F.)
Studentenausschuß (M.), allgemeiner students' representative council (N.)
Studentenschaft (F.) students (Pl.), student body (N.)
Studentenwerk (N.) student welfare organization (N.), students' union (N.)
Studienordnung (F.) rules (N.Pl.) of study
Studium (N.) study (N.), studies (N.Pl.)
Stufe (F.) step (N.), stage (N.), phase (N.)
Stufenklage (F.) action (N.) by stages
stumm mute (Adj.), dumb (Adj.)
Stunde (F.) hour (N.), lesson (N.) (brit.), period (N.) (am.)
stunden grant (V.) a respite in payment, allow (V.) a respite in payment
Stundung (F.) respite (N.), grant (N.) of delay, forbearance (N.)
subaltern subaltern (Adj.), subordinate (Adj.)
Subhastation (F.) execution sale (N.) by public auction, compulsory auction (N.)
Subjekt (N.) subject (N.), legal entity (N.)
subjektiv subjective (Adj.)
subjektive Unmöglichkeit (F.) relative impossibility (N.)
subjektiver Tatbestand (M.) mental element (N.)
subjektives öffentliches Recht (N.) public right (N.)
subjektives Recht (N.) right (N.), entitlement (N.)
subjektives Rechtfertigungselement (N.) subjective element (N.) of legal justification
subjektives Tatbestandsmerkmal (N.) mental element (N.) of an offence
subjektives Unrechtselement (N.) mental element (N.) of an offence
Subordination (F.) subordination (N.)
subsidiär subsidiary (Adj.)
Subsidiarität (F.) subsidiarity (N.)
Subsidie (F.) subsidy (N.)
Subskription (F.) subscription (N.)
Substitut (N.) substitute (N.)
Substitution (F.) substitution (N.)
subsumieren subsume (V.)
Subsumtion (F.) subsumption (N.)
Subsumtionsirrtum (M.) error (N.) of subsumption
Subunternehmer (M.) subcontractor (M. bzw. F.)
Subvention (F.) subsidy (N.)
subventionieren subsidize (V.)
Subventionsbetrug (M.) economic subsidy fraud (N.)
subversiv subversive (Adj.)

suchen search (V.), look (V.) for, seek (V.)
Sucht (F.) addiction (N.), mania (N.)
Suffragan (M.) suffragan (M.)
Suffragette (F.) suffragette (F.)
suggestiv suggestive (Adj.)
Sühne (F.) atonement (N.), expiation (N.)
Sujet (N.) (franz.) subject (N. bzw. M. bzw. F.)
Sukzession (F.) succession (N.)
sukzessiv successive (Adj.), gradual (Adj.)
Sukzessivlieferungsvertrag (M.) multiple delivery contract (N.)
summarisch summary (Adj.)
Summe (F.) sum (N.), amount (N.), figure (N.)
Sünde (F.) sin (N.)
Superintendent (M.) super-intendent (M. bzw. F.)
supranational supranational (Adj.)
Surrogat (N.) substitute (N.), alternative (N.)
Surrogation (F.) surrogation (N.), replacement (N.)
suspekt suspicious (Adj.)
suspendieren suspend (V.), stay (V.)
Suspension (F.) suspension (N.)
suspensiv suspensive (Adj.), suspensory (Adj.)
Suspensivbedingung (F.) suspensive condition (N.), condition precedent (N.)
Suspensiveffekt (M.) suspensory effect (N.)
Suzeranität (F.) suzeranity (N.)
Syllogismus (M.) syllogism (N.)
Symbol (N.) symbol (N.)
Synallagma (N.) reciprocity (N.)
Syndikat (N.) syndicate (N.), consortium (N.), trust (N.) (am.)
Syndikus (M.) legal adviser (M. bzw. F.), staff lawyer (M. bzw. F.)
Syndikusanwalt (M.) staff lawyer (M. bzw. F.), in-house lawyer (M. bzw. F.)
Synode (F.) synod (N.)
System (N.) system (N.)
Systematik (F.) systematics (N.Pl.)
systematisch systematic (Adj.)
systematische Interpretation (F.) systematic interpretation (N.)

T

Tabelle (F.) scale (N.), schedule (N.), tabulation (N.), table (N.)
Tabu (N.) taboo (N.), tabu (N.)
Tag (M.) day (N.), date (N.)
Tagegeld (N.) attendance fee (N.), daily allowance (N.)
Tagelohn (M.) daily wage (N.)
Tagelöhner (M.) day labourer (M. bzw. F.)
tagen hold (V.) a meeting, be (V.) in session
Tagesgeld (N.) day-to-day money (N.), call money (N.), money (N.) on call
Tagesordnung (F.) agenda (N.), order (N.) of the day
Tagesordnungspunkt (M.) matters (N.Pl.) arising
Tagessatz (M.) daily rate (N.), per diem allowance (N.)
täglich daily (Adj.)
Tagsatzung (F.) day (N.) of hearing, court hearing (N.)
Tagung (F.) meeting (N.), convention (N.)
Tagungsort (M.) venue (N.), place (N.) of conference
Taktik (F.) tactics (N.Pl.)
Talar (M.) robe (N.), gown (N.)
Talion (F.) talion (N.)
Talon (M.) talon (N.), stub (N.), renewal certificate (N.)
Tante (F.) aunt (F.)
Tantieme (F.) author's fee (N.), royalty (N.)
Tara (F.) tare (N.)
Tarif (M.) scale (N.), scale (N.) of charges, table (N.) of fares, tariff (N.), rate (N.)
Tarifausschlußklausel (F.) clause (N.) contracting out of tariff agreements
Tarifautonomie (F.) collective bargaining autonomy (N.)
Tariffähigkeit (F.) collective bargaining capacity (N.)
Tarifgebundenheit (F.) subjectivity (N.) to tariffs
tariflich according (Adj.) to collective agreement, persuant (Adj.) to the tariff

Tarifpartner (M.) party (M. bzw. F.) to a collective wage agreement
Tarifrecht (N.) collective bargaining law (N.)
Tarifverhandlung (F.) collective bargaining (N.)
Tarifvertrag (M.) collective agreement (N.), collective wage agreement (N.), union agreement (N.)
Taschendieb (M.) pickpocket (M. bzw. F.), picker (M. bzw. F.)
Taschengeld (N.) pocket money (N.)
Taschengeldparagraph (M.) pocket money rule (N.) for minors
Tat (F.) act (N.), deed (N.), offence (N.) (br.), offense (N.) (am.)
Tatbestand (M.) (im Strafrecht) abstract (N.) of record, elements (N.Pl.) of an offence
Tatbestand (M.) (im Verfahrensrecht) state (N.) of facts, facts (N.Pl.) of the case
Tatbestandsirrtum (M.) factual mistake (N.)
Tatbestandsmerkmal (N.) element (N.) of an offence, constituent fact (N.)
Tateinheit (F.) unity (N.) of crime
Tatentschluß (M.) decision (N.) to act
Täter (M.) perpetrator (M. bzw. F.), offender (M. bzw. F.), delinquent (M. bzw. F.)
Täter (M.) (Straftäter) tortfeasor (M. bzw. F.), offender (M. bzw. F.), culprit (M. bzw. F.)
Täterschaft (F.) commission (N.) of the offence, perpetration (N.)
Täterschaftsrecht (N.) criminal law (N.) connecting the sentence with the perilousness of the offender
Tatfrage (F.) question (N.) of fact, point (N.) of fact, matter (N.) of fact
tätig engaged (Adj.), active (Adj.), busy (Adj.)
tätige Reue (F.) active regret (N.), active repentance (N.)
Tätigkeit (F.) activity (N.), occupation (N.), work (N.)
Tätigkeitsdelikt (N.) offence (N.) by commission (br.), offense (N.) by commission (am.)
tätlich violent (Adj.)
Tätlichkeit (F.) violence (N.), assault (N.)

Tatmehrheit (F.) plurality (N.) of acts, joinder (N.) of offences
Tatort (M.) scene (N.), place (N.) of a crime
Tatsache (F.) fact (N.)
Tatsachenirrtum (M.) error (N.) of fact, factual error (N.)
tatsächlich actual (Adj.), real (Adj.), based on fact
Tatstrafrecht (N.) criminal law (N.) connecting the sentence with the prohibited action of the offender
Tatumstand (M.) circumstance (N.)
Tatumstandsirrtum (M.) mistake (N.) as to the facts and cirumstances of an offence
Tatverdacht (M.) suspicion (N.)
taub deaf (Adj.)
taubstumm deaf and dumb (Adj.)
Taufe (F.) baptism (N.)
taufen baptize (V.)
tauglich (dienlich) serviceable (Adj.)
tauglich (dienstfähig) fit (Adj.), capable (Adj.)
Tauglichkeit (F.) usefulness (N.), qualification (N.), fitness (N.)
Tausch (M.) exchange (N.), barter (N.), swap (N.)
täuschen deceive (V.), delude (V.)
tauschen exchange (V.), barter (V.)
Täuschung (F.) deceit (N.), deception (N.)
Taxe (F.) rate (N.), tax (N.), charge (N.), fee (N.)
Taxi (N.) taxi (N.) (br.), cab (N.) (am.)
taxieren estimate (V.), value (V.), assess (V.)
Technik (F.) (Vorgehensweise) technic (N.)
technisch technical (Adj.)
Technischer Überwachungsverein (M.) (TÜV) Technical Control Board (N.)
Teil (M.) part (N.), portion (N.), share (N.)
teilbar separable (Adj.), severable (Adj.), divisible (Adj.)
teilbare Leistung (F.) divisible performance (N.)
Teilbesitz (M.) part possession (N.)
Teileigentum (N.) part-ownership (N.)
teilen divide (V.), part (V.), separate (V.)
Teilgläubigerschaft (F.) part-creditorship (N.)
Teilhaber (M.) partner (M. bzw. F.), associate (M. bzw. F.), copartner (M. bzw. F.), joint proprietor (M. bzw. F.)

Teilhaberschaft (F.) co-partnership (N.), partnership (N.)
Teilleistung (F.) part performance (N.)
Teilnahme (F.) participation (N.), complicity (N.)
Teilnehmer (M.) participant (M. bzw. F.), accomplice (M. bzw. F.), accessory (M. bzw. F.)
Teilnichtigkeit (F.) partial nullity (N.)
Teilschuld (F.) part (N.) of the debt
Teilschuldnerschaft (F.) part-indebtedness (N.)
Teilstaat (M.) constituent state (N.)
Teilstreik (M.) (Branchenstreik) sectional strike (N.)
Teilstreik (M.) (örtlicher Teilstreik) local strike (N.)
Teilung (F.) division (N.), partition (N.)
Teilungsanordnung (F.) instruction (N.) to apportion the estate
Teilungsklage (F.) action (N.) for partition, action (N.) for apportionment
Teilungsversteigerung (F.) compulsory partition (N.) by public auction
Teilunmöglichkeit (F.) partial impossibility (N.)
Teilurteil (N.) part-judgement (N.)
teilweise partial (Adj.), to a certain extent, partly (Adv.)
Teilzahlung (F.) part payment (N.), installment (N.)
Teilzahlungsabrede (F.) part payment clause (N.), instalment clause (N.) (brit.), installment clause (N.) (am.)
Teilzeit (F.) part time (N.)
Teilzeitarbeit (F.) part-time work (N.)
Telefax (N.) telefax (N.)
Telefon (N.) telephone (N.)
Telegramm (N.) telegramm (N.), wire (N.)
Telekommunikation (F.) telecommunication (N.)
Teleologie (F.) teleology (N.), finality (N.)
teleologisch teleologic (Adj.), finalistic (Adj.)
teleologische Auslegung (F.) teleologic interpretation (N.)
teleologische Reduktion (F.) teleologic reduction (N.)
Tendenz (F.) tendency (N.), trend (N.)
Tendenzbetrieb (M.) enterprise (N.) in the field of politics, the press, education, the

Churches etc., not fully subject to the Betriebsverfassungsgesetz
Tenor (M.) tenor (N.), operative part (N.), substance (N.)
Termin (M.) date (N.), fixed time (N.)
Termin (M.) (Verhandlungszeitpunkt) hearing date (N.), court hearing (N.), trial date (N.)
Termineinlage (F.) term deposit (N.)
Termingeschäft (N.) forward business (N.), futures contract (N.)
terminieren (zeitlich festlegen) fix (V.) a date, specify (V.) a date
territorial territorial (Adj.)
Territorialitätsprinzip (N.) principle (N.) of territoriality
Territorialstaat (M.) territorial state (N.)
Territorium (N.) territory (N.)
Terror (M.) terror (N.)
Terrorismus (M.) terrorism (N.)
Terrorist (M.) terrorist (M. bzw. F.)
Test (M.) test (N.)
Testament (N.) testament (N.), last will (N.)
testamentarisch testamentary (Adj.)
Testamentsvollstrecker (M.) executor (M. bzw. F.)
Testamentvollstreckung (F.) executorship (N.)
Testat (N.) attestation (N.), official certificate (N.)
Testator (M.) testator (M. bzw. F.)
testieren (bezeugen) attest (V.)
testieren (ein Testament anfertigen) testate (V.), make (V.) a will
testierfähig capable (Adj.) of making a will
Testierfähigkeit (F.) testamentary capacity (N.), testamentary power (N.)
Testierfreiheit (F.) freedom (N.) of testamentary disposition
Textverarbeitung (F.) word processing (N.)
Thema (N.) topic (N.), subject (N.)
Theokratie (F.) theocracy (N.)
Theologie (F.) theology (N.)
Theorie (F.) theory (N.)
Therapie (F.) therapy (N.)
These (F.) thesis (N.)
Thron (M.) throne (N.)
Thronrede (F.) (Thronrede in Großbritannien) Queen's Speech (N.), King's Speech (N.)

Thüringen (N.) Thuringia (F.)

Tier (N.) animal (N.)

Tierhalter (M.) keeper (M. bzw. F.) of an animal, minder (M. bzw. F.)

Tierhüter (M.) animal attendant (M. bzw. F.)

Tierkörperbeseitigungsrecht (N.) law (N.) on the disposal of dead animals

Tierschutz (M.) protection (N.) of animals

tilgen repay (V.), pay (V.) off a debt, amortize (V.), redeem (V.)

Tilgung (F.) repayment (N.), paying (N.) off, redemption (N.), settlement (N.), discharge (N.)

Tilgungsrate (F.) amortization instalment (N.) (brit.), amortization installment (N.) (am.)

Titel (M.) title (N.)

Titelschutz (M.) copyright protection (N.) of titles

Tochter (F.) daughter (F.)

Tochtergesellschaft (F.) subsidiary company (N.), division (N.)

Tod (M.) death (N.), decease (N.), demise (N.)

Todeserklärung (F.) declaration (N.) of death

Todesstrafe (F.) capital punishment (N.), death penalty (N.)

Todesvermutung (F.) presumption (N.) of death

Todeszelle (F.) (Todeszelle in den Vereinigten Staaten) death cell (N.), condemned cell (N.)

tödlich fatal (Adj.), mortal (Adj.), lethal (Adj.)

Toleranz (F.) tolerance (N.)

Tortur (F.) torture (N.)

tot dead (Adj.), deceased (Adj.)

tote Hand (F.) mortmain (N.)

töten kill (V.), put (V.) to death

Totgeburt (F.) stillbirth (N.)

Totschlag (M.) manslaughter (N.), homicide (N.)

Totschläger (M.) homicide (M. bzw. F.), manslayer (M. bzw. F.), life-preserver (M. bzw. F.) (brit.), blackjack (M. bzw. F.) (am.)

Tötung (F.) killing (N.), homicide (N.)

trachten endeavour (V.) (br.), endeavor (V.) (am.), try (V.), seek (V.)

Traditionspapier (N.) negotiable document (N.) of title

Transfer (M.) transfer (N.)

transferieren transfer (V.)

Transformation (F.) transformation (N.)

Transformationsgesetz (N.) Act (N.) on the transformation of international law and agreements

Transit (M.) transit (N.)

Transplantation (F.) (Gewebetransplantation) graft (N.)

Transplantation (F.) (Organtransplantation) transplantation (N.)

transplantieren transplant (V.), graft (V.)

Transport (M.) transport (N.), hauling (N.), conveyance (N.)

transportieren transport (V.), carry (V.), convey (V.)

Trassant (M.) drawer (M. bzw. F.)

Trassat (M.) drawee (M. bzw. F.)

Tratte (F.) draft (N.), bill (N.) of exchange

trauen trust (V.)

Trauung (F.) marriage ceremony (N.), wedding ceremony (N.)

Trauzeuge (M.) witness (M. bzw. F.) to a marriage

Travellerscheck (M.) traveller's cheque (N.) (br.), traveller's check (N.) (am.)

trennen separate (V.), divide (V.), disconnect (V.), sever (V.)

Trennung (F.) separation (N.), division (N.), disconnection (N.), severance (N.)

treu faithful (Adj.), loyal (Adj.)

Treu (F.) und Glauben (M.) good faith (N.)

Treu und Glauben loyalty (N.) and good faith (N.), good faith (N.)

Treubruch (M.) breach (N.) of faith, disloyalty (N.), perfidy (N.)

treubrüchig faithless (Adj.), disloyal (Adj.), perfidious (Adj.)

Treubruchstatbestand (M.) statutory definition (N.) of a breach of trust

Treue (F.) faith (N.), loyalty (N.), allegiance (N.), fidelity (N.)

Treuepflicht (F.) duty (N.) of loyalty, duty (N.) of fidelity

Treugeber (M.) trustor (M. bzw. F.), settlor (M. bzw. F.)

Treuhand (F.) trust (N.)

Treuhänder (M.) trustee (M. bzw. F.), bailee (M. bzw. F.), fiduciary (M. bzw. F.)
treuhänderisch fiduciary (Adj.)
treuhänderischer Besitzer (M.) bailee (M. bzw. F.)
Treuhänderschaft (F.) trusteeship (N.)
Treuhandgesellschaft (F.) trust company (N.)
Treuhandkonto (N.) escrow account (N.)
Treuhandschaft (F.) trust (N.)
Treuhandverhältnis (N.) trust (N.)
Treunehmer (M.) trustee (M. bzw. F.)
Tribunal (N.) tribunal (N.)
Tribut (M.) tribute (N.)
Trichotomie (F.) trichotomy (N.)
Trieb (M.) impulse (N.), driving force (N.), urge (N.)
Triebtäter (M.) sex criminal (M. bzw. F.)
trinken drink (V.), tipple (V.)
Trinkgeld (N.) tip (N.), gratuity (N.)
Trödelvertrag (M.) contract (N.) on second-hand goods
Trucksystem (N.) truck system (N.)
Trunkenheit (F.) drunkenness (N.), inebriation (N.), intoxication (N.)
Trunkenheit (F.) im Straßenverkehr drunken driving (N.), driving (N.) while under the influence of alcohol
Trunkenheit am Steuer (F.) drunkenness (N.) at the wheel, driving (N.) while drunk, drunken driving (N.)
Trunksucht (F.) alcoholism (N.), habitual drunkness (N.)
Trust (M.) trust (N.)
Trustverwaltung (F.) zur Verschwendungsverhinderung spendthrift trust (N.)
Tücke (F.) malice (N.), spite (N.), deceit (N.)
Tun (N.) action (N.), commission (N.)
Turnus (M.) rotation (N.), turn (N.)
Tutor (M.) tutor (M. bzw. F.)
TÜV (M.) (Technischer Überwachungsverein) Technical Control Board (N.)
Typ (M.) type (N.), sort (N.), kind (N.)
Typengenehmigung (F.) type approval (N.)
Typenverschmelzungsvertrag (M.) contract (N.) in which elements of several types of contracts are connected with each other
Typenzwang (M.) compulsion (N.) of types
Tyrann (M.) tyrant (M. bzw. F.)

U

übel evil (Adj.), bad (Adj.), foul (Adj.)
Übeltäter (M.) wrong-doer (M. bzw. F.), malefactor (M. bzw. F.)
üben practice (V.) (br.), practise (V.) (am.)
überantworten (der Polizei übergeben) surrender (V.)
überantworten (eine Sache übergeben) hand (V.) over, deliver (V.) up
Überbau (M.) superstructure (N.), structure (N.) projecting over a boundary
überbauen build (V.) over
Überbringer (M.) bearer (M. bzw. F.)
übereignen transfer (V.) ownership, pass (V.) title, assign (V.)
Übereignung (F.) transfer (N.) of property, passing (N.) of title, making over (N.), assignment (N.)
übereinkommen agree (V.), reach (V.) an agreement
Übereinkommen (N.) agreement (N.), treaty (N.)
Übereinkunft (F.) agreement (N.), arrangement (N.), settlement (N.), understanding (N.)
Überfall (M.) (Überfall im Strafrecht) assault (N.), raid (N.), attack (N.)
überfallen attack (V.), raid (V.), hold (V.) up, assault (V.)
überführen (erweisen) prove (V.) one's guilt
überführen (übergeben) transfer (V.), ferry (V.)
Übergabe (F.) delivery (N.), manual delivery (N.), transfer (N.) by hand
Übergang (M.) (Straßenübergang) crossing (N.)
Übergang (M.) (Übergang eines Rechtes) transmission (N.), devolution (N.), transition (N.)
übergeben hand (V.) over, present (V.), surrender (V.), deliver (V.) up
übergesetzlicher Notstand (M.) extra-statutory necessity (N.)
Überhang (M.) overhang (N.)
Überhangmandat (N.) excessive mandate (N.)

überholen (überprüfen) overhaul (V.)
überholen (vorbeifahren) overtake (V.)
überholende Kausalität (F.) overtaking causality (N.)
überlassen cede (V.), leave (V.)
Überlassung (F.) (Überlassung eines Grundstücks) demise (N.)
überleiten pass (V.) over, conduct (V.) over
Überleitung (F.) transition (N.)
Überleitungsvertrag (M.) transition agreement (N.), transference convention (N.)
Übermaß (N.) excess (N.), excessive amount (N.)
Übermaßverbot (N.) prohibition (N.) of excessiveness, rule (N.) of reasonableness
Übernahme (F.) (Übernahme einer Schuld) receipt (N.), acceptance (N.)
Übernahme (F.) (Übernahme eines Betriebes) taking-over (N.), takeover (N.), absorption (N.)
übernehmen take (V.) over, receive (V.), undertake (V.), accept (V.), assume (V.), take (V.) possession of, adopt (V.)
überschreiten (eine Grenze überqueren) cross (V.)
überschreiten (eine Grenze verletzen) exceed (V.)
Überschreitung (F.) (Überqueren einer Grenze) crossing (N.)
Überschreitung (F.) (Verletzung eines Verbotes) excess (N.), transgression (N.)
Überschreitung (F.) der satzungsmäßigen Befugnisse ultra-vires-action (N.)
Überschuldung (F.) over-indebtedness (N.), excessive indebtness (N.)
Überschuß (M.) (Gewinn) profit (N.)
Überschuß (M.) (Saldo) balance (N.)
Überschuß (M.) (Warenüberschuß) surplus (N.), overplus (N.)
überstimmen outvote (V.), vote (V.) down
Überstunden (F.Pl.) overwork (N.), overtime (N.)
übertragbar transferable (Adj.)
übertragen (ein Recht weitergeben) transfer (V.), convey (V.)
übertragen (eine Aufgabe übertragen) assign (V.), consign (V.)
übertragen (eine Sendung übertragen) broadcast (V.)

übertragener Wirkungskreis (M.) delegated sphere (N.) of functions
Übertragung (F.) (Übertragung eines Rechtes) transfer (N.), conveyance (N.)
übertreten infringe (V.), violate (V.), transgress (V.), break (V.)
Übertretung (F.) infraction (N.), infringement (N.), transgression (N.), breach (N.), violation (N.)
überwachen supervise (V.), keep (V.) under surveillance, superintend (V.)
Überwachung (F.) supervision (N.), surveillance (N.), superintendence (N.), control (N.)
überweisen remit (V.), transfer (V.)
Überweisung (F.) remittance (N.), transfer (N.)
Überweisungsbeschluß (M.) transfer order (N.)
überzeugen convince (V.), satisfy (V.)
Überzeugung (F.) conviction (N.)
Überzeugungstäter (M.) offender (M. bzw. F.) due to conviction
überziehen overdraw (V.)
Überziehung (F.) overdrawing (N.), overdraft (N.)
Überziehungskredit (M.) overdraft facility (N.)
üble Nachrede (F.) defamatory remark (N.), slander (N.), calumny (N.)
Übung (F.) practice (N.) (br.), practise (N.) (am.), usage (N.)
Ufer (N.) (Flußufer) bank (N.)
Ufer (N.) (Meeresufer) shore (N.), seashore (N.)
Ufer (N.) (Seeufer) bank (N.), shore (N.)
Ultimatum (N.) ultimatum (N.)
ultra-vires-Lehre (F.) doctrine (N.) of ultra vires
umbringen kill (V.), put (V.) to death
umdeuten give (V.) a different interpretation, reinterpret (V.)
Umdeutung (F.) reinterpretation (N.)
umgehen circumvent (V.)
umgehend immediate (Adj.), forthwith (Adv.)
Umgehung (F.) circumvention (N.), elusion (N.), evasion (N.), avoidance (N.)
Umgehungsgeschäft (N.) transaction (N.) for the purpose of evading a law

Umkehr (F.) reversal (N.)
umkehren turn (V.) back, return (V.)
Umkehrschluß (M.) argumentum (N.) e contrario (lat.)
Umlage (F.) rate (N.), levy (N.)
Umlage (F.) (Umlage im Versicherungsrecht) contribution (N.)
Umlauf (M.) circulation (N.)
umlaufen run (V.) round
Umlaufverfahren (N.) circularizing (N.)
Umlaufvermögen (N.) current assets (N. Pl.), revolving assets (N.Pl.)
umlegen hit (V.), distribute (V.), divert (V.), transfer (V.)
Umlegung (F.) regrouping (N.)
Umsatz (M.) sales (N.Pl.), turnover (N.)
Umsatzsteuer (F.) turnover tax (N.), value added tax (N.) (VAT), VAT (N.) (value added tax), sales tax (N.)
umsetzen §transfer (V.), realize (V.), dispose (V.) of, turn (V.) over
umsonst for nothing, gratis (Adv.), free (Adv.) of charge
Umstand (M.) circumstance (N.), factor (N.)
umwandeln change (V.), convert (V.), commute (V.)
Umwandlung (F.) transformation (N.), conversion (N.), change (N.) of corporate form, commutation (N.)
Umwandlungssteuergesetz (N.) Reorganization Tax Act (N.)
Umwelt (F.) (Umgebung) surroundings (N. Pl.)
Umwelt (F.) (Umwelt als Schutzgegenstand) environment (N.)
Umwelthaftungsgesetz (N.) Environmental Liability Law (N.)
Umweltinformationsgesetz (N.) Environmental Information Regulations (N.Pl.)
Umweltkriminalität (F.) offences (N.Pl.) involving environmental damage
Umweltrecht (N.) environmental law (N.)
Umweltschutz (M.) environmental protection (N.)
Umweltverträglichkeitsprüfung (F.) environmental impact assessment (N.)
Unabdingbarkeit (F.) (Unabdingbarkeit einer Forderung) indispensibility (N.)
Unabdingbarkeit (F.) (Unabdingbarkeit eines Rechts) inalienability (N.), unaltera-

bility (N.)
unabhängig independent (Adj.)
Unabhängigkeit (F.) independence (N.)
unabwendbar unevitable (Adj.)
unabwendbares Ereignis (N.) unavoidable event (N.), unevitable event (N.)
unbefugt unauthorized (Adj.)
unbenommen unrestrained (Adj.), free (Adj.)
unbescholten unblemished (Adj.), blameless (Adj.)
unbeschränkt unrestricted (Adj.), absolute (Adj.)
unbestimmt indeterminate (Adj.), unascertained (Adj.), indefinite (Adj.)
unbestimmter Rechtsbegriff (M.) indefinite legal term (N.)
unbeweglich immovable (Adj.)
unbewegliche Sache (F.) immovable (N.), real property (N.)
unbewußt unconscious (Adj.), unwitting (Adj.)
unbewußte Fahrlässigkeit (F.) unconscious negligence (N.)
unbillig unequitable (Adj.)
Unbilligkeit (F.) unfairness (N.), inequity (N.)
unbotmäßig recalcitrant (Adj.)
Unbotmäßigkeit (F.) recalcitrance (N.), insubordination (N.)
unecht false (Adj.), artificial (Adj.)
unechte Gesamtschuld (F.) not genuine joint obligation (N.)
unechte Rückwirkung (F.) false retroactivity
unechte Urkunde (F.) fabricated document (N.)
unechtes Sonderdelikt (N.) not genuine special offence (N.)
unechtes Unterlassungsdelikt (N.) not genuine failure (N.) to act
unehelich illegitimate (Adj.)
Unehelichkeit (F.) illegitimacy (N.)
uneigentlich not in a strict sense, figurative (Adj.), improper (Adj.)
uneigentlicher Werklieferungsvertrag (M.) figurative contract (N.) for work done and materials supplied
unentgeltlich free (Adj.), gratuitous (Adj.), free (Adj.) of charge, voluntary (Adj.)

Unentgeltlichkeit (F.) gratuitousness (N.), gratuity (N.)

unerlaubt illegal (Adj.), illicit (Adj.), not permitted (Adj.), unlawful (Adj.), tortious (Adj.)

unerlaubte Handlung (F.) tort (N.), tortious act (N.), illicit act (N.)

unerlaubtes Entfernen (N.) vom Unfallort illegal leaving (N.) the scene of an accident

unfähig incapable (Adj.), incompetent (Adj.)

Unfähigkeit (F.) incapacity (N.), incapability (N.), inability (N.)

Unfall (M.) accident (N.)

Unfallbeteiligter (M.) person (M. bzw. F.) involved in an accident

Unfallhaftpflicht (F.) legal liability (N.) for accidents

Unfallhaftpflichtrecht (N.) law (N.) on legal liability for accidents

Unfallverhütung (F.) accident prevention (N.), prevention (N.) of accidents

Unfallversicherung (F.) personal accident insurance (N.)

unfreiwillig involuntary (Adj.)

Unfug (M.) mischief (N.), nuisance (N.), disorderly conduct (N.)

ungeboren unborn (Adj.)

Ungebühr (F.) vor Gericht contempt (N.) of court

ungehorsam disobedient (Adj.)

ungerecht unjust (Adj.), unfair (Adj.)

ungerechtfertigt unjustified (Adj.)

ungerechtfertigte Bereicherung (F.) unjust enrichment (N.)

Ungerechtigkeit (F.) injustice (N.)

Ungerechtigkeit (F.) injustice (N.)

ungesetzlich illegal (Adj.), unlawful (Adj.), illicit (Adj.), wrongful (Adj.)

Unglück (N.) misfortune (N.), bad luck (N.), accident (N.), misfortune (N.)

Unglücksfall (M.) misfortune (N.), misadventure (N.)

ungültig defective (Adj.), invalid (Adj.), null (Adj.), void (Adj.)

ungültig (Adj.) invalid (Adj.), void (Adj.)

Ungültigkeit (F.) invalidity (N.), nullity (N.)

Ungültigkeitserklärung (F.) ademption (N.)

Uniform (F.) uniform (N.)

Union (F.) union (N.)

universal universal (Adj.)

Universalerbe (M.) universal heir (M. bzw. F.), sole heir (M. bzw. F.)

Universalität (F.) universality (N.)

Universalrechtsgut (N.) universal object (N.) of legal protection

Universalsukzession (F.) universal succession (N.)

Universiät (F.) university (N.), college (N.)

Unkenntnis (F.) ignorance (N.), unawareness (N.)

unkörperlich incorporeal (Adj.)

Unkosten (F.Pl.) costs (N.Pl.), expenses (N.Pl.), outlay (N.)

unlauter dishonest (Adj.), dubious (Adj.), unfair (Adj.)

unlauterer Wettbewerb (M.) unfair competition (N.)

unmittelbar direct (Adj.), immediate (Adj.)

unmittelbar bevorstehend imminent (Adj.)

unmittelbare Stellvertretung (F.) direct agency (N.)

unmittelbare Wahl (F.) direct voting (N.)

unmittelbarer Besitz (M.) immediate possession (N.), direct possession (N.)

unmittelbarer Schaden (M.) direct damage (N.), actual damage (N.)

unmittelbarer Zwang (M.) direct compulsion (N.)

Unmittelbarkeit (F.) immediacy (N.), directness (N.)

unmöglich impossible (Adj.)

Unmöglichkeit (F.) impossibility (N.)

unmündig under age (Adj.)

Unmündigkeit (F.) minority (N.)

unparteiisch impartial (Adj.), unbiased (Adj.)

Unparteilichkeit (F.) impartiality (N.)

unpfändbar unseizable (Adj.), non-leviable (Adj.)

Unpfändbarkeit (F.) exemption (N.) from seizure

unrecht wrong (Adj.), unjust (Adj.), unfair (Adj.)

Unrecht (N.) injustice (N.), wrong (N.)

Unrechtsbewußtsein (N.) guilty knowledge (N.)

Unrechtselement (N.) element (N.) of injustice

unredlich dishonest (Adj.), underhand (Adj.)

unregelmäßig irregular (Adj.)
unregelmäßige Verwahrung (F.) irregular deposit (N.)
unrichtig wrong (Adj.), false (Adj.), erroneous (Adj.), improper (Adj.)
Unrichtigkeit (F.) erroneousness (N.), incorrectness (N.), falsity (N.)
Unschuld (F.) innocence (N.)
unschuldig innocent (Adj.)
Unschuldsvermutung (F.) presumption (N.) of innocence
unstatthaft inadmissible (Adj.), not allowed, irregular (Adj.)
untätig inactive (Adj.), idle (Adj.)
Untätigkeit (F.) inactivity (N.), idleness (N.)
Untätigkeitsklage (F.) action (N.) on the grounds of administrative inactivity
untauglich (dienstunfähig) unfit (Adj.), incapable (Adj.)
untauglich (nicht dienlich) unsuitable (Adj.)
untauglicher Versuch (M.) attempt (N.) foredoomed to failure
Unterausschuß (M.) sub-committee (N.)
Unterbeteiligung (F.) sub-participation (N.), subpartnership (N.)
unterbrechen interrupt (V.), disconnect (V.), discontinue (V.), suspend (V.)
Unterbrechung (F.) interruption (N.), discontinuation (N.)
unterbringen accommodate (V.), place (V.)
Unterbringung (F.) accommodation (N.), placement (N.)
unterdrücken suppress (V.), oppress (V.), repress (V.)
Unterdrücken (N.) (einer Urkunde) suppression (N.) (of a document)
Untereigentum (N.) sub-property (N.)
untergeben be (V.) subordinate
untergeordnet subordinate (Adj.), puisne (Adj.)
Unterhalt (M.) maintenance (N.), support (N.), alimony (N.)
Unterhalt (M.) für den Lebensgefährten palimony (N.)
unterhalten (unterstützen) support (V.), maintain (V.)
Unterhaltsanspruch (M.) right (N.) of maintenance, maintenance claim (N.)
Unterhaltspflicht (F.) obligation (N.) to

provide maintenance, liability (N.) to support
Unterhaltsrecht (N.) law of maintenance
Unterhaltsvorschuß (M.) advance maintenance payments (N.Pl.)
Unterhaus (N.) House (N.) of Commons (br.)
unterlassen desist (V.), omit (V.), fail (V.) to do, forbear (V.)
Unterlassen (N.) omission (N.), nonfeasance (N.)
unterlassene Hilfeleistung (F.) failure (N.) to render aid
Unterlassung (F.) forbearance (N.), omission (N.), non-act (N.), failure (N.), default (N.)
Unterlassungsanspruch (M.) right (N.) to forbearance, right (N.) to refrain someone from acting
Unterlassungsdelikt (N.) crime (N.) by omission
Unterlassungsklage (F.) prohibitory action (N.), suit (N.) for discontinuance
unterliegen be (V.) subject to, be (V.) governed by, liable (V.) to, underlie (V.), be (V.) defeated
Untermiete (F.) sublease (N.), subtenancy (N.), undertenancy (N.), underlease (N.)
Untermieter (M.) subtenant (M. bzw. F.), sublessee (M. bzw. F.), undertenant (M. bzw. F.), lodger (M. bzw. F.) (brit.), roomer (M. bzw. F.) (am.)
Untermietvertrag (M.) sublease (N.), underlease (N.)
Unternehmen (N.) (Geschäft) business (N.), enterprise (N.), undertaking (N.), company (N.)
Unternehmen (N.) (Tätigkeit) activity (N.), operation (N.)
Unternehmenstarifvertrag (M.) collective bargaining contract (N.) for a business undertaking
Unternehmer (M.) entrepreneur (M. bzw. F.), industrialist (M. bzw. F.), business owner (M. bzw. F.), contractor (M. bzw. F.)
Unternehmerpfandrecht (N.) artisan's lien (N.), mechanic's lien (N.)
Unterpacht (F.) sublease (N.), underlease (N.)
Unterpächter (M.) sublessee (M. bzw. F.),

subtenant (M. bzw. F.), undertenant (M. bzw. F.)

unterrichten teach (V.), inform (V.), instruct (V.), advise (V.)

untersagen forbid (V.), interdict (V.), inhibit (V.), bar (V.)

Untersagung (F.) prohibition (N.), interdiction (N.), inhibition (N.)

unterscheiden distinguish (V.), make (V.) a distinction, differentiate (V.)

Unterscheidung (F.) distinction (N.), differentiation (N.)

Unterschieben (N.) eines Kindes foisting (N.) a child upon another

Unterschied (M.) difference (N.), distinction (N.)

unterschlagen defraud (V.), embezzle (V.), misappropriate (V.)

Unterschlagung (F.) embezzlement (N.), misappropriation (N.), defalcation (N.)

Unterschlagung (F.) öffentlicher Gelder peculation (N.)

unterschreiben sign (V.), subscribe (V.), affix (V.) one's signature to, set (V.) one's hand

Unterschrift (F.) signature (N.)

untersuchen investigate (V.), examine (V.), inspect (V.)

Untersuchung (F.) investigation (N.), inquiry (N.), examination (N.), inquest (N.)

Untersuchungsausschuß (M.) committee (N.) of inquiry, investigating committee (N.)

Untersuchungsgefangener (M.) prisoner (M. bzw. F.) on remand, person (M. bzw. F.) detained for trial, remand prisoner (M. bzw. F.)

Untersuchungsgrundsatz (M.) inquisitorial system (N.)

Untersuchungshaft (F.) detention (N.) pending trial, imprisonment (N.) on remand

Untersuchungshaft (F.) pre-trial confinement (N.), remand (N.), custody (N.)

Untersuchungsrichter (M.) committing magistrate (M. bzw. F.), investigating magistrate (M. bzw. F.), examining magistrate (M. bzw. F.)

Untervermächtnis (N.) sublegacy (N.)

Untervollmacht (F.) delegated authority (N.)

unterzeichnen sign (V.)

Unterzeichnung (F.) signature (N.)

Untreue (F.) disloyalty (N.), breach (N.) of trust, unfaithfulness (N.)

unveräußerlich inalienable (Adj.)

unvereinbar incompatible (Adj.), inconsistent (Adj.), irreconcilable (Adj.)

Unvereinbarkeit (F.) incompatibility (N.)

unvermeidbar inevitable (Adj.), unavoidable (Adj.)

unvermeidlich inevitable (Adj.), unavoidable (Adj.), without fail

Unvermögen (N.) incapacity (N.), inability (N.)

Unversetzbarkeit (F.) irremovability (N.), exemption (N.) from transfer

Unverstand (M.) senselessness (N.), thoughtlessness (N.)

unvertretbar (nicht vertretbar) untenable (Adj.), indefensible (Adj.)

unvertretbare Sache (F.) non-fungible thing (N.), specific property item (N.)

unverzüglich immediate (Adj.), prompt (Adj.), without delay, out of hand

unvollkommene Verbindlichkeit (F.) imperfect obligation (N.)

unvordenklich immemorial (Adj.)

unvordenkliche Verjährung (F.) immemorial prescription (N.)

unvoreingenommen unbiased (Adj.), unprejudiced (Adj.), impartial (Adj.)

Unvoreingenommenheit (F.) impartiality (N.)

unwahr untrue (Adj.), false (Adj.)

Unwahrheit (F.) falsehood (N.), untruth (N.)

unwesentlich unessential (Adj.), irrelevant (Adj.), immaterial (Adj.), negligible (Adj.)

unwiderruflich irrevocable (Adj.), beyond recall

Unwirksamkeit (F.) invalidity (N.), ineffectiveness (N.)

Unwissenheit (F.) ignorance (N.)

Unzucht (F.) indecency (N.), lewdness (N.)

unzüchtig indecent (Adj.), obscene (Adj.), lewd (Adj.)

unzulässig (nicht zuzulassen) inadmissible (Adj.)

unzulässig (rechtswidrig) unlawful (Adj.), illicit (Adj.)

Unzulässigkeit (F.) (Nichtzulassbarkeit) inadmissibility (N.)

Unzulässigkeit (F.) (Rechtswidrigkeit) unlawfulness (N.)

Unzulässigkeit (F.) der Rechtsausübung estoppel (N.)

unzumutbar unreasonable (Adj.), unacceptable (Adj.)

Unzumutbarkeit (F.) unreasonableness (N.), unacceptibility (N.)

unzurechnungsfähig incapable (Adj.) of criminal intention, non compos mentis (Adj.)

Unzurechnungsfähigkeit (F.) mental incapacity (N.), incapacity (N.) of forming intent

unzuständig incompetent (Adj.)

unzuständig incompetent (Adj.), having no jurisdiction over

Unzuständigkeit (F.) incompetence (N.), lack (N.) of jurisdiction

unzuverlässig unreliable (Adj.), untrustworthy (Adj.)

Unzuverlässigkeit (F.) untrustworthiness (N.)

Urabstimmung (F.) strike vote (N.), strike ballot (N.)

Urheber (M.) author (M. bzw. F.), originator (M. bzw. F.)

Urheberbenennung (F.) the naming (N.) of the author

Urheberrecht (N.) copyright (N.), author's right (N.), charter (N.), certificate (N.)

urheberrechtlich under the Copyright Act, copyright (Adj.)

Urkunde (F.) document (N.), instrument (N.)

Urkundenbeweis (M.) documentary evidence (N.), written proof (N.)

Urkundendelikt (N.) offence (N.) on documents

Urkundenfälschung (F.) forgery (N.) of a document

Urkundenkopf (M.) caption (N.)

Urkundenprozeß (M.) trial (N.) by the record

Urkundenunterdrückung (F.) suppression (N.) of documents, interception (N.) of documents

urkundlich documentary (Adj.), by formal deed

Urkundsbeamter (M.) authenticating clerk (M. bzw. F.), recording official (M. bzw. F.)

Urlaub (M.) holiday (N.) (br.), vacation (N.) (am.), leave (N.)

Urlaubsgeld (N.) holiday pay (N.) (brit.), leave pay (N.) (am.)

Urne (F.) (Totenurne) urn (N.)

Urne (F.) (Wahlurne) ballot box (N.)

Urproduktion (F.) primary production (N.)

Ursache (F.) cause (N.)

ursächlich causal (Adj.)

Ursächlichkeit (F.) causality (N.)

ursprünglich original (Adj.), initial (Adj.)

ursprüngliche Unmöglichkeit (F.) initial impossibility (N.)

Urteil (N.) judgement (N.), decree (N.), sentence (N.), decision (N.), verdict (N.)

urteilen judge (V.)

Urteilsformel (F.) operative part (N.) of a judgement

Urteilsgebühr (F.) court fee (N.) for a judgement

Urteilsgründe (M.Pl.) grounds (N.Pl.) for a judgement, opinion (N.) of the court

Urteilstenor (M.) operative part (N.) of a judgement

Urteilsverkündung (F.) pronouncing (N.) of judgement

Urteilsvollstreckung (F.) execution (N.) of judgement, execution (N.) of sentence

Usance (F.) usage (N.), commercial usage (N.), custom (N.)

Usurpation (F.) usurpation (N.)

usurpieren usurp (V.)

Utilitarismus (M.) utilitarism (N.)

V

V-Mann (M.) confidential agent (M. bzw. F.)

Vakanz (F.) vacancy (N.)

Valuta (F.) (Währung) foreign currency (N.), foreign notes (N.Pl.)

Valuta (F.) (Währungswert) value (N.)

Vasall (M.) vassal (N.)

Vater (M.) father (M.)

Vaterland (N.) native country (N.), mother country (N.), fatherland (N.)

väterlich parental (Adj.)

väterliche Gewalt (F.) paternal power (N.)

Vaterschaft (F.) paternity (N.), fatherhood (N.)

Vaterschaftsanerkenntnis (N.) acknowledgement (N.) of paternity
Vaterschaftsgutachten (N.) medical report (N.) on paternity
Vaterschaftsvermutung (F.) presumption (N.) of paternity
Vatikan (M.) Vatican (N.)
Vatikanisches Konzil (N.) Vatican Council (N.)
verabreden agree (V.), make (V.) an appointment, conspire (V.)
Verabredung (F.) appointment (N.), concerted action (N.), conspiracy (N.)
Verabredungsgefahr (F.) danger (N.) of conspiracy
verabschieden pass (V.)
verächtlichmachen bring (V.) into contempt, disparage (V.)
Verächtlichmachung (F.) defamation (N.), disparagement (N.)
verändern change (V.), alter (V.), vary (V.), modify (V.)
Veränderung (F.) change (N.), alteration (N.), variation (N.), modification (N.)
Veränderungssperre (F.) temporary ban (N.) on alterations
veranlagen assess (V.)
Veranlagung (F.) (Eigenschaft) disposition (N.), inclination (N.)
Veranlagung (F.) (Festsetzung einer Steuer) tax assessment (N.), taxation (N.)
Veranlagungsteuer (F.) assessment tax (N.)
verantwortlich responsible (Adj.), liable (Adj.), accountable (Adj.)
Verantwortlichkeit (F.) responsibility (N.), accountability (N.)
verarbeiten (Gedanken bzw. Nahrung verarbeiten) digest (V.)
verarbeiten (Material verarbeiten) make (V.) into, process (V.)
Verarbeitung (F.) (Verarbeitung von Gedanken bzw. Nahrung) digestion (N.)
Verarbeitung (F.) (Verarbeitung von Material) working up (N.), processing (N.)
veräußern alienate (V.), dispose (V.) of, sell (V.)
Veräußerung (F.) alienation (N.), disposal (N.), sale (N.)
Veräußerungsverbot (N.) ban (N.) on sales, restraint (N.) on alienation

Verbalinjurie (F.) gross insult (N.)
Verband (M.) federation (N.), association (N.), union (N.)
Verbandsklage (F.) legal action (N.) instituted by an association
Verbandskompetenz (F.) competence (N.) of an association
Verbandskörperschaft (F.) corporation (N.) of an association
Verbandstarifvertrag (M.) collective bargaining contract (N.) of an employers' association
verbannen banish (V.), exile (V.)
Verbannung (F.) banishment (N.), exile (N.)
verbessern amend (V.), reform (V.), correct (V.)
Verbesserung (F.) correction (N.), improvement (N.), betterment (N.)
verbieten forbid (V.), prohibit (V.), ban (V.), bar (V.), veto (V.)
verbinden combine (V.), join (V.), unite (V.), connect (V.)
verbindlich binding (Adj.), compulsory (Adj.)
Verbindlichkeit (F.) obligation (N.), liability (N.), account payable (N.)
Verbindung (F.) combination (N.), connection (N.), tie (N.), link (N.), contact (N.), relationship (N.)
verborgener Mangel (M.) latent defect (N.)
Verbot (N.) prohibition (N.), interdiction (N.), ban (N.), interdict (N.)
verboten forbidden (Adj.), prohibited (Adj.), illegal (Adj.), illicit (Adj.)
verbotene Eigenmacht (F.) unlawful interference (N.) with possession
Verbotsirrtum (M.) error (N.) as to the prohibited nature of an act
Verbrauch (M.) consumption (N.)
verbrauchbar consumable (Adj.)
verbrauchbare Sache (F.) consumable (N.), consumable thing (N.)
verbrauchen consume (V.), use (V.) up
Verbraucher (M.) consumer (M. bzw. F.)
Verbrauchergeschäft (N.) transaction (N.) involving a consumer
Verbraucherkredit (M.) consumer credit (N.)
Verbraucherkreditgesetz (N.) Law (N.) on Consumer Credits

Verbraucherschutz (M.) consumer protection (N.)

Verbrauchsteuer (F.) excise tax (N.), consumption tax (N.)

Verbrechen (N.) crime (N.), felony (N.), indictable offence (N.) (br.)

Verbrecher (M.) criminal (M. bzw. F.), felon (M. bzw. F.), culprit (M. bzw. F.)

verbrecherisch criminal (Adj.), felonious (Adj.)

Verbund (M.) compound (N.), combine (N.), interlocking system (N.)

verbürgen guarantee (V.), warrant (V.), vouch (V.)

verbüßen serve (V.)

Verdacht (M.) suspicion (N.)

verdächtig suspect (Adj.), suspicious (Adj.)

verdächtigen suspect (V.), cast (V.) suspicion on

Verdächtiger (M.) suspect (M. bzw. F.)

Verdächtigung (F.) suspecting (N.), casting suspicion (N.)

Verdachtsmomente (M.Pl.) für betrügerisches Verhalten des Schuldners badges (N.Pl.) of fraud

verdienen earn (V.), deserve (V.)

Verdienst (M.) (Einkommen) earnings (N.Pl.), gain (N.)

Verdienst (N.) (Leistung) merit (N.), deserts (N.Pl.)

Verdikt (N.) verdict (N.), findings (N.Pl.)

Verdingung (F.) hire (N.), hiring (N.) out

Verdingungsordnung (F.) für Bauleistungen (VOB) standard building contract terms (N.Pl.)

verdunkeln (von Sachverhalten) obscure (V.), obfuscate (V.), camouflage (V.)

Verdunkelung (F.) obscuration (N.), obfuscation (N.)

Verdunkelungsgefahr (F.) danger (N.) of collusion

vereidigen swear (V.) in, administer (V.) an oath

Vereidigung (F.) swearing (N.) in, oath-taking ceremony (N.)

Verein (M.) society (N.), club (N.), association (N.)

vereinbaren agree (V.), stipulate (V.)

Vereinbarung (F.) agreement (N.), stipulation (N.), contract (N.), understanding (N.)

Vereinbarungsdarlehen (N.) contractual loan (N.)

vereinen unite (V.), combine (V.), unify (V.)

vereinfachen simplify (V.), consolidate (V.)

vereinigen unite (V.), combine (V.), unify (V.)

Vereinigte Staaten von Amerika (M.Pl.) United States (N.Pl.) of America

Vereinigung (F.) (Institution) association (N.), federation (N.), organization (N.)

Vereinigung (F.) (Verschmelzung) amalgamation (N.), combination (N.)

Vereinigungsfreiheit (F.) freedom (N.) to form associations

Vereinsfreiheit (F.) freedom (N.) of association

Vereinshaftung (F.) liability (N.) of a club

Vereinsregister (N.) register (N.) of associations, register (N.) of societies

Vereinssache (F.) society matter (N.)

Vereinte Nationen (UNO) (F.Pl.) (UNO) United Nations (N.Pl.) (U.N.)

vereiteln thwart (V.), prevent (V.), frustrate (V.), block (V.)

vererben bequeath (V.), leave (V.), transfer (V.) by will

Verfahren (N.) procedure (N.), proceedings (N.Pl.), process (N.), suit (N.)

verfahren (V.) proceed (V.)

Verfahrensbeteiligte (M.Pl. bzw. F.Pl.) parties (M.Pl. bzw. F.Pl.) to the proceedings

Verfahrensgrundsatz (M.) principle (N.) of trial

Verfahrensmißbrauch (M.) abuse (N.) of process

Verfahrensrecht (N.) adjective law (N.), procedural law (N.), law (N.) of procedure

verfahrensrechtlich procedural (Adj.)

Verfahrensverschleppung (F.) protraction (N.) of a lawsuit

Verfahrensvorschriften (F.Pl.) rules (N.Pl.) of procedure

Verfall (M.) (Gültigkeitsverlust einer Forderung) expiry (N.), expiration (N.)

Verfall (M.) (Verfall eines Wechsels) maturity (N.)

Verfall (M.) (Verwahrlosung eines Gebäudes) dilapidation (N.), decay (N.), lapse (N.)

verfallen (ablaufen) expire (V.)

verfallen (verfallen eines Gebäudes) decay (V.), fall (V.) into decay, go (V.) to ruin, lapse (V.)

Verfallsklausel (F.) cancellation clause (N.), expiry clause (N.)

Verfallspfand (N.) forfeiture pledge (N.)

verfassen draft (V.), draw (V.) up, prepare (V.)

Verfasser (M.) author (M. bzw. F.), draftsman (M.), drafter (M. bzw. F.)

Verfassung (F.) constitution (N.)

Verfassungsänderung (F.) constitutional amendment (N.), constitutional revision (N.)

Verfassungsauslegung (F.) interpretation (N.) of a constitution

Verfassungsbeschwerde (F.) constitutional complaint (N.)

Verfassungsfeind (M.) enemy (M. bzw. F.) of the democratic constitutional order, extremist (M. bzw. F.)

verfassungsgebend constituent (Adj.), creating constitutional law

verfassungsgebende Gewalt (F.) constitutional authority (N.)

verfassungsgemäß constitutional (Adj.)

Verfassungsgericht (N.) constitutional court (N.)

Verfassungsgeschichte (F.) constitutional history (N.)

Verfassungsgrundsatz (M.) constitutional principle (N.)

verfassungskonform compatible (Adj.) with the constitution, constitutional (Adj.)

verfassungskonforme Auslegung (F.) interpretation (N.) compatible with the constitution

Verfassungskontrolle (F.) control (N.) of constitutionality

verfassungsmäßig constitutional (Adj.)

verfassungsmäßige Ordnung (F.) constitutional order (N.)

verfassungsmäßiger Vertreter (M.) constitutional agent (M. bzw. F.)

Verfassungsorgan (N.) constitutional organ (N.)

Verfassungsprinzip (N.) constitutional principle (N.)

Verfassungsprozeß (M.) proceedings (N. Pl.) on a constitutional dispute

Verfassungsrecht (N.) constitutional law (N.)

Verfassungsschutz (M.) protection (N.) of the constitution

Verfassungsschutz (M.) (Verfassungsschutzamt) office (N.) for the protection of the constitution

Verfassungsstreitigkeit (F.) litigation (N.) in constitutional matters

Verfassungsurkunde (F.) constitutional charter (N.), charter (N.) of the constitution

Verfassungsvorbehalt (M.) constitutional reservation (N.)

verfassungswidrig unconstitutional (Adj.)

Verfassungswidrigkeit (F.) unconstitutionality (N.)

verfolgen pursue (V.), prosecute (V.), persecute (V.), trace (V.)

Verfolgung (F.) pursuit (N.), prosecution (N.), persecution (N.)

Verfolgungsverjährung (F.) limitation (N.) of prosecution, prescription (N.)

Verfrachter (M.) carrier (M. bzw. F.) by sea, shipper (M. bzw. F.), freighter (M. bzw. F.) (am.)

verfügen (anordnen) direct (V.), order (V.)

verfügen (über etwas verfügen) dispose (V.) of, have (V.) at disposal, decree (V.)

Verfügung (F.) (Anordnung) direction (N.), order (N.)

Verfügung (F.) (Willenserklärung) disposal (N.), disposition (N.), settlement (N.)

Verfügung von Todes wegen (F.) disposition (N.) mortis causa

Verfügungsbefugnis (F.) power (N.) of disposal, power (N.) of disposition

Verfügungsermächtigung (F.) power (N.) of disposal, power (N.) of disposition

Verfügungsgeschäft (N.) disposition (N.)

Verfügungsgrundsatz (M.) principle (N.) of party disposition

Verfügungsverbot (N.) restraint (N.) on disposition

verführen seduce (V.), entice (V.)

Verführung (F.) seduction (N.), enticement (N.)

Vergehen (N.) misdemeanour (N.) (br.), misdemeanor (N.) (am.), breach (N.), offence (N.) (br.), offense (N.) (am.)

vergehen (sich) commit (V.) an indecent assault

vergelten retort (V.), retaliate (V.)

Vergeltung (F.) retaliation (N.), reprisal (N.), retribution (N.)
Vergesellschaftung (F.) socialization (N.)
vergewaltigen rape (V.), ravish (V.)
Vergewaltigung (F.) rape (N.), ravishment (N.)
vergiften poison (V.)
Vergiftung (F.) poisoning (N.)
Vergleich (M.) (Inbeziehungsetzung zweier Dinge) comparison (N.), collation (N.)
Vergleich (M.) (Vergleich im Privatrecht) settlement (N.), compromise (N.), arrangement (N.)
vergleichen (sich) reach (V.) a compromise
vergleichen (zwei Dinge in Beziehung setzen) compare (V.)
Vergleichsordnung (F.) composition code (N.)
Vergleichsverfahren (N.) composition proceedings (N.Pl.)
vergüten remunerate (V.), reimburse (V.), refund (V.)
Vergütung (F.) remuneration (N.), reimbursement (N.), refund (N.), compensation (N.) (am.)
Vergütungsgefahr (F.) risk (N.) of remuneration
verhaften arrest (V.), apprehend (V.), take (V.) into custody, attach (V.)
Verhaftung (F.) arrest (N.), apprehension (N.), taking (N.) into custody
verhalten behave (V.), conduct (V.), act (V.)
Verhalten (N.) behaviour (N.) (br.), behavior (N.) (am.), conduct (N.), demeanour (N.) (br.), demeanor (N.) (am.)
Verhaltenshaftung (F.) liability (N.) for a public disturbance
Verhältnis (N.) relation (N.), relationship (N.), proportion (N.)
verhältnismäßig proportional (Adj.), relative (Adj.)
Verhältnismäßigkeit (F.) commensurability (N.), reasonableness (N.)
Verhältniswahl (F.) proportional representation (N.)
Verhältniswahlrecht (N.) proportional voting system (N.)
verhandeln negotiate (V.), confer (V.)
Verhandlung (F.) (Verhandlung im Prozeßrecht) court hearing (N.)

Verhandlung (F.) (Verhandlung im Völkerrecht) negotiation (N.)
Verhandlungsfähigkeit (F.) capacity (N.) to negotiate
Verhandlungsgebühr (F.) sitting fee (N.), hearing fee (N.)
Verhandlungsgrundsatz (M.) principle (N.) of party presentation
verhängen impose (V.), inflict (V.)
Verhängung (F.) imposition (N.)
verharmlosen belittle (V.), minimize (V.)
Verharmlosung (F.) making (N.) something appear to be harmless
verherrlichen glorify (V.), apotheosize (V.)
Verherrlichung (F.) glorification (N.)
verhindern prevent (V.), hinder (V.)
Verhinderung (F.) prevention (N.)
Verhör (N.) interrogation (N.), questioning (N.), examination (N.)
verhören interrogate (V.), question (V.)
verhüten prevent (V.)
Verhütung (F.) prevention (N.)
Verhütungsmittel (N.) contraceptive (N.)
verjähren fall (V.) under the statute of limitations
Verjährung (F.) statute (N.) of limitations, limitation (N.) of actions, time limitation (N.)
Verkauf (M.) sale (N.), vending (N.), disposal (N.)
verkaufen sell (V.), vend (V.)
Verkäufer (M.) seller (M.), salesman (M.)
Verkäuferin (F.) saleslady (F.)
Verkaufskommission (F.) consignment (N.)
Verkehr (M.) (Geschäftsverkehr) transactions (N.Pl.)
Verkehr (M.) (Straßenverkehr) traffic (N.), transport (N.)
Verkehr (M.) (Umgang) dealings (N.Pl.), intercourse (N.)
verkehren deal with (V.), have (V.) relations with, have (V.) intercourse with
Verkehrsdelikt (N.) traffic offence (N.) (br.), traffic offense (N.) (am.)
Verkehrsgefährdung (F.) dangerous driving (N.)
Verkehrsgeschäft (N.) transaction (N.) in accordance with ordinary trade usage
Verkehrshypothek (F.) ordinary mortgage (N.)

Verkehrsmittel (N.) conveyance (N.) (br.), means (N.) of transportation (am.)
Verkehrspflicht (F.) duty (N.) to maintain safety, duty (N.) of care toward third parties
Verkehrspolizei (F.) traffic police (N.)
Verkehrsrecht (N.) (Besuchsberechtigung) visiting right (N.), right (N.) of access
Verkehrsrecht (N.) (Rechtsordnung des Straßenverkehrs) road traffic law (N.)
Verkehrssicherung (F.) traffic safeguarding (N.)
Verkehrssicherungspflicht (F.) legal duty (N.) to maintain safety
Verkehrssitte (F.) common usage (N.)
Verkehrsstrafrecht (N.) penal traffic law (N.)
Verkehrsteuer (F.) tax (N.) on transactions, transfer duty (N.)
Verkehrsunfall (M.) (Verkehrsunfall auf einer Überlandstraße) road accident (N.)
Verkehrsunfall (M.) (Verkehrsunfall in der Stadt) street accident (N.)
Verkehrsunfallflucht (F.) hit-and-run driving (N.)
Verkehrsvorschrift (F.) traffic regulation (N.)
Verkehrswirtschaft (F.) free market economy (N.)
Verkehrszeichen (N.) traffic sign (N.), road sign (N.)
Verkehrszentralregister (N.) control register (N.) of traffic violations
verklagen sue (V.), take (V.) legal proceedings, bring (V.) action against, bring (V.) a lawsuit, take (V.) to court, take (V.) to law, proceed (V.) against
verklaren make (V.) protest
Verklarung (F.) ship's protest (N.), sea protest (N.)
verkünden proclaim (V.), read out (V.)
verkünden (ein Gesetz veröffentlichen) promulgate (V.)
verkünden (ein Urteil bekanntgeben) pronounce (V.)
Verkündung (F.) proclamation (N.), announcement (N.)
Verkündung (F.) (Bekanntgabe eines Urteils) pronouncement (N.)
Verkündung (F.) (Veröffentlichung eines Gesetzes) promulgation (N.)

Verkündungsblatt (N.) legal gazette (N.)
verladen load (V.), ship (V.), entrain (V.), consign (V.), forward (V.)
Verladeschein (M.) shipping note (N.), certificate (N.) of receipt
Verlag (M.) publishing house (N.), publishing firm (N.), publisher (M. bzw. F.)
Verlagsrecht (N.) right (N.) to publish, publishing rights (N.Pl.), publishing law (N.)
verlagsrechtlich concerning publishing law (N.)
Verlagsvertrag (M.) author-publisher agreement (N.), publishing contract (N.)
verlängern prolong (V.), extend (V.), renew (V.)
verlängerter Eigentumsvorbehalt (M.) extended reservation (N.) of proprietary rights
Verlängerung (F.) prolongation (N.), extension (N.), renewal (N.)
Verlassenschaft (F.) property left (N.), deceased's estate (N.), heritage (N.)
verlautbaren announce (V.) officially
verlegen publish (V.), print (V.)
Verleger (M.) publisher (M. bzw. F.)
verleihen (ausleihen) lend (V.), hire (V.) out, loan (V.)
verleihen (eine Auszeichnung geben) confer (V.), bestow (V.)
Verleihung (F.) (Austeilung) conferment (N.), bestowal (N.), grant (N.)
verleiten suborn (V.), inveigle (V.), entice (V.), incite (V.)
Verleitung (F.) subornation (N.), incitement (N.)
verletzen (beschädigen) hurt (V.), injure (V.), break (V.)
verletzen (eine Vorschrift übertreten) violate (V.), infringe (V.)
Verletzter (M.) injured person (M. bzw. F.), injured party (M. bzw. F.)
Verletzung (F.) (Beschädigen einer Person) injury (N.), hurt (N.)
Verletzung (F.) (Übertretung einer Vorschrift) violation (N.), infringement (N.), breach (N.)
Verletzungsdelikt (N.) offence (N.) of causing an injury
verleumden calumniate (V.), slander (V.), libel (V.), defame (V.)
Verleumder (M.) calumniator (M. bzw.

F.), slanderer (M. bzw. F.), libeller (M. bzw. F.)

Verleumdung (F.) defamation (N.), calumny (N.), libel (N.), slander (N.)

verlieren lose (V.)

verloben (sich) get (V.) engaged, become (V.) engaged

Verlöbnis (N.) engagement (N.)

Verlobung (F.) engagement (N.)

Verlust (M.) loss (N.)

vermachen bequeath (V.), settle (V.) on

Vermächtnis (N.) legacy (N.), bequest (N.)

Vermächtnisnehmer (M.) legatee (M. bzw. F.)

vermählen (sich) marry (V.), wed (V.)

Vermählung (F.) marriage (N.), wedding (N.)

vermeidbar avoidable (Adj.)

vermeidbarer Verbotsirrtum (M.) avoidable error (N.) as to the prohibited nature of an act

vermeiden avoid (V.)

Vermeidung (F.) avoidance (N.)

vermengen mix (V.), mingle (V.), blend (V.)

Vermengung (F.) comminglement (N.), mixing (N.) together

Vermerk (M.) endorsement (N.), indorsement (N.), note (N.), annotation (N.), entry (N.)

vermessen (V.) measure (V.), survey (V.)

Vermessung (F.) measuring (N.), survey (N.)

vermieten let (V.), let (V.) on hire, lease (V.), rent (V.)

Vermieter (M.) lessor (M. bzw. F.), lettor (M. bzw. F.)

Vermieter (M.) (Vermieter von Wohnungen) landlord (M.)

Vermieterpfandrecht (N.) lien (N.) of lessor

Vermietung (F.) letting (N.)

vermindern diminish (V.), lessen (V.), reduce (V.), decrease (V.)

vermindert reduced (Adj.), decreased (Adj.)

verminderte Schuldfähigkeit (F.) diminished responsibility (N.)

Verminderung (F.) diminution (N.), reduction (N.), decrease (N.)

vermischen mix (V.), blend (V.), mingle (V.)

Vermischung (F.) intermingling (N.), mixing (N.), blending (N.)

vermitteln (als Mittler auftreten) mediate (V.), act (V.) as intermediary

Vermittler (M.) intermediary (M. bzw. F.), middleman (M.), agent (M. bzw. F.), procurer (M. bzw. F.)

Vermittlung (F.) mediation (N.), conciliation (N.)

Vermittlungsausschuß (M.) mediation committee (N.), conference committee (N.) (am.)

Vermittlungsvertreter (M.) soliciting agent (M. bzw. F.)

Vermögen (N.) wealth (N.), property (N.), fortune (N.)

Vermögensbildung (F.) formation (N.) of wealth

Vermögensbildungsgesetz (N.) formation of wealth law (N.)

Vermögensdelikt (N.) offence (N.) against property

Vermögensnachfolge (F.) succession (N.) in property rights

Vermögenspflegschaft (F.) curatorship (N.) for assets

Vermögensrecht (N.) (Vermögensberechtigung) proprietary right (N.)

Vermögensrecht (N.) (Vermögensrechtsordnung) property law (N.)

Vermögensschaden (N.) property loss (N.), pecuniary loss (N.)

Vermögenssorge (F.) statutory duty (N.) of care for a minor's property

Vermögensteuer (F.) property tax (N.), wealth tax (N.), capital levy (N.)

Vermögensübernahme (F.) take-over (N.) of capital

Vermögensverfügung (F.) disposition (N.) of property

Vermögensverwalter (M.) trustee (M. bzw. F.)

Vermögensverwaltung (F.) administration (N.) of the property, property management (N.), trust (N.)

Vermögensverzeichnis (N.) inventory (N.) of property

Vermögensvorteil (M.) pecuniary profit (N.), capital gain (N.)

vermummen mask (V.), hide (V.) one's face

vermuten presume (V.), assume (V.)
vermutlich presumable (Adj.), supposed (Adj.), probably (Adv.)
Vermutung (F.) presumption (N.), assumption (N.)
vernachlässigen neglect (V.)
Vernachlässigung (F.) neglecting (N.)
vernehmen interrogate (V.), question (V.)
Vernehmung (F.) interrogation (N.), questioning (N.), examination (N.)
Vernunft (F.) reason (N.)
vernünftig reasonable (Adj.), sound (Adj.), rational (Adj.)
Vernunftrecht (N.) law (N.) of reason
veröffentlichen publish (V.)
Veröffentlichung (F.) publication (N.)
verordnen ordain (V.), decree (V.)
Verordnung (F.) ordinance (N.) (am.), statutory order (N.), decree (N.)
verpachten lease (V.), let (V.) on lease, rent (V.)
Verpächter (M.) lessor (M. bzw. F.)
Verpachtung (F.) demise (N.)
verpfänden hypothecate (V.), pawn (V.), pledge (V.), mortgage (V.)
Verpfändung (F.) pawning (N.), pledging (N.), mortgaging (N.), pawn (N.)
verpflichten obligate (V.), commit (V.), engage (V.), bind (V.)
verpflichten (sich) undertake (V.), obligate (V.) oneself, commit (V.) oneself
Verpflichteter (M.) obligor (M. bzw. F.), party (M. bzw. F.) liable
Verpflichtung (F.) obligation (N.), commitment (N.), engagement (N.), responsibility (N.)
Verpflichtungsgeschäft (N.) executory agreement (N.)
Verpflichtungsklage (F.) action (N.) for the issue of an administrative act
Verrat (M.) treason (N.), betrayal (N.), treachery (N.)
verraten (etwas verraten) divulge (V.), disclose (V.)
verraten (jemanden verraten) betray (V.)
Verräter (M.) traitor (M. bzw. F.), betrayer (M.)
Verräterin (F.) traitress (F.), traitoress (F.)
verräterisch treasonable (Adj.), traitorous (Adj.)

verrechnen (aufrechnen) settle (V.), set off (V.)
verrechnen (in Rechnung stellen) account (V.) for, enter (V.) in someone's account
Verrechnung (F.) (Aufrechnung) settlement (N.), set off (N.)
Verrechnung (F.) (Inrechnungstellung) placing (N.) to the account
Verrechnungsscheck (M.) account-only cheque (N.) (br.), account-only check (N.) (am.), crossed cheque (N.) (br.), crossed check (N.) (am.)
verrichten (bewirken) effect (V.)
verrichten (tun) perform (V.), carry (V.) out
Verrichtungsgehilfe (M.) vicarious agent (M. bzw. F.)
verrucht wicked (Adj.), pernicious (Adj.), odious (Adj.)
Versailler Vertrag (M.) Treaty (N.) of Versailles
versammeln (sich) assemble (V.), meet (V.)
Versammlung (F.) assembly (N.), meeting (N.)
Versammlung (F.) der Europäischen Union European Assembly (N.)
Versammlungsfreiheit (F.) right (N.) of assembly, freedom (N.) of meeting
Versammlungsgesetz (N.) law (N.) regulating public meetings
Versammlungsrecht (N.) right (N.) of assembly, freedom (N.) of meeting
Versammlungsverbot (N.) prohibition (N.) of assembly, ban (N.) on public meetings
Versandhandel (M.) direct mail selling (N.), mail-order business (N.)
Versandhaus (N.) mail-order business (N.), mail-order house (N.), mail-order firm (N.)
versäumen miss (V.), fail (V.) to appear, fail (V.) to attend, neglect (V.)
Versäumnis (N.) (Fehlen) default (N.) of appearance, non-attendance (N.)
Versäumnis (N.) (Unterlassung) failure (N.) to perform
Versäumnisurteil (N.) default judgement (N.), judgement (N.) by default
Versäumung (F.) failure (N.) to observe
verschaffen procure (V.), obtain (V.), acquire (V.)
Verschaffen (N.) procurement (N.)

Verschaffung (F.) procurement (N.)
Verschaffungsvermächtnis (N.) demonstrative legacy (N.)
verschärfen intensify (V.), aggravate (V.), stiffen (V.)
verschenken give (V.) away
verschieben defer (V.), postpone (V.), adjourn (V.), put (V.) off
verschiffen ship (V.)
verschleiern mask (V.), disguise (V.)
verschleppen (in die Länge ziehen) delay (V.) unduly, protract (V.)
verschleppen (örtlich fortbewegen) kidnap (V.), carry (V.) off
Verschleppung (F.) (örtliche Veränderung einer Person) kidnapping (N.), abduction (N.)
Verschleppung (F.) (Verzögerung im Prozeß) protraction (N.), dilatory tactics (N.)
Verschleuderung (F.) (Verschleuderung im Insolvenzrecht) fraudulent conveyance (N.)
Verschluß (M.) seal (N.)
verschmelzen merge (V.), amalgamate (V.), fuse (V.)
Verschmelzung (F.) merger (N.), amalgamation (N.), fusion (N.)
verschollen missing (Adj.), untraceable (Adj.)
Verschollenheit (F.) (Verschollenheit einer Person) disappearance (N.)
verschulden (herbeiführen) cause (V.), give (V.) the cause of
Verschulden (N.) fault (N.), blame (N.)
verschulden (schuld sein) be (V.) to blame for, be (V.) at fault in
verschulden (sich) get (V.) into debt
Verschuldenshaftung (F.) liability (N.) based on fault, liability (N.) in tort
Verschuldensvermutung (F.) presumption (N.) of fault
verschwägert related (Adj.) by marriage
verschweigen (Material unterdrücken) suppress (V.)
verschweigen (nicht kundgeben) conceal (V.), withhold (V.)
Verschweigung (F.) (Unterdrückung von Material) suppression (N.)
Verschweigung (F.) (Verschweigung von Informationen) concealment (N.)

verschwenden waste (V.), squander (V.)
Verschwendung (F.) waste (N.), squander (N.), wastage (N.)
verschwiegen discret (Adj.)
Verschwiegenheit (F.) discretion (N.), secrecy (N.)
Verschwiegenheitspflicht (F.) obligation (N.) of secrecy
verschwören (sich) conspire (V.), plot (V.)
Verschwörer (M.) conspirator (M. bzw. F.), plotter (M. bzw. F.)
Verschwörung (F.) conspiracy (N.), plot (N.)
Versehen (N.) slip (N.), oversight (N.)
versenden send (V.) off, dispatch (V.), ship (V.)
Versender (M.) consignor (M. bzw. F.)
Versendung (F.) dispatch (N.), shipment (N.)
Versendungskauf (M.) mail order sale (N.)
versetzen (eine Person versetzen) relocate (V.), transfer (V.) to another post
versetzen (verpfänden) pawn (V.), pledge (V.)
Versetzung (F.) (Versetzung einer Person) transfer (N.) to another post, transfer (N.)
Versicherer (M.) insurer (M. bzw. F.), underwriter (M. bzw. F.), assurer (M. bzw. F.)
versichern (bestätigen) affirm (V.), assure (V.)
versichern (eine Versicherung abschließen) insure (V.), assure (V.)
versichert insured (Adj.), assured (Adj.)
Versicherung (F.) (Absicherung von Werten) insurance (N.), assurance (N.)
Versicherung (F.) (Bestätigung) assurance (N.), affirmation (N.), declaration (N.)
Versicherung (F.) an Eides statt affirmation (N.) in lieu of an oath
Versicherungsaufsicht (F.) insurance control (N.)
Versicherungsbedingungen (F.Pl.) insurance conditions (N.Pl.)
Versicherungsberater (M.) insurance consultant (M. bzw. F.)
Versicherungsbetrug (M.) insurance fraud (N.)
Versicherungsfall (M.) event (N.) insured against

Versicherungsgesellschaft (F.) insurance company (N.)

Versicherungskarte (F.) green card (N.)

Versicherungsnehmer (M.) insured person (M. bzw. F.), insurant (M. bzw. F.)

Versicherungspflicht (F.) compulsory insurance (N.)

Versicherungspolice (F.) insurance policy (N.)

Versicherungsprämie (F.) insurance premium (N.)

Versicherungsrecht (N.) insurance law (N.)

Versicherungsschein (M.) insurance policy (N.)

Versicherungssumme (F.) sum (N.) insured

Versicherungsteuer (F.) insurance tax (N.)

Versicherungsträger (M.) insurer (M. bzw. F.), insurance institution (N.), assurer (M. bzw. F.)

Versicherungsurkunde (F.) deed (N.) of insurance

Versicherungsverein (M.) insurance association (N.)

Versicherungsvertrag (M.) insurance contract (N.), insurance agreement (N.)

Versicherungszwang (M.) compulsory insurance (N.), liability (N.) to insure

versiegeln seal (V.), put (V.) under seal

Versiegelung (F.) sealing (N.)

versitzen be (V.) subject to an extinctive prescription

Versitzung (F.) extinctive prescription (N.)

versorgen supply (V.) (with), provide (V.), maintain (V.)

Versorgung (F.) sustenance (N.), provision (N.), supply (N.)

Versorgungsausgleich (M.) statutory pensions equalization (N.)

versprechen promise (V.)

Versprechen (N.) promise (N.)

Versprechensempfänger (M.) promisee (M. bzw. F.)

verstaatlichen nationalize (V.), socialize (V.)

Verstaatlichung (F.) nationalization (N.), socialization (N.)

Versteigerer (M.) auctioneer (M. bzw. F.)

versteigern auctioneer (V.), auction (V.) off, sell (V.) by public auction

Versteigerung (F.) auction (N.), public sale (N.)

versterben decease (V.)

verstorben deceased (Adj.)

Verstoß (M.) offence (N.) (br.), offense (N.) (am.), violation (N.), infringement (N.), breach (N.)

verstoßen (verletzen) offend (V.), violate (V.), infringe (V.), contravene (V.)

verstoßen (zurückweisen) expel (V.), cast out (V.), repudiate (V.)

verstricken entangle (V.), inculpate (V.)

Verstrickung (F.) entanglement (N.), inculpation (N.), involvement (N.)

Verstrickungsbruch (M.) interference (N.) with attachment

verstümmeln mutilate (V.), maim (V.), garble (V.)

Verstümmelung (F.) mutilation (N.)

Versuch (M.) attempt (N.), test (N.), trial (N.)

versuchen try (V.), attempt (V.)

vertagen postpone (V.), adjourn (V.), prorogue (V.), defer (V.)

Vertagung (F.) adjournment (N.), deferment (N.), continuance (N.), postponement (N.)

verteidigen defend (V.)

Verteidiger (M.) defence counsel (M. bzw. F.) (br.), defense counsel (M. bzw. F.) (am.), defence attorney (M. bzw. F.) (br.), defense attorney (M. bzw. F.) (am.), defence (N.) (br.), defense (N.) (am.)

Verteidigung (F.) defence (N.) (br.), defense (N.) (am.)

Verteidigungsfall (M.) case (N.) of defence (br.), case (N.) of defense (am.), case (N.) of war

Verteidigungsnotstand (M.) national emergency (N.) for the defence of the country

verteilen distribute (V.), allot (V.), allocate (V.), share (V.)

Verteilung (F.) distribution (N.), allocation (N.)

Verteilung (F.) distribution (N.), apportionment (N.), allotment (N.), dissemination (N.)

Vertiefung (F.) eines Grundstückes deepening (N.) of a real estate

vertikal vertical (Adj.)

vertikaler Finanzausgleich (M.) vertical fiscal adjustment (N.)

Vertrag (M.) contract (N.), treaty (N.), agreement (N.), covenant (N.)

Vertrag (M.) zu Lasten Dritter contract (N.) imposing a burden on a third party

Vertrag (M.) zugunsten Dritter agreement (N.) in favor of a third party

vertraglich contractual (Adj.)

Vertragsauslegung (F.) construction (N.) of the terms of a contract, interpretation (N.) of a contract

Vertragsbruch (M.) breach (N.) of contract

Vertragsfreiheit (F.) freedom (N.) of contract

Vertragshändler (M.) authorized dealer (M. bzw. F.), appointed dealer (M. bzw. F.)

Vertragspartner (M.) contracting party (N.), party (N.) to a contract

Vertragspflicht (F.) contractual commitment (N.), obligation (N.) under a contract

Vertragspflichtverletzung (F.) breach (N.) of contract

Vertragsrecht (N.) law (N.) of contract, contract law (N.)

vertragsschließende Partei (F.) contractor (M. bzw. F.)

Vertragsschluß (M.) conclusion (N.) of treaty, formation (N.) of treaty

Vertragsstatut (N.) proper law (N.) of the agreement

Vertragsstrafe (F.) conventional penalty (N.), contractual penalty (N.)

Vertragsübernahme (F.) taking-over (N.) of a contract

Vertragsurkunde (F.) deed (N.) of covenant, indenture (N.)

Vertragsverhältnis (N.) contractual relationship (N.)

Vertragsverlängerung (F.) extension (N.) of a contract

Vertragsverletzung (F.) breach (N.) of contract, violation (N.) of contract, default (N.)

vertrauen trust (V.), rely (V.) on

Vertrauen (N.) trust (N.), reliance (N.), confidence (N.)

Vertrauensarzt (M.) medical examiner (M. bzw. F.)

Vertrauensbruch (M.) betrayal (N.) of trust, breach (N.) of confidence

Vertrauensfrage (F.) question (N.) of confidence

Vertrauensgrundsatz (M.) principle (N.) of mutual reliance on reasonably safe driving of other road users

Vertrauenshaftung (F.) liability (N.) based on principles of reliance

Vertrauensinteresse (N.) detriments (N. Pl.) due to anticipatory breach or fault in negotiating

Vertrauensschaden (N.) damage (N.) caused by breach of trust

Vertrauensschutz (M.) legal protection (N.) for bona fide acts, fidelity clause (N.)

Vertrauensstellung (F.) position (N.) of trust

Vertrauensvotum (N.) confidence vote (N.), vote (N.) of confidence

vertraulich confidential (Adj.), in confidence

vertreiben (austreiben) drive (V.) out, expel (V.), oust (V.)

Vertreibung (F.) expulsion (N.), expatriation (N.)

vertretbar (austauschbar) fungible (Adj.), exchangeable (Adj.)

vertretbar (begründbar) justifiable (Adj.), reasonable (Adj.)

vertretbare Sache (F.) fungible (N.)

vertreten represent (V.), act (V.) for

Vertretenmüssen (N.) obligation (N.) to represent

Vertreter (M.) agent (M. bzw. F.), representative (M. bzw. F.), deputy (M. bzw. F.)

Vertretergeschäft (N.) transaction (N.) by agency

Vertretung (F.) representation (N.), agency (N.), proxy (N.)

Vertretungsmacht (F.) representative authority (N.), power (N.) of agency

Vertretungswille (M.) intention (N.) to act on behalf of another

Vertretungszwang (M.) compulsory representation (N.)

Vertrieb (M.) distribution (N.), sales (N.Pl.)

Vertriebener (M.) expellee (M. bzw. F.), displaced person (M. bzw. F.)

Vertriebsrecht (N.) right (N.) of sale

verüben commit (V.), perpetrate (V.)
verunglimpfen disparage (V.), decry (V.), smear (V.)
veruntreuen misappropriate (V.), defalcate (V.), embezzle (V.)
Veruntreuung (F.) misappropriation (N.), defalcation (N.), peculation (N.), embezzlement (N.)
verursachen cause (V.)
Verursacher (M.) causer (M. bzw. F.)
Verursachung (F.) causation (N.)
verurteilen sentence (V.), convict (V.), condemn (V.)
Verurteilung (F.) conviction (N.), adjucation (N.), condamnation (N.)
vervielfältigen duplicate (V.), reproduce (V.)
Vervielfältigung (F.) duplication (N.), reproduction (N.)
verwahren keep (V.) in custody, hold (V.) in custody
Verwahrer (M.) bailee (M. bzw. F.)
Verwahrlosung (F.) neglect (N.)
Verwahrlosung (F.) (Verfall von Häusern) dilapidation (N.)
Verwahrung (F.) custody (N.), safekeeping (N.)
Verwahrungsbruch (M.) breach (N.) of official custody
Verwahrungsvertrag (M.) safe-deposit contract (N.)
verwalten administer (V.), manage (V.)
Verwalter (M.) administrator (M. bzw. F.)
Verwaltung (F.) administration (N.), management (N.)
Verwaltungsakt (M.) administrative act (N.)
Verwaltungsbehörde (F.) public authority (N.), administrative body (N.)
Verwaltungsgebühr (F.) official fee (N.), service charge (N.)
Verwaltungsgemeinschaft (F.) administration (N.) of the wife's assets by the husband
Verwaltungsgericht (N.) administrative court (N.), administrative tribunal (N.)
Verwaltungsgerichtsbarkeit (F.) system (N.) of administrative tribunals
Verwaltungsgerichtsgesetz (N.) law (N.) relating to administrative jurisdiction
Verwaltungsgerichtshof (M.) higher administrative court (N.)

Verwaltungsgerichtshof (M.) (in Österreich) court (N.) of administration
Verwaltungsgerichtsordnung (F.) regulations (N.Pl.) governing administrative courts
Verwaltungskosten (F.Pl.) administrative costs (N.Pl.), administrative overheads (N.Pl.)
Verwaltungslehre (F.) science (N.) of administration
Verwaltungsprivatrecht (N.) rules (N.Pl.) for private-law transactions of public bodies
Verwaltungsprozeß (M.) proceedings (N.Pl.) before an administrative court
Verwaltungsprozeßrecht (N.) law (N.) on administrative procedure
Verwaltungsrat (M.) governing board (N.), directorate (N.)
Verwaltungsrecht (N.) administrative law (N.)
Verwaltungsträger (M.) administrative organ (N.), executive body (N.)
Verwaltungstreuhand (F.) administrative trust (N.)
Verwaltungsunrecht (N.) administrative offence (N.) (br.), administrative offense (N.) (am.)
Verwaltungsverfahren (N.) administrative procedure (N.), administrative proceedings (N.Pl.)
Verwaltungsvermögen (N.) administrative property (N.)
Verwaltungsverordnung (F.) administrative regulation (N.), statutory order (N.)
Verwaltungsvertrag (M.) contract (N.) under public law
Verwaltungsvollstreckung (F.) administrative enforcement (N.)
Verwaltungsvollstreckungsgesetz (N.) administrative enforcement law (N.)
Verwaltungsvorschrift (F.) regulatory order (N.), rule (N.)
Verwaltungszustellung (F.) administrative service (N.) of notes
Verwaltungszwang (M.) administrative compulsion (N.)
verwandt related (Adj.)
Verwandter (M.) relative (M. bzw. F.)
Verwandtschaft (F.) (Gesamtheit der Verwandten) relatives (M.Pl. bzw. F.Pl.), kindred (M.Pl. bzw. F.Pl.), kin (M.Pl. bzw. F.Pl.)

Verwandtschaft (F.) (Verwandtsein) relationship (N.), connection (N.), propinquity (N.) (br.)
verwandtschaftlich relational (Adj.)
verwarnen warn (V.), admonish (V.), reprimand (V.), caution (V.)
Verwarnung (F.) warning (N.), admonition (N.), reprimand (N.), caution (N.)
Verwarnungsgeld (N.) warning charge (N.), police ticket (N.)
verweigern deny (V.), refuse (V.)
Verweigerung (F.) refusal (N.), denial (N.)
Verweis (M.) (Hinweis) reference (N.), caution (N.)
Verweis (M.) (Tadel) reprimand (N.)
verweisen refer (V.) to, remit (V.), remand (V.)
Verweisung (F.) (Ausweisung einer Person) expulsion (N.), removal (N.)
Verweisung (F.) (Übermittlung einer Rechtssache) remission (N.), remittal (N.)
verwenden use (V.), utilize (V.)
Verwendung (F.) use (N.), utilization (N.)
verwerfen dismiss (V.), quash (V.), overrule (V.), reject (V.)
Verwerfung (F.) dismissal (N.), quashing (N.), rejection (N.)
verwerten use (V.), utilize (V.), realize (V.)
Verwertung (F.) utilization (N.), realization (N.)
Verwertungsgesellschaft (F.) performing rights society (N.)
Verwertungsverbot (N.) ban (N.) on utilization
verwesen (verwalten) administer (V.)
Verweser (M.) vice-regent (M. bzw. F.), administrator (M. bzw. F.)
verwirken forfeit (V.)
verwirklichen realize (V.), translate (V.) into action
Verwirklichung (F.) realization (N.)
Verwirkung (F.) forfeiture (N.), laches (N.), forfeit (N.), estoppel (N.)
Verwirkungsklausel (F.) forfeiture clause (N.), forfeit clause (N.)
verwunden wound (V.)
verzeichnen record (V.), list (V.), register (V.)
Verzeichnis (N.) register (N.), list (N.), record (N.), index (N.), schedule (N.), dock (N.)

verzeihen condone (V.)
Verzeihung (F.) condonation (N.)
Verzicht (M.) renunciation (N.), waiver (N.), disclaimer (N.), release (N.)
verzichten renounce (V.), waive (V.)
Verzichtserklärung (F.) waiver (N.), disclaimer (N.)
verzögern delay (V.), retard (V.)
Verzögerung (F.) delay (N.), retardation (N.)
verzollen pay (V.) duty on, clear (V.) through the customs
Verzug (M.) delay (N.), culpable delay (N.)
Verzugszinsen (M.Pl.) interest (N.) on arreas, overdue interest (N.)
Veto (N.) veto (N.)
Vetter (M.) cousin (M.)
Vetternwirtschaft (F.) nepotism (N.)
Vieh (N.) livestock (N.)
Viehkauf (M.) sale (N.) of livestock
Vielweiberei (F.) polygamy (N.)
Vierteljahr (N.) quarter (N.) of a year
vierteljährlich quarterly (Adj.)
Viktimologie (F.) branch (N.) of criminology dealing with victims of crime
Vindikation (F.) replevin (N.)
Vindikationslegat (N.) claimable legacy (N.)
Vindikationszession (F.) assignment (N.) of the right to claim the surrender of something
vinkulieren restrict (V.) the transferability, tie (V.), block (V.)
vinkulierte Namensaktie (F.) not freely transferable registered share (N.)
Visum (N.) visa (N.)
Vivisektion (F.) vivisection (N.), biotomy (N.)
Vizekanzler (M.) vice-chancellor (M. bzw. F.)
Vizekönig (M.) vice-king (M.), viceroy (M.)
Vizekönigin (F.) vice-queen (F.), vicereine (F.)
Vizepräsident (M.) Vice-President (M. bzw. F.)
vogelfrei outlawed (Adj.)
Volk (N.) people (N.)
Völkerbund (M.) League (N.) of Nations
Völkermord (M.) genocide (N.)
Völkerrecht (N.) international law (N.)

Völkerrechtssubjekt (N.) subject (N.) of international law

Volksabstimmung (F.) plebiscite (N.), referendum (N.)

Volksbank (F.) popular bank (N.), industrial credit cooperative (N.)

Volksbegehren (N.) popular initiative (N.)

Volksdemokratie (F.) people's democracy (N.)

Volksentscheid (M.) plebiscite (N.), referendum (N.)

Volkshochschule (F.) adult evening courses (N.Pl.)

Volksschule (F.) primary school (N.), elementary school (N.)

Volkssouveränität (F.) sovereignty (N.) of the people, national sovereignty (N.)

Volksverhetzung (F.) incitement (N.) of the people

Volksversammlung (F.) popular assembly (N.), public meeting (N.)

Volksvertreter (M.) representative (M. bzw. F.) of the people

Volksvertretung (F.) representation (N.) of the people, parliament (N.)

vollenden complete (V.), accomplish (V.)

Vollendung (F.) completion (N.), accomplishment (N.)

volljährig of age, major (Adj.)

Volljährigkeit (F.) majority (N.), legal age (N.) (am.)

Volljurist (M.) fully trained lawyer (M. bzw. F.)

Vollkaufmann (M.) qualified merchant (M. bzw. F.), full trader (M. bzw. F.)

Vollmacht (F.) power (N.) of agency, authority (N.), faculty (N.), warrant (N.)

Vollmachtsurkunde (F.) proxy (N.)

Vollrausch (M.) total intoxication (N.)

vollständig complete (Adj.), whole (Adj.), entire (Adj.)

vollstreckbar enforceable (Adj.)

vollstreckbare Urkunde (F.) enforceable instrument (N.)

Vollstreckbarkeit (F.) enforceability (N.)

vollstrecken execute (V.), carry (V.) out, enforce (V.)

Vollstrecker (M.) executer (M. bzw. F.)

Vollstreckung (F.) enforcement (N.), execution (N.)

Vollstreckungsanordnung (F.) writ (N.) of execution

Vollstreckungsbeamter (M.) executory officer (M. bzw. F.), law enforcement officer (M. bzw. F.)

Vollstreckungsbefehl (M.) order (N.) for execution, summary payment warrant (N.)

Vollstreckungsbescheid (M.) order (N.) of execution

Vollstreckungsgegenklage (F.) action (N.) to oppose enforcement, interpleader (N.) challenging execution

Vollstreckungsgericht (N.) court (N.) competent for enforcement matters

Vollstreckungsgläubiger (M.) execution creditor (M. bzw. F.)

Vollstreckungsklausel (F.) fiat (N.) of execution, writ (N.) of execution

Vollstreckungsorgan (N.) official organ (N.) for enforcement by execution

Vollstreckungsschuldner (M.) execution debtor (M. bzw. F.)

Vollstreckungsschutz (M.) exemption (N.) from judicial execution

Vollstreckungstitel (M.) writ (N.) of execution, title (N.) of execution

Vollstreckungsvereitelung (F.) frustrating (N.) execution

Vollstreik (M.) total strike (N.)

Volltrunkenheit (F.) total intoxication (N.)

vollziehen execute (V.), enforce (V.)

Vollziehung (F.) execution (N.), enforcement (N.)

Vollzug (M.) execution (N.), enforcement (N.), implementation (N.)

Vollzugsbeamter (M.) managing clerk (M. bzw. F.), warder (M. bzw. F.)

Vollzugsbehörde (F.) enforcement agency (N.)

Vollzugsdienst (M.) enforcement officer's service (N.)

Vollzugsnorm (F.) self-executing norm (N.)

Vollzugspolizei (F.) police (N.)

Volontär (M.) trainee (M. bzw. F.)

von Amts wegen officially (Adv.), ex officio (lat.)

vorab in advance, advance (Adv.)

Vorabentscheidung (F.) preliminary ruling (N.)

Voranfrage (F.) preliminary inquiry (N.)

vorangegangenes Tun (N.) the foregoing action (N.)

Voranschlag (M.) rough estimate (N.) of cost, estimate (N.) of expenditure

Voraus (M.) preferential right (N.)

Vorausabtretung (F.) anticipatory assignment (N.)

Vorausklage (F.) previous action (N.)

voraussehbar foreseeable (Adj.)

Voraussehbarkeit (F.) foreseeability (N.)

Vorausvermächtnis (N.) preferential legacy (N.)

Vorauszahlung (F.) prepayment (N.), payment (N.) in advance

Vorbedacht (M.) premeditation (N.), forethought (N.)

Vorbedingung (F.) precondition (N.), prerequisite (N.), condition (N.) precedent

Vorbehalt (M.) reservation (N.), proviso (N.)

vorbehalten reserve (V.)

vorbehaltlos unconditional (Adj.), unreserved (Adj.)

Vorbehaltsgut (N.) privileged property (N.)

Vorbehaltsurteil (N.) provisional judgement (N.), conditional judgement (N.)

vorbereiten prepare (V.)

Vorbereitung (F.) preparation (N.)

Vorbereitungsdienst (M.) preparatory service (N.)

Vorbereitungshandlung (F.) act (N.) preparatory to the commission of an offence

Vorbescheid (M.) preliminary ruling (N.)

Vorbescheid (M.) (Vorbescheid im Baurecht) outline permission (N.)

Vorbescheid (M.) (Vorbescheid im Patentrecht) interim action (N.)

vorbestellen order (V.) in advance, book (V.) (brit.), make (V.) a reservation (am.)

vorbestraft previously convicted (Adj.), having a criminal record

Vorbeugehaft (F.) preventive detention (N.)

vorbeugen prevent (V.), preclude (V.), forestall (V.)

vorbeugend preventive (Adj.), precautionary (Adj.)

vorbringen produce (V.), prefer (V.), plead (V.), allege (V.)

Vorbringen (N.) pleading (N.), allegation (N.), submission (N.)

Voreid (M.) promissory oath (N.)

voreingenommen partial (Adj.), prejudiced (Adj.), biassed (Adj.)

vorenthalten hold (V.) back, withhold (V.)

Vorenthaltung (F.) detention (N.), withholding (N.)

Vorerbe (M.) provisional heir (M. bzw. F.)

Vorerbschaft (F.) provisional succession (N.)

Vorfahre (M.) ancestor (M.)

Vorfahrin (F.) ancestress (F.)

Vorfahrt (F.) right (N.) of way

Vorfall (M.) incident (N.), occurrence (N.), event (N.)

vorführen (vor Gericht bzw. Behörde vorführen) bring (V.) before (the judge)

Vorführung (F.) (Vorführung vor Gericht bzw. Behörde) leading (N.) someone in the court room

Vorführungsbefehl (M.) order (N.) to bring someone before the judge

Vorgänger (M.) predecessor (M. bzw. F.)

vorgehen take (V.) action, proceed (V.), have (V.) priority, take (V.) priority

Vorgehen (N.) action (N.), procedure (N.)

Vorgesellschaft (F.) company (N.) prior to registration

Vorgesetzter (M.) superior (M. bzw. F.), senior (M. bzw. F.) in rank, principal (M. bzw. F.)

Vorhersehbarkeit (F.) foreseeability (N.)

vorhersehen foresee (V.)

Vorkauf (M.) pre-emption (N.)

Vorkaufsrecht (N.) right (N.) of preemption

vorladen summon (V.), serve (V.) a summons, cite (V.)

Vorladung (F.) summons (N.), citation (N.)

Vorlage (F.) (Auslage) advance (N.), outlay (N.)

Vorlage (F.) (Gesetzesvorlage) bill (N.)

Vorlage (F.) (Vorlegen) presentation (N.), submission (N.), production (N.)

vorläufig provisional (Adj.), interim (Adj.)

vorläufige Einstellung (F.) provisional stay (N.) of the proceedings

vorläufige Festnahme (F.) provisional apprehension (N.)

vorläufige Vollstreckbarkeit (F.) provisional enforceability (N.)

vorläufiger Rechtsschutz (M.) interim protection (N.) of law

vorlegen present (V.), submit (V.)

Vorlegung (F.) presentation (N.), submission (N.), presentment (N.)

Vorlegungspflicht (F.) statutory requirement (N.) to submit

Vorleistung (F.) advance performance (N.), advance payment (N.)

Vorleistungspflicht (F.) obligation (N.) to pay in advance, obligation (N.) to previous work

vormerken note (V.), register (V.)

Vormerkung (F.) (vorläufige Eintragung im Grundbuchrecht) priority notice (N.), priority caution (N.), caution (N.)

Vormiete (F.) preceding tenancy (N.)

Vormietrecht (N.) law (N.) of preceding tenancy

Vormund (M.) guardian (M. bzw. F.), tutor (M. bzw. F.)

Vormundschaft (F.) guardianship (N.), tutelage (N.), wardship (N.)

Vormundschaftsgericht (N.) guardianship court (N.)

Vornahme (F.) undertaking (N.), execution (N.), perpetration (N.)

Vornahmeklage (F.) action (N.) for specific performance

Vorname (M.) christian name (N.), first name (N.)

vornehmen undertake (V.), do (V.)

Vorpfändung (F.) provisional garnishment (N.), prior attachment (N.)

Vorprüfung (F.) preliminary examination (N.)

Vorprüfungsverfahren (N.) preliminary examination proceeding (N.)

Vorrang (M.) priority (N.), seniority (N.), precedence (N.)

Vorrang (M.) des Gesetzes priority (N.) of law, prerogative (N.)

vorrangig priority (Adj.)

Vorrat (M.) stock (N.), store (N.), supply (N.)

Vorrecht (N.) privilege (N.), prerogative (N.)

Vorruhestand (M.) anticipated retirement (N.)

Vorsatz (M.) intent (N.), intention (N.)

vorsätzlich deliberate (Adj.), intentional (Adj.), premediated (Adj.), wilful (Adj.)

vorschreiben prescribe (V.), direct (V.)

Vorschrift (F.) rule (N.), prescription (N.), directive (N.), provision (N.), instruction (N.)

vorschriftsmäßig prescribed (Adj.), in due form, duly (Adj.), in accordance with instructions

vorschriftswidrig irregular (Adj.)

Vorschuß (M.) advance (N.), anticipated payment (N.)

Vorschußleistung (F.) payment (N.) in advance

Vorsitz (M.) chair (N.), chairmanship (N.), presidency (N.)

Vorsitzender (M.) chairman (M.), president (M. bzw. F.)

Vorsitzender Richter (M.) (Vorsitzender Richter am U.S. Supreme Court) Chief Justice (M. bzw. F.)

Vorsitzer (M.) chairman (M.)

Vorsorge (F.) precaution (N.), provision (N.)

vorsorgen provide (V.), make (V.) provision

vorspiegeln pretend (V.), delude (V.), feign (V.), simulate (V.)

Vorspiegelung (F.) pretending (N.), pretence (N.)

Vorspruch (M.) preamble (N.)

Vorstand (M.) management board (N.), executive board (N.)

Vorstandsvorsitzender (M.) chairman (M.), chairwoman (F.)

Vorsteher (M.) head (M. bzw. F.), chief (M. bzw. F.), senior (M. bzw. F.)

Vorsteuer (F.) prior turnover tax (N.), input tax (N.)

Vorstrafe (F.) previous conviction (N.), prior conviction (N.), criminal record (N.)

Vortat (F.) prior offence (N.) (br.), prior offense (N.) (am.)

vortäuschen pretend (V.), feign (V.), simulate (V.), fake (V.)

Vortäuschen einer Straftat (N.) feigning (N.) commission of a crime

Vortäuschung (F.) pretence (N.), jactitation (N.) (brit.)

Vorteil (M.) advantage (N.), benefit (N.)

vorteilhaft advantageous (Adj.), profitable (Adj.), favourable (Adj.)

Vorteilsannahme (F.) acceptance (N.) of benefit

Vorteilsausgleichung (F.) offsetting (N.) losses by advantages

Vorteilsgewährung (F.) granting (N.) of an undue advantage

Vorteilsverschaffungsabsicht (F.) intention (N.) to get an undue advantage

vorübergehend passing (Adj.), temporary (Adj.), pro tempore (lat.)

Voruntersuchung (F.) preliminary examination (N.), pre-trial procedure (N.), preliminary hearing (N.)

Vorurteil (N.) prejudice (N.)

Vorverein (M.) preliminary association (N.) not capable of possessing legal personality

Vorverfahren (N.) pre-trial process (N.), preliminary proceedings (N.Pl.), pre-trial review (N.)

Vorvertrag (M.) preliminary agreement (N.), preliminary contract (N.)

Vorvertrag (M.) (Vorvertrag im Versicherungsrecht) binder (N.)

Vorwahl (F.) (politische Vorwahl) (F.)preliminary election (N.) (brit.), primary election (N.) (am.)

Vorwahl (F.) (telefonische Vorwahl) (F.) dialling code (N.) (brit.), area code (N.) (am.)

Vorwurf (M.) reproach (N.), rebuke (N.), charge (N.)

vorzeitig premature (Adj.), early (Adj.)

Vorzug (M.) preference (N.), priority (N.)

Vorzugsaktie (F.) preferred share (N.), senior share (N.), preference share (N.), preferreed stock (N.) (am.)

Votum (N.) vote (N.), assent (N.)

vulgär vulgar (Adj.)

W

Wache (F.) guard (N.), watch (N.)

Wache (F.) (Polizeiwache) police station (N.)

Wächter (M.) guard (M. bzw. F.), guardian (M. bzw. F.)

Waffe (F.) weapon (N.), arm (N.)

Waffenkontrollgesetz (N.) gun control law (N.)

Waffenschein (M.) firearms certificate (N.)

Waffenstillstand (M.) cease-fire (N.), truce (N.)

Wagen (M.) (Auto) car (N.), automobile (N.)

Wagen (M.) (Eisenbahnwagen) waggon (N.), car (N.)

Wahl (F.) (Auswahl) choice (N.), selection (N.), option (N.)

Wahl (F.) (politische Entscheidung) election (N.), vote (N.), poll (N.), ballot (N.)

wählbar eligible (Adj.)

Wahlbeamter (M.) elected official (M. bzw. F.)

Wahlbehinderung (F.) obstruction (N.) of polling

Wahlberechtigter (M.) qualified elector (M. bzw. F.), qualified voter (M. bzw. F.)

Wahlberechtigung (F.) electoral capacity (N.)

Wahldelikt (N.) voting offence (N.) (br.), voting offense (N.) (am.)

wählen (auswählen) choose (V.), select (V.)

wählen (einen Vertreter durch Stimmabgabe bestimmen) elect (V.), vote (V.)

Wähler (M.) voter (M. bzw. F.), elector (M. bzw. F.)

Wählerbestechung (F.) bribing (N.) voters, corrupt electoral practices (N.Pl.)

Wählernötigung (F.) undue pressure (N.) on electors

Wählertäuschung (F.) deception (N.) of voters

Wahlfälschung (F.) election fraud (N.)

Wahlfeststellung (F.) alternative finding (N.)

Wahlgeheimnis (N.) secrecy (N.) of elections

Wahlgerichtsstand (M.) elective venue (N.), forum (N.) of choice

Wahlkonsul (M.) honorary consul (M. bzw. F.)

Wahlkreis (M.) constituency (N.)

Wahlkreis (M.) constituency (N.), electoral district (N.)

Wahlleiter (M.) returning officer (M. bzw. F.)

Wahlperiode (F.) electoral period (N.)

Wahlpflicht (F.) compulsory voting (N.), electoral duty (N.)

Wahlprüfung (F.) electoral scrutiny (N.)

Wahlrecht (N.) (subjektives Wahlrecht) voting right (N.), electoral franchise (N.), suffrage (N.)

Wahlrechtsgesetz (N.) Voting Rights Act (N.) (am.)

Wahlschuld (F.) alternative obligation (N.)

Wahlurne (F.) ballot box (N.), voting box (N.)

Wahlvermächtnis (N.) alternative legacy (N.)

Wahlverteidiger (M.) counsel (M. bzw. F.) of one's own choice

Wahlzettel (M.) ballot paper (N.), voting paper (N.)

Wahndelikt (N.) act (N.) committed under the erroneous assumption of punishability

Wahnsinn (M.) madness (N.), insanity (N.), lunacy (N.)

wahnsinnig mad (Adj.), insane (Adj.), lunatic (Adj.)

wahr true (Adj.), truthful (Adj.)

währen last (V.)

Wahrheit (F.) truth (N.), verity (N.)

Wahrheitsbeweis (M.) proving (N.) the truth

Wahrheitspflicht (F.) obligation (N.) to be truthful

Wahrnehmung (F.) (Wahrnehmung eines Rechtes) assertion (N.)

Wahrnehmung (F.) (Wahrnehmung eines Reizes) perception (N.)

Wahrnehmung (F.) berechtigter Interessen privileged occasion (N.), preservation (N.) of privileged interests

wahrscheinlich probable (Adj.), likely (Adj.)

Wahrscheinlichkeit (F.) probability (N.), likelihood (N.)

Währung (F.) currency (N.)

Währungsreserve (F.) currency reserve (N.)

Währungsunion (F.) monetary union (N.)

Waise (M. bzw. F.) orphan (M. bzw. F.)

Wald (M.) wood (N.), forest (N.)

Wandelanleihe (F.) convertible loan stock (N.)

Wandelschuldverschreibung (F.) convertible bond (N.), convertible (N.)

Wandlung (F.) change (N.), cancellation (N.) of sale (br.), redhibition (N.)

Wappen (N.) coat (N.) of arms, arms (N.Pl.)

Ware (F.) commodity (N.), merchandise (N.), goods (N.Pl.), article (N.)

Warenverkehr (M.) trade (N.), movement (N.) of goods, circulation (N.) of goods

Warenverkehrsfreiheit (F.) free movement (N.) of goods

Warenzeichen (N.) trade mark (N.) (br.), trademark (N.) (am.)

warnen warn (V.), caution (V.)

Warnung (F.) warning (N.), admonition (N.), caution (N.), caveat (N.)

Wärter (M.) guard (M. bzw. F.), warder (M. bzw. F.), keeper (M. bzw. F.), attendant (M.)

Wasserhaushalt (M.) water supply (N.), water resources (N.Pl.)

Wasserhaushaltsgesetz (N.) water resources act (N.)

Wasserrecht (N.) law (N.) concerning water, water regulations (N.Pl.) (br.)

Wasserverband (M.) water board (N.)

Wechsel (M.) (Änderung) change (N.), exchange (N.)

Wechsel (M.) (Wertpapier) bill (N.) of exchange, promissory note (N.), draft (N.)

wechselbezüglich reciprocal (Adj.)

wechselbezügliches Testament (N.) reciprocal will (N.), joint and mutual will (N.)

Wechselbürgschaft (F.) bill guaranty (N.)

Wechselprotest (M.) protest (N.) of a bill

Wechselprozeß (M.) proceedings (N.Pl.) on a bill of exchange

Wechselrecht (N.) law (N.) on bills of exchange

Wechselreiterei (F.) kiteflying (N.)

Weg (M.) way (N.), passage (N.)

Wegerecht (N.) (Wegerechtsberechtigung) right (N.) of way, right (N.) of passage

Wegeunfall (M.) accident (N.) en route

Wegfall (M.) cessation (N.), abolition (N.), lapse (N.)

Wegfall (M.) der Bereicherung (F.) lapse (N.) of unjust enrichment

Wegfall (M.) der Geschäftsgrundlage frustration (N.) of contract

Wegnahme (F.) removal (N.), taking (N.)

Wegnahmerecht (N.) right (N.) to take away, right (N.) to repossess

wegnehmen take (V.) away, remove (V.), rob (V.)

Wehrbeauftragter (M.) commissioner (M. bzw. F.), defense commissioner (M. bzw. F.), parliamentary commissioner (M. bzw. F.) for the armed forces

Wehrdienst (M.) military service (N.)

Wehrdienstverweigerer (M.) conscientious objector (M.)

Wehrdienstverweigerung (F.) refusal (N.) to serve in the armed forces

wehren (sich) resist (V.)

wehrlos defenceless (Adj.) (br.), defenseless (Adj.) (br.)

Wehrlosigkeit (F.) defencelessness (N.) (br.), defenselessness (N.) (am.)

Wehrmittel (N.Pl.) military resources (N.Pl.), military funds (N.Pl.)

Wehrpflicht (F.) compulsory military service (N.)

Wehrpflichtiger (M.) person (M. bzw. F.) liable to military service

Wehrrecht (N.) military law (N.)

Wehrstrafrecht (N.) military penal law (N.)

Wehrüberwachung (F.) surveillance (N.) of drafting

weigern (sich) refuse (V.), deny (V.)

Weigerung (F.) refusal (N.), denial (N.)

Weigerungsklage (F.) claim (N.) of refusal

Weihe (F.) (Priesterweihe) ordination (N.)

Weisung (F.) instruction (N.), directive (N.), order (N.)

Weisungsrecht (N.) right (N.) to give instructions

Weisungsverwaltung (F.) administration (N.) bound by instructions

weitere Beschwerde (F.) further appeal (N.) on bill of exceptions

Weitergabe (F.) dissemination (N.), transmission (N.), passing-on (N.)

Weltbank (F.) World Bank (N.) (IBRD), IBRD (N.) (World Bank)

Weltpostverein (M.) Universal Postal Union (N.) (UPU), UPU (N.) (Universal Postal Union)

Weltraum (M.) outer space (N.), space (N.)

Weltraumrecht (N.) outer space law (N.)

Welturheberrechtsabkommen (N.) universal copyright convention (N.)

werben (Arbeitskräfte anwerben) recruit (V.), enlist (V.)

werben (Kunden bzw. Abonnenten anwerben) solicit (V.), win (V.)

Werbung (F.) advertisement (N.), sales promotion (N.)

Werbungskosten (F.Pl.) publicity costs (N.Pl.)

Werk (N.) (Fabrik) plant (N.), factory (N.)

Werk (N.) (Tätigkeit bzw. Ergebnis) work (N.), performance (N.)

Werklieferung (F.) contractor's labor and materials (N.)

Werklieferungsvertrag (M.) contract (N.) for work and materials

Werkstarifvertrag (M.) collective bargaining agreement (N.) for a factory

Werktag (M.) workday (N.), working day (N.)

werktätig working (Adj.)

Werkvertrag (M.) contract (N.) for services, contract (N.) of manufacture

Werkzeug (N.) tool (N.), implement (N.)

Wert (M.) worth (N.), value (N.), instrument (N.)

werten evaluate (V.), rate (V.)

Wertesystem (N.) value system (N.)

Wertgegenstand (M.) object (N.) of value, valuables (N.Pl.), valuable property (N.)

wertlos worthless (Adj.), valueless (Adj.)

Wertpapier (N.) security (N.)

Wertpapierrecht (N.) law (N.) relating to securities

Wertsache (F.) valuable property (N.), valuables (N.Pl.)

Wertsicherung (F.) value guarantee (N.)

Wertsicherungsklausel (F.) stable value clause (N.)

Werturteil (N.) value judgement (N.)

Wertzeichen (N.) postal stamp (N.), value (N.) of token

Wertzeichenfälschung (F.) forgery (N.) of postal stamps

Wesen (N.) character (N.), personality (N.), creature (N.)

wesentlich substantial (Adj.), material (Adj.)

wesentlicher Bestandteil (M.) essential part (N.), integral part (N.)

Westeuropäische Union (N.) (WEU) Western European Union (N.)

Wettbewerb (M.) competition (N.), contest (N.)

Wettbewerbsbeschränkung (F.) restraint (N.) of competition

Wettbewerbsrecht (N.) law (N.) on competition

Wettbewerbsverbot (N.) prohibition (N.) of competition

Wette (F.) bet (N.), wager (N.)
wetten bet (V.), wager (V.)
WEU (F.) (Westeuropäische Union) Western European Union (N.)
wichtig important (Adj.)
wichtiger Grund (M.) important reason (N.), special reason (N.)
Widerklage (F.) counterclaim (N.), cross-petition (N.), cross-action (N.)
widerlegen refute (V.), disprove (V.), rebute (V.)
widerrechtlich unlawful (Adj.)
Widerrechtlichkeit (F.) unlawfulness (N.)
Widerruf (M.) ademption (N.), retraction (N.), revocation (N.)
widerrufen withdraw (V.), retract (V.), revoke (V.)
widerruflich revocable (Adj.)
Widerrufsrecht (N.) power (N.) of revocation
Widerrufsvorbehalt (M.) proviso (N.) of cancellation
Widerspruch (M.) objection (N.), protest (N.), opposition (N.), contradiction (N.)
widersprüchlich contradictory (Adj.), inconsistent (Adj.), conflicting (Adj.)
Widerspruchsbehörde (F.) public authority (N.) deciding on a protest
Widerspruchsbescheid (M.) ruling (N.) on an objection
Widerspruchsklage (F.) interpleader (N.) by a third party on seizure
Widerspruchsverfahren (N.) administrative proceedings (N.Pl.) reviewing an individual administrative decision upon a protest by the party aggrieved
Widerstand (M.) resistance (N.), disobedience (N.)
Widerstand (M.) gegen die Staatsgewalt resistance (N.) to state authority
Widerstandsrecht (N.) right (N.) to resist
widmen dedicate (V.), devote (V.)
Widmung (F.) dedication (N.)
Wiederaufnahme (F.) resumption (N.), reopening (N.)
wiederaufnehmen resume (V.)
wiederbeschaffen recover (V.)
Wiederbeschaffung (F.) recovery (N.)
wiedereinsetzen reinstate (V.), restore (V.), restitute (V.)

Wiedereinsetzung (F.) in den vorigen Stand reinstatement (N.), restitution (N.) to the previous condition
wiederherstellen restore (V.)
Wiederherstellung (F.) restoration (N.), repair (N.)
wiederholen repeat (V.)
wiederholen (mehrmals wiederholen) reiterate (V.)
wiederholte Verfügung (F.) repeated order (N.)
Wiederholung (F.) repetition (N.), reiteration (N.)
Wiederholungsgefahr (F.) danger (N.) of recurrence, danger (N.) of recidivism
Wiederkauf (M.) repurchase (N.)
Wiederkehrschuldverhältnis (N.) recurrent obligation (N.)
Wiedervereinigung (F.) reunification (N.)
Wiederverheiratung (F.) remarriage (N.)
Wiederverheiratungsklausel (F.) remarriage clause (N.)
Wiedervorlage (F.) resubmission (N.)
Wild (N.) wild animals (N.Pl.), game (N.)
Wilddieb (M.) poacher (M. bzw. F.)
wilder Streik (M.) wildcat strike (N.), walkout (N.)
Wilderei (F.) poaching (N.)
Wilderer (M.) poacher (M. bzw. F.)
wildern poach (V.)
Wildschaden (M.) damage (N.) caused by game
Wille (M.) will (N.), intent (N.)
Willenserklärung (F.) declaration (N.) of intention
Willensfreiheit (F.) freedom (N.) of will
Willensmangel (M.) deficiency (N.) of intention, lack (N.) of will-power
Willenstheorie (F.) doctrine (N.) of real intention
Willkür (F.) arbitrariness (N.)
willkürlich arbitrary (Adj.), wanton (Adj.)
Willkürverbot (N.) unlawfulness (N.) of arbitrary rule
Winzer (M.) wine-grower (M. bzw. F.)
wirken (Auswirkung haben) have (V.) effect
wirksam effective (Adj.), efficient (Adj.), operative (Adj.)
Wirkung (F.) effect (N.)

Wirkungskreis (M.) purview (N.), sphere (N.) of functions, scope (N.)

Wirt (M.) innkeeper (M. bzw. F.), landlord (M.)

Wirtschaft (F.) economy (N.), trade and industry (N.)

wirtschaftlich (die Wirtschaft betreffend) economic (Adj.)

wirtschaftlich (gemäß dem ökonomischen Prinzip) economical (Adj.)

Wirtschaftlichkeit (F.) economy (N.), good management (N.), profitability (N.)

Wirtschaftskriminalität (F.) white-collar criminality (N.)

Wirtschaftslenkung (F.) regulation (N.) of business

Wirtschaftsprüfer (M.) certified accountant (M. bzw. F.) (br.), certified public accountant (M. bzw. F.) (am.)

Wirtschaftsrecht (N.) commercial law (N.), business law (N.)

Wirtschaftsstrafrecht (N.) penal law (N.) concerning business offences

Wirtschaftsunion (F.) economic union (N.)

Wirtschaftsverfassung (F.) economic system (N.)

Wirtschaftsverfassungsrecht (N.) law (N.) on the economic system

Wirtschaftsverwaltung (F.) economic administration (N.)

Wirtschaftsverwaltungsrecht (N.) law (N.) on the administrative law concerning trade and industry

Wirtshaus (N.) inn (N.), pub (N.)

wissen know (V.), be (V.) aware of

Wissen (N.) knowledge (N.)

Wissenmüssen (N.) obligation (N.) to know

Wissenschaft (F.) science (N.)

wissenschaftlich scientific (Adj.)

Wissenschaftsfreiheit (F.) freedom (N.) of science

wissentlich knowingly (Adv.)

Witwe (F.) widow (F.)

Witwer (M.) widower (M.)

Woche (F.) week (N.)

wöchentlich weekly (Adj.), week-by-week

Wohl (N.) welfare (N.), weal (N.)

wohlerworben established (Adj.), vested (Adj.)

Wohlfahrt (F.) public welfare (N.), social welfare (N.)

Wohlfahrtspflege (F.) charity (N.), welfare work (N.)

Wohlfahrtsstaat (M.) social welfare state (N.), welfare state (N.)

wohnen live (V.), lodge (V.), reside (V.)

Wohngeld (N.) housing allowance (N.)

wohnhaft sein be (V.) resident, be (V.) domiciled

Wohnort (M.) place (N.) of residence, legal domicile (N.), residence (N.)

Wohnraum (M.) residential space (N.), housing accommodation (N.)

Wohnrecht (N.) right (N.) of habitation, right (N.) of residence

Wohnsitz (M.) domicile (N.), legal residence (N.), residence (N.), abode (N.)

Wohnung (F.) flat (N.) (br.), apartment (N.) (am.), accomodation (N.), home (N.), dwelling (N.)

Wohnungsbau (M.) house-building (N.), residential construction (N.)

Wohnungsbindungsgesetz (N.) controlled tenancies act (N.)

Wohnungseigentum (N.) property (N.) in a freehold flat (br.), condominium (N.) (am.)

Wohnungsrecht (N.) (objektiv) law (N.) of tenancy

Wohnungsvermittlung (F.) housing agency (N.)

Wollen (N.) will (N.), volition (N.)

Wort (N.) word (N.)

Wrack (N.) wreck (N.)

Wucher (M.) usury (N.)

Wucherer (M.) usurer (M. bzw. F.), profiteer (M. bzw. F.)

Wunde (F.) wound (N.), injury (N.), cut (N.)

Würde (F.) dignity (N.), stateliness (N.)

Würdenträger (M.) dignitary (M. bzw. F.)

würdigen appreciate (V.), assess (V.)

Z

Zahl (F.) figure (N.), number (N.)

zahlbar payable (Adj.)

zahlen pay (V.)

Zahlung (F.) payment (N.)

Zahlungsanweisung (F.) order (N.) to pay

Zahlungsbefehl (M.) summary notice (N.) to pay

Zahlungseinstellung (F.) cessation (N.) of payments, suspension (N.) of payments

zahlungsfähig able (Adj.) to pay, solvent (Adj.)

Zahlungsfähigkeit (F.) ability (N.) to pay, solvency (N.)

Zahlungsmittel (N.Pl.) means (N.Pl.) of payment, instruments (N.Pl.) of payment

zahlungsunfähig unable (Adj.) to pay, insolvent (Adj.)

Zahlungsunfähigkeit (F.) insolvency (N.)

Zahlungsverkehr (M.) money transfers (N. Pl.)

Zahlungsverzug (M.) default (N.) of payment

Zahnarzt (M.) dentist (M. bzw. F.)

Zapfenstreich (M.) tattoo (N.), tatoo (N.)

Zaun (M.) fence (N.)

Zeche (F.) (Grube im Bergbau) mining company (N.)

Zeche (F.) (Verzehr bzw. Rechnung in einer Gaststätte) bill (N.), check (N.) (am.)

Zedent (M.) assignor (M. bzw. F.)

Zeichen (N.) (Anzeichen) sign (N.), indication (N.)

Zeichen (N.) (Zeichen eines Unternehmers) token (N.), trade mark (N.) (br.), trademark (N.) (am.)

zeichnen (abbilden) draw (V.)

zeichnen (unterschreiben) subscribe (V.), apply (V.)

Zeit (F.) time (N.)

Zeitablauf (M.) passage (N.) of time, lapse (N.) of time

Zeitbestimmung (F.) dating (N.)

Zeitgesetz (N.) temporary law (N.)

Zeitlohn (M.) time wages (N.Pl.)

Zeitschrift (F.) journal (N.), magazine (N.), periodical (N.), review (N.)

Zeitung (F.) newspaper (N.), paper (N.)

Zelle (F.) cell (N.)

zensieren censure (V.), expurgate (V.)

Zensur (F.) censorship (N.)

zentral central (Adj.)

Zentralbank (F.) central bank (N.)

Zentralisation (F.) centralisation (N.)

zentralisieren centralize (V.)

Zentralismus (M.) centralism (N.)

Zentralregister (N.) central register (N.)

Zentrum (N.) centre (N.) (br.), center (N.) (am.)

zerrütten disrupt (V.), ruin (V.), derange (V.), cause (V.) the breakdown of

Zerrüttung (F.) disintegration (N.), breakdown (N.), disruption (N.)

Zerrüttungsprinzip (N.) principle (N.) of entitlement to divorce in case of irretrievable breakdown of marriage

zerstören destroy (V.), devastate (V.), demolish (V.), wreck (V.)

Zerstörung (F.) destruction (N.), demolition (N.), devastation (N.)

Zertifikat (N.) certificate (N.)

Zession (F.) assignment (N.), transfer (N.), subrogation (N.)

Zessionar (M.) assignee (M. bzw. F.), transferee (M. bzw. F.)

Zeuge (M.) witness (M. bzw. F.)

Zeugenaussage (F.) testimony (N.) of a witness, evidence (N.)

Zeugenvernehmung (F.) hearing (N.) of evidence, examination (N.) of witnesses

Zeugnis (N.) certificate (N.), testimony (N.)

Zeugnis (N.) (Schulzeugnis) school report (N.)

Zeugnisverweigerung (F.) refusal (N.) to give evidence

Zeugnisverweigerungsrecht (N.) right (N.) to refuse to give evidence

Zeugung (F.) procreation (N.), generation (N.)

Ziffer (F.) figure (N.), numeral (N.)

Zigeuner (M.) gipsy (M. bzw. F.)

Zins (M.) interest (N.)

Zinsabschlaggesetz (N.) act (N.) on interests deducted at source

Zinseszins (M.) compound interest (N.)

Zinssatz (M.) rate (N.) of interest, interest rate (N.), bank rate (N.)

Zinsschein (M.) interest coupon (N.), interest warrant (N.)

Zinsschuld (F.) interest debt (N.)

Zitat (N.) quotation (N.), citation (N.)

zitieren quote (V.), cite (V.)

zivil civil (Adj.)

Zivildienst (M.) non-military service (N.), civilian service (N.)

Zivilgericht (N.) civil court (N.)

Zivilkammer (F.) civil chamber (N.), civil division (N.)

Zivilklage (F.) civil action (N.)

Zivilprozeß (M.) civil proceedings (N.Pl.), civil procedure (N.), civil trial (N.), civil action (N.)

Zivilprozeßordnung (F.) code (N.) of civil procedure

Zivilrecht (N.) civil law (N.), private law (N.)

Zivilrichter (M.) judge (M. bzw. F.) for civil cases

Zivilsache (F.) civil case (N.)

Zivilsenat (M.) civil division (N.)

Zölibat (M. bzw. N.) celibacy (N.)

Zoll (M.) customs duty (N.), tariff (N.), customs (N.Pl)

Zollbehörde (F.) custom authority (N.), customs (N.Pl.)

zollfrei duty-free (Adj.), free (Adj.) from duty

Zollgebiet (N.) customs territory (N.)

Zöllner (M.) customs officer (M. bzw. F.)

Zollunion (F.) customs union (N.)

Zone (F.) zone (N.)

Zubehör (N.) (Zubehör einer beweglichen Sache) accessories (N.Pl.)

Zubehör (N.) (Zubehör einer unbeweglichen Sache) appurtenance (N.), appendage (N.)

Zucht (F.) breeding (N.)

Zuchthaus (N.) penitentiary (N.)

züchtigen chastise (V.), flog (V.)

Züchtigung (F.) chastising (N.), corporeal punishment (N.), punishment (N.)

Züchtigungsrecht (N.) right (N.) of chastisement

Zuchtmittel (N.) mean (N.) of correction

zueignen (sich) appropriate (V.), acquire (V.)

Zueignung (F.) appropriation (N.)

Zueignungsabsicht (F.) intention (N.) of appropriating something, intention (N.) of acquiring

Zufall (M.) accident (N.), chance (N.)

Zugabe (F.) bonus (N.), premium (N.)

Zugang (M.) (Erwerb in der Buchhaltung) addition (N.)

Zugang (M.) (Zutritt) access (N.)

Zugangsvereitelung (F.) frustration (N.) of receipt

Zugangsverzögerung (F.) delay (N.) of receipt

Zugewinn (M.) accrued gain (N.), property increment (N.)

Zugewinnausgleich (M.) equalization (N.) of accrued gains

Zugewinngemeinschaft (F.) community (N.) of accrued gain

Zuhälter (M.) pimp (M.), procurer (M.), souteneur (M.)

Zuhälterei (F.) pandering (N.), procuring (N.), procurement (N.)

zukünftig future (Adj.), expectant (Adj.)

zulassen admit (V.), allow (V.)

zulässig admissible (Adj.), proper (Adj.)

zulässiges Beweismittel (N.) admissible evidence (N.)

Zulässigkeit (F.) admissibility (N.), permissibility (N.), propriety (N.)

Zulassung (F.) admission (N.), permission (N.), permit (N.), licence (N.) (br.), license (N.) (am.)

Zulassungsvoraussetzung (F.) admission requirement (N.)

zumessen award (V.), apportion (V.)

Zumessung (F.) inflicting (N.), awarding (N.), apportionment (N.)

zumutbar appropriate (Adj.), acceptable (Adj.)

Zumutbarkeit (F.) appropriateness (N.), acctepability (N.)

Zuname (M.) surname (N.), family name (N.)

Zunft (F.) guild (N.)

zurechenbar attributable (Adj.), imputable (Adj.)

Zurechenbarkeit (F.) accountability (N.), penal responsibility (N.)

zurechnen attribute (V.), charge (V.) with, ascribe (V.) to

Zurechnung (F.) imputation (N.), attribution (N.)

zurechnungsfähig sane (Adj.), of sound mind

Zurechnungsfähigkeit (F.) responsible capacity (N.), criminal responsibility (N.)

zurückbehalten keep (V.) back, retain (V.), detain (V.), reserve (V.)

Zurückbehaltung (F.) retention (N.)

Zurückbehaltungsrecht (N.) recoupment (N.), right (N.) of retention, lien (N.)

zurückfordern claim (V.) back, claw (V.) back, reclaim (V.)

zurückgeben give (V.) back, return (V.), surrender (V.)

zurücktreten resign (V.), retire (V.), withdraw (V.), cancel (V.), terminate (V.)

zurückverweisen remand (V.), recommit (V.)

Zurückverweisung (F.) remand (N.), recommitment (N.)

zurückweisen dismiss (V.), refuse (V.), reject (V.), disallow (V.), dishonour (V.), repudiate (V.)

Zurückweisung (F.) rebuttal (N.), rejection (N.), refusal (N.), dismissal (N.)

zurückzahlen pay (V.) back, repay (V.), refund (V.), redeem (V.), pay (V.) off

zurückziehen withdraw (V.), retract (V.)

Zusage (F.) acceptance (N.), promise (N.)

Zusammenhang (M.) coherence (N.), connection (N.), relation (N.), context (N.)

zusammenrotten (sich) gang up (V.), riot (V.)

Zusammenrottung (F.) riot (N.), riotous assembly (N.)

Zusammenschluß (M.) union (N.), association (N.), merger (N.), amalgamation (N.)

Zusatz (M.) addition (N.), appendix (N.), supplement (N.)

zusätzlich additional (Adj.), added (Adj.), supplementary (Adj.)

Zuschlag (M.) (Aufpreis) excess charge (N.), surcharge (N.), premium (N.)

Zuschlag (M.) (Zuteilung bei der Versteigerung) fall (N.) of the hammer, award (N.)

zuschreiben attribute (V.), impute (V.)

Zuschuß allowance (N.), grant (N.), subsidy (N.), contribution (N.)

zusichern assure (V.), reassure (V.), warrant (V.)

Zusicherung (F.) assurance (N.), reassurance (N.), warranty (N.), represention (N.)

Zusicherung (F.) einer Eigenschaft warranty (N.) of quality

Zustand (M.) state (N.), condition (N.)

zuständig competent (Adj.), responsible (Adj.)

Zuständigkeit (F.) competence (N.), jurisdiction (N.)

Zustandsdelikt (N.) tort (N.) by state, tort (N.) by condition

Zustandshaftung (F.) liability (N.) by state, liablity (N.) by condition

Zustandsstörer (M.) disturber (M. bzw. F.) by state, disturber (M. bzw. F.) by condition

zustellen deliver (V.)

Zustellung (F.) delivery (N.), notification (N.)

Zustellungsurkunde (F.) acknowledgement (N.) of service

zustimmen assent (V.), agree (V.)

Zustimmung (F.) assent (N.), consent (N.)

Zustimmungsgesetz (N.) Act (N.) of the Bundestag requiring the consent of the Bundesrat

zuverlässig reliable (Adj.), trustworthy (Adj.), faithful (Adj.)

Zuverlässigkeit (F.) reliability (N.), trustworthiness (N.), faithfulness (N.)

zuwenden bestow (V.), bequeath (V.), allow (V.)

Zuwendung (F.) bestowal (N.), bequest (N.), grant (N.), allowance (N.)

Zuwendungsverhältnis (N.) underlying debt relationship (N.)

Zwang (M.) compulsion (N.), coercion (N.)

Zwangsgeld (N.) coercive enforcement penalty (N.)

Zwangshypothek (F.) execution lien (N.), covering mortgage (N.)

Zwangslizenz (F.) compulsory licence (N.) (br.), compulsory license (N.) (am.)

Zwangsmittel (N.Pl.) means (N.Pl.) of coercion, coercive means (N.Pl.)

Zwangsräumung (F.) ejectment (N.), eviction (N.), ejection (N.), ouster (N.)

Zwangsvergleich (M.) enforced settlement (N.), bankruptcy composition (N.)

Zwangsversteigerung (F.) compulsory auction (N.), execution sale (N.), sheriff's sale (N.)

Zwangsverwalter (M.) receiver (M. bzw. F.)

Zwangsverwaltung (F.) forced administration (N.), judicial sequestration (N.), receivership (N.)

Zwangsvollstreckung (F.) enforcement (N.), execution (N.), foreclosure (N.)

Zweck (M.) purpose (N.), aim (N.), end (N.), intention (N.), object (N.)

Zweckentfremdung (F.) misuse (N.)

Zweckerreichung (F.) accomplishment (N.) of purpose

Zweckfortfall (M.) frustration (N.) of purpose

zweckmäßig expedient (Adj.), suitable (Adj.)

Zweckmäßigkeit (F.) expedience (N.)

Zweckstörung (F.) frustration (N.) of purpose

Zweckverband (M.) (Zweckverband von Gemeinden) special administrative union (N.)

Zweifel (M.) doubt (N.), uncertainty (N.), suspicion (N.), reservation (N.)

zweifelhaft doubtful (Adj.), dubious (Adj.), questionable (Adj.)

Zweigniederlassung (F.) branch establishment (N.), branch (N.)

Zweigstelle (F.) branch office (N.), branch (N.)

Zweikammersystem (N.) bicameral system (N.)

zweiseitig bilateral (Adj.), bipartite (Adj.), two-sided (Adj.)

zweispurig double-tracked (Adj.)

Zweispurigkeit (F.) double-tracking (N.)

Zweistaatentheorie (F.) two-state theory (N.)

Zweistufentheorie (F.) two-stage theory (N.)

Zweitbescheid (M.) second decision (N.)

Zwilling (M.) twin (M. bzw. F.)

zwingen force (V.), compel (V.), coerce (V.)

zwingend compulsory (Adj.), obligatory (Adj.), imperative (Adj.)

zwingendes Recht (N.) cogent law (N.), binding law (N.)

Zwischenbescheid (M.) interim notice (N.)

Zwischenprüfung (F.) interim check (N.), interim examination (N.)

zwischenstaatlich international (Adj.), intergovernmental (Adj.), interstate (Adj.), detention center (N.) (am.), remand home (N.)

Zwischenurteil (N.) interlocutory judgement (N.)

Zwischenverfahren (N.) interlocutory proceedings (N.Pl.), mesne process (N.)

Zwischenverfügung (F.) interim order (N.)

Englisch - Deutsch

a

abandon (V.) abandonnieren, aufgeben, aussetzen (in eine hilflose Lage verbringen), preisgeben

abandoned (Adj.) herrenlos

abandonment (N.) Abandon (M.), Aussetzung (F.) (Verbringung in eine hilflose Lage), Preisgabe (F.)

abandonment (N.) of goods Eigentumsaufgabe (F.)

abandonment (N.) of priority Rücktritt (M.)

abandonment (N.) of property Dereliktion (F.)

abate (V.) abstellen, beseitigen

abatement (N.) Abschlag (M.), Beseitigung (F.), Herabsetzung (F.), Nachlaß (M.) (Minderung)

abbess (F.) Äbtissin (F.)

abbey (N.) Abtei (F.)

abbot (M.) Abt (M.)

abbreviation (N.) Abkürzung (F.)

ABC-weapons (N.Pl.) ABC-Waffen (F.Pl.)

abduct (V.) entführen

abduction (N.) Entführung (F.), Verschleppung (F.) (örtliche Veränderung einer Person)

abductor (M. bzw. F.) Entführer (M.)

abet (V.) anstiften, begünstigen

abetting (N.) Begünstigung (F.)

abettor (M. bzw. F.) Anstifter (M.)

abeyance (N.) Schwebezustand (M.)

ability (N.) Fähigkeit (F.), Können (N.)

ability (N.) to control Steuerungsfähigkeit (F.) (Steuerungsfähigkeit im Strafrecht)

ability (N.) to pay Solvenz (F.), Zahlungsfähigkeit (F.)

ab initio (lat.) ex tunc (lat.)

able (Adj.) fähig

able (Adj.) to pay solvent, zahlungsfähig

abnormal (Adj.) abnorm, anormal

abode (N.) Aufenthaltsort (M.), Wohnsitz (M.)

abolish (V.) abschaffen, abstellen

abolition (N.) Abschaffung (F.), Wegfall (M.)

abort (V.) abtreiben

abortifacient (N.) Abtreibungsmittel (N.)

abortion (N.) Abbruch (M.) der Schwangerschaft, Abtreibung (F.), Schwangerschaftsabbruch (M.), Schwangerschaftsunterbrechung (F.)

abridge (V.) kürzen

abrogate (V.) abrogieren, aufheben (ein Gesetz beseitigen), außer Kraft setzen

abrogation (N.) Abrogation (F.)

abscond (V.) entziehen (sich), flüchtig sein

absence (N.) Abwesenheit (F.)

absence (N.) of formal requirements Formfreiheit (F.)

absent (Adj.) abwesend

absentee (M. bzw. F.) Abwesender (M.)

absentee ballot (N.) Briefwahl (F.)

absolute (Adj.) absolut, bedingungsfeindlich, rechtskräftig, unbeschränkt

absolute impossibility (N.) objektive Unmöglichkeit (F.)

absolute liability (N.) Gefährdungshaftung (F.)

absolute majority (N.) absolute Mehrheit (F.)

absolute right (N.) absolutes Recht (N.)

absolute suretyship (N.) selbstschuldnerische Bürgschaft (F.)

absolute time bargain (N.) absolutes Fixgeschäft (N.)

absolute unfitness (N.) to drive absolute Fahruntüchtigkeit (F.)

absolution (N.) Absolution (F.)

absolutism (N.) Absolutismus (M.)

absorb (V.) abschöpfen, absorbieren

absorbing principle (N.) Absorptionsprinzip (N.)

absorption (N.) Absorption (F.), Übernahme (F.) (Übernahme eines Betriebes)

abstention (N.) Stimmenthaltung (F.) (Zurückhaltung von Bundesgerichten in den USA)

abstract (Adj.) abstrakt

abstract (N.) Auszug (M.), Kompendium (N.)

abstract (N.) of record Tatbestand (M.) (im Strafrecht)

abstract (V.) abstrahieren

abstraction (N.) Abstraktion (F.)

abstract judicial review (N.) of the constitutionality of laws abstrakte Normenkontrolle (F.)

abstract strict-liability tort (N.) abstraktes Gefährdungsdelikt (N.)

abstract test (N.) of constitutionality abstrakte Normenkontrolle (F.)

abuse (N.) Beschimpfung (F.), Mißbrauch (M.), Mißhandlung (F.)

abuse (N.) of discretion Ermessensfehler (M.), Ermessensmißbrauch (M.)

abuse (N.) of law Rechtsmißbrauch (M.)

abuse (N.) of process Verfahrensmißbrauch (M.)

abuse (N.) of title Rechtsmißbrauch (M.)

abuse (V.) beschimpfen, mißbrauchen, mißhandeln

abusive language (N.) Beschimpfung (F.), Formalbeleidigung (F.)

abuttal (N.) Grenze (F.) (Grenzlinie)

abutter (M. bzw. F.) Anlieger (M.)

academic (Adj.) akademisch

academical degree (N.) akademischer Grad (M.)

academy (N.) Akademie (F.)

acccrue (V.) auflaufen

accede (V.) beitreten

accelerating clause (N.) Fälligkeitsklausel (F.)

accept (V.) abnehmen (billigen beim Werkvertrag), akzeptieren, anerkennen, annehmen, bejahen, nehmen, übernehmen

acceptable (Adj.) akzeptabel, genehm, zumutbar

acceptance (N.) Akzept (N.), Annahme (F.), Übernahme (F.) (Übernahme einer Schuld), Zusage (F.)

acceptance (N.) of a mortgage Hypothekenübernahme (F.)

acceptance (N.) of benefit Vorteilsannahme (F.)

acceptance (N.) of law Rechtsakzeptanz (F.)

acceptance (N.) of performance Abnahme (F.) (Billigung beim Werkvertrag)

acceptor (N.) Akzeptant (M.)

access (N.) Besuchsrecht (N.), Zugang (M.) (Zutritt)

access (N.) to records Akteneinsicht (F.)

access (N.) to the courts Rechtswegzulässigkeit (F.)

accession (N.) Anfall (M.), Beitritt (M.)

accession (N.) of title Eigentumserwerb (M.)

accessories (N.Pl.) Zubehör (N.) (Zubehör einer beweglichen Sache)

accessoriness (N.) Akzessorietät (F.)

accessory (Adj.) akzessorisch

accessory (M. bzw. F.) Gehilfe (M.) (Gehilfe im Strafrecht), Komplize (M.), Teilnehmer (M.)

accessory obligation (N.) Nebenpflicht (F.)

accessory prosecution (N.) Nebenklage (F.)

accessory prosecutor (M. bzw. F.) Nebenkläger (M.)

accessory right (N.) Nebenrecht (N.)

accident (N.) Unfall (M.), Unglück (N.), Zufall (M.)

accident (N.) en route Wegeunfall (M.)

accidental (Adj.) gelegentlich

accidential (Adj.) akzidentiell

accident prevention (N.) Gefahrenabwehr (F.), Unfallverhütung (F.)

acclamation (N.) Akklamation (F.)

accommodate (V.) unterbringen

accommodation (N.) Gefälligkeit (F.), Unterbringung (F.)

accomodate (V.) beherbergen

accomodation (N.) Beherbergung (F.), Wohnung (F.)

accomplice (M. bzw. F.) Komplize (M.), Mittäter (M.), Teilnehmer (M.)

accomplish (V.) durchführen (verwirklichen), leisten, vollenden

accomplishment (N.) Durchführung (F.), Leistung (F.), Vollendung (F.)

accomplishment (N.) of purpose Zweckerreichung (F.)

accord (N.) Abkommen (N.), Abrede (F.)

accord and satisfaction (N.) Abfindung (F.)

according (Adj.) to collective agreement tariflich

account (N.) Abrechnung (F.), Bankkonto (N.), Konto (N.), Rechenschaft (F.), Rechnung (F.)

account (N.) receivable Forderung (F.) (Anspruch)

account (V.) abrechnen, buchen

account (V.) for verrechnen (in Rechnung stellen)

accountability (N.) Rechenschaftslegungspflicht (F.), Verantwortlichkeit (F.), Zurechenbarkeit (F.)

accountable (Adj.) verantwortlich

accountancy (N.) Buchführung (F.), Buchhaltung (F.)

accountant (M. bzw. F.) Rechnungsprüfer (M.)

account book (N.) Handelsbuch (N.)

accounting (N.) Buchführung (F.), Buchhaltung (F.)

account-only check (N.) (am.) Verrechnungsscheck (M.)

account-only cheque (N.) (br.) Verrechnungsscheck (M.)

account payable (N.) Verbindlichkeit (F.)

accredit (V.) akkreditieren

accreditation (N.) Akkreditierung (F.)

accretion (N.) Anwachsung (F.)

accrual (N.) Anfall (M.), Anwachsung (F.)

accrual (N.) of an inheritance Erbanfall (M.), Erbfall (M.)

accrue (V.) anfallen, anwachsen

accrued gain (N.) Zugewinn (M.)

acctepability (N.) Zumutbarkeit (F.)

accumulate (V.) auflaufen, kumulieren

accumulation (N.) Häufung (F.)

accumulation (N.) of offences Realkonkurrenz (F.)

accurate (Adj.) sorgfältig

accusation (N.) Anklage (F.)

accusatory principle (N.) Offizialmaxime (F.)

accuse (V.) anklagen, anschuldigen, beschuldigen, bezichtigen

accused (M. bzw. F.) Angeklagter (M.), Angeschuldigter (M.), Beschuldigter (M.)

accuser (M. bzw. F.) Ankläger (M.)

achieve (V.) leisten

achievement (N.) Erfolg (M.), Errungenschaft (F.), Leistung (F.)

acknowledge (V.) anerkennen, bekennen

acknowledgement (N.) Anerkenntnis (N.), Bekenntnis (N.), Beurkundung (F.)

acknowledgement (N.) of an order Auftragsbestätigung (F.)

acknowledgement (N.) of indebtedness Schuldanerkenntnis (F.)

acknowledgement (N.) of non-indebtedness negatives Schuldanerkenntnis (N.)

acknowledgement (N.) of paternity Vaterschaftsanerkenntnis (N.)

acknowledgement (N.) of service Zustellungsurkunde (F.)

acquiesce (V.) dulden

acquiescence (N.) Duldung (F.)

acquire (V.) erwerben, verschaffen, zueignen (sich)

acquire (V.) by prescription ersitzen

acquired status (N.) Besitzstand (M.)

acquirer (M. bzw. F.) Käufer (M.)

acquiring (N.) Erwerb (M.)

acquisition (N.) Beschaffung (F.), Errungenschaft (F.), Erwerb (M.)

acquisition (N.) in good faith gutgläubiger Erwerb (M.)

acquisition (N.) of a right Rechtserwerb (M.)

acquisition (N.) of a title Rechtserwerb (M.)

acquisition (N.) of property Eigentumserwerb (M.)

acquit (V.) freisprechen

acquittal (N.) Freisprechung (F.), Freispruch (M.)

act (N.) Akt (M.), Gesetz (N.), Handlung (F.), Tat (F.)

act (N.) committed under the erroneous assumption of punishability Wahndelikt (N.)

act (N.) not excused by the emergency Notstandsexzeß (M.)

act (N.) of assignment Abtretungserklärung (F.)

act (N.) of bankruptcy Konkursgrund (M.)

act (N.) of clemency Gnadenakt (M.)

act (N.) of courtesy Gefälligkeit (F.)

act (N.) of establishment Organisationsakt (M.)

act (N.) of foundation Organisationsakt (M.)

act (N.) of mercy Gnadenakt (M.)

act (N.) of pardon Gnadenerweis (M.)

act (N.) of state Hoheitsakt (M.)

Act (N.) of the Bundestag requiring the consent of the Bundesrat Zustimmungsgesetz (N.)

act (N.) of the party rechtsgeschäftsähnliche Handlung (F.)

act (N.) of violence Gewalttat (F.)

Act (N.) on chemicals Chemikaliengesetz (N.)

act (N.) on chimney-sweeps Schornsteinfegergesetz (N.)

Act (N.) on homes and houses Heimgesetz (N.)

Act (N.) on hours of work Arbeitszeitsrechtsgesetz (N.)

act (N.) on interests deducted at source Zinsabschlaggesetz (N.)

Act (N.) on real estate transfer tax Grunderwerbsteuergesetz (N.)

Act (N.) on safety at work Arbeitssicherheitsgesetz (N.)

Act (N.) on the control of military weapons Kriegswaffenkontrollgesetz (N.)

Act (N.) on the transformation of international law and agreements Transformationsgesetz (N.)

act (N.) preparatory to the commission of an offence Vorbereitungshandlung (F.)

act (N.) subject to penalty strafbedrohte Handlung (F.)

act (V.) agieren, einwirken, handeln (tätig sein), verhalten

act (V.) as intermediary vermitteln (als Mittler auftreten)

act (V.) for vertreten

acting (N.) Handeln (N.)

acting person (M. bzw. F.) Handelnder (M.)

action (N.) Aktion (F.), Einschreiten (N.), Einwirkung (F.), Handeln (N.), Handlung (F.), Klage (F.), Maßnahme (F.), Tun (N.), Vorgehen (N.)

action (N.) against unfair award to competitor Konkurrentenklage (F.)

action (N.) by stages Stufenklage (F.)

action (N.) by the state öffentliche Klage (F.)

action (N.) for annullment Anfechtungsklage (F.) (Anfechtungsklage im Eherecht)

action (N.) for annulment Nichtigkeitsklage (F.)

action (N.) for apportionment Teilungsklage (F.)

action (N.) for avoidance Anfechtungsklage (F.) (Anfechtung einer Willenserklärung)

action (N.) for partition Teilungsklage (F.)

action (N.) for performance Leistungsklage (F.)

action (N.) for recovery of an inheritance Erbschaftsklage (F.)

action (N.) for restitution Kondiktion (F.)

action (N.) for satisfaction Leistungsklage (F.)

action (N.) for specific performance Herstellungsklage (F.) (Herstellungsklage auf eheliche Lebensgemeinschaft), Vornahmeklage (F.)

action (N.) for the issue of an administrative act Verpflichtungsklage (F.)

action (N.) for the modification of rights Gestaltungsklage (F.)

action (N.) implying intention konkludentes Handeln (N.)

action (N.) of ejectment (am.) Räumungsklage (F.)

action (N.) of emergency Notstandsklage (F.)

action (N.) of eviction (brit.) Räumungsklage (F.)

action (N.) of intervention Interventionsklage (F.)

action (N.) of replevin Interventionsklage (F.)

action (N.) on the grounds of administrative inactivity Untätigkeitsklage (F.)

action (N.) to oppose enforcement Impugnationsklage (F.), Vollstreckungsgegenklage (F.)

action (N.) to set aside Anfechtungsklage (F.) (Anfechtungsklage gegen ein Urteil)

actionable (Adj.) klagbar

active (Adj.) aktiv, tätig

active debt (N.) Aktivschuld (F.)

active regret (N.) tätige Reue (F.)

active repentance (N.) tätige Reue (F.)

active representation (N.) Aktivvertretung (F.)

activity (N.) Tätigkeit (F.), Unternehmen (N.) (Tätigkeit)

actual (Adj.) faktisch, real (wirklich), tatsächlich

actual damage (N.) unmittelbarer Schaden (M.)

actual danger (N.) gegenwärtige Gefahr (F.)

actual loss (N.) materieller Schaden (M.)

actus reus (lat.) objektives Tatbestandsmerkmal (N.)

act which is subject to a possible objection by the Bundesrat Einspruchsgesetz (N.)

ad (N.) Inserat (N.)

a data ex nunc (lat.)

add (V.) anschließen

added (Adj.) zusätzlich

added value (N.) Mehrwert (M.)

addendum (N.) Nachtrag (M.)

addiction (N.) Sucht (F.)

addition (N.) Zugang (M.) (Erwerb in der Buchhaltung), Zusatz (M.)

additional (Adj.) zusätzlich
additional contribution (N.) Nachschuß (M.)
additional earnings (N.Pl.) Nebenverdienst (M.)
additional expenses (N.Pl.) Nebenkosten (F.Pl.)
additional function (N.) Nebenamt (N.)
additional payment (N.) Nachzahlung (F.)
additional period time (N.) Nachfrist (F.)
additional respite (N.) Nachfrist (F.)
additional supply (N.) Nachlieferung (F.)
address (N.) Adresse (F.)
address (V.) adressieren, richten
addressee (M. bzw. F.) Empfänger (M.)
adduction (N.) Beibringung (F.)
ademption (N.) Ungültigkeitserklärung (F.), Widerruf (M.)
adequance (N.) in a social sense Sozialadäquanz (F.)
adequate (Adj.) adäquat, ausreichend
adherence (N.) Beitritt (M.)
adhesion (N.) Adhäsion (F.)
adhesive procedure (N.) Adhäsionsverfahren (N.)
ad hoc (lat.) ad hoc (lat.)
ad hoc association (N.) Gelegenheitsgesellschaft (F.)
adjacent owner (M. bzw. F.) Anlieger (M.)
adjective law (N.) Verfahrensrecht (N.)
adjoin (V.) angrenzen
adjourn (V.) verschieben, vertagen
adjournment (N.) Vertagung (F.)
adjucate (V.) entscheiden
adjucation (N.) Entscheidung (F.), Verurteilung (F.)
adjudge (V.) entscheiden, erkennen
adjudicate (V.) judizieren
adjudicated bankrupt (M. bzw. F.) Gemeinschuldner (M.)
adjudicator (M. bzw. F.) Schiedsgutachter (M.), Schlichter (M.)
adjunct (M. bzw. F.) Beigeordneter (M.)
adjust (V.) anpassen, ausgleichen, bereinigen, berichtigen, korrigieren, regulieren
adjustment (N.) Anpassung (F.), Ausgleich (M.), Bereinigung (F.), Regulierung (F.)
adjutant (M. bzw. F.) Adjutant (M.)
administer (V.) verwalten, verwesen (verwalten)
administer (V.) an oath vereidigen

administer justice (V.) judizieren
administration (N.) Administration (F.), Regierung (F.), Verwaltung (F.)
administration (N.) bound by instructions Weisungsverwaltung (F.)
administration (N.) by commission Auftragsverwaltung (F.)
administration (N.) of an estate Nachlaßverwaltung (F.)
administration (N.) of community services Leistungsverwaltung (F.)
administration (N.) of justice Justiz (F.), Justizverwaltung (F.), Rechtspflege (F.)
administration (N.) of the courts Gerichtsverwaltung (F.)
administration (N.) of the property Vermögensverwaltung (F.)
administration (N.) of the wife's assets by the husband Verwaltungsgemeinschaft (F.)
administration (N.) on behalf of the Federation Bundesauftragsverwaltung (F.)
administration of justice law (N.) Justizverwaltungsgesetz (N.)
administrative (Adj.) administrativ
administrative act (N.) Verwaltungsakt (M.)
administrative act (N.) requiring participation mitwirkungsbedürftiger Verwaltungsakt (M.)
administrative act (N.) which results in a benefit begünstigender Verwaltungsakt (M.)
administrative aid (N.) Amtshilfe (F.)
administrative body (N.) Verwaltungsbehörde (F.)
administrative compulsion (N.) Verwaltungszwang (M.)
administrative costs (N.Pl.) Verwaltungskosten (F.Pl.)
administrative court (N.) Verwaltungsgericht (N.)
administrative court judgement (N.) instructing a public authority to make a certain ruling Bescheidungsurteil (N.)
administrative demand (N.) for payment Leistungsbescheid (M.)
administrative district (N.) Regierungsbezirk (M.)
administrative enforcement (N.) Verwaltungsvollstreckung (F.)
administrative enforcement law (N.) Verwaltungsvollstreckungsgesetz (N.)

administrative finality (N.) Bestandskraft (F.)

administrative fine (N.) Bußgeld (N.), Geldbuße (F.), Ordnungsgeld (N.)

administrative judicial act (N.) Justizverwaltungsakt (M.)

administrative law (N.) Verwaltungsrecht (N.)

administrative law (N.) on education Bildungsverwaltungsrecht (N.)

administrative offence (N.) (br.) Verwaltungsunrecht (N.)

administrative offense (N.) (am.) Verwaltungsunrecht (N.)

administrative organ (N.) Verwaltungsträger (M.)

administrative overheads (N.Pl.) Verwaltungskosten (F.Pl.)

administrative penalty (N.) Ordnungsstrafe (F.)

administrative procedure (N.) Verwaltungsverfahren (N.)

administrative proceedings (N.Pl.) Verwaltungsverfahren (N.)

administrative proceedings (N.Pl.) reviewing an individual administrative decision upon a protest by the party aggrieved Widerspruchsverfahren (N.)

administrative property (N.) Verwaltungsvermögen (N.)

administrative regulation (N.) Verwaltungsverordnung (F.)

administrative rules (N.Pl.) Ordnungsrecht (N.)

administrative service (N.) of notes Verwaltungszustellung (F.)

administrative tax regulation (N.) Steuerrichtlinie (F.)

administrative tribunal (N.) Verwaltungsgericht (N.)

administrative trust (N.) Verwaltungstreuhand (F.)

administrator (M. bzw. F.) Kurator (M.), Verwalter (M.), Verweser (M.)

administrator (M. bzw. F.) of a bankrupt's estate Masseverwalter (M.)

administrator (M. bzw. F.) of an estate Nachlaßverwalter (M.)

admiral (M.) Admiral (M.)

admiralty court (N.) (br.) Seegericht (N.)

admirer (M. bzw. F.) Liebhaber (M.)

admissibility (N.) Statthaftigkeit (F.), Zulässigkeit (F.)

admissibility (N.) as a party in court Parteifähigkeit (F.)

admissible (Adj.) statthaft, zulässig

admissible evidence (N.) zulässiges Beweismittel (N.)

admission (N.) Geständnis (N.) (Geständnis im Zivilprozeß), Zulassung (F.)

admission requirement (N.) Zulassungsvoraussetzung (F.)

admit (V.) approbieren, gestehen, zulassen

admonish (V.) ermahnen, verwarnen

admonition (N.) Erinnerung (F.) (Mahnung), Ermahnung (F.), Verwarnung (F.), Warnung (F.)

adolescent (Adj.) jugendlich

adolescent (M. bzw. F.) Heranwachsender (M.), Jugendlicher (M.)

adopt (V.) adoptieren, übernehmen

adopting (N.) a transaction for oneself Selbsteintritt (M.)

adoption (N.) Adoption (F.), Annahme als Kind (F.), Billigung (F.), Kindesannahme (F.)

adoptive child Adoptivkind (N.)

adoptive parents (Pl.) Adoptiveltern (Pl.)

adressee (M. bzw. F.) Adressat (M.) (Normadressat)

adressee (M. bzw. F.) of a norm Normadressat (M.)

adult (M. bzw. F.) Erwachsener (M.)

adulterer (M.) Ehebrecher (M.)

adulteress (F.) Ehebrecherin (F.)

adulterous (Adj.) ehebrecherisch

adultery (N.) Ehebruch (M.)

adult evening courses (N.Pl.) Volkshochschule (F.)

advance (Adv.) vorab

advance (N.) Kredit (M.), Vorlage (F.) (Auslage), Vorschuß (M.)

advance (N.) on court fees Gerichtskostenvorschuß (M.)

advance (V.) leihen (etwas einem anderen leihen)

advance maintenance payments (N.Pl.) Unterhaltsvorschuß (M.)

advancement (N.) Beförderung (F.) (im Beruf)

advancements (N.Pl.) Ausstattung (F.)

advance payment (N.) Vorleistung (F.)
advance payment (N.) of costs Prozeßkostenvorschuß (M.)
advance performance (N.) Vorleistung (F.)
advantage (N.) Vorteil (M.)
advantageous (Adj.) vorteilhaft
adversary (M. bzw. F.) Gegner (M.)
adverse (Adj.) feindlich
adverse vote (N.) Gegenstimme (F.)
advertisement (N.) Inserat (N.), Werbung (F.)
advice (N.) Belehrung (F.), Empfehlung (F.), Rat (M.) (Ratschlag)
advice note (N.) Avis (M.)
advise (V.) belehren, beraten (einen Rat geben), empfehlen, unterrichten
advisor (M. bzw. F.) Berater (M.)
advisory board (N.) Beirat (M.)
advocacy (N.) Anwaltschaft (F.), Befürwortung (F.)
advocate (M. bzw. F.) Anwalt (M.), Fürsprecher (M.), Rechtsanwalt (M.), Rechtsbeistand (M.)
advocate (V.) befürworten
affair (N.) Angelegenheit (F.), Sache (F.) (Angelegenheit)
affect (V.) auswirken, beeinträchtigen, einwirken
affection (N.) Affektion (F.)
affidavit (N.) Affidavit (N.)
affiliation (N.) Anschluß (M.)
affinity (N.) Schwägerschaft (F.)
affirm (V.) bejahen, bestätigen, versichern (bestätigen)
affirm (V.) by oath beeiden, beeidigen
affirm (V.) upon oath beeiden, beeidigen
affirmation (N.) Versicherung (F.) (Bestätigung)
affirmation (N.) by oath Beeidigung (F.)
affirmation (N.) in lieu of an oath eidesstattliche Versicherung (F.), Versicherung (F.) an Eides statt
affirmative (Adj.) affirmativ
affirmative action (N.) Antidiskriminierung (F.)
affix (V.) anheften, beifügen
affix (V.) one's signature to unterschreiben
affray (N.) Raufhandel (M.), Schlägerei (F.)
affront (N.) Affront (M.)
Africa (F.) Afrika (N.)

after-acquired property (N.) nachträglich erworbenes Eigentum (N.) (im Eherecht)
after all deductions (Adj.) netto
after-sight bill (N.) Nachsichtwechsel (M.)
against payment entgeltlich
age (N.) Alter (N.), Lebensalter (N.)
age (N.) below criminal responsibility Strafunmündigkeit (F.)
age (N.) of criminal responsibility Strafmündigkeit (F.)
age limit (N.) Altersgrenze (F.)
agency (N.) Agentur (F.), Amt (N.), Büro (N.), Geschäftsstelle (F.), Stelle (F.) (Amt), Stellvertretung (F.), Vertretung (F.)
agency (N.) by estoppel Anscheinsvollmacht (F.)
agency (N.) by holding out Anscheinsvollmacht (F.)
agency (N.) without authority Geschäftsführung (F.) ohne Auftrag
agency business (N.) Geschäftsbesorgung (F.)
agenda (N.) Tagesordnung (F.)
agent (M. bzw. F.) Agent (M.), Bevollmächtigter (M.), Makler (M.), Sachwalter (M.), Stellvertreter (M.), Vermittler (M.), Vertreter (M.)
agent (M. bzw. F.) without authority falsus procurator (M.) (lat.)
agent (M. bzw. F.) with power to conclude a contract Abschlußvertreter (M.)
agent provocateur (M. bzw. F.) agent (M.) provocateur (franz.)
agent provocateur (M. bzw. F.) (franz.) Provokateur (M.)
aggravate (V.) verschärfen
aggravated (Adj.) qualifiziert (bestimmt)
aggravated arson (N.) schwere Brandstiftung (F.)
aggravated crime (N.) qualifizierte Straftat (F.)
aggravating circumstance (N.) Strafschärfungsgrund (M.)
aggravation (N.) of sentence Strafschärfung (F.)
aggregate (N.) Gesamtheit (F.), Komplex (M.)
aggregate (N.) of things Sachinbegriff (M.)
aggregate property (N.) Gesamthandseigentum (N.)

aggression (N.) Aggression (F.)
aggressive (Adj.) aggressiv
aggressive protection (N.) of possession Besitzkehr (F.)
aggressive state (N.) of emergency aggressiver Notstand (M.), Angriffsnotstand (M.)
aggressive war (N.) Angriffskrieg (M.)
aggrieve (V.) beschweren (belasten)
agio (N.) Aufgeld (N.)
agitator (M. bzw. F.) Aufrührer (M.)
agnate (M. bzw. F.) Agnat (M.)
agrarian reform (N.) Bodenreform (F.)
agree (V.) einigen, übereinkommen, verabreden, vereinbaren, zustimmen
agree (V.) to abreden, einwilligen
agreeable (Adj.) genehm
agreed exemption (N.) from liability Freizeichnung (F.)
agreed on einig
agreement (N.) Abkommen (N.), Abmachung (F.), Abrede (F.), Einigung (F.), Einverständnis (N.), Konsens (M.), Übereinkommen (N.), Übereinkunft (F.), Vereinbarung (F.), Vertrag (M.)
agreement (N.) by the parties Parteivereinbarung (F.)
agreement (N.) in favor of a third party Vertrag (M.) zugunsten Dritter
agreement (N.) not to sue pactum (N.) de non petendo (lat.)
agreement (N.) on the provision of collateral Sicherungsabrede (F.), Sicherungsvertrag (M.)
agreements (N.Pl.) must be observed pacta (N.Pl.) sunt servanda (lat.)
agrément (N.) (franz.) Agrément (N.)
agricultural association (N.) Landschaftsverband (M.)
agricultural law (N.) Agrarrecht (N.)
agriculture (N.) Landwirtschaft (F.)
agriculturist (M. bzw. F.) Landwirt (M.)
aid (N.) Beihilfe (F.) (Gehilfenschaft), Beistand (M.), Hilfe (F.), Hilfeleistung (F.)
aid (V.) hilfeleisten
aide (M. bzw. F.) Assistent (M.), Gehilfe (M.)
aide-de-camp (M. bzw. F.) Adjutant (M.)
aider and abetter (M. bzw. F.) Gehilfe (M.) (Gehilfe im Strafrecht)
aids (N.) Aids (N.)

aim (N.) Zweck (M.)
aircraft (N.) Flugzeug (N.), Luftfahrzeug (N.)
air law (N.) Luftrecht (N.)
alarm (N.) Alarm (M.)
alcohol (N.) Alkohol (M.)
alcoholism (N.) Trunksucht (F.)
aleatory (Adj.) aleatorisch
aleatory contract (N.) Glücksvertrag (M.)
alert (N.) Alarm (M.)
"A"-levels (N.Pl.) (br.) Reifeprüfung (F.)
alias alias
alibi (N.) Alibi (N.)
alien (Adj.) fremd
alien (M. bzw. F.) Ausländer (M.), Fremder (M.)
alienate (V.) veräußern
alienation (N.) Veräußerung (F.)
alienation (N.) of affections Entfremdung (F.) (Entfremdung im Eherecht)
alike (Adv.) gleich
alimony (N.) Alimentation (F.), Unterhalt (M.)
allegation (N.) Behauptung (F.), Vorbringen (N.)
allege (V.) behaupten, vorbringen
alleged (Adj.) angeblich
allegiance (N.) Treue (F.)
allegiance (N.) to the Federal Government Bundestreue (F.)
All-German (Adj.) großdeutsch
alliance (N.) Allianz (F.), Bund (M.)
allies (Pl.) Alliierte (M.Pl.)
allocate (V.) verteilen
allocation (N.) Dotation (F.), Verteilung (F.)
allocation (N.) of duties Geschäftsverteilung (F.)
allocution (N.) letztes Wort (N.) des Angeklagten
allod (N.) Allod (N.)
allot (V.) verteilen
allotment (N.) Kontingent (N.), Verteilung (F.)
allotment (N.) of seats Sitzverteilung (F.)
allow (V.) bewilligen, erlauben, gestatten, gewähren, zulassen, zuwenden
allow (V.) a respite in payment stunden
allowance (N.) Beihilfe (F.) (Unterstützungsleistung), Zuschuß, Zuwendung (F.)
allowance (N.) in kind Deputat (N.)

alluvion (N.) Anlandung (F.), Anschwemmung (F.)

alms (N.Pl.) Almosen (N.)

alp (N.) Alm (F.), Alpe (F.)

alpine pasture (N.) Alm (F.), Alpe (F.)

alter (V.) abändern, ändern, verändern

alteration (N.) Abänderung (F.), Änderung (F.), Veränderung (F.)

alteration (N.) in party Parteiänderung (F.)

alteration (N.) of a statute Gesetzesänderung (F.)

alternate heir (M. bzw. F.) Ersatzerbe (M.)

alternative (Adj.) alternativ

alternative (N.) Alternative (F.), Surrogat (N.)

alternative finding (N.) Wahlfeststellung (F.)

alternative legacy (N.) Wahlvermächtnis (N.)

alternative obligation (N.) Alternativobligation (F.), Wahlschuld (F.)

alternative performance (N.) Ersetzungsbefugnis (F.)

alternative pleading (N.) Eventualmaxime (F.)

alternative service (N.) Ersatzdienst (M.)

amalgamate (V.) fusionieren, verschmelzen

amalgamation (N.) Fusion (F.), Vereinigung (F.) (Verschmelzung), Verschmelzung (F.), Zusammenschluß (M.)

ambassador (M. bzw. F.) Botschafter (M.)

amenable (Adj.) gefügig

amend (V.) abändern, ändern, berichtigen, novellieren, verbessern

amended charge (N.) Nachtragsanklage (F.)

amending law (N.) Novelle (F.)

amendment (N.) Abänderung (F.), Amendement (N.), Änderung (F.), Novellierung (F.)

amendment (N.) of action Klageänderung (F.)

amendment (N.) of a law Gesetzesänderung (F.)

amendment (N.) of pleadings Klageänderung (F.)

amends (N.Pl.) Genugtuung (F.)

America (F.) Amerika (N.)

ammunition (N.) Munition (F.)

amnesty (N.) Amnestie (F.)

amnesty (V.) amnestieren

amok (N.) Amok (M.)

amortization (N.) Amortisation (F.), Rückzahlung (F.)

amortization installment (N.) (am.) Tilgungsrate (F.)

amortization instalment (N.) (brit.) Tilgungsrate (F.)

amortize (V.) amortisieren, tilgen

amount (N.) Betrag (M.), Geldbetrag (M.), Menge (F.), Summe (F.)

amount (N.) involved Gegenstandswert (M.)

analogous (Adj.) analog

analogous application (N.) of laws Gesetzesanalogie (F.)

analogous law (N.) Rechtsanalogie (F.)

analogy (N.) Analogie (F.)

analytical jurisprudence (N.) Begriffsjurisprudenz (F.)

anarchical (Adj.) anarchisch

anarchist (M. bzw. F.) Anarchist (M.)

anarchy (N.) Anarchie (F.)

anasthetization (N.) Betäubung (F.)

anathema (N.) Anathema (N.), Bann (M.) (Kirchenbann)

anatocism (N.) Anatozismus (M.)

ancestor (M.) Ahn (M.), Vorfahre (M.)

ancestress (F.) Ahnfrau (F.), Vorfahrin (F.)

ancestry (N.) Herkommen (N.)

ancillary municipal enterprise (N.) Regiebetrieb (M.)

angle (V.) fischen

animal (N.) Tier (N.)

animal attendant (M. bzw. F.) Tierhüter (M.)

animosity (N.) Haß (M.)

annex (N.) Annex (M.)

annex (N.) (am.) Anhang (M.)

annex (V.) annektieren

annexation (N.) Einverleibung (F.)

annexe (V.) (am.) anhängen

annexiation (N.) Annexion (F.)

annotation (N.) Kommentar (M.), Vermerk (M.)

annotator (M. bzw. F.) Kommentator (M.)

announce (V.) ankündigen, bekanntgeben, bekanntmachen

announce (V.) officially verlautbaren

announcement (N.) Ankündigung (F.), Anzeige (F.), Bekanntgabe (F.), Bekanntmachung (F.), Verkündung (F.)

annoy (V.) belästigen, stören

annoyance (N.) Störung (F.)

annoying (Adj.) lästig

annual (Adj.) jährlich
annual accounts (N.Pl.) Jahresabschluß (M.)
annual balance sheet (N.) Jahresbilanz (F.)
annual estimates (N.Pl.) Budget (N.)
annual report (N.) Geschäftsbericht (M.), Jahresbericht (M.)
annuity (N.) Rente (F.)
annuity charge (N.) Rentenschuld (F.)
annuity land charge (N.) Rentenschuld (F.)
annul (V.) abrogieren, annullieren, auflösen, kassieren (aufheben), stornieren
annulment (N.) Annullierung (F.), Auflösung (F.), Kassation (F.)
annulment (N.) of marriage Eheaufhebung (F.)
anomalous (Adj.) abnorm
anonymous (Adj.) anonym
answer (N.) Antwort (F.), Erwiderung (F.), Klageerwiderung (F.), Replik (F.)
answer (V.) antworten, erwidern
answer (V.) for haften
answerability (N.) as the proper party Passivlegitimation (F.)
antichresis (N.) Antichrese (F.), Nutzungspfand (N.)
anticipate (V.) antizipieren
anticipated payment (N.) Vorschuß (M.)
anticipated retirement (N.) Vorruhestand (M.)
anticipation payment (N.) Abschlagszahlung (F.)
anticipatory assignment (N.) Vorausabtretung (F.)
anticipatory breach (N.) Erfüllungsverweigerung (F.)
antigraphy (N.) Ausfertigung (F.)
antinomy (N.) Antinomie (F.)
antisemitism (N.) Antisemitismus (M.)
antitrust division (N.) (am.) Kartellbehörde (F.)
antitrust law (N.) (am.) Kartellrecht (N.)
anxiety (N.) Besorgnis (F.)
apartment (N.) (am.) Mietwohnung (F.), Wohnung (F.)
apartment building (N.) (am.) Mietshaus (N.)
apologize (V.) entschuldigen (sich)
apology (N.) Entschuldigung (F.)
apostolic (Adj.) apostolisch

apotheosize (V.) verherrlichen
appanage (N.) Apanage (F.)
apparent (Adj.) anscheinend, offenbar
apparent authority (N.) Anscheinsvollmacht (F.), Scheinvollmacht (F.)
apparent danger (N.) Anscheinsgefahr (F.)
apparent death (N.) Scheintod (M.)
appeal (N.) Appellation (F.), Berufung (F.), Rechtsmittel (N.)
appeal (N.) against Anfechtung (F.) (Anfechtung eines Urteils)
appeal (N.) against denial of leave to appeal Nichtzulassungsbeschwerde (F.)
appeal (N.) against sentence Strafmaßrevision (F.)
appeal (N.) on points of law Rechtsbeschwerde (F.), Revision (F.) (Revision im Zivilprozeßrecht)
appeal (V.) anfechten (ein Urteil anfechten), appellieren
appealability (N.) Anfechtbarkeit (F.) (Urteilsanfechtbarkeit)
appeal court (N.) Berufungsgericht (N.), Revisionsgericht (N.)
Appeal Court (N.) Revisionsgericht (N.)
appeal proceedings (N.Pl.) Berufungsverfahren (N.)
appeals court (N.) (am.) Berufungsgericht (N.)
appear (V.) erscheinen
appearance (N.) Anschein (M.), Einlassung (F.), Erscheinen (N.), Schein (M.)
appearance (N.) in person persönliches Erscheinen (N.)
appearance (N.) of a legal position Rechtsschein (M.)
appelate court (N.) Rechtsmittelgericht (N.)
appellant (M. bzw. F) Antragsteller (M.)
appellant (M. bzw. F.) Beschwerdeführer (M.)
append (V.) anhängen
appendage (N.) Zubehör (N.) (Zubehör einer unbeweglichen Sache)
appendix (N.) Zusatz (M.)
appliance (N.) Gerät (N.)
applicability (N.) Eignung (F.)
applicable (Adj.) anwendbar, einschlägig
applicant (M. bzw. F.) Bewerber (M.), Kandidat (M.)
application (N.) Antrag (M.), Anwendung

(F.), Bewerbung (F.), Eingabe (F.), Gesuch (N.)

application (N.) for a mining concession Mutung (F.)

application (N.) for relief Klageantrag (M.)

application (N.) of law Rechtsanwendung (F.)

application (N.) to carry out inquiries Ausforschungsbeweisantrag (M.)

apply (V.) kandidieren, zeichnen (unterschreiben)

apply (V.) for bewerben

appoint (V.) berufen, bestallen, bestellen, einsetzen (eine Person einsetzen), ernennen

appointed dealer (M. bzw. F.) Vertragshändler (M.)

appointee (M. bzw. F.) Kandidat (M.)

appointment (N.) Besetzung (F.) (Besetzung eines Postens), Bestallung (F.), Bestellung (F.), Einsetzung (F.), Ernennung (F.), Verabredung (F.)

appointment (N.) as an heir Erbeinsetzung (F.)

appointment (N.) of a term Fristsetzung (F.)

apportion (V.) zumessen

apportionment (N.) Auseinandersetzung (F.), Verteilung (F.), Zumessung (F.)

appraisal (N.) Beurteilung (F.), Bewertung (F.), Schätzung (F.)

appraise (V.) bewerten, schätzen

appreciate (V.) schätzen, würdigen

apprehend (V.) arrestieren, fassen, festnehmen, verhaften

apprehension (N.) Arrest (M.), Festnahme (F.), Verhaftung (F.)

apprentice (M. bzw. F.) Auszubildender (M.), Lehrling (M.)

apprenticeship (N.) Lehre (F.) (Ausbildung)

approach (N.) Betrachtungsweise (F.), Einstellung (F.) (Haltung)

approbate (V.) approbieren

approbation (N.) Bewilligung (F.)

approbiate (V.) bewilligen

appropriate (Adj.) angemessen, zumutbar

appropriate (V.) aneignen, zueignen (sich)

appropriated surplus (N.) Rückstellungen (F.Pl.)

appropriateness (N.) Zumutbarkeit (F.)

appropriation (N.) Aneignung (F.), Konkretisierung (F.) (Konkretisierung einer Gattungsschuld), Zueignung (F.)

appropriation bill (N.) Haushaltsvorlage (F.)

approval (N.) Billigung (F.), Einverständnis (N.), Einwilligung (F.), Genehmigung (F.), Konsens (M.)

approval (N.) of cancellation Löschungsbewilligung (F.)

approve (V.) befürworten, einwilligen

approve (V.) of billigen, genehmigen

appurtenance (N.) Zubehör (N.) (Zubehör einer unbeweglichen Sache)

arbitrage (N.) Arbitrage (F.)

arbitral award (N.) Schiedsspruch (M.)

arbitrariness (N.) Willkür (F.)

arbitrary (Adj.) arbiträr, willkürlich

arbitration agreement (N.) Schiedsvertrag (M.)

arbitration award (N.) Schiedsspruch (M.)

arbitration board (N.) Schiedsstelle (F.)

arbitration clause (N.) Schiedsklausel (F.), Schiedsvertrag (M.)

arbitrator (M. bzw. F.) Schiedsgutachter (M.), Schiedsmann (M.), Schiedsrichter (M.) (im Rechtswesen), Schlichter (M.)

archaic (Adj.) archaisch

archbishop (M.) Erzbischof (M.)

archeological find (N.) Bodenaltertum (N.)

architect (M. bzw. F.) Architekt (M.)

archive (N.) Archiv (N.)

area (N.) Bereich (M.), Gebiet (N.), Raum (M.) (Gegend)

area (N.) of protection Schutzbereich (M.)

area code (N.) (am.) Vorwahl (F.) (telefonische Vorwahl) (F.)

argue (V.) argumentieren, erörtern, streiten

argument (N.) Argument (N.), Beweisgrund (M.)

argumentation (N.) Beweisführung (F.)

arguments (N.Pl.) Gegenvorstellung (F.)

arguments for (N.Pl.) Begründetheit (F.)

argumentum (N.) e contrario (lat.) Gegenschluß (M.), Umkehrschluß (M.)

aristocracy (N.) Adel (M.), Aristokratie (F.)

aristocrat (M. bzw. F.) Aristokrat (M.)

aristocratic (Adj.) feudal

aritration (N.) Schlichtung (F.)

arm (N.) Waffe (F.)

arm (V.) rüsten
armament (N.) Rüstung (F.)
armed forces (N.Pl.) Heer (N.), Militär (N.)
armed-robbery (N.) Raubüberfall (M.)
armour (N.) Panzer (M.) (Schutzpanzer)
arms (N.Pl.) Wappen (N.)
army (N.) Armee (F.), Heer (N.)
arrange (V.) abreden, erledigen, ordnen, richten
arrangement (N.) Aufstellung (F.), Disposition (F.), Erledigung (F.), Übereinkunft (F.), Vergleich (M.) (Vergleich im Privatrecht)
arranging (N.) credit facilities Kreditvermittlung (F.)
arrest (N.) Arrest (M.), Festnahme (F.), Haft (F.), Inhaftierung (F.), Verhaftung (F.)
arrest (N.) for disobedience to court orders Ordnungshaft (F.)
arrest (N.) of juveniles Jugendarrest (M.)
arrest (N.) to enforce a court order Erzwingungshaft (F.)
arrest (V.) arrestieren, inhaftieren, verhaften
arrest warrant (N.) Haftbefehl (M.)
arrogate (V.) berühmen
arson (N.) Brandstiftung (F.)
arsonist (M. bzw. F.) Brandstifter (M.)
art (N.) Kunst (F.)
arterial road (N.) Fernstraße (F.)
article (N.) Absatz (M.) (Teil eines Gesetzes), Artikel (M.), Paragraph (M.), Ware (F.)
article (N.) for daily use Gebrauchsgegenstand (M.)
articles (N.) of food Lebensmittel (N.Pl.)
articles (N.Pl.) of association Satzung (F.)
articles (N.Pl.) of incorporation Satzung (F.)
articles (N.Pl.) of partnership Gesellschaftsvertrag (M.)
articles of impeachment (N.Pl.) Parlamentsanklage (F.)
artificial (Adj.) künstlich, unecht
artisan's lien (N.) Unternehmerpfandrecht (N.)
artist (M. bzw. F.) Künstler (M.)
ascendants (M.Pl. bzw.F.Pl.) Aszendenten (M.Pl. bzw. F.Pl.)
ascertain (V.) erheben (feststellen), ermitteln, feststellen
ascertainment (N.) Feststellung (F.)

ascribe (V.) to zurechnen
aseptic (Adj.) steril (keimfrei)
ask (V.) anfragen, bitten, fragen
ask (V.) alms betteln
asocial (Adj.) asozial
aspect (N.) Gesichtspunkt (M.)
aspersion (N.) Nachrede (F.)
aspirant (M. bzw. F.) Anwärter (M.), Aspirant (M.)
assassin (M. bzw. F.) Attentäter (M.)
assassination (N.) Attentat (N.), Mord (M.)
assassination attempt (N.) Attentat (N.)
assassinator (M. bzw. F.) Attentäter (M.)
assault (N.) Tätlichkeit (F.), Überfall (M.) (Überfall im Strafrecht)
assault (V.) angreifen, überfallen
assemble (V.) versammeln (sich)
assembly (N.) Konvent (M.), Versammlung (F.)
assent (N.) Genehmigung (F.), Votum (N.), Zustimmung (F.)
assent (V.) zustimmen
assert (Adj.) geltend
assert (V.) behaupten, berühmen
assertion (N.) Behauptung (F.), Wahrnehmung (F.) (Wahrnehmung eines Rechtes)
assertion (N.) of rights of ownership against the bankrupt's estate Aussonderung (F.)
assess (V.) beurteilen, bewerten, schätzen, taxieren, veranlagen, würdigen
assessable value (N.) Einheitswert (M.)
assessed valuation (N.) (am.) Schätzung (F.)
assessment (N.) Bemessung (F.), Beurteilung (F.), Bewertung (F.), Festsetzung (F.)
assessment (N.) (brit.) Schätzung (F.)
assessment (N.) of costs Kostenfestsetzung (F.)
assessment (N.) of penalty Strafzumessung (F.)
assessment (N.) of profits Gewinnermittlung (F.)
assessment tax (N.) Veranlagungsteuer (F.)
assessment unit value (N.) Einheitswert (M.) (Einheitswert einer Liegenschaft)
asset (N.) Kapital (N.)
assets (N.Pl.) Aktiva (N.Pl.), Masse (F.) (Insolvenzvermögen)
assign (M. bzw. F.) Erwerber (M.), Rechtsnachfolger (M.)

assign (V.) abtreten (eine Forderung abtreten), anweisen (Geld anweisen), übereignen, übertragen (eine Aufgabe übertragen)

assigned counsel (M. bzw. F.) notwendiger Verteidiger (M.)

assignee (M. bzw. F.) Abtretungsempfänger (M.), Zessionar (M.)

assignment (N.) Abtretung (F.), cessio (F.) (lat.), Einweisung (F.), Rechtsübertragung (F.), Übereignung (F.), Zession (F.)

assignment (N.) by operation of law Legalzession (F.)

assignment (N.) by way of security Sicherungsabtretung (F.)

assignment (N.) in blank Blankozession (F.)

assignment (N.) of accounts receivable for collection Inkassozession (F.)

assignment (N.) of actions Geschäftsverteilung (F.) (Geschäftsverteilung bei Gericht)

assignment (N.) of the right to claim the surrender of something Vindikationszession (F.)

assignor (M. bzw. F.) Zedent (M.)

assist (V.) helfen, hilfeleisten

assistance (N.) Beihilfe (F.) (Gehilfenschaft), Beistand (M.), Fürsorge (F.), Hilfe (F.), Mitarbeit (F.), Mitwirken (N.)

assistance (N.) under legal advice scheme Beratungshilfe (F.)

assistant (M. bzw. F.) Assistent (M.), Gehilfe (M.)

assistant professor (M. bzw. F.) Hochschulassistent (M.)

associate (M. bzw. F.) Beigeordneter (M.), Konsorte (M.), Teilhaber (M.)

associate (V.) assoziieren

associate judge (M. bzw. F.) Assessor (M.), Beisitzer (M.), Berichterstatter (M.)

associate judge (M. bzw. F.) (am.) Richter (M.) (Richter am U.S. Supreme Court)

association (N.) Assoziation (F.), Gemeinschaft (F.), Gesellschaft (F.), Personenvereinigung (F.), Verband (M.), Vereinigung (F.) (Institution), Verein (M.), Zusammenschluß (M.)

association (N.) of municipalities Gemeindeverband (M.)

association (N.) to watch against unfair practices Abmahnverein (M.)

assume (V.) einnehmen, mutmaßen, übernehmen, vermuten

assumed (Adj.) mutmaßlich

assumption (N.) Präsumption (F.), Vermutung (F.)

assumption (N.) of a debt Schuldübernahme (F.)

assumption (N.) of a debt with full discharge of original debtor privative Schuldübernahme (F.)

assumption (N.) of an obligation Schuldübernahme (F.)

assumption (N.) of indebtedness Schuldübernahme (F.)

assumption (N.) of risk Risikoübernahme (F.)

assurance (N.) Assekuranz (F.), Versicherung (F.) (Absicherung von Werten), Versicherung (F.) (Bestätigung), Zusicherung (F.)

assure (V.) versichern (bestätigen), versichern (eine Versicherung abschließen), zusichern

assured (Adj.) versichert

assurer (M. bzw. F.) Versicherer (M.), Versicherungsträger (M.)

asylum (N.) Asyl (N.)

asylum seeker (M. bzw. F.) Asylant (M.)

at call kündbar

at issue streitig

at law nach strengem Recht

atomic energy law (N.) Atomgesetz (N.)

atone (V.) büßen

atonement (N.) Buße (F.), Sühne (F.)

at par paritätisch

atrocious (Adj.) gewaltsam

atrocity (N.) Grausamkeit (F.)

attach (V.) beschlagnahmen, pfänden, verhaften

attaché (M.) Attaché (M.)

attached (Adj.) gepfändet

attachment (N.) Beschlagnahme (F.), Pfändung (F.)

attachment (N.) of debts Forderungspfändung (F.)

attachment (N.) of earnings Gehaltspfändung (F.), Lohnpfändung (F.)

attachment order (N.) Pfändungsbeschluß (M.)

attachment proceedings (N.Pl.) Sicherungsverfahren (N.)

attack (N.) Angriff (M.), Überfall (M.) (Überfall im Strafrecht)
attack (V.) angreifen, überfallen
attacker (M. bzw. F.) Angreifer (M.)
attempt (N.) Anschlag (M.), Versuch (M.)
attempt (N.) foredoomed to failure untauglicher Versuch (M.)
attempt (V.) versuchen
attempted murder (N.) Mordversuch (M.)
attend (V.) beiwohnen, besuchen
attendance (N.) Bereitschaft (F.), Erscheinen (N.)
attendance fee (N.) Tagegeld (N.)
attendant (M.) Diener (M.), Wärter (M.)
attention (N.) Achtung (F.), Beachtung (F.), Obacht (F.)
attentive (Adj.) sorgfältig
attest (V.) beglaubigen, bescheinigen, bestätigen, testieren (bezeugen)
attestation (N.) Beglaubigung (F.), Bescheinigung (F.), Bestätigung (F.), Testat (N.)
attestation (N.) of good character Leumundszeugnis (N.)
attestation clause (N.) Beglaubigungsvermerk (M.)
attitude (N.) Einstellung (F.) (Haltung)
attorney (M. bzw. F.) Bevollmächtigter (M.)
attorney (M. bzw. F.) (am.) Anwalt (M.), Rechtsanwalt (M.), Staatsanwalt (M.)
attorney (M. bzw. F.) at law (am.) Anwalt (M.), Rechtsanwalt (M.)
attorney (M. bzw. F.) of record (am.) Prozeßbevollmächtigter (M.)
Attorney General (M. bzw. F.) Kronanwalt (M.)
Attorney General (M. bzw. F.) (am.) Justizminister (M.)
attorney's fee (N.) Anwaltsgebühr (F.)
Attorneys' Fees Act (N.) Bundesgebührenordnung (F.) für Rechtsanwälte
attorneyship (N.) Anwaltschaft (F.)
attributable (Adj.) zurechenbar
attribute (N.) Eigenschaft (F.)
attribute (V.) zurechnen, zuschreiben
attribution (N.) Zurechnung (F.)
auction (N.) Auktion (F.), Versteigerung (F.)
auction (V.) off versteigern
auctioneer (M. bzw. F.) Auktionator (M.), Versteigerer (M.)

auctioneer (V.) versteigern
audience (N.) Audienz (F.), Publikum (N.)
audit (N.) Rechnungsprüfung (F.), Revision (F.) (Revision im Handelsrecht)
auditing (N.) Revision (F.) (Revision im Handelsrecht)
audit office (N.) Rechnungshof (M.)
auditor (M. bzw. F.) Hospitant (M.), Prüfer (M.), Rechnungsprüfer (M.)
augment (V.) anwachsen, steigern
aunt (F.) Tante (F.)
Austria (F.) Österreich (N.)
authentic (Adj.) echt
authentical (Adj.) authentisch
authentical interpretation (N.) authentische Interpretation (F.)
authenticate (V.) beglaubigen, beurkunden
authenticating clerk (M. bzw. F.) Urkundsbeamter (M.)
authentication (N.) Beurkundung (F.)
authentic copy (N.) Ausfertigung (F.)
authentic document (N.) echte Urkunde (F.)
authenticity (N.) Echtheit (F.)
author (M. bzw. F.) Autor (M.), Urheber (M.), Verfasser (M.)
authority (N.) Befugnis (F.), Berechtigung (F.), Kompetenz (F.), Vollmacht (F.)
authority (N.) to claim Sachbefugnis (F.)
authority (N.) to complete Ausfüllungsbefugnis (F.)
authority (N.) to provide a substitute Ersetzungsbefugnis (F.)
authorization (N.) Bevollmächtigung (F.), Bewilligung (F.), Billigung (F.), Ermächtigung (F.)
authorization (N.) for registration Eintragungsbewilligung (F.)
authorize (V.) autorisieren, berechtigen, bevollmächtigen, bewilligen, billigen, ermächtigen, genehmigen, legitimieren
authorized (Adj.) befugt, kompetent (zuständig)
authorized agent (M. bzw. F.) Handlungsbevollmächtigter (M.)
authorized capital (N.) genehmigtes Kapital (N.)
authorized dealer (M. bzw. F.) Vertragshändler (M.)
authorized signatory (M. bzw. F.) Prokurist (M.)

authorized stock (N.) genehmigtes Kapital
(N.)
author-publisher agreement (N.) Verlagsvertrag (M.)
author's fee (N.) Tantieme (F.)
author's right (N.) Urheberrecht (N.)
automatic (Adj.) automatisch
automatic error (N.) absoluter Revisionsgrund (M.)
automatic machine (N.) Automat (M.)
automobile (N.) Wagen (M.) (Auto)
automobile insurance (N.) Kraftfahrzeugversicherung (F.)
autonomous (Adj.) autonom
autonomy (N.) Autonomie (F.)
autopsy (N.) Autopsie (F.), Leichenöffnung
(F.), Leichenschau (F.), Obduktion (F.),
Sektion (F.) (Leichenöffnung in der Medizin)
auxiliary officer (M. bzw. F.) Hilfsbeamter (M.)
aval (N.) Aval (M.)
avarice (N.) Habgier (F.)
avenge (V.) rächen
average (Adj.) durchschnittlich
average (N.) Durchschnitt (M.), Haverei (F.)
averment (N.) Behauptung (F.), Sachvortrag (M.)
avert (V.) abwehren
averting (N.) dangers Gefahrenabwehr (F.)
avoid (V.) anfechten (eine Willenserklärung anfechten), ausweichen, meiden, vermeiden
avoidable (Adj.) vermeidbar
**avoidable error (N.) as to the prohibited
nature of an act** vermeidbarer Verbotsirrtum (M.)
avoidance (N.) Umgehung (F.), Vermeidung (F.)
award (N.) Preis (M.) (Belohnung), Spruch
(M.), Zuschlag (M.) (Zuteilung bei der
Versteigerung)
award (N.) of punishment Strafzumessung
(F.)
award (V.) zumessen
awarding (N.) Bemessung (F.), Zumessung
(F.)
awarding (N.) of a doctorate Promotion (F.)
aware (Adj.) bewußt
axiom (N.) Axiom (N.)

b

bachelor (M.) Junggeselle (M.)
bachelor (M. bzw. F.) baccalaureus (M.) (lat.)
back (N.) Kreuz (N.), Rückseite (F.)
backbite (V.) lästern
background (N.) Herkunft (F.)
backing (N.) Deckung (F.) (Absicherung),
Förderung (F.) (Unterstützung)
backleg (M. bzw. F.) Streikbrecher (M.)
back payment (N.) Nachzahlung (F.),
Rückzahlung (F.)
back-to-back-guarantee (N.) Rückbürgschaft (F.)
bad (Adj.) übel
Baden (F.) Baden (N.)
Baden-Württemberg (F.) Baden-Württemberg (N.)
bad faith (N.) böser Glaube (M.), Bösgläubigkeit (F.), mala fides (F.) (lat.)
badge (N.) Plakette (F.)
badges (N.Pl.) of fraud Verdachtsmomente
(M.Pl.) für betrügerisches Verhalten des
Schuldners
bad luck (N.) Unglück (N.)
bad title (N.) mangelhafter Titel (M.)
bagatelle (N.) Bagatelle (F.)
bail (N.) Bürgschaft (F.), Kaution (F.)
bailee (M. bzw. F.) treuhänderischer Besitzer (M.), Treuhänder (M.), Verwahrer (M.)
bailiff (M. bzw. F.) Amtmann (M.), Gerichtsvollzieher (M.)
bailiff's stamp (N.) Pfandsiegel (N.)
bailment (N.) Besitzkonstitut (N.), Besitzmittelungsverhältnis (N.), Hinterlegung (F.)
bailor (M. bzw. F.) Hinterleger (M.), mittelbarer Besitzer (M.)
bait (V.) hetzen
balance (N.) Differenz (F.), Saldo (M.),
Überschuß (M.) (Saldo)
balance (N.) in one's favor Guthaben (N.)
balance (N.) of trade Handelsbilanz (F.)
balance (sheet) (N.) Bilanz (F.)
balance (V.) ausgleichen, saldieren
**balancing consideration (N.) of legally
protected values** Güterabwägung (F.)
ballot (N.) Stimmzettel (M.), Wahl (F.)
(politische Entscheidung)

ballot (V.) abstimmen
ballot box (N.) Urne (F.) (Wahlurne), Wahlurne (F.)
ballot paper (N.) Stimmzettel (M.), Wahlzettel (M.)
ban (N.) Bann (M.) (Kirchenbann), Verbot (N.)
ban (N.) on entering the house Hausverbot (N.)
ban (N.) on public meetings Versammlungsverbot (N.)
ban (N.) on sales Veräußerungsverbot (N.)
ban (N.) on smoking Rauchverbot (N.)
ban (N.) on utilization Verwertungsverbot (N.)
ban (V.) indizieren, verbieten
bandit (M.) Bandit (M.)
banish (V.) verbannen
banishment (N.) Verbannung (F.)
bank (N.) Bank (F.), Ufer (N.) (Flußufer), Ufer (N.) (Seeufer)
bank (N.) of issue Notenbank (F.)
bank acceptance (N.) Bankakzept (N.)
bank account (N.) Bankkonto (N.)
bank balance (N.) Kontostand (M.)
bank deposit (N.) Bankeinlage (F.)
banker (M. bzw. F.) Bankier (M.)
banker's acceptance (N.) Bankakzept (N.)
banker's discretion (N.) Bankgeheimnis (N.)
banker's lien (N.) Bankenpfandrecht (N.)
banker's privilege (N.) Bankgeheimnis (N.)
bank giro contract (N.) Girovertrag (M.)
bank guarantee (N.) Aval (M.), Bankbürgschaft (F.)
banking (N.) Bankgeschäft (N.)
banking account (N.) Bankkonto (N.)
banking house (N.) Bank (F.)
banking institution (N.) Kreditinstitut (N.)
banking law (N.) Bankrecht (N.)
banking secrecy (N.) Bankgeheimnis (N.)
bank note (N.) Banknote (F.)
banknote (N.) Geldschein (M.)
bank rate (N.) Zinssatz (M.)
bankrupt (Adj.) bankrott
bankruptcy (N.) Bankrott (M.), Konkurs (M.), Pleite (F.)
bankruptcy (N.) of an estate Nachlaßkonkurs (M.)
bankruptcy composition (N.) Zwangsvergleich (M.)

bankruptcy offence (N.) Konkursstraftat (F.)
bankruptcy proceedings (N.Pl.) Konkursverfahren (N.)
bankrupt person (M. bzw. F.) Bankrotteur (M.)
bankrupt's estate (N.) Konkursmasse (F.), Masse (F.) (Insolvenzvermögen)
bank transaction (N.) Bankgeschäft (N.)
bank transfer (N.) Giro (N.)
banns (N.) of matrimony Aufgebot (N.) (Aufgebot im Eherecht)
baptism (N.) Taufe (F.)
baptize (V.) taufen
bar (N.) Anwaltschaft (F.), peremptorische Einrede (F.), Schranke (F.)
bar (N.) of trial Prozeßhindernis (N.)
bar (V.) untersagen, verbieten
bar association (N.) (am.) Anwaltskammer (F.)
bargain (N.) Geschäft (N.) (Rechtsgeschäft)
bargain (V.) handeln (Handel treiben)
bargain (V.) for feilschen
baron (M.) Freiherr (M.), Pate (M.)
barracks (N.Pl.) Kaserne (F.), Mietskaserne (F.)
barratry (N.) Anstiftung (F.) zu grundloser Prozeßführung
barred zone (N.) Sperrgebiet (N.)
barrier (N.) Schranke (F.)
barring (N.) Sperrung (F.)
barrister (M. bzw. F.) (br.) Prozeßanwalt (M.)
barter (N.) Tausch (M.)
barter (V.) tauschen
barter economy (N.) Naturalwirtschaft (F.)
base (N.) Sitz (M.) (Standort), Standort (M.)
based on fact tatsächlich
base motive (N.) niedriger Beweggrund (M.)
basic budgetary rule (N.) Haushaltsgrundsatz (M.)
basic law (N.) Grundgesetz (N.)
basic military service (N.) Grundwehrdienst (M.)
basic pay (N.) Ecklohn (M.)
basic pension (N.) Grundrente (F.) (Mindestrente)
basic salary (N.) Grundgehalt (N.)
basic system (N.) Grundordnung (F.)

Basic Treaty (N.) Grundvertrag (M.)
basic wage (N.) Ecklohn (M.), Grundlohn (M.)
basis (N.) Grundlage (F.)
basis (N.) of assessment Bemessungsgrundlage (F.)
basis (N.) of a transaction Geschäftsgrundlage (F.)
basis (N.) of authorization Ermächtigungsgrundlage (F.)
basis (N.) of claim Anspruchsgrundlage (F.)
batallion (N.) Bataillion (N.)
batch (N.) of new peers Pairschub (M.)
battery (N.) gewaltsame Körperverletzung (F.), Körperverletzung (F.), Mißhandlung (F.)
Bavaria (F.) Bayern (N.)
Bavaria (N.) Bayern (N.)
Bavarian (Adj.) bayerisch
Bavarian Supreme Court (N.) Bayerisches Oberstes Landesgericht (N.)
be (V.) absent ausbleiben
be (V.) acquainted with kennen
be (V.) adequate eignen
be (V.) a deserter fahnenflüchtig
be (V.) after nachstellen
be (V.) alive leben
be (V.) at fault in verschulden (schuld sein)
be (V.) aware of wissen
be (V.) concerned sorgen (sich)
be (V.) concurrent konkurrieren (zusammentreffen von Gesetzen)
be (V.) defeated unterliegen
be (V.) deficient mangeln
be (V.) descended stammen
be (V.) domiciled wohnhaft sein
be (V.) effective greifen (intransitiv)
be (V.) employed arbeiten
be (V.) governed by unterliegen
be (V.) granted erhalten
be (V.) in effect gelten
be (V.) informed erfahren (V.)
be (V.) in session tagen
be (V.) in want of mangeln
be (V.) lacking mangeln
be (V.) liable for haften
be (V.) located liegen (sich befinden)
be (V.) of use nützen (nützlich sein)
be (V.) on strike streiken
be (V.) opposed to opponieren

be (V.) partial to begünstigen
be (V.) prevalent gelten
be (V.) querelous querulieren
be (V.) resident wohnhaft sein
be (V.) responsible einstehen
be (V.) short of mangeln
be (V.) silent schweigen
be (V.) situated) liegen (sich befinden)
be (V.) subject to unterliegen
be (V.) subject to an extinctive prescription versitzen
be (V.) subject to wear and tear abnutzen
be (V.) subordinate untergeben
be (V.) suitable eignen
be (V.) suspended ruhen, schweben
be (V.) suspicious of mißtrauen
be (V.) the duty of obliegen
be (V.) to blame for verschulden (schuld sein)
be (V.) useful nützen (nützlich sein)
be (V.) valid gelten
be (V.) worried sorgen (sich)
beach (N.) Strand (M.)
beadle (M. bzw. F.) Büttel (M.)
bear (V.) dulden
bear (V.) on auswirken
bear (V.) witness to bezeugen
bearer (M. bzw. F.) Inhaber (M.), Überbringer (M.)
bearer bond (N.) Inhaberschuldverschreibung (F.)
bearer certificate (N.) Inhaberpapier (N.)
bearer check (N.) (am.) Inhaberscheck (M.)
bearer cheque (N.) (br.) Inhaberscheck (M.)
bearer clause (N.) Inhaberklausel (F.)
bearer paper (N.) Inhaberpapier (N.)
bearer share (N.) (br.) Inhaberaktie (F.)
bearer stock (N.) (am.) Inhaberaktie (F.)
bearer token (N.) Inhaberzeichen (N.)
bearing (N.) of the risk Gefahrtragung (F.)
be a subscriber to (V.) abonnieren
beat (N.) Streife (F.)
beat (V.) mißhandeln, prügeln, schlagen
become (V.) a member of beitreten
become (V.) available anfallen
become (V.) engaged verloben (sich)
beg (V.) betteln, bitten
beggar (M. bzw. F.) Bettler (M.)
begging (N.) Bettelei (F.)
begin (V.) with the realization of an

offence Ansetzen (N.) zur Tatbestandsverwirklichung

beginning (N.) of the commission of the act Anfang (M.) der Ausführung

behave (V.) verhalten

behavior (N.) (am.) Führung (F.) (Benehmen), Gebaren (N.), Verhalten (N.)

behaviour (N.) (br.) Führung (F.) (Benehmen), Gebaren (N.), Verhalten (N.)

behead (V.) enthaupten, köpfen

beheading (N.) Enthauptung (F.)

being (N.) Dasein (N.)

belated (Adj.) nachträglich

belief (N.) Glaube (M.)

believable (Adj.) glaubhaft

believe (V.) glauben

belittle (V.) verharmlosen

belong (V.) to angehören, gehören

belongings (N.Pl.) Habe (F.)

below par (N.) Disagio (N.)

bench warrant (N.) Haftbefehl (M.)

benefactor (M.) Spender (M.)

benefication (N.) Spende (F.)

benefice (N.) beneficium (N.) (lat.)

beneficial interest (N.) Nießbrauch (M.), Nutzungsrecht (N.)

beneficial occupier (M. bzw. F.) Nießbrauchsberechtigter (M.)

beneficiary (M. bzw. F.) Begünstigter (M.), Begünstigter (M.) (eines Trusts), Berechtigter (M.)

benefit (N.) Beihilfe (F.) (Unterstützungsleistung), Frucht (F.) (Frucht im rechtlichen Sinn), Nutzen (M.), Vorteil (M.)

benefit (N.) of the law Rechtswohltat (F.)

benefit (N.) to the public Gemeinnützigkeit (F.)

Benelux countries (N.Pl.) Benelux-Staaten (M.Pl.)

bequeath (V.) nachlassen, vererben, vermachen, zuwenden

bequest (N.) Legat (N.) (Vermächtnis), Vermächtnis (N.), Zuwendung (F.)

bereaved (Adj.) hinterblieben

Berlin (F.) Berlin (N.)

Berlin Testament (N.) Berliner Testament (N.)

Berne Convention (N.) Berner Übereinkunft (F.)

bestow (V.) verleihen (eine Auszeichnung geben), zuwenden

bestowal (N.) Verleihung (F.) (Austeilung), Zuwendung (F.)

bet (N.) Wette (F.)

bet (V.) wetten

betray (V.) verraten (jemanden verraten)

betrayal (N.) Verrat (M.)

betrayal (N.) of trust Vertrauensbruch (M.)

betrayer (M.) Verräter (M.)

betterment (N.) Verbesserung (F.)

beware (V.) of hüten (sich)

beyond recall unwiderruflich

bias (N.) Befangenheit (F.), Parteilichkeit (F.)

bias (V.) beeinflussen

biased (Adj.) befangen

biassed (Adj.) parteiisch, voreingenommen

bibliography (N.) Bibliographie

bicameral system (N.) Zweikammersystem (N.)

bid (N.) Angebot (N.), Gebot (N.) (Versteigerungsgebot)

bigamous marriage (N.) Doppelehe (F.)

bigamy (N.) Bigamie

bilateral (Adj.) bilateral, zweiseitig

bill (N.) Entwurf (M.), Faktura (F.), Gesetzentwurf (M.), Gesetzesvorlage (F.), Rechnung (F.), Vorlage (F.) (Gesetzesvorlage), Zeche (F.) (Verzehr bzw. Rechnung in einer Gaststätte)

bill (N.) (am.) Banknote (F.)

bill (N.) of charges Kostenrechnung (F.) (Kostenrechnung im Geschäft)

bill (N.) of complaint Klageschrift (F.)

bill (N.) of costs Kostenrechnung (F.) (Kostenrechnung im Geschäft)

bill (N.) of exchange Tratte (F.), Wechsel (M.) (Wertpapier)

bill (N.) of freight Frachtbrief (M.)

bill (N.) of lading Konnossement (N.), Ladeschein (M.)

bill guaranty (N.) Wechselbürgschaft (F.)

bind (V.) binden, verpflichten

binder (N.) Punktation (F.), Vorvertrag (M.) (Vorvertrag im Versicherungsrecht)

binder (N.) (am.) Deckungszusage (F.)

binding (Adj.) bindend, verbindlich

binding (N.) Bindung (F.)

binding law (N.) zwingendes Recht (N.)

biotomy (N.) Vivisektion (F.)

bipartite (Adj.) zweiseitig
birth (N.) Geburt (F.)
birth certificate (N.) Geburtsurkunde (F.)
bishop (M.) Bischof (M.)
bishopric (N.) Bistum (N.)
blackjack (M. bzw. F.) (am.) Totschläger (M.)
blackmail (N.) Erpressung (F.)
blackmail (V.) erpressen
blackmailer (M. bzw. F.) Erpresser (M.)
blackmailing (Adj.) erpresserisch
black market (N.) Schwarzmarkt (M.)
black marketeer (M. bzw. F.) Schwarzhändler (M.)
black-marketeering (N.) Schwarzhandel (M.)
black-market sale (N.) Schwarzkauf (M.)
blame (N.) Verschulden (N.)
blame (V.) beschuldigen
blameless (Adj.) unbescholten
blank (N.) Blankett (N.), Formular (N.), Lücke (F.)
blank bill (N.) Blankowechsel (M.)
blank check (N.) (am.) Blankoscheck (M.)
blank cheque (N.) (brit.) Blankoscheck (M.)
blanket act (N.) Blankettvorschrift (F.)
blanket clause (N.) Generalklausel (F.)
blanket clause (N.) of the police polizeiliche Generalklausel (F.)
blank indorsement (N.) Blankoindossament (N.)
blank signature (N.) Blankounterschrift
blasphemous libel (N.) Gotteslästerung (F.)
blasphemy (N.) Blasphemie (F.), Gotteslästerung (F.)
blast (V.) sprengen
blasting agent (N.) Sprengstoff (M.)
blend (V.) vermengen, vermischen
blending (N.) Vermischung (F.)
blind alley (N.) Sackgasse (F.)
block (N.) Paket (N.)
block (N.) of flats (br.) Mietshaus (N.)
block (V.) blockieren, sperren, vereiteln, vinkulieren
blockade (N.) Blockade (F.)
blockade (V.) blockieren
blockaded area (N.) Sperrgebiet (N.)
blocking (N.) Sperrung (F.)
block letters (N.Pl.) Druckschrift (F.) (Druckbuchstaben)

blood-alcohol (N.) Blutalkohol (M.)
bloodlust (N.) Mordlust (F.)
blood relationship (N.) Blutsverwandtschaft (F.)
blood revenge (N.) Blutrache (F.)
blood sample (N.) Blutprobe (F.)
blood test (N.) Blutprobe (F.)
blood-vengeance (N.) Blutrache (F.)
blow (N.) Schlag (M.)
blow (V.) up sprengen
board (N.) Aufsichtsrat (M.), Ausschuß (M.), Bord (N.), Gremium (N.), Kollegialbehörde (F.), Kollegialorgan (N.), Kollegium (N.)
board (N.) of conciliation Einigungsstelle (F.)
board (N.) of directors Aufsichtsrat (M.) (einer Gesellschaft)
board (N.) of health Gesundheitsamt (N.)
board (N.) of trade (am.) Handelskammer (F.)
board (N.) of trustees Aufsichtsrat (M.) (einer Gesellschaft), Kuratorium (N.)
boat (N.) Schiff (N.)
bodily (Adj.) körperlich
bodily harm (N.) Körperverletzung (F.)
body (N.) Gremium (N.), Kollegium (N.), Körper (M.), Körperschaft (F.), Korporation (F.), Leib (M.), Organ (N.)
boilerplate (N.) Anwaltschinesisch (N.)
bona fide (Adj.) gutgläubig
bona fide purchaser (M. bzw. F.) gutgläubiger Erwerber (M.)
bona fide rights protection (N.) Gutglaubensschutz (M.)
bona fides (N.) (lat.) bona fides (F.) (lat.), guter Glaube (M.)
bona fide transaction (N.) gutgläubiger Erwerb (M.)
bond (N.) Bund (M.), Obligation (F.), Schuldschein (M.), Schuldverschreibung (F.)
bond (N.) (am.) Anleihe (F.)
bondage (N.) Gebundenheit (F.)
bondholder (M. bzw. F.) Pfandbriefinhaber (M.)
bondsman (M.) Bürge (M.)
bonus (N.) Bonus (M.), Gratifikation (F.), Prämie (F.), Zugabe (F.)
bonus share (N.) Genußschein (M.)

book (N.) Buch (N.)
book (V.) bestellen, buchen, notieren, reservieren
book (V.) (brit.) vorbestellen
booking (N.) Buchung (F.) (Buchhaltung), Buchung (F.) (Vertragsabschluß einer Reise)
booking entry (N.) Notierung (F.)
bookkeeper (M. bzw. F.) Buchhalter (M.)
bookkeeping (N.) Buchführung (F.), Buchhaltung (F.)
book post (N.) (br.) Drucksache (F.)
book value (N.) Buchwert (M.)
boom (N.) Hausse (F.)
booty (N.) Beute (F.)
border (N.) Grenze (F.) (Staatsgrenze)
born (Adj.) gebürtig
borough council (N.) Gemeinderat (M.)
borrow (V.) borgen, entleihen, leihen (sich etwas von jemandem anderen leihen)
borrowed capital (N.) Fremdkapital (N.)
borrower (M. bzw. F.) Kreditnehmer (M.)
borrowing (N.) Leihe (F.)
borstal (N.) Jugendstrafanstalt (F.)
bottomry (N.) Bodmerei (F.)
bound (Adj.) gebunden
boundary (N.) Gemarkung (F.)
bounty (N.) Gabe (F.) (Geldgabe)
bourse (N.) Börse (F.)
box (N.) on the ear Ohrfeige (F.)
box (V.) someone's ear ohrfeigen
boycott (N.) Boykott (M.)
boycott (V.) boykottieren
brain (N.) Gehirn (N.), Hirn (M.)
branch (N.) Filiale (F.), Niederlassung (F.) (Unternehmensteil), Zweigniederlassung (F.), Zweigstelle (F.)
branch (N.) of criminology dealing with victims of crime Viktimologie (F.)
branch (N.) of law Rechtsgebiet (N.)
branch establishment (N.) Zweigniederlassung (F.)
branch office (N.) Filiale (F.), Zweigstelle (F.)
branch store (N.) Filiale (F.)
brand (N.) Marke (F.)
branded article (N.) Markenartikel (M.), Markenware (F.)
branded good (N.) Markenartikel (M.), Markenware (F.)
Brandenburg (F.) Brandenburg (N.)

brawl (N.) Schlägerei (F.)
breach (N.) Bruch (M.), Übertretung (F.), Vergehen (N.), Verletzung (F.) (Übertretung einer Vorschrift), Verstoß (M.)
breach (N.) of an obligation Forderungsverletzung (F.)
breach (N.) of confidence Vertrauensbruch (M.)
breach (N.) of contract positive Forderungsverletzung (F.), Vertragsbruch (M.), Vertragspflichtverletzung (F.), Vertragsverletzung (F.)
breach (N.) of custody Gewahrsamsbruch (M.)
breach (N.) of duty Pflichtverletzung (F.), Sorgfaltspflichtverletzung (F.)
breach (N.) of faith Treubruch (M.)
breach (N.) of official custody Verwahrungsbruch (M.)
breach (N.) of official duty Amtspflichtverletzung (F.)
breach (N.) of public peace Landfriedensbruch (M.)
breach (N.) of regulations Ordnungswidrigkeit (F.)
breach (N.) of the peace Friedensbruch (M.), Ruhestörung (F.)
breach (N.) of trust Untreue (F.)
breach-of-promise award (N.) Kranzgeld (N.)
break (N.) Bruch (M.)
break (N.) (brit.) Pause (F.)
break (V.) brechen, übertreten, verletzen (beschädigen)
break (V.) down scheitern
break (V.) in einbrechen
break (V.) off abbrechen
break (V.) out ausbrechen
break (V.) someone on the wheel rädern
breakdown (N.) Ausfall (M.), Betriebsstörung (F.), Zerrüttung (F.)
breaking (N.) off Abbruch (M.) (Beendigung von Verhandlungen)
breaking (N.) of official seals Siegelbruch (M.)
breeding (N.) Zucht (F.)
Bremen (F.) Bremen (N.)
bribable (Adj.) bestechlich
bribe (V.) bestechen
bribemoney (N.) (brit.) Schmiergeld (N.)

bribery (N.) Bestechlichkeit (F.), Bestechung (F.), Korruption (F.)
bribery (N.) of an official Beamtenbestechung (F.)
bribing (N.) Bestechung (F.)
bribing (N.) congressmen Abgeordnetenbestechung (F.)
bribing (N.) Members of Parliament Abgeordnetenbestechung (F.)
bribing (N.) voters Wählerbestechung (F.)
bride (F.) Braut (F.)
bridegroom (M.) Bräutigam (M.)
bridle-path (N.) Reitweg (M.)
bridleway (N.) Reitweg (M.)
brief (N.) Schriftsatz (M.)
brigade (N.) Brigade (F.)
bring (V.) einreichen
bring (V.) action against verklagen
bring (V.) a lawsuit verklagen
bring (V.) before (the judge) vorführen (vor Gericht bzw. Behörde vorführen)
bring (V.) in einbringen (Kapital einbringen)
bring (V.) into contempt verächtlichmachen
bring (V.) up erziehen
bringing in (N.) Einbringung (F.) (Kapitaleinbringung)
broadcast (V.) funken, übertragen (eine Sendung übertragen)
broker (M. bzw. F.) Makler (M.)
brokerage (N.) Provision (F.)
brokerage agreement (N.) Maklervertrag (M.)
brokerage contract (N.) Maklervertrag (M.)
brothel (N.) Bordell (N.), Freudenhaus (N.), Puff (M.)
brother (M.) Bruder (M.)
brother (M.) of the brother-in-law Schwippschwager (M.) (Bruder des Schwagers)
brother-in-law (M.) Schwager (M.)
brothers and sisters (Pl.) Geschwister (Pl.)
Brussels Treaty (N.) Brüsseler Vertrag (M.)
brutal (Adj.) grausam
brutalize (V.) mißhandeln
buccaneer (M. bzw. F.) Freibeuter (M.)
budget (N.) Budget (N.), Etat (M.), Haushalt (M.) (Staatshaushalt), Haushaltsplan (M.)

budgetary planning (N.) Finanzplanung (F.)
budget bill (N.) Haushaltsvorlage (F.)
budgeting (N.) Finanzplanung (F.)
budget law (N.) Haushaltsgesetz (N.), Haushaltsrecht (N.)
buggery (N.) Sodomie (F.)
bugging device (N.) Abhörgerät (N.)
build (V.) over überbauen
build (V.) up bebauen
build (V.) upon bebauen
builder (M. bzw. F.) Bauherr (M.), Baumeister (M.)
building (N.) Bau (M.), Bauwerk (N.), Gebäude (N.), Haus (N.)
building and loan association (N.) (am.) Bausparkasse (F.)
building code (N.) Baugesetzbuch (N.), Bauordnung (F.)
building control office (N.) Baupolizei (F.)
building costs (N.Pl.) Baukosten (N.Pl.)
building expenses (N.Pl.) Baukosten (N.Pl.)
building ground (N.) Bauland (N.)
building inspection (N.) Bauaufsicht (F.), Baupolizei (F.), Bauüberwachung (F.)
building land (N.) Bauland (N.)
building land cases (N.Pl.) Baulandsachen (F.Pl.)
building law (N.) Baurecht (N.) (Baurechtsordnung)
building lawsuit (N.) Bauprozeß (M.)
building lease (N.) Erbbaurecht (N.)
building licence (N.) (br.) Baugenehmigung (F.)
building license (N.) (am.) Baugenehmigung (F.)
building line (N.) Baulinie (F.), Fluchtlinie (F.)
building owner (M. bzw. F.) Bauherr (M.)
building permit (N.) Baugenehmigung (F.), Bauschein (M.)
building plan (N.) Bauplan (M.)
building regulations (N.Pl.) Bauordnung (F.), Bauordnungsrecht (N.)
building scheme (N.) Bebauungsplan (M.)
building site (N.) Bauplatz (M.)
building society (N.) (br.) Bausparkasse (F.)
building society savings contract (N.) Bausparvertrag (M.)

building supervisor (M. bzw. F.) Bauleiter (M.)

bulk (N.) Masse (F.)

bull (N.) Bulle (F.) (kirchlich-päpstliches Gesetz)

bullet (N.) Geschoß (N.) (Geschoß aus einer Waffe)

bulletin (N.) Bulletin (N.)

bull market (N.) Hausse (F.)

"Bundestag" (N.) Bundestag (M.)

burden (N.) Auflage (F.), Belastung (F.), Last (F.) (Belastung)

burden (N.) of proof Beweislast (F.)

burden (V.) belasten

burdensome (Adj.) lästig

bureau (N.) Büro (N.), Dienststelle (F.), Geschäftsstelle (F.)

bureaucracy (N.) Bürokratie (F.)

burglar (M. bzw. F.) Einbrecher (M.)

burglar alarm (N.) Alarmanlage (F.)

burglary (N.) Einbruch (M.), Einbruchsdiebstahl (M.)

burgle (V.) einbrechen

burial (N.) Beerdigung (F.)

burning (N.) Brand (M.)

bursar's office (N.) Quästur (F.) (Rechnungsbehörde an Universitäten)

bury (V.) beerdigen

business (N.) Angelegenheit (F.), Betrieb (M.), Gewerbe (N.), Sache (F.) (Angelegenheit), Unternehmen (N.) (Geschäft)

business combination law (N.) Konzernrecht (N.)

business company (N.) Firma (F.) (Unternehmen)

business enterprise (N.) Gewerbebetrieb (M.)

business hazard (N.) Betriebsrisiko (N.)

business hours (N.Pl.) Geschäftszeit (F.)

business law (N.) Wirtschaftsrecht (N.)

business letter (N.) Geschäftsbrief (M.)

businesslike (Adj.) geschäftsmäßig

businessman (M.) Gewerbetreibender (M.), Kaufmann (M.)

business name (N.) Firma (F.) (Name des Kaufmanns)

business owner (M. bzw. F.) Unternehmer (M.)

business premises (N.Pl.) Geschäftsraum (M.)

business report (N.) Geschäftsbericht (M.)

business risk (N.) Betriebsrisiko (N.)

business secret (N.) Geschäftsgeheimnis (N.)

business year (N.) Geschäftsjahr (N.)

bust (N.) (am.) Pleite (F.)

busy (Adj.) beschäftigt, tätig

buy (V.) kaufen

buy (V.) over bestechen

buyer (M. bzw. F.) Käufer (M.), Nehmer (M.)

buying (N.) Bezug (M.) (Erwerb), Einkauf (M.), Kauf (M.)

buying commission (N.) Einkaufskommission (F.)

buying price (N.) Einkaufspreis (M.)

by act of law kraft Gesetzes

by birth gebürtig

by-election (N.) Nachwahl (F.)

by fact of law ipso iure (lat.)

by formal deed urkundlich

by mistake irrtümlich

by one's own hand (Adj.) eigenhändig

by operation of law ex lege (lat.), ipso iure (lat.), kraft Gesetzes

by private contract freihändig

by right de iure (lat.)

by testament letztwillig

by the police polizeilich

by will letztwillig

c

cab (N.) (am.) Taxi (N.)

cabinet (N.) Kabinett (N.)

cabinet bill (N.) Kabinettsvorlage (F.)

cabinet decision (N.) Kabinettsbeschluß (M.)

Cabinet Office (N.) Kanzleramt (N.)

cable (N.) Kabel (N.)

cadastral land survey (N.) Kataster (M. bzw. N.)

cadastral office (N.) Katasteramt (N.)

cadaver (N.) (am.) Leiche (F.)

cadet (M.) Kadett (M.)

cadet sergeant (M.) Fähnrich (M.) (Fähnrich im Landheer)

calculate (V.) berechnen, kalkulieren, rechnen

calculation (N.) Kalkulation (F.)
calendar (N.) Kalender (M.)
calendrical (Adj.) kalendarisch
calibrate (V.) eichen
call (N.) Abruf (M.), Aufruf (M.), Bestallung (F.), Einladung (F.)
call (V.) aufrufen, laden (herbestellen)
call (V.) for bedingen (verlangen)
call (V.) in anfordern, beiladen
call (V.) off abbrechen, absagen
call (V.) on auffordern, besuchen
call (V.) to berufen
call (V.) up einberufen
callable (Adj.) kündbar
calling (N.) in Beiladung (F.)
call money (N.) Tagesgeld (N.)
calumniate (V.) verleumden
calumniator (M. bzw. F.) Verleumder (M.)
calumny (N.) Lästerung (F.), Nachrede (F.), üble Nachrede (F.), Verleumdung (F.)
camouflage (V.) verdunkeln (von Sachverhalten)
camp (N.) Lager (N.)
campaign (N.) Kampagne (F.)
canal (N.) Kanal (M.) (künstlicher Kanal)
cancel (V.) absagen, annullieren, aufheben, kassieren (aufheben), löschen (tilgen), lösen, stornieren, streichen (beseitigen), zurücktreten
cancellation (N.) Annullierung (F.), Aufhebung (F.), Kaduzierung (F.), Löschung (F.) (Tilgung), Storno (N.)
cancellation (N.) of sale (br.) Wandlung (F.)
cancellation clause (N.) Rücktritt (M.) vom Versuch, Verfallsklausel (F.)
cancellation right (N.) Löschungsanspruch (M.)
candidacy (N.) Kandidatur (F.)
candidate (M. bzw. F.) Anwärter (M.), Bewerber (M.), Kandidat (M.), Prüfling (M.)
candidate (M. bzw. F.) for a doctorate Doktorand (M.)
candidate (V.) kandidieren
candidature (N.) Kandidatur (F.)
cannon (N.) Kanone (F.)
canon (Adj.) kanonisch
canon (N.) Kanon (M.)
canonic (Adj.) kanonisch
canon law (N.) kanonisches Recht (N.), Kirchenrecht (N.)

canons (N.Pl.) of professional etiquette Standesrecht (N.)
canton (N.) Kanton
cantonal government (N.) Regierungsrat (M.) (Kantonsregierung in der Schweiz)
cap (V.) krönen
capability (N.) Befähigung (F.), Fähigkeit (F.)
capable (Adj.) fähig, tauglich (dienstfähig)
capable (Adj.) of being adjudicated justiziabel
capable (Adj.) of being guilty schuldfähig
capable (Adj.) of contracting geschäftsfähig
capable (Adj.) of making a will testierfähig
capable (Adj.) to act handlungsfähig
capacity (N.) Befähigung (F.), Eigenschaft (F.), Eignung (F.), Kapazität (F.)
capacity (N.) to acquire and hold civil liberties Grundrechtsfähigkeit (F.)
capacity (N.) to act Handlungsfähigkeit (F.)
capacity (N.) to assert civil rights by court action Grundrechtsmündigkeit (F.)
capacity (N.) to conduct a case in court Postulationsfähigkeit (F.)
capacity (N.) to negotiate Verhandlungsfähigkeit (F.)
capacity (N.) to sue and to be sued Prozeßfähigkeit (F.)
capacity (N.) to understand Einsichtsfähigkeit (F.)
capital (N.) Hauptstadt (F.), Kapital (N.)
capital crime (N.) Kapitalverbrechen (N.)
capital gain (N.) Vermögensvorteil (M.)
capital income tax (N.) Kapitalertragsteuer (F.)
capital investment (N.) Kapitalanlage (F.)
capitalism (N.) Kapitalismus (M.)
capitalist (Adj.) kapitalistisch
capitalist (M. bzw. F.) Kapitalist (M.)
capitalistic (Adj.) kapitalistisch
capitalize (V.) kapitalisieren
capital levy (N.) Vermögensteuer (F.)
capital market (N.) Kapitalmarkt (M.)
capital movements (N.Pl.) Kapitalverkehr (M.)
capital punishment (N.) Lebensstrafe (F.), Todesstrafe (F.)
capital reduction (N.) Kapitalherabsetzung (F.)
capital share (N.) Kapitalanteil (M.)

capital stock (N.) Kapital (N.)
capital stock (N.) (am.) Grundkapital (N.)
capital transactions (N.Pl.) Kapitalverkehr (M.)
capital transfer tax (N.) Kapitalverkehrsteuer (F.)
capital yield (N.) Kapitalertrag (M.)
capital-yield tax (N.) Kapitalertragsteuer (F.)
capitulate (V.) kapitulieren
capitulation (N.) Kapitulation (F.)
captain (M. bzw. F.) Hauptmann (M.), Kapitän (M.)
caption (N.) Rubrum (N.), Urkundenkopf (M.)
captive (M. bzw. F.) Gefangener (M.)
captivity (N.) Gefangenschaft (F.)
capture (N.) Gefangennahme (F.)
capture (V.) kapern
captured (Adj.) gefangen
capturing (N.) Kaperei (F.)
car (N.) Wagen (M.) (Auto), Wagen (M.) (Eisenbahnwagen)
carat (N.) Karat (N.)
card catalog (N.) Kartei (F.)
cardinal (M.) Kardinal (M.)
card index (N.) Kartei (F.)
care (N.) Aufsicht (F.), Betreuung (F.), Fürsorge (F.), Obacht (F.), Obhut (F.) (Fürsorge), Pflege (F.), Sorge (F.) (Fürsorge), Sorgfalt (F.)
care (V.) for hegen
care and control (N.) Sorgerecht (N.)
care and custody (N.) Personensorge (F.)
career (N.) Laufbahn (F.)
careful (Adj.) sorgfältig
careless (Adj.) achtlos, fahrlässig, leichtfertig, nachlässig
carelessness (N.) Fahrlässigkeit (F.), Leichtfertigkeit (F.), Nachlässigkeit (F.)
caretaker (M. bzw. F.) Hausmeister (M.)
cargo (N.) Fracht (F.), Frachtgut (N.), Ladung (F.) (Aufladung von Gütern)
car insurance (N.) Kraftfahrzeugversicherung (F.)
carnal (Adj.) geschlechtlich
carnal knowledge (N.) Beischlaf (M.), Geschlechtsverkehr (M.)
car owner (M. bzw. F.) Fahrzeughalter (M.)
car park (N.) Parkplatz (M.)

carriage (N.) Fracht (F.)
carriageway (N.) Fahrbahn (F.)
carrier (M. bzw. F.) Frachtführer (M.)
carrier (M. bzw. F.) by sea Verfrachter (M.)
carry (V.) transportieren
carry (V.) off verschleppen (örtlich fortbewegen)
carry (V.) on betreiben, fortführen, führen
carry (V.) on a lawsuit prozessieren
carry (V.) out begehen, durchführen (verwirklichen), erfüllen, verrichten (tun), vollstrecken
carry (V.) out a coup d'état putschen
carry (V.) over prolongieren
carrying (N.) away of a woman Frauenraub (M.)
carrying value (N.) Buchwert (M.)
carry out (V.) a putsch putschen
carte (N.) blanche (franz.) Blankovollmacht (F.), Freibrief (M.)
cartel (N.) Kartell (N.)
cartel authority (N.) Kartellbehörde (F.)
cartels law (N.) Kartellrecht (N.)
cartridge (N.) Patrone (F.)
case (N.) Fall (M.), Sache (F.) (Angelegenheit)
case (N.) of defence (br.) Verteidigungsfall (M.)
case (N.) of defense (am.) Verteidigungsfall (M.)
case (N.) of necessity Notfall (M.)
case (N.) of need Notfall (M.)
case (N.) of war Verteidigungsfall (M.)
casebook (N.) Entscheidungssammlung (F.), Fallsammlung (F.)
case law (N.) case-law (N.) (engl.), Fallrecht (N.), Kasuistik (F.)
cash (Adj.) bar
cash (N.) Bargeld (N.), Kasse (F.)
cash (N.) against shipping documents Kasse gegen Verladedokumente
cash (N.) against statement of account Kasse gegen Faktura
cash (N.) on delivery (C.O.D.) Nachnahme (F.)
cash (V.) kassieren (Geld einnehmen)
cash bid (N.) Bargebot (N.)
cash box (N.) Kasse (F.)
cash discount (N.) Skonto (N.)

cash dispenser (N.) Bankomat (M.)
cashier (M. bzw. F.) Kassier (M.)
cash payment (N.) Barzahlung (F.)
cash purchase (N.) Barkauf (M.)
cash register (N.) Kasse (F.)
cash reserves (N.Pl.) Liquiditätsreserve (F.)
cast (V.) one's vote for candidates of different parties panaschieren
cast (V.) suspicion on verdächtigen
caste (N.) Kaste (F.)
casting suspicion (N.) Verdächtigung (F.)
cast out (V.) verstoßen (zurückweisen)
castrate (V.) kastrieren
castration (N.) Kastration (F.)
casual (Adj.) gelegentlich
casuistry (N.) Kasuistik (F.)
catalogue price (N.) Listenpreis (M.)
catastrophe (N.) Katastrophe (F.)
catch (V.) greifen (transitiv)
category (N.) Klasse (F.)
catholic (Adj.) katholisch
caucus (N.) (am.) Fraktion (F.)
caught (Adj.) gefangen
causal (Adj.) kausal, ursächlich
causal connection (N.) Kausalzusammenhang (M.)
causality (N.) Kausalität (F.), Ursächlichkeit (F.)
causation (N.) Kausalität (F.), Verursachung (F.)
causation (N.) creating liability haftungsbegründende Kausalität (F.)
causative (Adj.) kausal
cause (N.) causa (F.) (lat.), Grund (M.) (Anlaß), Rechtsstreit (M.), Sache (F.) (Angelegenheit), Ursache (F.)
cause (N.) falling within the province of the family court Familiensache (F.)
cause (N.) in law Rechtsgrund (M.)
cause (N.) of action Klagegrund (M.)
cause (V.) bedingen (bewirken), erregen, erzeugen, verschulden (herbeiführen), verursachen
cause (V.) the breakdown of zerrütten
causer (M. bzw. F.) Verursacher (M.)
causing (N.) Beibringung (F.)
causing (N.) a public nuisance Erregung (F.) öffentlichen Ärgernisses
caution (N.) Rechtsmittelbelehrung (F.), Verwarnung (F.), Verweis (M.) (Hinweis),

Vormerkung (F.) (vorläufige Eintragung im Grundbuchrecht), Warnung (F.)
caution (N.) of conveyance Auflassungsvormerkung (F.)
caution (V.) belehren, ermahnen, verwarnen, warnen
cautionary entry (N.) to ensure future cancellation Löschungsvormerkung (F.)
cautionary land charge (N.) Sicherungsgrundschuld (F.)
cautionary mortgage (N.) Sicherungshypothek (F.)
cautionary setting-off (N.) Eventualaufrechnung (F.)
cautioning (N.) Belehrung (F.)
cavalry (N.) Kavallerie (F.)
caveat (N.) Schutzschrift (F.), Warnung (F.)
cease-fire (N.) Waffenstillstand (M.)
cede (V.) überlassen
ceiling price (N.) Höchstpreis (M.)
celebration (N.) of marriage Eheschließung (F.)
celibacy (N.) Zölibat (M. bzw. N.)
cell (N.) Zelle (F.)
cemetery (N.) Friedhof (M.)
censorship (N.) Zensur (F.)
censure (V.) rügen, zensieren
cent (N.) Heller (M.)
center (N.) (am.) Zentrum (N.)
central (Adj.) zentral
central bank (N.) Notenbank (F.), Zentralbank (F.)
centralisation (N.) Zentralisation (F.)
centralism (N.) Zentralismus (M.)
centralize (V.) zentralisieren
centrally managed economy (N.) Planwirtschaft (F.)
central register (N.) Zentralregister (N.)
central register (N.) of trade and industrial offences Gewerbezentralregister (N.)
centre (N.) (br.) Zentrum (N.)
cerebral death (N.) Hirntod (M.)
certain (Adj.) sicher
certainty (N.) Bestimmtheit (F.), Gewißheit (F.)
certainty (N.) of the law Rechtssicherheit (F.)
certificate (N.) Attest (N.), Bescheinigung (F.), Nachweis (M.), Urheberrecht (N.), Zertifikat (N.), Zeugnis (N.)

certificate (N.) of birth Geburtsurkunde (F.)

certificate (N.) of conduct Führungszeugnis (N.)

certificate (N.) of costs Kostenfestsetzungsbeschluß (M.)

certificate (N.) of inheritance Erbschein (M.)

certificate (N.) of proficiency Befähigungsnachweis (M.)

certificate (N.) of qualification Befähigungsnachweis (M.)

certificate (N.) of receipt Verladeschein (M.)

certificate (N.) of sales Kaufschein (M.)

certificate (N.) of title to a motor vehicle Kraftfahrzeugbrief (M.)

certificated land charge (N.) Briefgrundschuld (F.), Briefrecht (N.)

certificated mortgage (N.) Briefhypothek (F.)

certificate of deposit (N.) Depositenzertifikat (N.)

certification (N.) Beglaubigung (F.), Bescheinigung (F.)

certified accountant (M. bzw. F.) (br.) Wirtschaftsprüfer (M.)

certified mail (N.) (am.) Einschreiben (N.)

certified public accountant (M. bzw. F.) (am.) Wirtschaftsprüfer (M.)

certify (V.) beglaubigen, bescheinigen, bestätigen

cessation (N.) Wegfall (M.)

cessation (N.) of payments Zahlungseinstellung (F.)

cession (N.) Abtretung (F.)

chain (N.) Kette (F.)

chain (N.) of causation Kausalzusammenhang (M.)

chain employment relationship (N.) Kettenarbeitsverhältnis (N.)

chair (N.) Sitz (M.) (Sitz in einem Gremium), Vorsitz (M.)

chairman (M.) Obmann (M.), Präses (M.), Vorsitzender (M.), Vorsitzer (M.), Vorstandsvorsitzender (M.)

chairman (M.) by seniority Alterspräsident (M.)

chairmanship (N.) Leitung (F.), Vorsitz (M.)

chairwoman (F.) Obmann (M.), Vorstandsvorsitzender (M.)

challenge (N.) Ablehnung (F.), Anfechtung (F.) (Anfechtung eines Zeugen)

challenge (V.) anfechten (einen Zeugen angreifen)

challengeability (N.) Anfechtbarkeit (F.) (Angreifbarkeit)

chamber (N.) Kammer (F.)

chamber (N.) of agriculture Landwirtschaftskammer (F.)

chamber (N.) of commerce Handelskammer (F.)

chamber (N.) of handicrafts Handwerkskammer (F.)

chamber (N.) of industry and commerce Industrie- und Handelskammer (F.)

champion (M. bzw. F.) Meister (M.) (Sieger im Wettkampf)

chance (N.) Chance (F.), Gelegenheit (F.), Möglichkeit (F.) (Gelegenheit), Zufall (M.)

chancellery (N.) Kanzlei (F.) (Verwaltungskanzlei)

chancellor (M. bzw. F.) Kanzler (M.)

Chancellor (M. bzw. F.) of the Exchequer (brit.) Schatzkanzler (M.) (Schatzkanzler in Großbritannien)

Chancellor of the Exchequer (M. bzw. F.) (brit.) Finanzminister (M.)

chancellorship (N.) Kanzleramt (N.)

chancery (N.) (br.) Kanzlei (F.) (Gerichtskanzlei)

change (N.) Abänderung (F.), Änderung (F.), Veränderung (F.), Wandlung (F.), Wechsel (M.) (Änderung)

change (N.) in priority Rangänderung (F.)

change (N.) in the onus of proof Beweislastumkehr (F.)

change (N.) of corporate form Umwandlung (F.)

change (N.) of names Namensänderung (F.)

change (N.) of the legal aspect Änderung (F.) des rechtlichen Gesichtspunktes

change (N.) of use Nutzungsänderung (F.)

change (V.) abändern, ändern, umwandeln, verändern

channel (N.) Kanal (M.) (natürliche Meeresenge)

chapel (N.) Kapelle (F.)

chapter (N.) Abschnitt (M.), Domkapitel (N.)

character (N.) Wesen (N.)

characteristic (N.) Merkmal (N.)
chargé (M. bzw. F.) d'affaires (franz.) Geschäftsträger (M.)
charge (N.) Anklage (F.), Anzeige (F.) (Anzeige bei einer Behörde), Belastung (F.), Gebühr (F.), Obhut (F.) (Fürsorge), Taxe (F.), Vorwurf (M.)
charge (N.) for the use of Benutzungsgebühr (F.)
charge (N.) on land Grundschuld (F.)
charge (V.) anklagen, anschuldigen, beauftragen, belasten, berechnen, beschuldigen, nehmen
charge (V.) with zurechnen
chargeable (Adj.) gebührenpflichtig
charge sheet (N.) Anklageschrift (F.)
charitable (Adj.) gemeinnützig
charitable nature (N.) Gemeinnützigkeit (F.)
charity (N.) Spende (F.), Wohlfahrtspflege (F.)
charter (N.) Charta (F.), Charter (F.), Satzung (F.), Statut (N.), Urheberrecht (N.)
charter (N.) of the constitution Verfassungsurkunde (F.)
charter (V.) chartern, mieten (eine bewegliche Sache mieten)
charterer (M. bzw. F.) Mieter (M.)
charter party (N.) Chartervertrag (M.)
chase (V.) hetzen, jagen
chaste (Adj.) keusch
chastise (V.) züchtigen
chastising (N.) Züchtigung (F.)
chattel (N.) bewegliche Sache (F.), Fahrnis (F.)
chattel mortgage (N.) Sicherungsübereignung (F.)
chattels (N.Pl.) Fahrhabe (F.), Mobilien (Pl.)
cheap-meat department (N.) Freibank (F.)
cheat (N.) Betrug (M.)
cheat (V.) betrügen
check (N.) Hemmung (F.), Inspektion (F.), Kontrolle (F.), Prüfung (F.)
check (N.) (am.) Scheck (M.), Zeche (F.) (Verzehr bzw. Rechnung in einer Gaststätte)
check (V.) hemmen, inspizieren, kontrollieren
check book money (N.) (am.) Giralgeld (N.)

check card (N.) (am.) Scheckkarte (F.)
chemicals (N.Pl.) Chemikalien (F.)
chemist (M. bzw. F) Apotheker (M.)
cheque (N.) (br.) Scheck (M.)
cheque account (N.) Girokonto (N.)
cheque card (N.) (br.) Scheckkarte (F.)
chicanery (N.) Schikane (F.)
chide (V.) schelten
chiding (N.) Schelte (F.)
chief (Adj.) hauptsächlich
chief (M. bzw. F.) Leiter (M.), Vorsteher (M.)
chief (M. bzw. F.) of a section Dezernent (M.)
chief administrative officer (M. bzw. F.) of a rural district Oberkreisdirektor (M.)
chief claim (N.) Hauptforderung (F.)
chief communal officer (M. bzw. F.) Gemeindedirektor (M.)
chief executive (M. bzw. F.) of a county Landrat (M.)
Chief Justice (M. bzw. F.) Vorsitzender Richter (M.) (Vorsitzender Richter am U.S. Supreme Court)
Chief Justice (M. bzw. F.) (am.) Oberrichter (M.) (Oberrichter in den Vereinigten Staaten)
chief officer (M. bzw. F.) of a county Bezirkshauptmann (M.)
chief official (M. bzw. F.) in a district Regierungspräsident (M.)
chief prosecutor's right (N.) to take over the proceedings Devolutionsrecht (N.)
chief public attorney (M. bzw. F.) Oberbundesanwalt (M.)
chief witness (M. bzw. F.) Kronzeuge (M.)
child (N.) Kind (N.)
child (N.) en ventre sa mère nasciturus (M.) (lat.)
child abduction (N.) Kindesentziehung (F.)
child benefit (N.) Kindergeld (N.)
child kidnapping (N.) Kindesraub (M.)
child murder (N.) Kindestötung (F.)
Children and Young Persons Act (N.) Jugendschutzgesetz (N.)
children welfare (N.) Kinderhilfe (F.)
child stealing (N.) Kindesraub (M.)
child support (N.) Kindesunterhalt (M.)
chimney (N.) Schornstein (M.)
chimney sweep (M. bzw. F.) Schornsteinfeger (M.)

chit (N.) Bon (M.)
choice (N.) Wahl (F.) (Auswahl)
choice (N.) of career Berufswahl (F.)
choke (N.) strangulieren
choose (V.) wählen (auswählen)
choose (V.) by lot auslosen
chose (N.) in action Forderungsrecht (N.)
christian (Adj.) christlich
christian name (N.) Vorname (M.)
church (Adj.) kirchlich
church (N.) Kirche (F.)
church administration (N.) Kirchenverwaltung (F.)
church agreement (N.) Kirchenvertrag (M.)
church tax (N.) Kirchensteuer (F.)
cif (N.) cif
circuit (N.) Bezirk (M.)
circularizing (N.) Umlaufverfahren (N.)
circulation (N.) Umlauf (M.)
circulation (N.) of capital Kapitalverkehr (M.)
circulation (N.) of goods Warenverkehr (M.)
circumstance (N.) Tatumstand (M.), Umstand (M.)
circumstantial evidence (N.) Indizienbeweis (M.)
circumvent (V.) umgehen
circumvention (N.) Umgehung (F.)
citation (N.) Ladung (F.) (Herbestellung), Vorladung (F.), Zitat (N.)
citation (N.) by edict Ediktalzitation (F.)
cite (V.) laden (herbestellen), vorladen, zitieren
citizen (M. bzw. F.) Bürger (M.), Staatsbürger (M.)
citizens' action group (N.) Bürgerinitiative (F.)
citizenship (N.) Indigenat (N.), Staatsangehörigkeit (F.)
citizenship (N.) (am.) Staatsbürgerschaft (F.)
city (N.) Stadt (F.)
city council (N.) Stadtrat (M.)
city hall (N.) Rathaus (N.)
city manager (M. bzw. F.) (am.) Stadtdirektor (M.)
city planning (N.) (am.) Stadtplanung (F.)
city state (N.) Stadtstaat (M.)
civil (Adj.) bürgerlich, zivil

civil action (N.) Zivilklage (F.), Zivilprozeß (M.)
civil bail (N.) Sicherheitsleistung (F.)
civil case (N.) Zivilsache (F.)
civil chamber (N.) Zivilkammer (F.)
Civil Code (N.) Bürgerliches Gesetzbuch (N.), Code (M.) civil (franz.)
civil court (N.) Zivilgericht (N.)
civil death (N.) bürgerlicher Tod (M.)
civil division (N.) Zivilkammer (F.), Zivilsenat (M.)
civil fine (N.) Bußgeld (N.)
civilian service (N.) Zivildienst (M.)
civil law (N.) bürgerliches Recht (N.), Zivilrecht (N.)
civil law legacy (N.) Damnationslegat (N.)
civil-law partnership (N.) Gesellschaft (F.) des bürgerlichen Rechts
civil magistrate (M. bzw. F.) (am.) Standesbeamter (M.)
civil procedure (N.) Zivilprozeß (M.)
civil procedure (N.) based on the system of party prosecution Parteiprozeß (M.)
civil proceedings (N.Pl.) Zivilprozeß (M.)
civil right (N.) Grundrecht (N.)
civil servant (M. bzw. F.) Beamter (M.), Bundesbeamter (M.)
civil service (N.) (brit.) Staatsdienst (M.)
civil service law (N.) Beamtenrecht (N.)
civil status (N.) Personenstand (M.)
civil trial (N.) Zivilprozeß (M.)
claim (N.) Anrecht (N.), Anspruch (M.), Behauptung (F.), Forderung (F.) (Verlangen), Klagebegehren (N.), Klageschrift (F.)
claim (N.) for compensation Schadensersatzanspruch (M.)
claim (N.) for possession based on ownership Eigentumsherausgabeanspruch (M.)
claim (N.) for reimbursement Erstattungsanspruch (M.)
claim (N.) for restitution Herausgabeanspruch (M.), Rückgewähranspruch (M.)
claim (N.) for the recovery of pecuniary advantage obtained by performance without legal cause Leistungskondiktion (F.)
claim (N.) of refusal Weigerungsklage (F.)
claim (N.) of restitution Erstattungsanspruch (M.)
claim (N.) on account of unjust enrichment Bereicherungsanspruch (M.)

claim (N.) on account of unjust enrichment because of interference with private property Eingriffskondiktion (F.)

claim (N.) to an inheritance Erbrecht (N.) (Erbrechtsanspruch), Erbschaftsanspruch (M.)

claim (N.) to a residuary compulsory portion Pflichtteilsrestanspruch (M.)

claim (N.) to be entitled to discovery Auskunftsklage (F.)

claim (N.) to nullify consequences Folgenbeseitungungsanspruch (M.)

claim (N.) to remedial action Folgenbeseitungungsanspruch (M.)

claim (N.) to social security benefits Sozialleistungsanspruch (M.)

claim (N.) to the compliance with a project-plan Plangewährleistungsanspruch (M.)

claim (N.) under a property petitorischer Anspruch (M.)

claim (V.) beanspruchen, behaupten, fordern, postulieren

claim (V.) back rückfordern, zurückfordern

claim (V.) recovery of possession herausverlangen

claim (V.) to oneself berühmen

claimable legacy (N.) Vindikationslegat (N.)

claimant (M. bzw. F) Antragsteller (M.)

claimant (M. bzw. F.) Kläger (M.), Prätendent (M.)

clan (N.) Geschlecht (N.) (Familie), Sippe (F.)

clandestine (Adj.) heimlich

clarification (N.) Aufklärung (F.)

clarify (V.) aufklären, klären

clash (N.) of interests Interessenkollision (F.)

clash (N.) of responsibilities Pflichtenkollision (F.)

class (N.) Güte (F.) (Qualität), Klasse (F.)

class (V.) klassifizieren

class action (N.) Gruppenklage (F.) (Gruppenklage im amerikanischen Recht)

classification (N.) Qualifikation (F.) (Einordnung)

classify (V.) klassifizieren

class justice (N.) Klassenjustiz (F.)

class struggle (N.) Klassenkampf (M.)

clause (N.) Klausel (F.), Paragraph (M.)

clause (N.) contracting out of tariff agreements Tarifausschlußklausel (F.)

clause (N.) securing the value of money Geldwertsicherungsklausel (F.)

claw (V.) back zurückfordern

clawback (N.) Rückforderung (F.)

clear (Adj.) klar

clear (V.) entlasten

clear (V.) away räumen

clear (V.) through the customs verzollen

clear (V.) up aufklären, bereinigen, klären

clearance (N.) Räumung (F.)

clearance certificate (N.) Negativattest (M.)

clearance sale (N.) Ausverkauf (M.), Räumungsverkauf (M.)

clearing (N.) Abrechnung (F.), Clearing (N.), Räumung (F.)

clearing house (N.) Abrechnungsstelle (F.)

clearing up (N.) Bereinigung (F.)

clearing-up (N.) Aufklärung (F.)

clear profit (N.) Reingewinn (M.)

clemency (N.) Begnadigung (F.), Gnade (F.)

clergy (N.) Klerus (M.)

clergyman (M.) Geistlicher (M.), Kleriker (M.)

cleric (M.) Geistlicher (M.)

clerical (Adj.) geistlich (kirchlich), klerikal

clerical (M.) Kleriker (M.)

clerk (M. bzw. F.) Anwaltsgehilfe (M.), Sachbearbeiter (M.)

clerk (M. bzw. F.) in a law office Rechtsanwaltsgehilfe (M.)

clerk (M. bzw. F.) of the court Gerichtsschreiber (M.), Protokollant (M.) (Protokollführer bei Gerichtsverhandlungen), Rechtspfleger (M.)

client (M. bzw. F.) Klient (M.), Kunde (M.) (Geschäftspartner), Mandant (M.)

client account (N.) Anderkonto (N.)

clientele (N.) Klientel (F.)

clinic (N.) Klinik (F.)

cloister (N.) Kloster (N.)

close (V.) schließen (zumachen)

close (V.) down auflassen (eine Anlage schließen)

close company (N.) Personalgesellschaft (F.)

closed (Adj.) abgeschlossen, nichtöffentlich

closed mortgage (N.) Höchstbetragshypothek (F.)

closed-shop clause (N.) Organisationsklausel (F.)

close season (N.) Schonzeit (F.)

closing (Adj.) abschließend
closing (N.) Schließung (F.), Sperrung (F.)
closing (N.) of title Auflassung (F.)
closing hour (N.) Polizeistunde (F.), Sperrstunde (F.)
closing time (N.) Ladenschluß (M.), Polizeistunde (F.)
closure (N.) Schluß (M.) (Beendigung)
closure (N.) (brit.) Schließung (F.)
cloture (N.) (am.) Schließung (F.)
cloud (N.) on title Rechtsmangel (M.)
club (N.) Verein (M.)
club law (N.) Faustrecht (N.)
clue (N.) Anhalt (M.), Hinweis (M.)
cluster (N.) Gruppe (F.)
coach (M. bzw. F.) Betreuer (M.), Repetitor (M.)
coadjutor (M.) Koadjutor (M.)
Coal and Steel Community (N.) Montanunion (F.)
coalition (N.) Koalition (F.)
coarse (Adj.) grob
coast (N.) Küste (F.)
coastal waters (N.Pl.) Küstengewässer (N. Pl.)
coat (N.) of arms Wappen (N.)
cocaine (N.) Kokain (N.)
C.O.D. (N.) (cash on delivery) Nachnahme (F.)
code (N.) codex (M.) (lat.), Gesetzbuch (N.), Kodex (M.)
code (N.) of civil procedure Zivilprozeßordnung (F.)
code (N.) of criminal procedure Strafprozeßordnung (F.)
code (N.) of procedure Prozeßordnung (F.)
co-debtor (M. bzw. F.) Gesamtschuldner (M.)
codetermination (N.) Mitbestimmung (F.)
codex (N.) Kodex (M.)
codicil (N.) Kodizill (N.)
codification (N.) Kodifikation (F.)
codify (V.) kodifizieren
coeducational school (N.) Gemeinschaftsschule (F.)
coerce (V.) nötigen, zwingen
coercion (N.) Nötigung (F.), Zwang (M.)
coercive detention (N.) Erzwingungshaft (F.)
coercive enforcement penalty (N.) Zwangsgeld (N.)

coercive means (N.Pl.) Zwangsmittel (N.Pl.)
coercive measure (N.) Beugemittel (N.Pl.)
coercive penalty (N.) Beugestrafe (F.)
cogent law (N.) zwingendes Recht (N.)
cognate (M. bzw. F.) Kognat (M.)
cognition (N.) Kunde (F.) (Kenntnis)
cognizance (N.) Kompetenz (F.)
cognizant (Adj.) kompetent (fachwissend)
cognovit (N.) (in court) Anerkenntnis (N.)
co-guarantor (M. bzw. F.) Mitbürge (M.)
co-guardian (M. bzw. F.) Gegenvormund (M.)
cohabit (V.) beischlafen, beiwohnen
cohabitation (N.) Beiwohnung (F.)
co-heir (M. bzw. F.) Miterbe (M.)
coherence (N.) Konnexität (F.), Zusammenhang (M.)
coin (N.) Geldstück (N.), Münze (F.)
coinage offence (N.) Münzdelikt (N.)
coitus (N.) Koitus (M.)
co-legate (N.) Mitvermächtnis (N.)
collaborateur (M. bzw. F.) Mitarbeiter (M.)
collaboration (N.) Mitarbeit (F.)
collateral (N.) Lombard (M.)
collateral act (N.) Begleittat (F.)
collateral advance (N.) Lombard (M.)
collateral line (N.) Seitenlinie (F.)
collateral loan (N.) Lombard (M.)
collateral obligation (N.) Nebenpflicht (F.)
collateral security (N.) Kreditsicherung (F.), Nachbürgschaft (F.)
collateral surety (M. bzw. F.) Nachbürge (M.)
collation (N.) Kollation (F.), Vergleich (M.) (Inbeziehungsetzung zweier Dinge)
colleague (M. bzw. F.) Kollege (M.), Mitarbeiter (M.)
collect (V.) abholen, beitreiben, einnehmen, eintreiben, einziehen (einkassieren), kassieren (Geld einnehmen), sammeln
collection (N.) Einziehung (F.) (Einsammlung), Sammlung (F.)
collection multiplier (N.) Hebesatz (M.)
collection procedure (N.) Einziehungsverfahren (N.)
collective (Adj.) gemeinsam, kollektiv
collective (N.) Kollektiv (N.)
collective agreement (N.) Tarifvertrag (M.)
collective bargaining (N.) Tarifverhandlung (F.)

collective bargaining agreement (N.) Kollektivvertrag (M.)

collective bargaining agreement (N.) for a factory Werkstarifvertrag (M.)

collective bargaining autonomy (N.) Tarifautonomie (F.)

collective bargaining capacity (N.) Tariffähigkeit (F.)

collective bargaining contract (N.) for a business undertaking Unternehmenstarifvertrag (M.)

collective bargaining contract (N.) for federal white collar workers Bundesangestelltentarifvertrag (M.) (BAT)

collective bargaining contract (N.) of an employers' association Verbandstarifvertrag (M.)

collective bargaining law (N.) Tarifrecht (N.)

collective consignment (N.) Sammelladung (F.)

collective defamation (N.) Kollektivbeleidigung (F.)

collective guarantee (N.) Mitbürgschaft (F.)

collective guilt (N.) Kollektivschuld (F.)

collective labour law (N.) Kollektivarbeitsrecht (N.)

collective libel (N.) Kollektivbeleidigung (F.)

collective mortgage (N.) Gesamthypothek (F.)

collective ownership (N.) Gesamthand (F.), Kollektiveigentum (N.)

collective wage agreement (N.) Tarifvertrag (M.)

collector's value (N.) Liebhaberwert (M.)

college (N.) Hochschule (F.), Universiät (F.)

college degree (N.) Hochschulgrad (M.)

collegial (Adj.) kollegial

collegial organ (N.) Kollegialorgan (N.)

collision (N.) Kollision (F.)

collision insurance (N.) Kasko (F.), Kaskoversicherung (F.)

collusion (N.) Kollusion (F.)

colonel (M.) Oberst (M.)

colony (N.) Kolonie (F.)

color (N.) of law (am.) Rechtsschein (M.)

color (N.) of title (am.). colour (N.) of law (N.) (br.) Rechtsschein (M.)

colour (N.) of title (br.) Rechtsschein (M.)

combat (N.) Kampf (M.)

combat (V.) kämpfen

combination (N.) Verbindung (F.), Vereinigung (F.) (Verschmelzung)

combine (N.) Kartell (N.), Konzern (M.), Verbund (M.)

combine (V.) verbinden, vereinen, vereinigen

combined revenue collection (N.) Steuerverbund (M.)

come (V.) stammen

come (V.) to a decision entschließen (sich)

come (V.) to an agreement einigen

come (V.) to an end erlöschen

coming (Adj.) künftig

command (N.) Befehl (M.), Gebot (N.) (Anordnung)

command (V.) befehlen, gebieten, heißen (anordnen), kommandieren

commander (M.) Kommandeur (M.)

commanding (Adj.) peremptorisch

Command paper (N.) Regierungsvorlage (F.)

commencement (N.) of action Klageerhebung (F.)

commensurability (N.) Verhältnismäßigkeit (F.)

comment (N.) Anmerkung (F.), Kommentar (M.)

comment (V.) äußern, erläutern, kommentieren

commentary (N.) Kommentar (M.)

commentator (M. bzw. F.) Kommentator (M.)

commerce (N.) Handel (M.), Handelsverkehr (M.)

commercial (Adj.) geschäftlich, gewerblich, gewerbsmäßig, kaufmännisch, kommerziell

commercial affair (N.) Handelssache (F.)

commercial agent (M. bzw. F.) Handelsvertreter (M.)

commercial assistant (M. bzw. F.) Handlungsgehilfe (M.)

commercial code (N.) Code (M.) de commerce (franz.), Handelsgesetzbuch (N.)

commercial company (N.) Handelsgesellschaft (F.)

commercial court (N.) Handelsgericht (N.), Kaufmannsgericht (N.)

commercial credit (N.) Akkreditiv (N.)
commercial enterprise (N.) Handelsgeschäft (N.) (Unternehmen)
commercialize (V.) kommerzialisieren
commercial judge (M. bzw. F.) Handelsrichter (M.)
commercial law (N.) Handelsrecht (N.), Wirtschaftsrecht (N.)
commercial letter (N.) of confirmation kaufmännisches Bestätigungsschreiben (N.)
commercial lien (N.) kaufmännisches Zurückbehaltungsrecht (N.)
commercial matter (N.) Handelssache (F.)
commercial name (N.) Firma (F.) (Name des Kaufmanns)
commercial nature (N.) Gewerbsmäßigkeit (F.)
commercial power (N.) Handlungsvollmacht (F.)
commercial premises (N.Pl.) Gewerberaum (M.)
commercial register (N.) Handelsregister (N.)
commercial transaction (N.) Handelsgeschäft (N.) (Rechtsgeschäft im Handelsbereich)
commercial treaty (N.) Handelsvertrag (M.)
commercial undertaking (N.) Firma (F.) (Unternehmen)
commercial usage (N.) Handelsbrauch (M.), Usance (F.)
comminglement (N.) Vermengung (F.)
commissariat (N.) Kommissariat (N.)
commissary (M. bzw. F.) Kommissar (M.)
commission (N.) Auftrag (M.), Ausschuß (M.), Begehung (F.), Kommission (F.), Provision (F.), Tun (N.)
commission (N.) of inquiry Enquêtekommission (F.)
Commission (N.) of the European Union Kommission (F.) der Europäischen Union
commission (N.) of the offence Täterschaft (F.)
commission (V.) beauftragen
commission agent (M. bzw. F.) Kommissionär (M.) (Kommissionär im Handelsrecht)
commission business (N.) Auftragsgeschäft (N.)
commissioned judge (M. bzw. F.) beauf-

tragter Richter (M.)
commissioner (M. bzw. F.) Beauftragter (M.), Kommissar (M.), Kommandeur (M.), Wehrbeauftragter (M.)
commissioner (M. bzw. F.) for data protection Datenschutzbeauftragter (M.)
commissioner (M. bzw. F.) of patents (am.) Patentamt (N.)
commissioner's office (N.) Kommissariat (N.)
commit (N.) einliefern
commit (V.) begehen, binden, einweisen, verpflichten, verüben
commit (V.) a crime freveln
commit (V.) adultery ehebrechen
commit (V.) an indecent assault vergehen (sich)
commit (V.) burglary einbrechen
commit (V.) larceny stehlen
commit (V.) murder morden
commit (V.) oneself verpflichten (sich)
commit (V.) robbery rauben
commital (N.) Inhaftierung (F.)
commit fraud (V.) betrügen
commitment (N.) Bindung (F.), Einweisung (F.), Verpflichtung (F.)
commitment effect (N.) Bindungswirkung
commitments (N.Pl.) Kontingent (N.)
committal (N.) Begehung (F.)
committal (N.) for trial Eröffnungsbeschluß (M.)
committal proceedings (N.Pl.) Eröffnungsverfahren (N.)
committee (N.) Ausschuß (M.), Gremium (N.), Komitee (N.)
committee (N.) of inquiry Untersuchungsausschuß (M.)
committee (N.) of spokesmen Sprecherausschuß (M.)
committee (N.) on public petitions Petitionsausschuß (M.)
Committee of the Whole House (N.) Plenarausschuß (M.)
committing magistrate (M. bzw. F.) Ermittlungsrichter (M.), Untersuchungsrichter (M.)
commodity (N.) Gut (N.), Ware (F.)
common (Adj.) allgemein, durchschnittlich, gemein (allgemein), gemeinsam, gemeinschaftlich, gewöhnlich, ordinär

common danger (N.) gemeine Gefahr (F.)
common debtor (M. bzw. F.) Gemeinschuldner (M.)
common error (N.) Revisionsgrund (M.)
common informer (M. bzw. F.) Spitzel
(M.)
common law (N.) gemeines Recht (N.)
common lodging house (N.) Obdachlosenasyl (N.)
common nuisance (N.) grober Unfug (M.)
common ownership (N.) Miteigentum (N.)
common property (N.) Gemeineigentum
(N.), Gemeingut (N.), Gesamtgut (N.)
commons (N.Pl.) Allmende (F.)
common stock (N.) (am.) Stammaktie (F.)
common usage (N.) Verkehrssitte (F.)
common use (N.) Gemeingebrauch (M.)
common weal (N.) Allgemeinwohl (N.),
Gemeinwohl (N.)
common welfare (N.) öffentliches Wohl
(N.)
common will (N.) gemeinschaftliches Testament (N.)
commoriente (M. bzw. F.) Kommorient
(M.)
commune (N.) Kommune (F.) (Gemeinschaft)
communication (N.) Kommunikation (F.)
communism (N.) Kommunismus (M.)
communist (Adj.) kommunistisch
communist (M. bzw. F.) Kommunist (M.)
Communist Manifesto (N.) Kommunistisches Manifest (N.)
community (N.) Gemeinde (F.), Gemeinschaft (F.)
community (N.) of accrued gain Zugewinngemeinschaft (F.)
community (N.) of goods Gütergemeinschaft (F.)
community (N.) of heirs Erbengemeinschaft (F.), Miterbengemeinschaft (F.)
community (N.) of joint creditors Gesamtgläubigerschaft (F.)
community (N.) of joint owners Gesamthandsgemeinschaft (F.)
community (N.) of movables Fahrnisgemeinschaft (F.)
community (N.) of part-owners Bruchteilsgemeinschaft (F.)
community law (N.) Gemeinschaftsrecht (N.)

community property (N.) Gemeinschaftsgut (N.) (Gemeinschaftsgut im Eherecht)
commutation (N.) Strafherabsetzung (F.),
Strafumwandlung (F.), Umwandlung (F.)
commute (V.) herabsetzen, umwandeln
company (N.) Betrieb (M.), Gesellschaft
(F.), Unternehmen (N.) (Geschäft)
company (N.) prior to registration Vorgesellschaft (F.)
Company Act (N.) (br.) Aktiengesetz (N.)
company assets (N.) Gesellschaftsvermögen (N.)
company deal (N.) Dienstvereinbarung (F.)
company law (N.) (br.) Aktienrecht (N.)
company meeting (N.) Gesellschafterversammlung (F.)
comparative jurisprudence (N.) Rechtsvergleichung (F.)
comparative law (N.) Rechtsvergleichung
(F.)
compare (V.) vergleichen (zwei Dinge in
Beziehung setzen)
comparison (N.) Kollation (F.), Vergleich
(M.) (Inbeziehungsetzung zweier Dinge)
compatible (Adj.) with the constitution
verfassungskonform
compel (V.) erzwingen, nötigen, zwingen
compelling (N.) the public prosecutor to
prefer charges Anklageerzwingung (F.)
compendium (N.) Kompendium (N.)
compendium (N.) of laws Gesetzessammlung (F.)
compensate (V.) ausgleichen (einen Schaden ersetzen), entgelten, entschädigen, ersetzen (einen Verlust ausgleichen), kompensieren
compensation (N.) Ausgleich (M.) (Ersatz
eines Schadens), Entgelt (N.), Entschädigung (F.), Ersatz (M.) (Ersatz eines
Schadens), Kompensation (F.)
compensation (N.) (am.) Gehalt (N.), Lohn
(M.), Vergütung (F.)
compensation (N.) for damage Schadensersatz (M.)
compensation (N.) for damage in kind Naturalherstellung (F.), Naturalrestitution (F.)
compensation (N.) for pain and suffering
Schmerzensgeld (N.)
compensation (N.) for restraint of competition Karenzentschädigung (F.)

compensation (N.) for use Nutzungsentschädigung (F.)

compensation claim (N.) Ausgleichsanspruch (M.)

compensation insurance (N.) Schadensversicherung (F.)

compensation payment (N.) Abfertigung (F.) (geldlicher Ausgleich im Arbeitsrecht)

compensatory charge (N.) Ausgleichsabgabe (F.)

compensatory damages (N.Pl.) Schadensersatz (M.)

compensatory tax (N.) Ausgleichsabgabe (F.)

compete (V.) konkurrieren (im Wettbewerb sein)

competence (N.) Befugnis (F.), Kompetenz (F.), Zuständigkeit (F.)

competence (N.) for jurisdictional allocation Kompetenzkompetenz (F.)

competence (N.) of an association Verbandskompetenz (F.)

competence (N.) of annex schedule Annexkompetenz (F.)

competence (N.) to issue framework legislation Rahmenkompetenz (F.)

competent (Adj.) kompetent (fachwissend), kompetent (zuständig), sachverständig, zuständig

competing (Adj.) konkurrierend

competition (N.) Konkurrenz (F.) (Wettbewerb), Wettbewerb (M.)

competition (N.) in performance Leistungswettbewerb (M.)

competition (N.) of restraints Behinderungswettbewerb (M.)

competitive production (N.) Leistungswettbewerb (M.)

competitor (M. bzw. F.) Bewerber (M.), Konkurrent (M.)

compilation (N.) Kompilation (F.), Sammelwerk (N.), Sammlung (F.)

compile (V.) aufstellen, kompilieren

complain (V.) beanstanden, beschweren (beklagen)

complainant (M. bzw. F.) Beschwerdeführer (M.), Kläger (M.)

complaint (Adj.) gefügig

complaint (N.) Beschwerde (F.), Klageschrift (F.)

complaint (N.) about defects Mängelrüge (F.)

complaint (N.) of an offence Strafanzeige (F.)

complaints procedure (N.) Beschwerdeverfahren (N.)

complaisance (N.) Gefälligkeit (F.)

complaisant (Adj.) gefällig

complete (Adj.) vollständig

complete (V.) absolvieren, ausfüllen, beenden, beendigen, fertigstellen, vollenden

completion (N.) Beendigung (F.), Fertigstellung (F.), Vollendung (F.)

complex (Adj.) komplex

complex (N.) Komplex (M.)

compliance (N.) Einhaltung (F.)

complicity (N.) Mittäterschaft (F.), Teilnahme (F.)

comply (V.) befolgen, einhalten

component (N.) Bestandteil (M.)

composition (N.) Komposition (F.), Satz (M.) (Satz in der Drucktechnik)

composition code (N.) Vergleichsordnung (F.)

composition proceedings (N.Pl.) Vergleichsverfahren (N.)

compound (N.) Verbund (M.)

compound interest (N.) Zinseszins (M.)

compound sentence (N.) Gesamtstrafe (F.)

comprehension (N.) Erkenntnis (F.) (Einsicht)

comprehensive clause (N.) Generalklausel (F.)

comprehensive intent (N.) Gesamtvorsatz (M.)

comprehensive jurisdiction (N.) Allzuständigkeit (F.)

comprehensive mortgage (N.) Gesamthypothek (F.)

comprehensive school (N.) Gesamtschule (F.)

comprehensive university (N.) Gesamthochschule (F.)

compromise (N.) Kompromiß (M.), Vergleich (M.) (Vergleich im Privatrecht)

compromise (N.) in court Prozeßvergleich (M.)

comptroller (M. bzw. F.) Rechnungsprüfer (M.)

compulsion (N.) Erzwingung (F.), Zwang (M.)

compulsion (N.) of types Typenzwang (M.)
compulsory (Adj.) obligatorisch, verbindlich, zwingend
compulsory auction (N.) Subhastation (F.), Zwangsversteigerung (F.)
compulsory education (N.) Schulpflicht (F.), Schulzwang (M.)
compulsory insurance (N.) Pflichtversicherung (F.), Versicherungspflicht (F.), Versicherungszwang (M.)
compulsory joinder (N.) notwendige Streitgenossenschaft (F.)
compulsory legal representation (N.) notwendige Verteidigung (F.)
compulsory licence (N.) (br.) Zwangslizenz (F.)
compulsory license (N.) (am.) Zwangslizenz (F.)
compulsory measure (N.) of care Erziehungsmaßregel (F.)
compulsory military service (N.) Wehrpflicht (F.)
compulsory participation (N.) Anschlußzwang (M.)
compulsory partition (N.) by public auction Teilungsversteigerung (F.)
compulsory portion (N.) Pflichtteil (M.)
compulsory registration (N.) Meldepflicht (F.) (Meldepflicht bei der Polizei)
compulsory representation (N.) Vertretungszwang (M.)
compulsory right (N.) of inheritance Noterbrecht (N.)
compulsory usage (N.) Benutzungszwang (M.)
compulsory use (N.) Benutzungszwang (M.)
compulsory vaccination (N.) Impfzwang (M.)
compulsory voting (N.) Wahlpflicht (F.)
computation date (N.) Stichtag (M.)
computer (N.) Computer (M.)
computer fraud (N.) Computerbetrug (M.)
computer sabotage (N.) Computersabotage (F.)
computer science (N.) in the field of law Rechtsinformatik (F.)
comrade (M. bzw. F.) Genosse (M.) (Parteigenosse)
conceal (V.) verschweigen (nicht kundgeben)

concealment (N.) Verschweigung (F.) (Verschweigung von Informationen)
concentrate (V.) konzentrieren
concentration (N.) Konzentration (F.)
concentration camp (N.) Konzentrationslager (N.)
conception (N.) Empfängnis (F.)
concern (N.) Angelegenheit (F.), Bedenken (N.), Belang (M.), Besorgnis (F.), Interesse (N.), Sorge (F.) (Fürsorge)
concerned (Adj.) beschäftigt
concerning publishing law (N.) verlagsrechtlich
concerted action (N.) Verabredung (F.)
concert party (N.) Konsortium (N.)
concession (N.) Konzession (F.)
concessionaire (M. bzw. F.) Konzessionär (M.)
conciliate (V.) schlichten (einen Streit friedlich beenden)
conciliation (N.) Schlichtung (F.), Vermittlung (F.)
conciliatory hearing (N.) Güteverhandlung (F.)
conciliatory proceedings (N.Pl.) Güteverfahren (N.)
conclave (N.) Konklave (F.)
conclude (V.) abschließen (beenden), abschließen (vereinbaren), schließen (vereinbaren)
conclusion (N.) Abschluß (M.), Konklusion (F.), Schluß (M.) (Folgerung)
conclusion (N.) by analogy Analogieschluß (M.)
conclusion (N.) of treaty Vertragsschluß (M.)
conclusive (Adj.) schlüssig
conclusive action (N.) schlüssiges Handeln (N.)
conclusiveness (N.) Beweiskraft (F.), Schlüssigkeit (F.)
concordat (N.) Konkordat (M. bzw. N.)
concrete (Adj.) dinglich, konkret
concretization (N.) Konkretisierung (F.) (Bestimmtheitsvermehrung)
concubinage (N.) Konkubinat (N.)
concubine (F.) Konkubine (F.)
concurrence (N.) Konkurrenz (F.) (Zusammentreffen von Gesetzen)
concurrence (N.) of offences Idealkonkurrenz (F.)

concurrence (N.) of offences of the same kind in one act gleichartige Tateinheit (F.)

concurrent (Adj.) konkurrierend

concurrent federal legislation (N.) konkurrierende Bundesgesetzgebung (F.)

concurrent sentence (N.) Gesamtstrafe (F.)

concurring claims (N.Pl.) Anspruchskonkurrenz (F.)

condamnation (N.) Verurteilung (F.)

condemn (V.) richten, verurteilen

condemnation (N.) by administrative authorities Administrativenteignung (F.)

condemned cell (N.) Todeszelle (F.) (Todeszelle in den Vereinigten Staaten)

condiction (N.) of non-performance Nichtleistungskondiktion (F.)

condition (N.) Auflage (F.), Bedingung (F.), Kondition (F.), Konstitution (F.), Zustand (M.)

condition (N.) of probation Bewährungsauflage (F.)

condition (N.) precedent Vorbedingung (F.)

condition (N.) sine qua non (lat.) condicio (F.) sine qua non (lat.)

condition (N.) subsequent auflösende Bedingung (F.)

condition (V.) bedingen (verlangen)

conditional (Adj.) bedingt

conditional judgement (N.) Vorbehaltsurteil (N.)

condition precedent (N.) Suspensivbedingung (F.)

condominium (N.) Kondominat (N.), Kondominium (N.)

condominium (N.) (am.) Wohnungseigentum (N.)

condominium apartment (N.) (am.) Eigentumswohnung (F.)

condonation (N.) Verzeihung (F.)

condone (V.) dulden, entschuldigen, verzeihen

conduct (N.) Führung (F.) (Benehmen), Gebaren (N.), Geleit (N.), Verhalten (N.)

conduct (N.) of a case Prozeßführung (F.)

conduct (N.) of business Geschäftsbetrieb (M.), Geschäftsführung (F.)

conduct (V.) führen, leiten, verhalten

conduct (V.) over überleiten

conductor (M. bzw. F.) Schaffner (M.)

confederation (N.) Konföderation (F.),

Staatenbund (M.)

confer (V.) verhandeln, verleihen (eine Auszeichnung geben)

confer (V.) one's family name upon an illegitimate child einbenennen

Conference (N.) on Security and Cooperation in Europe (CSCE) Konferenz (F.) für Sicherheit und Zusammenarbeit (KSZE)

conference committee (N.) (am.) Vermittlungsausschuß (M.)

conferment (N.) Verleihung (F.) (Austeilung)

conferring (N.) one's family name upon an illegitimate child Einbenennung (F.)

confess (V.) bekennen, gestehen

confessing (Adj.) geständig

confession (N.) Bekenntnis (N.), Geständnis (N.) (Geständnis im Strafprozeß)

confidence (N.) Vertrauen (N.)

confidence vote (N.) Vertrauensvotum (N.)

confidential (Adj.) geheim, vertraulich

confidential agent (M. bzw. F.) V-Mann (M.)

configuration (N.) Gestaltung (F.)

confine (V.) einsperren

confinement (N.) Arrest (M.), Einschließung (F.) (Personeneinschließung), Einsperren (N.), Gefangenschaft (F.), Haft (F.)

confirm (V.) bestätigen, sanktionieren

confirmation (N.) Bestätigung (F.)

confirmation (N.) of an order Auftragsbestätigung (F.)

confirmation note (N.) Bestätigungsschreiben (N.)

confiscate (V.) einziehen (einkassieren), konfiszieren

confiscation (N.) Beschlagnahme (F.), Einziehung (F.) (Einsammlung), Konfiskation (F.)

conflagration (N.) Brand (M.)

conflict (N.) Konflikt (M.), Konkurrenz (F.) (Zusammentreffen von Gesetzen)

conflict (N.) of duties Pflichtenkollision (F.)

conflict (N.) of interests Interessenkollision (F.)

conflict (N.) of laws Normenkollision (F.), Statutenkollision (F.)

conflicting (Adj.) widersprüchlich

conflict of laws rule (N.) Kollisionsnorm (F.)

conforming (Adj.) konform
confrontation (N.) Gegenüberstellung (F.)
confusion (N.) Konfusion (F.)
congestion (N.) (am.) Stau (M.) (Verkehrsstau)
congregation (N.) Kirchengemeinde (F.), Kongregation (F.)
congress (N.) Kongreß (M.)
Congressional Act (N.) (am.) Bundesgesetz (N.)
congressman (M.) (am.) Kongreßabgeordneter (M.) (Kongreßabgeordneter in den Vereinigten Staaten)
Congressman (M.) (am.) Abgeordneter (M.)
conjugal (Adj.) ehelich
conjugal life (N.) eheliche Lebensgemeinschaft (F.)
connect (V.) anschließen, verbinden
connection (N.) Anschluß (M.), Beziehung (F.), Verbindung (F.), Verwandtschaft (F.) (Verwandtsein), Zusammenhang (M.)
connivance (N.) Konnivenz (F.)
connive (V.) billigen
connotation (N.) Konnotation (F.)
consanguinuty (N.) Blutsverwandtschaft (F.)
conscience (N.) Gewissen (N.)
conscientious objection (N.) Kriegsdienstverweigerung (F.)
conscientious objector (M.) Wehrdienstverweigerer (M.)
conscious (Adj.) bewußt
conscious negligence (N.) bewußte Fahrlässigkeit (F.)
consciousness (N.) Bewußtsein (N.)
consensual (Adj.) konsensual
consensual contract (N.) Konsensualvertrag (M.)
consensus (N.) Konsens (M.)
consent (N.) Einverständnis (N.), Einwilligung (F.), Konsens (M.), Zustimmung (F.)
consent (V.) einwilligen
consequence (N.) Folge (F.)
consequential damage (N.) Folgeschaden (M.), mittelbarer Schaden (M.)
consequential harm (N.) caused by a defect Mangelfolgeschaden (M.)
consequential loss (N.) Folgeschaden (M.)
conservative (Adj.) konservativ

conserve (V.) konservieren
consider (V.) befassen, beraten (überlegen), betrachten, erwägen
consideration (N.) Entgelt (N.), Erwägung (F.), Gegenleistung (F.), Rücksicht (F.)
consideration (N.) of evidence Beweiswürdigung (F.)
consign (V.) schicken, übertragen (eine Aufgabe übertragen), verladen
consignee (M. bzw. F.) Auftragnehmer (M.)
consignment (N.) Konsignation (F.), Lieferung (F.), Verkaufskommission (F.)
consignment (N.) for inspection Ansichtssendung (F.)
consignment (N.) on approval Ansichtssendung (F.)
consignment note (N.) Frachtbrief (M.)
consignor (M. bzw. F.) Absender (M.) (Frachtabsender), Kommittent (M.), Versender (M.)
consistory (N.) Konsistorium (N.)
consolidate (V.) konsolidieren, vereinfachen
consolidated shipment (N.) Sammelladung (F.)
consolidated single penalty (N.) Einheitsstrafe (F.)
consolidation (N.) Konsolidation (F.)
consortium (N.) Konsortium (N.), Syndikat (N.)
conspiracy (N.) Fronde (F.), Komplott (N.), Konspiration (F.), Verabredung (F.), Verschwörung (F.)
conspirator (M. bzw. F.) Verschwörer (M.)
conspire (V.) konspirieren, verabreden, verschwören (sich)
constituency (N.) Wahlkreis (M.)
constituency seat (N.) Direktmandat (N.)
constituent (Adj.) verfassungsgebend
constituent fact (N.) Tatbestandsmerkmal (N.)
constituent state (N.) Teilstaat (M.)
constitute (V.) statuieren
constituting (Adj.) a public danger gemeingefährlich
constitution (N.) Grundgesetz (N.), Konstitution (F.), Verfassung (F.)
constitution (N.) of a local authority Gemeindeverfassung (F.)
constitution (N.) of a local government Magistratsverfassung (F.)

constitution (N.) of local authorities Kommunalverfassung (F.)
constitution (N.) of magistrate Magistratsverfassung (F.)
constitution (N.) of the courts Gerichtsverfassung (F.)
Constitution (N.) of the German Reich Reichsverfassung (F.)
constitutional (Adj.) konstitutionell, satzungsgemäß, verfassungsgemäß, verfassungskonform, verfassungsmäßig
constitutional agent (M. bzw. F.) verfassungsmäßiger Vertreter (M.)
constitutional amendment (N.) Verfassungsänderung (F.)
constitutional authority (N.) verfassungsgebende Gewalt (F.)
constitutional charter (N.) Verfassungsurkunde (F.)
constitutional complaint (N.) Verfassungsbeschwerde (F.)
constitutional court (N.) Staatsgerichtshof (M.), Verfassungsgericht (N.)
constitutional history (N.) Verfassungsgeschichte (F.)
constitutionalism (N.) Konstitutionalismus (M.)
constitutional law (N.) Verfassungsrecht (N.)
constitutional order (N.) Grundordnung (F.), verfassungsmäßige Ordnung (F.)
constitutional organ (N.) Verfassungsorgan (N.)
constitutional principle (N.) Verfassungsgrundsatz (M.), Verfassungsprinzip (N.)
constitutional reservation (N.) Verfassungsvorbehalt (M.)
constitutional revision (N.) Verfassungsänderung (F.)
constitutional right (N.) Grundrecht (N.)
constitutional state (N.) Rechtsstaat (M.)
constitutive (Adj.) konstitutiv
construct (V.) konstruieren
construction (N.) Auslegung (F.), Bau (M.), Bauwerk (N.)
construction (N.) of the terms of a contract Vertragsauslegung (F.)
construction permit (N.) Bauschein (M.)
construction plan (N.) Bauplan (M.)
constructive (Adj.) konstruktiv
constructive false certification (N.) mittelbare Falschbeurkundung (F.)
constructive possession (N.) mittelbarer Besitz (M.)
constructive possession (N.) of chattels based on agreement Besitzkonstitut (N.), Besitzmittelungsverhältnis (N.)
constructive vote (N.) of no confidence konstruktives Mißtrauensvotum (N.)
construe (V.) auslegen
consul (M. bzw. F.) Konsul (M.)
consulate (N.) Konsulat (N.)
consultant (M. bzw. F.) Gutachter (M.), Konsulent (M.)
consultation (N.) Benehmen (N.) (Benehmen im Verwaltungsrecht), Beratung (F.) (Beratung durch einen Anwalt), Konsultation (F.)
consultation room (N.) Beratungszimmer (N.) (Beratungszimmer des Anwalts)
consumable (Adj.) verbrauchbar
consumable (N.) verbrauchbare Sache (F.)
consumable thing (N.) verbrauchbare Sache (F.)
consume (V.) konsumieren, verbrauchen
consumer (M. bzw. F.) Abnehmer (M.), Konsument (M.), Verbraucher (M.)
consumer co-operative society (N.) Konsumgenossenschaft (F.)
consumer credit (N.) Abzahlungskredit (M.), Verbraucherkredit (M.)
consumer protection (N.) Verbraucherschutz (M.)
consumption (N.) Genuß (M.), Konsum (M.), Konsumtion (F.), Verbrauch (M.)
consumption tax (N.) Verbrauchsteuer (F.)
contact (N.) Kontakt (M.), Verbindung (F.)
contact ban (N.) Kontaktsperre (F.)
contain (V.) fassen
contempt (N.) of court Ungebühr (F.) vor Gericht
contend (V.) kämpfen
content (N.) Inhalt (M.)
content (N.) of the obligation to be performed Leistungsinhalt (M.)
contentious (Adj.) strittig
contentious jurisdiction (N.) streitige Gerichtsbarkeit (F.)
contentious proceedings (N.Pl.) Erkenntnisverfahren (N.)
contest (N.) Wettbewerb (M.)

contest (V.) abstreiten (bestreiten), anfechten (eine Willenserklärung anfechten), bestreiten

contestability (N.) Anfechtbarkeit (F.) (Willenserklärungsanfechtbarkeit)

contestation (N.) Anfechtung (F.) (Anfechtung einer Willenserklärung)

contestation (N.) of legitimacy Ehelichkeitsanfechtung (F.)

context (N.) Zusammenhang (M.)

contingency motion (N.) Eventualmaxime (F.)

contingent (Adj.) eventual

contingent (N.) Kontingent (N.)

contingent fee (N.) Erfolgshonorar (N.)

contingent intent (N.) bedingter Vorsatz (M.), dolus (M.) eventualis (lat.), Eventualvorsatz (M.)

contingent right (N.) Anwartschaftsrecht (N.)

continous obligation (N.) Dauerschuldverhältnis (N.)

continous wrong (N.) Dauerdelikt (N.)

continuance (N.) Vertagung (F.)

continuation (N.) Fortführung (F.), Fortsetzung (F.)

continuation (N.) of offence Fortsetzungszusammenhang (M.)

continuation (N.) of wage payments Entgeltfortzahlung (F.)

continuation of wage payments during sickness Act (N.) Entgeltfortzahlungsgesetz (N.)

continue (V.) fortführen, fortsetzen

continued (Adj.) fortgesetzt

continued act (N.) fortgesetzte Handlung (F.)

continued community (N.) of property fortgesetzte Gütergemeinschaft (F.)

continued jurisdiction (N.) perpetuatio (F.) fori (lat.)

continued payment (N.) of wages Lohnfortzahlung (F.)

continuing (Adj.) fortgesetzt

continuing offence (N.) Dauerdelikt (N.)

contraband goods (N.Pl.) Konterbande (F.)

contraception (N.) Empfängnisverhütung (F.)

contraceptive (N.) Verhütungsmittel (N.)

contract (N.) Kontrakt (M.), Vereinbarung (F.), Vertrag (M.)

contract (N.) for services Werkvertrag (M.)

contract (N.) for the procurement of service Dienstverschaffungsvertrag (M.)

contract (N.) for work and materials Werklieferungsvertrag (M.)

contract (N.) governed by public law öffentlichrechtlicher Vertrag (M.)

contract (N.) imposing a burden on a third party Vertrag (M.) zu Lasten Dritter

contract (N.) in which elements of several types of contracts are connected with each other Typenverschmelzungsvertrag (M.)

contract (N.) of agency Geschäftsbesorgungsvertrag (M.)

contract (N.) of carriage Beförderungsvertrag (M.) (von Sachen), Frachtvertrag (M.)

contract (N.) of employment Dienstvertrag (M.)

contract (N.) of guarantee Garantievertrag (M.)

contract (N.) of inheritance Erbvertrag (M.)

contract (N.) of manufacture Werkvertrag (M.)

contract (N.) of purchase Kaufvertrag (M.)

contract (N.) of service Dienstvertrag (M.)

contract (N.) of tenancy Mietvertrag (M.) (Mietvertrag über eine unbewegliche Sache)

contract (N.) of tourism Reisevertrag (M.)

contract (N.) on arranging credit facilities Kreditvermittlungsvertrag (M.)

contract (N.) on second-hand goods Trödelvertrag (M.)

contract (N.) under public law Verwaltungsvertrag (M.)

contract (V.) kontrahieren

contract (V.) out freizeichnen (sich)

contracting (N.) out Freizeichnung (F.)

contracting party (N.) Vertragspartner (M.)

contract law (N.) Vertragsrecht (N.)

contractor (M. bzw. F.) Auftragnehmer (M.), Unternehmer (M.), vertragsschließende Partei (F.)

contractor's labor and materials (N.) Werklieferung (F.)

contractual (Adj.) vertraglich

contractual act (N.) rechtsgeschäftsähnliche Handlung (F.)

contractual capacity (N.) Geschäftsfähigkeit (F.)

contractual commitment (N.) Vertragspflicht (F.)

contractual loan (N.) Vereinbarungsdarlehen (N.)
contractual penalty (N.) Vertragsstrafe (F.)
contractual relationship (N.) Vertragsverhältnis (N.)
contractual stipulation (N.) Parteivereinbarung (F.)
contradiction (N.) Widerspruch (M.)
contradictory (Adj.) widersprüchlich
contrary (Adj.) to the law gesetzwidrig
contrast (N.) Gegensatz (M.)
contravene (V.) verstoßen (verletzen)
contribute (V.) einbringen (Kapital einbringen), spenden
contribution (N.) Beitrag (M.), Einbringung (F.) (Kapitaleinbringung), Kontribution (F.), Spende (F.), Umlage (F.) (Umlage im Versicherungsrecht), Zuschuß
contribution (N.) to building costs Baukostenzuschuß (M.)
contributor (M.) Spender (M.)
contributory negligence (N.) Mitverschulden (N.)
contributory sickness benefit (N.) Krankengeld (N.)
control (N.) Aufsicht (F.), Beherrschung (F.), Kontrolle (F.), Leitung (F.), Überwachung (F.)
control (N.) of constitutionality Verfassungskontrolle (F.)
control (N.) of prices Preisbindung (F.)
control (V.) beaufsichtigen, beherrschen, herrschen, kontrollieren, lenken
Control Council (N.) Kontrollrat (M.)
controlled tenancies act (N.) Wohnungsbindungsgesetz (N.)
control register (N.) of traffic violations Verkehrszentralregister (N.)
controversy (N.) Disput (M.), Streit (M.)
contumacious (Adj.) kontumazial
convalescence (N.) Konvaleszenz (F.)
convenant (N.) not to assign Abtretungsverbot (N.)
convene (V.) einberufen
convenient (Adj.) genehm
convent (N.) Stift (N.)
convention (N.) Abkommen (N.), Brauch (M.), Kongreß (M.), Konvention (F.), Konvent (M.), Sitte (F.), Tagung (F.)
Convention (N.) on the Protection of Human Rights Konvention (F.) zum Schutz der Menschenrechte
conventional (Adj hergebracht
conventional (Adj.) konventionell
conventional fine (N.) Konventionalstrafe (F.)
conventional penalty (N.) Vertragsstrafe (F.)
conversion (N.) Konversion (F.), Umwandlung (F.)
convert (V.) umwandeln
convertibility (N.) Konvertibilität (F.)
convertible (N.) Wandelschuldverschreibung (F.)
convertible bond (N.) Wandelschuldverschreibung (F.)
convertible loan stock (N.) Wandelanleihe (F.)
convey (V.) auflassen (über den Eigentumsübergang an einem Grundstück einig werden), transportieren, übertragen (ein Recht weitergeben)
conveyance (N.) Transport (M.), Übertragung (F.) (Übertragung eines Rechtes)
conveyance (N.) (brit.) Verkehrsmittel (N.)
conveyance (N.) of land Auflassung (F.)
conveyance (N.) of property Eigentumsübertragung (F.)
conveyor (M. bzw. F.) Frachtführer (M.)
convict (M. bzw. F.) Strafgefangener (M.), Sträfling (M.)
convict (V.) verurteilen
conviction (N.) Schuldspruch (M.), Überzeugung (F.), Verurteilung (F.)
conviction (N.) and sentence (N.) Strafurteil (N.)
convince (V.) überzeugen
convincing (Adj.) schlüssig
convinnance (N.) Begünstigung (F.)
convoke (V.) einberufen
co-op (N.) Konsumgenossenschaft (F.)
coop (N.) Konsumgenossenschaft (F.)
co-operate (V.) kooperieren
cooperation (N.) Mitwirken (N.)
cooperative (Adj.) kollegial
cooperative (Adj.) (am.) genossenschaftlich
co-operative (Adj.) (br.) genossenschaftlich
co-operative association (N.) Konsumgenossenschaft (F.)

cooperative society (N.) (am.) Genossenschaft (F.)
co-operative society (N.) (br.) Genossenschaft (F.)
co-opt (V.) kooptieren
co-ownership (N.) Bruchteilseigentum (N.), Miteigentum (N.)
coparcener (M. bzw. F.) Miteigentümer (M.)
co-partner (M. bzw. F.) Mitunternehmer (M.)
copartner (M. bzw. F.) Teilhaber (M.)
co-partnership (N.) Teilhaberschaft (F.)
copy (N.) Kopie (F.)
copy (V.) kopieren
copyright (Adj.) urheberrechtlich
copyright (N.) Copyright (N.), Urheberrecht (N.)
copyright protection (N.) of titles Titelschutz (M.)
cordon (V.) off absperren
coronation (N.) Krönung (F.)
coroner's inquest (N.) Leichenschau (F.)
corporal (Adj.) körperlich
corporal punishment (N.) Leibesstrafe (F.), Prügelstrafe (F.)
corporate (Adj.) körperschaftlich
corporate body (N.) Körperschaft (F.), Korporation (F.)
corporate domicile (N.) Sitz (M.) (Standort)
corporation (N.) Gilde (F.), Innung (F.), Körperschaft (F.), Korporation (F.)
corporation (N.) (am.) Aktiengesellschaft (F.)
corporation (N.) of an association Verbandskörperschaft (F.)
Corporation Act (N.) (am.) Aktiengesetz (N.)
corporation law (N.) (am.) Aktienrecht (N.)
corporation tax (N.) Körperschaftsteuer (F.)
corporative (Adj.) körperschaftlich
corporeal punishment (N.) Züchtigung (F.)
corpse (N.) Leiche (F.), Leichnam (M.)
corpus (N.) delicti (lat.) corpus (N.) delicti (lat.)
correct (Adj.) korrekt, richtig
correct (V.) bereinigen, berichtigen, korrigieren, verbessern
correction (N.) Bereinigung (F.), Berichtigung (F.), Verbesserung (F.)

correctional institution (N.) Strafvollzugsanstalt (F.)
corrective education (N.) Fürsorgeerziehung (F.)
correspective (Adj.) korrespektiv
correspondance act (N.) Fernunterricht (M.)
correspondence (N.) Korrespondenz (F.)
corrupt (Adj.) bestechlich, korrupt
corrupt (V.) bestechen, korrumpieren
corrupt electoral practices (N.Pl.) Wählerbestechung (F.)
corruptibility (N.) Bestechlichkeit (F.)
corruptible (Adj.) bestechlich
corruption (N.) Bestechung (F.), Korruption (F.)
co-sponsor (M. bzw. F.) Mitbürge (M.)
cost (N.) Preis (M.) (Kaufpreis)
cost (V.) kosten
cost accounting (N.) Kostenrechnung (F.) (Kostenrechnung im Rechnungswesen)
cost coverage (N.) Kostendeckung (F.)
costing (N.) Kostenrechnung (F.) (Kostenrechnung im Rechnungswesen)
cost recovery (N.) Kostendeckung (F.)
costs (N.Pl.) Kosten (F.Pl.), Prozeßkosten (F.Pl.), Unkosten (F.Pl.)
costs (N.Pl.) of bankruptcy Massekosten (F.Pl.)
costs (N.Pl.) of litigation Prozeßkosten (F. Pl.)
costumary (Adj.) gewöhnlich
costumer (M. bzw. F.) Kunde (M.) (Geschäftspartner)
co-surety (M. bzw. F.) Mitbürge (M.)
co-suretyship (N.) Mitbürgschaft (F.)
councel (M. bzw. F.) Anwalt (M.)
council (N.) Behörde (F.), Kollegium (N.), Rat (M.) (Beratergremium), Rat (M.) (Ratschlag)
Council (N.) of Elders Ältestenrat (M.)
Council (N.) of Europe Europarat (M.)
Council (N.) of Ministers Ministerrat (M.)
council home (N.) Sozialwohnung (F.)
council houses (N.Pl.) sozialer Wohnungsbau (M.)
counsel (M. bzw. F.) Konsulent (M.), Prozeßbevollmächtigter (M.), Rat (M.) (Berater)
counsel (M. bzw. F.) of one's own choice Wahlverteidiger (M.)

counsellor (M. bzw. F.) Beirat (M.), Berater (M.)

counsellor (M. bzw. F.) (am.) Rechtsberater (M.)

counsel's advice (N.) Rechtsgutachten (N.)

counsel's opinion (N.) Rechtsgutachten (N.)

count (M.) Graf (M.)

count (V.) rechnen

counter (N.) Schalter (M.) (Ort an dem Publikum bedient wird)

counter-appeal (N.) Anschlußberufung (F.), Anschlußrevision (F.)

counter-claim (N.) Gegenanspruch (M.)

counterclaim (N.) Gegenforderung (F.), Widerklage (F.)

counter-evidence (N.) Gegenbeweis (M.)

counterfeiter (M. bzw. F.) Falschmünzer (M.)

counterfeiting (N.) Geldfälschung (F.)

counterfeit merchandise (N.) Produktpiraterie (F.)

counterfeit money (N.) Falschgeld (N.)

counter-guarantor (M. bzw. F.) Rückbürge (M.)

counterpart (N.) Duplikat (N.), Kopie (F.)

counter-performance (N.) Gegenleistung (F.)

counterrevolution (N.) Konterrevolution (F.)

counter-signature (N.) Gegenzeichnung (F.)

counterstatement (N.) Gegendarstellung (F.)

counter-surety (M. bzw. F.) Rückbürge (M.)

counter-surety (N.) Rückbürgschaft (F.)

countervailing levy (N.) Ausgleichsabgabe (F.)

country (N.) Staat (M.)

countryside (N.) Landschaft (F.)

county (N.) Bezirk (M.), Kreis (M.) (staatliche Verwaltungseinheit), Landkreis (M.)

county assembly (N.) Kreistag (M.)

county constitution (N.) Kreisordnung (F.), Kreisverfassung (F.)

county council (N.) Kreistag (M.)

county court (N.) Kreisgericht (N.)

County Court (N.) Gemeindegericht (N.)

county court (N.) (br.) Amtsgericht (N.)

county office (N.) Landratsamt (N.)

county road (N.) Landstraße (F.)

coup (N.) de grâce (franz.) Gnadenstoß (M.)

coup (N.) d'état (franz.) Putsch (M.)

coupon (N.) Coupon (M.), Gutschein (M.), Kupon (M.)

courier (M. bzw. F.) Bote (M.), Kurier (M.)

course (N.) Linie (F.), Richtung (F.)

course (N.) of business Geschäftsbetrieb (M.)

course (N.) of law Rechtsweg (M.)

court (N.) Gericht (N.), Gerichtshof (M.), Hof (M.) (Herrenhof)

court (N.) competent for enforcement matters Vollstreckungsgericht (N.)

court (N.) of administration Verwaltungsgerichtshof (M.) (in Österreich)

court (N.) of appeal Appellationsgericht (N.), Revisionsgericht (N.)

Court (N.) of Appeal Revisionsgericht (N.)

court (N.) of arbitration Schiedsgericht (N.)

court (N.) of first instance of the European Communities Gericht (N.) erster Instanz der Europäischen Gemeinschaften

court (N.) of justice Gerichtshof (M.)

court (N.) of law Gerichtshof (M.)

court - appointed counsel (M. bzw. F.) notwendiger Verteidiger (M.)

court-appointed counsel (M. bzw. F.) Pflichtverteidiger (M.)

court assistance (N.) Gerichtshilfe (F.)

court attendant (M. bzw. F.) Gerichtsdiener (M.)

court case (N.) Prozeß (M.)

court cashier (N.) Gerichtskasse (F.)

court costs (N.Pl.) Gerichtskosten (F.Pl.)

court counsellor (M. bzw. F.) Hofrat (M.) (einzelner Berater eines Fürsten)

court day (N.) Gerichtstag (M.)

court district (N.) Gerichtssprengel (M.)

courtesy (N.) Kurtoisie (F.)

courtesy relationship (N.) Gefälligkeitsverhältnis (N.)

court fee (N.) for a judgement Urteilsgebühr (F.)

court-fee collection ordinance (N.) Justizbeitreibungsordnung (F.)

court fees (N.Pl.) Gerichtskosten (F.Pl.)

court hearing (N.) Tagsatzung (F.), Termin (M.) (Verhandlungszeitpunkt), Verhandlung (F.) (Verhandlung im Prozeßrecht)

court-martial (N.) Standgericht (N.)

court office (N.) Hofamt (N.)

court order (N.) Beschluß (M.) (Gerichtsbeschluß)

court-order proceedings (N.Pl.) Beschlußverfahren (N.)

court proceedings (N.Pl.) Gerichtsverfahren (N.), Rechtsgang (M.)

court rules (N.Pl.) Gerichtsordnung (F.), Prozeßordnung (F.)

court sergeant (M. bzw. F.) Justizwachtmeister (M.)

court settlement (N.) Prozeßvergleich (M.)

court system (N.) Gerichtsverfassung (F.)

court training (N.) Justizausbildung (F.)

court usher (M. bzw. F.) Gerichtsdiener (M.)

courtyard (N.) Hof (M.) (Innenhof)

cousin (M.) Cousin (M.), Vetter (M.)

covenant (N.) Nebenvereinbarung (F.), Vertrag (M.)

covenor (M. bzw. F.) Gewerkschaftler (M.)

cover (N.) Deckung (F.) (Absicherung)

cover (V.) decken (Verlust bzw. Schulden bezahlen)

covering mortgage (N.) Zwangshypothek (F.)

cover note (N.) Deckungszusage (F.)

cover ratio (N.) Deckungsverhältnis (N.)

co-worker (M. bzw. F.) Mitarbeiter (M.)

craft (N.) Handwerk (N.), Kunst (F.)

craft guild (N.) Handwerksinnung (F.), Innung (F.)

craftsman (M.) Geselle (M.), Handwerker (M.)

craftsman (M.) working on someone else's goods Lohnhandwerker (M.)

crafty (Adj.) listig

create (V.) erregen, erzeugen, schöpfen (erschaffen)

creating constitutional law verfassungsgebend

creation (N.) Schöpfung (F.)

creation (N.) of laws Rechtsschöpfung (F.)

creature (N.) Wesen (N.)

credentials (N.Pl.) Beglaubigungsschreiben (N.)

credibility (N.) Glaubwürdigkeit (F.)

credible (Adj.) glaubhaft, glaubwürdig, kreditwürdig

credit (N.) Darlehen (N.), Haben (N.), Kredit (M.), Ruf (M.)

credit (N.) for leaseholders Pachtkredit (M.)

credit (N.) on real estate Realkredit (M.)

credit (N.) secured by land Bodenkredit (M.)

credit agreement (N.) Kreditvertrag (M.)

credit balance (N.) Geschäftsguthaben (N.), Guthaben (N.)

credit balance (N.) upon withdrawal Abfindungsguthaben (N.)

credit card (N.) Kreditkarte (F.)

credit contract (N.) Kreditvertrag (M.)

credit institute (N.) Kreditinstitut (N.)

creditor (M. bzw. F.) Gläubiger (M.), Kreditgeber (M.)

creditor (M. bzw. F.) in insolvency Insolvenzgläubiger (M.)

creditor (M. bzw. F.) of a bankrupt's estate Konkursgläubiger (M.)

creditor (M. bzw. F.) of bankrupt's estate Massegläubiger (M.)

creditor (M. bzw. F.) of the estate Nachlaßgläubiger (M.)

credit order (N.) Kreditauftrag (M.)

creditor's avoidance (N.) of debitor's transactions Gläubigeranfechtung (F.)

creditor's avoidance of transfers act (N.) Anfechtungsgesetz (N.)

creditor's delay (N.) Gläubigerverzug (M.)

creditors' meeting (N.) Gläubigerversammlung (F.)

credit sale (N.) Kreditkauf (M.)

credit system (N.) Kreditwesen (N.)

credit-worthy (Adj.) kreditfähig, kreditwürdig

credulous (Adj.) gutgläubig

crime (N.) Straftat (F.), Verbrechen (N.)

crime (N.) by omission Unterlassungsdelikt (N.)

crime (N.) committed under the influence of alcohol Alkoholdelikt (N.)

crime victims compensation (N.) Opferentschädigung (F.)

criminal (Adj.) kriminal, kriminell, strafbar, strafrechtlich, verbrecherisch

criminal (M. bzw. F.) Verbrecher (M.)

criminal act (N.) Straftat (F.)

criminal action (N.) Strafverfahren (N.)

criminal association (N.) kriminelle Vereinigung (F.)

criminal case (N.) Kriminalsache (F.), Strafsache (F.)
criminal code (N.) Code (M.) pénal (franz.), Strafgesetzbuch (N.)
criminal court (N.) Strafgericht (N.)
criminal court judge (M. bzw. F.) Strafrichter (M.)
criminal division (N.) Strafkammer (F.)
criminal incapacity (N.) due to young age Strafunmündigkeit (F.)
criminal investigation (N.) Ermittlung (F.)
Criminal Investigation Department (N.) (C.I.D.) (br.) Kriminalpolizei (F.)
criminality (N.) Kriminalität (F.)
criminality (N.) concerning young people who are still developing Entwicklungskriminalität (F.)
criminalize (V.) kriminalisieren
criminal law (N.) Strafgesetz (N.), Strafrecht (N.)
criminal law (N.) connecting the sentence with the perilousness of the offender Täterschaftsrecht (N.)
criminal law (N.) connecting the sentence with the prohibited action of the offender Tatstrafrecht (N.)
criminal police (N.) Kriminalpolizei (F.)
criminal procedure (N.) Strafprozeß (M.), Strafverfahren (N.)
criminal proceedings (N.Pl.) Kriminalprozeß (M.), Strafprozeß (M.)
criminal record (N.) Vorstrafe (F.)
criminal responsibility (N.) Deliktsfähigkeit (F.), Schuldfähigkeit (F.), Zurechnungsfähigkeit (F.)
criminal section (N.) Strafsenat (M.) (Strafsenat beim Bundesgerichtshof)
criminal statistics (N.Pl.) Kriminalstatistik (F.)
criminological (Adj.) kriminologisch
criminologist (M. bzw. F.) Kriminologe (M.)
criminology (N.) Kriminalistik (F.), Kriminologie (F.)
crip (N.) (am.) Puff (M.)
criticize (V.) beanstanden
cross (N.) Kreuz (N.)
cross (V.) überschreiten (eine Grenze überqueren)
cross-action (N.) Widerklage (F.)
cross appeal (N.) Anschlußberufung (F.)

cross-claim (N.) Gegenforderung (F.)
crossed check (N.) (am.) Verrechnungsscheck (M.)
crossed cheque (N.) (br.) Verrechnungsscheck (M.)
cross-examination (N.) Kreuzverhör (N.)
crossing (N.) Übergang (M.) (Straßenübergang), Überschreitung (F.) (Überqueren einer Grenze)
cross-petition (N.) Widerklage (F.)
cross-reference (N.) Rückverweisung (F.)
crowd (N.) Masse (F.)
crown (N.) Krone (F.)
crown (V.) krönen
crown court (N.) Schwurgericht (N.)
crucifix (N.) Kreuz (N.)
crude (Adj.) grob
cruel (Adj.) grausam
cruelty (N.) Grausamkeit (F.)
CSCE (N.) (Confernece on Security and Cooperation in Europe) KSZE (F.) (Konferenz für Sicherheit und Zusammenarbeit)
cubic measure (N.) Hohlmaß (N.)
culpability (N.) Schuldfähigkeit (F.), Strafbarkeit (F.)
culpable (Adj.) schuldhaft
culpable delay (N.) Verzug (M.)
culprit (M. bzw. F.) Schuldiger (M.), Täter (M.) (Straftäter), Verbrecher (M.)
culture (N.) Kultur (F.)
cumulation (N.) Kumulation (F.)
cumulative (Adj.) kumulativ
cumulative assumption (N.) of a debt kumulative Schuldübernahme (F.)
cumulative assumption (N.) of debts Schuldbeitritt (M.)
cumulative causality (N.) kumulative Kausalität (F.)
cumulative sentence (N.) Gesamtstrafe (F.)
cumulative system (N.) Kumulationsprinzip (N.)
cunning (Adj.) listig
cunning (N.) dolus (M.) malus (lat.), List (F.)
cupidity (N.) Habgier (F.)
curator (M. bzw. F.) Kurator (M.), Pfleger (M.)
curatorship (N.) Pflegschaft (F.)
curatorship (N.) due to infirmity Gebrechlichkeitspflegschaft (F.)

curatorship (N.) for assets Vermögenspflegschaft (F.)
cure (N.) Heilung (F.)
cure (V.) heilen
curfew (N.) Sperrstunde (F.)
curia (N.) Kurie (F.) (Kurie im Kirchenrecht)
curing (N.) Heilung (F.)
currency (N.) Laufzeit (F.), Währung (F.)
currency reserve (N.) Währungsreserve (F.)
current (Adj.) gegenwärtig (derzeitig)
current account (N.) Girokonto (N.), Kontokorrent (N.)
current account reservation (N.) Kontokorrentvorbehalt (M.)
current assets (N.Pl.) Umlaufvermögen (N.)
curtail (V.) herabsetzen, kürzen
custodial establishment (N.) Strafanstalt (F.)
custodial institution (N.) Strafanstalt (F.)
custodian (M. bzw. F.) Pfleger (M.)
custody (N.) Auslieferungshaft (F.), Gewahrsam (M.), Haft (F.), Obhut (F.) (Verwahrung), Untersuchungshaft (F.), Verwahrung (F.)
custody (N.) for an indefinite time Dauerarrest (M.)
custom (N.) Brauch (M.), Gepflogenheit (F.), Gewohnheit (F.), Sitte (F.), Usance (F.)
customary (Adj.) gewohnheitsmäßig, obligat
customary law (N.) Gewohnheitsrecht (N.)
custom authority (N.) Zollbehörde (F.)
customer (M. bzw. F.) Auftraggeber (M.)
customs (N.Pl) Zoll (M.)
customs (N.Pl.) Zollbehörde (F.)
customs duty (N.) Zoll (M.)
customs officer (M. bzw. F.) Zöllner (M.)
customs territory (N.) Zollgebiet (N.)
customs union (N.) Zollunion (F.)
cut (N.) Wunde (F.)
cut (V.) kürzen
cut (V.) off abstellen, sperren

d

dactylogram (N.) Fingerabdruck (M.)
daily (Adj.) täglich
daily allowance (N.) Tagegeld (N.)
daily rate (N.) Tagessatz (M.)
daily wage (N.) Tagelohn (M.)

damage (N.) Beschädigung (F.), Schaden (M.)
damage (N.) by hail Hagelschaden (M.)
damage (N.) by sea Haverei (F.)
damage (N.) caused by breach of trust Vertrauensschaden (N.)
damage (N.) caused by game Wildschaden (M.)
damage (N.) caused by non-performance Nichterfüllungsschaden (M.)
damage (N.) to property Sachbeschädigung (F.)
damage (V.) beschädigen, schädigen
damage claim (N.) Schadensersatzanspruch (M.)
damaging (Adj.) schädlich
damaging (N.) Beschädigung (F.)
damaging tendency (N.) schädliche Neigung (F.)
danger (N.) Gefahr (F.), Risiko (N.)
danger (N.) of collusion Verdunkelungsgefahr (F.)
danger (N.) of conspiracy Verabredungsgefahr (F.)
danger (N.) of escape Fluchtgefahr (F.)
danger (N.) of life Lebensgefahr (F.)
danger (N.) of recidivism Wiederholungsgefahr (F.)
danger (N.) of recurrence Wiederholungsgefahr (F.)
danger (N.) to the public Gemeingefährlichkeit (F.)
danger ahead (N.) Gefahr (F.) im Verzug
danger money (N.) Gefahrenzulage (F.)
dangerous (Adj.) gefährlich
dangerous (Adj.) to the public gemeingefährlich
dangerous bodily injury (N.) gefährliche Körperverletzung (F.)
dangerous driving (N.) Verkehrsgefährdung (F.)
danger pay (N.) Gefahrenzulage (F.)
dangle (V.) schweben
data (N.Pl.) Daten (N.Pl.)
data bank (N.) Datenbank (F.)
database (N.) Datenbank (F.)
data file (N.) Datei (F.)
data processing (N.) Datenverarbeitung (F.)
data protection (N.) Datenschutz (M.)
date (N.) Datum (N.), Tag (M.), Termin (M.)

dating (N.) Zeitbestimmung (F.)
daughter (F.) Tochter (F.)
daughter-in-law (F.) Schwiegertochter (F.)
day (N.) Tag (M.)
day (N.) of hearing Gerichtstag (M.), Tagsatzung (F.)
day labourer (M. bzw. F.) Tagelöhner (M.)
day-to-day money (N.) Tagesgeld (N.)
deacon (M.) Diakon (M.)
dead (Adj.) tot
dead body (N.) Leiche (F.), Leichnam (M.)
dead-end (N.) (am.) Sackgasse (F.)
deadline (N.) Frist (F.), Stichtag (M.)
deadlock (N.) Stillstand (M.)
dead pledge (N.) Faustpfand (N.)
deaf (Adj.) taub
deaf and dumb (Adj.) taubstumm
deal (N.) Abschluß (M.), Geschäft (N.) (Rechtsgeschäft)
deal (V.) befassen, behandeln
deal (V.) with besorgen (erledigen)
dealer (M. bzw. F.) Händler (M.), Kaufmann (M.)
dealings (N.Pl.) Verkehr (M.) (Umgang)
deal with (V.) verkehren
dean (M. bzw. F.) Dekan (M.)
deanery (N.) Dekanat (N.)
deanship (N.) Dekanat (N.)
death (N.) Tod (M.)
death (N.) in law bürgerlicher Tod (M.)
death benefit (N.) Sterbegeld (N.)
death cell (N.) Todeszelle (F.) (Todeszelle in den Vereinigten Staaten)
death certificate (N.) Sterbeurkunde (F.)
death cord (N.) Strang (M.) (Strang am Galgen)
death duty (N.) Erbschaftsteuer (F.)
death grant (N.) Sterbegeld (N.)
death penalty (N.) Todesstrafe (F.)
death rope (N.) Strang (M.) (Strang am Galgen)
death tay (N.) Erbschaftsteuer (F.)
debate (N.) Debatte (F.), Erörterung (F.)
debate (V.) erörtern
debenture (N.) Obligation (F.), Schuldschein (M.)
debenture bond (N.) Inhaberschuldverschreibung (F.), Schuldverschreibung (F.)
debenture holder (M. bzw. F.) Pfandbriefinhaber (M.)

debit (N.) Belastung (F.), Debet (N.), Soll (N.) (Schuld in der Buchhaltung)
debit (V.) abbuchen, belasten
debit advice (N.) Lastschrift (F.)
debit entry (N.) Lastschrift (F.)
debit note (N.) Lastschriftanzeige (F.)
debit side (N.) Soll (N.) (Schuld in der Buchhaltung)
debt (N.) Schuld (F.) (Verpflichtung im Privatrecht)
debt (N.) collectible by the creditor Holschuld (F.)
debt (N.) of a company Gesellschaftsschuld (F.)
debt (N.) of the estate Nachlaßverbindlichkeit (F.)
debt (N.) payable to the creditor Bringschuld (F.)
debt (N.) provable in bankruptcy Konkursforderung (F.)
debt certificate (N.) Schuldverschreibung (F.)
debtor (M. bzw. F.) Debitor (M.), Kreditnehmer (M.), Schuldner (M.)
debtor's delay (N.) Schuldnerverzug (M.)
debt relationship (N.) Schuldverhältnis (N.)
debtrix (F.) Schuldnerin (F.)
decapitate (V.) enthaupten, köpfen
decapitation (N.) Enthauptung (F.)
decay (N.) Verfall (M.) (Verwahrlosung eines Gebäudes)
decay (V.) verfallen (verfallen eines Gebäudes)
decease (N.) Tod (M.)
decease (V.) sterben, versterben
deceased (Adj.) tot, verstorben
deceased's estate (N.) Nachlaß (M.) (Hinterlassenschaft), Verlassenschaft (F.)
decedent (M. bzw. F.) Erblasser (M.)
deceit (N.) Betrug (M.), Hinterlist (F.), Täuschung (F.), Tücke (F.)
deceitful (Adj.) hinterlistig
deceitful plea (N.) Prozeßbetrug (M.)
deceive (V.) betrügen, irreführen, täuschen
deceiver (M. bzw. F.) Betrüger (M.)
decency (N.) Anstand (M.), Sittlichkeit (F.)
decentralisation (N.) Dezentralisation (F.)
decentralize (V.) dezentralisieren
deception (N.) Täuschung (F.)
deception (N.) of voters Wählertäuschung (F.)

deceptive (Adj.) betrügerisch
decide (V.) beschließen, entscheiden, entschließen (sich)
decipher (V.) lesen
decision (N.) Bescheid (M.), Beschluß (M.), Entscheid (M.), Entscheidung (F.), Entschluß (M.), Erkenntnis (N.) (Entscheidung), Urteil (N.)
decision (N.) as the case lies Entscheidung nach Lage der Akten (F.)
decision (N.) to act Tatentschluß (M.)
decision-making (N.) by vote Beschlußverfahren (N.)
decisive ballot (N.) Stichwahl (F.)
declaration (N.) Deklaration (F.), Erklärung (F.) (Zollerklärung), Feststellung (F.), Versicherung (F.) (Bestätigung)
declaration (N.) of assignment Abtretungserklärung (F.)
declaration (N.) of death Todeserklärung (F.)
declaration (N.) of intention Willenserklärung (F.)
declaration (N.) of legitimacy Ehelichkeitserklärung (F.)
declaration (N.) of right Feststellungsurteil (N.)
declaration (N.) of war Kriegserklärung (F.)
declarative (Adj.) deklaratorisch
declaratory (Adj.) deklaratorisch
declaratory action (N.) Feststellungsklage (F.)
declaratory judgement (N.) Feststellungsurteil (N.)
declaratory proceeding (N.) Feststellungsklage (F.)
declare (V.) deklarieren, erklären (darlegen), feststellen
declare (V.) forfeited kaduzieren
declare (V.) legally incapable entmündigen
declaring (N.) Deklaration (F.)
declaring void (N.) Kaduzierung (F.)
decline (V.) ablehnen, ausschlagen (sich nicht einverstanden erklären)
decolonization (N.) Entkolonialisierung (F.)
deconcentration (N.) Dekonzentration (F.)
decoration (N.) Orden (M.) (Ehrenzeichen)
decrease (N.) Verminderung (F.)
decrease (N.) in value Minderwert (M.)
decrease (V.) herabsetzen, mindern, nach-

lassen, vermindern
decreased (Adj.) vermindert
decree (N.) Bescheid (M.), Dekret (N.), Edikt (N.), Entscheid (M.), Erlaß (M.) (Anordnung einer Verwaltungsbehörde), Rechtsverordnung (F.), Richterspruch (M.), Urteil (N.), Verordnung (F.)
decree (N.) by consent (in civil procedure) Anerkenntnisurteil (N.)
decree (V.) beschließen, verfügen (über etwas verfügen), verordnen
decry (V.) verunglimpfen
dedicate (V.) widmen
dedication (N.) Widmung (F.)
deduce (V.) herleiten
deduct (V.) absetzen (als Verlust anrechnen), abziehen
deduction (N.) Absetzung (F.) (Anrechnung als Verlust), Abzug (M.), Nachlaß (M.) (Minderung)
deed (N.) Akt (M.), Tat (F.)
deed (N.) of covenant Vertragsurkunde (F.)
deed (N.) of insurance Versicherungsurkunde (F.)
deepening (N.) of a real estate Vertiefung (F.) eines Grundstückes
de facto faktisch
de facto (lat.) de facto (lat.)
de facto contract (N.) faktischer Vertrag (M.)
de facto society (N.) faktische Gesellschaft (F.)
defalcate (V.) veruntreuen
defalcation (N.) Unterschlagung (F.), Veruntreuung (F.)
defamation (N.) Beleidigung (F.), Injurie (F.), Lästerung (F.), Verächtlichmachung (F.), Verleumdung (F.)
defamation (N.) of business reputation Kreditschädigung (F.)
defamatory remark (N.) üble Nachrede (F.)
defame (V.) diffamieren, lästern, verleumden
default (N.) Nichterfüllung (F.), Unterlassung (F.), Vertragsverletzung (F.)
default (N.) in acceptance Annahmeverzug (M.)
default (N.) in taking delivery Annahmeverzug (M.)

default (N.) of appearance Versäumnis (N.) (Fehlen)
default (N.) of payment Zahlungsverzug (M.)
default action (N.) Mahnverfahren (N.)
defaulter (M. bzw. F.) Bankrotteur (M.)
default judgement (N.) Versäumnisurteil (N.)
default summons (N.) Mahnbescheid (M.)
defect (N.) Fehler (M.), Mangel (M.) (Fehler)
defect (N.) in title Rechtsmangel (M.)
defect (N.) of construction work Baumangel (M.)
defect (N.) of quality Sachmangel (M.)
defective (Adj.) fehlerhaft, hinkend, ungültig
defence (N.) (br.) Einrede (F.), Einwendung (F.), Verteidiger (M.), Verteidigung (F.)
defence (N.) (br.) Abwehr (F.)
defence (N.) (brit.) Einwand (M.)
defence (N.) of property Besitzwehr (F.)
defence attorney (M. bzw. F.) (br.) Verteidiger (M.)
defence counsel (M. bzw. F.) (br.) Strafverteidiger (M.), Verteidiger (M.)
defenceless (Adj.) (br.) wehrlos
defencelessness (N.) (br.) Wehrlosigkeit (F.)
defend (V.) verteidigen
defend (V.) the charge einlassen
defendant (M. bzw. F.) Angeklagter (M.), Beklagter (M.), Beschuldigter (M.)
defense (N.) (am.) Abwehr (F.), Einrede (F.), Einwand (M.), Einwendung (F.), Verteidiger (M.), Verteidigung (F.)
defense attorney (M. bzw. F.) (am.) Verteidiger (M.)
defense commisioner (M. bzw. F.) Wehrbeauftragter (M.)
defense counsel (M. bzw. F.) (am.) Strafverteidiger (M.), Verteidiger (M.)
defenseless (Adj.) (br.) wehrlos
defenselessness (N.) (am.) Wehrlosigkeit (F.)
defensive (Adj.) defensiv
defer (V.) aufschieben, verschieben, vertagen
deferment (N.) Vertagung (F.)
deferred payment (N.) Ratenzahlung (F.)
deficiency (N.) Mangel (M.) (Fehler)

deficiency (N.) in title Rechtsmangel (M.)
deficiency (N.) of intention Willensmangel (M.)
deficiency claim (N.) Mängelrüge (F.)
deficit (N.) Defizit (N.)
define (V.) definieren, formulieren
definite (Adj.) expressis verbis (lat.), konkret
definiteness (N.) Bestimmtheit (F.)
definition (N.) Definition (F.), Formulierung (F.)
definitive decision (N.) Endurteil (N.)
defraud (V.) betrügen, hinterziehen (Steuern rechtswidrig behalten), unterschlagen
defraudation (N.) of the revenue Steuerhinterziehung (F.)
defrauder (M. bzw. F.) Betrüger (M.)
degrade (V.) degradieren
degrading punishment (N.) Ehrenstrafe (F.)
degree (N.) Grad (M.), Maß (N.)
degree (N.) of punishment Strafmaß (N.)
de jure (lat.) de iure (lat.)
delation (N.) Denunziation (F.)
delator (M. bzw. F.) Denunziant (M.)
delay (N.) Säumnis (F.), Verzögerung (F.), Verzug (M.)
delay (N.) in performance Leistungsverzug (M.)
delay (N.) of receipt Zugangsverzögerung (F.)
delay (V.) verzögern
delay (V.) unduly verschleppen (in die Länge ziehen)
delcredere (N.) Delkredere (N.)
delcredere commission (N.) Delkredereprovision (F.)
delegacy (N.) Delegation (F.) (Personengruppe)
delegate (M. bzw. F.) Abgeordneter (M.), Bevollmächtigter (M.), Delegierter (M.), Deputierter (M.)
delegate (V.) abordnen, bevollmächtigen, delegieren
delegated authority (N.) Untervollmacht (F.)
delegated function (N.) Auftragsangelegenheit (F.)
delegated power (N.) Ermächtigung (F.)
delegated sphere (N.) of functions übertragener Wirkungskreis (M.)

delegating (N.) Delegation (F.) (Beauftragung)

delegation (N.) Abordnung (F.), Delegation (F.) (Beauftragung), Delegation (F.) (Personengruppe), Deputation (F.)

delete (V.) löschen (tilgen), streichen (beseitigen)

deletion (N.) Löschung (F.) (Tilgung)

deliberate (Adj.) bewußt, vorsätzlich

deliberate (V.) beraten (überlegen)

deliberate overcharging (N.) Preistreiberei (F.)

deliberation (N.) Beratung (F.) (Beratung eines Gerichtes), Erwägung (F.)

delight (N.) Lust (F.)

delinquency (N.) Kriminalität (F.)

delinquent (Adj.) kriminell

delinquent (M. bzw. F.) Delinquent (M.), Straftäter (M.), Täter (M.)

delirium (N.) Delirium (N.)

deliver (V.) abliefern, liefern, zustellen

deliver (V.) up überantworten (eine Sache übergeben), übergeben

deliverer (M. bzw. F.) Lieferant (M.)

delivery (N.) Ablieferung (F.), Herausgabe (F.) (Besitzrückgabe einer Sache), Lieferung (F.), Übergabe (F.), Zustellung (F.)

delivery-date (N.) Lieferzeit (F.)

delivery free (Adj.) frei Haus

delivery note (N.) Lieferschein (M.)

delivery percentage (N.) Kontingent (N.)

delude (V.) täuschen, vorspiegeln

demagogue (M. bzw. F.) Demagoge (M.)

demand (N.) Anspruch (M.), Aufforderung (F.), Bedarf (M.), Begehren (N.), Forderung (F.) (Verlangen), Mahnung (F.)

demand (N.) for a penalty Strafantrag (M.)

demand (N.) for prosecution Strafantrag (M.)

demand (V.) erfordern, fordern, postulieren

demand bill (N.) Sichtwechsel (M.)

demarcation (N.) Abmarkung (F.)

demarche (N.) Demarche (F.)

demeanor (N.) (am.) Verhalten (N.)

demeanour (N.) (br.) Verhalten (N.)

dementi (N.) Dementi (N.)

demise (N.) Tod (M.), Überlassung (F.) (Überlassung eines Grundstücks), Verpachtung (F.)

democracy (N.) Demokratie (F.)

democrat (M. bzw. F.) Demokrat (M.)

democratic (Adj.) demokratisch

demolish (V.) zerstören

demolition (N.) Abbruch (M.) (Abriß eines Hauses), Zerstörung (F.)

demonstrate (V.) demonstrieren

demonstration (N.) Demonstration (F.)

demonstrative (Adj.) demonstrativ

demonstrative legacy (N.) Verschaffungsvermächtnis (N.)

demonstrator (M. bzw. F.) Demonstrant (M.)

demur (N.) Einwand (M.)

demurrer (N.) rechtliche Einwendung (F.)

denationalization (N.) Privatisierung (F.), Reprivatisierung (F.)

denationalize (V.) ausbürgern, reprivatisieren

denaturalization (N.) Ausbürgerung (F.)

denazification (N.) Entnazifizierung (F.)

denial (N.) Verweigerung (F.), Weigerung (F.)

denial (N.) of justice Rechtsverweigerung (F.)

denial (N.) of legitimacy Ehelichkeitsanfechtung (F.)

denial damage (N.) Aufopferungsanspruch (M.)

denominational school (N.) (br.) Bekenntnisschule (F.)

denounce (V.) angeben, denunzieren

denouncer (M. bzw. F.) Denunziant (M.)

dentist (M. bzw. F.) Zahnarzt (M.)

denunciation (N.) Anzeige (F.) (Anzeige bei einer Behörde), Denunziation (F.), Strafanzeige (F.)

deny (V.) abstreiten (leugnen), bestreiten, dementieren, leugnen, verweigern, weigern (sich)

denying (Adj.) negatorisch

department (N.) Departement (N.), Dezernat (N.), Referat (N.) (Abteilung), Ressort (N.)

department (N.) of state Ministerium (N.)

department (of an authority) (N.) Abteilung (F.) (Abteilung einer Behörde) (F.)

departmental gazette (N.) Ministerialblatt (N.)

departmental head (M. bzw. F.) Dezernent (M.)

depend (V.) on richten

dependence (N.) Gebundenheit (F.), Hörigkeit (F.)
dependent (Adj.) hörig
dependent condition (N.) Abhängigkeitsverhältnis (N.)
depending (Adj.) on abhängig
depletion (N.) Abschreibung (Anrechnung als Verlust)
deport (V.) abschieben, ausweisen (außer Landes verbringen), deportieren
deportation (N.) Abschiebung (F.), Ausweisung (F.), Deportation (F.)
deposit (N.) Anzahlung (F.), Einlage (F.) (Bankguthaben), Einzahlung (F.), Hinterlegung (F.)
deposit (V.) deponieren, einlegen, einzahlen, hinterlegen
deposit account (N.) Sparkonto (N.)
depositary (N.) (am.) Depot (N.)
deposit currency (N.) Buchgeld (N.)
deposited funds (N.Pl.) Depositen (N.Pl.)
deposition (N.) Hinterlegung (F.)
deposit money (N.) Giralgeld (N.)
depositor (M. bzw. F.) Einleger (M.)
deposits (N.Pl.) Depositen (N.Pl.)
depot (N.) Depot (N.)
deprecate (V.) mißbilligen
depreciation (N.) Abschreibung (F.), Minderwert (M.)
deprival (N.) of citizenship Ausbürgerung (F.)
deprivation (N.) Aberkennung (F.), Entziehung (F.)
deprivation (N.) of legal capacity Entmündigung (F.)
deprivation (N.) of liberty Freiheitsberaubung (F.), Freiheitsentziehung (F.)
deprive (V.) aberkennen, entziehen
deprive (V.) of citizenship ausbürgern
deprived (Adj.) of rights rechtlos
deputation (N.) Deputation (F.)
deputy (M. bzw. F.) Abgeordneter (M.), Delegierter (M.), Deputierter (M.), Stellvertreter (M.), Vertreter (M.)
deputy principal (M. bzw. F.) Konrektor (M.)
derange (V.) zerrütten
deregulate (V.) deregulieren
deregulation (N.) Deregulierung (F.), Freigabe (F.)

derelict (Adj.) herrenlos
dereliction (N.) Dereliktion (F.), Eigentumsaufgabe (F.)
dereliction (N.) of duty Pflichtverletzung (F.)
derision (N.) Hohn (M.)
derivative (Adj.) abgeleitet, derivativ
derivative (N.) Derivat (N.)
derivative title (N.) derivativer Eigentumserwerb (M.)
derive (V.) ableiten, herleiten
derogation (N.) Derogation (F.)
descend (V.) abstammen
descendant (M. bzw. F.) Abkömmling (M.), Deszendent (M.), Nachkomme (M.)
descendants (M.Pl. bzw. F.Pl.) Deszendenz (F.) (Abkömmlinge)
descent (N.) Abkunft (F.), Deszendenz (F.) (Abstammung), Gefälle (N.) (Geländeneigung), Herkunft (F.)
descriptive (Adj.) deskriptiv
descriptive constituent fact (N.) deskriptives Tatbestandsmerkmal (N.)
descriptive ingredient (N.) of an offence deskriptives Tatbestandsmerkmal (N.)
desert (V.) desertieren
deserter (M. bzw. F.) Deserteur (M.)
desertion (N.) Fahnenflucht (F.)
desertion (N.) from civil service Dienstflucht (F.)
deserts (N.Pl.) Verdienst (N.) (Leistung)
deserve (V.) verdienen
design (N.) Geschmacksmuster (N.), Plan (M.)
design (V.) konstruieren, planen
designate (V.) designieren, ernennen
designation (N.) Designation (F.)
design fault (N.) Konstruktionsfehler (M.)
design patent (N.) Geschmacksmuster (N.)
desire (V.) begehren
desist (V.) unterlassen
desk murderer (M. bzw. F.) Schreibtischtäter (M.)
despise (V.) mißachten
despot (M. bzw. F.) Despot (M.)
despotic (Adj.) despotisch
despotic rule (N.) Despotie (F.)
destitute (Adj.) hilflos
destroy (V.) zerstören
destruction (N.) Zerstörung (F.)

destruction (N.) of good health Gesundheitszerstörung (F.)

destructive leanings (N.Pl.) schädliche Neigung (F.)

detached (Adj.) detachiert

detached chamber (N.) detachierte Kammer (F.)

detailed (Adj.) detachiert

detain (V.) internieren, zurückbehalten

detainee (M. bzw. F.) Gefangener (M.), Inhaftierter (M.)

detainer (N.) Inhaftierung (F.)

detection (N.) Aufklärung (F.) (Wahrheitsfindung)

detection rate (N.) Aufklärungsquote (F.)

detective (M. bzw. F.) Detektiv (M.), Ermittler (M.)

detector (N.) Detektor (M.)

detention (N.) Freiheitsentziehung (F.), Gewahrsam (M.), Haft (F.), Inhaftierung (F.), Internierung (F.), Vorenthaltung (F.)

detention (N.) for debt Schuldhaft (F.)

detention (N.) pending trial Untersuchungshaft (F.)

detention camp (N.) Lager (N.)

detention cell (N.) Karzer (M.)

detention center (N.) (am.) zwischenstaatlich

detention centre (N.) (brit.) Jugendstrafanstalt (F.)

deter (V.) abschrecken

deteriorate (V.) nachlassen

determinate obligation (N.) Speziesschuld (F.), Stückschuld (F.)

determination (N.) Bemessung (F.), Bestimmtheit (F.), Entscheidung (F.), Festsetzung (F.), Feststellung (F.)

determination (N.) of profits Gewinnermittlung (F.)

determine (V.) begrenzen, bestimmen, festsetzen, feststellen

deterrence (N.) Abschreckung (F.)

deterrent effect (N.) on a particular offender Spezialprävention (F.)

detriment (N.) Nachteil (M.) (Mangel bzw. Schaden)

detriments (N.Pl.) due to anticipatory breach or fault in negotiating Vertrauensinteresse (N.)

devaluation (N.) Abwertung (F.)

devalue (V.) abwerten

devastate (V.) zerstören

devastation (N.) Zerstörung (F.)

develop (V.) entfalten, entwickeln, erschließen

development (N.) Entfaltung (F.), Entwicklung (F.), Erschließung (F.)

development plan (N.) Bebauungsplan (M.), Flächennutzungsplan (M.)

deviate (V.) abweichen

deviating (Adj.) abweichend

deviation (N.) for employee's benefit from collective bargaining agreement Günstigkeitsprinzip (N.)

device (N.) Gerät (N.)

devise (N.) Legat (N.) (Vermächtnis)

devise (V.) erfinden, nachlassen

devolution (N.) Anfall (M.), Devolution (F.), Übergang (M.) (Übergang eines Rechtes)

devolution (N.) of an inheritance Erbanfall (M.), Erbfall (M.)

devolution (N.) of title Rechtsübergang (M.)

devolutionary effect (N.) Devolutiveffekt (M.)

devote (V.) widmen

dialling code (N.) (brit.) Vorwahl (F.) (telefonische Vorwahl) (F.)

dichotomy (N.) Dichotomie (F.)

dictator (M. bzw. F.) Diktator (M.)

dictatorship (N.) Diktatur (F.)

dictionary (N.) Lexikon (N.)

dictum (N.) Maxime (F.)

die (V.) sterben

differ (V.) abweichen

difference (N.) Differenz (F.), Unterschied (M.)

differentiate (V.) differenzieren, unterscheiden

differentiation (N.) Differenzierung (F.), Unterscheidung (F.)

differentiation clause (N.) Differenzierungsklausel (F.)

differing (Adj.) abweichend

digest (N.) Gesetzessammlung (F.)

digest (V.) verarbeiten (Gedanken bzw. Nahrung verarbeiten)

digestion (N.) Verarbeitung (F.) (Verarbeitung von Gedanken bzw. Nahrung)

dignitary (M. bzw. F.) Würdenträger (M.)

dignity (N.) Würde (F.)
dike (N.) Deich (M.)
dike law Deichrecht (N.)
dilapidated (Adj.) baufällig
dilapidation (N.) Verfall (M.) (Verwahrlosung eines Gebäudes), Verwahrlosung (F.) (Verfall von Häusern)
dilatoriness (N.) Säumnis (F.)
dilatory (Adj.) dilatorisch
dilatory methods (N.Pl.) Prozeßverschleppung (F.)
dilatory objection (N.) dilatorische Einrede (F.)
dilatory plea (N.) dilatorische Einrede (F.)
dilatory procedural defence (N.) dilatorische Einrede (F.)
dilatory tactics (N.) Verschleppung (F.) (Verzögerung im Prozeß)
diligence (N.) Sorgfalt (F.)
diminish (V.) mindern, vermindern
diminished responsibility (N.) verminderte Schuldfähigkeit (F.)
diminution (N.) Minderung (F.), Verminderung (F.)
diocese (N.) Bistum (N.), Diözese (F.)
diploma (N.) Diplom (N.)
diplomacy (N.) Diplomatie (F.)
diplomat (M. bzw. F.) Diplomat (M.)
diplomatic (Adj.) diplomatisch
diplomatic relation (N.) diplomatische Beziehung (F.)
diplomatics (N.Pl.) Diplomatik (F.)
direct (Adj.) direkt, unmittelbar
direct (V.) anordnen, anweisen, leiten, lenken, richten, verfügen (anordnen), vorschreiben
direct acquisition (N.) Direkterwerb (M.)
direct agency (N.) unmittelbare Stellvertretung (F.)
direct compulsion (N.) unmittelbarer Zwang (M.)
direct control contract (N.) Beherrschungsvertrag (M.)
direct damage (N.) unmittelbarer Schaden (M.)
direct debit (N.) Abbuchung (F.)
direct debit authorization (N.) Einziehungsermächtigung (F.)
direct debiting (N.) Lastschriftverfahren (N.)

direct duty (N.) direkte Steuer (F.)
direct error (N.) as to the prohibited nature of an act direkter Verbotsirrtum (M.)
direct intent (N.) direkter Vorsatz (M.), dolus (M.) directus (lat.)
direction (N.) Anweisung (F.), Direktion (F.), Führung (F.) (Leitung), Instruktion (F.), Richtung (F.), Verfügung (F.) (Anordnung)
directions (N.Pl.) for use Gebrauchsanweisung (F.)
directive (Adj.) leitend (führend)
directive (N.) Anordnung (F.), Anweisung (F.), Direktive (F.), Richtlinie (F.), Vorschrift (F.), Weisung (F.)
direct liability (N.) of controlling shareholder Durchgriffshaftung (F.)
direct line (N.) gerade Linie (F.)
directly enforceable guarantee (N.) selbstschuldnerische Bürgschaft (F.)
directly liable (Adj.) selbstschuldnerisch
direct mail selling (N.) Versandhandel (M.)
directness (N.) Unmittelbarkeit (F.)
director (M. bzw. F.) Direktor (M.), Geschäftsführer (M.), Leiter (M.)
directorate (N.) Aufsichtsrat (M.), Verwaltungsrat (M.)
directory provision (N.) Sollvorschrift (F.)
directory statute (N.) Sollvorschrift (F.)
direct possession (N.) unmittelbarer Besitz (M.)
direct representation (N.) direkte Stellvertretung (F.)
direct seat (N.) Direktmandat (N.)
direct tax (N.) direkte Steuer (F.)
direct voting (N.) unmittelbare Wahl (F.)
disability (N.) Erwerbsunfähigkeit (F.), Invalidität (F.)
disability (N.) for imprisonment Haftunfähigkeit (F.)
disability insurance (N.) Invalidenversicherung (F.)
disabled person (M. bzw. F.) Behinderter (M.), Invalide (M.)
disadvantage (N.) Nachteil (M.)
disagio (N.) Disagio (N.)
disagreement (N.) Differenz (F.), Dissens (M.), Einigungsmangel (M.)
disallow (V.) aberkennen, zurückweisen
disallowance (N.) Aberkennung (F.)

disappearance (N.) Verschollenheit (F.) (Verschollenheit einer Person)
disapprobation (N.) Mißbilligung (F.)
disapproval (N.) Mißbilligung (F.)
disapprove (V.) of mißbilligen
disaster (N.) Katastrophe (F.)
disburse (V.) auszahlen
disbursement (N.) Ausgabe (F.), Auslage (F.), Auszahlung (F.)
discharge (N.) Absetzung (F.) (Entlassung von einem Amt), Befreiung (F.), Entlassung (F.), Erlöschen (N.), Freisprechung (F.), Tilgung (F.)
discharge (V.) ausladen, entlassen, freisprechen, löschen (ausladen)
disciplinary (Adj.) disziplinarisch
disciplinary action (N.) Disziplinarmaßnahme (F.), Maßregel (F.)
disciplinary aid (N.) and supervision (N.) Erziehungshilfe (F.)
disciplinary committee (N.) Ehrengericht (N.)
disciplinary complaint (N.) Dienstaufsichtsbeschwerde (F.)
disciplinary court (N.) Ehrengericht (N.)
disciplinary fine (N.) Ordnungsgeld (N.)
disciplinary law (N.) Disziplinarrecht (N.)
disciplinary offence (N.) Dienstvergehen (N.)
disciplinary penalty (N.) Strafverfügung (F.)
disciplinary procedure (N.) Disziplinarverfahren (N.)
disciplinary proceedings (N.Pl.) Disziplinarverfahren (N.)
disciplinary tribunal (N.) Disziplinargericht (N.)
discipline (N.) Disziplin (F.)
disclaim ausschlagen (nicht annehmen)
disclaim (V.) bestreiten
disclaimer (N.) Ausschlagung (F.), Verzicht (M.)
disclose (V.) aufdecken, ausweisen (zu erkennen geben), eröffnen, verraten (etwas verraten)
disclosure (N.) Auskunft (F.), Eröffnung (F.), Offenbarung (F.), Preisgabe (F.)
disconnect (V.) trennen, unterbrechen
disconnection (N.) Trennung (F.)
discontinuance (N.) Einstellung (F.) (Unterbrechung bzw. Beendigung)

discontinuation (N.) Unterbrechung (F.)
discontinue (V.) einstellen (unterbrechen bzw. beenden), unterbrechen
discount (N.) Abschlag (M.), damnum (N.) (lat.), Disagio (N.), Diskont (M.), Rabatt (M.)
discount (V.) diskontieren
discount rate (N.) Diskontsatz (M.)
discredit (N.) Kreditschädigung (F.)
discret (Adj.) verschwiegen
discretion (N.) Ermessen (N.), Verschwiegenheit (F.)
discretionary clause (N.) Kannvorschrift (F.)
discriminate (V.) diskriminieren
discrimination (N.) Diskriminierung (F.), Distinktion (F.)
discuss (V.) erörtern
discussion (N.) Erörterung (F.)
disease (N.) Krankheit (F.)
disengage (V.) entlasten
disentangle (V.) ordnen
disgrace (N.) Schande (F.)
disguise (V.) verschleiern
dishonest (Adj.) unlauter, unredlich
dishonour (V.) zurückweisen
disinherit (V.) enterben
disinheritance (N.) Enterbung (F.)
disintegration (N.) Zerrüttung (F.)
disinter (V.) exhumieren
disinterment (N.) Exhumierung (F.)
disloyal (Adj.) treubrüchig
disloyalty (N.) Treubruch (M.), Untreue (F.)
dismantling (N.) Abbruch (M.) (Abriß eines Hauses)
dismiss (V.) abweisen, entlassen, verwerfen, zurückweisen
dismissal (N.) Absetzung (F.) (Entlassung von einem Amt), Abweisung (F.), Entfernung (F.) (Entlassung) aus dem Dienst, Entlassung (F.), Laufpaß (M.), Verwerfung (F.), Zurückweisung (F.)
disobedience (N.) Widerstand (M.)
disobedient (Adj.) ungehorsam
disorder (N.) Ruhestörung (F.)
disorderly (Adj.) ordnungswidrig
disorderly conduct (N.) Unfug (M.)
disparage (V.) verächtlichmachen, verunglimpfen
disparagement (N.) Verächtlichmachung (F.)
dispatch (N.) Versendung (F.)

dispatch (N.) of records Aktenversendung (F.)

dispatch (V.) absenden (eine Fracht absenden), schicken, versenden

dispatching (N.) Abfertigung (F.) (Fertigmachen für Versendung)

dispensation (N.) Befreiung (F.), Dispens (M.), Rechtsprechung (F.)

dispense (V.) dispensieren

dispense (V.) from erlassen (befreien)

dispense justice (V.) judizieren

dispersal (N.) Dekonzentration (F.)

displaced person (M. bzw. F.) Heimatvertriebener (M.), Vertriebener (M.)

disposal (N.) Disposition (F.), Erledigung (F.), Veräußerung (F.), Verfügung (F.) (Willenserklärung), Verkauf (M.)

disposal site (N.) Deponie (F.)

dispose (V.) of disponieren, veräußern, verfügen (über etwas verfügen)

disposition (N.) Disposition (F.), Veranlagung (F.) (Eigenschaft), Verfügung (F.) (Willenserklärung), Verfügungsgeschäft (N.)

disposition (N.) mortis causa Verfügung von Todes wegen (F.)

disposition (N.) of property Vermögensverfügung (F.)

dispositive (Adj.) dispositiv

dispossession (N.) Besitzentziehung (F.)

disprove (V.) widerlegen

disputation (N.) Disputation (F.)

dispute (N.) Disput (M.), Streitigkeit (F.), Streit (M.)

dispute (V.) abstreiten (bestreiten), streiten

disqualification (N.) from succession Erbunwürdigkeit (F.)

disregard (V.) mißachten

disrupt (V.) zerrütten

disruption (N.) Zerrüttung (F.)

dissemble (V.) heucheln

dissemination (N.) Verteilung (F.), Weitergabe (F.)

dissent (N.) Dissens (M.)

dissenter (M. bzw. F.) Dissident (M.)

dissenting opinion (N.) abweichende Meinung (F.) (eines Richters), Sondervotum (N.) (Sondervotum in einem Gerichtssenat)

dissenting vote (N.) Sondervotum (N.) (Sondervotum in einem Gremium)

dissertation (N.) Dissertation (F.)

dissident (M. bzw. F.) Dissident (M.)

dissolution (N.) Auflösung (F.)

dissolution (N.) of marriage Eheaufhebung (F.)

dissolve (V.) auflösen, lösen

dissolving condition (N.) Resolutivbedingung (F.)

distance (N.) Abstand (M.), Entfernung (F.) (Ortsunterschied)

distinction (N.) Distinktion (F.), Unterscheidung (F.), Unterschied (M.)

distinctive feature (N.) Merkmal (N.)

distinguish (V.) distinguieren (im Verfahrensrecht bezüglich einer älteren Entscheidung unterscheiden), unterscheiden

distrain (V.) pfänden

distrained (Adj.) gepfändet

distraint (N.) Beschlagnahme (F.), Pfändung (F.)

distress (N.) Inbesitznahme (F.), Not (F.), Notlage (F.), Pfändung (F.)

distress sale (N.) Pfandverkauf (M.)

distress warrant (N.) Pfändungsbeschluß (M.)

distribute (V.) ausgeben, umlegen, verteilen

distribution (N.) Auseinandersetzung (F.), Verteilung (F.), Vertrieb (M.)

distribution (N.) of business Geschäftsverteilung (F.)

district Staatsanwalt (M.)

district (N.) Bezirk (M.), Distrikt (M.), Gau (M.), Gebiet (N.), Kreis (M.) (staatliche Verwaltungseinheit), Landkreis (M.), Sprengel (M.)

district board (N.) Gemeindeverband (M.)

district commissioner (M. bzw. F.) Bezirkshauptmann (M.)

district committee (N.) Kreisausschuß (M.)

district court (N.) Bezirksgericht (N.), Kreisgericht (N.)

district court (N.) (am.) Amtsgericht (N.), Bundesgericht (N.)

district notary (M. bzw. F.) Bezirksnotar (M.)

district registry (N.) Standesamt (N.)

distrust (N.) Argwohn (M.), Mißtrauen (N.)

distrust (V.) mißtrauen

disturb (V.) stören

disturbance (N.) Ruhestörung (F.), Störung (F.)

disturbance (N.) of marriage Ehestörung (F.)

disturbance (N.) of possession Besitzstörung (F.)

disturber (M. bzw. F.) Störer (M.)

disturber (M. bzw. F.) by action Handlungsstörer (M.)

disturber (M. bzw. F.) by condition Zustandsstörer (M.)

disturber (M. bzw. F.) by state Zustandsstörer (M.)

divergent (Adj.) abweichend

divergent behavior (N.) (am.) abweichendes Verhalten (N.)

divergent behaviour (N.) (br.) abweichendes Verhalten (N.)

diversion (N.) Diversion (F.)

divert (V.) umlegen

divest (V.) berauben, entziehen

divestment (N.) Besitzentziehung (F.), Entziehung (F.)

divestment (N.) of energy Energieentziehung (F.)

divide (V.) auseinandersetzen (teilen), teilen, trennen

divide (V.) into lots parzellieren

divide (V.) up aufteilen

dividend (N.) Dividende (F.)

dividend warrant (N.) Coupon (M.), Kupon (M.)

dividing-up (N.) of matrimonial household effects Hausratsteilung (F.)

divisible (Adj.) teilbar

divisible performance (N.) teilbare Leistung (F.)

division (N.) Auseinandersetzung (F.), Division (F.), Teilung (F.), Tochtergesellschaft (F.), Trennung (F.)

division (of an administration) (N.) Abteilung (F.) (Abteilung einer Verwaltung) (F.)

divisional coin (N.) Scheidemünze (F.)

divisional court (N.) Kollegialgericht (N.)

divorce (N.) Ehescheidung (F.), Scheidung (F.)

divorce (N.) by consent Konventionalscheidung (F.)

divorce (V.) scheiden

divulge (V.) verraten (etwas verraten)

do (V.) vornehmen

do (V.) business handeln (Handel treiben)

do (V.) damage schaden

docent (M. bzw. F.) Dozent (M.)

dock (N.) Anklagebank (F.), Verzeichnis (N.)

doctor (M. bzw. F.) Arzt (M.), Doktor (M.)

doctor (M. bzw. F.) honoris causa (lat.) Ehrendoktor (M.)

doctoral viva Rigorosum (N.)

doctor's degree (N.) Doktorgrad (M.)

doctrine (N.) Doktrin (F.), Prinzip (N.)

doctrine (N.) of criminal liability for intended wrongdoings only finale Handlungslehre (F.)

doctrine (N.) of criminal responsibility Handlungslehre (F.)

doctrine (N.) of declaratory effect of an act Erklärungstheorie (F.)

doctrine (N.) of privity of contract Privatautonomie (F.)

doctrine (N.) of real intention Willenstheorie (F.)

doctrine (N.) of the causality of criminal responsibility kausale Handlungslehre (F.)

doctrine (N.) of ultra vires ultra-vires-Lehre (F.)

doctrine of the three elements of a state Drei-Elemente-Lehre (F.)

document (N.) Dokument (N.), Papier (N.), Urkunde (F.)

documentary (Adj.) urkundlich

documentary evidence (N.) Urkundenbeweis (M.)

documentary letter (N.) of credit Dokumentenakkreditiv (N.)

dogma (N.) Dogma (N.)

dogmatics (N.) of law Rechtsdogmatik (F.)

dogmatics (N.Pl.) Dogmatik (F.)

dolos (Adj.) dolos

domain (N.) Bereich (M.), Gebiet (N.), Herrschaftsrecht (N.)

domaine (N.) Domäne (F.)

domestic (Adj.) einheimisch, häuslich, inländisch

domestic help (M. bzw. F.) Dienstbote (M.)

domestic matket (N.) Binnenmarkt (M.)

domestic servant (M. bzw. F.) Hausgehilfe (M.)

domestic trade (N.) Binnenhandel (M.)

domicile (N.) Wohnsitz (M.)

domiciliary right (N.) Hausrecht (N.)

domiciliary visit (N.) Hausdurchsuchung (F.), Haussuchung (F.)

dominant estate (N.) herrschendes Grundstück (N.)

dominate (V.) beherrschen

domination (N.) Beherrschung (F.), Herrschaft (F.)

donate (V.) schenken, spenden, stiften (spenden)

donation (N.) Gabe (F.) (Geldgabe), Schenkung (F.), Spende (F.), Stiftung (F.)

donatrix (F.) Schenkerin (F.)

donee (M. bzw. F.) Schenkungsempfänger (M.)

donor (M.) Schenker (M.), Spender (M.), Stifter (M.) (Spender)

door-to-door selling (N.) Haustürgeschäft (N.)

dormant partnership (N.) stille Gesellschaft (F.)

dossier (N.) Dossier (N.)

double - crossing (N.) of a client by a lawyer Parteiverrat (M.)

double name (N.) Doppelname (M.)

double taxation (N.) Doppelbesteuerung (F.)

double-tracked (Adj.) zweispurig

double-tracking (N.) Zweispurigkeit (F.)

doubt (N.) Bedenken (N.), Zweifel (M.)

doubtful (Adj.) zweifelhaft

down payment (N.) Anzahlung (F.)

dowry (N.) Aussteuer (F.), Mitgift (F.)

doyen (M. bzw. F.) Doyen (M.) (franz.)

draconian (Adj.) drakonisch

draconic (Adj.) drakonisch

draft (N.) Fassung (F.), Tratte (F.), Wechsel (M.) (Wertpapier)

draft (N.) of a contract Punktation (F.)

draft (V.) verfassen

draft (V.) (am.) einberufen

draft agreement (N.) Entwurf (M.)

drafter (M. bzw. F.) Verfasser (M.)

draft law (N.) Gesetzentwurf (M.), Gesetzesvorlage (F.)

draftsman (M.) Verfasser (M.)

drain (V.) erschöpfen

drastic action (N.) Durchgriff (M.)

draw (V.) abheben, entnehmen, zeichnen (abbilden)

draw (V.) by lot auslosen

draw (V.) lots losen

draw (V.) up ausstellen, verfassen

drawback (N.) Nachteil (M.) (Mangel bzw. Schaden)

drawee (M. bzw. F.) Bezogener (M.), Trassat (M.)

drawer (M. bzw. F.) Trassant (M.)

drawer (M. bzw. F.) of a bill Aussteller (M.)

drawing (N.) Ausstellung (F.), Entnahme (F.)

drawing (N.) of lots Auslosung (F.)

dredge (V.) räumen

drink (V.) trinken

drive (N.) Drang (M.)

drive (V.) fahren, lenken (ein Fahrzeug lenken)

drive (V.) out vertreiben (austreiben)

driver's license (N.) (am.) Fahrerlaubnis (F.), Führerschein (M.)

driving (N.) while drunk Trunkenheit am Steuer (F.)

driving (N.) while under the influence of alcohol Trunkenheit (F.) im Straßenverkehr

driving ban (N.) Fahrverbot (N.)

driving force (N.) Trieb (M.)

driving instructor (M. bzw. F.) Fahrlehrer (M.)

driving licence (N.) (br.) Fahrerlaubnis (F.), Führerschein (M.)

drop (N.) Baisse (F.)

drop (V.) nachlassen

drug (N.) Betäubungsmittel (N.), Droge (F.), Rauschgift (N.)

druggist (M. bzw. F.) (am.) Apotheker (M.)

drugs act (N.) Betäubungsmittelgesetz (N.)

drumhead trial (N.) Standgericht (N.)

drunk (Adj.) betrunken

drunken (Adj.) betrunken

drunken driving (N.) Trunkenheit am Steuer (F.), Trunkenheit (F.) im Straßenverkehr

drunkenness (N.) Trunkenheit (F.)

drunkenness (N.) at the wheel Trunkenheit am Steuer (F.)

dual citizenship (N.) Doppelstaatsangehörigkeit (F.)

dualism (N.) Dualismus (M.)

dualistic (Adj.) dualistisch

dual nationality (N.) Doppelstaatsangehörigkeit (F.)

dubious (Adj.) unlauter, zweifelhaft

duchess (F.) Herzogin (F.)
duchy (N.) Herzogtum (N.)
due (Adj.) fällig
due care (N.) Sorgfalt (F.)
due date (N.) Fälligkeit (F.)
duel (N.) Duell (N.)
due process (N.) of law rechtliches Gehör (N.)
duke (M.) Herzog (M.)
duly (Adj.) vorschriftsmäßig
dumb (Adj.) stumm
dump (N.) Deponie (F.), Halde (F.)
dumping (N.) Dumping (N.)
dun (V.) mahnen
dungeon (N.) Kerker (M.)
dunning (N.) Mahnung (F.)
dunning proceedings (N.Pl.) Mahnverfahren (N.)
duplicate (N.) Duplikat (N.), Kopie (F.)
duplicate (V.) kopieren, vervielfältigen
duplicatio (N.) Duplik (F.)
duplication (N.) Vervielfältigung (F.)
duration (N.) Dauer (F.)
duress (N.) Nötigung (F.)
duty (N.) Abgabe (F.), Aufgabe (F.), Dienst (M.), Gebühr (F.), Obliegenheit (F.), Pflicht (F.), Steuer (F.)
duty (N.) in respect of care and supervision Fürsorgepflicht (F.)
duty (N.) of care Sorgfaltspflicht (F.)
duty (N.) of care toward third parties Verkehrspflicht (F.)
duty (N.) of fidelity Treuepflicht (F.)
duty (N.) of loyalty Treuepflicht (F.)
duty (N.) to act Handlungspflicht (F.)
duty (N.) to construct and maintain roads Straßenbaulast (F.)
duty (N.) to cooperate Mitwirkungspflicht (F.)
duty (N.) to disclose Aufklärungspflicht (F.)
duty (N.) to exercise proper care Obhutspflicht (F.)
duty (N.) to give evidence Aussagepflicht (F.)
duty (N.) to give information Auskunftspflicht (F.)
duty (N.) to maintain safety Verkehrspflicht (F.)
duty (N.) to obey Gehorsamspflicht (F.)
duty (N.) to prevent the effect Erfolgsab-

wendungspflicht (F.)
duty (N.) to produce a document Editionspflicht (F.)
duty (N.) to protect Schutzpflicht (F.)
duty (N.) to provide clarification Aufklärungspflicht (F.)
duty (N.) to report Meldepflicht (F.)
duty (N.) to take care Sorgfaltspflicht (F.)
duty copy (N.) Pflichtexemplar (N.)
duty-free (Adj.) zollfrei
dwelling (N.) Obdach (N.), Wohnung (F.)
dyke (N.) Deich (M.)
dynamic (Adj.) dynamisch
dynasty (N.) Dynastie (F.)

e

earl (M.) (br.) Graf (M.)
early (Adj.) vorzeitig
earn (V.) verdienen
earned income (N.) Arbeitseinkommen (N.)
earned income relief (N.) Arbeitnehmerfreibetrag (M.)
earnest (N.) arrha (F.) (lat.), Draufgabe (F.)
earnest money (N.) arrha (F.) (lat.), Draufgabe (F.)
earnings (N.Pl.) Einkommen (N.), Einkunft (F.), Einnahmen (F.Pl.), Verdienst (M.) (Einkommen)
ease (V.) entlasten
ease (V.) off nachlassen
easement (N.) Dienstbarkeit (F.), Grunddienstbarkeit (F.), Servitut (F.)
easing (N.) Entlastung (F.)
Eastern territories (N.Pl.) Ostgebiete (N. Pl.)
Eastern Zone (N.) Ostzone (F.)
ecclesiastic (M.) Geistlicher (M.)
ecclesiastical (Adj.) geistlich (kirchlich), kirchlich
ecclesiastical administration (N.) Kirchenverwaltung (F.)
ecclesiastical authority (N.) to teach missio (F.) canonica (lat.)
ecclesiastical law (N.) Kanon (M.), Kirchenrecht (N.)
ecology (N.) Ökologie (F.)
economic (Adj.) wirtschaftlich (die Wirtschaft betreffend)

economic administration (N.) Wirtschaftsverwaltung (F.)
economical (Adj.) wirtschaftlich (gemäß
dem ökonomischen Prinzip)
economic freedom (N.) Gewerbefreiheit (F.)
economics (N.) Ökonomie (F.)
economic subsidy fraud (N.) Subventionsbetrug (M.)
economic system (N.) Wirtschaftsverfassung (F.)
economic union (N.) Wirtschaftsunion (F.)
economize (V.) sparen
economy (N.) Wirtschaft (F.), Wirtschaftlichkeit (F.)
ECU (N.) (European Currency Unit)
ECU (M.) (European Currency Unit)
edict (N.) Edikt (N.)
edifice (N.) Bau (M.), Bauwerk (N.), Gebäude (N.)
editing (N.) Edition (F.), Herausgabe (F.)
(Veröffentlichung)
edition (N.) Druck (M.) (Veröffentlichung
durch Vervielfältigung), Edition (F.)
editor (M.) Herausgeber (M.)
editress (F.) Herausgeberin (F.)
educate (V.) ausbilden, erziehen
education Tendenzbetrieb (M.)
education (N.) Bildung (F.), Erziehung (F.)
education (N.) in approved school Fürsorgeerziehung (F.)
educational allowance (N.) Erziehungsgeld (N.)
educational autonomy (N.) Kulturhoheit
(F.)
educational supervisor (M. bzw. F.) Erziehungsbeistand (M.)
effect (N.) Auswirkung (F.), Effekt (M.),
Folge (F.), Wirkung (F.)
effect (N.) on third party Drittwirkung (F.)
effect (V.) abschließen (vereinbaren), bedingen (bewirken), verrichten (bewirken)
effective (Adj.) effektiv, wirksam
effectiveness (N.) Gültigkeit (F.)
efficiency check (N.) Leistungskontrolle (F.)
efficiency verification (N.) Leistungskontrolle (F.)
efficient (Adj.) wirksam
ejection (N.) Zwangsräumung (F.)
ejectment (N.) Zwangsräumung (F.)
ejectment (N.) (am.) Räumung (F.)

elax (V.) nachlassen
elect (V.) wählen (einen Vertreter durch
Stimmabgabe bestimmen)
elected official (M. bzw. F.) Wahlbeamter
(M.)
election (N.) Wahl (F.) (politische Entscheidung)
election (N.) by classes Gruppenwahl (F.)
election (N.) by groups Gruppenwahl (F.)
election (N.) to the European Parliament
Europawahl (F.)
election fraud (N.) Wahlfälschung (F.)
elective venue (N.) Wahlgerichtsstand (M.)
elector (M. bzw. F.) Wähler (M.)
electoral capacity (N.) Wahlberechtigung
(F.)
electoral district (N.) Wahlkreis (M.)
electoral duty (N.) Wahlpflicht (F.)
electoral franchise (N.) aktives Wahlrecht
(N.), Wahlrecht (N.) (subjektives Wahlrecht)
electoral period (N.) Wahlperiode (F.)
electoral scrutiny (N.) Wahlprüfung (F.)
electricity (N.) Elektrizität (F.), Strom (M.)
(elektrischer Strom)
electric power (N.) Strom (M.) (elektrischer Strom)
electronic data processing (N.) EDV (F.)
(elektronische Datenverarbeitung), elektronische Datenverarbeitung (F.) (EDV)
element (N.) of an offence Tatbestandsmerkmal (N.)
element (N.) of guilt Schuldmerkmal (N.)
element (N.) of injustice Unrechtselement
(N.)
element (N.) of justification Rechtfertigungselement (N.)
elementary school (N.) Volksschule (F.)
elements (N.Pl.) of abuse Mißbrauchstatbestand (M.)
elements (N.Pl.) of an offence Tatbestand
(M.) (im Strafrecht)
eligibility (N.) Fähigkeit (F.), passives
Wahlrecht (N.)
eligibility (N.) for registration Eintragungsfähigkeit (F.)
eligible (Adj.) fähig, wählbar
eliminate (V.) beseitigen, streichen (beseitigen)
elimination (N.) Beseitigung (F.)

elusion (N.) Umgehung (F.)
emancipate (V.) emanzipieren
emancipation (N.) Emanzipation (F.)
emancipation (N.) of the peasantry Bauernbefreiung (F.)
embargo (N.) Embargo (N.)
embargo (N.) on trade Handelsembargo (N.)
embassy (N.) Botschaft (F.) (Vertretung)
embassy minister (M. bzw. F.) Gesandter (M.)
embezzle (V.) unterschlagen, veruntreuen
embezzlement (N.) Unterschlagung (F.), Veruntreuung (F.)
embodiment (N.) Inbegriff (M.)
embryo (N.) Embryo (M.), Leibesfrucht (F.)
emergency (N.) Notfall (M.), Notlage (F.), Notstand (M.)
emergency (N.) of coercion Nötigungsnotstand (M.)
emergency constitution (N.) Notstandsverfassung (F.)
emergency decree (N.) Notverordnung (F.)
emergency legislation (N.) Notstandsgesetzgebung
emergency relief (N.) Nothilfe (F.)
emergency route (N.) Notweg (M.)
emergency sale (N.) Selbsthilfeverkauf (M.)
emergency situation (N.) Notstand (M.)
emergency will (N.) Nottestament (N.)
emigrant (M. bzw. F.) Emigrant (M.)
emigrate (V.) auswandern, emigrieren
emigration (N.) Auswanderung (F.), Emigration (F.)
eminent domain (N.) Obereigentum (N.)
emission (N.) Emission (F.), Emission (F.) (Wertpapieremission)
emit (V.) ausgeben
emnity (N.) Hader (M.)
emotional impulse (N.) Affekt (M.)
emperor (M.) Kaiser (M.)
emphyteusis (N.) Erbpacht (F.)
empire (N.) Imperium (N.), Kaiserreich (N.), Reich (N.)
employ (V.) anstellen, beschäftigen, einstellen (beschäftigen)
employed (Adj.) angestellt
employee (M. bzw. F.) Angestellter (M.), Arbeitnehmer (M.), Bediensteter (M.)
employee (M. bzw. F.) in charge Sachbearbeiter (M.)

employee exempted amount (N.) Arbeitnehmerfreibetrag (M.)
employee invention (N.) Arbeitnehmererfindung (F.), Diensterfindung (F.)
employees (Pl.) Personal (N.)
Employees' Representation Act (N.) Betriebsverfassungsgesetz (N.)
employer (M. bzw. F.) Arbeitgeber (M.), Dienstherr (M.), Prinzipal (M.)
employers (Pl.) and employees (Pl.) Sozialpartner (M.)
employer's association (N.) Arbeitgeberverband (M.)
employer's contribution (N.) Arbeitgeberanteil (M.)
employer's share (N.) Arbeitgeberanteil (M.)
employment (N.) Anstellung (F.), Arbeit (F.), Arbeitsverhältnis (N.), Beschäftigung (F.), Dienstverhältnis (N.), Einstellung (F.) (Beschäftigung)
employment (N.) of capital Kapitalanlage (F.)
employment (N.) of privileged prisoners outside of prison Freigang (M.)
employment agency (N.) Stellenvermittlung (F.)
employment appeal tribunal (N.) Landesarbeitsgericht (N.)
employment authorities (N.Pl.) Arbeitsverwaltung (F.)
employment bureau (N.) Stellenvermittlung (F.)
employment contract (N.) Arbeitsvertrag (M.)
employment exchange (N.) (br.) Arbeitsamt (N.)
employment fraud (N.) Anstellungsbetrug (M.)
employment office (N.) Stellenvermittlung (F.)
employment office (N.) (am.) Arbeitsamt (N.)
employment placement service (N.) Arbeitsvermittlung (F.)
employment promotion (N.) Arbeitsförderung (F.)
employment relationship (N.) Arbeitsverhältnis (N.)
employment services (N.Pl.) Arbeitsverwaltung (F.)

employment tax (N.) Lohnsteuer (F.)
empower (V.) beauftragen, berechtigen, bevollmächtigen, ermächtigen
empress (F.) Kaiserin (F.)
emptor (M. bzw. F.) Käufer (M.)
enable (V.) befähigen
enabling act (N.) Ermächtigungsgesetz (N.)
enabling statute (N.) Blankettvorschrift (F.), Ermächtigungsgesetz (N.)
enacted law (N.) Gesetzesrecht (N.)
enactment (N.) Bestimmung (F.)
encashment order (N.) Inkassomandat (N.)
enclave (N.) Enklave (F.)
enclose (V.) beifügen, beilegen
enclosed (Adj.) befriedet
enclosure (N.) Annex (M.), Einlage (F.) (Briefeinlage), Klausur (F.) (örtlicher Abschluß)
encourage (V.) fördern (unterstützen)
encroachment (N.) Eingriff (M.)
encroachment (N.) on Beeinträchtigung (F.)
encumberance (N.) dingliche Belastung (F.)
encyclical (N.) Enzyklika (F.)
encyclopedia (N.) Enzyklopädie (F.), Lexikon (N.)
end (N.) Zweck (M.)
end (V.) abschließen (beenden), beenden, beendigen
endanger (V.) gefährden
endangered (Adj.) gefährdet
endangerment (N.) Gefährdung (F.)
endeavor (V.) (am.) trachten
endeavour (V.) (br.) trachten
endorsee (M. bzw. F.) Indossat (M.)
endorsement (N.) Giro (N.), Indossament (N.), Sichtvermerk (M.), Vermerk (M.)
endorsement (N.) in blank Blankoindossament (N.)
endorser (M. bzw. F.) Indossant (M.)
endow (V.) schenken, stiften (spenden)
endowed institution (N.) Stiftung (F.)
endowed school (N.) (am.) Privatschule (F.)
endowment (N.) Dotation (F.), Stiftung (F.)
endure (V.) dauern
enemy (M. bzw. F.) Feind (M.)
enemy (M. bzw. F.) of the democratic constitutional order Verfassungsfeind (M.)
energy (N.) Energie (F.)
energy laws (N.Pl.) Energierecht (N.)
energy supply company (N.) Energieversorgungsunternehmen (N.)

enforce (V.) eintreiben, erzwingen, vollstrecken, vollziehen
enforce (V.) the payment of beitreiben
enforceability (N.) Vollstreckbarkeit (F.)
enforceable (Adj.) erzwingbar, vollstreckbar
enforceable instrument (N.) vollstreckbare Urkunde (F.)
enforced collection (N.) Beitreibung (F.) (Beitreibung im Verwaltungsrecht)
enforced settlement (N.) Zwangsvergleich (M.)
enforcement (N.) Erzwingung (F.), Vollstreckung (F.), Vollziehung (F.), Vollzug (M.), Zwangsvollstreckung (F.)
enforcement (N.) of payment Beitreibung (F.) (Beitreibung im Privatrecht)
enforcement (N.) of public prosecution proceedings Klageerzwingungsverfahren (N.)
enforcement agency (N.) Vollzugsbehörde (F.)
enforcement officer's service (N.) Vollzugsdienst (M.)
engage (V.) anstellen, befassen, einstellen (beschäftigen), nehmen, verpflichten
engaged (Adj.) beschäftigt, tätig
engagement (N.) Anstellung (F.), Beschäftigung (F.), Obligo (N.), Verlöbnis (N.), Verlobung (F.), Verpflichtung (F.)
England (F.) England (N.)
engross (V.) ausfertigen
engrossment (N.) Ausfertigung (F.)
enjoyment (N.) Genuß (M.)
enjoyment (N.) of fruits and benefits Fruchtgenuß (M.)
enlightenment (N.) Aufklärung (F.) (Zeit der Aufklärung)
enlist (V.) werben (Arbeitskräfte anwerben)
ennoble (V.) adeln
enrich (V.) bereichern
enrichment (N.) Bereicherung (F.)
enroll (V.) immatrikulieren
enrollment (N.) Immatrikulation (F.)
ensure (V.) gewährleisten
ensuring (N.) Sicherung (F.)
entail (N.) Fideikommiß (M.)
entailed estate (N.) Fideikommiß (M.)
entangle (V.) verstricken
entanglement (N.) Verstrickung (F.)

enter (V.) betreten (V.), eintragen, eintreten (hineingehen)
enter (V.) a country einreisen
enter (V.) an appearance einlassen
enter (V.) by force eindringen
enter (V.) in someone's account verrechnen (in Rechnung stellen)
enter (V.) in the books buchen
enter (V.) into abschließen (vereinbaren), eingehen
entering (N.) in the books Buchung (F.) (Buchhaltung)
enterprise (N.) Betrieb (M.), Unternehmen (N.) (Geschäft)
enterprise (N.) in the field of politics Tendenzbetrieb (M.)
entertain (V.) erwägen
entice (V.) verführen, verleiten
entice (V.) away abwerben
enticement (N.) Abwerbung (F.), Verführung (F.)
entire (Adj.) gesamt, vollständig
entirety (N.) Gesamtheit (F.)
entirety (N.) of things Sachinbegriff (M.)
entitle (V.) berechtigen
entitled (Adj.) befugt
entitled (Adj.) to act handlungsfähig
entitlement (N.) Anspruch (M.), Berechtigung (F.), subjektives Recht (N.)
entitlement (N.) to a cause of action Sachbefugnis (F.)
entitlement (N.) to inheritance of surviving spouse Ehegattenerbrecht (N.)
entitlement (N.) to social security benefits Sozialleistungsanspruch (M.)
entity (N.) Einheit (F.), Rechtssubjekt (N.)
entrain (V.) verladen
entrance (N.) Eintritt (M.) (Eingang)
entrapping person (M. bzw. F.) agent (M.) provocateur (franz.)
entrepreneur (M. bzw. F.) Unternehmer (M.)
entrust (V.) beauftragen
entry (N.) Eintrag (M.) (Registereintrag), Eintragung (F.), Eintritt (M.) (Eingang), Vermerk (M.)
entry (N.) in the land register Bucheintragung (F.)
entry (N.) into force Inkrafttreten (N.)
entry (N.) into possession Besitznahme (F.)

enumeration (N.) Enumeration (F.)
enumerative (Adj.) enumerativ
environment (N.) Umwelt (F.) (Umwelt als Schutzgegenstand)
environmental impact assessment (N.) Umweltverträglichkeitsprüfung (F.)
Environmental Information Regulations (N.Pl.) Umweltinformationsgesetz (N.)
environmental law (N.) Umweltrecht (N.)
Environmental Liability Law (N.) Umwelthaftungsgesetz (N.)
environmental protection (N.) Umweltschutz (M.)
epidemic (N.) Seuche (F.)
equality (N.) Gleichberechtigung (F.), Gleichheit (F.)
equality (N.) in kind Gleichartigkeit (F.)
equality (N.) of birth Ebenbürtigkeit (F.)
equality (N.) of rank Ebenbürtigkeit (F.)
equality (N.) of rights Gleichberechtigung (F.)
equalization (N.) Ausgleich (M.)
equalization (N.) of accrued gains Zugewinnausgleich (M.)
equalization (N.) of burdens Lastenausgleich (M.)
equalization claim (N.) Ausgleichsanspruch (M.)
equalization levy (N.) Ausgleichsabgabe (F.)
equalize (V.) ausgleichen
equally entitled (Adj.) gleichberechtigt
equal opportunities (N.Pl.) Chancengleichheit (F.)
equal suffrage (N.) gleiche Wahl (F.)
equip (V.) ausstatten
equipment (N.) Ausstattung (F.)
Equipment-Safety Law (N.) Gerätesicherheitsgesetz (N.)
equitable (Adj.) billig, gerecht
equitableness (N.) Billigkeit (F.)
equity (N.) Billigkeit (F.)
equity (N.) and justice (N.) in the individual case Fallgerechtigkeit (F.)
equity capital (N.) Eigenkapital (N.)
equity interest (N.) Beteiligung (F.) (Beteiligung im Handelsrecht)
equivalence (N.) Äquivalenz (F.)
equivalent (Adj.) äquivalent, gleichwertig
erase (V.) löschen (tilgen)
errand (N.) Besorgung (F.) (Beschaffung)

erroneous (Adj.) unrichtig
erroneousness (N.) Unrichtigkeit (F.)
error (N.) Fehler (M.), Irrtum (M.), Revisionsgrund (M.)
error (N.) as to the content of the declaration Inhaltsirrtum (M.)
error (N.) as to the prohibited nature of an act Verbotsirrtum (M.)
error (N.) concerning permissibility Erlaubnisirrtum (M.)
error (N.) in law Rechtsirrtum (M.)
error (N.) in one's calculation Kalkulationsirrtum (M.)
error (N.) of fact Tatsachenirrtum (M.)
error (N.) of subsumption Subsumtionsirrtum (M.)
errror (N.) in motivation Motivirrtum (M.)
escalator clause (N.) Gleitklausel (F.), Indexklausel (F.)
escape (N.) Ausbruch (M.), Flucht (F.)
escape (V.) ausbrechen, fliehen
escape clause (N.) Rücktrittsklausel (F.)
escheat (N.) Heimfall (M.)
escort (N.) Geleit (N.)
escrow account (N.) Treuhandkonto (N.)
espionage (N.) Spionage (F.)
essence (N.) Inbegriff (M.), Inhalt (M.)
essential part (N.) wesentlicher Bestandteil (M.)
establish (V.) einrichten, gründen, niederlassen (Geschäft eröffnen), statuieren, stiften (gründen)
established (Adj.) hergebracht, wohlerworben
established church (N.) (br.) Staatskirche (F.)
established civil servant (M. bzw. F.) Berufsbeamter (M.)
established post (N.) Planstelle (F.)
establishment (N.) Anstalt (F.), Betrieb (M.), Einrichtung (F.), Firma (F.) (Unternehmen), Gründung (F.)
establisment (N.) Niederlassung (F.) (Geschäftseröffnung)
estate (N.) Besitztum (N.), Domäne (F.)
estate (N.) in fee tail Fideikommiß (M.)
estate (N.) in tail Majorat (N.)
esteem (N.) Hochachtung (F.)
estimate (N.) Kalkulation (F.), Kostenvoranschlag (M.), Schätzung (F.)

estimate (N.) of expenditure Voranschlag (M.)
estimate (V.) ermessen, kalkulieren, rechnen, schätzen, taxieren
estimates (N.Pl.) Budget (N.), Etat (M.), Haushaltsplan (M.)
estimation (N.) of evidence Beweiswürdigung (F.)
estoppel (N.) Estoppel (N.), Rechtsverwirkung (F.), Unzulässigkeit (F.) der Rechtsausübung, Verwirkung (F.)
ethical (Adj.) sittlich
ethics (N.Pl.) Ethik (F.)
ethnic (Adj.) ethnisch
ethnical (Adj.) ethnisch
ethos (N.) Ethos (M.)
eucumene (N.) Ökumene (F.)
eucumenical (Adj.) ökumenisch
eurocheque (N.) Eurocheque (M.)
Europe (F.) Europa (N.)
european (Adj.) europäisch
European Assembly (N.) Versammlung (F.) der Europäischen Union
European Atomic Energy Community (N.) Europäische Atomgemeinschaft (F.)
European Coal and Steel Community (N.) Europäische Gemeinschaft (F.) für Kohle und Stahl
European Communities (N.Pl.) Europäische Gemeinschaften (F.Pl.)
European Community (N.) (EC) EG (F.) (Europäische Gemeinschaft)
European community law (N.) Europäisches Gemeinschaftsrecht (N.)
European Convention (N.) on Human Rights Europäische Konvention (F.) zum Schutz der Menschenrechte und Grundfreiheiten
European Council (N.) Europäischer Rat (M.)
European Court (N.) of Human Rights Europäischer Gerichtshof (M.) für Menschenrechte
European Court (N.) of Justice Europäischer Gerichtshof (M.)
European Curency Unit (N.) (ECU) European Currency Unit (N.) (ECU)
European Economic Community (N.) Europäische Wirtschaftsgemeinschaft (F.)
European economic interest grouping

(N.) Europäische Wirtschaftliche Interessenvereinigung (F.)
European law (N.) Europäisches Recht (N.), Europarecht (N.)
European market (N.) Europäischer Wirtschaftsraum (M.)
European Monetary System (N.) Europäisches Währungssystem (N.)
European Parliament (N.) Europäisches Parlament (N.)
European Social Charter (N.) Europäische Sozialcharta (F.)
European Union (N.) Europäische Union (F.)
European Union (N.) (EU) EU (F.) (Europäische Union)
European University (N.) Europäische Universität (F.)
euthanasia (N.) Euthanasie (F.), Sterbehilfe (F.)
evacuate (V.) evakuieren, räumen
evacuation (N.) Evakuierung (F.)
evade (V.) ausweichen, hinterziehen (Steuern rechtswidrig behalten)
evaluate (V.) bewerten, evaluieren, festsetzen, werten
evaluation (N.) Evaluation (F.), Festsetzung (F.)
evaluation basis (N.) Bemessungsgrundlage (F.)
evasion (N.) Umgehung (F.)
evasion (N.) of tax Steuerflucht (F.), Steuerhinterziehung (F.)
evasion (N.) of the law Gesetzesumgehung (F.)
event (N.) Ereignis (N.), Vorfall (M.)
event (N.) insured against Versicherungsfall (M.)
events (N.Pl.) Geschehen (N.)
eviction (N.) Entwerung (F.), Eviktion (F.), Zwangsräumung (F.)
eviction (N.) (brit.) Räumung (F.)
evidence (N.) Aussage (F.), Beweis (M.), Evidenz (F.), Nachweis (M.), Zeugenaussage (F.)
evidence (N.) in rebuttal Gegenbeweis (M.)
evidence (V.) beweisen
evident (Adj.) evident, offenbar
evidential procedure (N.) Beweisverfahren (N.)

evil (Adj.) übel
evolution (N.) Entfaltung (F.)
evolve (V.) entfalten
exaction (N.) Beitreibung (F.) (Beitreibung im Verwaltungsrecht)
exam (N.) Examen (N.)
examination (N.) Einsicht (F.), Examen (N.), Musterung (F.), Prüfung (F.), Untersuchung (F.), Verhör (N.), Vernehmung (F.)
examination (N.) for the master's certificate Meisterprüfung (F.)
examination (N.) of witnesses Zeugenvernehmung (F.)
examination (N.) to take a doctor's degree Doktorprüfung (F.)
examination regulations (N.Pl.) Prüfungsordnung (F.)
examine (V.) befragen, betrachten, einsehen (Einsicht nehmen), erwägen, mustern, prüfen, untersuchen
examinee (M. bzw. F.) Prüfling (M.)
examining magistrate (M. bzw. F.) Untersuchungsrichter (M.)
example (N.) Muster (N.)
exceed (V.) überschreiten (eine Grenze verletzen)
exceeding (N.) of one's discretionary powers Ermessensüberschreitung (F.)
except (Konj.) außer
exception (N.) Ausnahme (F.), Einrede (F.), Einwendung (F.), exceptio (F.) (lat.)
exceptional (Adj.) außergewöhnlich
excess (N.) Exzeß (M.), Selbstbehalt (M.), Übermaß (N.), Überschreitung (F.) (Verletzung eines Verbotes)
excess (N.) of a person who possesses on behalf of someone else Fremdbesitzerexzeß (M.)
excess charge (N.) Zuschlag (M.) (Aufpreis)
excessive amount (N.) Übermaß (N.)
excessive indebtness (N.) Überschuldung (F.)
excessive mandate (N.) Überhangmandat (N.)
excessive rates (N.Pl.) Abgabenüberhebung (F.), Gebührenüberhebung (F.)
excessive self-defence (N.) (br.) Notwehrexzeß (M.), Notwehrüberschreitung (F.)
excessive self-defense (N.) (am.) Notwehrexzeß (M.), Notwehrüberschreitung (F.)

excess value (N.) Mehrwert (M.)

exchange (N.) Austausch (M.), Börse (F.), Tausch (M.), Wechsel (M.) (Änderung)

exchange (V.) austauschen, tauschen

exchangeable (Adj.) vertretbar (austauschbar)

exchange rate (N.) Kurs (M.) (Wertverhältnis)

excise (N.) Akzise (F.)

excise tax (N.) Verbrauchsteuer (F.)

excite (V.) erregen

exclave (N.) Exklave (F.)

exclude (V.) ausschließen

exclusion (N.) Ausschließung (F.), Ausschluß (M.)

exclusion (N.) of liability Haftungsausschluß (M.)

exclusionary rule (N.) Beweisverwertungsverbot (N.)

exclusion clause (N.) Freizeichnungsklausel (F.)

exclusion zone (N.) Sperrgebiet (N.)

exclusive (Adj.) ausschließlich, exklusiv

exclusive heir (M. bzw. F.) to a farm Anerbe (M.)

exclusive legislation (N.) ausschließliche Gesetzgebung (F.)

exclusive possession (N.) Eigenbesitz (M.)

exclusive possessor (M. bzw. F.) Eigenbesitzer (M.)

exclusive time limit (N.) Ausschlußfrist (F.)

excommunicate (V.) exkommunizieren

excommunication (N.) Bann (M.) (Kirchenbann), Exkommunikation (F.)

exculpation (N.) Entlastung (F.) (Beschuldigtenentlastung), Entschuldigungsgrund (M.), Exkulpation (F.)

exculpatory evidence (N.) Entlastungsbeweis (M.)

excuse (N.) Entschuldigung (F.), Entschuldigungsgrund (M.)

excuse (V.) befreien, entschuldigen

excusing emergency (N.) entschuldigender Notstand (M.)

execute (V.) ausführen (ein Gesetz ausführen), durchführen (verwirklichen), exekutieren, hinrichten, vollstrecken, vollziehen

executed gift (N.) Handschenkung (F.)

executed treaty (N.) Realkontrakt (M.), Realvertrag (M.)

executer (M. bzw. F.) Vollstrecker (M.)

execution (N.) Ausführung (F.) (Ausführung eines Gesetzes), Ausstellung (F.), Exekution (F.), Hinrichtung (F.), Vollstreckung (F.), Vollziehung (F.), Vollzug (M.), Vornahme (F.), Zwangsvollstreckung (F.)

execution (N.) of a sentence Strafvollstreckung (F.), Strafvollzug (M.)

execution (N.) of judgement Urteilsvollstreckung (F.)

execution (N.) of sentence Urteilsvollstreckung (F.)

execution (N.) upon real estate Immobiliarzwangsvollstreckung (F.)

execution creditor (M. bzw. F.) Vollstreckungsgläubiger (M.)

execution debtor (M. bzw. F.) Vollstreckungsschuldner (M.)

executioner (M.) Henker (M.), Scharfrichter (M.)

execution lien (N.) Pfändungspfandrecht (N.), Zwangshypothek (F.)

execution sale (N.) Zwangsversteigerung (F.)

execution sale (N.) by public auction Subhastation (F.)

executive (Adj.) exekutiv

executive (M. bzw. F.) Geschäftsführer (M.)

executive (N.) Exekutive (F.)

executive administration (N.) Eingriffsverwaltung (F.)

executive board (N.) Präsidium (N.), Vorstand (M.)

executive body (N.) Verwaltungsträger (M.)

executive decree (N.) Durchführungsverordnung (F.)

executive employee (M. bzw. F.) leitender Angestellter (M.)

executive power (N.) Exekutive (F.)

executor (M. bzw. F.) Testamentsvollstrecker (M.)

executorship (N.) Testamentvollstreckung (F.)

executory agreement (N.) Verpflichtungsgeschäft (N.)

executory officer (M. bzw. F.) Vollstreckungsbeamter (M.)

exemplify (V.) ausfertigen

exempt (V.) from freistellen (befreien)

exemption (N.) Befreiung (F.), Dispens (M.), Freistellung (F.)

exemption (N.) from criminal responsibility Indemnität (F.)
exemption (N.) from distraint Pfändungsschutz (M.)
exemption (N.) from execution Pfändungsschutz (M.)
exemption (N.) from judicial execution Vollstreckungsschutz (M.)
exemption (N.) from liability Haftungsausschluß (M.)
exemption (N.) from seizure Unpfändbarkeit (F.)
exemption (N.) from tax Steuerbefreiung (F.)
exemption (N.) from transfer Unversetzbarkeit (F.)
exemption clause (N.) Freizeichnungsklausel (F.)
exequatur (N.) Exequatur (N.)
exercise (N.) Ausübung (F.)
exercise (N.) of a right Rechtsausübung (F.)
exercise (N.) of one's profession Berufsausübung (F.)
exercise (V.) ausüben
exhaust (V.) erschöpfen
exhaust emission examination (N.) Abgasuntersuchung (F.)
exheredate (V.) enterben
exheredation (N.) Enterbung (F.)
exhibit (N.) Beweisstück (N.)
exhibitionist (Adj.) exhibitionistisch
exhibitionist (M.) Exhibitionist (M.)
exhibitionist act (N.) exhibitionistische Handlung (F.)
exhumation (N.) Exhumierung (F.)
exhume (V.) exhumieren
exile (N.) Exil (N.), Verbannung (F.)
exile (V.) verbannen
existence (N.) Dasein (N.), Existenz (F.)
ex officio (lat.) ex officio (lat.), von Amts wegen
ex officio guardianship (N.) Amtsvormundschaft (F.)
ex officio proceedings (N.Pl.) Amtsbetrieb (M.)
exonerate (V.) entlasten, freisprechen
exonerating evidence (N.) Entlastungsbeweis (M.)
exoneration (N.) Entlastung (F.) (Beschuldigtenentlastung), Freisprechung (F.)

exorbitant rent (N.) Mietwucher (M.)
expatriate (Adj.) heimatlos
expatriate (V.) ausbürgern
expatriation (N.) Ausbürgerung (F.), Vertreibung (F.)
expect (V.) rechnen
expectancy (N.) Anwartschaft (F.), Anwartschaftsrecht (N.)
expectant (Adj.) zukünftig
expectant right (N.) Anwartschaftsrecht (N.)
expedience (N.) Opportunität (F.), Zweckmäßigkeit (F.)
expedient (Adj.) opportun, zweckmäßig
expedited procedure (N.) beschleunigtes Verfahren (N.)
expel (V.) ausweisen (außer Landes verbringen), verstoßen (zurückweisen), vertreiben (austreiben)
expellee (M. bzw. F.) Vertriebener (M.)
expend (V.) aufwenden
expenditure (N.) Aufwand (M.), Aufwendung (F.), Ausgabe (F.)
expense (N.) Aufwand (M.), Aufwendung (F.), Ausgabe (F.), Auslage (F.)
expense allowance (N.) Aufwandsentschädigung (F.)
expenses (N.Pl.) Kosten (F.Pl.), Spesen (F.Pl.), Unkosten (F.Pl.)
experience (N.) Erfahrung (F.)
experience (V.) erfahren (V.)
expert (Adj.) sachverständig
expert (M. bzw. F.) Fachmann (M.), Gutachter (M.), Sachverständiger (M.)
expertise (N.) Gutachten (N.)
expert knowledge (N.) Sachkunde (F.)
expert opinion (N.) Gutachten (N.)
expert opinion (N.) on hereditary factors erbbiologisches Gutachten (N.)
expert system (N.) Expertensystem (N.)
expert witness (M. bzw. F.) Sachverständiger (M.)
expiate (V.) büßen
expiation (N.) Buße (F.), Sühne (F.)
expiration (N.) Verfall (M.) (Gültigkeitsverlust einer Forderung)
expiration (N.) (am.) Ablauf (M.)
expire (V.) erlöschen, verfallen (ablaufen)
expiry (N.) Verfall (M.) (Gültigkeitsverlust einer Forderung)

expiry (N.) (br.) Ablauf (M.)
expiry clause (N.) Verfallsklausel (F.)
explain (V.) erläutern
explicit (Adj.) ausdrücklich, expressis verbis (lat.), klar
explode (V.) explodieren
exploratory soundings (N.Pl.) Ausforschung (F.)
explore (V.) ausforschen
explosion (N.) Explosion (F.)
explosive (N.) Sprengstoff (M.)
exponent (M. bzw. F.) Repräsentant (M.)
export (N.) Ausfuhr (F.), Export (M.)
export (V.) exportieren
exportation (N.) Export (M.)
export licence (N.) Ausfuhrerlaubnis (F.)
export license (N.) (am.) Ausfuhrerlaubnis (F.)
export permit (N.) Ausfuhrerlaubnis (F.)
expose (V.) aussetzen (in eine hilflose Lage verbringen)
ex post facto (lat.) rückwirkend
exposure (N.) Aussetzung (F.) (Verbringung in eine hilflose Lage)
express (Adj.) ausdrücklich
expropriate (V.) enteignen
expropriation (N.) Enteignung (F.)
expropriation (N.) by administrative authorities Administrativenteignung (F.)
expulsion (N.) Ausschließung (F.), Ausschluß (M.), Ausweisung (F.), Relegation (F.), Vertreibung (F.), Verweisung (F.) (Ausweisung einer Person)
expunge (V.) löschen (tilgen)
expurgate (V.) zensieren
extend (V.) prolongieren, verlängern
extended reservation (N.) of proprietary rights verlängerter Eigentumsvorbehalt (M.)
extended sentence (N.) of imprisonment Sicherungsverwahrung (F.)
extension (N.) Prolongation (F.), Verlängerung (F.)
extension (N.) of a contract Vertragsverlängerung (F.)
extension (N.) of time Fristverlängerung (F.), Nachfrist (F.)
extensive (Adj.) extensiv
extent (N.) Maß (N.)
extent (N.) of protection Schutzbereich (M.)
extenuate (V.) mildern

extenuating reason (N.) Milderungsgrund (M.)
extenuation (N.) Strafmilderung (F.)
exterior (Adj.) auswärtig
external law (N.) of taxation Außensteuerrecht (N.)
external power (N.) of agency Außenvollmacht (F.)
external relationship (N.) Außenverhältnis (N.)
external sphere (N.) Außenbereich (M.)
external undeveloped land (N.) Außenbereich (M.)
exterritorial (Adj.) exterritorial
extinction (N.) of previous convictions Straftilgung (F.)
extinctive prescription (N.) Versitzung (F.)
extinguish (V.) löschen (tilgen)
extinguishment (N.) Erlöschen (N.), Löschung (F.) (Tilgung)
extort (V.) erpressen
extortion (N.) Erpressung (F.), Erzwingung (F.)
extortion (N.) of statements Aussageerpressung (F.)
extortionary robbery (N.) räuberische Erpressung (F.)
extortionate (Adj.) erpresserisch
extortionate kidnapping (N.) erpresserischer Menschenraub (M.)
extortionist (M. bzw. F.) Erpresser (M.)
extortion racket (N.) Schutzgelderpressung (F.)
extract (N.) Auszug (M.)
extract (V.) fördern (abbauen)
extraction (N.) Abkunft (F.), Förderung (F.) (Abbau)
extradite (V.) ausliefern (an ausländische Behörden ausliefern)
extradition (N.) Auslieferung (F.) (Auslieferung an ausländische Behörden)
extradition treaty (N.) Auslieferungsvertrag (M.)
extra dividend (N.) Bonus (M.)
extrajudicial (Adj.) außergerichtlich
extra-marital cohabitation (N.) nichteheliche Lebensgemeinschaft (F.)
extraordinary (Adj.) außergewöhnlich, außerordentlich
extraordinary termination (N.) außeror-

dentliche Kündigung (F.)
extra payment (N.) Nachzahlung (F.)
extra-statuatory necessity (N.) übergesetzlicher Notstand (M.)
extraterritorial (Adj.) exterritorial
extraterritoriality (N.) Exterritorialität (F.)
extremism (N.) Extremismus (M.)
extremist (M. bzw. F.) Extremist (M.), Verfassungsfeind (M.)
eyewitness (M. bzw. F.) Augenzeuge (M.)

f

fabricant (M. bzw. F.) Fabrikant (M.)
fabricated document (N.) unechte Urkunde (F.)
fabrication (N.) Fälschung (F.)
face value (N.) Nennbetrag (M.)
facilities (N.Pl.) Anlage (F.) (Einrichtung)
facility (N.) Einrichtung (F.)
facsimile (N.) Faksimile (N.)
fact (N.) Faktum (N.), Tatsache (F.)
factor (N.) Faktor (M.), Umstand (M.)
factorage (N.) Provision (F.)
factoring (N.) Factoring (N.)
factory (N.) Fabrik (F.), Manufaktur (F.) (Fabrik), Werk (N.) (Fabrik)
factory agreement (N.) Betriebsvereinbarung (F.)
factory committee (N.) Betriebsrat (M.)
factory inspection (N.) Gewerbepolizei (F.)
factory inspectorate (N.) Gewerbeaufsichtsamt (N.)
factory meeting (N.) Betriebsversammlung (F.)
facts (N.Pl.) constituting an offence Straftatbestand (M.)
facts (N.Pl.) of the case Sachverhalt (M.), Tatbestand (M.) (im Verfahrensrecht)
facts (N.Pl.) to be proved Beweisthema (N.)
factual (Adj.) sachlich
factual connection (N.) Sachzusammenhang (M.)
factual error (N.) Tatsachenirrtum (M.)
factual mistake (N.) Tatbestandsirrtum (M.)
facultative (Adj.) fakultativ
faculty (N.) Fachbereich (M.) (Fachbereich an Universitäten), Fakultät (F.), Vollmacht (F.)

fail (V.) nachlassen, scheitern
fail (V.) to appear ausbleiben, versäumen
fail (V.) to attend versäumen
fail (V.) to do unterlassen
failure (N.) Konkurs (M.), Pleite (F.), Unterlassung (F.)
failure (N.) of marriage Scheitern (N.) der Ehe
failure (N.) to appear Ausbleiben (N.)
failure (N.) to observe Versäumung (F.)
failure (N.) to perform Nichterfüllung (F.), Nichtleistung (F.), Versäumnis (N.) (Unterlassung)
failure (N.) to render aid unterlassene Hilfeleistung (F.)
fair (Adj.) billig, fair, gerecht, richtig
fair (N.) Messe (F.)
fairness (N.) Billigkeit (F.), Fairneß (F.), Gerechtigkeit (F.), Kulanz (F.)
fair price (N.) gerechter Preis (M.)
fair trading office (N.) (br.) Kartellbehörde (F.)
faith (N.) Glaube (M.), Konfession (F.), Treue (F.)
faithful (Adj.) treu, zuverlässig
faithfulness (N.) Zuverlässigkeit (F.)
faithless (Adj.) treubrüchig
fake (N.) Fälschung (F.)
fake (V.) fälschen, fingieren, vortäuschen
faker (M. bzw. F.) Fälscher (M.)
fall (N.) Baisse (F.)
fall (N.) of the hammer Zuschlag (M.) (Zuteilung bei der Versteigerung)
fall (V.) into decay verfallen (verfallen eines Gebäudes)
fall (V.) to obliegen
fall (V.) under the statute of limitations verjähren
falling (N.) short of discretion Ermessensunterschreitung (F.)
false (Adj.) falsch, künstlich, unecht, unrichtig, unwahr
false arrest (N.) Freiheitsberaubung (F.)
false assumption (N.) of authority Amtsanmaßung (F.)
false certification (N.) Falschbeurkundung (F.)
falsehood (N.) Unwahrheit (F.)
false imprisonment (N.) Freiheitsberaubung (F.)

false money (N.) Falschgeld (N.)
false oath (N.) Falscheid (M.), Meineid (M.)
false retroactivity unechte Rückwirkung (F.)
false swearing (N.) Falscheid (M.)
false testimony (N.) Falschaussage
falsification (N.) Fälschung (F.)
falsifier (M. bzw. F.) Fälscher (M.)
falsify (V.) fälschen
falsity (N.) Unrichtigkeit (F.)
fame (N.) Ruf (M.)
familiy register (N.) Familienbuch (N.)
family (N.) Familie (F.)
family allowance (N.) Familienhilfe (F.)
family company (N.) Familiengesellschaft (F.)
family court (N.) Familiengericht (N.)
family law (N.) Familienrecht (N.), Hausgesetz (N.)
family name (N.) Familienname (N.), Zuname (M.)
family record (N.) Familienbuch (N.)
family status (N.) Personenstand (M.)
family support (N.) Familienhilfe (F.)
farm (N.) Hof (M.) (Bauernhof)
farmer (M. bzw. F.) Bauer (M.), Landwirt (M.)
farming (N.) Landwirtschaft (F.)
farm law (N.) Landwirtschaftsrecht (N.)
farm tenancy (N.) Landpacht (F.)
fascism (N.) Faschismus (M.)
fatal (Adj.) tödlich
fate (N.) Schicksal (N.)
father (M.) Vater (M.)
Father (M.) of the House Alterspräsident (M.)
fatherhood (N.) Vaterschaft (F.)
father-in-law (M.) Schwiegervater (M.)
fatherland (N.) Vaterland (N.)
fault (N.) Fehler (M.), Mangel (M.) (Fehler), Sachmangel (M.), Schuld (F.) (Verschulden im Strafrecht), Verschulden (N.)
fault (N.) in the construction Konstruktionsfehler (M.)
faultiness (N.) Fehlerhaftigkeit
faulty (Adj.) fehlerhaft
favor (N.) (am.) Gunst (F.)
favor (V.) begünstigen
favorable (Adj.) (am.) günstig
favour (N.) Gefälligkeit (F.)
favour (N.) (br.) Gunst (F.)

favourable (Adj.) vorteilhaft
favourable (Adj.) (br.) günstig
fear (N.) Furcht (F.)
feature (N.) Seite (F.)
federal (Adj.) bundesstaatlich, föderalistisch
Federal Act (N.) on the preservation of forests Bundeswaldgesetz (N.)
federal administration (N.) Bundesanstalt (F.), Bundesverwaltung (F.)
Federal Administrative Court (N.) Bundesverwaltungsgericht (N.)
Federal Armed Forces (N.Pl.) Bundeswehr (F.)
Federal Armed Forces Administration (N.) Bundeswehrverwaltung (F.)
Federal Army (N.) Bundesheer (N.)
federal assembly (N.) Bundesversammlung (F.)
Federal Association (N.) of Notaries Bundesnotarkammer (F.)
Federal Attorney Fees Act (N.) Bundesrechtsanwaltsgebührenordnung (F.)
federal attorney general (M. bzw. F.) Generalbundesanwalt (M.)
Federal Audit Office (N.) Bundesrechnungshof (M.)
federal authority (N.) Bundesbehörde (F.)
federal autobahn (N.) Bundesautobahn (F.)
Federal Bank (N.) Bundesbank (F.)
Federal Border Police (N.) Bundesgrenzschutz (M.)
federal budget (N.) Bundeshaushalt (M.)
Federal Building Law (N.) Bundesbaugesetz (N.)
Federal Bureau (N.) of Investigation (am.) Kriminalpolizei (F.)
Federal Bureau (N.) of Investigation (F.B.I.) (am.) Bundeskriminalamt (N.)
Federal Cabinet (N.) Bundeskabinett (N.)
Federal Cartel Office (N.) Bundeskartellamt (N.)
Federal Central Register (N.) Bundeszentralregister (N.)
Federal Chancellery (N.) Bundeskanzleramt (N.)
Federal Chancellor (M. bzw. F.) Bundeskanzler (M.)
federal commissioner (M. bzw. F.) Bundesbeauftragter (M.)

federal compulsory action (N.) Bundeszwang (M.)

federal constitution (N.) Bundesverfassung (F.)

Federal Constitutional Court (N.) Bundesverfassungsgericht (N.)

federal convention (N.) Bundesversammlung (F.)

federal corporation (N.) Bundesanstalt (F.)

Federal Council (N.) Bundesrat (M.)

federal court (N.) Bundesgericht (N.)

federal data protection act (N.) Bundesdatenschutzgesetz (N.)

federal department (N.) Bundesbehörde (F.)

Federal Fiscal Court (N.) Bundesfinanzhof (M.)

federal flag (N.) Bundesflagge (F.)

Federal Frontier Guards (M.Pl.) Bundesgrenzschutz (M.)

Federal Gazette (N.) Bundesanzeiger (M.)

federal government (N.) Bundesregierung (F.)

Federal Health Office (N.) Bundesgesundheitsamt (F.)

Federal High Court (N.) of Justice Bundesgerichtshof (M.)

federal highway (N.) Bundesfernstraße (F.)

federal institution (N.) Bundesanstalt (F.)

Federal Insurance Authority (N.) Bundesversicherungsamt (N.)

Federal Insurance Institution (N.) for Salaried Employees Bundesversicherungsanstalt (F.) für Angestellte

Federal Intelligence Service (N.) Bundesnachrichtendienst (M.)

federalism (N.) Bundesstaatlichkeit (F.), Föderalismus (M.)

federalistic (Adj.) föderalistisch

federal judge (M. bzw. F.) Bundesrichter (M.)

Federal Labour Court (N.) Bundesarbeitsgericht (N.)

federal law (N.) Bundesgesetz (N.), Bundesrecht (N.)

federal law (N.) concerning prevention of epidemics Bundesseuchengesetz (N.)

Federal Law Gazette (N.) Bundesgesetzblatt (N.)

federal legislation (N.) Bundesgesetzgebung (F.)

federal matter (N.) Bundesangelegenheit (F.)

Federal Miners' Insurance (N.) Bundesknappschaft (F.)

federal minister (M. bzw. F.) Bundesminister (M.)

federal ministry (N.) of justice Bundesjustizministerium (N.)

federal office (N.) Bundesamt (N.)

Federal Office (N.) for Motor Traffic Kraftfahrtbundesamt (N.)

federal officer (M. bzw. F.) Bundesbeamter (M.)

Federal Patent Tribunal (N.) Bundespatentgericht (N.)

federal police (N.) Bundespolizei (F.)

Federal Post Administration (N.) Bundespost (F.)

Federal President (M. bzw. F.) Bundespräsident (M.)

Federal Prosecutor (M. bzw. F.) Bundesanwalt (M.)

Federal Prosecutor's Department (N.) Bundesanwaltschaft (F.)

federal public assistance (N.) for poor persons Bundessozialhilfegesetz (N.)

Federal Railroad (N.) Bundesbahn (F.)

Federal Railways (N.Pl.) Bundesbahn (F.)

federal republic (N.) Bundesrepublik (F.)

Federal Social Court (N.) Bundessozialgericht (N.)

federal state (N.) Bundesstaat (M.)

Federal Student Aid Act (N.) Bundesausbildungsförderungsgesetz (N.)

federal superior authority (N.) Bundesoberbehörde (F.)

federal supervision (N.) Bundesaufsicht (F.)

Federal Supervisory Office (N.) Bundesaufsichtsamt (N.)

federal territory (N.) Bundesgebiet (N.)

Federal Trade Commission (N.) Bundeshandelskommission (F.)

federation (N.) Föderation (F.), Verband (M.), Vereinigung (F.) (Institution)

Federation (N.) of German Trade Union Deutscher Gewerkschaftsbund (M.) (DGB)

fee (N.) Gebühr (F.), Honorar (N.), Taxe (F.)

fee (N.) for the use of Benutzungsgebühr (F.)

feeble-mindedness (N.) Geistesschwäche
(F.)
feeding stuff (N.) Futtermittel (N.)
fee tail (N.) Fideikommißbesitz (M.)
feign (V.) fingieren, heucheln, vorspiegeln,
vortäuschen
feigning (N.) commission of a crime Vortäuschen einer Straftat (N.)
fellow (M. bzw. F.) Kollege (M.)
fellow heir (M. bzw. F.) Miterbe (M.)
fellow-member (M. bzw. F.) Partner (M.)
felon (M. bzw. F.) Verbrecher (M.)
felonious (Adj.) verbrecherisch
felonious wounding (N.) gefährliche Körperverletzung (F.)
felony (N.) Kapitalverbrechen (N.), Verbrechen (N.)
female (F.) Frau (F.)
fence (M. bzw. F.) Hehler (M.)
fence (N.) Zaun (M.)
fence (V.) hehlen
fenced (Adj.) in befriedet
fencing (N.) Hehlerei (F.)
ferry (V.) überführen (übergeben)
feticide (N.) Abtreibung (F.)
fetus (N.) Fötus (M.)
feud (N.) Fehde (F.), Lehen (N.)
feudal (Adj.) feudal
feudalism (N.) Feudalismus (M.)
feudal tenure (N.) Lehen (N.)
fiancé (M.) Bräutigam (M.)
fiancée (F.) Braut (F.)
fiat (N.) of execution Vollstreckungsklausel (F.)
fiction (N.) Fiktion (F.)
fictitious bargain (N.) Scheingeschäft (N.)
fictitious element (N.) Scheinbestandteil
(M.)
fictitious judgement (N.) Scheinurteil (N.)
fictitious marriage (N.) Scheinehe (F.)
fidelity (N.) Treue (F.)
fidelity clause (N.) Vertrauensschutz (M.)
fiduciary (Adj.) fiduziarisch, treuhänderisch
fiduciary (M. bzw. F.) Treuhänder (M.)
fiduciary loan (N.) Personalkredit (M.)
field (N.) auditing Außenprüfung (F.)
field (N.) of application Geltungsbereich
(M.)
fight (N.) Kampf (M.), Schlägerei (F.)
fight (V.) kämpfen, raufen

figurative (Adj.) uneigentlich
**figurative contract (N.) for work done
and materials supplied** uneigentlicher
Werklieferungsvertrag (M.)
figure (N.) Summe (F.), Zahl (F.), Ziffer (F.)
figurehead (M. bzw. F.) Strohmann (M.)
filch (V.) entwenden
file (N.) Akte (F.), Dossier (N.)
file (V.) einbringen (eine Petition einbringen), einlegen, einreichen, ordnen
file (V.) an action klagen
file number (N.) Aktenzeichen (N.)
filiation (N.) Kindschaft (F.)
filing (N.) of action Klageerhebung (F.)
filing department (N.) Registratur (F.)
fill (V.) in ausfüllen
film rights (N.Pl.) Filmrecht (N.)
final (Adj.) final
final decision (N.) Endurteil (N.)
final decree (N.) Endurteil (N.) (Eherechtsendurteil)
final examination (N.) Abitur (N.), Matura
(F.)
finalistic (Adj.) teleologisch
finality (N.) Teleologie (F.)
final judgement (N.) Endurteil (N.)
finance (N.) Finanzen (F.Pl.), Finanz (F.)
finance (V.) finanzieren
finance bill (N.) Haushaltsvorlage (F.)
finance office (N.) Finanzamt (N.)
financial (Adj.) finanziell
financial assets (N.Pl.) Finanzvermögen
(N.)
financial backing (N.) Finanzierung (F.)
financial equalization (N.) Finanzausgleich (M.)
financial institution (N.) Kreditinstitut (N.)
financial law (N.) Finanzrecht (N.)
financial reliability (N.) Bonität (F.)
financial standing (N.) Bonität (F.)
financial statement (N.) Bilanz (F.)
financial system (N.) Finanzverfassung (F.)
financial year (N.) Geschäftsjahr (N.),
Rechnungsjahr (N.)
financing (N.) Finanzierung (F.)
financing (N.) of political parties Parteienfinanzierung (F.)
find (V.) finden
finder (M. bzw. F.) Finder (M.)
finder's reward (N.) Finderlohn (M.)

finding (N.) Fund (M.), Richterspruch (M.)
findings (N.Pl.) Verdikt (N.)
fine (N.) Geldstrafe (F.)
finger print (N.) Fingerabdruck (M.)
finish (V.) abschließen (beenden), beenden, beendigen, erledigen, fertigstellen
finished attempt (N.) beendeter Versuch (M.)
finishing stroke (N.) Gnadenstoß (M.)
fire (N.) Brand (M.), Feuer (N.)
fire (V.) schießen
fire-arm (N.) Schußwaffe (F.)
firearms certificate (N.) Waffenschein (M.)
fire insurance (N.) Feuerversicherung (F.)
fire-raiser (M. bzw. F.) Brandstifter (M.)
fire-raising (N.) Brandstiftung (F.)
fire safety (N.) Brandschutz (M.)
fire wall (N.) Brandmauer (F.)
firm (Adj.) fest, stabil
firm (N.) Betrieb (M.), Firma (F.) (Unternehmen)
firm name (N.) Firma (F.) (Name des Kaufmanns)
firm price (N.) Festpreis (M.)
first (Adj.) anfänglich
first name (N.) Vorname (M.)
fisc (N.) öffentliche Hand (F.)
fiscal (Adj.) fiskalisch, steuerlich
fiscal adjustment (N.) Finanzausgleich (M.)
fiscal administration (N.) Finanzverwaltung (F.)
fiscal balance sheet (N.) Steuerbilanz (F.)
fiscal charge (N.) Abgabe (F.)
fiscal court (N.) Finanzgericht (N.)
fiscal court jurisdiction (N.) Finanzgerichtsbarkeit (F.)
fiscal fraud (N.) Steuerhinterziehung (F.)
fiscal investigation (N.) Steuerfahndung (F.)
fiscal law (N.) Steuerrecht (N.)
fiscal tax audit (N.) Betriebsprüfung (F.)
fiscal year (N.) Geschäftsjahr (N.), Rechnungsjahr (N.)
fish (V.) fischen
fishery (N.) Fischerei (F.)
fishing right (N.) Fischereirecht (N.)
fish poaching (N.) Fischwilderei (F.)
fit (Adj.) gesund, tauglich (dienstfähig)
fit (Adj.) to plead prozeßfähig, prozeßfähig (Adj.)
fit (V.) eignen

fit (V.) out ausstatten
fitness (N.) Tauglichkeit (F.)
fitness (N.) to marry Ehefähigkeit (F.)
fitter (M. bzw. F.) Installateur (M.)
fix (V.) ansetzen, beschließen, festsetzen, instandsetzen
fix (V.) a date anberaumen, terminieren (zeitlich festlegen)
fixed (Adj.) fest, gebunden
fixed assets (N.Pl.) Anlagevermögen (N.)
fixed capital (N.) Anlagevermögen (N.)
fixed costs (N.Pl.) Gemeinkosten (F.Pl.)
fixed date (N.) Stichtag (M.)
fixed deposit (N.) Festgeld (N.)
fixed period (N.) Frist (F.)
fixed price (N.) Festpreis (M.)
fixed time (N.) Termin (M.)
fixing (N.) Festsetzung (F.)
fixing (N.) of a time-limit Fristsetzung (F.)
fixture (N.) Grundstückszubehör (N.)
flag (N.) Flagge (F.)
flagrant (Adj.) offenkundig
flat (N.) (br.) Wohnung (F.)
flat rate (N.) Pauschale (F.)
flaw (N.) Fabrikationsfehler (M.)
flee (V.) fliehen
fleece (V.) neppen
fleet (N.) Flotte (F.)
flexible (Adj.) flexibel
flexible law (N.) dispositives Recht (N.), nachgiebiges Recht (N.)
flight (N.) Flucht (F.), Flug (M.)
floating (N.) Freigabe (F.)
flog (V.) prügeln, züchtigen
floor (N.) Stockwerk (N.)
flotation (N.) Emission (F.) (Wertpapieremission)
flotsam (N.) and jetsam (N.) Strandgut (N.)
flout (V.) mißachten
flyer (N.) (am.) Flugblatt (N.)
flying squad (N.) Bereitschaftspolizei (F.)
flysheet (N.) Flugblatt (N.)
fob (free on board) (Adj.) fob (free on board)
foe (M. bzw. F.) Feind (M.)
foetus (N.) Fötus (M.), Leibesfrucht (F.)
foisting (N.) a child upon another Unterschieben (N.) eines Kindes
folkland (N.) Allmende (F.)
follow (V.) folgen (nachfolgen), richten

follower (M. bzw. F.) Nachfolger (M.)
follow up bankruptcy (N.) Anschlußkonkurs (M.)
fomenter (M. bzw. F) Aufrührer (M.)
food (N.) Lebensmittel (N.Pl.)
foot (N.) Fuß (M.)
forbear (V.) unterlassen
forbearance (N.) Stundung (F.), Unterlassung (F.)
forbid (V.) untersagen, verbieten
forbidden (Adj.) verboten
force (N.) Gewalt (F.) (Kraft), Gewalt (F.) (Kraftanwendung)
force (N.) majeure (franz.) höhere Gewalt (F.)
force (N.) of law Gesetzeskraft (F.)
force (V.) zwingen
forced administration (N.) Zwangsverwaltung (F.)
forced heirship (N.) Noterbrecht (N.)
forcible entry (N.) Hausfriedensbruch (M.)
forcing-up (N.) of prices Preistreiberei (F.)
for consideration entgeltlich
foreclosure (N.) Präklusion (F.), Zwangsvollstreckung (F.)
foreign (Adj.) ausländisch, auswärtig, fremd
foreign affairs (N.Pl.) auswärtige Angelegenheiten (F.Pl.)
foreign countries (N.Pl.) Ausland (N.)
foreign currency (N.) Devisen (F.Pl.), Valuta (F.) (Währung)
foreigner (M. bzw. F.) Ausländer (M.), Fremder (M.)
foreign exchange (N.) Devisen (F.Pl.)
foreign exchange market (N.) Devisenmarkt (M.)
foreign exchange reserves (N.Pl.) Devisenreserven (F.Pl.)
foreign minister (M. bzw. F.) Außenminister (M.)
foreign ministry (N.) Außenministerium (N.)
foreign notes (N.Pl.) Valuta (F.) (Währung)
Foreign Office (N.) (br.) Außenministerium (N.)
Foreign Secretary (M. bzw. F.) (br.) Außenminister (M.)
foreign service (N.) auswärtiger Dienst (M.)
foreign trade (N.) Außenwirtschaft (F.)

foreman (M.) Obmann (M.)
forensic (Adj.) forensisch
forensic science (N.) Kriminalistik (F.)
foresee (V.) vorhersehen
foreseeability (N.) Voraussehbarkeit (F.), Vorhersehbarkeit (F.)
foreseeable (Adj.) voraussehbar
forest (N.) Forst (M.), Wald (M.)
forestall (V.) vorbeugen
forester (M. bzw. F.) Förster (M.)
forest officer (M. bzw. F.) Förster (M.)
forest official (M. bzw. F.) Förster (M.)
forestry district (N.) Revier (N.) (Forstrevier)
forethought (N.) Vorbedacht (M.)
forfeit (N.) Verwirkung (F.)
forfeit (V.) konfiszieren, verwirken
forfeit clause (N.) Verwirkungsklausel (F.)
forfeiture (N.) Kaduzierung (F.), Konfiskation (F.), Verwirkung (F.)
forfeiture clause (N.) Verwirkungsklausel (F.)
forfeiture pledge (N.) Verfallspfand (N.)
forge (V.) fälschen
forger (M. bzw. F.) Fälscher (M.), Falschmünzer (M.)
forgery (N.) Fälschung (F.)
forgery (N.) of a document Urkundenfälschung (F.)
forgery (N.) of postal stamps Wertzeichenfälschung (F.)
for life lebenslang, lebenslänglich
form (N.) Form (F.), Formular (N.), Fragebogen (M.)
form (N.) of action Klageart (F.)
form (N.) of government Staatsform (F.)
form (N.) of words Formulierung (F.)
form (V.) gründen
form (V.) a coalition koalieren
formal (Adj.) formal, formell
formal constitution (N.) formelle Verfassung (F.)
formalism (N.) Formalismus (M.)
formalities (N.Pl.) Form (F.)
formality (N.) Formalie (F.), Formalität (F.)
formal protest (N.) Remonstration (F.)
formal reception (N.) Audienz (F.)
formal validity (N.) formelle Rechtskraft (F.)
formation (N.) Gestaltung (F.), Gründung (F.)

formation (N.) of treaty Vertragsschluß (M.)

formation (N.) of wealth Vermögensbildung (F.)

formation of wealth law (N.) Vermögensbildungsgesetz (N.)

formative act (N.) Gestaltungsakt (M.)

formula (N.) Formel (F.)

formulate (V.) formulieren

formulation (N.) Formulierung (F.)

for nothing kostenlos, umsonst

for reasons of honor (am.) honoris causa (lat.)

for reasons of honour (brit.) honoris causa (lat.)

forthwith (Adv.) umgehend

fortification (N.) Festung (F.)

fortress (N.) Festung (F.)

fortune (N.) Glück (N.), Vermögen (N.)

forum (lat.) forum (N.) (lat.)

forum (N.) Gerichtsstand (M.)

forum (N.) of choice Wahlgerichtsstand (M.)

forward (V.) verladen

forward business (N.) Termingeschäft (N.)

forwarder (M. bzw. F.) Spediteur (M.)

forwarding (N.) Spedition (F.)

forwarding (N.) of records Aktenversendung (F.)

forwarding agent (M. bzw. F.) Spediteur (M.)

forwarding trade (N.) Spedition (F.)

foster child (N.) Pflegekind (N.)

foster-father (M.) Pflegevater (M.)

foster-mother (F.) Pflegemutter (F.)

foster-parents (Pl.) Pflegeeltern (Pl.)

foul (Adj.) übel

foul assassin (M. bzw. F.) Meuchelmörder (M.)

foul assassination (N.) Meuchelmord (M.)

found (V.) gründen, stiften (gründen)

foundation (N.) Anstalt (F.), Grundlage (F.), Gründung (F.), Stift (N.), Stiftung (F.)

foundation (N.) of claim Anspruchsgrundlage (F.)

founder (M. bzw. F.) Gründer (M.), Stifter (M.) (Gründer)

foundling (M. bzw. F.) Findelkind (N.)

found object (N.) Fund (M.)

fraction (N.) Bruchteil (M.), Fraktion (F.)

fractional part (N.) Bruchteil (M.)

fractional tract (N.) of land Parzelle (F.)

framework (N.) Rahmen (M.)

framework collective agreement (N.) Manteltarif (M.), Manteltarifvertrag (M.)

framework legislation (N.) Rahmengesetzgebung (F.)

franc (N.) Franken (M.) (Schweizer Geldeinheit)

France (F.) Frankreich (N.)

franchise (N.) Konzession (F.), Lizenz (F.), Stimmrecht (N.)

franchisee (M. bzw. F.) Franchisenehmer (M.)

franchiser (M. bzw. F.) Franchisegeber (M.)

franchise system (N.) Konzessionensystem (N.)

franchising (N.) Franchisevertrag (M.), Franchising (N.)

franchising agreement (N.) Franchisevertrag (M.)

franco (Adj.) franko

frank (V.) frankieren

fraud (N.) Betrug (M.)

fraud (N.) in the performance Erfüllungsbetrug (M.)

fraud (N.) in treaty Eingehungsbetrug (M.)

fraudulent (Adj.) betrügerisch

fraudulent alteration (N.) of civil status Personenstandsfälschung (F.)

fraudulent conveyance (N.) Verschleuderung (F.) (Verschleuderung im Insolvenzrecht)

fraudulent enticement (N.) to emigrate Auswanderungsbetrug (M.)

fraudulent misinterpretation (N.) arglistige Täuschung (F.)

fraudulent use (N.) of documents signed in blank Blankettmißbrauch (M.)

free (Adj.) freiheitlich, gratis, kostenlos, unbenommen, unentgeltlich

free (Adj.) from debt schuldenfrei

free (Adj.) from duty zollfrei

free (Adj.) house frei Haus

free (Adj.) of acts gesetzesfrei

free (Adj.) of charge franko, gebührenfrei, gratis, unentgeltlich

free (Adj.) to move freizügig

free (Adj.) to the door frei Haus

free (Adv.) of charge umsonst

free (V.) befreien, freilassen
free allowance (N.) Freibetrag (M.)
freebooter (M. bzw. F.) Freibeuter (M.)
free church (N.) Freikirche (F.)
free copy (N.) Freiexemplar (N.)
free delivered (Adj.) frei Haus
free democratic constitutional structure (N.) freiheitlich-demokratische Grundordnung (F.)
freedom (N.) Freiheit (F.)
freedom (N.) of action Handlungsfreiheit (F.)
freedom (N.) of art Kunstfreiheit (F.)
freedom (N.) of association Koalitionsfreiheit (F.), Vereinsfreiheit (F.)
freedom (N.) of broadcasting Rundfunkfreiheit (F.)
freedom (N.) of conscience Gewissensfreiheit (F.)
freedom (N.) of contents Inhaltsfreiheit (F.)
freedom (N.) of contract Vertragsfreiheit (F.)
freedom (N.) of expression Meinungsfreiheit (F.)
freedom (N.) of faith Bekenntnisfreiheit (F.), Glaubensfreiheit (F.)
freedom (N.) of information Informationsfreiheit (F.)
freedom (N.) of meeting Versammlungsfreiheit (F.), Versammlungsrecht (N.)
freedom (N.) of movement Freizügigkeit (F.)
freedom (N.) of opinion Meinungsfreiheit (F.)
freedom (N.) of press Pressefreiheit (F.)
freedom (N.) of religion Bekenntnisfreiheit (F.), Glaubensfreiheit (F.)
freedom (N.) of science Wissenschaftsfreiheit (F.)
freedom (N.) of teaching Lehrfreiheit (F.)
freedom (N.) of testamentary disposition Testierfreiheit (F.)
freedom (N.) of thought Gedankenfreiheit (F.)
freedom (N.) of trade Gewerbefreiheit (F.)
freedom (N.) of will Willensfreiheit (F.)
freedom (N.) to build on property Baufreiheit (F.)
freedom (N.) to choose a profession Berufsfreiheit (F.)

freedom (N.) to contract Abschlußfreiheit (F.)
freedom (N.) to form associations Gründungsfreiheit (F.), Vereinigungsfreiheit (F.)
freedom (N.) to provide services Dienstleistungsfreiheit (F.)
freedom (N.) to strike Streikrecht (N.)
free domicile frei Haus
free enterprise (N.) Marktwirtschaft (F.)
freeholder (M. bzw. F.) Grundeigentümer (M.)
freehold flat (N.) (br.) Eigentumswohnung (F.)
freeing (N.) Befreiung (F.)
freeing (N.) prisoners Gefangenenbefreiung (F.)
free-lance (Adj.) freiberuflich (Journalist bzw. Schriftsteller)
free-lance profession (N.) freier Beruf (M.)
free mark (N.) Freizeichen (N.) (Freizeichen im Handelsrecht)
free market economy (N.) Verkehrswirtschaft (F.)
free mason (M.) Freimaurer (M.)
free movement (N.) of capital Kapitalverkehrsfreiheit (F.)
free movement (N.) of goods Warenverkehrsfreiheit (F.)
free on board (fob) (Adj.) free on board (fob)
free passage (N.) within goal liberties Freigang (M.)
free port (N.) Freihafen (M.)
free state (N.) Freistaat (M.)
free trade (N.) Freihandel (M.)
freeze (V.) sperren
freight (N.) Fracht (F.), Ladung (F.) (Aufladung von Gütern)
freight contract (N.) Frachtvertrag (M.)
freighter (M. bzw. F.) (am.) Verfrachter (M.)
frequent (Adj.) häufig
fresh call (N.) Nachzahlung (F.)
fresh pursuit (N.) sofortige Verfolgung (F.)
fright (N.) Furcht (F.)
frighten (V.) schrecken
from now on ex nunc (lat.)
fronde (N.) Fronde (F.)
frontier (N.) Grenze (F.) (Staatsgrenze)
fruit (N.) Frucht (F.) (Frucht im rechtlichen Sinn)

fruit of the poisonous tree doctrine (N.) Beweisverwertungsverbot (N.)
frustrate (V.) vereiteln
frustrating (N.) execution Vollstreckungsvereitelung (F.)
frustration (N.) of contract Wegfall (M.) der Geschäftsgrundlage
frustration (N.) of purpose Zweckfortfall (M.), Zweckstörung (F.)
frustration (N.) of receipt Zugangsvereitelung (F.)
fudder (N.) Futtermittel (N.)
fugitive (M. bzw. F.) Flüchtling (M.)
fulfill (V.) erfüllen
fulfillability (N.) Erfüllbarkeit (F.)
fulfillment (N.) Erfüllung (F.)
full age (N.) Mündigkeit (F.)
full commercial power (N.) of representation Prokura (F.)
full partner (M. bzw. F.) Komplementär (M.)
full power (N.) Generalvollmacht (F.)
full-time notary (M. bzw. F.) Nurnotar (M.)
full trader (M. bzw. F.) Vollkaufmann (M.)
full trial (N.) Hauptverfahren (N.)
fully authorized officer (M. bzw. F.) Prokurist (M.)
fully trained lawyer (M. bzw. F.) Volljurist (M.)
fume (N.) Rauch (M.)
fume (V.) rauchen
function (N.) Amt (N.), Aufgabe (F.), Funktion (F.)
function (V.) fungieren
functional (Adj.) funktionell
functional reciprocity (N.) funktionelles Synallagma (N.)
functionary (M. bzw. F.) Amtsträger (M.), Funktionär (M.)
fund (N.) Fond (M.), Fonds (M.)
fund (V.) konsolidieren
fundamental error (N.) absoluter Revisionsgrund (M.)
fundamental - principle right (N.) Rahmenrecht (N.)
fundamentals (N.Pl.) Grundlage (F.)
funding (N.) Konsolidation (F.)
funds (N.Pl.) Mittel (N.)
funeral (N.) Beerdigung (F.)
funeral expenses (N.Pl.) Beerdigungskos-

ten (N.Pl.)
fungible (Adj.) fungibel, vertretbar (austauschbar)
fungible (N.) vertretbare Sache (F.)
furnishings (N.Pl.) Mobiliar (N.)
furniture (N.) Möbel (Pl.), Mobiliar (N.)
further appeal (N.) on bill of exceptions weitere Beschwerde (F.)
further education (N.) Fortbildung (F.)
furthering (N.) of the gifted Begabtenförderung (F.)
further margin (N.) Nachschuß (M.)
fuse (V.) fusionieren, verschmelzen
fusion (N.) Fusion (F.), Verschmelzung (F.)
future (Adj.) künftig, zukünftig
future disputes clause (N.) Schiedsklausel (F.)
future estate (N.) Anwartschaft (F.)
future interest (N.) Anwartschaft (F.)
futures contract (N.) Termingeschäft (N.)

g

gag (N.) Knebel (M.)
gag (V.) knebeln
gagging (N.) Knebelung (F.)
gain (N.) Bereicherung (F.), Gewinn (M.), Verdienst (M.) (Einkommen)
gain (V.) gewinnen
gainful employment (N.) Erwerbstätigkeit (F.)
gallon (N.) Gallone (F.)
gallows (N.) Galgen (M.)
gamble (V.) spielen
gambling (N.) Glücksspiel (N.), Spiel (N.)
gambling (N.) in futures Differenzgeschäft (N.)
game (N.) Spiel (N.), Wild (N.)
game (N.) of chance Glücksspiel (N.)
game (N.) of hazard Glücksspiel (N.)
game law (N.) Jagdrecht (N.) (Jagdrechtsordnung)
game licence (N.) Jagdschein (M.)
gang (N.) Bande (F.), Rotte (F.) (Gruppe von Menschen)
gangster (M.) Bandit (M.)
gang up (V.) zusammenrotten (sich)
gap (N.) Abstand (M.), Gesetzeslücke (F.), Lücke (F.)

garage (N.) Garage (F.)
garbage (N.) (am.) Müll (M.)
garbage collection (N.) (am.) Müllabfuhr (F.)
garble (V.) verstümmeln
garnishee (M. bzw. F.) Drittschuldner (M.)
garnishee order (N.) Pfändungsbeschluß (M.)
garnishment (N.) Forderungspfändung (F.)
garnishment (N.) of salary claims Gehaltsexekution (F.)
garnishment (N.) of wages Lohnpfändung (F.)
gas (N.) Benzin (N.), Gas (N.)
gas chamber (N.) (am.) Gaskammer (F.) (Gaskammer in den Vereinigten Staaten)
gastronomy (N.) Gastronomie (F.)
gate (N.) Schranke (F.)
gather (V.) sammeln
gem (N.) Kleinod (N.)
gender (N.) Geschlecht (N.) (natürliches Geschlecht)
gene law (N.) Genrecht (N.)
general (Adj.) allgemein, generell
general (M.) General (M.)
General Accounting Office (N.) (am.) Rechnungshof (M.)
general act (N.) allgemeines Gesetz (N.), Gesamtakt (M.)
general act (N.) governing the public service Beamtenrechtsrahmengesetz (N.)
general amnesty (N.) Generalamnestie (F.)
general assembly (N.) Generalversammlung (F.), Plenum (N.)
general assignment (N.) Globalzession (F.)
general authority (N.) Generalvollmacht (F.)
general commercial business (N.) Grundhandelsgewerbe (N.)
general community (N.) of goods allgemeine Gütergemeinschaft (F.) (allgemeine Gütergemeinschaft unter Ehegatten)
general consent (N.) Generaleinwilligung (F.), Generalkonsens (M.)
general control (N.) Gesamtsteuerung (F.)
general crime prevention (N.) Generalprävention (F.)
general disposition (N.) Allgemeinverfügung (F.)
general election (N.) allgemeine Wahl (F.)

general endorsement (N.) Blankoindossament (N.)
general expenses (N.Pl.) Gemeinkosten (F. Pl.)
general fee (N.) for court proceedings Prozeßgebühr (F.)
general freedom (N.) of action allgemeine Handlungsfreiheit (F.)
general intent (N.) dolus (M.) generalis (lat.)
generalize (V.) generalisieren
general law (N.) allgemeines Gesetz (N.)
general legacy (N.) Gattungsvermächtnis (N.)
generally known (Adj.) publik
general management (N.) Gesamtsteuerung (F.)
general meeting (N.) Hauptversammlung (F.)
general pardon (N.) Abolition (F.), Amnestie (F.)
general part (N.) allgemeiner Teil (M.)
general partner (M. bzw. F.) Komplementär (M.)
general partnership (N.) offene Handelsgesellschaft (F.)
general political science (N.) allgemeine Staatslehre (F.)
general power (N.) Generalvollmacht (F.)
general principle (N.) of law allgemeiner Rechtsgrundsatz (M.)
general public (N.) Öffentlichkeit (F.)
general public interest (N.) Gemeinwohl (N.)
general regulation (N.) Rahmenvorschrift (F.)
general relationship (N.) of subordination allgemeines Gewaltverhältnis (N.)
general right (N.) Rahmenrecht (N.)
general strike (N.) Generalstreik (M.)
general terms and conditions (N.Pl.) of trade allgemeine Geschäftsbedingungen (F. Pl.)
generation (N.) Zeugung (F.)
generosity (N.) Kulanz (F.)
genetic (Adj.) genetisch
genetic dactylogram (N.) genetischer Fingerabdruck (M.)
genetic reciprocity (N.) genetisches Synallagma (N.)

genetic technology (N.) Gentechnik (F.)
Geneva Convention (N.) Genfer Konvention (F.)
genocide (N.) Genozid (M.), Völkermord (M.)
genuine (Adj.) authentisch, echt
genuine crime (N.) by omission echtes Unterlassungsdelikt (N.)
genuineness (N.) Echtheit (F.)
genus (N.) Gattung (F.), Genus (N.)
German (M. bzw. F.) Deutscher (M.)
German Democratic Republic (F.) Deutsche Demokratische Republik (F.) (DDR)
German Diet (N.) Reichstag (M.)
German Reich (F.) Deutsches Reich (N.)
German Society (N.) for Musical Performance and Mechanical Reproduction Rights GEMA (F.) (Gesellschaft für musikalische Aufführungsrechte und mechanische Vervielfältigungsrechte)
German Trade Union (N.) DGB (M.) (Deutscher Gewerkschaftsbund)
German Treaty (N.) Deutschlandvertrag (M.)
Germany (F.) Deutschland (N.)
gesture (N.) Gebärde (F.)
get (V.) erhalten
get (V.) drunk betrinken (sich)
get (V.) engaged verloben (sich)
get (V.) into debt verschulden (sich)
get (V.) lost abhandenkommen
get (V.) ready rüsten
ghetto (N.) Getto (N.)
ghost driver (M. bzw. F.) Geisterfahrer (M.)
gibbet (N.) Galgen (M.)
gift (N.) Geschenk (N.), Schenkung (F.)
gift (N.) causa mortis Schenkung (F.) von Todes wegen
gift tax (N.) Schenkungsteuer (F.)
gilt-edged (Adj.) mündelsicher
gipsy (M. bzw. F.) Zigeuner (M.)
giro checking account (N.) Girokonto (N.)
giro transfer account (N.) Girokonto (N.)
give (V.) ausgeben, geben
give (V.) a different interpretation umdeuten
give (V.) advice beraten (einen Rat geben)
give (V.) an audience anhören
give (V.) an emeritus status emeritieren

give (V.) an opinion beurteilen
give (V.) approval genehmigen
give (V.) a receipt quittieren
give (V.) as a prize ausspielen
give (V.) away verschenken
give (V.) back zurückgeben
give (V.) birth gebären
give (V.) employment beschäftigen
give (V.) evidence aussagen
give (V.) instructions anweisen
give (V.) leave beurlauben
give (V.) lectures lesen
give (V.) notice anzeigen
give (V.) notice to quit kündigen
give (V.) one's assent genehmigen
give (V.) power of an attorney bevollmächtigen
give (V.) reasons begründen
give (V.) shelter beherbergen
give (V.) the cause of verschulden (herbeiführen)
give (V.) the opportunity to be heard anhören
give (V.) up preisgeben
give-away (N.) Preisgabe (F.)
giver (F.) Schenkerin (F.)
giver (M.) Schenker (M.), Spender (M.)
giving (N.) of advice Raterteilung (F.)
giving the accused the benefit of the doubt in dubio pro reo (lat.)
global (Adj.) global
global amount (N.) Pauschale (F.)
glorification (N.) Verherrlichung (F.)
glorify (V.) verherrlichen
go (V.) for a ride reiten
go (V.) on horseback reiten
go (V.) to court klagen
go (V.) to ruin verfallen (verfallen eines Gebäudes)
God (M.) Gott (M.)
godfather (M.) Pate (M.)
godmother (F.) Pate (M.)
godparenthood (N.) Patenschaft (F.)
good (N.) Gut (N.)
good faith (N.) bona fides (F.) (lat.), guter Glaube (M.), Redlichkeit (F.), Treu (F.) und Glauben (M.), Treu und Glauben
good management (N.) Wirtschaftlichkeit (F.)
good manners (N.Pl.) gute Sitten (F.Pl.)

good nature (N.) Güte (F.) (Gütigkeit)

goods (N.Pl.) Ware (F.)

goods (N.Pl.) and chattels Mobiliar (N.)

goods (N.Pl.) for transport Frachtgut (N.)

goodwill (N.) Geschäftswert (M.), Goodwill (M.)

GOPs (Pl.) Republikaner (M.Pl.) (politische Partei in den USA)

govern (V.) regieren

governing board (N.) Verwaltungsrat (M.)

government (N.) Obrigkeit (F.), Regierung (F.)

government agency (N.) Behörde (F.)

governmental (Adj.) staatlich

governmental supervision (N.) Staatsaufsicht (F.)

Government bill (N.) Regierungsvorlage (F.)

government department (N.) Ministerium (N.)

government liability (N.) Staatshaftung (F.)

governor (M. bzw. F.) Gouverneur (M.), Landeshauptmann (M.), Statthalter (M.)

gown (N.) Robe (F.), Talar (M.)

grab (V.) greifen (transitiv)

grace (N.) of God Gottes Gnade

grace period (N.) Gnadenfrist (F.)

grade (N.) Grad (M.), Güte (F.) (Qualität), Handelsklasse (F.)

grade (N.) (am.) Dienstgrad (M.)

gradient (N.) Gefälle (N.) (Geländeneigung)

gradual (Adj.) gradual, sukzessiv

gradual payment (N.) Abzahlung (F.)

gradual system (N.) Gradualsystem (N.)

graduate (M. bzw. F.) Graduierter (M.)

graduate (V.) graduieren

graduate (V.) from absolvieren

graduation (N.) (am.) Abschlußprüfung (F.)

graft (N.) Transplantation (F.) (Gewebetransplantation)

graft (N.) (am.) Bestechung (F.), Korruption (F.)

graft (V.) transplantieren

grain (N.) Getreide (N.)

grammar school (N.) (br.) Gymnasium (N.)

grandchild (N.) Enkel (M.), Kindeskind (N.)

grant (N.) Beihilfe (F.) (Unterstützungsleistung), Bewilligung (F.), Dotation (F.), Verleihung (F.) (Austeilung), Zuschuß, Zuwendung (F.)

grant (N.) of delay Stundung (F.)

grant (N.) of probate Erbschein (M.)

grant (V.) bewilligen, geben, gewähren

grant (V.) a hearing anhören

grant (V.) a loan on beleihen

grant (V.) a pardon begnadigen

grant (V.) a privilege privilegieren

grant (V.) a respite in payment stunden

granted contractor (M. bzw. F.) Beliehener (M.)

grantee (M. bzw. F.) Begünstigter (M.), Begünstigter (M.) (eines Trusts), Bevollmächtigter (M.)

granting (N.) of a leave Beurlaubung (F.)

granting (N.) of an undue advantage Vorteilsgewährung (F.)

granting (N.) of pardon Begnadigung (F.)

grasp (V.) greifen (transitiv), nehmen

gratification (N.) Gabe (F.) (Geldgabe)

gratis (Adj.) gratis

gratis (Adv.) umsonst

gratuitous (Adj.) gratis, kostenlos, unentgeltlich

gratuitousness (N.) Unentgeltlichkeit (F.)

gratuity (N.) Gratifikation (F.), Trinkgeld (N.), Unentgeltlichkeit (F.)

gravamen (N.) Beschwer (F.)

graveyard (N.) Friedhof (M.)

gravity (N.) Schwere (F.)

Great Britain (F.) Großbritannien (N.)

greed (N.) Gier (F.), Habgier (F.)

greediness (N.) Gier (F.)

green card (N.) Versicherungskarte (F.)

green card (N.) (am.) Arbeitsbewilligung (F.)

green form scheme (N.) Beratungshilfe (F.), Prozeßkostenhilfe (F.)

grenade (N.) Granate (F.)

grievance (N.) Beschwer (F.)

grievance procedure (N.) Beschwerdeverfahren (N.)

grievous bodily harm (N.) schwere Körperverletzung (F.)

grip (V.) greifen (intransitiv)

gross (Adj.) brutto, grob

gross fault (N.) grobe Fahrlässigkeit (F.)

gross injudiciousness (N.) grober Unverstand (M.)

gross insult (N.) Verbalinjurie (F.)

gross negligence (N.) grobe Fahrlässigkeit (F.)

ground (N.) Grund (M.) (Land), Grundstück (N.), Platz (M.)

ground (N.) for bankruptcy proceedings Konkursgrund (M.)

ground (N.) for mitigation Strafmilderungsgrund (M.)

ground (N.) of judgement Entscheidungsgrund (M.)

ground (N.) of justification Rechtfertigungsgrund (M.)

ground landlord (M. bzw. F.) Grundeigentümer (M.)

ground rent (N.) Erbbauzins (M.), Grundrente (F.) (Bodenrente)

grounds (N.Pl.) Begründung (F.)

grounds (N.Pl.) for a judgement Urteilsgründe (M.Pl.)

group (N.) Gruppe (F.), Konzern (M.), Sektion (F.) (Abteilung im Verwaltungsrecht)

group (N.) of a hundred Hundertschaft (F.)

grumble (V.) querulieren, schimpfen

guarantee (M. bzw. F.) Garant (M.)

guarantee (N.) Bürgschaft (F.), Delkredere (N.), Garantie (F.), Gewähr (F.), Gewährleistung (F.)

guarantee (N.) of access to the courts Rechtsweggarantie (F.)

guarantee (V.) bürgen, einstehen, garantieren, gewährleisten, verbürgen

guarantee agreement (N.) Garantievertrag (M.)

guarantee period (N.) Garantiefrist (F.)

guarantee transaction (N.) Garantiegeschäft (N.)

guarantor (M. bzw. F.) Bürge (M.), Garant (M.)

guarantor's obligation (N.) Garantenpflicht (F.)

guaranty (N.) Gewähr (F.), Gewährleistung (F.)

guaranty (N.) (am.) Bürgschaft (F.)

guard (M. bzw. F.) Wächter (M.), Wärter (M.)

guard (N.) Garde (F.), Wache (F.)

guardian (M. bzw. F.) Hüter (M.), Pfleger (M.), Vormund (M.), Wächter (M.)

guardianship (N.) Kuratel (F.), Vormundschaft (F.)

guardianship (N.) of absentees Abwesenheitspflegschaft (F.)

guardianship court (N.) Vormundschaftsgericht (N.)

guerilla (M.bzw. F.) Guerillakämpfer (M.)

guerrilla fighter (M. bzw. F.) Guerillero (M.)

guess (V.) mutmaßen

guest (M. bzw. F.) Gast (M.)

guest-house (N.) (br.) Gasthaus (N.)

guidance (N.) Einweisung (F.), Führung (F.) (Leitung), Leitung (F.), Richtlinie (F.)

guide (V.) leiten, lenken

guiding principle (N.) Leitsatz (M.)

guiding rule (N.) Regel (F.)

guild (N.) Gilde (F.), Zunft (F.)

guillotine (N.) Guillotine (F.)

guilt (N.) Schuld (F.) (Verschulden im Strafrecht), Strafbarkeit (F.)

guilty (Adj.) schuldig (schuldbehaftet im Strafrecht), strafbar

guilty knowledge (N.) Unrechtsbewußtsein (N.)

guilty party (M. bzw. F.) Schuldiger (M.)

gun (N.) Gewehr (N.), Pistole (F.), Schußwaffe (F.)

gun control law (N.) Waffenkontrollgesetz (N.)

h

habeas corpus (N.) (lat.) richterliche Haftprüfung (F.)

habilitate (V.) habilitieren

habilitation (N.) Habilitation (F.)

habit (N.) Gepflogenheit (F.), Gewohnheit (F.)

habitual (Adj.) gewohnheitsmäßig

habitual criminal (M. bzw. F.) Gewohnheitsverbrecher (M.)

habitual drunkness (N.) Trunksucht (F.)

habitualness (N.) Gewohnheitsmäßigkeit (F.)

haggle (V.) over feilschen

Hague Convention (N.) Relating to a Uniform Law on the International Sale of Goods Haager Kaufrechtsübereinkommen (N.)

Hague Land Warfare Convention (N.) Haager Landkriegsordnung (F.)

hail (N.) Hagel (M.)
hail insurance (N.) Hagelversicherung (F.)
hail storm insurance (N.) Hagelversicherung (F.)
half (N.) Hälfte (F.)
half-orphan (M. bzw. F.) Halbwaise (M.)
half proof (N.) Anscheinsbeweis (M.)
halt (N.) Halten (N.) (Stehenbleiben)
halt (V.) lagern
halter (N.) Strang (M.) (Strang am Galgen)
Hamburg (F.) Hamburg (N.)
hamper (V.) hemmen, hindern
hand (N.) Hand (F.)
hand (V.) in insinuieren
hand (V.) over überantworten (eine Sache übergeben), übergeben
handcuff (N.) Handschelle (F.)
handicapped person (M. bzw. F.) Behinderter (M.)
handicraft (N.) Handwerk (N.)
handicrafts code (N.) Handwerksordnung (F.)
handle (V.) bearbeiten, besorgen (erledigen), führen
handling (N.) Abwicklung (F.), Bearbeitung (F.), Besorgung (F.) (Erledigung)
handsale (N.) Handkauf (M.)
handwriting (N.) Handschrift (F.)
hand-written (Adj.) holographisch
hang (V.) hängen
hangman (M.) Henker (M.)
hanseatic town (N.) Hansestadt (F.)
happen (V.) ereignen (sich), geschehen
happening (N.) Ereignis (N.)
happenings (N.Pl.) Geschehen (N.)
harass (V.) belästigen, schikanieren
harassment (N.) Belästigung (F.), Schikane (F.)
harbor (N.) (am.) Hafen (M.)
harbour (N.) (br.) Hafen (M.)
hard (Adj.) fest, streng
hardship (N.) Notlage (F.)
hardship case (N.) Härtefall (M.)
hardware (N.) Hardware (F.)
harm (N.) Schaden (M.)
harm (N.) caused by defect Mangelschaden (M.)
harm (V.) schaden, schädigen
harmful (Adj.) schädlich
harmful (Adj.) for adolescents jugendgefährdend

harmfulness (N.) for society Sozialschädlichkeit (F.)
harsh (Adj.) drakonisch
hashish (N.) Haschisch (N.)
hate (N.) Haß (M.)
hatred (N.) Haß (M.)
haulage (N.) Beförderung (F.) (im Verkehr)
haulage contractor (M. bzw. F.) Frachtführer (M.)
hauling (N.) Transport (M.)
have (V.) at disposal verfügen (über etwas verfügen)
have (V.) effect wirken (Auswirkung haben)
have (V.) intercourse with verkehren
have (V.) priority vorgehen
have (V.) relations with verkehren
having (Adj.) capacity to sue prozeßfähig
having a criminal record vorbestraft
having equal rights (Adj.) gleichberechtigt
having legal capacity (Adj.) rechtsfähig
having no jurisdiction over unzuständig
hawk (V.) hausieren
hazard (N.) Gefahr (F.), Risiko (N.)
hazard bonus (N.) (am.) Gefahrenzulage (F.)
hazardous (Adj.) gefährlich
hazardous employment (N.) gefahrengeneigte Tätigkeit (F.)
head (M. bzw. F.) Leiter (M.), Vorsteher (M.)
head (M. bzw. F.) of a business Prinzipal (M.)
head (M. bzw. F.) of section Referent (M.) (Referatsleiter)
head (M. bzw. F.) of state Staatsoberhaupt (M.)
head (N.) Kopf (M.)
heading (N.) Kopf (M.)
headmaster (M.) Rektor (M.) (Rektor einer Volksschule)
headmaster's room (N.) Rektorat (N.) (Rektorat einer Volksschule)
head note (N.) Leitsatz (M.)
head office (N.) Direktion (F.)
headquarters (N.) Direktion (F.)
heal (V.) heilen
healing (N.) Heilung (F.)
health (N.) Gesundheit (F.)

health insurance (N.) Krankenversicherung (F.)
health insurance institution (N.) Krankenkasse (F.)
health service cheque (N.) Krankenschein (M.)
healthy (Adj.) gesund
heap (N.) Halde (F.)
heaping (N.) Häufung (F.)
hear (V.) hören
hearing (N.) Anhörung (F.), Gehör (N.), Sitzung (F.)
hearing (N.) evidence Beweisaufnahme (F.), Beweiserhebung (F.)
hearing (N.) of evidence Zeugenvernehmung (F.)
hearing date (N.) Termin (M.) (Verhandlungszeitpunkt)
hearing fee (N.) Verhandlungsgebühr (F.)
hearsay (N.) Hörensagen (N.)
heart (N.) Herz (N.)
heavy (Adj.) schwer
hectare (N.) Hektar (M.)
heed (V.) hören
heedless (Adj.) fahrlässig
heedlessness (N.) Fahrlässigkeit (F.)
hegemony (N.) Hegemonie (F.)
heir (M.) Erbe (M.)
heiress (F.) Erbin (F.)
heirship (N.) Erbfolge (F.)
hell (N.) Hölle (F.)
help (N.) Beihilfe (F.) (Gehilfenschaft), Hilfe (F.)
help (N.) in need Nothilfe (F.)
help (V.) helfen, hilfeleisten
helpless (Adj.) hilflos
helplessness (N.) Hilflosigkeit (F.)
herald (M.) Herold (M.)
herd (N.) Herde (F.)
herd (V.) hüten
hereditable building right (N.) Erbbaurecht (N.)
hereditary (Adj.) erblich
hereditary lease (N.) Erbpacht (F.)
hereditary portion (N.) Erbteil (M.)
hereditary right (N.) Erbrecht (N.) (Erbrechtsanspruch), Erbschaftsanspruch (M.)
heresy (N.) Häresie (F.), Ketzerei (F.)
heretic (M. bzw. F.) Ketzer (M.)
heritage (N.) Erbe (N.), Nachlaß (M.)

(Hinterlassenschaft), Verlassenschaft (F.)
hermeneutics (N.Pl.) Hermeneutik (F.)
heroin (N.) Heroin (N.)
Hessen (F.) Hessen (N.)
hidden (Adj.) heimlich
hide (V.) one's face vermummen
hierarchy (N.) Hierarchie (F.)
higher administrative court (N.) Oberverwaltungsgericht (N.), Verwaltungsgerichtshof (M.)
highest bid (N.) Höchstgebot (N.), Meistgebot (N.)
highness (M. bzw. F.) Hoheit (F.) (Fürst)
high treason (N.) Hochverrat (M.), Majestätsverbrechen (N.)
high treasoner (M. bzw. F.) Hochverräter (M.)
highway (N.) Landstraße (F.)
highway (N.) (am.) Fernstraße (F.)
highway authority (N.) (br.) Straßenbaubehörde (F.)
highway code (N.) (br.) Straßenverkehrsordnung (F.)
highway robbery (N.) Straßenraub (M.)
hijack (V.) entführen (ein Fahrzeug entführen)
hijacker (M. bzw. F.) Entführer (M.)
hijacking (N.) Entführung (F.) (Fahrzeugentführung)
hinder (V.) behindern, hemmen, hindern, verhindern
hindrance (N.) Behinderung (F.), Hemmung (F.), Hindernis (N.)
hint (N.) Hinweis (M.)
hire (N.) Miete (F.), Mietzins (M.) (Mietzins bei einer beweglichen Sache), Verdingung (F.)
hire (V.) chartern, einstellen (beschäftigen), mieten (eine bewegliche Sache mieten)
hire (V.) out verleihen (ausleihen)
hire car (N.) Mietwagen (M.)
hired car (N.) Mietwagen (M.)
hire purchase (N.) Ratenkauf (M.)
hire-purchase (N.) Mietkauf (M.), Ratengeschäft (F.)
hirer (M.bzw.F.) Mieter (M.)
hiring (N.) Einstellung (F.) (Beschäftigung)
hiring (N.) out Verdingung (F.)
hiring agreement (N.) Mietvertrag (M.) (Mietvertrag über eine bewegliche Sache)

hiring contract (N.) Mietvertrag (M.) (Mietvertrag über eine bewegliche Sache)
historic (Adj.) historisch
historical (Adj.) geschichtlich, historisch
history (N.) Geschichte (F.)
history (N.) of law Rechtsgeschichte (F.)
hit (V.) schlagen, umlegen
hit-and-run driving (N.) Verkehrsunfallflucht (F.)
hit-and-run offence (N.) Fahrerflucht (F.)
hoard (V.) hamstern
Hofrat (M. bzw. F.) Hofrat (M.) (einzelner Berater eines Fürsten)
hold (V.) beschließen, besitzen, entscheiden, fassen, halten, innehaben
hold (V.) a meeting tagen
hold (V.) back vorenthalten
hold (V.) in contempt mißachten
hold (V.) in custody verwahren
hold (V.) up überfallen
holder (M. bzw. F.) Besitzer (M.), Halter (M.), Inhaber (M.)
holder (M. bzw. F.) by tort Deliktsbesitzer (M.)
holder (M. bzw. F.) in due course formell legitimierter Wertpapierinhaber (M.)
holder (M. bzw. F.) of an office Amtswalter (M.)
holder (M. bzw. F.) of power Gewalthaber (M.)
holder (M. bzw. F.) of rights Rechtssubjekt (N.)
holding (N.) Besitz (M.), Beteiligung (F.) (Beteiligung im Handelsrecht), Halten (N.) (Besitzen), Holding (F.), Innehabung (F.)
holding back (N.) Retention (F.)
holding company (N.) Dachgesellschaft (F.), Holdinggesellschaft (F.)
holdings (N.Pl.) Bestand (M.)
holiday (N.) Feiertag (M.)
holiday (N.) (br.) Urlaub (M.)
holiday pay (N.) (brit.) Urlaubsgeld (N.)
holographic (Adj.) eigenhändig (eigenhändig geschrieben und unterschrieben), holographisch
holograph will (N.) holographisches Testament (N.)
holy (Adj.) heilig
Holy See (N.) Heiliger Stuhl (M.)
homage (N.) Huldigung (F.)

home (N.) Heimat (F.), Wohnung (F.)
home (N.) for women Frauenhaus (N.)
home country (N.) Inland (N.)
home help (M. bzw. F.) Hausgehilfe (M.)
homeless (Adj.) heimatlos, obdachlos
homelessness (N.) Obdachlosigkeit (F.)
home market (N.) Binnenmarkt (M.)
home rule (N.) Autonomie (F.), Selbstverwaltung (F.)
homestead (N.) Heimstätte (F.)
home trade (N.) Binnenhandel (M.)
homework (N.) Heimarbeit (F.)
homeworker (M. bzw. F.) Heimarbeiter (M.)
homicide (M. bzw. F.) Totschläger (M.)
homicide (N.) Totschlag (M.), Tötung (F.)
homicide (N.) (am.) Mord (M.)
homogeneous (Adj.) gleichartig
homogenity (N.) Gleichartigkeit (F.)
homosexual (Adj.) homosexuell
homosexuality (N.) Homosexualität (F.)
honest (Adj.) redlich
honor (N.) (am.) Ehre (F.)
honor (V.) (am.) honorieren
honorary (Adj.) ehrenamtlich
honorary consul (M. bzw. F.) Wahlkonsul (M.)
honorary office (N.) Ehrenamt (N.)
honorary officer (M. bzw. F.) Ehrenbeamter (M.)
honorary post (N.) Ehrenamt (N.)
honorary professor (M. bzw. F.) Honorarprofessor (M.)
honorary right (N.) Ehrenrecht (N.)
honour (N.) (br.) Ehre (F.)
honour (V.) (brit.) honorieren
horde (N.) Rotte (F.) (Gruppe von Menschen)
horizon (N.) Horizont (M.)
horizon (N.) of recipient Empfängerhorizont (M.)
horizontal (Adj.) horizontal
horizontal fiscal adjustment (N.) horizontaler Finanzausgleich (M.)
hospital (N.) Heilanstalt (F.), Hospital (N.), Klinik (F.), Krankenhaus (N.), Spital (N.)
hostage (M. bzw. F.) Geisel (F.)
hostage-taking (N.) Geiselnahme (F.)
hostel (N.) Herberge (F.)
hostile (Adj.) feindlich
hot pursuit (N.) Nacheile (F.)
hour (N.) Stunde (F.)

house (N.) Haus (N.)
House (N.) of Commons (br.) Unterhaus (N.)
House (N.) of Lords (br.) Oberhaus (N.)
house (N.) of pleasure Freudenhaus (N.)
House (N.) of Representatives (am.) Repräsentantenhaus (N.)
house arrest (N.) Hausarrest (M.)
housebreaker (M. bzw. F.) Einbrecher (M.)
house-breaking (N.) Einbruch (M.)
house-building (N.) Wohnungsbau (M.)
house community (N.) Hausgemeinschaft (F.)
house contents insurance (N.) Hausratversicherung (F.)
household (N.) Haushalt (M.) (Einzelhaushalt)
household effects (N.Pl.) Hausrat (M.)
household effects insurance (N.) Hausratversicherung (F.)
household equipment (N.) Hausrat (M.)
house search (N.) Hausdurchsuchung (F.), Haussuchung (F.)
house-superintendent (M. bzw. F.) Hausmeister (M.)
housing (N.) Beherbergung (F.)
housing accommodation (N.) Wohnraum (M.)
housing agency (N.) Wohnungsvermittlung (F.)
housing allowance (N.) Wohngeld (N.)
human (Adj.) menschlich
human dignity (N.) Menschenwürde (F.)
humane (Adj.) menschlich
human right (N.) Menschenrecht (N.)
hung jury (N.) entscheidungsunfähige Geschworene (M.Pl. bzw. F.Pl.)
hunt (N.) Jagd (F.)
hunt (V.) hetzen, jagen
hunter (M. bzw. F.) Jäger (M.)
hunting (N.) Jagdausübung (F.), Jagd (F.)
hunting district (N.) Jagdbezirk (M.)
hunting lease (N.) Jagdpacht (F.)
hunting licence (N.) (br.) Jagdschein (M.)
hunting license (N.) (am.) Jagdschein (M.)
hunting right (N.) Jagdrecht (N.) (Jagdrechtsberechtigung)
hunting rights (N. Pl) Jagdausübungsrecht (N.)
huntsman (M.) Jäger (M.)

hurt (N.) Verletzung (F.) (Beschädigen einer Person)
hurt (V.) lädieren, schaden, verletzen (beschädigen)
husband (M.) Ehemann (M.), Gatte (M.), Gemahl (M.)
husband (M.) of the sister-in-law Schwippschwager (M.) (Ehemann der Schwägerin)
hymn (N.) Hymne (F.)
hypothecate (V.) lombardieren, verpfänden
hypothesis (N.) Hypothese (F.)

i

IBRD (N.) (World Bank) Weltbank (F.)
ICAO (International Civil Aviation Organization) ICAO (International Civic Aviation Organization)
idea (N.) Gedanke (M.), Idee (F.)
ideal (Adj.) ideal
ideal (N.) Ideal (N.)
ideational (Adj.) ideell
identical (Adj.) gleich, identisch
identification document (N.) Ausweis (M.)
identification parade (N.) Gegenüberstellung (F.)
identify (V.) ausweisen (zu erkennen geben), erkennen, identifizieren
identity (N.) Identität (F.)
identity card (N.) Ausweis (M.), Personalausweis (M.)
ideology (N.) Ideologie (F.)
idiocy (N.) Idiotie (F.)
idiot (M. bzw. F.) Idiot (M.)
idle (Adj.) erwerbslos, untätig
idleness (N.) Untätigkeit (F.)
ignorance (N.) Unkenntnis (F.), Unwissenheit (F.)
ignore (V.) mißachten
ill (Adj.) krank
illegal (Adj.) gesetzwidrig, illegal, rechtswidrig, unerlaubt, ungesetzlich, verboten
illegality (N.) Gesetzwidrigkeit (F.), Illegalität (F.), Rechtswidrigkeit (F.)
illegal leaving (N.) the scene of an accident unerlaubtes Entfernen (N.) vom Unfallort
illegitimacy (N.) Nichtehelichkeit (F.), Unehelichkeit (F.)

illegitimate (Adj.) illegitim, nichtehelich (nicht in der Ehe gezeugt), unehelich

illicit (Adj.) unerlaubt, ungesetzlich, unzulässig (rechtswidrig), verboten

illicit act (N.) unerlaubte Handlung (F.)

illicit cohabitation (N.) Konkubinat (N.)

illicit purchase (N.) Schwarzkauf (M.)

illicit trade (N.) Schwarzhandel (M.)

illicit use (N.) Gebrauchsanmaßung (F.)

illicit work (N.) Schwarzarbeit (F.)

illness (N.) Krankheit (F.)

ill-treat (V.) mißhandeln

ill-treatment (N.) Mißhandlung (F.)

illustrate (V.) erläutern

ILO (International Labour Organization) IAO (Internationale Arbeitsorganisation)

imaginary (Adj.) ideell

imaginary necessity (N.) Putativnotstand (M.)

imaginary self-defence (N.) Putativnotwehr (F.)

imaginary value (N.) Affektionswert (M.)

imbecility (N.) Geistesschwäche (F.)

IMF (N.) (International Monetary Fund) IWF (M.) (Internationaler Währungsfonds)

immanent (Adj.) immanent

immaterial (Adj.) gegenstandslos, immateriell, unwesentlich

immediacy (N.) Unmittelbarkeit (F.)

immediate (Adj.) aktuell, direkt, sofort, sofortig, umgehend, unmittelbar, unverzüglich

immediate appeal (N.) sofortige Beschwerde (F.)

immediately (Adv.) gleich

immediate possession (N.) unmittelbarer Besitz (M.)

immemorial (Adj.) unvordenklich

immemorial prescription (N.) unvordenkliche Verjährung (F.)

immigrant (M. bzw. F.) Einwanderer (M.)

immigrate (V.) einwandern

immigration (N.) Einwanderung (F.)

imminent (Adj.) unmittelbar bevorstehend

immission (N.) Immission (F.)

immobile (Adj.) immobil

immoral (Adj.) sittenwidrig

immorality (N.) Sittenwidrigkeit (F.)

immovable (Adj.) unbeweglich

immovable (N.) unbewegliche Sache (F.)

immovables (N.Pl.) Immobilien (F.Pl.)

immune (Adj.) immun, sicher

immunity (N.) Immunität (F.)

impairment (N.) Beeinträchtigung (F.)

impairment (N.) of performance Leistungsstörung (F.)

impartial (Adj.) unparteiisch, unvoreingenommen

impartiality (N.) Unparteilichkeit (F.), Unvoreingenommenheit (F.)

impeach (V.) anfechten (einen Zeugen angreifen), anklagen

impeachability (N.) Anfechtbarkeit (F.) (Angreifbarkeit)

impeachment (N.) of Anfechtung (F.) (Anfechtung eines Zeugen)

impede (V.) behindern, hindern

impediment (N.) Behinderung (F.)

impediment (N.) to an action Prozeßhindernis (N.)

impediment (N.) to marriage Ehehindernis (N.)

impending (Adj.) drohend

imperative (Adj.) imperativ, zwingend

imperative mandate (N.) imperatives Mandat (N.)

imperfect (Adj.) fehlerhaft

imperfection (N.) Mangel (M.) (Fehler)

imperfect obligation (N.) unvollkommene Verbindlichkeit (F.)

imperial (Adj.) kaiserlich

imperialism (N.) Imperialismus (M.)

Imperial Law Gazette (N.) Reichsgesetzblatt (N.) (Reichsgesetzblatt in Österreich)

Imperial Parliament (N.) Reichsrat (M.) (Reichsrat in Österreich)

Imperial Senate (N.) Reichsrat (M.)

imperil (V.) gefährden

imperilment (N.) Gefährdung (F.)

impersonal entity (N.) Sachgesamtheit (F.)

implement (N.) Gerät (N.), Instrument (N.), Werkzeug (N.)

implement (V.) ausführen (ein Gesetz ausführen), durchführen (verwirklichen)

implementation (N.) Ausführung (F.) (Ausführung eines Gesetzes), Durchführung (F.), Vollzug (M.)

implementation law (N.) Ausführungsgesetz (N.)

implementing order (N.) Durchführungsverordnung (F.)
implementing ordinance (N.) Ausführungsverordnung (F.)
implied (Adj.) inbegriffen, konkludent,
stillschweigend
implied conduct (N.) konkludentes Handeln (N.)
import (N.) Einfuhr (F.), Import (M.)
import (V.) einführen (Waren einführen),
importieren
importance (N.) Bedeutung (F.)
important (Adj.) wichtig
important reason (N.) wichtiger Grund (M.)
importation (N.) Einfuhr (F.), Import (M.)
import dealer (M. bzw. F.) Importeur (M.)
importer (M. bzw. F.) Importeur (M.)
impose (V.) auferlegen, belegen (V.), erheben (verlangen), gebieten, verhängen
imposition (N.) Auflage (F.), Verhängung
(F.)
**imposition (N.) and enforcement (N.) of
compliance with the law** Ingerenz (F.)
imposition (N.) of taxes Erhebung von
Steuern (F.)
impossibility (N.) Unmöglichkeit (F.)
impossible (Adj.) unmöglich
impostor (M. bzw. F.) Hochstapler (M.)
impound (V.) beschlagnahmen
imprint (N.) Impressum (N.), Stempel (M.)
imprison (V.) einsperren, inhaftieren
imprisoned (Adj.) gefangen
imprisonment (N.) Einsperren (N.), Gefängnis (N.), Gefängnisstrafe (F.), Haft (F.),
Haftstrafe (F.), Inhaftierung (F.), Strafarrest
(M.)
imprisonment (N.) in default of payment
Ersatzfreiheitsstrafe (F.)
imprisonment (N.) on remand Untersuchungshaft (F.)
improper (Adj.) uneigentlich, unrichtig
improper use (N.) Mißbrauch (M.)
improve (V.) erschließen
improve (V.) subsequently nachbessern
improvement (N.) Besserung (F.), Erschließung (F.), Verbesserung (F.)
impulse (N.) Drang (M.), Trieb (M.)
imputable (Adj.) zurechenbar
imputation (N.) Bezichtigung (F.), Zurechnung (F.)

impute (V.) bezichtigen, zuschreiben
in (Präp.) binnen
inability (N.) Unfähigkeit (F.), Unvermögen (N.)
inability (N.) to work Arbeitsunfähigkeit
(F.)
in accordance with instructions vorschriftsmäßig
in accordance with the law gesetzmäßig
inactive (Adj.) untätig
inactivity (N.) Untätigkeit (F.)
inadequate (Adj.) dürftig (kümmerlich)
inadmissibility (N.) Unzulässigkeit (F.)
(Nichtzulassbarkeit)
inadmissible (Adj.) unstatthaft, unzulässig
(nicht zuzulassen)
in advance vorab
in agreement with einig
inalienability (N.) Unabdingbarkeit (F.)
(Unabdingbarkeit eines Rechts)
inalienable (Adj.) unveräußerlich
in attendance gegenwärtig (anwesend)
inauguration (N.) Inauguration (F.)
in a way quasi (Partik.)
in bad faith bösgläubig
in blank blanko
incapability (N.) Unfähigkeit (F.)
incapable (Adj.) unfähig, untauglich
(dienstunfähig)
incapable (Adj.) of being guilty schuldunfähig
incapable (Adj.) of criminal intention
unzurechnungsfähig
incapacity (N.) Unfähigkeit (F.), Unvermögen (N.)
incapacity (N.) of forming intent Unzurechnungsfähigkeit (F.)
incapacity (N.) to contract Geschäftsunfähigkeit (F.)
incapax doli (lat.) strafunmündig
incarceration (N.) Freiheitsentziehung (F.)
incendiarism (N.) Brandstiftung (F.)
incentive (N.) Motiv (N.)
incest (N.) Blutschande (F.), Inzest (F.)
in charge leitend (führend)
incident (N.) Ereignis (N.), Vorfall (M.)
incidental (Adj.) akzessorisch
incidental consequence (N.) Nebenfolge (F.)
incidental expenses (N.Pl.) Nebenkosten
(F.Pl.)

incidental income (N.) Nebenverdienst (M.)
incidental provision (N.) Nebenbestimmung (F.)
incite (V.) anstiften, aufhetzen, aufwiegeln, verleiten
incitement (N.) Anstiftung (F.), Aufhetzung (F.), Verleitung (F.)
incitement (N.) of the people Volksverhetzung (F.)
inciter (M. bzw. F.) Anstifter (M.)
inclination (N.) Neigung (F.), Veranlagung (F.) (Eigenschaft)
include (V.) einschließen
included (Adj.) inbegriffen
including (Adj.) inklusive
inclusion (N.) Einschließung (F.), Einverleibung (F.)
inclusive (Adv) inklusive
inclusive charge (N.) Pauschale (F.)
inclusive sum (N.) Pauschale (F.)
incognito (Adv.) inkognito
income (N.) Einkommen (N.), Einkunft (F.)
income (N.) from capital Kapitalertrag (M.)
income limit (N.) up to which contributions are chargeable Beitragsbemessungsgrenze (F.)
income tax (N.) Einkommensteuer (F.)
in common gemeinschaftlich
incommunicado confinement (N.) Kontaktsperre (F.)
incompatibility (N.) Inkompatibilität (F.), Unvereinbarkeit (F.)
incompatible (Adj.) inkompatibel, unvereinbar
incompetence (N.) Unzuständigkeit (F.)
incompetent (Adj.) geschäftsunfähig, inkompetent, unfähig, unzuständig
in conclusion (Adj.) abschließend
in confidence vertraulich
in conformity with konform
inconsiderate (Adj.) rücksichtslos
inconsistent (Adj.) unvereinbar, widersprüchlich
inconvenient (Adj.) lästig
incorporable (Adj.) immateriell
incorporate (V.) inkorporieren
incorporated society (N.) rechtsfähiger Verein (M.)
incorporation (N.) Einverleibung (F.), Inkorporation (F.)

incorporeal (Adj.) immateriell, unkörperlich
incorporeal good (N.) Immaterialgut (N.)
incorrect (Adj.) fehlerhaft
incorrectness (N.) Fehlerhaftigkeit, Unrichtigkeit (F.)
increase (N.) Anstieg (M.), Erhöhung (F.)
increase (V.) ansteigen, anwachsen, erhöhen, steigern
increase of capital (N.) Kapitalerhöhung (F.)
incriminate (V.) beschuldigen, bezichtigen
inculpate (V.) verstricken
inculpation (N.) Verstrickung (F.)
incur (V.) a liability haften
indecency (N.) Unzucht (F.)
indecent (Adj.) unzüchtig
indefeasible (Adj.) rechtskräftig
indefensible (Adj.) unvertretbar (nicht vertretbar)
indefinite (Adj.) unbestimmt
indefinite legal term (N.) unbestimmter Rechtsbegriff (M.)
indemnification (N.) Entschädigung (F.), Ersatz (M.) (Ersatz eines Schadens), Schadensersatz (M.), Schadloshaltung (F.)
indemnify (V.) entschädigen
indemnity (N.) Garantie (F.), Indemnität (F.)
indemnity (N.) for defloration Kranzgeld (N.)
indemnity case (N.) Haftpflichtprozeß (M.)
indemnity insurance (N.) Schadensversicherung (F.)
indemnity transaction (N.) Garantiegeschäft (N.)
indenture (N.) Vertragsurkunde (F.)
independence (N.) Unabhängigkeit (F.)
independent (Adj.) selbständig, unabhängig
independent audit (N.) Außenprüfung (F.)
independent perpetrator (M. bzw. F.) Nebentäter (M.)
independent person (M. bzw. F.) Selbständiger (M.)
independent school (N.) (brit.) Privatschule (F.)
indeterminate (Adj.) unbestimmt
indeterminate obligation (N.) Gattungsschuld (F.)
index (N.) Index (M.), Register (N.), Verzeichnis (N.)

index (V.) indizieren
index-linked pension (N.) dynamische Rente (F.)
indicate (V.) indizieren
indication (N.) Anzeichen (N.), Indikation (F.), Indiz (N.), Merkmal (N.), Zeichen (N.) (Anzeichen)
indicium (N.) Indiz (N.)
indict (V.) anklagen
indictable offence (N.) (br.) Verbrechen (N.)
indicted person (M. bzw. F.) Angeschuldigter (M.)
indictment (N.) Anklage (F.), Anklageschrift (F.)
indictor (M. bzw. F.) Ankläger (M.)
indigence (N.) Bedürftigkeit (F.), Dürftigkeit (F.)
indigent (Adj.) bedürftig, dürftig (bedürftig)
indirect (Adj.) indirekt, mittelbar
indirect agency (N.) indirekte Stellvertretung (F.), mittelbare Stellvertretung (F.)
indirect compulsion (N.) mittelbarer Zwang (M.)
indirect costs (N.Pl.) Gemeinkosten (F.Pl.)
indirect damage (N.) mittelbarer Schaden (M.)
indirect duty (N.) indirekte Steuer (F.)
indirect error (N.) as to the prohibited nature of an act indirekter Verbotsirrtum (M.)
indirect evidence (N.) Indizienbeweis (M.)
indirect intent (N.) dolus (M.) indirectus (lat.), indirekter Vorsatz (M.)
indirect perpetrator (M. bzw. F.) mittelbarer Täter (M.)
indirect possession (N.) mittelbarer Besitz (M.)
indirect public administration (N.) mittelbare Staatsverwaltung (F.)
indirect tax (N.) indirekte Steuer (F.)
indispensibility (N.) Unabdingbarkeit (F.) (Unabdingbarkeit einer Forderung)
in dispute streitig
individual (Adj.) individuell
individual (M. bzw. F.) Individuum (N.)
individual legal asset (N.) Individualrechtsgut (N.)
individual person (M. bzw. F.) Individuum (N.)

indorsement (N.) Giro (N.), Indossament (N.), Vermerk (M.)
in doubt im Zweifel
induced abortion (N.) Schwangerschaftsunterbrechung (F.)
inducement (N.) Beweggrund (M.)
in due form vorschriftsmäßig
indulgence (N.) Ablaß (M.)
indulgent (Adj.) nachgiebig
industrial (Adj.) gewerblich, industriell
industrial code (N.) Gewerbeordnung (F.)
industrial control (N.) Gewerbeaufsicht (F.)
industrial court (N.) Gewerbegericht (N.)
industrial court (N.) of appeal Landesarbeitsgericht (N.)
industrial credit cooperative (N.) Volksbank (F.)
industrial dispute (N.) Arbeitskampf (M.)
industrial enterprise (N.) Gewerbebetrieb (M.)
industrial enterprise (N.) in exercise ausgeübter Gewerbebetrieb (M.)
industrial estate (N.) Gewerbegebiet (N.), Industriegebiet (N.)
industrial inspection board (N.) Gewerbeaufsichtsamt (N.)
industrialist (M. bzw. F.) Unternehmer (M.)
industrial premises (N.Pl.) Gewerberaum (M.)
industrial relations (N.Pl.) Betriebsverfassung (F.)
industrial safety (N.) Arbeitsschutz (M.), Betriebsschutz (M.)
industrial tribunal (N.) Arbeitsgericht (N.)
industry (N.) Gewerbe (N.), Industrie (F.)
inebriation (N.) Trunkenheit (F.)
inebriety (N.) Rausch (M.)
ineffectiveness (N.) Unwirksamkeit (F.)
in equal numbers paritätisch
inequity (N.) Unbilligkeit (F.)
inevitable (Adj.) unvermeidbar, unvermeidlich
in fact de facto (lat.)
infallibility (N.) Infallibilität (F.)
infamous (Adj.) infam
infamy (N.) Infamie (F.)
infancy (N.) Minderjährigkeit (F.), Minorennität (F.)
infant (Adj.) minderjährig

infant (N.) Kind (N.)
infanticide (N.) Kindestötung (F.)
infantry (N.) Infanterie (F.)
infertile (Adj.) steril (unfruchtbar)
infirm (Adj.) gebrechlich (altersgebrechlich)
infirmity (N.) Gebrechlichkeit (F.)
inflation (N.) Inflation (F.)
inflict (V.) belegen (V.), verhängen
inflicting (N.) Zumessung (F.)
influence (N.) Auswirkung (F.), Einwirkung (F.)
influence (V.) beeinflussen, einwirken
in force gültig
in force (Adv.) geltend
inform (V.) belehren, informieren, unterrichten
inform (V.) against denunzieren
informal (Adj.) informell, inoffiziell
informal evidence (N.) Freibeweis (M.)
informality (N.) Formfreiheit (F.)
informant (M. bzw. F.) Informant (M.)
information (N.) Auskunft (F.), Information (F.), Nachricht (F.), Strafanzeige (F.)
information system (N.) Informationssystem (N.)
informer (M. bzw. F.) Denunziant (M.), Informant (M.), Spitzel (M.)
infraction (N.) Übertretung (F.)
infrequent offender (M. bzw. F.) Gelegenheitstäter (M.)
infringe (V.) beeinträchtigen, übertreten, verletzen (eine Vorschrift übertreten), verstoßen (verletzen)
infringement (N.) Bruch (M.), Übertretung (F.), Verletzung (F.) (Übertretung einer Vorschrift), Verstoß (M.)
infringement (N.) of duty Dienstvergehen (N.)
infringement (N.) of patent Patentverletzung (F.)
infringement (N.) of property rights Eigentumsstörung (F.)
infringement (N.) of rights Rechtsverletzung (F.)
infringement (N.) of the bankruptcy laws Krida (F.) (österr.)
in good faith gutgläubig, redlich
inhabitant (M. bzw. F.) Einwohner (M.)
inherent (Adj.) immanent

inherent limitation (N.) of civil rights immanente Grundrechtsschranke (F.)
inherit (V.) erben
inheritable (Adj.) erblich
inheritance (N.) Erbanfall (M.), Erbe (N.), Erbfolge (F.), Erbschaft (F.)
inheritance tax (N.) Erbschaftsteuer (F.)
inheritor (M. bzw. F.) Erbe (M.)
inheritress (F.) Erbin (F.)
inheritrix (F.) Erbin (F.)
inhibit (V.) untersagen
inhibition (N.) Untersagung (F.)
in-house lawyer (M. bzw. F.) Syndikusanwalt (M.)
initial (Adj.) anfänglich, originär, ursprünglich
initial (N.) Initiale (F.)
initial (V.) abzeichnen, paraphieren
initial impossibility (N.) anfängliche Unmöglichkeit (F.), ursprüngliche Unmöglichkeit (F.)
initialling (N.) of treaty Paraphierung (F.)
initials (N.Pl.) Paraphe (F.)
initial share (N.) Einlage (F.) (Gesellschaftseinlage)
initiate (V.) einführen (eine Person bzw. ein Thema einführen)
initiation (N.) Einführung (F.)
initiative (N.) Initiative (F.)
injunction (N.) einstweilige Verfügung (F.), gerichtliche Verfügung (F.)
injure (V.) beschädigen, lädieren, verletzen (beschädigen)
injured party (M. bzw. F.) Verletzter (M.)
injured party (N.) Geschädigter (M.)
injured person (M. bzw. F.) Geschädigter (M.), Verletzter (M.)
injurious (Adj.) schädlich
injury (N.) Beschädigung (F.), Verletzung (F.) (Beschädigen einer Person), Wunde (F.)
injury (N.) to health Gesundheitsverletzung (F.)
injury (N.) to property Sachbeschädigung (F.)
injustice (N.) Ungerechtigkeit (F.), Unrecht (N.)
inland (N.) Inland (N.)
inland navigation (N.) Binnenschiffahrt (F.)
Inland Revenue (N.) (br.) Finanzverwaltung (F.), Fiskus (F.)

Inland Revenue Office (N.) (br.) Finanzamt (N.)

inland waterway transportation (N.) Binnenschiffahrt (F.)

in law gesetzmäßig

in lieu of an oath eidesstattlich

in lieu of payment an Zahlungs Statt

inmate (M. bzw. F.) Insasse (M.) (Anstaltsinsasse)

inmovable (Adj.) immobil

inn (N.) Gasthaus (N.), Gasthof (M.), Herberge (F.), Wirtshaus (N.)

Inn (N.) of Court (br.) Anwaltskammer (F.)

innkeeper (M. bzw. F.) Gastwirt (M.), Wirt (M.)

innocence (N.) Unschuld (F.)

innocent (Adj.) unschuldig

inoculate (V.) impfen

inoculation (N.) Impfung (F.)

in official capacity dienstlich

in person persönlich

in principal prinzipiell

in private practice freiberuflich (Rechtsanwalt bzw. Arzt)

input tax (N.) Vorsteuer (F.)

inquest (N.) Leichenschau (F.), Untersuchung (F.)

inquire (V.) anfragen, erkundigen, fragen, inquirieren

inquiry (N.) Anfrage (F.), Erkundigung (F.), Ermittlung (F.), Untersuchung (F.)

inquisition (N.) Inquisition (F.)

inquisitorial proceedings (N.Pl.) Inquisitionsprozeß (M.)

inquisitorial system (N.) Untersuchungsgrundsatz (M.)

inquisitorial trial (N.) Inquisitionsprozeß (M.)

inquorate (Adj.) beschlußunfähig

in rem dinglich

in rem proceedings (N.Pl.) objektives Verfahren (N.)

insane (Adj.) geisteskrank, wahnsinnig

insane (M. bzw. F.) Irrer (M.)

insane asylum (N.) Irrenanstalt (F.)

insanity (N.) Geisteskrankheit (F.), Wahnsinn (M.)

in season jagdbar

insemination (N.) Insemination (F.)

insert (V.) einsetzen (ein Wort einsetzen)

insertion (N.) Einsetzung (F.), Inserat (N.)

insider (M. bzw. F.) Insider (M.)

insider dealing (N.) Insiderhandel (M.)

insider trading (N.) Insiderhandel (M.)

insidious (Adj.) heimtückisch, hinterlistig

insidiousness (N.) Hinterlist (F.)

insight (N.) Einsicht (F.) (Verständnis)

insignia (N.Pl.) Insignien (F.Pl.)

insinuate (V.) insinuieren

insinuation (N.) Insinuation (F.) (Einhändigung)

insolvency (N.) Bankrott (M.), Insolvenz (F.), Konkurs (M.), Zahlungsunfähigkeit (F.)

Insolvency Act (N.) Insolvenzordnung (F.)

insolvency court (N.) Insolvenzgericht (N.)

insolvency law (N.) Insolvenzrecht (N.)

insolvency plan (N.) Insolvenzplan (M.)

insolvency proceedings (N.Pl.) Insolvenzverfahren (N.)

insolvency's estate (N.) Insolvenzmasse (F.)

insolvent (Adj.) insolvent, zahlungsunfähig

inspect (V.) einsehen (Einsicht nehmen), inspizieren, kontrollieren, mustern, prüfen, untersuchen

inspection (N.) Augenschein (M.), Einsicht (F.), Inspektion (F.), Kontrolle (F.), Musterung (F.), Prüfung (F.)

inspection (N.) of files Akteneinsicht (F.)

inspector (M. bzw. F.) Inspekteur (M.), Kontrolleur (M.), Prüfer (M.)

install (V.) bestallen

installation (N.) Anlage (F.) (Einrichtung), Einrichtung (F.), Einweisung (F.)

installment (N.) Rate (F.), Teilzahlung (F.)

installment clause (N.) (am.) Teilzahlungsabrede (F.)

installment credit (N.) Abzahlungskredit (M.)

installment plan (N.) (am.) Ratenzahlung (F.)

installment trading (N.) Ratengeschäft (N.)

instalment clause (N.) (brit.) Teilzahlungsabrede (F.)

instance (N.) Instanz (F.), Rechtszug (M.)

instantaneous (Adj.) sofort

instantly (Adv.) fristlos

instigate (V.) anstiften

instigation (N.) Anstiftung (F.)

instigator (M. bzw. F.) Anstifter (M.)

institute (N.) Institut (N.)

institute (V.) einrichten
institution (N.) Anstalt (F.), Einsetzung (F.), Institution (F.), Organ (N.)
institutional (Adj.) institutionell
institutional guarantee (N.) nstitutionelle Garantie (F.)
instruct (V.) anweisen (Geld anweisen), beauftragen, belehren, lehren, unterrichten
instruction (N.) Anweisung (F.), Belehrung (F.), Direktive (F.), Hinweis (M.), Instruktion (F.), Lehre (F.) (Lehren), Vorschrift (F.), Weisung (F.)
instruction (N.) about a person's right to appeal Rechtsmittelbelehrung (F.)
instruction (N.) about legal remedies available Rechtsbehelfsbelehrung (F.)
instruction (N.) to apportion the estate Teilungsanordnung (F.)
instructions (N.Pl.) for use Gebrauchsanweisung (F.)
instructor (M. bzw. F.) Lehrer (M.)
instrument (N.) Instrument (N.), Mittel (N.), Urkunde (F.), Wert (M.)
instrument (N.) to order Orderpapier (N.)
instruments (N.Pl.) of payment Zahlungsmittel (N.Pl.)
insubordination (N.) Insubordination (F.), Unbotmäßigkeit (F.)
insufficient (Adj.) dürftig (kümmerlich)
insuffiecent performance (N.) Schlechtleistung (F.)
insult (N.) Affront (M.), Beleidigung (F.), Injurie (F.)
insult (N.) by physical act Realinjurie (F.)
insult (V.) beleidigen
insurance (N.) Assekuranz (F.), Versicherung (F.) (Absicherung von Werten)
insurance (N.) against fire risks Feuerversicherung (F.)
insurance (N.) for legal costs Rechtsschutzversicherung (F.)
insurance agreement (N.) Versicherungsvertrag (M.)
insurance association (N.) Versicherungsverein (M.)
insurance company (N.) Versicherungsgesellschaft (F.)
insurance conditions (N.Pl.) Versicherungsbedingungen (F.Pl.)
insurance consultant (M. bzw. F.) Versicherungsberater (M.)
insurance contract (N.) Versicherungsvertrag (M.)
insurance control (N.) Versicherungsaufsicht (F.)
insurance fraud (N.) Versicherungsbetrug (M.)
insurance institution (N.) Versicherungsträger (M.)
insurance law (N.) Versicherungsrecht (N.)
insurance policy (N.) Police (F.), Versicherungspolice (F.), Versicherungsschein (M.)
insurance premium (N.) Versicherungsprämie (F.)
insurance shortfall (N.) Ausfallzeit (F.)
insurance tax (N.) Versicherungsteuer (F.)
insurant (M. bzw. F.) Versicherungsnehmer (M.)
insure (V.) versichern (eine Versicherung abschließen)
insured (Adj.) versichert
insured person (M. bzw. F.) Versicherungsnehmer (M.)
insurer (M. bzw. F.) Versicherer (M.), Versicherungsträger (M.)
insurgent (M. bzw. F.) Rebell (M.)
insurrection (N.) Aufruhr (M.), Aufstand (M.)
in suspense schwebend
intact (Adj.) heil
intangible (Adj.) immateriell
intangible damage (N.) immaterieller Schaden (M.)
intangible value (N.) Goodwill (M.)
integral part (N.) wesentlicher Bestandteil (M.)
integrate (V.) integrieren
integrated inter-company relation (N.) Organschaft (F.)
integration (N.) Integration (F.), Konzentration (F.)
integrity (N.) Integrität (F.), Redlichkeit (F.)
intellectual (Adj.) geistig
intellectual property (N.) geistiges Eigentum (N.)
intelligence service (N.) Geheimdienst (M.)
intend (V.) beabsichtigen
intended recipient (M. bzw. F.) Destinatär (M.)
intensify (V.) verschärfen

intent (N.) Absicht (F.), dolus (M.) (lat.), Vorsatz (M.), Wille (M.)

intent (N.) to enrich oneself Bereicherungsabsicht (F.)

intention (N.) Absicht (F.), Vorsatz (M.), Zweck (M.)

intention (N.) of acquiring Zueignungsabsicht (F.)

intention (N.) of appropriating something Zueignungsabsicht (F.)

intention (N.) of stating something of legal consequence Erklärungswille (M.)

intention (N.) to act Handlungswille (M.)

intention (N.) to act on behalf of another Vertretungswille (M.)

intention (N.) to get an undue advantage Vorteilsverschaffungsabsicht (F.)

intention (N.) underlying a transaction Geschäftswille (M.)

intentional (Adj.) vorsätzlich

intentional fire (N.) Brandstiftung (F.)

intentionally (Adv.) absichtlich

intentional provocation (N.) Absichtsprovokation (F)

interaction (N.) Interaktion (F.)

intercede (V.) intervenieren

intercept (V.) abhören

interception (N.) of documents Urkundenunterdrückung (F.)

intercession (N.) Fürsprache (F.), Interzession (F.)

intercessor (M. bzw. F.) Fürsprecher (M.)

interchange (N.) Austausch (M.)

interchange (V.) austauschen

intercourse (N.) Verkehr (M.) (Umgang)

interdict (N.) Verbot (N.)

interdict (V.) untersagen

interdiction (N.) Untersagung (F.), Verbot (N.)

interdiction (N.) of taking evidence Beweiserhebungsverbot (N.)

interest (N.) Anspruch (M.), Anteil (M.), Interesse (N.), Kapitalertrag (M.), Recht (N.) (Rechtsanspruch), Zins (M.)

interest (N.) due to reliance on trustworthiness negatives Interesse (N.)

interest (N.) in the complete satisfaction of an obligation Erfüllungsinteresse (N.)

interest (N.) in the performance of the contract positives Interesse (N.)

interest (N.) on arreas Verzugszinsen (M. Pl.)

interest (N.) on debts Schuldzinsen (M.Pl.)

interest coupon (N.) Zinsschein (M.)

interest debt (N.) Zinsschuld (F.)

interest rate (N.) Zinssatz (M.)

interest warrant (N.) Zinsschein (M.)

interfere (V.) eingreifen, einmischen, einschreiten, intervenieren

interference (N.) Eingriff (M.), Einmischung (F.), Einschreiten (N.), Intervention (F.)

interference (N.) with Beeinträchtigung (F.)

interference (N.) with attachment Verstrickungsbruch (M.)

interference (N.) with possession Besitzstörung (F.)

intergovernmental (Adj.) zwischenstaatlich

interim (Adj.) einstweilig, vorläufig

interim (N.) Interim (N.)

interim action (N.) Vorbescheid (M.) (Vorbescheid im Patentrecht)

interim certificate (N.) Interimsschein (M.)

interim check (N.) Zwischenprüfung (F.)

interim examination (N.) Zwischenprüfung (F.)

interim notice (N.) Zwischenbescheid (M.)

interim order (N.) einstweilige Anordnung (F.), Zwischenverfügung (F.)

interim protection (N.) of law vorläufiger Rechtsschutz (M.)

interior (Adj.) innere

interior (N.) Inland (N.)

interior administration (N.) innere Verwaltung (F.)

interior decorative repair (N.) Schönheitsreparatur (F.)

interlocking system (N.) Verbund (M.)

interlocutory (Adj.) einstweilig, interlokutorisch

interlocutory decision (N.) of evidence Beweisinterlokut (N.)

interlocutory decree (N.) Beiurteil (N.)

interlocutory injunction (N.) einstweilige Verfügung (F.)

interlocutory judgement (N.) Zwischenurteil (N.)

interlocutory proceedings (N.Pl.) Zwischenverfahren (N.)

interlocutory revision (N.) Abhilfe (F.)

intermediary (M. bzw. F.) Vermittler (M.)
intermediate order (N.) Beschluß (M.)
(Gerichtsbeschluß)
intermingling (N.) Vermischung (F.)
intermission (N.) (am.) Pause (F.)
intern (M. bzw. F.) (am.) Praktikant (M.)
intern (V.) internieren
internal power (N.) of agency Innenvollmacht (F.)
internal relationship (N.) Innenverhältnis
(N.)
internal revenue code (N.) Abgabenordnung (F.)
internal sphere (N.) Innenbereich (M.)
international (Adj.) international, zwischenstaatlich
international agreement (N.) Staatsvertrag
(M.)
international arbitration (N.) internationale Schiedsgerichtsbarkeit (F.)
**International Chamber (N.) of Com-
merce** internationale Handelskammer (F.)
International Court (N.) of Justice Internationaler Gerichtshof (M.)
international jurisdiction (N.) internationale Zuständigkeit (F.)
international law (N.) internationales
Recht (N.), Völkerrecht (N.)
International Monetary Fund (N.) (IMF)
internationaler Währungsfonds (M.) (IWF)
international organisation (N.) internationale Organisation (F.)
international private law (N.) internationales Privatrecht (N.)
internment (N.) Internierung (F.)
interpellation (N.) Anfrage (F.), Interpellation (F.)
interpleader (N.) Drittwiderspruchsklage (F.)
**interpleader (N.) by a third party on sei-
zure** Widerspruchsklage (F.)
interpleader (N.) challenging execution
Vollstreckungsgegenklage (F.)
interpleader issue (N.) Prätendentenstreit
(M.)
interpleader summons (N.) Hauptintervention (F.)
Interpol (N.) Interpol (F.)
interpolation (N.) Interpolation (F.)
interposition (N.) Fürsprache (F.)
interpret (V.) auslegen, dolmetschen, in-

terpretieren
interpretation (N.) Auslegung (F.), Interpretation (F.)
**interpretation (N.) compatible with the
constitution** verfassungskonforme Auslegung (F.)
interpretation (N.) of a constitution Verfassungsauslegung (F.)
interpretation (N.) of a contract Vertragsauslegung (F.)
interpreter (M. bzw. F.) Dolmetscher (M.)
interregnum (N.) Interregnum (N.)
interrogate (V.) befragen, verhören, vernehmen
interrogation (N.) Verhör (N.), Vernehmung (F.)
interrogation (N.) of a party Parteivernehmung (F.)
interrupt (V.) unterbrechen
interruption (N.) Unterbrechung (F.)
interruption (N.) of pregnancy Schwangerschaftsabbruch (M.)
inter se proceedings (N.Pl.) Insichprozeß
(M.)
interstate (Adj.) zwischenstaatlich
interval (N.) Abstand (M.), Pause (F.)
intervene (V.) eingreifen, einmischen, einschreiten, intervenieren
intervener (M. bzw. F.) Intervenient (M.),
Nebenintervenient (M.), Nebenklage (F.),
Nebenkläger (M.)
intervening party (M. bzw. F.) Intervenient (M.)
intervention (N.) Eingriff (M.), Einmischung (F.), Einschreiten (N.), Intervention
(F.), Nebenintervention (F.)
interview (V.) befragen
intestacy (N.) gesetzliche Erbfolge (F.)
intestate succession (N.) gesetzliche Erbfolge (F.), Intestaterbfolge (F.)
in the file aktenkundig
in the open market freihändig
in the very act in flagranti (lat.)
intimacy (N.) Intimität (F.)
intimate (Adj.) intim
intoxication (N.) Rausch (M.), Trunkenheit
(F.)
intrigue (N.) Machenschaft (F.)
introduce (V.) einführen (eine Person bzw.
ein Thema einführen)

introduction (N.) Einführung (F.)
introductory act (N.) Einführungsgesetz (N.)
introductory law (N.) Einführungsgesetz (N.)
intromission (N.) Immission (F.)
intruder (M. bzw. F.) Störer (M.)
intrusion (N.) Eingriff (M.)
in two minds im Zweifel
invalid (Adj.) gegenstandslos, kraftlos, nichtig, rechtsunwirksam, ungültig, ungültig (Adj.)
invalid (M. bzw. F.) Invalide (M.), Schwerbehinderter (M.)
invalidation (N.) Kraftloserklärung (F.)
invalidity (N.) Erwerbsunfähigkeit (F.), Gegenstandslosigkeit (F.), Invalidität (F.), Ungültigkeit (F.), Unwirksamkeit (F.)
invalidity insurance (N.) Invalidenversicherung (F.)
invalidity suit (N.) Nichtigkeitsklage (F.)
invective (N.) Beschimpfung (F.)
inveigle (V.) verleiten
invent (V.) erfinden
invention (N.) Erfindung (F.)
inventor (M. bzw. F.) Erfinder (M.)
inventory (N.) Bestand (M.), Inventar (N.), Nachweis (M.)
inventory (N.) of property Vermögensverzeichnis (N.)
inventory-taking (N.) Inventur (F.)
inverse condemnation (N.) enteignungsgleicher Eingriff (M.)
invest (V.) anlegen (einsetzen), investieren
invested assets (N.Pl.) Anlagevermögen (N.)
investigate (V.) erheben (feststellen), ermitteln, prüfen, untersuchen
investigating committee (N.) Untersuchungsausschuß (M.)
investigating magistrate (M. bzw. F.) Untersuchungsrichter (M.)
investigating officer (M. bzw. F.) Ermittlungsbeamter
investigation (N.) Untersuchung (F.)
investigation (N.) of tax offences Steuerfahndung (F.)
investing (N.) Investition (F.)
investiture (N.) Bestallung (F.), Investitur (F.)
investment (N.) Anlage (F.) (Vermögenseinsatz), Investition (F.), Investment (N.), Kapitalanlage (F.)

investment (N.) in kind Sacheinlage (F.)
investment certificate (N.) made out to bearer Inhaberanteilsschein (M.)
investment company (N.) Investmentgesellschaft (F.), Kapitalanlagegesellschaft (F.)
investment fraud (N.) Kapitalanlagebetrug (M.)
investment fund (N.) Investmentfonds (M.)
investment trust (N.) Kapitalanlagegesellschaft (F.)
investor (M. bzw. F.) Einleger (M.), Kapitalanleger (M.)
invitation (N.) Einladung (F.)
invitation (N.) to make an offer invitatio (F.) ad offerendum (lat.)
invite (V.) einladen
invoice (N.) Faktura (F.), Rechnung (F.)
invoice (V.) abrechnen
involuntary (Adj.) unfreiwillig
involvement (N.) Verstrickung (F.)
ipso facto (lat.) automatisch
ipso jure ipso iure (lat.)
irreconcilable (Adj.) unvereinbar
irregular (Adj.) ordnungswidrig, unregelmäßig, unstatthaft, vorschriftswidrig
irregular deposit (N.) depositum (N.) irregulare (lat.), unregelmäßige Verwahrung (F.)
irregularity (N.) Nachlässigkeit (F.)
irrelevant (Adj.) gegenstandslos, unwesentlich
irremovability (N.) Unversetzbarkeit (F.)
irretrievable breakdown (N.) of marriage Scheitern (N.) der Ehe
irrevocable (Adj.) unwiderruflich
irritate (V.) erregen
ISBN ISBN
ISDN ISDN
issue (N.) Ausgabe (F.), Ausstellung (F.), Emission (F.) (Wertpapieremission), Erscheinen (N.) (Veröffentlichung), Nachkommen (Pl.)
issue (V.) ausgeben, ausstellen, emittieren, erlassen (ausgeben), herausgeben
Italy (F.) Italien (N.)
item (N.) Eintrag (M.) (Registereintrag), Objekt (N.), Stück (N.)
itemization (N.) (am.) Aufstellung (F.)
itinerant occupation (N.) Reisegewerbe (N.)
itinerant trade (N.) Reisegewerbe (N.)

j

jactitation (N.) (brit.) Vortäuschung (F.)
jail (N.) Gefängnis (N.), Justizvollzugsanstalt (F.), Kerker (M.)
jailbreak (N.) (am.) Ausbruch (M.)
jail sentence (N.) Freiheitsstrafe (F.), Gefängnisstrafe (F.)
jealous (Adj.) eifersüchtig
jealousy (N.) Eifersucht (F.)
jeopardize (V.) gefährden
jeopardizing (N.) Gefährdung (F.)
jeopardy (N.) Gefahr (F.)
jest (N.) Scherz (M.)
Jew (M. bzw. F.) Jude (M.)
jewel (N.) Kleinod (N.)
job (N.) Arbeit (F.)
job centre (N.) Arbeitsamt (N.)
Job Centre (N.) Stellenvermittlung (F.)
jobholder (M. bzw. F.) Arbeitnehmer (M.)
jobless (Adj.) arbeitslos, erwerbslos
job rate pay (N.) Akkordlohn (M.)
job seniority (N.) Dienstalter (N.)
join (V.) beitreten, verbinden
joinder (N.) Anschluß (M.)
joinder (N.) of actions Klagenhäufung (F.)
joinder (N.) of offences Tatmehrheit (F.)
joinder (N.) of parties Nebenintervention (F.), Streitgenossenschaft (F.)
joining (N.) Beitritt (M.)
joining (N.) of issue Einlassung (F.)
joint (Adj.) gemeinsam, gemeinschaftlich, kollektiv
joint (Adj.) and several gesamtschuldnerisch
joint adventure (N.) (am.) Gemeinschaftsunternehmen (N.)
joint agency (N.) Gesamtvertretung (F.)
joint and mutual will (N.) korrespektives Testament (N.), wechselbezügliches Testament (N.)
joint and several (Adj.) solidarisch
joint and several liability (N.) Solidarhaftung (F.)
joint assault (N.) Raufhandel (M.)
joint commission (N.) of crime Mittäterschaft (F.)
joint contractor (M. bzw. F.) Mitunternehmer (M.)
joint creditor (M. bzw. F.) Gesamtgläubiger (M.)
joint debt (N.) Gesamtschuld (F.)
joint debtor (M. bzw. F.) Gesamtschuldner (M.)
joint guilt (N.) Mitverschulden (N.)
joint heir (M. bzw. F.) Miterbe (M.)
joint heirs (Pl.) Erbengemeinschaft (F.), Miterbengemeinschaft (F.)
joint holder (M. bzw. F.) Mitbesitzer (M.)
joint legate (N.) Mitvermächtnis (N.)
joint liability (N.) gesamtschuldnerische Haftung (F.)
joint liability (N.) of family members Sippenhaft (F.)
joint litigant (M. bzw. F.) Streitgenosse (M.)
joint management (N.) Mitbestimmung (F.)
joint marital property (N.) Gesamtgut (N.), Gütergemeinschaft (F.)
joint obligation (N.) Gesamtschuld (F.)
joint offender (M. bzw. F.) Komplize (M.), Mittäter (M.)
joint ownership (N.) Kollektiveigentum (N.), Miteigentum (N.)
joint ownership (N.) of acquired property Errungenschaftsgemeinschaft (F.)
joint perpetrator (M. bzw. F.) Mittäter (M.)
joint plaintiff (M. bzw. F.) Streitgenosse (M.)
joint possession (N.) Mitbesitz (M.)
joint possessor (M. bzw. F.) Mitbesitzer (M.)
joint power (N.) of Prokura Gesamtprokura (F.)
joint property (N.) Miteigentum (N.)
joint proprietor (M. bzw. F.) Teilhaber (M.)
joint representation (N.) Gesamtvertretung (F.)
joint senate (N.) gemeinsamer Senat (M.)
joint-stock company (N.) (br.) Aktiengesellschaft (F.), Kapitalgesellschaft (F.)
joint-stock corporation (N.) (am.) Aktiengesellschaft (F.), Kapitalgesellschaft (F.)
joint tasks (N.Pl.) Gemeinschaftsaufgaben (F.Pl.)
joint tenancy (N.) Gesamthandseigentum (N.), Mitbesitz (M.)
joint title (N.) Gesamthand (F.)

joint tortfeaser (M. bzw. F.) Mittäter (M.)
joint value (N.) Gemeinschaftswert (M.)
joint venture (N.) Gemeinschaftsunternehmen (N.), Joint venture (N.) (engl.)
joint will (N.) gemeinschaftliches Testament (N.)
joke (N.) Scherz (M.)
jot (V.) down notieren
journal (N.) Zeitschrift (F.)
journey (N.) Fahrt (F.), Reise (F.)
joy (N.) Lust (F.)
judge (M. bzw. F.) Richter (M.)
judge (M. bzw. F.) for civil cases Zivilrichter (M.)
judge (M. bzw. F.) of a commercial court
Handelsrichter (M.)
judge (M. bzw. F.) sitting alone Einzelrichter (M.)
judge (V.) beurteilen, entscheiden, richten,
urteilen
judge-made law (N.) Richterrecht (N.)
judgement (N.) Beurteilung (F.), Erkenntnis (N.) (Entscheidung), Judikat (N.), Richterspruch (M.), Spruch (M.), Urteil (N.)
judgement (N.) altering a legal relationship Gestaltungsurteil (N.)
judgement (N.) by confession Anerkenntnisurteil (N.)
judgement (N.) by default Versäumnisurteil (N.)
judgement (N.) granting affirmative relief Leistungsurteil (N.)
judgement (N.) of acquittal Freispruch (M.)
judgement (N.) on procedural grounds
Prozeßurteil (N.)
judgement (N.) on the basis of the cause
of action Grundurteil (N.)
judgement (N.) on the merits Sachurteil (N.)
judgeship (N.) Richteramt (N.)
judical process (N.) Rechtsweg (M.)
judication (N.) Judikation (F.)
judicature (N.) Judikatur (F.), Rechtspflege
(F.)
judicial (Adj.) gerichtlich, richterlich
Judicial Committee of the Privy Council
(N.) (brit.) Kronrat (M.) (Kronrat in Großbritannien)
judicial custom (N.) Gerichtsgebrauch (M.)
judicial day (N.) Gerichtstag (M.)
judicial decision (N.) Richterspruch (M.)

judicial error (N.) Rechtsirrtum (M.)
judicial evidence (N.) Beweismittel (N.)
judicial hearing (N.) Gerichtsverhandlung
(F.)
judicial murder (N.) Justizmord (M.)
judicial officer (M. bzw. F.) Rechtspfleger
(M.)
judicial precedent (N.) Präjudiz (N.), Präzedenzfall (M.)
judicial proceedings (N.Pl.) on the constitutionality of laws Normenkontrollverfahren (N.)
judicial remedy (N.) Rechtsbehelf (M.)
judicial review (N.) of the constitutionality of laws Normenkontrolle (F.)
judicial sequestration (N.) Zwangsverwaltung (F.)
judicial trainee (M. bzw. F.) Gerichtsreferendar (M.)
judicial view (N.) Augenschein (M.)
judiciary (Adj.) richterlich
judiciary (N.) Judikative (F.), Justiz (F.),
Richterschaft (F.)
junior judge (M. bzw. F.) Assessor (M.)
junior judicial officer (M. bzw. F.) Gerichtsassessor (M.)
junkerism (N.) Junkertum (N.)
junta (N.) Junta (F.)
jural (Adj.) rechtlich
juridical (Adj.) juridisch, juristisch, rechtlich
jurisdiction (N.) Gerichtsbarkeit (F.), Jurisdiktion (F.), Rechtsprechung (F.), Zuständigkeit (F.)
jurisdiction (N.) over the subject sachliche Zuständigkeit (F.)
jurisdictional conflict (N.) Kompetenzkonflikt (M.)
jurisprudence (N.) Jura (N.), Jurisprudenz
(F.), Juristerei (F.), Rechtswissenschaft (F.)
jurisprudence (N.) of interests Interessenjurisprudenz (F.)
jurisprudent (M. bzw. F.) Jurist (M.)
jurist (M. bzw. F.) Jurist (M.)
juristic (Adj.) juristisch
juristic act (N.) Rechtsgeschäft (N.)
juristic assistance (N.) Rechtshilfe (F.)
juristic person (N.) juristische Person (F.)
juristic personality (N.) Rechtsfähigkeit (F.)
juror (M. bzw. F.) Schöffe (M.), Geschwo-

rener (M.)
jury (N.) Jury (F.)
jury box (N.) (am.) Geschworenenbank (F.), Schöffenbank (F.) (Schöffenbank im anglo-amerikanischen Recht)
juryman (M.) Schöffe (M.)
jury room (N.) Beratungszimmer (N.) (Beratungszimmer der Geschworenen)
jury trial (N.) Geschworenenprozeß (M.)
jurywoman (F.) Schöffe (M.)
jus dispositivum (N.) nachgiebiges Recht (N.)
just (Adj.) gerecht, richtig
justice (M. bzw. F.) Richter (M.)
justice (N.) Gerechtigkeit (F.)
justiceship (N.) Richteramt (N.)
justiciable (Adj.) justiziabel
justiciary (M. bzw. F.) Justitiar (M.)
justiciary (N.) Richterschaft (F.)
justifiable (Adj.) gerechtfertigt, vertretbar (begründbar)
justification (N.) Begründung (F.), Rechtfertigung (F.)
justified (Adj.) begründet, gerechtfertigt
justify (V.) begründen, rechtfertigen
justness (N.) Gerechtigkeit (F.)
just war (N.) gerechter Krieg (M.)
juvenile (Adj.) jugendlich
juvenile (M. bzw. F.) Jugendlicher (M.)
juvenile care (N.) Jugendarbeit (F.)
juvenile court (N.) Jugendgericht (N.)
juvenile court assistance (N.) Jugendgerichtshilfe (F.)
juvenile-court judge (M. bzw. F.) Jugendrichter (M.)
juvenile courts act (N.) Jugendgerichtsgesetz (N.)
juvenile delinquency (N.) Jugendkriminalität (F.)
juvenile detention (N.) Jugendarrest (M.)
juvenile law (N.) Jugendrecht (N.)
juvenile penal law (N.) Jugendstrafrecht (N.)

k

kangaroo court (N.) Scheingericht (N.)
keep (V.) aufbewahren, einhalten, führen, halten
keep (V.) back zurückbehalten

keep (V.) in custody verwahren
keep (V.) in good order instandhalten
keep (V.) silence schweigen
keep (V.) under surveillance überwachen
keeper (M. bzw. F.) Halter (M.), Hüter (M.), Inhaber (M.), Wärter (M.)
keeper (M. bzw. F.) of an animal Tierhalter (M.)
keeper (M. bzw. F.) of the minutes Protokollant (M.) (Protokollführer bei Sitzungen)
keeping (N.) Halten (N.) (Besitzen)
keeping accounts (N.) Buchführung (F.), Buchhaltung (F.)
key (N.) Schlüssel (M.)
key date (N.) Stichtag (M.)
kidnap (V.) entführen, kidnappen, verschleppen (örtlich fortbewegen)
kidnapper (M. bzw. F.) Entführer (M.), Kidnapper (M.)
kidnapping (N.) Entführung (F.), Menschenraub (M.), Verschleppung (F.) (örtliche Veränderung einer Person)
kill (V.) morden, töten, umbringen
killer (M. bzw. F.) Killer (M.)
killing (N.) Tötung (F.)
kin (M.Pl. bzw. F.Pl.) Verwandtschaft (F.) (Gesamtheit der Verwandten)
kin (N.) Sippe (F.)
kind (Adj.) gefällig
kind (N.) Art (F.) (Gattung), Gattung (F.), Genus (N.), Sorte (F.), Typ (M.)
kindness (N.) Güte (F.) (Gütigkeit)
kindred (Adj.) gleichartig
kindred (M.Pl. bzw. F.Pl.) Verwandtschaft (F.) (Gesamtheit der Verwandten)
king (M.) König (M.)
kingly (Adj.) königlich
king's evidence (M. bzw. F.) (br.) Kronzeuge (M.)
King's Speech (N.) Thronrede (F.) (Thronrede in Großbritannien)
kinship (N.) Angehörigkeit (F.)
kiosk (N.) Kiosk (M.)
kiosque (N.) (am.) Kiosk (M.)
kiteflying (N.) Wechselreiterei (F.)
kleptomania (N.) Kleptomanie (F.)
kleptomaniac (M. bzw. F.) Kleptomane (M.)
knight (M.) Ritter (M.)
knock (N.) Schlag (M.)
knock (V.) anschlagen

know (V.) kennen, wissen
knowhow (N.) Knowhow (N.) (engl.)
knowing (Adj.) kundig
knowingly (Adv.) wissentlich
knowledge (N.) Kenntnis (F.), Kunde (F.)
(Kenntnis), Wissen (N.)
knowledge (N.) of life Lebenserfahrung (F.)
known (Adj.) notorisch
kolkhoz (N.) Kolchose (F.)

l

labor (N.) (am.) Arbeit (F.)
labor contract (N.) (am.) Arbeitsvertrag
(M.)
labor court (N.) (am.) Arbeitsgericht (N.)
laborer (M. bzw. F.) (am.) Arbeiter (M.)
labor law (N.) (am.) Arbeitsrecht (N.)
labor office (N.) (am.) Arbeitsamt (N.)
labor-relations director (M. bzw. F.)
(am.) Arbeitsdirektor (M.)
labor struggle (N.) (am.) Arbeitskampf (M.)
labor union (N.) (am.) Gewerkschaft (F.)
labour (N.) (br.) Arbeit (F.)
labour contract (N.) (br.) Arbeitsvertrag
(M.)
labour court (N.) (br.) Arbeitsgericht (N.)
labour director (M. bzw. F.) (br.) Arbeitsdirektor (M.)
labourer (M. bzw. F.) (br.) Arbeiter (M.)
labour exchange (N.) (br.) Arbeitsamt (N.)
labour law (N.) (br.) Arbeitsrecht (N.)
labour struggle (N.) (br.) Arbeitskampf
(M.)
labour union (N.) (br.) Gewerkschaft (F.)
laches (N.) Verwirkung (F.)
lack (N.) Mangel (M.) (Knappheit)
lack (N.) of agreement Einigungsmangel
(M.)
lack (N.) of completion Fehlen (N.) der
Vollendung
lack (N.) of confidence Mißtrauen (N.)
lack (N.) of criminal capacity Schuldunfähigkeit (F.)
lack (N.) of discretion Ermessensmangel
(M.)
lack (N.) of jurisdiction Unzuständigkeit (F.)
lack (N.) of organization Organisationsmangel (M.)

lack (N.) of the basis of a transaction
Fehlen (N.) der Geschäftsgrundlage
lack (N.) of will-power Willensmangel (M.)
lady (F.) of pleasure Freudenmädchen (F.)
lake (N.) See (M.)
lame (Adj.) hinkend
land (N.) Boden (M.), Bundesland (N.),
Grund (M.) (Land), Land (N.) (Boden bzw.
Gebiet)
Land (N.) Land (N.) (Bundesland)
land (N.) not subject to local authorities'
jurisdiction gemeindefreies Gebiet (N.)
land (V.) löschen (ausladen)
Land administration (N.) Landesverwaltung (F.)
Land authority (N.) Landesbehörde (F.)
Land central bank (N.) Landeszentralbank
(F.)
land certificate (N.) Grundbuchauszug (M.)
land charge (N.) Grundschuld (F.), Reallast (F.)
land charge certificate (N.) Grundschuldbrief (M.)
land consolidation (N.) Flurbereinigung (F.)
Land constitution (N.) Landesverfassung
(F.)
land credit (N.) Bodenkredit (M.)
landed property (N.) Grundbesitz (M.),
Grundeigentum (N.)
landed servitude (N.) Grunddienstbarkeit
(F.)
Land government (N.) Landesregierung (F.)
land holder (M. bzw. F.) Grundbesitzer (M.)
landholding (N.) Grundbesitz (M.)
landing (N.) Löschung (F.) (Ausladung)
land law (N.) Bodenrecht (N.), Grundstücksrecht (N.)
Land law (N.) Landesrecht (N.)
Land legislation (N.) Landesgesetzgebung
(F.)
land loan (N.) Bodenkredit (M.)
landlord (M.) Grundherr (M.), Gutsherr
(M.), Vermieter (M.) (Vermieter von Wohnungen), Wirt (M.)
land mortgage (N.) Grundpfand (N.)
land owner (M. bzw. F.) Grundbesitzer (M.)
Land parliament (N.) Landtag (M.)
land purchase (N.) Grundstückskauf (M.)
land reform (N.) Bodenreform (F.)
land register (N.) Grundbuch (N.)

land register folio (N.) Realfolium (N.)
Land Register Regulations (N.Pl.) Grundbuchverfügung (F.)
land registration (N.) Grundbucheintragung (F.)
land registry (N.) Grundbuchamt (N.), Katasteramt (N.)
land registry act (N.) Grundbuchordnung (F.)
landscape (N.) Landschaft (F.)
land survey office (N.) Katasteramt (N.)
land tax (N.) Grundsteuer (F.)
land tenure (N.) Pachtverhältnis (N.)
land title register (N.) Grundbuch (N.)
land transactions (N.Pl.) Bodenverkehr (M.)
land transfer duty (N.) Grunderwerbsteuer (F.)
lane (N.) Spur (F.) (Fahrspur auf der Straße)
language (N.) Sprache (F.)
language (N.) of the court Gerichtssprache (F.)
lapse (N.) Erlöschen (N.), Verfall (M.) (Verwahrlosung eines Gebäudes), Wegfall (M.)
lapse (N.) of time Zeitablauf (M.)
lapse (N.) of unjust enrichment Wegfall (M.) der Bereicherung (F.)
lapse (V.) erlöschen, verfallen (verfallen eines Gebäudes)
larceny (N.) Diebstahl (M.), Entwendung (F.)
larceny (N.) for temporary use furtum (N.) usus (lat.), Gebrauchsentwendung (F.)
large city (N.) Großstadt (F.)
large division (N.) großer Senat (M.)
large entailed estate (N.) held by a family Familienfideikommiß (M.)
large senate (N.) großer Senat (M.)
last (V.) dauern, währen
last meal (N.) Henkersmahlzeit (F.)
last name (N.) Nachname (M.)
last will (N.) letzter Wille (M.), letztwillige Verfügung (F.), Testament (N.)
last word (N.) letztes Wort (N.)
latent defect (N.) verborgener Mangel (M.)
later (Adj.) nachträglich
later submission (N.) Nachschieben (N.)
laundering (N.) Geldwäsche (F.)
law (N.) Gesetz (N.), ius (N.) (lat.), Jura (N.), Jus (N.), Recht (N.) (Rechtsordnung)

law (N.) concerning aliens Fremdenrecht (N.)
law (N.) concerning architects Architektenrecht (N.)
law (N.) concerning foreign nationals Ausländerrecht (N.)
law (N.) concerning medical doctors Arztrecht (N.)
law (N.) concerning passenger transportation Personenbeförderungsrecht (N.)
law (N.) concerning persons Personenrecht (N.)
law (N.) concerning the promotion of urban construction Städtebauförderungsrecht (N.)
law (N.) concerning the protection of children and young persons Jugendschutzrecht (N.)
law (N.) concerning water Wasserrecht (N.)
law (N.) governing social security authorities Sozialverwaltungsrecht (N.)
law (N.) governing telecommunications Fernmelderecht (N.)
law (N.) governing the registration of aliens Fremdenrecht (N.)
law (N.) imposed by the occupying power Besatzungsrecht (N.)
law (N.) in force de lege lata (lat.)
law (N.) of administration concerning arts Kunstverwaltungsrecht (N.)
law (N.) of administration concerning cultural affairs Kulturverwaltungsrecht (N.)
law (N.) of a Land Landesgesetz (N.)
law (N.) of associations Gesellschaftsrecht (N.)
law (N.) of asylum Asylrecht (N.) (Asylrechtsordnung)
law (N.) of conflict of laws Kollisionsrecht (N.)
law (N.) of contract Vertragsrecht (N.)
law (N.) of domestic relations Familienrecht (N.)
law (N.) of entailed succession of agricultural estates Höferecht (N.)
law (N.) of foreign trade Außenwirtschaftsrecht (N.)
law (N.) of hospitality Gastrecht (N.)
law (N.) of industrial property and copyright protection Leistungsschutz (M.), Leistungsschutzrecht (N.)

law (N.) of intestate succession gesetzliches Erbrecht (N.)

law (N.) of laundering Geldwäschegesetz (N.)

law (N.) of nature Naturrecht (N.)

law (N.) of obligations Schuldrecht (N.)

law (N.) of photography Fotorecht (N.)

law (N.) of preceding tenancy Vormietrecht (N.)

law (N.) of procedure Prozeßrecht (N.), Verfahrensrecht (N.)

law (N.) of property Grundstücksrecht (N.), Güterrecht (N.), Sachenrecht (N.)

law (N.) of public finance Finanzrecht (N.)

law (N.) of public streets and roads Straßenrecht (N.)

law (N.) of reason Vernunftrecht (N.)

law (N.) of retired farmers' portion Altenteilsrecht (N.)

law (N.) of succession Erbrecht (N.) (Erbrechtsordnung)

law (N.) of tenancy Mietrecht (N.), Wohnungsrecht (N.) (objektiv)

law (N.) of the sea Seerecht (N.)

law (N.) of things Sachenrecht (N.)

law (N.) of torts Deliktsrecht (N.)

law (N.) of trademarks Markenrecht (N.) (Markenrechtsordnung)

law (N.) of war Kriegsrecht (N.) (zwischen Kriegsparteien gültiges Recht)

law (N.) on administrative procedure Verwaltungsprozeßrecht (N.)

law (N.) on balance sheets Bilanzrecht (N.)

law (N.) on bills of exchange Wechselrecht (N.)

law (N.) on building and designing buildings Baugestaltungsrecht (N.)

law (N.) on company-provided pensions Betriebsrentengesetz (N.)

law (N.) on competition Wettbewerbsrecht (N.)

Law (N.) on Consumer Credits Verbraucherkreditgesetz (N.)

law (N.) on criminal prosecution for tax offences Steuerstrafrecht (N.)

law (N.) on inheritance of agricultural estates Höfegesetz (N.), Höfeordnung (F.)

law (N.) on legal liability for accidents Unfallhaftpflichtrecht (N.)

law (N.) on national debts Staatsschuldenrecht (N.)

law (N.) on occupational pension schemes Betriebsrentengesetz (N.)

law (N.) on planning for building projects Bauplanungsrecht (N.)

law (N.) on sales Kaufrecht (N.) (Kaufrechtsordnung)

law (N.) on supplementary penalties Nebenstrafrecht (N.)

law (N.) on the administrative law conderning trade and industry Wirtschaftsverwaltungsrecht (N.)

law (N.) on the disposal of dead animals Tierkörperbeseitigungsrecht (N.)

law (N.) on the economic system Wirtschaftsverfassungsrecht (N.)

law (N.) on the individual employer-employee relationship Individualarbeitsrecht (N.)

law (N.) on the tenancy of industrial or commercial premises Gewerberaummietrecht (N.)

law (N.) on travelling Reiserecht (N.)

law (N.) regulating public meetings Versammlungsgesetz (N.)

law (N.) relating to administrative jurisdiction Verwaltungsgerichtsgesetz (N.)

law (N.) relating to food production and distribution Lebensmittelrecht (N.)

law (N.) relating to securities Wertpapierrecht (N.)

law (N.) relating to social security pensions Rentenrecht (N.)

law (N.) to be enacted de lege ferenda (lat.)

law agent (M. bzw. F.) Prozeßagent (M.)

law and order (N.) öffentliche Sicherheit und Ordnung (F.)

law code (N.) codex (M.) (lat.), Gesetzbuch (N.)

Law Commission (N.) (brit.) Rechtsausschuß (M.)

law congress (N.) Juristentag (M.)

law costs (N.Pl.) Prozeßkosten (F.Pl.)

law court (N.) Gerichtshof (M.)

law enforcement officer (M. bzw. F.) Vollstreckungsbeamter (M.)

law enforcement officers' service (N.) Polizeivollzugsdienst (M.)

lawful (Adj.) gesetzlich, gesetzmäßig, legal, rechtmäßig

lawful act (N.) Rechtshandlung (F.)

lawful excuse (N.) Schuldausschließungsgrund (M.)

lawfulness (N.) Gesetzmäßigkeit (F.), Legalität (F.), Rechtmäßigkeit (F.)

lawmaking (N.) Gesetzgebung (F.), Rechtsschöpfung (F.)

lawman (M.) (am.) Polizist (M.)

law office (N.) Kanzlei (F.) (Büro von Rechtsanwälten)

law of maintenance Unterhaltsrecht (N.)

law reports (N.Pl.) Entscheidungssammlung (F.)

law society (N.) Anwaltskammer (F.)

lawsuit (N.) Klage (F.), Prozeß (M.), Rechtsstreit (M.)

lawyer (M. bzw. F.) Advokat (M.), Anwalt (M.), Jurist (M.), Rechtsanwalt (M.)

lawyer's secretary (F.) Anwaltsgehilfe (M.)

lawyer's tactics (N.Pl.) during the legal proceedings Prozeßtaktik (F.)

lay (V.) down aufstellen, bestimmen, festsetzen

lay assessor (M. bzw. F.) Schöffe (M.)

layer (N.) Schicht (F.) (Lage)

layer-on (M. bzw. F.) Einleger (M.)

lay judge (M. bzw. F.) Laienrichter (M.)

lay magistrate (M. bzw. F.) Laienrichter (M.)

layman (M.) Laie (M.)

lead (V.) führen, leiten, plombieren

lead (V.) through durchführen (hindurchleiten)

leader (M. bzw. F.) Führer (M.)

leader (M. bzw. F.) of a gang Rädelsführer (M.)

Leader of the House (M. bzw. F.) Führer des Unterhauses

leading (Adj.) leitend (führend)

leading (N.) someone in the court room Vorführung (F.) (Vorführung vor Gericht bzw. Behörde)

leading authority (M. bzw. F.) Kapazität (F.)

leading decision (N.) Präzedenzfall (M.)

leading nation (N.) Staatsvolk (N.)

lead seal (N.) Plombe (F.) (Verschlußsicherung)

lead time (N.) Lieferzeit (F.)

leaflet (N.) Flugblatt (N.), Flugschrift (F.)

league (N.) Bund (M.), Liga (F.)

League (N.) of Nations Völkerbund (M.)

leap-frog appeal (N.) Sprungrevision (F.)

leap frogging (N.) Sprungrevision (F.)

leap frog procedure (N.) Sprungrevision (F.)

learn (V.) lernen

lease (N.) Mietvertrag (M.) (Mietvertrag über eine unbewegliche Sache), Pacht (F.) (Pachtverhältnis), Pachtvertrag (M.)

lease (N.) of a hunting ground Jagdpacht (F.)

lease (V.) leasen, mieten (eine unbewegliche Sache mieten), pachten, vermieten, verpachten

leasee (M. bzw. F.) Pächter (M.)

leasehold (N.) Pacht (F.) (Pachtbesitz)

leaseholder (M. bzw. F.) Pächter (M.)

leasehold rent (N.) Pachtzins (M.)

leasing (N.) Leasing (N.)

leave (N.) Urlaub (M.)

leave (N.) granted to a non-working parent of a small child Erziehungsurlaub (M.)

leave (V.) aufgeben, entfernen (sich), kündigen, räumen, überlassen, vererben

leave pay (N.) (am.) Urlaubsgeld (N.)

lector (M. bzw. F.) Lektor (M.) (Universitätslektor)

lecturer (M. bzw. F.) Lehrbeauftragter (M.), Lektor (M.) (Universitätslektor)

ledger (N.) Buch (N.), Handelsbuch (N.)

left (Adj.) over restlich

legacy (N.) Legat (N.) (Vermächtnis), Vermächtnis (N.)

legacy hunter (M. bzw. F.) Erbschleicher (M.)

legal (Adj.) gerichtlich, gesetzlich, gesetzmäßig, juristisch, legal, rechtlich, rechtmäßig

legal act (N.) Rechtshandlung (F.)

legal action (N.) Klage (F.)

legal action (N.) against a neighbour Nachbarklage (F.)

legal action (N.) by a competitor Konkurrentenklage (F.)

legal action (N.) instituted by an association Verbandsklage (F.)

legal administrative body (N.) Justizverwaltung (F.)

legal advice (N.) Rechtsberatung (F.)

legal adviser (M. bzw. F.) Justitiar (M.), Rechtsberater (M.), Syndikus (M.)

legal age (N.) (am.) Volljährigkeit (F.)
legal age (N.) to take an oath Eidesmündigkeit (F.)
legal agent (M. bzw. F.) gesetzlicher Vertreter (M.)
legal aid (N.) Armenrecht (N.), Prozeßkostenhilfe (F.), Rechtsberatung (F.), Rechtshilfe (F.)
legal assistance (N.) Rechtsbeistand (M.)
legal basis (N.) Rechtsgrund (M.)
legal benefit (N.) Rechtswohltat (F.)
legal capacity (N.) Deliktsfähigkeit (F.), Geschäftsfähigkeit (F.), Rechtsfähigkeit (F.)
legal charges (N.Pl.) Prozeßkosten (F.Pl.)
legal claim (N.) Rechtsanspruch (M.)
legal clerk (M. bzw. F.) Gerichtsschreiber (M.)
legal compulsory purchase (N.) Legalenteignung (F.)
legal conception (N.) Rechtsbegriff (M.)
legal consequence (N.) Rechtsfolge (F.)
legal counsel (M. bzw. F.) Rechtsbeistand (M.)
legal decision (N.) Rechtsentscheid (M.)
legal defect (N.) Gesetzeslücke (F.)
legal definition (N.) Legaldefinition (F.)
legal detriment (N.) Rechtsnachteil (M.)
legal disadvantage (N.) Rechtsnachteil (M.)
legal dispute (N.) Rechtsstreitigkeit (F.)
legal domicile (N.) Wohnort (M.)
legal duty (N.) Rechtspflicht (F.)
legal duty (N.) to maintain safety Verkehrssicherungspflicht (F.)
legal education (N.) juristische Ausbildung (F.)
legal entity (N.) juristische Person (F.), Subjekt (N.)
legal fiction (N.) gesetzliche Vermutung (F.)
legal force (N.) Gesetzeskraft (F.), Gültigkeit (F.), Rechtskraft (F.)
legal gazette (N.) Gesetzblatt (N.), Verkündungsblatt (N.)
legal history (N.) Rechtsgeschichte (F.)
legal impediment (N.) Hindernis (N.)
legal incapacitation (N.) Entmündigung (F.)
legal incapacity (N.) Geschäftsunfähigkeit (F.)
legal incapacity (N.) to inherit Erbunfähigkeit (F.)
legal institution (N.) Rechtsinstitut (N.)

legal interest (N.) in a declaratory judgement Feststellungsinteresse (N.)
legality (N.) Gesetzmäßigkeit (F.), Legalität (F.), Rechtmäßigkeit (F.)
legalization (N.) Legalisation (F.), Legalisierung (F.)
legalize (V.) legalisieren
legal justification (N.) Rechtfertigungsgrund (M.)
legal language (N.) Rechtssprache (F.)
legal liability (N.) Haftpflicht (F.)
legal liability (N.) for accidents Unfallhaftpflicht (F.)
legally capable (Adj.) geschäftsfähig
legally capacitated (Adj.) deliktsfähig
legally competent judge (M. bzw. F.) gesetzlicher Richter (M.)
legally incapacitated (Adj.) geschäftsunfähig
legally ineffective (Adj.) rechtsunwirksam
legally relevant act (N.) Rechtsakt (M.)
legally relevant act (N.) of the European Community Rechtsakte (F.) der Europäischen Gemeinschaften
legally relevant conduct (N.) Rechtsakt (M.)
legal majority (N.) for marriage Ehemündigkeit (F.)
legal maxim (N.) Rechtsgrundsatz (M.)
legal measure (N.) to maintain public order Ordnungsmittel (N.)
legal minimum bid (N.) geringstes Gebot (N.)
legal norm (N.) Rechtsnorm (F.)
legal object (N.) Rechtsobjekt (N.)
legal obligation (N.) Rechtspflicht (F.)
legal opinion (N.) Rechtsgutachten (N.)
legal personality (N.) Rechtspersönlichkeit (F.)
legal philosophy (N.) Rechtsphilosophie (F.)
legal policy (N.) Rechtspolitik (F.)
legal position (N.) Rechtslage (F.)
legal positivism (N.) Rechtspositivismus (M.)
legal possession (N.) Rechtsbesitz (M.)
legal practice (N.) (br.) Rechtspraxis (F.)
legal practise (N.) (am.) Rechtspraxis (F.)
legal proceedings (N.Pl.) Gerichtsverfahren (N.), Prozeß (M.)

legal process (N.) Rechtsweg (M.)
legal protection (N.) Rechtsschutz (M.)
legal protection (N.) for bona fide acts Vertrauensschutz (M.)
legal protection (N.) of industrial property gewerblicher Rechtsschutz (M.)
legal protection (N.) of tenants Mieterschutz (M.)
legal proverb (N.) Rechtssprichwort (N.)
legal provision (N.) Rechtssatz (M.)
legal proviso (N.) Gesetzesvorbehalt (M.)
legal redress (N.) Rechtsbehelf (M.)
legal regime (N.) Rechtsordnung (F.)
legal relations (N.Pl.) Rechtsverhältnis (N.), Rechtsverkehr (M.)
legal relationship (N.) Rechtsverhältnis (N.)
legal remedy (N.) Rechtsbehelf (M.), Rechtsmittel (N.)
legal representative (M. bzw. F.) gesetzlicher Vertreter (M.)
legal reservation (N.) Gesetzesvorbehalt (M.)
legal residence (N.) Wohnsitz (M.)
legal rule (N.) Rechtssatz (M.)
legal security (N.) Rechtssicherheit (F.)
legal staff lawyer (M. bzw. F.) Justitiar (M.)
legal standing (N.) Legitimität (F.)
legal status (N.) Rechtsfähigkeit (F.), Rechtslage (F.), Rechtspersönlichkeit (F.)
legal subject (M. bzw. F.) Rechtssubjekt (N.)
legal succession (N.) gesetzliche Erbfolge (F.)
legal successor (M. bzw. F.) Rechtsnachfolger (M.)
legal supervision (N.) Rechtsaufsicht (F.)
legal system (N.) Rechtsordnung (F.), Rechtssystem (N.)
legal tender (N.) gesetzliches Zahlungsmittel (N.)
legal training (N.) juristische Ausbildung (F.)
legal transaction (N.) Rechtsgeschäft (N.)
legal uncertainty (N.) Rechtsunsicherheit (F.)
legal uniformity (N.) Rechtseinheit (F.)
legal validity (N.) Rechtskraft (F.)
legal venue (N.) Gerichtsstand (M.)
legate (M.) Legat (M.) (Gesandter)

legatee (M. bzw. F.) Vermächtnisnehmer (M.)
legation (N.) Legation (F.)
legation councillor (M. bzw. F.) Legationsrat (M.)
legislation (N.) Gesetzgebung (F.)
legislative (Adj.) gesetzgebend, legislativ
legislative (N.) Legislative (F.)
legislative competence (N.) Gesetzgebungszuständigkeit (F.)
legislative initiative (N.) Gesetzesinitiative (F.)
legislative period (N.) Legislaturperiode (F.)
legislative power (N.) gesetzgebende Gewalt (F.)
legislative procedure (N.) Gesetzgebungsverfahren (N.)
legislative state (N.) of emergency Gesetzgebungsnotstand (M.)
legislator (M.) Gesetzgeber (M.)
legislature (N.) Gesetzgeber (M.), Legislative (F.)
legitimacy (N.) Ehelichkeit (F.), Legitimität (F.), Rechtmäßigkeit (F.)
legitimacy (N.) as the proper party Sachlegitimation (F.)
legitimate (Adj.) begründet, ehelich (in der Ehe gezeugt), legitim, rechtmäßig
legitimate (V.) legitimieren
legitimate claimant (M. bzw. F.) Berechtigter (M.)
legitimate heir (M. bzw. F.) Noterbe (M.)
legitimate interest (N.) to take legal action Rechtsschutzbedürfnis (N.)
legitimation (N.) Ehelicherklärung (F.), Ehelichkeitserklärung (F.), Legalisierung (F.), Legitimation (F.), Legitimierung (F.)
legitimization (N.) Legalisierung (F.)
leisure time (N.) Freizeit (F.)
lend (V.) ausleihen, darleihen, leihen (etwas einem anderen leihen), verleihen (ausleihen)
lend (V.) on security beleihen
lender (M. bzw. F.) Gläubiger (M.), Kreditgeber (M.)
lending (N.) Leihe (F.)
lending business (N.) Kreditwesen (N.)
lending transaction (N.) Darlehensgeschäft (N.)
length (N.) of service Dienstalter (N.)

length (N.) of time Dauer (F.)
lesbian (Adj.) lesbisch
lesbian (F.) Lesbierin (F.)
lèse-majesty (N.) Majestätsbeleidigung (F.)
lessee (M. bzw. F.) Mieter (M.)
lessen (V.) mindern, vermindern
lesson (N.) (brit.) Stunde (F.)
lessor (M. bzw. F.) Vermieter (M.), Verpächter (M.)
let (V.) vermieten
let (V.) on hire vermieten
let (V.) on lease verpachten
lethal (Adj.) tödlich
letter (N.) Brief (M.)
letter (N.) of acknowledgement Bestätigungsschreiben (N.)
letter (N.) of appointment Ernennungsurkunde (F.)
letter (N.) of confirmation Bestätigungsschreiben (N.)
letter (N.) of credit Akkreditiv (N.), Kreditbrief (M.)
letter (N.) of demand Mahnschreiben (N.)
letter (N.) of intent Absichtserklärung (F.)
letter (N.) of remunication Abtretungsformular (N.)
letting (N.) Vermietung (F.)
lettor (M. bzw. F.) Vermieter (M.)
level (V.) at richten
levy (N.) Abgabe (F.), Steuer (F.), Umlage (F.)
levy (N.) of execution Pfändung (F.)
levy (N.) of execution in exchange Austauschpfändung (F.)
levy (N.) of execution on movable goods Mobiliarzwangsvollstreckung (F.)
levy (V.) erheben (verlangen), pfänden
levy (V.) taxes besteuern
lewd (Adj.) unzüchtig
lewdness (N.) Unzucht (F.)
lexicon (N.) Lexikon (N.)
liabilities (N.Pl.) Passiva (N.Pl.)
liability (N.) Haftung (F.), Obligo (N.), Schuld (F.) (Verpflichtung im Privatrecht), Verbindlichkeit (F.)
liability (N.) based on fault Verschuldenshaftung (F.)
liability (N.) based on principles of reliance Vertrauenshaftung (F.)
liability (N.) by state Zustandshaftung (F.)

liability (N.) for acts done Handlungshaftung (F.)
liability (N.) for a public disturbance Verhaltenshaftung (F.)
liability (N.) for a public officer Amtshaftung (F.)
liability (N.) in tort Verschuldenshaftung (F.)
liability (N.) of a club Vereinshaftung (F.)
liability (N.) of employees Arbeitnehmerhaftung (F.)
liability (N.) of the estate Nachlaßverbindlichkeit (F.)
liability (N.) on the grounds of equitable principles Billigkeitshaftung (F.)
liability (N.) to account Rechenschaftslegungspflicht (F.)
liability (N.) to insure Versicherungszwang (M.)
liability (N.) to support Unterhaltspflicht (F.)
liability (N.) without fault Erfolgshaftung (F.)
liability case (N.) Haftpflichtprozeß (M.)
liability insurance (N.) Haftpflichtversicherung (F.)
liability law (N.) Haftungsrecht (N.)
liable (Adj.) haftbar, verantwortlich
liable (Adj.) to a charge gebührenpflichtig
liable (Adj.) to a fee gebührenpflichtig
liable (Adj.) to be foreclosed kündbar
liable (Adj.) to taxation steuerpflichtig
liable (V.) to unterliegen
liablity (N.) by condition Zustandshaftung (F.)
liar (M. bzw. F.) Lügner (M.)
libel (N.) Beleidigung (F.), Injurie (F.), Verleumdung (F.)
libel (V.) verleumden
libeller (M. bzw. F.) Verleumder (M.)
liberal (Adj.) freiheitlich, freizügig, liberal
liberal (M. bzw. F.) Liberaler (M.)
liberalism (N.) Liberalismus (M.)
liberalness (N.) Freizügigkeit (F.)
liberate (V.) befreien, freilassen
liberation (N.) Befreiung (F.), Freilassung (F.)
liberty (N.) Freiheit (F.)
liberty (N.) of action Handlungsfreiheit (F.)
library (N.) Bibliothek (F.)

licence (N.) (br.) Erlaubnis (F.), Genehmigung (F.), Gestattung (F.), Lizenz (F.), Zulassung (F.)

licence (N.) for sale of alcoholic drinks (brit.) Schankkonzession (F.)

licence (N.) to practice (br.) Approbation (F.)

licence (N.) to sell liquor Schankkonzession (F.)

licence (N.) to trade (br.) Konzession (F.)

licence-fee (N.) Lizenzgebühr (F.)

licence tax (N.) Konzessionsabgabe (F.)

license (N.) (am.) Erlaubnis (F.), Gestattung (F.), Lizenz (F.), Zulassung (F.)

license (N.) for sale of alcoholic drinks (am.) Schankkonzession (F.)

license (N.) to practice (am.) Approbation (F.)

license (N.) to trade (am.) Konzession (F.)

license (V.) approbieren, lizensieren

licensee (M. bzw. F.) Lizenznehmer (M.)

licenser (M. bzw. F.) (brit.) Lizenzgeber (M.)

licensor (M. bzw. F.) (am.) Lizenzgeber (M.)

licentiate (M. bzw. F.) Lizentiat (M.)

lie (V.) liegen (sich befinden), lügen

lie (V.) on obliegen

Liechtenstein (N.) Liechtenstein (N.)

lie detector (N.) Lügendetektor (M.)

lien (N.) Pfandrecht (N.), Zurückbehaltungsrecht (N.)

lien (N.) by attachment Pfändungspfandrecht (N.)

lien (N.) of lessor Vermieterpfandrecht (N.)

lien (N.) on real property Grundpfandrecht (N.)

lienholder (M. bzw. F.) Pfandgläubiger (M.)

lieutenant (M.) Leutnant (M.)

life (N.) Laufzeit (F.), Leben (N.)

life annuity (N.) Leibrente (F.)

life contingency (N.) Lebensrisiko (N.)

life endowment (N.) Leibgedinge (N.), Leibzucht (F.)

life experience (N.) Lebenserfahrung (F.)

life insurance (N.) Lebensversicherung (F.)

lifelong (Adj.) lebenslang, lebenslänglich

life-preserver (M. bzw. F.) (brit.) Totschläger (M.)

lift (V.) aufheben, erhöhen, heben

likelihood (N.) Wahrscheinlichkeit (F.)

likely (Adj.) wahrscheinlich

limit (N.) Grenze (F.) (Grenzlinie)

limit (V.) befristen, begrenzen, beschränken, einschränken, limitieren

limitation (N.) Befristung (F.), Beschränkung (F.), Einschränkung (F.)

limitation (N.) of actions Verjährung (F.)

limitation (N.) of civil rights Grundrechtsschranke (F.)

limitation (N.) of liability Haftungsbeschränkung (F.)

limitation (N.) of prosecution Verfolgungsverjährung (F.)

limited (Adj.) limitiert

limited accessoriness (N.) limitierte Akzessorität (F.)

limited liability (N.) beschränkte Haftung (F.)

limited partner (M. bzw. F.) Kommanditist (M.)

limited partnership (N.) Kommanditgesellschaft (F.)

limping bearer instrument (N.) hinkendes Inhaberpapier (N.)

line (N.) Linie (F.)

lineage (N.) Geschlecht (N.) (Familie)

lineal (Adj.) direkt

lineup (N.) Gegenüberstellung (F.) (Gegenüberstellung zur Identifizierung)

link (N.) Verbindung (F.)

liquid (Adj.) liquide

liquidate (V.) abwickeln (ein Unternehmen bzw. einen Nachlaß abwickeln), liquidieren

liquidation (N.) Abwicklung (F.), Auflösung (F.), Liquidation (F.)

liquidation (N.) of debts Schuldentilgung (F.)

liquidator (M. bzw. F.) Konkursverwalter (M.), Liquidator (M.)

liquidity (N.) Liquidität (F.)

liquor licence (N.) Schankkonzession (F.)

list (N.) Liste (F.), Nachweis (M.), Verzeichnis (N.)

list (N.) of insolvent debtors Schuldnerverzeichnis (N.)

list (V.) erfassen, verzeichnen

listen (V.) hören

listing (N.) Erfassung (F.)

list price (N.) Listenpreis (M.)

list voting (N.) Listenwahl (F.)

literary composition (N.) Schriftwerk (N.)
literary piracy (N.) Plagiat (N.)
literary property (N.) geistiges Eigentum (N.)
literary work (N.) Schriftwerk (N.)
litigant (Adj.) streitig
litigate (V.) prozessieren
litigation (N.) Rechtsstreitigkeit (F.), Rechtsstreit (M.)
litigation (N.) between two public bodies Organstreit (M.)
litigation (N.) in constitutional matters Verfassungsstreitigkeit (F.)
litigation (N.) with necessary representation by lawyers Anwaltsprozeß (M.)
litispendence (N.) Rechtshängigkeit (F.)
live (V.) leben, wohnen
livery (N.) of seisin Besitzeinweisung (F.)
livestock (N.) Vieh (N.)
living (N.) Existenz (F.)
living (N.) apart Getrenntleben (N.)
living (N.) separated Getrenntleben (N.)
load (N.) Fracht (F.), Ladung (F.) (Aufladung von Gütern), Last (F.) (Ladung)
load (V.) laden (aufladen), verladen
loan (N.) Anleihe (F.), Darlehen (N.), Kredit (M.)
loan (N.) coupled with a share in the profits partiarisches Darlehen (N.)
loan (N.) for purposes of participation Beteiligungsdarlehen (N.)
loan (N.) for use Leihe (F.)
loan (N.) of organ Organleihe (F.)
loan (N.) on securities Lombardkredit (M.)
loan (V.) ausleihen, leihen (sich etwas von jemandem anderen leihen), verleihen (ausleihen)
loan (V.) (am.) darleihen
loan agreement (N.) Darlehensvertrag (M.)
loan business (N.) Darlehensgeschäft (N.)
loan capital (N.) Fremdkapital (N.)
loan fraud (N.) Kreditbetrug (M.)
loan-office (N.) (brit.) Leihhaus (N.)
lobby (N.) Lobby (F.)
lobbyist (M. bzw. F.) Lobbyist (M.)
local (Adj.) lokal, örtlich
local advisory board (N.) Ortsbeirat (M.)
local authority (N.) Gemeinde (F.)
local authority enterprise (N.) Gemeindebetrieb (M.)

local branch (N.) of national health insurance Ortskrankenkasse (F.)
local cost-of-living allowance (N.) Ortszuschlag (M.)
local council (N.) Gemeinderat (M.)
local court (N.) Amtsgericht (N.), Bezirksgericht (N.), Ortsgericht (N.)
local government (N.) Kommunalverwaltung (F.)
local government body (N.) Kommune (F.) (Gemeinde)
local government code (N.) Gemeindeordnung (F.)
local government election (N.) Kommunalwahl (F.)
local government law (N.) Gemeinderecht (N.), Kommunalrecht (N.)
local government official (M. bzw. F.) Gemeindebeamter (M.)
locality (N.) Platz (M.), Stelle (F.) (Ort)
local jurisdiction (N.) örtliche Zuständigkeit (F.)
local political party (N.) Rathauspartei (F.)
local strike (N.) Teilstreik (M.) (örtlicher Teilstreik)
local subdistrict (N.) Gemarkung (F.)
local tax (N.) Gemeindesteuer (F.)
local transaction (N.) Platzgeschäft (N.)
located (Adj.) belegen (Adj.), gelegen (befindlich)
location (N.) Ort (M.), Stätte (F.)
lock (V.) anschließen
lock (V.) out aussperren
lock (V.) up einsperren
locking (N.) in Einschließung (F.) (Personeneinschließung)
locking (N.) up Einsperren (N.)
lockout (N.) Aussperrung (F.)
lockup (N.) Karzer (M.)
locus (N.) rei sitae (N.) Belegenheit (F.)
lodge (V.) deponieren, hinterlegen, wohnen
lodgement (N.) Hinterlegung (F.)
lodger (M. bzw. F.) Mieter (M.)
lodger (M. bzw. F.) (brit.) Untermieter (M.)
lodging (N.) Obdach (N.)
lodging (N.) of security Sicherheitsleistung (F.)
lodgings (N.Pl.) Mietwohnung (F.)
logbook (N.) Fahrtenbuch (N.)
logic (N.) Logik (F.)

logical (Adj.) logisch, schlüssig
logical reason (N.) ratio (F.) (lat.)
lombard loan (N.) Lombardkredit (M.)
London Agreement (N.) on German External Debts Londoner Schuldenabkommen (N.)
long-distance transport (N.) Güterfernverkehr (M.)
long haul trucking (N.) (am.) Güterfernverkehr (M.)
look (V.) after betreuen, hegen, hüten
look (V.) for suchen
look (V.) into einsehen (Einsicht nehmen)
look after (V.) pflegen
looking (N.) after Betreuung (F.)
loophole (N.) in the law Gesetzeslücke (F.)
loosen (V.) lösen
loot (N.) Beute (F.)
loot (V.) plündern
looter (M. bzw. F.) Plünderer (M.)
looting (N.) Plünderung (F.)
Lord (M.) Lord (M.)
Lord Chancellor (M.) Lordkanzler (M.) (Lordkanzler in Großbritannien)
Lord Chief Justice (M.) Lordoberrichter (M.) (Lordoberrichter in Großbritannien)
lord mayor (M. bzw. F.) Oberbürgermeister (M.)
lose (V.) verlieren
loss (N.) Ausfall (M.), damnum (N.) (lat.), Schaden (M.), Verlust (M.)
loss (N.) by sea Haverei (F.)
loss (N.) in value upon resale merkantiler Minderwert (M.)
loss (N.) of earnings entgangener Gewinn (M.)
loss (N.) of ownership Eigentumsverlust (M.)
loss (N.) of property Eigentumsverlust (M.)
loss (N.) of use Nutzungsausfall (M.)
lost period of time (N.) Ausfallzeit (F.)
lost profits (N.Pl.) entgangener Gewinn (M.)
lot (N.) Flurstück (N.), Los (N.), Parzelle (F.)
lot (N.) (am.) Bauplatz (M.)
lottery (N.) Lotterie (F.), Lotto (N.)
lottery contract (N.) Ausspielvertrag (M.)
lover (M. bzw. F.) Liebhaber (M.)
lower (V.) ermäßigen

Lower House (N.) of the Federal Parliament Bundestag (M.)
lowering (N.) Ermäßigung (F.)
Lower Saxony (F.) Niedersachsen (N.)
lowest bid (N.) Mindestgebot (N.)
low-rent housing (N.) sozialer Wohnungsbau (M.)
loyal (Adj.) loyal, treu
loyalty (N.) Treue (F.)
loyalty (N.) and good faith (N.) Treu und Glauben
luck (N.) Glück (N.)
lucrative (Adj.) entgeltlich
lunacy (N.) Geisteskrankheit (F.), Wahnsinn (M.)
lunatic (Adj.) geisteskrank, wahnsinnig
lunatic (M. bzw. F.) Irrer (M.)
lunatic asylum (N.) Irrenanstalt (F.)
luxury (N.) Luxus (M.)
lyceum (N.) Lyzeum (N.)
lynch (V.) lynchen
lynch-law (N.) Lynchjustiz (F.)

m

machination (N.) Machenschaft (F.)
machine (N.) Maschine (F.)
mad (Adj.) wahnsinnig
madness (N.) Wahnsinn (M.)
Mafia (N.) Mafia (F.)
magazine (N.) Magazin (N.) (Lager), Magazin (N.) (Zeitschrift bzw. Geschoßbehälter), Zeitschrift (F.)
magistrates' court (N.) Amtsgericht (N.), Schöffengericht (N.)
magnificence (M. bzw. F.) Magnifizenz (F.)
maiden speech (N.) Jungfernrede (F.)
mail (N.) (am.) Post (F.)
mail ballot (N.) Briefwahl (F.)
mail office (N.) (am.) Postamt (N.)
mail-order business (N.) Versandhandel (M.), Versandhaus (N.)
mail-order firm (N.) Versandhaus (N.)
mail-order house (N.) Versandhaus (N.)
mail order sale (N.) Versendungskauf (M.)
maim (V.) verstümmeln
main (Adj.) hauptsächlich
main charter (N.) Hauptsatzung (F.)
main demand (N.) Hauptforderung (F.)

main factual position (N.) Hauptsachlage (F.)
main fault (N.) Hauptmangel (M.)
main hearing (N.) Haupttermin (M.)
main issue (N.) Hauptsache (F.)
main petition (N.) Hauptantrag (M.)
main point (N.) Hauptsache (F.)
main proceedings (N.Pl.) Hauptverfahren (N.)
main request (N.) Hauptantrag (M.)
main sentence (N.) Hauptstrafe (F.)
maintain (V.) erhalten, halten, instandhalten, unterhalten (unterstützen), versorgen
maintenance (N.) Alimentation (F.), Pflege (F.), Unterhalt (M.)
maintenance claim (N.) Unterhaltsanspruch (M.)
maintenance payments (N.Pl.) Alimente (N.Pl.)
main trial (N.) Hauptverhandlung (F.)
majesty (M. bzw. F.) Majestät (F.)
major (Adj.) mündig, volljährig
major (M.) Major (M.)
majority (N.) Gros (N.), Majorität (F.), Mehrheit (F.), Mündigkeit (F.), Volljährigkeit (F.)
majority (N.) of votes Stimmenmehrheit (F.)
majority decision (N.) Mehrheitsbeschluß (M.)
majority interest (N.) Mehrheitsbeteiligung (F.)
majority shareholding (N.) Mehrheitsbeteiligung (F.)
majority vote (N.) Mehrheitsbeschluß (M.), Mehrheitswahl (F.)
majority vote system (N.) Mehrheitswahlrecht (N.)
major part (N.) Gros (N.)
major shareholder (M. bzw. F.) Hauptaktionär (M.)
make (V.) herstellen
make (V.) a bid bieten
make (V.) a distinction unterscheiden
make (V.) a down payment anzahlen
make (V.) a first install anzahlen
make (V.) a gift schenken
make (V.) a memorandum of notieren
make (V.) an appointment verabreden
make (V.) an authentic copy ausfertigen

make (V.) an entry eintragen
make (V.) a note of notieren
make (V.) a reservation (am.) vorbestellen
make (V.) a row randalieren
make (V.) arrangements disponieren
make (V.) a will testieren (ein Testament anfertigen)
make (V.) evident beweisen
make (V.) into verarbeiten (Material verarbeiten)
make (V.) known bekanntmachen
make (V.) protest verklaren
make (V.) provision vorsorgen
make (V.) rich bereichern
make (V.) sterile sterilisieren
make (V.) up for kompensieren
make (V.) use of nützen (benützen)
maker (M. bzw. F.) Aussteller (M.) (Aussteller eines Wechsels), Hersteller (M.)
makeshift (N.) Behelf (M.)
making (N.) Herstellung (F.)
making (N.) credible Glaubhaftmachung (F.)
making (N.) out Ausstellung (F.)
making (N.) something appear to be harmless Verharmlosung (F.)
making over (N.) Übereignung (F.)
mala fide bösgläubig
mala fides (N.) (lat.) böser Glaube (M.), Bösgläubigkeit (F.), mala fides (F.) (lat.)
malefactor (M. bzw. F.) Übeltäter (M.)
male nurse (M.) Pfleger (M.) (Krankenpfleger)
malevolence (N.) Arglist (F.)
malevolent (Adj.) arglistig
malfeasance (N.) in office Amtsdelikt (N.), Amtsvergehen (N.)
malice (N.) Arglist (F.), dolus (M.) malus (lat.), Tücke (F.)
malicious (Adj.) arglistig, böswillig, mutwillig
malicious use (N.) of process Prozeßbetrug (M.)
malperformance (N.) Schlechterfüllung (F.)
malpractice (N.) Kunstfehler (M.), Sorgfaltspflichtverletzung (F.)
malpractice (N.) in office Amtsdelikt (N.)
maltreat (V.) mißhandeln, schinden
maltreatment (N.) Mißhandlung (F.)
man (M.) of straw Strohmann (M.)

manage (V.) führen, verwalten
management (N.) Besorgung (F.) (Erledigung), Direktion (F.), Führung (F.) (Leitung), Geschäftsführung (F.), Leitung (F.), Verwaltung (F.)
management (N.) and labour (N.) Sozialpartner (M.)
management (N.) of business transaction for one's account Eigengeschäftsführung (F.)
management (N.) without mandate Geschäftsführung (F.) ohne Auftrag
management board (N.) Vorstand (M.)
manager (M. bzw. F.) Direktor (M.), Geschäftsführer (M.)
managerial (Adj.) leitend (führend)
managership (N.) Geschäftsführung (F.)
managing agent (M. bzw. F.) Handlungsbevollmächtigter (M.)
managing clerk (M. bzw. F.) Vollzugsbeamter (M.)
mandatary (M. bzw. F.) Beauftragter (M.), Mandatar (M.)
mandate (N.) Auftrag (M.), Mandat (N.) (Vollmacht für Anwalt)
mandator (M. bzw. F.) Auftraggeber (M.), Mandant (M.)
mandatory (Adj.) obligatorisch
mandatory (M. bzw. F.) Mandatar (M.)
mandatory merchant (M. bzw. F.) Mußkaufmann (M.)
mandatory representation (N.) by lawyers Anwaltszwang (M.)
manhandle (V.) (am.) mißhandeln
mania (N.) Manie (F.), Sucht (F.)
manifest (N.) Manifest (N.) (Manifest im Seeverkehrsrecht)
manifest (V.) offenbaren
manifestation (N.) Demonstration (F.)
manifesto (N.) Manifest (N.) (politischer Aufruf)
manor (N.) Rittergut (N.)
manorial domain (N.) Grundherrschaft (F.), Gutsherrschaft (F.)
manorial estate (N.) Grundherrschaft (F.), Gutsherrschaft (F.)
manpower (N.) Arbeitskraft (F.)
manslaughter (N.) Totschlag (M.)
manslayer (M. bzw. F.) Totschläger (M.)
manual (N.) Kompendium (N.)

manual delivery (N.) Übergabe (F.)
manual gift (N.) Handschenkung (F.)
manufacture (N.) Herstellung (F.), Manufaktur (F.) (Handarbeitserzeugnis)
manufacture (V.) herstellen, produzieren
manufacturer (M. bzw. F.) Fabrikant (M.), Hersteller (M.), Produzent (M.)
manufacturing (Adj.) gewerbetreibend
manufacturing defect (N.) Fabrikationsfehler (M.)
manu propria (Adj.) eigenhändig
many-sided (Adj.) komplex
maraud (V.) plündern
marginal trading (N.) Differenzgeschäft (N.)
margin business (N.) Differenzgeschäft (N.)
marital (Adj.) ehelich
marital partner (M. bzw. F.) Ehegatte (M.)
maritime law (N.) Seerecht (N.)
maritime lien (N.) Schiffspfandrecht (N.)
mark (N.) Marke (F.), Note (F.) (Leistungsbeurteilung)
mark (V.) stempeln
mark (V.) down abschreiben (als Verlust anrechnen), ermäßigen
market (N.) Markt (M.)
market economy (N.) Marktwirtschaft (F.)
market law (N.) Marktrecht (N.)
market leader (M. bzw. F. bzw. N.) Marktführer (M.)
market organization (N.) Marktordnung (F.)
market price (N.) Marktpreis (M.)
market regulations (N.Pl.) Marktordnung (F.)
marriage (N.) Ehe (F.), Eheschließung (F.), Heirat (F.), Hochzeit (F.), Vermählung (F.)
marriage (N.) of convenience Scheinehe (F.)
marriageable age (N.) Ehemündigkeit (F.)
marriage act (N.) Ehegesetz (N.)
marriage broker (M. bzw. F.) Ehevermittler (M.)
marriage brokerage (N.) Heiratsvermittlung (F.)
marriage-broking (N.) Ehevermittlung (F.)
marriage ceremony (N.) Trauung (F.)
marriage certificate (N.) Heiratsurkunde (F.)
marriage contract (N.) Ehevertrag (M.)

marriage law (N.) Ehegesetz (N.), Eherecht (N.)

marriage licence (N.) (br.) Heiratserlaubnis (F.)

marriage license (N.) (am.) Heiratserlaubnis (F.)

marriage prohibition (N.) Eheverbot (N.)

marriage property law (N.) Ehegüterrecht (N.)

marriage property register (N.) Güterrechtsregister (N.)

married name (N.) Ehename (M.)

marry (V.) ehelichen, heiraten, vermählen (sich)

marshal (M. bzw. F.) (am.) Polizeichef (M.)

marshall (M.) Marschall (M.)

martial (Adj.) militärisch

martial law (N.) Kriegsrecht (N.) (innerstaatliches Notstandsrecht), Standrecht (N.)

mask (V.) vermummen, verschleiern

masochism (N.) Masochismus (M.)

mason (M.) Freimaurer (M.)

mass (N.) Masse (F.)

massacre (N.) Massaker (N.)

master (M. bzw. F.) Dienstherr (M.), Herr (M.), Meister (M.), Rechtspfleger (M.)

Master (M. bzw. F.) Magister (M.)

master builder (M. bzw. F.) Baumeister (M.)

master craftman (M.) Ausbildender (M.)

master craftsman (M.) Ausbildender (M.), Meister (M.)

masterpiece (N.) Meisterstück (N.)

material (Adj.) körperlich, materiell, real (dinglich), sachlich, wesentlich

material (N.) Material (N.), Stoff (M.)

material constitution (N.) materielle Verfassung (F.)

material evidence (N.) corpus (N.) delicti (lat.)

materialism (N.) Materialismus (M.)

material proof (N.) corpus (N.) delicti (lat.)

material witness (M. bzw. F.) Hauptzeuge (M.)

maternity (N.) Mutterschaft (F.)

maternity leave (N.) Mutterschaftsurlaub (M.)

matriarchate (N.) Matriarchat (N.)

matriarchy (N.) Matriarchat (N.), Mutterrecht (N.)

matriculate (V.) immatrikulieren

matriculation (N.) Immatrikulation (F.)

matrimonial (Adj.) ehelich

matrimonial cause (N.) Eheprozeß (M.)

matrimonial law (N.) Eherecht (N.)

matrimonial offence (N.) Eheverfehlung (F.)

matrimonial property agreement (N.) Ehevertrag (M.)

matrimonial regime (N.) Güterstand (M.)

matrimony (N.) Ehe (F.), Heirat (F.)

matter (N.) Angelegenheit (F.), Sache (F.) (Angelegenheit)

matter (N.) handled upon request Auftragsangelegenheit (F.)

matter (N.) of fact Tatfrage (F.)

matter (N.) of form Formalie (F.)

matter (N.) of public concern öffentlicher Belang (M.)

matters (N.Pl.) arising Tagesordnungspunkt (M.)

matureness (N.) Reife (F.)

maturity (N.) Fälligkeit (F.), Reife (F.), Verfall (M.) (Verfall eines Wechsels)

maul (V.) mißhandeln

maxim (N.) Grundsatz (M.), Maxime (F.)

maximum price (N.) Höchstpreis (M.)

maximum-sum mortgage (N.) Höchstbetragshypothek (F.)

mayor (M. bzw. F.) Bürgermeister (M.)

mean (N.) of correction Zuchtmittel (N.)

mean (V.) bedeuten

meaning (N.) Bedeutung (F.)

means (N.) of transportation (am.) Verkehrsmittel (N.)

means (N.Pl.) Mittel (N.)

means (N.Pl.) endangering the public gemeingefährliche Mittel (N.Pl.)

means (N.Pl.) of coercion Beugemittel (N.Pl.), Zwangsmittel (N.Pl.)

means (N.Pl.) of payment Zahlungsmittel (N.Pl.)

means (N.Pl.) of proof Beweismittel (N.)

measure (N.) Maß (N.), Maßnahme (F.)

measure (N.) of capacity Hohlmaß (N.)

measure (N.) of penalty Strafmaß (N.)

measure (V.) messen, vermessen (V.)

measurement (N.) Beurteilung (F.)

measuring (N.) Vermessung (F.)

mechanic's lien (N.) Unternehmerpfandrecht (N.)

Mecklenburg-Western Pomerania (F.) Mecklenburg-Vorpommern (N.)

medal (N.) Orden (M.) (Ehrenzeichen), Plakette (F.)

media (N.Pl.) Medien (N.Pl.)

media law (N.) Medienrecht (N.)

mediate (Adj.) mittelbar

mediate (V.) vermitteln (als Mittler auftreten)

mediation (N.) Schlichtung (F.), Vermittlung (F.)

mediation agency (N.) Schlichtungsstelle (F.)

mediation committee (N.) Vermittlungsausschuß (M.)

mediatization (N.) Mediatisierung (F.)

mediatize (V.) mediatisieren

medical (Adj.) ärztlich, medizinisch

medical examiner (M. bzw. F.) Vertrauensarzt (M.)

medical examiner (M. bzw. F.) (am.) Amtsarzt (M.)

medical insurance (N.) Krankenversicherung (F.)

medical officer (M. bzw. F.) of health (br.) Amtsarzt (M.)

medical practitioner (M. bzw. F.) Arzt (M.)

medical preparation (N.) Arzneimittel (N.)

Medical Preparations Act (N.) Arzneimittelgesetz (N.)

medical report (N.) on paternity Vaterschaftsgutachten (N.)

medical science (N.) Heilkunde (F.), Medizin (F.)

medicinal (Adj.) medizinisch

medicine (N.) Arznei (F.), Arzneimittel (N.), Droge (F.), Medizin (F.)

medium (N.) Medium (N.), Mittel (N.)

meet (V.) einhalten, erfüllen (verwirklichen), versammeln (sich)

meeting (N.) Sitzung (F.), Tagung (F.), Versammlung (F.)

meeting (N.) of creditors Gläubigerversammlung (F.)

meeting (N.) of shareholders Hauptversammlung (F.)

meeting (N.) of stockholders Hauptversammlung (F.)

member (M. bzw. F.) Mitglied (N.)

member (M. bzw. F.) of a co-operative society Genosse (M.)

member (M. bzw. F.) of a jury Geschworener (M.)

member (M. bzw. F.) of a mining company Gewerke (M.)

Member (M. bzw. F.) of Parliament (br.) Abgeordneter (M.)

membership (N.) Mitgliedschaft (F.)

memorandum (N.) Aufzeichnung (F.), Memorandum (N.), Niederschrift (F.)

memorandum (N.) of association Gesellschaftsvertrag (M.), Gründungsvertrag (M.)

memorandum (N.) of debt Schuldschein (M.)

memorandum sale (N.) Kauf (M.) auf Probe

memorial (N.) Denkmal (N.)

memory (N.) Erinnerung (F.) (Rückbesinnung)

menace (N.) Bedrohung (F.), Drohung (F.)

menace (V.) bedrohen

ménage (N.) à trois (franz.) Dreiecksverhältnis (N.)

mend (V.) instandsetzen, nachbessern

mendancy (N.) Bettelei (F.)

mendicant (M. bzw. F.) Bettler (M.)

mental (Adj.) geistig

mental anguish (N.) seelischer Schmerz (M.)

mental disease (N.) Geisteskrankheit (F.)

mental disturbance (N.) Bewußtseinsstörung (F.)

mental element (N.) subjektiver Tatbestand (M.)

mental element (N.) of an offence subjektives Tatbestandsmerkmal (N.), subjektives Unrechtselement (N.)

mental home (N.) Irrenanstalt (F.)

mental incapacity (N.) Unzurechnungsfähigkeit (F.)

mentally ill (Adj.) geisteskrank

mental reservation (N.) geheimer Vorbehalt (M.), Mentalreservation (F.)

mercantile (Adj.) kaufmännisch

mercantile affair (N.) Handelssache (F.)

mercantile agency (N.) Handlungsvollmacht (F.)

mercantile broker (M. bzw. F.) Handelsmakler (M.)

mercantile custom (N.) Handelsbrauch (M.)
mercantile law (N.) Handelsrecht (N.)
mercantile lien (N.) kaufmännisches Zurückbehaltungsrecht (N.)
mercantile partnership (N.) offene Handelsgesellschaft (F.)
mercantile sale (N.) Handelskauf (M.)
mercantile transaction (N.) Handelsgeschäft (N.) (Rechtsgeschäft im Handelsbereich)
mercantilism (N.) Merkantilismus (M.)
mercenary (M.) Söldner (M.)
merchandise (N.) Ware (F.)
merchant (M. bzw. F.) Kaufmann (M.)
merchant (M. bzw. F.) by appearance Scheinkaufmann (M.)
merchant (M. bzw. F.) by legal form Formkaufmann (M.)
mercy (N.) Gnade (F.)
mercy killing (N.) Euthanasie (F.)
merge (V.) fusionieren, verschmelzen
merger (N.) Fusion (F.), Verschmelzung (F.), Zusammenschluß (M.)
merit (N.) Leistung (F.), Verdienst (N.) (Leistung)
mesne process (N.) Zwischenverfahren (N.)
message (N.) Botschaft (F.) (Mitteilung), Nachricht (F.)
messenger (M. bzw. F.) Bote (M.), Kurier (M.)
method (N.) Methode (F.)
method (N.) of collection Einziehungsverfahren (N.)
methodic (Adj.) methodisch
methodology (N.) Methodenlehre (F.), Methodik (F.), Methodologie (F.)
metropolis (N.) Großstadt (F.)
middleman (M.) Vermittler (M.)
midwife (F.) Hebamme (F.)
milieu (N.) Milieu (N.)
military (Adj.) militärisch
military (N.) Militär (N.)
military funds (N.Pl.) Wehrmittel (N.Pl.)
military law (N.) Wehrrecht (N.)
military penal law (N.) Wehrstrafrecht (N.)
military resources (N.Pl.) Wehrmittel (N. Pl.)
military service (N.) Wehrdienst (M.)
military tribunal (N.) Kriegsgericht (N.)
military weapon (N.) Kriegswaffe (F.)

militia (N.) Miliz (F.)
mind (N.) Gehirn (N.), Psyche (F.)
minder (M. bzw. F.) Tierhalter (M.)
mine (N.) Grube (F.) (Mine)
mine pit (N.) Bergwerk (N.)
miner (M.) Bergarbeiter (M.), Knappe (M.)
mineral resource (N.) Bodenschatz (M.)
miners' guild (N.) Knappschaft (F.)
mine worker (M.) Bergarbeiter (M.), Knappe (M.)
mingle (V.) mischen, vermengen, vermischen
minimize (V.) herabsetzen, verharmlosen
minimum age (N.) for employment Arbeitsmündigkeit (F.)
minimum capital (N.) Mindestkapital (N.)
minimum penalty (N.) Mindeststrafe (F.)
minimum reserve (N.) Mindestreserve (F.)
minimum sentence (N.) Mindeststrafe (F.)
minimum spacing (N.) of buildings Bauwich (M.)
minimum wage (N.) Mindestlohn (M.)
mining (N.) Bergbau (M.)
mining company (N.) Zeche (F.) (Grube im Bergbau)
mining industry (N.) Bergbau (M.)
mining privilege (N.) Bergrecht (N.)
mining share (N.) (br.) Kux (M.)
mining stock (N.) (am.) Kux (M.)
minister (M. bzw. F.) Minister (M.), Pastor (M.)
ministerial (Adj.) ministeriell
Minister of Finance (M. bzw. F.) Finanzminister (M.)
Minister of Interior (M. bzw. F.) Innenminister (M.)
ministry (N.) Ministerium (N.)
minor (Adj.) geringfügig, minderjährig
minority (N.) Minderheit (F.), Minderjährigkeit (F.), Minorennität (F.), Minorität (F.), Unmündigkeit (F.)
minority interest (N.) Minderheitsbeteiligung (F.)
minority shareholding (N.) Minderheitsbeteiligung (F.)
minor offence (N.) Bagatelldelikt (N.)
minute (V.) protokollieren
minutes (N.Pl.) Niederschrift (F.), Protokoll (N.) (Niederschrift einer Sitzung)
misadventure (N.) Unglücksfall (M.)

misapply (V.) mißbrauchen
misappropriate (V.) unterschlagen, veruntreuen
misappropriation (N.) Unterschlagung (F.), Veruntreuung (F.)
miscalculation (N.) Kalkulationsirrtum (M.)
miscarriage (N.) Fehlgeburt (F.)
miscarriage (N.) of criminal act aberratio (F.) ictus (lat.)
miscarriage (N.) of justice Rechtsbeugung (F.)
mischief (N.) Unfug (M.)
mischievous (Adj.) mutwillig
misconstrue (V.) mißverstehen
misdeed (N.) Missetat (F.)
misdemeanor (N.) (am.) Vergehen (N.)
misdemeanour (N.) (br.) Vergehen (N.)
misdoing (N.) Missetat (F.)
miserable (Adj.) dürftig (kümmerlich)
miserableness (N.) Dürftigkeit (F.)
misfeasance (N.) Pflichtverletzung (F.)
misfortune (N.) Unglück (N.), Unglücksfall (M.)
mislead (V.) irreführen
misperformance (N.) Schlechterfüllung (F.)
misread (V.) mißverstehen
miss (V.) versäumen
missing (Adj.) verschollen
mistake (N.) Fehler (M.), Irrtum (M.)
mistake (N.) as to a guarantor's obligation Gebotsirrtum (M.)
mistake (N.) as to the facts and cirumstances of an offence Tatumstandsirrtum (M.)
mistake (N.) as to the legal consequences Rechtsfolgenirrtum (M.)
mistake (N.) in the instructions Instruktionsfehler (M.)
mistake (N.) in the utterance Erklärungsirrtum (M.)
mistake (V.) mißverstehen
mistaken (Adj.) irrtümlich
mistaken delivery (N.) Falschlieferung (F.)
mistrial (N.) Fehlprozeß (M.)
misunderstand (V.) mißverstehen
misunderstanding (N.) Mißverständnis (N.)
misuse (N.) Mißbrauch (M.), Zweckentfremdung (F.)
misuse (N.) of automatic machines Automatenmißbrauch (M.)

misuse (N.) of identification papers Ausweismißbrauch (M.)
misuse (N.) of slot machines Automatenmißbrauch (M.)
misuse (V.) mißbrauchen
mitigate (V.) mildern
mitigation (N.) Herabsetzung (F.)
mitigation (N.) of sentence Strafmilderung (F.)
mitigation cause (N.) Milderungsgrund (M.)
mix (V.) mischen, vermengen, vermischen
mixed contract (N.) gemischter Vertrag (M.)
mixed donation (N.) gemischte Schenkung (F.)
mixed marriage (N.) Mischehe (F.)
mixing (N.) Vermischung (F.)
mixing (N.) together Vermengung (F.)
mob (N.) Rotte (F.) (Gruppe von Menschen)
mobile (Adj.) ambulant, mobil
mobile police (N.) Bereitschaftspolizei (F.)
mob-law (N.) Lynchjustiz (F.)
mockery (N.) Hohn (M.)
mock marriage (N.) Scheinehe (F.)
mode (N.) Art (F.) (Methode), Methode (F.), modus (M.) (lat.)
model (N.) Ideal (N.), Muster (N.)
moderate (Adj.) billig
modification (N.) Abänderung (F.), Änderung (F.), Veränderung (F.)
modification (N.) of data Datenveränderung (F.)
modify (V.) abändern, ändern, verändern
moiety (N.) Hälfte (F.)
molest (V.) belästigen, nötigen
molestation (N.) Belästigung (F.)
monarch (M. bzw. F.) Herrscher (M.), Monarch (M.)
monarchic (Adj.) monarchisch
monarchic principle (N.) monarchisches Prinzip (N.)
monarchism (N.) Monarchismus (M.)
monarchy (N.) Monarchie (F.)
monastery (N.) Kloster (N.) (Kloster für Mönche)
monetary compensation (N.) Geldersatz (M.)
monetary union (N.) Währungsunion (F.)
monetary value (N.) Geldwert (M.)

money (N.) Geld (N.)
money (N.) in account Giralgeld (N.)
money (N.) on call Tagesgeld (N.)
money claim (N.) Geldforderung (F.)
money compensation (N.) in lieu of future inheritance Erbausgleich (M.)
money debt (N.) Geldschuld (F.)
money due (N.) Geldforderung (F.)
moneyless economy (N.) Naturalwirtschaft (F.)
money loan (N.) Darlehen (N.)
money order (N.) (br.) Postanweisung (F.)
money transfers (N.Pl.) Zahlungsverkehr (M.)
monism (N.) Monismus (M.) (Monismus im Völkerrecht)
monitor (V.) abhören
monitoring (N.) Abhören (N.)
monk (M.) Mönch (M.)
monocratic (Adj.) monokratisch
monogamy (N.) Monogamie (F.)
monopolize (V.) monopolisieren
monopoly (N.) Monopol (N.)
monstrosity (N.) Mißgeburt (F.)
month (N.) Monat (M.)
monthly (Adj.) monatlich
monument (N.) Denkmal (N.)
moonlighter (M. bzw. F.) Schwarzarbeiter (M.)
moonlighting (N.) Schwarzarbeit (F.)
mora (N.) accipiendi (lat.) Annahmeverzug (M.)
mora (N.) debitoris (lat.) Schuldnerverzug (M.)
moral (Adj.) moralisch, sittlich
moral code (N.) Moral (F.)
morale (N.) Moral (F.)
moral evidence (N.) Freibeweis (M.)
morality (N.) Sitte (F.), Sittlichkeit (F.)
moral law (N.) Sittengesetz (N.)
morals (N.Pl.) Moral (F.), Sittlichkeit (F.)
moratorium (N.) Moratorium (N.)
morganatic (Adj.) morganatisch
morphia (N.) Morphium (N.)
morphine (N.) Morphium (N.)
mortal (Adj.) tödlich
mortal danger (N.) Lebensgefahr (F.)
mortgage (N.) Hypothek (F.)
mortgage (V.) verpfänden
mortgage bank (N.) Hypothekenbank (F.)

mortgage-bank bond (N.) Pfandbrief (M.)
mortgage bond (N.) Hypothekenpfandbrief (M.), Pfandbrief (M.)
mortgage certificate (N.) Hypothekenbrief (M.)
mortgage charge (N.) Hypothek (F.)
mortgage debenture (N.) Hypothekenpfandbrief (M.)
mortgagee (M. bzw. F.) Pfandnehmer (M.)
mortgaging (N.) Verpfändung (F.)
mortmain (N.) tote Hand (F.)
Moslem (M. bzw. F.) Moslem (M.)
most-favoured-nation clause (N.) Meistbegünstigungsklausel, Meistbegünstigungsklausel (F.)
mother (F.) Mutter (F.)
mother country (N.) Heimat (F.), Vaterland (N.)
motherhood (N.) Mutterschaft (F.)
mother-in-law (F.) Schwiegermutter (F.)
motion (N.) Antrag (M.)
motion (N.) for alternative relief Hilfsantrag (M.)
motion (N.) for judgement Klageantrag (M.)
motion (N.) submitted by a party Parteiantrag (M.)
motion (N.) to take evidence Beweisantrag (M.)
motivation (N.) Beweggrund (M.)
motive (N.) Anlaß (M.), Beweggrund (M.), Grund (M.) (Anlaß), Motiv (N.)
motor car insurance (N.) Kraftfahrzeugversicherung (F.)
motor vehicle (N.) Kraftfahrzeug (N.)
motor vehicle registration certificate (N.) Kraftfahrzeugschein (M.)
motor vehicle tax (N.) Kraftfahrzeugsteuer (F.)
motorway (N.) (br.) Autobahn (F.)
motto (N.) Devise (F.)
mouth (N.) Mund (M.)
movable (Adj.) beweglich, mobil
movable (N.) bewegliche Sache (F.)
movable good (N.) bewegliche Sache (F.)
movable proberty (N.) Mobilien (Pl.)
movables (N.Pl.) Fahrhabe (F.), Fahrnis (F.), Mobilien (Pl.)
movement (N.) of goods Warenverkehr (M.)
mugging (N.) Straßenraub (M.)
multilateral (Adj.) multilateral

multinational (Adj.) multinational
multi-perpetration (N.) Mehrtäterschaft (F.)
multiple delivery contract (N.) Sukzessivlieferungsvertrag (M.)
multiple national (M. bzw. F.) Mehrstaater (M.)
multiple reservation (N.) Konzernvorbehalt (M.)
multistage (Adj.) mehrstufig
multi-stage administrative act (N.) mehrstufiger Verwaltungsakt (M.)
Munich Agreement (N.) Münchener Abkommen (N.)
municipal (Adj.) kommunal
municipal authority (N.) Magistrat (N.)
municipal board (N.) Magistrat (N.)
municipal compensation (N.) Konzessionsabgabe (F.)
municipal council (N.) Gemeinderat (M.), Stadtrat (M.)
municipal election (N.) Kommunalwahl (F.)
municipal enterprise (N.) Gemeindebetrieb (M.)
municipality (N.) Gemeinde (F.), Kommune (F.) (Gemeinde)
municipal law (N.) Gemeinderecht (N.), Kommunalrecht (N.)
municipal officer (M. bzw. F.) Gemeindebeamter (M.)
municipal regulations (N.Pl.) Gemeindeordnung (F.)
municipal right (N.) Stadtrecht (M.)
municipal tax (N.) Gemeindesteuer (F.)
municpal (Adj.) städtisch
murder (N.) Mord (M.)
murder (N.) and robbery (N.) Raubmord (M.)
murder (V.) morden
murderer (M. bzw. F.) Mörder (M.)
murderous lust (N.) Mordlust (F.)
Muslim (M. bzw. F.) Moslem (M.)
must (V.) be acquainted with kennen müssen
must (V.) know kennen müssen
mute (Adj.) stumm
mutilate (V.) verstümmeln
mutilation (N.) Verstümmelung (F.)
mutinee (V.) meutern
mutineer (M. bzw. F.) Meuterer (M.)
mutiny (N.) Meuterei (F.)

mutiny (N.) by prisoners Gefangenenmeuterei (F.)
mutiny (N.) of soldiers Soldatenmeuterei (F.)
mutiny (V.) meutern, rebellieren
mutual (Adj.) gegenseitig, korrespektiv
mutual condition (N.) Junktim (N.)
mutual consent (N.) Einigung (F.)
mutual indemnity association (N.) Berufsgenossenschaft (F.)
mutuality (N.) Gegenseitigkeit (F.), Reziprozität (F.)
mutual savings bank (N.) Sparkasse (F.)
mutual testament (N.) gegenseitiges Testament (N.)
mutual will (N.) reziprokes Testament (N.)

n

naked possession (N.) Rechtsbesitz (M.)
name (N.) Name (M.), Ruf (M.)
name (N.) at birth Geburtsname (M.)
name (V.) ernennen, nennen
narcotic (N.) Betäubungsmittel (N.), Rauschgift (N.)
narcotic drug (N.) Betäubungsmittel (N.), Rauschgift (N.)
narcotics act (N.) Betäubungsmittelgesetz (N.)
narcotization (N.) Betäubung (F.)
narcotize (V.) betäuben
nation (N.) Nation (F.)
national (Adj.) inländisch, national, staatlich
national (M. bzw. F.) Staatsangehöriger (M.), Staatsbürger (M.)
national anthem (N.) Hymne (F.), Nationalhymne (F.)
national assembly (N.) Nationalversammlung (F.)
national church (N.) Staatskirche (F.)
national color (N.) (am.) Nationalfarbe (F.)
national colour (N.) (br.) Nationalfarbe (F.)
national consciousness (N.) Nationalbewußtsein (N.)
national convention (N.) Nationalkonvent (M.)
National Council (N.) Nationalrat (M.)
national emblem (N.) Hoheitszeichen (N.), Staatssymbol (N.)

national emergency (N.) for the defence of the country defensiver Notstand (M.), Verteidigungsnotstand (M.)
national feeling (N.) Nationalgefühl (N.)
national insurance (N.) (br.) Sozialversicherung (F.)
national insurance contribution (N.) (br.) Sozialversicherungsbeitrag (M.)
nationalism (N.) Nationalismus (M.)
nationalist (Adj.) nationalistisch
nationalistic (Adj.) nationalistisch
nationality (N.) Nationalität (F.), Staatsangehörigkeit (F.)
nationality (N.) (brit.) Staatsbürgerschaft (F.)
nationalization (N.) Sozialisierung (F.), Verstaatlichung (F.)
nationalize (V.) sozialisieren, verstaatlichen
national jurisdiction (N.) Hoheitsgewalt (F.)
national socialism (N.) Nationalsozialismus (M.)
national socialist (Adj.) nationalsozialistisch
national sovereignty (N.) Volkssouveränität (F.)
national symbol Nationalsymbol (N.)
national territory (N.) Staatsgebiet (N.)
nation state (N.) Nationalstaat (M.)
nationwide (Adj.) national
native (Adj.) inländisch
native country (N.) Vaterland (N.)
NATO (N.) (North Atlantic Treaty Organization) NATO (F.) (North Atlantic Treaty Organization)
natural (Adj.) natürlich, nichtehelich (nicht in der Ehe zeugend)
naturalization (N.) Einbürgerung (F.), Naturalisation (F.)
naturalize (V.) einbürgern, naturalisieren
natural justice (N.) Naturrecht (N.)
natural law (N.) Naturrecht (N.)
natural obligation (N.) Naturalobligation (F.)
natural person (M. bzw. F.) natürliche Person (F.)
natural resource (N.) Bodenschatz (M.)
natural right (N.) Grundrecht (N.)
nature (N.) Natur (F.)
nature preservation (N.) Naturschutz (M.)

nature protection (N.) Naturschutz (M.)
naval court (N.) Schiffahrtsgericht (N.)
naval prize (N.) Prise (F.)
navigation (N.) Schiffahrt (F.)
navigation court (N.) Schiffahrtsgericht (N.)
navy (N.) Marine (F.)
nazi (Adj.) nationalsozialistisch
necessary (Adj.) erforderlich, nötig, notwendig
necessary outlay (N.) notwendige Verwendung (F.)
necessitate (V.) erfordern
necessity (N.) Erforderlichkeit (F.), Erfordernis (N.)
necessity (N.) of clarity and definiteness Bestimmtheitserfordernis (N.)
necropsy (N.) Autopsie (F.)
need (N.) Bedarf (M.), Bedürfnis (N.), Bedürftigkeit (F.), Not (F.)
need (V.) brauchen
needful (Adj.) nötig, notwendig
neediness (N.) Dürftigkeit (F.)
needy (Adj.) bedürftig, dürftig (bedürftig)
negating (Adj.) negatorisch
negating right (N.) negatorischer Anspruch (M.)
negative (Adj.) negativ
negative public disclosure (N.) negative Publizität (F.)
negative side (N.) of the right of coalition negative Koalitionsfreiheit (F.)
negative testament (N.) Negativtestament (N.)
neglect (N.) Nachlässigkeit (F.), Verwahrlosung (F.)
neglect (V.) mißachten, vernachlässigen, versäumen
neglectful (Adj.) nachlässig
neglecting (N.) Vernachlässigung (F.)
negligence (N.) Fahrlässigkeit (F.), Leichtfertigkeit (F.), Nachlässigkeit (F.)
negligence (N.) in the course of contracting culpa (F.) in contrahendo (lat.)
negligent (Adj.) fahrlässig, leichtfertig, nachlässig
negligent offence (N.) Fahrlässigkeitsdelikt (N.)
negligible (Adj.) unwesentlich
negotiable document (N.) of title Traditionspapier (N.)

negotiable instrument (N.) begebbares Wertpapier (N.)
negotiable note (N.) Solawechsel (M.)
negotiable promissory note (N.) Solawechsel (M.)
negotiate (V.) verhandeln
negotiation (N.) Verhandlung (F.) (Verhandlung im Völkerrecht)
neighbour (M. bzw. F.) Nachbar (M.)
neighbour law (N.) Nachbarrecht (N.)
Neo-Hegelianism (N.) Neuhegelianismus (M.)
Neo-Kantianism (N.) Neukantianismus (M.)
nespotism (N.) Vetternwirtschaft (F.)
net (Adj.) netto
net cash (N.) netto Kasse
net profit (N.) Reingewinn (M.)
net worth (N.) eigenes Kapital, Eigenkapital (N.), Reinvermögen (N.)
neutral (Adj.) neutral
neutrality (N.) Neutralität (F.)
neutral zone (N.) Bannmeile (F.), Sperrgebiet (N.)
new election (N.) Neuwahl (F.)
newly settled farmer (M. bzw. F.) Aussiedler (M.)
news (N.) Nachricht (F.)
newspaper (N.) Zeitung (F.)
newspapers (N.Pl.) Presse (F.) (Gesamtheit der Druckerzeugnisse)
nicotine (N.) Nikotin (N.)
niece (F.) Nichte (F.)
night shelter (N.) Obdachlosenasyl (N.)
nobility (N.) Adel (M.), Adelsstand (M.)
noble (Adj.) edel
nobleman's estate (N.) Rittergut (N.)
no-claims bonus (N.) Schadensfreiheitsrabatt (M.)
no crime (N.) without law nullum crimen (N.) sine lege (lat.)
noise (N.) Lärm (M.)
no-man-company (N.) Keinmanngesellschaft (F.)
nomen (N.) juris Rechtsbegriff (M.)
nominal (Adj.) nominal, nominell
nominal amount (N.) Nennbetrag (M.)
nominal capital (N.) Grundkapital (N.), Nennkapital (N.)
nominal coincidence (N.) Idealkonkurrenz (F.)
nominal marriage (N.) Namensehe (F.)

nominal value (N.) Nennwert (M.) (Wertpapiernennwert)
nominate (V.) aufstellen, ernennen, nominieren
nomination (N.) Aufstellung (F.), Ernennung (F.), Nominierung (F.)
nominee (M. bzw. F.) Kandidat (M.)
nominee acount (N.) Anderkonto (N.)
non-acceptance (N.) Ausschlagung (F.)
non-act (N.) Unterlassung (F.)
non-admission (N.) Nichtzulassung (F.)
non-appearance (N.) Ausbleiben (N.)
non-attendance (N.) Versäumnis (N.) (Fehlen)
non-business day (N.) Feiertag (M.)
non-commercial partnership Gesellschaft (F.) des bürgerlichen Rechts
non-compliance (N.) Nichterfüllung (F.)
non compos mentis (Adj.) unzurechnungsfähig
non-conformist (M. bzw. F.) Dissident (M.)
non-contentious jurisdiction (N.) freiwillige Gerichtsbarkeit (F.)
nondenominational school (N.) Gemeinschaftsschule (F.)
non - disclosure (N.) of an intended crime Nichtanzeige (F.) einer geplanten Straftat
non-entitled (Adj.) nichtberechtigt
non-entitled party (M. bzw. F.) Nichtberechtigter (M.)
non-existent marriage (N.) Nichtehe (F.)
nonfeasance (N.) Unterlassen (N.)
non-fungible thing (N.) unvertretbare Sache (F.)
non-incorporated society (N.) nichtrechtsfähiger Verein (M.)
non-leviable (Adj.) unpfändbar
non-life insurance (N.) Sachversicherung (F.)
non-material damage (N.) immaterieller Schaden (M.)
non-military service (N.) Ersatzdienst (M.), Zivildienst (M.)
non-negotiable document (N.) of entitlement Legitimationspapier (N.) (Legitimationspapier im Schuldrecht)
non-negotiable instrument (N.) Rektapapier (N.)
non-performance (N.) Nichterfüllung (F.), Nichtleistung (F.)

non-professional judge (M. bzw. F.) Laienrichter (M.)

non-profit (Adj.) gemeinnützig

non-profit association (N.) Idealverein (M.)

non-profit making character (N.) Gemeinnützigkeit (F.)

non-property damage (N.) Nichtvermögensschaden (M.)

non-resident (Adj.) auswärtig

nonreversible (Adj.) (am.) irreversibel

non-reversible (Adj.) (br.) irreversibel

non-term (N.) Gerichtsferien (Pl.)

non-trading society (N.) Idealverein (M.)

non-use (N.) of discretion Ermessensnichtgebrauch (M.)

non-working day (N.) Feiertag (M.)

norm (N.) Norm (F.)

normal (Adj.) normal

normal penalty (N.) Regelstrafe (F.)

normal requirement (N.) Regelbedarf (M.)

normative (Adj.) normativ

normative element (N.) of an offence (br.) normatives Tatbestandsmerkmal (N.)

normative operative fact (N.) (am.) normatives Tatbestandsmerkmal (N.)

North Atlantic Treaty Organization (N.) (NATO) North Atlantic Treaty Organization (N.) (NATO)

North Rhine-Westphalia (F.) Nordrhein-Westfalen (N.)

North-South-Dialogue (N.) Nord-Süd-Dialog (M.)

not allowed unstatthaft

notarial (Adj.) notariell

notarial recording (N.) Beurkundung (F.)

notarial will (N.) öffentliches Testament (N.)

notariate (N.) Notariat (N.)

notary (M. bzw. F.) Notar (M.)

notary (M. bzw. F.) public Notar (M.)

notary-advocate (M. bzw. F.) Anwaltsnotar (M.)

notary's office (N.) Notariat (N.)

not belonging to a district kreisfrei

not binding (Adj.) freibleibend

note (N.) Banknote (F.), Bescheid (M.), Note (F.) (Urkunde im Völkerrecht bzw. Geldwesen), Vermerk (M.)

note (N.) of costs Rechnung (F.)

note (V.) notieren, vormerken

not freely transferable registered share (N.) vinkulierte Namensaktie (F.)

not fully subject to the Betriebsverfassungsgesetz Tendenzbetrieb (M.)

not genuine failure (N.) to act unechtes Unterlassungsdelikt (N.)

not genuine joint obligation (N.) unechte Gesamtschuld (F.)

not genuine special offence (N.) unechtes Sonderdelikt (N.)

notice (N.) Anzeige (F.), Beachtung (F.), Bescheid (M.), Kunde (F.) (Kenntnis), Nachricht (F.)

notice (N.) of an intended marriage Aufgebot (N.) (Aufgebot im Eherecht)

notice (N.) of defects Mängelrüge (F.)

notice (N.) of termination pending a change of contract Änderungskündigung (F.)

notice (N.) to pay Mahnbescheid (M.)

notice (N.) to quit Kündigung (F.)

notice (N.) to terminate Kündigung (F.), ordentliche Kündigung (F.)

notifiable (Adj.) anzeigepflichtig, meldepflichtig

notification (N.) Anzeige (F.), Notifikation (F.), Zustellung (F.)

notify (V.) notifizieren

notify (V.) a defect rügen

not in a strict sense uneigentlich

noting (N.) Notierung (F.)

notion (N.) Idee (F.)

not mandatory (Adj.) abdingbar

notorious (Adj.) notorisch

not permitted (Adj.) unerlaubt

not permitting (N.) of a condition Bedingungsfeindlichkeit (F.)

not permitting a condition bedingungsfeindlich

novation (N.) Novation (F.), Schuldumschaffung (F.)

novice (M.) Novize (M.)

noxious (Adj.) giftig, schädlich

nubility (N.) Ehefähigkeit (F.), Ehemündigkeit (F.)

nuisance (N.) Beeinträchtigung (F.), Störung (F.), Unfug (M.)

null (Adj.) ungültig

null (Adj.) and void (Adj.) nichtig

null and void (Adj.) kraftlos

nullity (N.) Nichtigkeit (F.), Ungültigkeit (F.)

nullity (N.) of marriage Ehenichtigkeit (F.)
nullity appeal (N.) Nichtigkeitsbeschwerde (F.)
nullity suit (N.) Nichtigkeitsklage (F.)
number (N.) Nummer (F.), Zahl (F.)
numbers game (N.) Lotto (N.)
numeral (N.) Ziffer (F.)
numerical (Adj.) numerisch
numerous (Adj.) häufig
numerus (M.) clausus (lat.) numerus (M.) clausus (lat.)
nun (F.) Nonne (F.)
nuncio (M.) Nuntius (M.)
nunnery (N.) Kloster (N.) (Kloster für Nonnen)
nurse (V.) pflegen
nursing (N.) Pflege (F.)
nursing and care insurance (N.) Pflegeversicherung (F.)

o

oath (N.) Eid (M.), Schwur (M.)
oath (N.) after statement Nacheid (M.)
oath (N.) in office Diensteid (M.)
oath (N.) of disclosure Offenbarungseid (M.)
oath (N.) sworn after testimony Nacheid (M.)
oath-taking ceremony (N.) Vereidigung (F.)
obedience (N.) Gehorsam (M.)
obedient (Adj.) gehorsam
obey (V.) befolgen, gehorchen
obfuscate (V.) verdunkeln (von Sachverhalten)
obfuscation (N.) Verdunkelung (F.)
obiter dicta (N.) (lat.) Nebenbemerkung (F.) (Nebenbemerkung in einem Urteil)
object (N.) Ding (N.) (Sache), Gegenstand (M.), Objekt (N.), Zweck (M.)
object (N.) at issue Streitgegenstand (M.)
object (N.) of action Handlungsobjekt (N.)
object (N.) of a right Rechtsobjekt (N.)
object (N.) of legal protection Rechtsgut (N.)
object (N.) of punishment Strafzweck (M.)
object (N.) of value Wertgegenstand (M.)
object (V.) ablehnen, einwenden, protestieren
object (V.) to beanstanden

objection (N.) Bedenken (N.), Einrede (F.), Einspruch (M.), Einwand (M.), Einwendung (F.), Erinnerung (F.) (Verwaltungsrechtserinnerung), Widerspruch (M.)
objection (N.) to Anfechtung (F.) (Anfechtung eines Zeugen)
objective (Adj.) objektiv, sachlich
objective condition (N.) of criminality objektive Bedingung (F.) der Strafbarkeit
objective crime (N.) Erfolgsdelikt (N.)
objective firm name (N.) Sachfirma (F.)
objective law (N.) objektives Recht (N.)
obligate (V.) verpflichten
obligate (V.) oneself verpflichten (sich)
obligation (N.) Obligation (F.), Pflicht (F.), Schuld (F.) (Verpflichtung im Privatrecht), Schuldverhältnis (N.), Verbindlichkeit (F.), Verpflichtung (F.)
obligation (N.) in kind Gattungsschuld (F.)
obligation (N.) of an insolvency's estate Masseverbindlichkeit (F.)
obligation (N.) of restitution Rückgewährschuldverhältnis (N.)
obligation (N.) of secrecy Verschwiegenheitspflicht (F.)
obligation (N.) to arbitrate Schiedsklausel (F.)
obligation (N.) to be performed at the debtor's place of business Schickschuld (F.)
obligation (N.) to be truthful Wahrheitspflicht (F.)
obligation (N.) to carry a passport Paßpflicht (F.)
obligation (N.) to carry identification papers Ausweispflicht (F.)
obligation (N.) to caution Belehrungspflicht (F.)
obligation (N.) to conclude a contract Abschlußzwang (M.), Kontrahierungszwang (M.)
obligation (N.) to construct and maintain Baulast (F.)
obligation (N.) to continue the actual employment Beschäftigungspflicht (F.)
obligation (N.) to contract Abschlußzwang (M.), Kontrahierungszwang (M.)
obligation (N.) to disclose Auskunftspflicht (F.)
obligation (N.) to keep the peace Friedenspflicht (F.)

obligation (N.) to know Wissenmüssen (N.)

obligation (N.) to notify Anzeigepflicht (F.)

obligation (N.) to pay in advance Vorleistungspflicht (F.)

obligation (N.) to previous work Vorleistungspflicht (F.)

obligation (N.) to provide maintenance Unterhaltspflicht (F.)

obligation (N.) to report to the police Anzeigepflicht (F.)

obligation (N.) to represent Vertretenmüssen (N.)

obligation (N.) to the party line Fraktionszwang (M.)

obligation (N.) under a contract Vertragspflicht (F.)

obligatorily registrable trader (M. bzw. F.) Sollkaufmann (M.)

obligatory (Adj.) bindend, obligat, obligatorisch, zwingend

obligatory employee's insurance (N.) Angestelltenversicherung (F.)

obligatory insurance (N.) Pflichtversicherung (F.)

obligee (M. bzw. F.) Gläubiger (M.)

obligee's delay (N.) Gläubigerverzug (M.)

obligor (M. bzw. F.) Schuldner (M.), Verpflichteter (M.)

obliteration (N.) Löschung (F.) (Tilgung)

obscene (Adj.) unzüchtig

obscuration (N.) Verdunkelung (F.)

obscure (V.) verdunkeln (von Sachverhalten)

observance (N.) Einhaltung (F.), Observanz (F.)

observe (V.) beachten, befolgen, beobachten, einhalten

obstacle (N.) Hindernis (N.)

obstruct (V.) behindern, sperren

obstruction (N.) Behinderung (F.)

obstruction (N.) of criminal execution Strafvereitelung (F.)

obstruction (N.) of polling Wahlbehinderung (F.)

obtain (V.) beschaffen, beziehen, erwerben, verschaffen

obtain (V.) a doctorate promovieren

obtaining (N.) credit by false pretences Kreditbetrug (M.)

obtaining (N.) supplies oneself Selbstbelieferung (F.)

obtaining supplies oneself clause (N.) Selbstbelieferungsklausel (F.)

occasion (N.) Anlaß (M.), Gelegenheit (F.), Möglichkeit (F.) (Gelegenheit)

occasional (Adj.) gelegentlich

occupancy (N.) Besitzergreifung (F.), Besitz (M.), Innehabung (F.)

occupant (M. bzw. F.) Innehaber (M.)

occupation (N.) Beruf (M.), Besatzung (F.), Beschäftigung (F.), Besetzung (F.) (Besetzung eines Territoriums), Besitzergreifung (F.), Okkupation (F.), Tätigkeit (F.)

occupational (Adj.) beruflich

occupational accident (N.) Arbeitsunfall (M.)

occupational choice (N.) Berufswahl (F.)

occupational disability insurance (N.) Berufsunfähigkeitsversicherung (F.)

occupational disease (N.) Berufskrankheit (F.)

occupational liberty (N.) Berufsfreiheit (F.)

occupational pension (N.) Betriebsrente (F.)

occupation forces (N.Pl.) Besatzung (F.)

Occupation Statute (N.) Besatzungsstatut (N.)

occupied territory (N.) Besatzungsgebiet (N.)

occupied zone (N.) Besatzungszone (F.)

occupier (M. bzw. F.) Inhaber (M.)

occupy (V.) beschäftigen, besetzen, einnehmen, okkupieren

occupying authority (N.) Besatzungsgewalt (F.)

occupying power (N.) Besatzungsmacht (F.)

occur (V.) eintreten (sich ereignen), ereignen (sich), geschehen

occurrence (N.) Eintritt (M.) (Geschehen), Ereignis (N.), Vorfall (M.)

ocean (N.) Meer (N.)

ochlocracy (N.) Ochlokratie (F.)

octroi (N.) Oktroi (N.)

Oder-Neisse-Line (N.) Oder-Neiße-Linie (F.)

odious (Adj.) verrucht

OECD (Organization for European Economic Cooperation) OECD (F.) (Organization for European Economic Cooperation)

of age mündig, volljährig

of criminally responsible age strafmündig

of equal birth ebenbürtig

offence (N.) Beleidigung (F.)
offence (N.) (br.) Delikt (N.), Straftat (F.), Tat (F.), Vergehen (N.), Verstoß (M.)
offence (N.) against morality Sittlichkeitsdelikt (N.)
offence (N.) against property Vermögensdelikt (N.)
offence (N.) by commission Begehungsdelikt (N.)
offence (N.) by commission (br.) Tätigkeitsdelikt (N.)
offence (N.) by press publication Pressedelikt (N.)
offence (N.) commited in a foreign country Auslandsdelikt (N.)
offence (N.) committed by negligence Fahrlässigkeitsdelikt (N.)
offence (N.) committed in the state of intoxication Rauschtat (F.)
offence (N.) of causing an injury Verletzungsdelikt (N.)
offence (N.) on documents Urkundendelikt (N.)
offence (N.) requiring an application for prosecution Antragsdelikt (N.)
offences (N.Pl.) involving environmental damage Umweltkriminalität (F.)
offend (V.) beleidigen, verstoßen (verletzen)
offender (M. bzw. F.) Delinquent (M.), Straftäter (M.), Täter (M.), Täter (M.) (Straftäter)
offender (M. bzw. F.) due to conviction Überzeugungstäter (M.)
offending (Adj.) against good morals sittenwidrig
offense (N.) (am.) Delikt (N.), Straftat (F.), Tat (F.), Vergehen (N.), Verstoß (M.)
offense (N.) by commission (am.) Tätigkeitsdelikt (N)
offensive war (N.) Angriffskrieg (M.)
offer (N.) Angebot (N.), Gebot (N.) (Angebot), Offerte (F.)
offer (N.) of evidence Beweisantritt (M.)
offer (V.) anbieten, bieten, offerieren
offer (V.) as a reward ausloben
offer (V.) for sale feilbieten
offeree (M. bzw. F.) Adressat (M.) (Angebotsempfänger)
office (N.) Amt (N.), Büro (N.), Dienststelle (F.), Geschäftsstelle (F.)

office (N.) for the protection of the constitution Verfassungsschutz (M.) (Verfassungsschutzamt)
Office (N.) of the Federal President Bundespräsidialamt (N.)
office bearer (M. bzw. F.) Amtswalter (M.)
office-bearer (M. bzw. F.) (br.) Amtsträger (M.)
office-holder (M. bzw. F.) Amtsträger (M.)
office hours (N.Pl.) Dienstzeit (F.)
Office of the Federal Chancellor (N.) Kanzleramt (N.)
officer (M. bzw. F.) Beamter (M.), leitender Angestellter (M.), Offizier (M.)
officer (M. bzw. F.) of the court Gerichtsvollzieher (M.)
official (Adj.) amtlich, dienstlich, offiziell
official (M.) Offizial (M.) (Offizial im Kirchenrecht)
official (M. bzw. F.) Beamter (M.), Bediensteter (M.) (Bediensteter des öffentlichen Dienstes)
official agency (N.) Dienststelle (F.)
official association (N.) of proprietors of hunting rights Jagdgenossenschaft (F.)
official attestation (N.) öffentliche Beglaubigung (F.)
official authority (N.) Behörde (F.), Hoheitsrecht (N.)
official certificate (N.) Testat (N.)
official channels (N.PL.) Dienstweg (M.)
official copy (N.) Ausfertigung (F.)
official defence counsel (M. bzw. F.) notwendiger Verteidiger (M.)
official-defence counsel (M. bzw. F.) Pflichtverteidiger (M.)
official defense (N.) Offizialverteidigung (F.)
official denial (N.) Dementi (N.)
official document (N.) öffentliche Urkunde (F.)
official duty (N.) Amtspflicht (F.)
official emolument (N.) Dienstbezug (M.)
official fee (N.) Verwaltungsgebühr (F.)
official gazette (N.) Amtsblatt (N.), Gesetzblatt (N.)
official income (N.) Dienstbezug (M.)
official inquiry (N.) Enquête (F.)
officiality (N.) Offizialat (N.)
official journal (N.) Amtsblatt (N.)
official language (N.) Gerichtssprache (F.)

officially (Adv.) von Amts wegen
official mediator (M. bzw. F.) Schlichter (M.)
official oath (N.) Diensteid (M.)
official organ (N.) for enforcement by execution Vollstreckungsorgan (N.)
official physician (M. bzw. F.) Amtsarzt (M.)
official receivership (N.) Sequestration (F.)
official referee (M. bzw. F.) Schiedsmann (M.)
official seal (N.) Dienstsiegel (N.)
official secrecy (N.) Amtsverschwiegenheit (F.)
official secret (N.) Dienstgeheimnis (N.), Staatsgeheimnis (N.)
official solicitor (M. bzw. F.) Amtsanwalt (M.)
official stamp (N.) amtliches Wertzeichen (N.)
offset (N.) Kompensation (F.)
offset (V.) kompensieren
offset (V.) (am.) aufrechnen
offsetting (N.) losses by advantages Vorteilsausgleichung (F.)
offsetting (N.) losses by advantages due to the damaging event compensatio (F.) lucri cum damno (lat.)
offspring (N.) Abkömmlinge (M.Pl. bzw. F.Pl.)
offspring (Pl.) Nachkommen (Pl.)
off the record inoffiziell
of immediate interest aktuell
of no legal force rechtsunwirksam
of one's own eigen
of sound mind zurechnungsfähig
of the same value gleichwertig
of use nützlich
old age benefits (N.Pl.) Altershilfe (F.)
oligarchy (N.) Oligarchie (F.)
oligocraty (N.) Oligokratie (F.)
oligopoly (N.) Oligopol (N.)
ombudsman (M.) Ombudsmann (M.)
omission (N.) Lücke (F.), Unterlassen (N.), Unterlassung (F.)
omit (V.) unterlassen
on a month-by-month basis monatlich
on business geschäftlich
one-man company (N.) Einmanngesellschaft (F.)

on equal terms paritätisch
onerous (Adj.) lästig, schwer
one-sided (Adj.) einseitig, einseitig verpflichtend, parteiisch
one-way street (N.) Einbahnstraße (F.)
onomasiology (N.) Onomasiologie (F.)
on purpose absichtlich
on-the-job safety (N.) Arbeitssicherheit (F.)
on the record aktenkundig
onus (N.) Last (F.) (Belastung)
onus (N.) of proof Beweislast (F.)
onus (N.) probandi (lat.) Beweislast (F.)
open (Adj.) to bribery bestechlich
open (V.) eröffnen, lösen
open (V.) up erschließen
open account (N.) Kontokorrent (N.)
open cheque (N.) (br.) Barscheck (M.)
open corporation (N.) Publikumsgesellschaft (F.)
open credit (N.) Kontokorrentkredit (M.)
opening (N.) Eröffnung (F.), Mund (M.)
opening balance (N.) Eröffnungsbilanz (F.)
opening hours (N.Pl.) Geschäftszeit (F.)
open-market sale (N.) freihändiger Verkauf (M.)
open sea (N.) Meer (N.)
operate (V.) bedienen, betreiben, operieren, spekulieren
operating condition (N.) Betriebsverhältnis (N.)
operating expenditure (N.) Betriebsausgabe (F.)
operating receipt (N.) Betriebseinnahme (F.)
operating revenue (N.) Betriebseinnahme (F.)
operating trouble (N.) Betriebsstörung (F.)
operation (N.) Aktion (F.), Arbeitsprozeß (M.), Operation (F.), Unternehmen (N.) (Tätigkeit)
operation (N.) (am.) Leitung (F.)
operational hazard (N.) Betriebsgefahr (F.)
operational risk (N.) Betriebsgefahr (F.)
operative (Adj.) wirksam
operative part (N.) Tenor (M.)
operative part (N.) of a judgement Urteilsformel (F.), Urteilstenor (M.)
opinion (N.) Ansicht (F.), Gedanke (M.), Gutachten (N.), Meinung (F.)
opinion (N.) of the court Urteilsgründe (M.Pl.)

opponent (M. bzw. F.) Gegenseite (F.), Gegner (M.)

opportune (Adj.) opportun

opportunist (M. bzw. F.) Opportunist (M.)

opportunity (N.) Chance (F.), Gelegenheit (F.), Möglichkeit (F.) (Gelegenheit), Opportunität (F.)

oppose (V.) einwenden, opponieren

opposition (N.) Einspruch (M.), Erinnerung (F.) (Verwaltungsrechtserinnerung), Gegenstimme (F.), Opposition (F.), Oppositionspartei (F.), Widerspruch (M.)

opposition (N.) to Anfechtung (F.) (Anfechtung einer Willenserklärung)

oppositional (Adj.) oppositionell

opposition party (N.) Oppositionspartei (F.)

oppress (V.) unterdrücken

oppressive (Adj.) schwer

oppressive agreement (N.) Knebelungsvertrag (M.)

oppressor (M. bzw. F.) Schinder (M.)

option (N.) Option (F.), Wahl (F.) (Auswahl)

optional (Adj.) dispositiv, fakultativ

optionally registrable trader (M. bzw. F.) Kannkaufmann (M.)

optional right (N.) of performance facultas (F.) alternativa (lat.)

optional rules (N.Pl.) dispositives Recht (N.)

oral (Adj.) mündlich

oral hearing (N.) mündliche Verhandlung (F.)

orality (N.) Mündlichkeit (F.)

oral proceedings (N.Pl.) Mündlichkeit (F.)

ordain (V.) verordnen

order (N.) Anordnung (F.), Anweisung (F.), Auftrag (M.), Befehl (M.), Bescheid (M.), Beschluß (M.) (Gerichtsbeschluß), Bestellung (F.), Dekret (N.), Entschließung (F.), Erlaß (M.) (Anordnung einer Verwaltungsbehörde), Gebot (N.) (Anordnung), Geschäftsordnung (F.), Orden (M.) (Vereinigung im Kirchenrecht), Order (F.), Ordnung (F.), Rechtsverordnung (F.), Verfügung (F.) (Anordnung), Weisung (F.)

order (N.) as to costs Kostenentscheidung (F.), Kostenfestsetzungsbeschluß (M.)

order (N.) for collection Inkassomandat (N.)

order (N.) for execution Vollstreckungsbefehl (M.)

order (N.) of appointment Bestallung (F.)

order (N.) of arrest Haftbefehl (M.)

order (N.) of attachment Forderungspfändung (F.)

order (N.) of discharge Freispruch (M.)

order (N.) of execution Vollstreckungsbescheid (M.)

order (N.) of priorities Rangordnung (F.)

order (N.) of rank Rangordnung (F.)

order (N.) of suspensive effect Anordnung (F.) der aufschiebenden Wirkung

order (N.) of the day Tagesordnung (F.)

order (N.) to bring someone before the judge Vorführungsbefehl (M.)

order (N.) to dismiss a case Einstellungsbeschluß (M.)

order (N.) to pay Mahnauftrag (M.), Zahlungsanweisung (F.)

order (N.) to pay costs Kostenentscheidung (F.)

order (N.) to stay proceedings Einstellungsbeschluß (M.)

order (V.) anordnen, anweisen, befehlen, bestellen, bestellen (von Waren), gebieten, heißen (anordnen), ordern, ordnen, verfügen (anordnen)

order (V.) in advance vorbestellen

order clause (N.) Orderklausel (F.)

orderly (Adj.) ordentlich, ordnungsgemäß

order paper (N.) Orderpapier (N.)

ordinance (N.) Dekret (N.)

ordinance (N.) (am.) Gemeindesatzung (F.), Verordnung (F.)

ordinance (N.) on armed forces Militärverordnung (F.)

ordinance (N.) on dividing-up the matrimonial household effects Hausratsverordnung (F.)

ordinance (N.) on heating expenses Heizkostenverordnung (F.)

ordinance (N.) on perilous substances Gefahrstoffverordnung (F.)

ordinance (N.) on the police Polizeiordnung (F.)

ordinance (N.) on use of buildings Baunutzungsverordnung (F.)

ordinary (Adj.) gemein (allgemein), normal, ordentlich

ordinary jurisdiction (N.) ordentliche Gerichtsbarkeit (F.)
ordinary mortgage (N.) Verkehrshypothek (F.)
ordinary share (N.) (brit.) Stammaktie (F.)
ordination (N.) Weihe (F.) (Priesterweihe)
organ (N.) Organ (N.)
organism (N.) Organismus (M.)
organization (N.) Einrichtung (F.), Organisation (F.), Planung (F.), Vereinigung (F.) (Institution)
organize (V.) einrichten, ordnen, organisieren
organized strike (N.) organisierter Streik (M.)
orifice (N.) Mund (M.)
origin (N.) Abkunft (F.), Abstammung (F.), Herkommen (N.), Herkunft (F.), Quelle (F.)
original (Adj.) original, originär, ursprünglich
original (N.) Original (N.)
original capital (N.) Stammkapital (N.)
original capital contribution (N.) Stammeinlage (F.)
original capital share (N.) Stammeinlage (F.)
original competence (N.) eigener Wirkungskreis (M.)
original insurance (N.) Direktversicherung (F.)
original occupancy (N.) Aneignung (F.)
original share (N.) Stammaktie (F.)
originator (M. bzw. F.) Stifter (M.) (Gründer), Urheber (M.)
orphan (M. bzw. F.) Waise (M. bzw. F.)
orthodox (Adj.) orthodox
OSCE (N.) (Organization on Security and Cooperation in Europe) OSZE (F.) (Organisation über Sicherheit und Zusammenarbeit in Europa)
ostensible agency (N.) Scheinvollmacht (F.)
ostensible authority (N.) Anscheinsvollmacht (F.)
other right (N.) sonstiges Recht (N.)
other side (N.) Gegenseite (F.)
otherwise known as alias
oust (V.) absetzen (entlassen), entfernen, entlassen, vertreiben (austreiben)
ouster (N.) Entfernung (F.) (Wegnahme), Zwangsräumung (F.)

outcome (N.) Effekt (M.), Folge (F.)
outer space (N.) Weltraum (M.)
outer space law (N.) Weltraumrecht (N.)
outgoings (N.Pl.) Nebenkosten (F.Pl.)
outlawed (Adj.) vogelfrei
outlawry (N.) Acht (F.)
outlay (N.) Aufwendung (F.), Ausgabe (F.), Auslage (F.), Kosten (F.Pl.), Unkosten (F.Pl.), Vorlage (F.) (Auslage)
outline permission (N.) Vorbescheid (M.) (Vorbescheid im Baurecht)
out of court (Adj.) außergerichtlich
out of hand unverzüglich
out-of-pocket-expenses (N.Pl.) Spesen (F. Pl.)
out of work (Adj.) arbeitslos
outplay (V.) ausspielen
output target (N.) Soll (N.) (Plansoll)
outrage (N.) Frevel (M.), Gewalttätigkeit (F.)
outrage (V.) freveln
outrageous (Adj.) gewalttätig
outrager (M. bzw. F.) Frevler (M.)
outside capital (N.) Fremdkapital (N.)
outstanding (Adj.) ausstehend
outstanding debt (N.) Aktivschuld (F.), Forderung (F.) (Anspruch)
outvote (V.) überstimmen
outwork (N.) Heimarbeit (F.)
outworker (M. bzw. F.) Heimarbeiter (M.)
overall intent (N.) Gesamtvorsatz (M.)
overall representation (N.) Gesamtvertretung (F.)
overcharging (N.) Abgabenüberhebung (F.), Gebührenüberhebung (F.)
overdraft (N.) Überziehung (F.)
overdraft facility (N.) Überziehungskredit (M.)
overdraw (V.) überziehen
overdrawing (N.) Überziehung (F.)
overdue interest (N.) Verzugszinsen (M.Pl.)
overhang (N.) Überhang (M.)
overhaul (V.) überholen (überprüfen)
overhead costs (N.Pl.) Gemeinkosten (F. Pl.)
over-indebtedness (N.) Überschuldung (F.)
overlapping (N.) of laws Gesetzeskonkurrenz (F.)
overplus (N.) Überschuß (M.) (Warenüberschuß)

overrule (V.) verwerfen
overseer (M. bzw. F.) Aufseher (M.)
oversight (N.) Versehen (N.)
overtake (V.) überholen (vorbeifahren)
overtaking causality (N.) überholende Kausalität (F.)
overtime (N.) Überstunden (F.Pl.)
overwork (N.) Überstunden (F.Pl.)
owe (V.) schulden
owing (Adj.) fällig, schuldig (verpflichtet im Privatrecht)
own (Adj.) eigen
own (V.) besitzen
owner (M. bzw. F.) Eigentümer (M.), Halter (M.)
owner (M. bzw. F.) of a share Anteilseigner (M.)
ownerless (Adj.) herrenlos
owner-occupied house (N.) Eigenheim (N.)
owner-operated enterprise (N.) Eigenbetrieb (M.)
owner's charge (N.) Eigentümergrundschuld (F.)
ownership (N.) Eigentum (N.)
ownership (N.) by way of a chattel mortgage Sicherungseigentum (N.)
owner's hunting district (N.) Eigenjagdbezirk (M.)
owner's land charge (N.) Eigentümergrundschuld (F.)
owner's mortgage (N.) Eigentümerhypothek (F.)
own requirements (N.Pl.) Eigenbedarf (M.)
own vehicle insurance (N.) Kasko (F.), Kaskoversicherung (F.)

p

pacifism (N.) Pazifismus (M.)
package (N.) (am.) Paket (N.)
package deal (N.) Junktim (N.)
package deal clause (N.) Junktimklausel (F.)
pact (N.) Pakt (M.)
pain (N.) Schmerz (M.)
palace (N.) Palast (M.)
palais (N.) Palast (M.)
palimony (N.) Unterhalt (M.) für den Lebensgefährten

pamphlet (N.) Flugblatt (N.), Flugschrift (F.), Schrift (F.)
pandects (N.Pl.) Pandekten (F.Pl.)
pander (M.) Kuppler (M.)
pander (V.) kuppeln
panderess (F.) Kupplerin (F.)
pandering (N.) Kuppelei (F.), Zuhälterei (F.)
panel (N.) Gremium (N.), Jury (F.)
panel (N.) of judges Kollegialgericht (N.), Spruchkörper (M.)
panel doctor (M. bzw. F.) Kassenarzt (M.)
Pan-German (Adj.) großdeutsch
Papal State (N.) Kirchenstaat (M.)
paper (N.) Papier (N.), Zeitung (F.)
paper currency (N.) Papiergeld (N.)
paper money (N.) Papiergeld (N.)
par (N.) Nennwert (M.) (Wertpapiernennwert)
paragraph (N.) Absatz (M.) (Teil eines Gesetzes), Abschnitt (M.), Paragraph (M.)
paraph (N.) Paraphe (F.)
paraph (V.) paraphieren
parcel (N.) Parzelle (F.)
parcel (N.) (brit.) Paket (N.)
parcel (V.) out parzellieren
pardon (N.) Begnadigung (F.), Gnade (F.)
pardon (V.) begnadigen, entschuldigen
parentage (N.) Abstammung (F.)
parental (Adj.) elterlich, väterlich
parental care (N.) and custody (N.) elterliche Sorge (F.)
parental power (N.) elterliche Gewalt (F.)
parent and child case (N.) Kindschaftssache (F.)
parent and child relation (N.) Kindschaft (F.)
parent company (N.) Dachgesellschaft (F.), Muttergesellschaft (F.)
parentela (N.) Parentel (F.), Stamm (M.)
parents (Pl.) Eltern (Pl.)
parents-in-law (Pl.) Schwiegereltern (Pl.)
parish (N.) Kirchengemeinde (F.), Kirchspiel (N.), Pfarre (F.), Sprengel (M.)
parish register (N.) Kirchenbuch (N.)
parity (N.) Gleichheit (F.), Parität (F.)
parity (N.) of reasoning Analogieschluß (M.)
park (V.) abstellen, parken
parking (N.) Parken (N.)

parking lot (N.) Parkplatz (M.)
parlamentarian (M. bzw. F.) Parlamentarier (M.)
parliament (N.) Parlament (N.), Volksvertretung (F.)
parliamentarism (N.) Parlamentarismus (M.)
parliamentary (Adj.) parlamentarisch
parliamentary allowance (N.) Diäten (F. Pl.)
parliamentary commissioner (M. bzw. F.) for the armed forces Wehrbeauftragter (M.)
Parliamentary Council (N.) Parlamentarischer Rat (M.)
parliamentary enquiry privilege (N.) Enquêterecht (N.)
parliamentary group (N.) Fraktion (F.)
parliamentary term (N.) Legislaturperiode (F.)
Parliament Building (N.) Parlamentsgebäude (N.)
parochial school (N.) (am.) Bekenntnisschule (F.)
parole (N.) Hafturlaub (M.)
parole officer (M. bzw. F.) (am.) Bewährungshelfer (M.)
part (N.) Abschnitt (M.), Anteil (M.), Bestandteil (M.), Teil (M.)
part (N.) of the debt Teilschuld (F.)
part (V.) teilen
part-creditorship (N.) Teilgläubigerschaft (F.)
partial (Adj.) parteiisch, partiell, teilweise, voreingenommen
partial impossibility (N.) Teilunmöglichkeit (F.)
partiality (N.) Befangenheit (F.), Parteilichkeit (F.)
partial nullity (N.) Teilnichtigkeit (F.)
participant (M. bzw. F.) Beteiligter (M.), Teilnehmer (M.)
participate (V.) beteiligen
participating certificate (N.) Genußschein (M.)
participation (N.) Beteiligung (F.), Geschäftsanteil (M.), Mitarbeit (F.), Mitwirken (N.), Teilnahme (F.)
particular (Adj.) besonderer
particular law (N.) Partikularrecht (N.)
parties (M.Pl. bzw. F.Pl.) to the procee-dings Verfahrensbeteiligte (M.Pl. bzw. F. Pl.)
part-indebtedness (N.) Teilschuldnerschaft (F.)
partition (N.) Auseinandersetzung (F.), Teilung (F.)
partition (V.) auseinandersetzen (teilen)
part-judgement (N.) Teilurteil (N.)
partly (Adv.) teilweise
partner (M. bzw. F.) Gesellschafter (M.), Partner (M.), Sozius (M.), Teilhaber (M.)
partnership (N.) Partnerschaft (F.), Personalgesellschaft (F.), Sozietät (F.), Teilhaberschaft (F.)
partnership (N.) for life Lebensgemeinschaft (F.)
partnership agreement (N.) Gesellschaftsvertrag (M.)
partnership debt (N.) Gesellschaftsschuld (F.)
partnership property (N.) Gesellschaftsvermögen (N.)
partners' meeting Gesellschafterversammlung (F.)
part-ownership (N.) Teileigentum (N.)
part payment (N.) Teilzahlung (F.)
part-payment (N.) Rate (F.)
part payment clause (N.) Teilzahlungsabrede (F.)
part performance (N.) Teilleistung (F.)
part possession (N.) Teilbesitz (M.)
part time (N.) Teilzeit (F.)
part-time work (N.) Teilzeitarbeit (F.)
party (M. bzw. F.) at fault Schuldiger (M.)
party (M. bzw. F.) interested Beteiligter (M.)
party (M. bzw. F.) liable Verpflichteter (M.)
party (M. bzw. F.) to a collective wage agreement Tarifpartner (M.)
party (N.) Partei (F.), Person (F.)
party (N.) liable to construct and maintain roads Straßenbaulastträger (M.)
party (N.) to a contract Vertragspartner (M.)
party-loyalty obligation (N.) Fraktionszwang (M.)
party member (M. bzw. F.) Parteigenosse (M.)
party rule (N.) Parteiherrschaft (F.)
party-state (N.) Parteienstaat (M.)

pass (N.) Ausweis (M.), Passierschein (M.)
pass (V.) erlassen (ein Gesetz bzw. Urteil schaffen), verabschieden
pass (V.) over überleiten
pass (V.) sentence on richten
pass (V.) title übereignen
passage (N.) Weg (M.)
passage (N.) of time Zeitablauf (M.)
passage contract (N.) Beförderungsvertrag (M.) (von Personen)
pass-book (N.) Sparbuch (N.)
passenger (M. bzw. F.) Insasse (M.) (Verkehrsmittelbenutzer)
passenger transportation (N.) Personenbeförderung (F.)
passing (Adj.) vorübergehend
passing (N.) Erlaß (M.) (Schaffung eines Gesetzes oder Urteils)
passing (N.) of title Übereignung (F.)
passing-on (N.) Weitergabe (F.)
passive (Adj.) passiv
passive representation (N.) Passivvertretung (F.)
passport (N.) Paß (M.), Reisepaß (M.)
passports law (N.) Paßrecht (N.)
pastor (M. bzw. F.) Pastor (M.)
pastoral letter (N.) Hirtenbrief (M.)
patent (Adj.) offenkundig
patent (N.) Patent (N.)
patent (V.) patentieren
patent agent (M. bzw. F.) (br.) Patentanwalt (M.)
patent attorney (M. bzw. F.) (am.) Patentanwalt (M.)
patent court (N.) Patentgericht (N.)
patent defect (N.) offenkundiger Mangel (M.)
patentee (M. bzw. F.) Patentinhaber (M.)
patent holder (M. bzw. F.) Patentinhaber (M.)
patent infringement (N.) Patentverletzung (F.)
patent office (N.) Patentamt (N.)
patent right (N.) Patentrecht (N.)
patents law (N.) Patentrecht (N.)
paternal power (N.) väterliche Gewalt (F.)
paternity (N.) Vaterschaft (F.)
patient (M. bzw. F.) Patient (M.)
patrimonial court (N.) Patrimonialgericht (N.)

patrimonial jurisdiction (N.) Patrimonialgerichtsbarkeit (F.)
patrimony (N.) Patrimonium (N.)
patristics (N.) Patristik (F.)
patrol (N.) Streife (F.)
patrol car (N.) Streifenwagen (M.)
patron (M. bzw. F.) Patron (M.), Schirmherr (M.)
patronage (N.) Patronat (N.)
patronize (V.) protegieren
pattern (N.) Muster (N.), Raster (N.)
pauperism (N.) Pauperismus (M.)
pause (N.) Pause (F.)
pavement (N.) Gehweg (M.)
pavement (N.) (am.) Fahrbahn (F.)
pawn (N.) Faustpfand (N.), Pfand (N.), Verpfändung (F.)
pawn (V.) verpfänden, versetzen (verpfänden)
pawnbroker (M. bzw. F.) Pfandleiher (M.)
pawnee (M. bzw. F.) Pfandgläubiger (M.), Pfandnehmer (M.)
pawning (N.) Verpfändung (F.)
pawnshop (N.) (brit.) Leihhaus (N.)
pay (N.) Arbeitslohn (M.), Besoldung (F.), Bezahlung (F.), Entgelt (N.), Gehalt (N.), Lohn (M.)
pay (N.) for sailors Heuer (F.)
pay (V.) bezahlen, zahlen
pay (V.) a salary besolden
pay (V.) back zurückzahlen
pay (V.) by installments abzahlen
pay (V.) duty on verzollen
pay (V.) for bezahlen, entgelten
pay (V.) homage to huldigen
pay (V.) in einzahlen
pay (V.) off abfinden, abzahlen, auszahlen, zurückzahlen
pay (V.) off a debt tilgen
payability (N.) Fälligkeit (F.)
payable (Adj.) fällig, schuldig (verpflichtet im Privatrecht), zahlbar
payable check (N.) (am.) Barscheck (M.)
payback (N.) Rückzahlung (F.)
payee (M. bzw. F.) Begünstigter (M.)
payee (M. bzw. F.) of a bill of exchange Remittent (M.)
PAYE-tax (N.) (br.) Lohnsteuer (F.)
paying (N.) in Einzahlung (F.)
paying (N.) off Abzahlung (F.), Tilgung (F.)

payment (N.) Bezahlung (F.), Einzahlung (F.), Zahlung (F.)
payment (N.) by installments Ratenzahlung (F.)
payment (N.) in advance Vorauszahlung (F.), Vorschußleistung (F.)
payment (N.) in cash Barzahlung (F.)
payment (N.) on account Abschlagszahlung (F.), Anzahlung (F.)
payment (N.) on delivery Nachnahme (F.)
payment basis (N.) Entgeltlichkeit (F.)
pay seniority (N.) Besoldungsdienstalter (N.)
pay to order clause (N.) Orderklausel (F.)
peace (N.) Friede (M.)
peace treaty (N.) Friedensvertrag (M.)
peak price (N.) Höchstpreis (M.)
peasant (M.) Bauer (M.)
peasant's wars (N.Pl.) Bauernkriege (M.Pl.)
peculation (N.) Unterschlagung (F.) öffentlicher Gelder, Veruntreuung (F.)
pecuniary (Adj.) finanziell
pecuniary claim (N.) Geldforderung (F.)
pecuniary debt (N.) Geldschuld (F.)
pecuniary loss (N.) Vermögensschaden (N.)
pecuniary penalty (N.) Geldbuße (F.), Geldstrafe (F.)
pecuniary profit (N.) Vermögensvorteil (M.)
peddle (V.) hausieren
peddler (M. bzw. F.) (am.) Hausierer (M.)
pedestrian (M. bzw. F.) Fußgänger (M.)
pedestrian precinct (N.) Fußgängerzone (F.)
pedlar (M. bzw. F.) (br.) Hausierer (M.)
peer (M.) Pair (M.)
peerage (N.) Adelsstand (M.)
penal (Adj.) strafrechtlich
penal code (N.) Code (M.) pénal (franz.), Strafgesetzbuch (N.)
penal institution (N.) Strafvollzugsanstalt (F.)
penal institution (N.) (brit.) Strafanstalt (F.)
penalize (V.) bestrafen
penal judgement (N.) Strafurteil (N.)
penal law (N.) Strafgesetz (N.), Strafrecht (N.)
penal law (N.) concerning business offences Wirtschaftsstrafrecht (N.)
penal order (N.) Strafverfügung (F.)

penal proceedings (N.Pl.) Strafverfahren (N.)
penal provision (N.) Strafbestimmung (F.)
penal provisions (N.Pl.) Strafvorschrift (F.)
penal responsibility (N.) Zurechenbarkeit (F.)
penal traffic law (N.) Verkehrsstrafrecht (N.)
penalty (N.) Bußgeld (N.), Geldstrafe (F.), Strafe (F.)
penalty (N.) for contempt of court Ordnungsstrafe (F.)
penalty notice (N.) Bußgeldbescheid (M.)
pendency (N.) Anhängigkeit (F.), Rechtshängigkeit (F.)
pendent (Adj.) anhängig
pending (Adj.) anhängig, schwebend
pending (Adj.) in court rechtshängig
pending extradition (N.) Auslieferungshaft (F.)
penetrate (V.) eindringen
penitentiary (N.) Zuchthaus (N.)
penitentiary (N.) (am.) Gefängnis (N.), Strafanstalt (F.)
penny (N.) Heller (M.)
pension (N.) Pension (F.) (Rente), Rente (F.), Ruhegehalt (N.)
pension entitlement (N.) Rentenanspruch (M.)
pensioner (M. bzw. F.) Rentner (M.)
pension insurance fund (N.) Rentenversicherung (F.)
pension off (V.) pensionieren
pension scheme (N.) Rentenversicherung (F.)
people (N.) Volk (N.)
people's democracy (N.) Volksdemokratie (F.)
per cent (N.) Prozent (N.)
percentage (N.) of profits Gewinnanteil (M.)
perception (N.) Erkenntnis (F.) (Einsicht), Wahrnehmung (F.) (Wahrnehmung eines Reizes)
per curiam (Adj.) gerichtlich
per diem allowance (N.) Tagessatz (M.)
peremptory (Adj.) peremptorisch
peremptory plea (N.) peremptorische Einrede (F.)
peremptory term (N.) Notfrist (F.)

perfect (Adj.) ideal
perfidious (Adj.) heimtückisch, treubrüchig
perfidy (N.) Heimtücke (F.), Treubruch (M.)
perform (V.) erfüllen, leisten, spielen, verrichten (tun)
performance (N.) Erfüllung (F.), Leistung (F.), Werk (N.) (Tätigkeit bzw. Ergebnis)
performance risk (N.) Leistungsgefahr (F.)
performer (M. bzw. F.) Künstler (M.)
performing rights society (N.) Verwertungsgesellschaft (F.)
peril (N.) Gefahr (F.), Risiko (N.)
period (N.) Periode (F.)
period (N.) (am.) Stunde (F.)
period (N.) for filing a defence Einlassungsfrist (F.)
period (N.) of conception Empfängniszeit (F.)
period (N.) of grace Nachfrist (F.)
period (N.) of guarantee Garantiefrist (F.)
period (N.) of notice Kündigungsfrist (F.)
period (N.) of restraint Karenzzeit (F.)
period (N.) of service Dienstzeit (F.)
period (N.) of time Frist (F.)
periodic (Adj.) periodisch
periodical (Adj.) periodisch
periodical (N.) Magazin (N.) (Zeitschrift bzw. Geschoßbehälter), Zeitschrift (F.)
periodical payments (N.) Geldrente (F.)
periodic payment (N.) according to normal requirement Regelunterhalt (M.)
perjured (Adj.) meineidig
perjury (N.) Meineid (M.)
permanent (Adj.) fest, ständig
permanent civil servant (M. bzw. F.) Berufsbeamter (M.)
permanent staff (N.) Stamm (M.)
permissibility (N.) Statthaftigkeit (F.), Zulässigkeit (F.)
permissible (Adj.) statthaft
permissible abortion (N.) for social reasons soziale Indikation (F.)
permission (N.) Bewilligung (F.), Erlaubnis (F.), Genehmigung (F.), Gestattung (F.), Zulassung (F.)
permission (N.) to give evidence Aussagegenehmigung (F.)
permission (N.) to marry Heiratserlaubnis (F.)

permission (N.) to transfer land Bodenverkehrsgenehmigung (F.)
permissive provision (N.) Kannvorschrift (F.)
permit (N.) Genehmigung (F.), Lizenz (F.), Passierschein (M.), Zulassung (F.)
permit (V.) erlauben, genehmigen, gestatten, lizensieren
per my et per tout gesamthänderisch
pernicious (Adj.) verrucht
perpetrate (V.) begehen, verüben
perpetration (N.) Begehung (F.), Täterschaft (F.), Vornahme (F.)
perpetrator (M. bzw. F.) Täter (M.)
perpetuating evidence (N.) Beweissicherung (F.)
persecute (V.) verfolgen
persecution (N.) Verfolgung (F.)
persistent offender (M. bzw. F.) Gewohnheitsverbrecher (M.)
person (M. bzw. F.) Person (F.)
person (M. bzw. F.) charged Angeschuldigter (M.), Beschuldigter (M.)
person (M. bzw. F.) detained for trial Untersuchungsgefangener (M.)
person (M. bzw. F.) dying together with someone Kommorient (M.)
person (M. bzw. F.) entitled to a compulsory portion Pflichtteilsberechtigter (M.)
person (M. bzw. F.) involved Beteiligter (M.)
person (M. bzw. F.) involved in an accident Unfallbeteiligter (M.)
person (M. bzw. F.) liable to military service Wehrpflichtiger (M.)
person (M. bzw. F.) subject to curatorship Pflegling (M.)
person (M. bzw. F.) who attends to a person Betreuer (M.)
persona (M. bzw. F.) non grata (lat.) persona (F.) ingrata (lat.), persona (F.) non grata (lat.)
personal (Adj.) eigenhändig, persönlich, privat
personal accident insurance (N.) Unfallversicherung (F.)
personal appearance (N.) persönliches Erscheinen (N.)
personal credit (N.) Personalkredit (M.)
personal data (N.Pl.) Personalien (F.Pl.)

personal dossier (N.) Personalakte (F.)
personal file (N.) Personalakte (F.)
personal information system (N.) Personalinformationssystem (N.)
personal injury (N.) Gesundheitsbeschädigung (F.), Personenschaden (M.)
personal insurance (N.) Personenversicherung (F.)
personality (M. bzw. F.) Personalität (F.)
personality (N.) Persönlichkeit (F.), Wesen (N.)
personal legal reason in personam for exemption from punishment persönlicher Strafausschließungsgrund (M.)
personal liability (N.) persönliche Haftung (F.)
personal liability (N.) of the heir Erbenhaftung (F.)
personal loan (N.) Personalkredit (M.)
personally liable partner (M. bzw. F.) Komplementär (M.)
personal-name firm (N.) Personalfirma (F.)
personal property (N.) Fahrnis (F.), Mobilien (Pl.)
personal property (N.Pl.) Fahrhabe (F.)
personal requirements (N.Pl.) Eigenbedarf (M.)
personal share (N.) Namensaktie (F.)
personal status (N.) Personenstand (M.)
personal statutes (N.Pl.) Personalstatut (N.) (Personalstatut im internationalen Privatrecht)
personal union (N.) Personalunion (F.)
personnel (N.) Personal (N.)
personnel committee (N.) Personalvertretung (F.)
personnel leasing (N.) Arbeitnehmerüberlassung (F.)
persuant (Adj.) to the tariff tariflich
pertain (V.) to angehören
pertinent (Adj.) einschlägig, relevant
perverse (Adj.) pervers
perversion (N.) of justice Rechtsbeugung (F.)
perversion (N.) of law Rechtsbeugung (F.)
petition (N.) Antrag (M.), Begehren (N.), Eingabe (F.), Gesuch (N.), Klageantrag (M.), Klagebegehren (N.), Petition (F.)
petition (N.) in bankruptcy Konkursantrag (M.)

petition (N.) to modify a judgement Abänderungsklage (F.)
petitioner (M. bzw. F.) Kläger (M.)
petrol (N.) Benzin (N.)
petty (Adj.) geringfügig
petty case (N.) Bagatellsache (F.)
petty expenses (N.Pl.) Spesen (F.Pl.)
petty larceny (N.) of food Mundraub (M.)
petty matter (N.) Bagatelle (F.)
petty offence (N.) Bagatelldelikt (N.)
pharmacy (N.) Apotheke (F.)
phase (N.) Stufe (F.)
philosophy (N.) Philosophie (F.)
philosophy (N.) of law Rechtsphilosophie (F.)
physical (Adj.) körperlich, physisch
physical abuse (N.) körperliche Mißhandlung (F.)
physical act (N.) Realakt (M.)
physical damage (N.) materieller Schaden (M.), Personenschaden (M.)
physical impossibility (N.) objektive Unmöglichkeit (F.)
physical injury (N.) Körperverletzung (F.)
physical object (N.) Sache (F.) (Ding)
physician (M. bzw. F.) Arzt (M.)
picker (M. bzw. F.) Taschendieb (M.)
picklock (N.) Dietrich (M.)
pickpocket (M. bzw. F.) Taschendieb (M.)
picture-screen text (N.) Bildschirmtext
piece (N.) Stück (N.)
piece (N.) of equipment Gerät (N.)
piece (N.) of evidence Beweisstück (N.)
piece (N.) of furniture Möbel (Pl.)
piece (N.) of land Grundstück (N.)
piece wage (N.) Akkordlohn (M.)
piecework (N.) Akkord (M.)
piecework pay (N.) Akkordlohn (M.)
pilfer (V.) entwenden
pilferage (N.) Plünderung (F.)
pilfering (N.) Entwendung (F.)
pilfery (N.) Entwendung (F.)
pillage (V.) plündern
pillager (M. bzw. F.) Plünderer (M.)
pillory (N.) Pranger (M.)
pimp (M.) Zuhälter (M.)
piracy (N.) Piraterie (F.)
pirat (M. bzw. F.) Plagiator (M.)
pirate (M. bzw. F.) Freibeuter (M.), Pirat (M.), Seeräuber (M.)

pirate (V.) plagiieren
pirate radio (N.) Piratensender (M.)
pistol (N.) Pistole (F.)
pit (N.) Grube (F.) (Mine)
pitman (M.) Bergarbeiter (M.), Knappe (M.)
place (N.) Ort (M.), Platz (M.), Standort (M.), Stelle (F.) (Ort)
place (N.) of a crime Tatort (M.)
place (N.) of business Niederlassung (F.) (Unternehmensteil)
place (N.) of conference Tagungsort (M.)
place (N.) of effect Erfolgsort (M.)
place (N.) of jurisdiction Gerichtsstand (M.)
place (N.) of performance Erfüllungsort (M.), Handlungsort (M.), Leistungsort (M.)
place (N.) of residence Aufenthaltsort (M.), Wohnort (M.)
place (N.) of work Arbeitsstätte (F.)
place (V.) anlegen (einsetzen), unterbringen
place (V.) an order bestellen (von Waren)
place (V.) on record beurkunden
place (V.) under the control of a guardian entmündigen
placement (N.) Anlage (F.) (Vermögenseinsatz), Stellenvermittlung (F.), Unterbringung (F.)
placing (N.) to the account Verrechnung (F.) (Inrechnungstellung)
plagiarism (N.) Plagiat (N.)
plagiarist (M. bzw. F.) Plagiator (M.)
plagiarize (V.) plagiieren
plain (Adj.) offenbar
plaint (N.) Beschwerde (F.)
plaintiff (M. bzw. F.) Kläger (M.)
plaintiff's claim (N.) Klagebegehren (N.)
plaintiff's statement (N.) of the grounds of claim Klagebegründung (F.)
plaint note (N.) Klageschrift (F.)
plan (N.) Plan (M.)
plan (V.) beabsichtigen, planen
plane (N.) Flugzeug (N.)
planned economy (N.) Planwirtschaft (F.)
planning (N.) Erschließung (F.), Planung (F.)
planning department (N.) Bauordnungsamt (N.)
planning permission (N.) Baugenehmigung (F.)
plant (N.) Anlage (F.) (Einrichtung), Betriebsanlage (F.), Werk (N.) (Fabrik)

plant protection (N.) Pflanzenschutz (M.)
plant varieties patent (N.) Sortenschutz (M.)
plausible (Adj.) plausibel
play (N.) Spiel (N.)
play (V.) ausspielen, spielen
play (V.) the hypocrite heucheln
playful (Adj.) mutwillig
plea (N.) Beweisgrund (M.), Einrede (F.), Einwendung (F.), Fürsprache (F.)
plea (N.) in bar peremptorische Einrede (F.)
plea (N.) of fraud exceptio (F.) doli (lat.)
plea (N.) of insufficient assets in an estate Dürftigkeitseinrede (F.)
plea bargaining (N.) Absprache (F.) über Schuldigerklärung (zwischen Verteidiger und Staatsanwalt)
plead (V.) einwenden, plädieren, sprechen, vorbringen
pleading (Adj.) guilty geständig
pleading (N.) Plädoyer (N.), Schriftsatz (M.), Vorbringen (N.)
pleading (N.) to the charge Einlassung (F.)
pleasant (Adj.) gefällig
pleasure (N.) Lust (F.)
plebiscitary (Adj.) plebiszitär
plebiscitary democracy (N.) plebiszitäre Demokratie (F.)
plebiscite (N.) Plebiszit (N.), Volksabstimmung (F.), Volksentscheid (M.)
pledge (N.) Faustpfand (N.), Gelöbnis (N.), Gelübde (N.), Pfand (N.)
pledge (N.) of secrecy Schweigepflicht (F.)
pledge (V.) geloben, verpfänden, versetzen (verpfänden)
pledgee (M. bzw. F.) Pfandgläubiger (M.), Pfandnehmer (M.)
pledging (N.) Verpfändung (F.)
plenary session (N.) Plenum (N.)
plenum (N.) Plenum (N.)
plight (N.) Notlage (F.)
plot (N.) Flurstück (N.), Komplott (N.), Konspiration (F.), Parzelle (F.), Verschwörung (F.)
plot (V.) konspirieren, verschwören (sich)
plotter (M. bzw. F.) Ränkeschmied (M.), Verschwörer (M.)
plumber (M. bzw. F.) Installateur (M.), Klempner (M.)

plunder (V.) plündern
plunderer (M. bzw. F.) Plünderer (M.)
plundering (N.) Plünderung (F.)
plundering (N.) the dead Leichenfledderei (F.)
pluralism (N.) Pluralismus (M.)
plurality (N.) relative Mehrheit (F.)
plurality (N.) of acts Tatmehrheit (F.)
plutocracy (N.) Plutokratie (F.)
poach (V.) wildern
poacher (M. bzw. F.) Wilddieb (M.), Wilderer (M.)
poaching (N.) Jagdwilderei (F.), Wilderei (F.)
pocket money (N.) Taschengeld (N.)
pocket money rule (N.) for minors Taschengeldparagraph (M.)
pogrom (N.) Pogrom (N.)
point (N.) Platz (M.)
point (N.) of fact Tatfrage (F.)
point (N.) of view Gesichtspunkt (M.)
point at issue strittig
poison (N.) Gift (N.)
poison (V.) vergiften
poisoning (N.) Vergiftung (F.)
poisonous (Adj.) giftig
police (Adj.) polizeilich
police (N.) Polizei (F.), Vollzugspolizei (F.)
police administration (N.) Polizeiverwaltung (F.)
police administration act (N.) Polizeiverwaltungsgesetz (N.)
police car (N.) (brit.) Streifenwagen (M.)
police clearance (N.) Führungszeugnis (N.)
police district (N.) Revier (N.) (Polizeirevier)
police force (N.) Polizei (F.)
police law (N.) Polizeirecht (N.)
police line-up (N.) Gegenüberstellung (F.)
policeman (M.) Polizist (M.), Schutzmann (M.)
police officer (M. bzw. F.) Polizist (M.)
police order (N.) Polizeiverfügung (F.)
police ordinance (N.) Polizeiverordnung (F.)
police power (N.) in court Sitzungspolizei (F.)
police raid (N.) Razzia (F.)
police state (N.) Polizeistaat (M.)
police station (N.) Wache (F.) (Polizeiwache)

police ticket (N.) Verwarnungsgeld (N.)
policy (N.) Politik (F.) (spezielle Vorgangsweise)
political (Adj.) politisch
political liberty (N.) Bürgerrecht (N.)
political science (N.) Politikwissenschaft (F.), Staatslehre (F.)
political suspicion (N.) politische Verdächtigung (F.)
politics (N.) Politik (F.) (Politik im allgemeinen)
poll (N.) Abstimmung (F.), Wahl (F.) (politische Entscheidung)
polling (N.) Stimmabgabe (F.)
poll tax (N.) Kopfsteuer (F.)
polygamous (Adj.) polygam
polygamy (N.) Polygamie (F.), Vielweiberei (F.)
polygraph (N.) Lügendetektor (M.)
Pontifical State (N.) Kirchenstaat (M.)
pontificate (N.) Pontifikat (N.)
pool (N.) Konsortium (N.)
poor (Adj.) bedürftig, dürftig (bedürftig)
poor workmanship (N.) Schlechtleistung (F.)
Pope (M.) Papst (M.)
popular assembly (N.) Volksversammlung (F.)
popular bank (N.) Volksbank (F.)
popular initiative (N.) Volksbegehren (N.)
population research (N.) Demoskopie (F.)
pornographic (Adj.) pornographisch
pornography (N.) Pornographie (F.)
port (N.) Hafen (M.)
portfolio (N.) Ressort (N.)
portion (N.) Anteil (M.), Teil (M.)
position (N.) Amt (N.), Platz (M.), Stand (M.), Standort (M.), Stellung (F.)
position (N.) of being a guarantor Garantenstellung (F.)
position (N.) of trust Vertrauensstellung (F.)
positive (Adj.) konstruktiv, positiv
positive interest (N.) Erfüllungsinteresse (N.)
positive law (N.) positives Recht (N.)
positivism (N.) Positivismus (M.)
possess (V.) besitzen
possession (N.) Besitz (M.), Innehabung (F.), Sachherrschaft (F.)

possession (N.) as a bailee Fremdbesitz (M.)

possession (N.) for another Fremdbesitz (M.)

possessions (N.Pl.) Besitztum (N.), Habe (F.)

possessor (M. bzw. F.) Besitzer (M.)

possessor (M. bzw. F.) as bailee Fremdbesitzer (M.)

possessor (M. bzw. F.) of the estate Erbschaftsbesitzer (M.)

possessor's agent (M. bzw. F.) Besitzdiener (M.)

possessor's servant (M. bzw. F.) Besitzdiener (M.)

possessory (Adj.) besitzrechtlich, possessorisch

possessory action (N.) possessorische Klage (F.)

possessory claim (N.) possessorischer Anspruch (M.)

possessory right (N.) Besitzrecht (N.)

possibility (N.) Möglichkeit (F.) (Wahrscheinlichkeit)

possible (Adj.) eventual, potentiell

post (N.) Amt (N.), Stelle (F.) (Ort)

post (N.) (br.) Post (F.)

postage (N.) Porto (N.)

postage-free (Adj.) franko

postal ballot (N.) Briefwahl (F.)

postal check (N.) (am.) Postscheck (M.)

postal cheque (N.) (br.) Postscheck (M.)

postal money order (N.) Postanweisung (F.)

postal remittance (N.) Postanweisung (F.)

postal secrecy (N.) (br.) Postgeheimnis (N.)

postal stamp (N.) Briefmarke (F.), Wertzeichen (N.)

postal vote (N.) Briefwahl (F.)

post card (N.) Postkarte (F.)

post code (N.) (brit.) Postleitzahl (F.)

post-graduate civil service trainee (M. bzw. F.) Referendar (M.)

posthumous (Adj.) postum

post-mortem examination (N.) Autopsie (F.), Leichenöffnung (F.), Leichenschau (F.), Obduktion (F.), Sektion (F.) (Leichenöffnung in der Medizin)

post office (N.) (br.) Postamt (N.)

postpaid (Adj.) franko

postpone (V.) aufschieben, verschieben, vertagen

postponement (N.) Vertagung (F.)

post restante (Adj.) postlagernd

postulate (V.) postulieren

potent (Adj.) potent

potential (Adj.) potentiell

potential guilty knowlegde (N.) potentielles Unrechtsbewußtsein (N.)

Potsdam Agreement (N.) Potsdamer Abkommen (N.)

pound (N.) Pfund (N.)

poverty law (N.) Armenrecht (N.)

power (N.) Befugnis (F.), Energie (F.), Ermächtigung (F.), Gewalt (F.) (Kraft), Macht (F.)

power (N.) of agency Vertretungsmacht (F.), Vollmacht (F.)

power (N.) of attorney for legal proceedings Prozeßvollmacht (F.)

power (N.) of disposal Verfügungsbefugnis (F.), Verfügungsermächtigung (F.)

power (N.) of disposition Verfügungsbefugnis (F.), Verfügungsermächtigung (F.)

power (N.) of representation by estoppel Duldungsvollmacht (F.)

power (N.) of revocation Widerrufsrecht (N.)

power (N.) to act Handlungsfähigkeit (F.)

power (N.) to close deal Abschlußvollmacht (F.)

power (N.) to exercise a right Ausübungsermächtigung (F.)

practicability (N.) Möglichkeit (F.) (Wahrscheinlichkeit)

practical experience (N.) Praxis (N.)

practice (N.) Berufsausübung (F.), Gepflogenheit (F.), Gewohnheit (F.), Handeln (N.)

practice (N.) (br.) Brauch (M.), Machenschaft (F.), Praktik (F.), Praxis (N.), Übung (F.)

practice (N.) of the court Rechtsgang (M.)

practice (N.) of the courts (br.) Judikatur (F.), Rechtspraxis (F.)

practice (V.) (br.) üben

practise (N.) (am.) Brauch (M.), Machenschaft (F.), Praktik (F.), Praxis (N.), Übung (F.)

practise (N.) of the courts (am.) Judikatur (F.), Rechtspraxis (F.)

practise (V.) ausüben

practise (V.) (am.) üben

prayer (N.) Klageantrag (M.)
prayer (N.) for relief Klagebegehren (N.)
preamble (N.) Präambel (F.), Vorspruch (M.)
precaution (N.) Vorsorge (F.)
precautionary (Adj.) vorbeugend
precautionary argument (N.) in support of the claim Hilfsbegründung (F.)
precautionary measure (N.) Schutzmaßnahme (F.)
precedence (N.) Präzedenz (F.), Priorität (F.), Vorrang (M.)
precedent (N.) Fall (M.)
preceding tenancy (N.) Vormiete (F.)
precept (N.) Anordnung (F.), Gebot (N.) (Anordnung)
precinct (N.) Bezirk (M.)
precincts (N.Pl.) Bannkreis (M.), Bannmeile (F.)
precious (Adj.) kostbar
precious thing (N.) Kostbarkeit (F.)
preclude (V.) ausschließen, vorbeugen
preclusion (N.) Ausschließung (F.), Ausschluß (M.), Präklusion (F.)
preclusive period (N.) Ausschlußfrist (F.)
precondition (N.) Vorbedingung (F.)
preconditions (N.Pl.) of the pleadings Prozeßhandlungsvoraussetzung (F.)
predatory (Adj.) räuberisch
predatory dealing (N.) Sachwucher (M.)
predecessor (M. bzw. F.) Vorgänger (M.)
predecessor (M. bzw. F.) in title Rechtsvorgänger (M.)
predicament (N.) Notlage (F.)
prediction (N.) Prognose (F.)
pre-emption (N.) Vorkauf (M.)
preemption (N.) (am.) ausschließliche Gesetzgebungskompetenz (F.) (des US-Kongresses)
prefect (M. bzw. F.) Präfekt (M.), Statthalter (M.)
prefer (V.) vorbringen
preference (N.) Vorzug (M.)
preference share (N.) Vorzugsaktie (F.)
preferential (Adj.) bevorrechtigt
preferential legacy (N.) Prälegat (N.), Vorausvermächtnis (N.)
preferential quota (N.) of damages Quotenvorrecht (N.)
preferential right (N.) Absonderungsrecht (N.), Voraus (M.)

preferential treatment (N.) Begünstigung (F.)
preferential treatment (N.) for secured creditor Absonderung (F.)
preferred share (N.) Vorzugsaktie (F.)
preferreed stock (N.) (am.) Vorzugsaktie (F.)
pregnancy (N.) Schwangerschaft (F.)
pregnant (Adj.) schwanger
pre-incorporation business association (N.) Gründungsgesellschaft (F.)
prejudication (N.) Präjudiz (N.)
prejudice (N.) Befangenheit (F.), Vorurteil (N.)
prejudice (V.) beeinflussen, beeinträchtigen, schädigen
prejudiced (Adj.) befangen, voreingenommen
prelate (M.) Prälat (M.)
preliminary agreement (N.) Vorvertrag (M.)
preliminary association (N.) not capable of possessing legal personality Vorverein (M.)
preliminary contract (N.) Vorvertrag (M.)
preliminary election (N.) (brit.) Vorwahl (F.) (politische Vorwahl) (F.)
preliminary examination (N.) Vorprüfung (F.), Voruntersuchung (F.)
preliminary examination proceeding (N.) Vorprüfungsverfahren (N.)
preliminary hearing (N.) Voruntersuchung (F.)
preliminary inquiry (N.) Voranfrage (F.)
preliminary investigation (N.) Ermittlungsverfahren (N.)
preliminary proceedings (N.Pl.) Vorverfahren (N.)
preliminary proof (N.) Glaubhaftmachung (F.)
preliminary ruling (N.) Vorabentscheidung (F.), Vorbescheid (M.)
premature (Adj.) vorzeitig
premature redemption (N.) of bonds Auslosung (F.)
premediated (Adj.) vorsätzlich
premeditation (N.) Vorbedacht (M.)
premier (M. bzw. F.) Ministerpräsident (M.), Premierminister (M.)
premise (N.) for evidence Beweisthema (N.)

premises (N.Pl.) Anwesen (N.), Grundstück (N.)

premium (N.) Agio (N.), Aufgeld (N.), Beitrag (M.) (Sozialversicherungsbeitrag), Bonus (M.), Prämie (F.), Zugabe (F.), Zuschlag (M.) (Aufpreis)

preparation (N.) Aufstellung (F.), Vorbereitung (F.)

preparatory service (N.) Vorbereitungsdienst (M.)

prepare (V.) aufstellen, rüsten, verfassen, vorbereiten

prepared (Adj.) bereit

preparedness (N.) Bereitschaft (F.)

prepayment (N.) Vorauszahlung (F.)

prepay postage (V.) frankieren

prepossessed (Adj.) befangen

prerequisite (N.) Vorbedingung (F.)

prerogative (N.) Prärogative (F.), Vorrang (M.) des Gesetzes, Vorrecht (N.)

prescribe (V.) ersitzen, vorschreiben

prescribed (Adj.) vorschriftsmäßig

prescription (N.) Ersitzung (F.), Verfolgungsverjährung (F.), Vorschrift (F.)

presence (N.) Anwesenheit (F.), Gegenwart (F.)

presence (N.) of a quorum Beschlußfähigkeit (F.)

present (Adj.) anwesend, gegenwärtig (anwesend), gegenwärtig (derzeitig)

present (N.) Geschenk (N.), Schenkung (F.)

present (V.) übergeben, vorlegen

presentation (N.) Eingabe (F.), Vorlage (F.) (Vorlegen), Vorlegung (F.)

presentation copy (N.) Freiexemplar (N.)

presentment (N.) Vorlegung (F.)

preservation (N.) of evidence Beweissicherung (F.)

preservation (N.) of privileged interests Wahrnehmung (F.) berechtigter Interessen

preserve (V.) hegen, konservieren

presidency (N.) Vorsitz (M.)

president (M. bzw. F.) Obmann (M.), Präsident (M.), Staatspräsident (M.), Vorsitzender (M.)

president (M. bzw. F.) (am.) Rektor (M.) (Rektor einer Universität)

presidential council (N.) Präsidialrat (M.)

presidential democracy (N.) Präsidialdemokratie (F.)

presiding committee (N.) Präsidium (N.)

presidium (N.) Präsidium (N.)

press (N.) Presse (F.) (Gesamtheit der Druckerzeugnisse)

Press Council (N.) Presserat (M.)

pressing (Adj.) dringend, dringlich

press law (N.) Presserecht (N.)

pressure (N.) Drang (M.)

presumable (Adj.) mutmaßlich, vermutlich

presumable consent (N.) mutmaßliche Einwilligung (F.)

presume (V.) mutmaßen, vermuten

presumption (N.) Schluß (M.) (Folgerung), Vermutung (F.)

presumption (N.) of commorientes Kommorientenvermutung (F.)

presumption (N.) of death Todesvermutung (F.)

presumption (N.) of fault Verschuldensvermutung (F.)

presumption (N.) of innocence Unschuldsvermutung (F.)

presumption (N.) of ownership Eigentumsvermutung (F.)

presumption (N.) of paternity Vaterschaftsvermutung (F.)

presumption (N.) of title Eigentumsvermutung (F.)

presumptive evidence (N.) Indizienbeweis (M.)

presumptive heir (M. bzw. F.) Scheinerbe (M.)

presumtion (N.) Präsumption (F.)

presumtion (N.) of law Rechtsvermutung (F.)

pretence (N.) Vorspiegelung (F.), Vortäuschung (F.)

pretend (V.) fingieren, vorspiegeln, vortäuschen

pretender (M. bzw. F.) Prätendent (M.)

pretending (N.) Vorspiegelung (F.)

pre-trial confinement (N.) Untersuchungshaft (F.)

pre-trial procedure (N.) Voruntersuchung (F.)

pre-trial process (N.) Vorverfahren (N.)

pre-trial review (N.) Vorverfahren (N.)

prevail (V.) gelten

prevailing doctrine (N.) herrschende Lehre (F.)

prevailing opinion (N.) herrschende Meinung (F.)
prevaricatio (N.) Parteiverrat (M.)
prevarication (N.) Prävarikation (F.)
prevent (V.) vereiteln, verhindern, verhüten, vorbeugen
prevention (N.) Prävention (F.), Verhinderung (F.), Verhütung (F.)
prevention (N.) of accidents Unfallverhütung (F.)
prevention (N.) of water pollution Gewässerschutz (M.)
preventive (Adj.) präventiv, vorbeugend
preventive detention (N.) Sicherheitsverwahrung (F.), Sicherungsverfahren (N.), Sicherungsverwahrung (F.), Vorbeugehaft (F.)
preventive interdiction (N.) präventives Verbot (N.)
previous action (N.) Vorausklage (F.)
previous conviction (N.) Vorstrafe (F.)
previously convicted (Adj.) vorbestraft
price (N.) Preis (M.) (Kaufpreis)
price (N.) of acquisition Kaufpreis (M.)
price-adjustment levy (N.) Abschöpfung (F.)
price control (N.) Preisbindung (F.)
price fixing (N.) Preisbindung (F.)
price recommendation (N.) Preisempfehlung (F.)
priest (M.) Pfarrer (M.), Priester (M.)
primacy (N.) Primat (M.)
prima facie entitlement (N.) Rechtsschein (M.)
prima facie evidence (N.) Anscheinsbeweis (M.), prima-facie-Beweis (M.)
primary (Adj.) hauptsächlich, originär
primary acquisition (N.) of title originärer Eigentumserwerb (M.)
primary election (N.) (am.) Vorwahl (F.) (politische Vorwahl) (F.)
primary obligation (N.) Hauptpflicht (F.)
primary production (N.) Urproduktion (F.)
primary school (N.) Volksschule (F.)
prime cost (N.) Gestehungskosten (F.Pl.)
prime minister (M. bzw. F.) Ministerpräsident (M.), Premierminister (M.)
prime rate (N.) Leitzins (M.), Prime Rate (N.) (engl.)
primogeniture (N.) Majorat (N.), Primogenitur (F.)
prince (M.) Fürst (M.), Prinz (M.)

prince elector (M.) Kurfürst (M.)
princess (F.) Fürstin (F.), Prinzessin (F.)
principal (Adj.) hauptsächlich
principal (M. bzw. F.) Arbeitgeber (M.), Auftraggeber (M.), Geschäftsherr (M.), Haupttäter (M.), Kommittent (M.), Leiter (M.), Prinzipal (M.), Vorgesetzter (M.)
principal claim (N.) Hauptforderung (F.)
principal debtor (M. bzw. F.) Selbstschuldner (M.)
principal defect (N.) Hauptmangel (M.)
principal heir (M. bzw. F.) Anerbe (M.)
principality (N.) Fürstentum (N.)
principal matter (N.) Hauptsache (F.)
principal obligation (N.) Hauptpflicht (F.)
principal offender (M. bzw. F.) Haupttäter (M.)
principal shareholder (M. bzw. F.) Hauptaktionär (M.)
principal stockholder (M. bzw. F.) (am.) Hauptaktionär (M.)
principal witness (M. bzw. F.) Hauptzeuge (M.)
principle (N.) Grundsatz (M.), Prinzip (N.)
principle (N.) of asperity Asperationsprinzip (N.)
principle (N.) of clarity and definiteness Bestimmtheitsgrundsatz (M.)
principle (N.) of democracy Demokratieprinzip (N.)
principle (N.) of discretionary prosecution Opportunitätsprinzip (N.)
principle (N.) of due course of law Rechtsstaatsprinzip (N.)
principle (N.) of entitlement to divorce in case of irretrievable breakdown of marriage Zerrüttungsprinzip (N.)
principle (N.) of equality Gleichheitsgrundsatz (M.)
principle (N.) of equal treatment Gleichbehandlungsgrundsatz (M.)
principle (N.) of equivalence Äquivalenzprinzip (N.)
principle (N.) of ex officio judicial investigation Inquisitionsmaxime (F.)
principle (N.) of ex officio proceedings Offizialmaxime (F.)
principle (N.) of law Rechtsgrundsatz (M.)
principle (N.) of locus rei sitae Belegenheitsgrundsatz (M.)

principle (N.) of mandatory prosecution Legalitätsprinzip (N.)

principle (N.) of mutual reliance on reasonably safe driving of other road users Vertrauensgrundsatz (M.)

principle (N.) of official investigation Amtsermittlungsgrundgesetz (N.)

principle (N.) of oral proceedings Mündlichkeitsgrundsatz (M.)

principle (N.) of party disposition Dispositionsmaxime (F.), Verfügungsgrundsatz (M.)

principle (N.) of party presentation Beibringungsgrundsatz (M.), Verhandlungsgrundsatz (M.)

principle (N.) of party prosecution Parteibetrieb (M.)

principle (N.) of personality Personalitätsprinzip (N.)

principle (N.) of priority Prioritätsprinzip (N.)

principle (N.) of public disclosure Publizitätsprinzip (N.)

principle (N.) of representation Repräsentationsprinzip (N.)

principle (N.) of social justice and the welfare state Sozialstaatsprinzip (N.)

principle (N.) of territoriality Territorialitätsprinzip (N.)

principle (N.) of the abstract nature of rights in rem Abstraktionsprinzip (N.)

principle (N.) of trial Verfahrensgrundsatz (M.)

print (N.) Druck (M.) (Veröffentlichung durch Vervielfältigung)

print (V.) drucken, verlegen

printed document (N.) Druckschrift (F.) (Druckwerk)

printed form (N.) Formular (N.)

printed matter (N.) Drucksache (F.)

printed publication (N.) Druckwerk (N.)

printed work (N.) Druckwerk (N.)

prior (M.) Prior (M.)

prior attachment (N.) Vorpfändung (F.)

prior conviction (N.) Vorstrafe (F.)

priority (Adj.) vorrangig

priority (N.) Priorität (F.), Rangverhältnis (N.), Vorrang (M.), Vorzug (M.)

priority (N.) of law Vorrang (M.) des Gesetzes

priority caution (N.) Vormerkung (F.) (vorläufige Eintragung im Grundbuchrecht)

priority debts (N.Pl.) Masseschulden (F.Pl.)

priority notice (N.) Vormerkung (F.) (vorläufige Eintragung im Grundbuchrecht)

priority notice (N.) of conveyance Auflassungsvormerkung (F.)

prior offence (N.) (br.) Vortat (F.)

prior offense (N.) (am.) Vortat (F.)

prior turnover tax (N.) Vorsteuer (F.)

prison (N.) Gefängnis (N.), Justizvollzugsanstalt (F.), Strafanstalt (F.), Strafvollzugsanstalt (F.)

prisoner (M. bzw. F.) Gefangener (M.), Strafgefangener (M.), Sträfling (M.)

prisoner (M.) of war Kriegsgefangener (M.)

prisoner (M. bzw. F.) on remand Untersuchungsgefangener (M.)

prison officer (M. bzw. F.) Strafvollzugsbeamter (M.)

prison sentence (N.) Freiheitsstrafe (F.), Gefängnisstrafe (F.)

privacy (N.) Hausfriede (M.), Intimsphäre (F.)

privacy (N.) of correspondance Briefgeheimnis (N.)

privacy (N.) of correspondence Korrespondenzgeheimnis (N.)

privacy (N.) of data Datenschutz (M.)

privacy act (N.) (am.) Bundesdatenschutzgesetz (N.)

private (Adj.) nichtöffentlich, persönlich, privat

private attorney (M. bzw. F.) Sachwalter (M.)

private document (N.) Privaturkunde (F.)

privateering (N.) Kaperei (F.)

private insurance law (N.) Privatversicherungsrecht (N.)

private law (N.) Privatrecht (N.), Zivilrecht (N.)

private lecturer (M. bzw. F.) Privatdozent (M.)

private liability (N.) persönliche Haftung (F.)

private limited company (N.) Gesellschaft (F.) mit beschränkter Haftung, GmbH (F.) (Gesellschaft mit beschränkter Haftung)

privately owned residence (N.) Eigenheim (N.)

private nuisance (N.) Eigentumsstörung (F.)
private ownership (N.) Privateigentum (N.)
private property (N.) Privateigentum (N.)
private prosecution (N.) Privatklage (F.)
private prosecutor (M. bzw. F.) Privatkläger (M.)
private road (N.) Privatstraße (F.)
private sale (N.) freihändiger Verkauf (M.)
privative (Adj.) privativ
privatization (N.) Entwidmung (F.)
privatize (V.) entwidmen, privatisieren
privilege (N.) Berechtigung (F.), Privileg (N.), Rechtfertigungsgrund (M.), Sonderrecht (N.) (besonderes Vorrecht), Vorrecht (N.)
privilege (N.) as to one's own image Recht (N.) am eigenen Bild
privilege (N.) of non-disclosure Auskunftsverweigerungsrecht (N.)
privilege (N.) to refuse to give evidence Aussageverweigerungsrecht (N.)
privilege (V.) privilegieren
privileged (Adj.) bevorrechtigt, privilegiert
privileged occasion (N.) Wahrnehmung (F.) berechtigter Interessen
privileged offence (N.) privilegierte Straftat (F.)
privileged property (N.) Vorbehaltsgut (N.)
privileged will (N.) Nottestament (N.)
privilege of judges Richterprivileg (N.)
privity (N.) Rechtsverhältnis (N.)
Privy Council (N.) (br.) Hofrat (M.) (Beratergruppe eines Fürsten)
Privy Council (N.) (brit.) Kronrat (M.) (Kronrat in Großbritannien)
prize (N.) Preis (M.) (Belohnung), Prise (F.)
prize (N.) of war Prise (F.)
prize competition (N.) Preisausschreiben (N.)
prize contest (N.) Preisausschreiben (N.)
probability (N.) Wahrscheinlichkeit (F.)
probable (Adj.) wahrscheinlich
probably (Adv.) vermutlich
probate court (N.) (br.) Nachlaßgericht (N.)
probate law (N.) Nachlaßrecht (N.)
probation (N.) Bewährung (F.)
probation officer (M. bzw. F.) Bewährungshelfer (M.)
probative value (N.) Beweiskraft (F.)
probitary force (N.) Beweiskraft (F.)

procedural (Adj.) prozessual, verfahrensrechtlich
procedural law (N.) formelles Recht (N.), Prozeßrecht (N.), Verfahrensrecht (N.)
procedural requirement (N.) Prozeßvoraussetzung (F.)
procedure (N.) Prozedur (F.), Prozeß (M.), Verfahren (N.), Vorgehen (N.)
procedure (N.) in awarding a doctorate Promotionsverfahren (N.)
procedure (N.) in insolvency administration of an insolvent estate Nachlaßinsolvenzverfahren (N.)
procedure (N.) in which the accused is liable to public prosecution Offizialverfahren (N.)
procedure (N.) of bankruptcy Konkursverfahren (N.)
procedure (N.) on appeal Berufungsverfahren (N.)
procedure (N.) on the personal status of a child Statusprozeß (M.)
proceed (N.) Frucht (F.) (Frucht im rechtlichen Sinn)
proceed (V.) verfahren (V.), vorgehen
proceed (V.) against verklagen
proceeding (N.) against absentee Abwesenheitsverfahren (N.)
proceedings (N.Pl.) Verfahren (N.)
proceedings (N.Pl.) before an administrative court Verwaltungsprozeß (M.)
proceedings (N.Pl.) by default Kontumazialverfahren (N.)
proceedings (N.Pl.) for restitution Restitutionsklage (F.)
proceedings (N.Pl.) in the absence of the defendant Kontumazialverfahren (N.)
proceedings (N.Pl.) on a bill of exchange Wechselprozeß (M.)
proceedings (N.Pl.) on a constitutional dispute Verfassungsprozeß (M.)
proceeds (N.Pl.) Einnahmen (F.Pl.), Ertrag (M.)
process (N.) Prozedur (F.), Verfahren (N.)
process (N.) of legislation Gesetzgebungsverfahren (N.)
process (V.) bearbeiten, verarbeiten (Material verarbeiten)
processing (N.) Verarbeitung (F.) (Verarbeitung von Material)

proclaim (V.) verkünden
proclamation (N.) Bekanntmachung (F.), Verkündung (F.)
proclivity (N.) schädliche Neigung (F.)
procreation (N.) Zeugung (F.)
proctor (M. bzw. F.) Prokurator (M.)
procurator (M. bzw. F.) Prokurator (M.)
procure (V.) beschaffen, besorgen (beschaffen), kuppeln, verschaffen
procurement (N.) Beschaffung (F.), Besorgung (F.) (Beschaffung), Verschaffen (N.), Verschaffung (F.), Zuhälterei (F.)
procurement (N.) of marriage Ehevermittlung (F.), Heiratsvermittlung (F.)
procurement (N.) of work Arbeitsvermittlung (F.)
procurement debt (N.) Beschaffungsschuld (F.)
procurement division (N.) Beschaffungsverwaltung (F.)
procurer (M.) Kuppler (M.), Zuhälter (M.), Vermittler (M.)
procuress (F.) Kupplerin (F.)
procuring (N.) Kuppelei (F.), Zuhälterei (F.)
produce (V.) beibringen, erzeugen, fördern (abbauen), herstellen, produzieren, vorbringen
producer (M. bzw. F.) Hersteller (M.), Produzent (M.)
producer's leasing (N.) Produzentenleasing (N.)
product (N.) Erzeugnis (N.), Produkt (N.)
production (N.) Beibringung (F.), Erzeugnis (N.), Förderung (F.) (Abbau), Herstellung (F.), Vorlage (F.) (Vorlegen)
production (N.) of evidence Beweisführung (F.)
production facilities (N.Pl.) Betriebsanlage (F.)
production process (N.) Arbeitsprozeß (M.)
product liability (N.) Produkthaftung (F.), Produzentenhaftung (F.)
profess (V.) bekennen
profession (N.) Bekenntnis (N.), Beruf (M.)
professional (Adj.) beruflich, gewerbsmäßig
professional (M. bzw. F.) Fachmann (M.)
professional association (N.) Berufsgenossenschaft (F.), Berufsverband (M.)
professional charge (N.) Honorar (N.)

professional discretion (N.) Schweigepflicht (F.)
professional error (N.) Kunstfehler (M.)
professional fee (N.) Honorar (N.)
professional judge (M. bzw. F.) Berufsrichter (M.)
professional partnership (N.) Sozietät (F.)
professional tax (N.) Gewerbesteuer (F.)
professional training (N.) Ausbildung (F.)
professor (M. bzw. F.) Professor (M.)
professorial chair (N.) Lehrstuhl (M.)
professor-in-ordinary (M. bzw. F.) Ordinarius (M.)
professorship (N.) Lehrstuhl (M.), Professur (F.)
proffer (N.) Angebot (N.)
profit (N.) Einkunft (F.), Erlös (M.), Frucht (F.) (Frucht im rechtlichen Sinn), gewinnen, Gewinn (M.), Nutzen (M.), Überschuß (M.) (Gewinn)
profitability (N.) Wirtschaftlichkeit (F.)
profitable (Adj.) vorteilhaft
profit and loss account (N.) Gewinnrechnung und Verlustrechnung (F.)
profiteering (N.) Preistreiberei (F.)
profiteer (M. bzw. F.) Wucherer (M.)
profit share (N.) Gewinnanteil (M.)
profit tax (N.) Ertragsteuer (F.)
progenitor (M.) Ahn (M.)
progeny (N.) Abkömmlinge (M.Pl. bzw. F.Pl.)
prognosis (N.) Prognose (F.)
program (N.) Programm (N.)
programme (N.) (br.) Programm (N.)
progression (N.) Progression (F.)
progressive (Adj.) progressiv
progressive scale (N.) Progression (F.)
prohibit (V.) verbieten
prohibited (Adj.) verboten
prohibited area (N.) Sperrgebiet (N.)
prohibition (N.) Untersagung (F.), Verbot (N.)
prohibition (N.) against double jeopardy ne bis in idem (lat.)
prohibition (N.) of analogy Analogieverbot (N.)
prohibition (N.) of assembly Versammlungsverbot (N.)
prohibition (N.) of chicanery Schikaneverbot (N.)

prohibition (N.) of competition Wettbewerbsverbot (N.)

prohibition (N.) of entering the house Hausverbot (N.)

prohibition (N.) of excessiveness Übermaßverbot (N.)

prohibition (N.) of extraditing someone Auslieferungsverbot (N.)

prohibition (N.) of further trade activity Gewerbeuntersagung (F.)

prohibition (N.) on retroactive legislation Rückwirkungsverbot (N.)

prohibition (N.) to acquire Erwerbsverbot (N.)

prohibition (N.) to practise one's profession Berufsverbot (N.)

prohibitory action (N.) Unterlassungsklage (F.)

project (N.) Plan (M.)

project approval (N.) Planfeststellung (F.)

project-determination ruling (N.) Planfeststellungsbeschluß (M.)

projectile (N.) Geschoß (N.) (Geschoß aus einer Waffe)

proletarian (M. bzw. F.) Proletarier (M.)

prolong (V.) prolongieren, verlängern

prolongation (N.) Prolongation (F.), Verlängerung (F.)

promise (N.) Versprechen (N.), Zusage (F.)

promise (N.) to pay Schuldversprechen (N.)

promise (V.) versprechen

promise (V.) solemnly geloben

promisee (M. bzw. F.) Versprechensempfänger (M.)

promissory note (N.) Schuldschein (M.), Wechsel (M.) (Wertpapier)

promissory oath (N.) Voreid (M.)

promote (V.) fördern (unterstützen)

promotion (N.) Beförderung (F.) (im Beruf), Förderung (F.) (Unterstützung)

promotion (N.) of job creation Arbeitsförderung (F.)

promotion (N.) of vocational training Ausbildungsförderung (F.)

promotions agreement (N.) Gründungsvertrag (M.)

prompt (Adj.) unverzüglich

promulgate (V.) bekanntgeben, verkünden (ein Gesetz veröffentlichen)

promulgation (N.) Bekanntgabe (F.), Promulgation (F.), Verkündung (F.) (Veröffentlichung eines Gesetzes)

pronounce (V.) verkünden (ein Urteil bekanntgeben)

pronounce (V.) sentence on richten

pronouncement (N.) Erlaß (M.) (Schaffung eines Gesetzes oder Urteils), Verkündung (F.) (Bekanntgabe eines Urteils)

pronouncing (N.) of judgement Urteilsverkündung (F.)

proof (N.) Beweisgrund (M.), Beweis (M.), Beweismittel (N.), Nachweis (M.)

proof (N.) of identity Ausweis (M.), Legitimierung (F.)

proper (Adj.) angemessen, rechtmäßig, richtig, zulässig

proper bookkeeping (N.) ordnungsgemäße Buchführung (F.)

proper care (N.) and attention (N.) culpa (F.) in abstracto (lat.)

proper law (N.) of the agreement Vertragsstatut (N.)

proper name (N.) Eigenname (M.)

property (N.) Besitztum (N.), Eigenschaft (F.), Eigentum (N.), Gut (N.), Liegenschaft (F.), Vermögen (N.)

property (N.) in a freehold flat (br.) Wohnungseigentum (N.)

property increment (N.) Zugewinn (M.)

property insurance (N.) Sachversicherung (F.)

property law (N.) Güterrecht (N.), Vermögensrecht (N.) (Vermögensrechtsordnung)

property left (N.) Nachlaß (M.) (Hinterlassenschaft), Verlassenschaft (F.)

property loss (N.) Vermögensschaden (N.)

property management (N.) Vermögensverwaltung (F.)

property tax (N.) Besitzsteuer (F.), Vermögensteuer (F.)

propinquity (N.) (br.) Verwandtschaft (F.) (Verwandtsein)

proportion (N.) Anteil (M.), Proportion (F.), Verhältnis (N.)

proportional (Adj.) proportional, verhältnismäßig

proportional representation (N.) Proporz (M.), Verhältniswahl (F.)

proportional share (N.) Quote (F.)

proportional voting system (N.) Verhält-

niswahlrecht (N.)
proportionate (Adj.) anteilig, proportional
proposal (N.) Angebot (N.)
proposition (N.) Antrag (M.)
proprietary article (N.) Markenartikel (M.), Markenware (F.)
proprietary capital (N.) Eigenkapital (N.)
proprietary mining rights (N.Pl.) Bergwerkseigentum (N.)
proprietary possession (N.) Eigenbesitz (M.)
proprietary possessor (M. bzw. F.) Eigenbesitzer (M.)
proprietary right (N.) Vermögensrecht (N.) (Vermögensberechtigung)
proprietor (M.) Eigentümer (M.)
proprietorship (N.) Eigentum (N.)
proprietorship register (N.) Personalfolium (N.)
proprietress (F.) Eigentümerin (F.)
propriety (N.) Anstand (M.), Zulässigkeit (F.)
pro rata (Adj.) anteilig
pro-rector (M. bzw. F.) Prorektor (M.)
prorogation (N.) of jurisdiction Prorogation (F.)
prorogue (V.) vertagen
proscription (N.) Acht (F.)
prosecute (V.) einschreiten, verfolgen
prosecution (N.) Rechtsverfolgung (F.), Staatsanwaltschaft (F.), Strafverfolgung (F.), Verfolgung (F.)
prosecution counsel (M. bzw. F.) (br.) Staatsanwalt (M.)
prosecution witness (M. bzw. F.) Belastungszeuge (M.)
prosecutor (M. bzw. F.) Ankläger (M.), Staatsanwalt (M.)
prospect (N.) Chance (F.)
prospect (V.) schürfen
prostitute (F.) Dirne (F.), Freudenmädchen (F.), Hure (F.), Prostituierte (F.)
prostitution (N.) Prostitution (F.)
protect (V.) schützen
protected zone (N.) Bannkreis (M.)
protection (N.) Schutz (M.)
protection (N.) against intromission Immissionsschutz (M.)
protection (N.) from unwarranted termination Kündigungsschutz (M.)

protection (N.) of animals Tierschutz (M.)
protection (N.) of crime victims Opferschutz (M.)
protection (N.) of endangered species Artenschutz (M.)
protection (N.) of law Rechtsschutz (M.)
protection (N.) of minors in employment Jugendarbeitsschutz (M.)
protection (N.) of monuments Denkmalschutz (M.)
protection (N.) of possession Besitzschutz (M.)
protection (N.) of the constitution Verfassungsschutz (M.)
protection (N.) of the working mother Mutterschutz (M.)
protection (N.) of third party Drittschutz (M.)
protection (N.) of vested rights Bestandsschutz (M.)
protection (N.) of young people Jugendschutz (M.)
protective duty (N.) Schutzzoll (M.)
protective law (N.) Schutzgesetz (N.)
protective measure (N.) Schutzmaßnahme (F.)
protective purpose (N.) Schutzzweck (M.)
protector (M. bzw. F.) Patron (M.), Reichsverweser (M.)
protectorate (N.) Protektorat (N.)
pro tempore (lat.) vorübergehend
protest (N.) Einspruch (M.), Protest (M.), Widerspruch (M.)
protest (N.) of a bill Wechselprotest (M.)
protest (V.) protestieren
protestant (Adj.) evangelisch
protestant church (N.) of a Land Landeskirche (F.)
protester (M. bzw. F.) Demonstrant (M.)
protocol (N.) Protokoll (N.) (übliche Verfahrensweise im Völkerrecht)
protract (V.) verschleppen (in die Länge ziehen)
protracting (N.) of a lawsuit Prozeßverschleppung (F.)
protraction (N.) Verschleppung (F.) (Verzögerung im Prozeß)
protraction (N.) of a lawsuit Verfahrensverschleppung (F.)
provable claim (N.) Konkursforderung (F.)

prove (V.) ausweisen (zu erkennen geben), belegen (V.), bewähren, beweisen

prove (V.) one's guilt überführen (erweisen)

prove (V.) one's identity legitimieren (sich)

provide (V.) ausstatten, besorgen (beschaffen), bestimmen, liefern, versorgen, vorsorgen

provide (V.) cover for decken (Verlust bzw. Schulden bezahlen)

provide (V.) for sorgen (für)

provide (V.) further education fortbilden

provide (V.) security sichern

provide (V.) security for absichern

province (N.) Bundesland (N.) (Bundesland in Österreich), Land (N.) (Bundesland im österreichischen Verfassungsrecht), Provinz (F.)

province law (N.) Landesrecht (N.) (Landesrecht in Österreich)

province legislation (N.) Landesgesetzgebung (F.) (Landesgesetzgebung in Österreich)

provincial administration (N.) Landesverwaltung (F.) (Landesverwaltung in Österreich)

provincial authority (N.) Landesbehörde (F.) (Landesbehörde in Österreich)

provincial constitution (N.) Landesverfassung (F.) (Landesverfassung in Österreich)

provincial government (N.) Landesregierung (F.) (Landesregierung in Österreich)

provincial law (N.) Landesgesetz (N.) (Landesgesetz in Österreich)

provincial parliament (N.) Landtag (M.) (Landtag in Österreich)

proving (N.) the truth Wahrheitsbeweis (M.)

provision (N.) Bedingung (F.), Besorgung (F.) (Beschaffung), Bestimmung (F.), Klausel (F.), Lieferung (F.), Rücklage (F.), Rückstellung (F.), Versorgung (F.), Vorschrift (F.), Vorsorge (F.)

provision (N.) for elementary requirements Daseinsvorsorge (F.)

provision (N.) of security Sicherstellung (F.)

provisional (Adj.) einstweilig, kommissarisch, vorläufig

provisional administration (N.) of an estate Nachlaßpflegschaft (F.)

provisional administrator (M. bzw. F.) Nachlaßpfleger (M.)

provisional apprehension (N.) vorläufige Festnahme (F.)

provisional enforceability (N.) vorläufige Vollstreckbarkeit (F.)

provisional garnishment (N.) Vorpfändung (F.)

provisional heir (M. bzw. F.) Vorerbe (M.)

provisional invalidity (N.) schwebende Unwirksamkeit (F.)

provisional judgement (N.) Vorbehaltsurteil (N.)

provisional order (N.) einstweilige Anordnung (F.)

provisional retirement (N.) einstweiliger Ruhestand (M.)

provisional stay (N.) of the proceedings vorläufige Einstellung (F.)

provisional succession (N.) Vorerbschaft (F.)

proviso (N.) Vorbehalt (M.)

proviso (N.) of cancellation Widerrufsvorbehalt (M.)

provocation (N.) Provokation (F.)

provocation (N.) of self-defence Notwehrprovokation (F.)

provocation (N.) on purpose Absichtsprovokation (F.)

provoke (V.) erregen, provozieren

provost (M.) Propst (M.)

prowl car (N.) Streifenwagen (M.)

proximate cause (N.) Hauptursache (F.)

proxy (N.) Stellvertretung (F.), Vertretung (F.), Vollmachtsurkunde (F.)

proxy (N.) in blank Blankovollmacht (F.)

Prussia (F.) Preußen (N.)

pseudonym (N.) Pseudonym (N.)

psyche (N.) Psyche (F.)

psychiatry (N.) Psychiatrie (F.)

psychic (Adj.) psychisch

psychical (Adj.) psychisch

psychology (N.) Psychologie (F.)

psychopath (M. bzw. F.) Irrer (M.), Psychopath (M.)

psychopathic (Adj.) psychopathisch

psychopathology (N.) Psychotherapie (F.)

psychopathy (N.) Psychopathie (F.)

psychosis (N.) Psychose (F.)

pub (N.) Wirtshaus (N.)

public (Adj.) öffentlich, publik, staatlich

public (N.) Öffentlichkeit (F.), Publikum (N.)

public action (N.) öffentliche Klage (F.)

public administration (N.) Staatsverwaltung (F.)

public-assistance dwelling (N.) Sozialwohnung (F.)

publication (N.) Bekanntgabe (F.), Bekanntmachung (F.), Druckschrift (F.) (Druckwerk), Erscheinen (N.) (Veröffentlichung), Herausgabe (F.) (Veröffentlichung), Schrift (F.), Veröffentlichung (F.)

publication (N.) morally harmful for adolescents jugendgefährdende Schrift (F.)

public auction (N.) öffentliche Versteigerung (F.)

public authorities (N.Pl.) öffentliche Hand (F.)

public authority (N.) Behörde (F.), Obrigkeit (F.), Verwaltungsbehörde (F.)

public authority (N.) deciding on a protest Widerspruchsbehörde (F.)

public benefit (N.) öffentliches Interesse (N.)

public certification (N.) öffentliche Beglaubigung (F.)

public charge (N.) öffentliche Last (F.)

public citation (N.) Aufgebotsverfahren (N.)

public company (N.) (br.) Aktiengesellschaft (F.)

public decency (N.) Sittlichkeit (F.)

public disclosure (N.) Publizität (F.)

public document (N.) öffentliche Urkunde (F.)

public domain (N.) Gemeingut (N.)

public easement (N.) öffentliche Dienstbarkeit (F.)

public employee (M. bzw. F.) Bediensteter (M.) (Bediensteter des öffentlichen Dienstes)

public faith (N.) öffentlicher Glaube (M.)

public function (N.) öffentliche Aufgabe (F.)

public health department (N.) Gesundheitsamt (N.)

public house (N.) Gasthaus (N.)

public interest (N.) öffentliches Interesse (N.)

public-interest group (N.) Bürgerinitiative (F.)

public invitation (N.) to assert claims Aufgebot (N.) (Aufgebot einer Behörde)

publicity (N.) Publizität (F.)

publicity costs (N.Pl.) Werbungskosten (F. Pl.)

public law (N.) öffentliches Recht (N.), Staatsrecht (N.)

public law (N.) concerning religious bodies Staatskirchenrecht (N.)

public-law corporation (N.) whose membership depends on personal facts Personalkörperschaft (F.)

public-law deposit (N.) öffentlichrechtliche Verwahrung (F.)

public-law dispute (N.) öffentlichrechtliche Streitigkeit (F.)

public liability (N.) Amtshaftung (F.), Beamtenhaftung (F.), Haftpflicht (F.)

public liability act (N.) Haftpflichtgesetz (N.)

public meat (N.) Freibank (F.)

public meeting (N.) Volksversammlung (F.)

public mischief (N.) grober Unfug (M.)

public morals (N.Pl.) gute Sitten (F.Pl.)

public need test (N.) Bedürfnisprüfung (F.)

publicness (N.) Öffentlichkeit (F.) (Öffentlichkeit von Sitzungen)

public notification (N.) öffentliche Zustellung (F.)

public nuisance (N.) grober Unfug (M.)

public offer (N.) of reward Auslobung (F.)

public officer (M. bzw. F.) Beamter (M.)

public officer's duty to remonstrate Remonstrationspflicht (F.)

public official (M. bzw. F.) Beamter (M.)

public opinion (N.) öffentliche Meinung (F.)

public opinion research (N.) Demoskopie (F.)

public ownership (N.) Gemeineigentum (N.)

public peace (N.) Landfriede (M.)

public policy (N.) Gemeinwohl (N.), ordre (M.) public (franz.)

public promise (N.) Auslobung (F.)

public property (N.) öffentliche Sache (F.), öffentliches Gut (N.)

public prosecutor (M. bzw. F.) Amtsanwalt (M.)

public right (N.) subjektives öffentliches Recht (N.)

public safety (N.) öffentliche Sicherheit und Ordnung (F.)
public sale (N.) Auktion (F.), Versteigerung (F.)
public servant (M. bzw. F.) Bediensteter (M.) (Bediensteter des öffentlichen Dienstes)
public service (N.) öffentlicher Dienst (M.)
public service (N.) (am.) Staatsdienst (M.)
public summons (N.) Aufgebotsverfahren (N.)
public treasury (N.) Staatskasse (F.)
public undertaking (N.) Regiebetrieb (M.)
public use (N.) Gemeingebrauch (M.)
public violence (N.) Landfriedensbruch (M.)
public weal (N.) öffentliches Wohl (N.)
public welfare (N.) Sozialhilfe (F.), Wohlfahrt (F.)
publish (V.) bekanntmachen, herausgeben, verlegen, veröffentlichen
publisher (M. bzw. F.) Herausgeber (M.), Verlag (M.), Verleger (M.)
publishing contract (N.) Verlagsvertrag (M.)
publishing firm (N.) Verlag (M.)
publishing house (N.) Verlag (M.)
publishing law (N.) Verlagsrecht (N.)
publishing rights (N.Pl.) Verlagsrecht (N.)
puffing (N.) Preistreiberei (F.)
puisne (Adj.) untergeordnet
puisne judge (M. bzw. F.) Beisitzer (M.)
punctation (N.) Punktation (F.)
punish (V.) ahnden, bestrafen, strafen
punishability (N.) Strafbarkeit (F.)
punishable (Adj.) strafbar
punishable deed (N.) Straftat (F.)
punishable subsequent lesser offence (N.) mitbestrafte Nachtat (F.)
punishment (N.) Bestrafung (F.), Strafe (F.), Züchtigung (F.)
punitive damage (N.) Strafschadensersatz (M.)
pupil (M. bzw. F.) Schüler (M.)
purchasable (Adj.) korrupt
purchase (N.) Einkauf (M.), Erwerb (M.), Kauf (M.)
purchase (N.) by installments Abzahlungskauf (M.)
purchase (N.) for cash Barkauf (M.)

purchase (N.) of fungible goods Gattungskauf (M.)
purchase (N.) of real estate Grundstückskauf (M.)
purchase (N.) of the total inheritance Erbschaftskauf (M.)
purchase (N.) on credit Kreditkauf (M.)
purchase (V.) einkaufen, erwerben, kaufen
purchase money (N.) Kaufpreis (M.)
purchase-money mortgage (N.) Restkaufpreishypothek (F.)
purchase price (N.) Kaufpreis (M.)
purchaser (M. bzw. F.) Abnehmer (M.), Erwerber (M.), Käufer (M.), Nehmer (M.)
purchaser (M. bzw. F.) of an inheritance as a whole Erbschaftserwerber (M.)
pure (Adj.) keusch
purgative oath (N.) Reinigungseid (M.)
purification plant (N.) Kläranlage (F.)
purloin (V.) stehlen
purloining (N.) automats Automatenmißbrauch (M.)
purpose (N.) Absicht (F.), Zweck (M.)
purpose (N.) of a state Staatszweck (M.)
purpose (N.) of punishment Strafzweck (M.)
pursue (V.) betreiben, fahnden, nachstellen, verfolgen
pursuit (N.) Verfolgung (F.)
purveyance (N.) Lieferung (F.)
purveyor (M. bzw. F.) Lieferant (M.)
purview (N.) Ressort (N.), Wirkungskreis (M.)
purview (N.) (of a law) Geltungsbereich (M.) (eines Gesetzes)
put (V.) down eintragen, niederschreiben, notieren
put (V.) in jail inhaftieren
put (V.) in order richten
put (V.) off aufschieben, verschieben
put (V.) to death hinrichten, töten, umbringen
put (V.) under arrest festnehmen
put (V.) under seal versiegeln
putative (Adj.) mutmaßlich
putative danger (N.) Putativgefahr (F.)
putsch (N.) Putsch (M.)
put up (V.) for sale feilbieten
pyramid (N.) of power Machtpyramide (F.)

q

qualification (N.) Befähigung (F.), Eignung (F.), Qualifikation (F.) (Ausbildung), Qualifikation (F.) (Einordnung), Tauglichkeit (F.)

qualification (N.) to exercise the function of a judge Richteramtsbefähigung (F.)

qualified (Adj.) bedingt, fähig, kompetent (fachwissend), qualifiziert (bestimmt), qualifiziert (gut ausgebildet)

qualified attempt (N.) qualifizierter Versuch (M.)

qualified criminal capacity (N.) bedingte Schuldfähigkeit (F.)

qualified elector (M. bzw. F.) Wahlberechtigter (M.)

qualified merchant (M. bzw. F.) Vollkaufmann (M.)

qualified offence (N.) qualifizierte Straftat (F.)

qualified voter (M. bzw. F.) Wahlberechtigter (M.)

qualify (V.) befähigen

qualifying period (N.) Karenz (F.)

quality (N.) Eigenschaft (F.), Güte (F.) (Qualität)

quantity (N.) Menge (F.)

quareller (M. bzw. F.) Querulant (M.)

quarrel (N.) Hader (M.), Händel (M.Pl.), Streitigkeit (F.)

quarrel (V.) streiten

quarter (N.) Quartal (N.)

quarter (N.) of a year Vierteljahr (N.)

quarterly (Adj.) vierteljährlich

quash (V.) kassieren (aufheben), verwerfen

quashing (Adj.) kassatorisch

quashing (N.) Kassation (F.), Verwerfung (F.)

quasi (Partik.) quasi (Partik.)

quasi-contract (N.) Quasikontrakt (M.)

quasi-employee (Adj.) arbeitnehmerähnlich

quasi-negating quasinegatorisch

quasi-tax (N.) Quasisteuer (F.)

quasi-tort (N.) Quasidelikt (N.)

queen (F.) Königin (F.)

Queen's Speech (N.) Thronrede (F.) (Thronrede in Großbritannien)

query (V.) beanstanden

question (N.) Anfrage (F.)

question (N.) of confidence Vertrauensfrage (F.)

question (N.) of fact Tatfrage (F.)

question (V.) befragen, fragen, verhören, vernehmen

questionable (Adj.) zweifelhaft

questioning (N.) Verhör (N.), Vernehmung (F.)

questionnaire (N.) Fragebogen (M.)

question time (N.) Fragestunde (F.)

quintessence (N.) Inbegriff (M.)

quit (V.) aufgeben, kündigen

quitting (N.) Räumung (F.)

quorate (Adj.) beschlußfähig

quorum (N.) Quorum (N.)

quota (N.) Anteil (M.), Kontingent (N.), Quote (F.)

quota (N.) of the profit Gewinnanteil (M.)

quotation (N.) Kostenvoranschlag (M.), Kurs (M.) (Wertverhältnis), Notierung (F.), Quotierung (F.), Zitat (N.)

quote (V.) quotieren, zitieren

quote (V.) at notieren

r

race (N.) Rasse (F.)

race defilement (N.) Rassenschande (F.)

racial (Adj.) rassisch

racial discrimination (N.) Rassendiskriminierung (F.)

racial group (N.) Rasse (F.)

racism (N.) Rassismus (M.)

racist (Adj.) rassistisch

rack (V.) martern

racketeer (M. bzw. F.) Erpresser (M.)

racketeering (N.) Schutzgelderpressung (F.)

rack rent (N.) Jahresmiete (F.)

radical (Adj.) radikal

radicalism (N.) Radikalismus (M.)

radio (N.) Funk (M.), Rundfunk (M.)

radio (V.) funken

raid (N.) Razzia (F.), Überfall (M.) (Überfall im Strafrecht)

raid (V.) überfallen

railroad (N.) (am.) Eisenbahn (F.)

railway (N.) Bahn (F.), Eisenbahn (F.)

railway police (N.) Bahnpolizei (F.)
raise (N.) Erhöhung (F.)
raise (V.) anheben, beschaffen, erhöhen, heben
raise (V.) to nobility adeln
raising (N.) rent Mieterhöhung (F.)
raison (N.) d'état (franz.) Staatsräson (F.)
rampage (V.) randalieren
range (N.) of punishment Strafrahmen (M.)
rank (N.) Dienstgrad (M.), Rang (M.), Rangverhältnis (N.)
ranking (N.) Rangordnung (F.)
ransom (N.) Lösegeld (N.)
ransom money (N.) Lösegeld (N.)
rapacious (Adj.) räuberisch
rape (N.) Notzucht (F.), Schändung (F.), Vergewaltigung (F.)
rape (V.) vergewaltigen
rapporteur (M. bzw. F.) Berichterstatter (M.), Referent (M.) (Vortragender)
rate (N.) Gebühr (F.), Kurs (M.) (Wertverhältnis), Maß (N.), Preis (M.) (Kaufpreis), Rate (F.), Satz (M.) (Tarif), Tarif (M.), Taxe (F.), Umlage (F.)
rate (N.) of interest Zinssatz (M.)
rate (V.) besteuern, werten
rateable value (N.) Einheitswert (M.)
rates (N.Pl.) and taxes (N.Pl.) öffentliche Last (F.)
ratification (N.) Ratifikation (F.)
ratify (V.) ratifizieren
ratio (N.) decidendi (lat.) Entscheidungsgrund (M.) (Urteilsentscheidungsgrund)
rational (Adj.) vernünftig
rationale (N.) ratio (F.) (lat.)
ravish (V.) vergewaltigen
ravishment (N.) Schändung (F.), Vergewaltigung (F.)
reach (V.) a compromise vergleichen (sich)
reach (V.) an agreement übereinkommen
reaction (N.) Reaktion (F.) (Gegenhandlung), Reaktion (F.) (Nichtfortschrittlichkeit)
reactionary (Adj.) reaktionär
reactionary (M. bzw. F.) Reaktionär (M.)
reactionary movement (N.) Reaktion (F.) (Nichtfortschrittlichkeit)
reaction time (N.) Reaktionszeit (F.)
read (V.) korrigieren, lesen
reader (M. bzw. F.) Lektor (M.) (Verlagslektor)

readiness (N.) Bereitschaft (F.)
reading (N.) Lesung (F.)
read out (V.) verkünden
ready cash (N.) Bargeld (N.), Barzahlung (F.)
ready money (N.) Bargeld (N.)
real (Adj.) dinglich, echt, konkret, real (wirklich), tatsächlich
real estate (N.) Anwesen (N.), Grundbesitz (M.), Grundeigentum (N.), Grund (M.) (Land), Grundstück (N.), Immobilien (F. Pl.), Liegenschaft (F.)
real estate acquisition tax (N.) Grunderwerbsteuer (F.)
real-estate encumbrance (N.) Realrecht (N.)
real-estate loan (N.) Realkredit (M.)
real estate mortgage (N.) Grundpfand (N.)
real-estate recording office (N.) (am.) Grundbuchamt (N.)
real-estate register (N.) Grundbuch (N.)
real-estate right (N.) Realrecht (N.)
real-estate tax (N.) Grundsteuer (F.)
real-estate transactions (N.Pl.) Grundstücksverkehr (M.)
realization (N.) Erkenntnis (F.) (Einsicht), Liquidation (F.), Verwertung (F.), Verwirklichung (F.)
realization (N.) of third party damage Drittschadensliquidation (F.)
realize (V.) erlösen, liquidieren, verwerten, verwirklichen
real law (N.) Sachenrecht (N.)
re-allocation (N.) of land Flurbereinigung (F.)
realm (N.) Reich (N.)
real property (N.) Grundeigentum (N.), Liegenschaft (F.), unbewegliche Sache (F.)
real right (N.) dingliches Recht (N.)
real servitude (N.) Grunddienstbarkeit (F.)
real strict-liability tort (N.) konkretes Gefährdungsdelikt (N.)
realty (N.) Grundbesitz (M.), Immobilien (F.Pl.)
real union (N.) Realunion (F.)
reapportionment (N.) (am.) Anpassung (F.) der Wahlbezirke
rear (N.) Rückseite (F.)
reason (N.) Begründung (F.), Grund (M.) (Anlaß), Motiv (N.), Räson (F.), Vernunft (F.)

reason (N.) excluding punishability Schuldausschließungsgrund (M.)
reason (N.) for arrest Haftgrund (M.)
reason (N.) for not exacting punishment Strafausschließungsgrund (M.)
reason (N.) for the decision Entscheidungsgrund (M.)
reason (N.) for withdrawing punishment Strafaufhebungsgrund (M.)
reason (N.) in personam for withdrawing punishment persönlicher Strafaufhebungsgrund (M.)
reason (N.) of state Staatsräson (F.)
reason (V.) argumentieren
reasonable (Adj.) vernünftig, vertretbar (begründbar)
reasonable care (N.) culpa (F.) in abstracto (lat.)
reasonable justification (N.) Begründetheit (F.)
reasonable man (M.) Durchschnittsmensch (M.)
reasonableness (N.) Verhältnismäßigkeit (F.)
reasoning (N.) Argument (N.), Beweisführung (F.), Logik (F.)
reassurance (N.) Zusicherung (F.)
reassure (V.) zusichern
rebate (N.) Abschlag (M.), Diskont (M.), Rabatt (M.)
rebel (V.) rebellieren
rebell (M. bzw. F.) Rebell (M.)
rebellion Erhebung (F.) (Erhebung eines Volkes)
rebellion (N.) Aufruhr (M.), Aufstand (M.), Rebellion (F.)
rebuke (N.) Rüge (F.), Vorwurf (M.)
rebuke (V.) rügen
rebus sic stantibus clause (N.) clausula (F.) rebus sic stantibus (lat.)
rebute (V.) widerlegen
rebuttal (N.) Zurückweisung (F.)
rebutting evidence (N.) Gegenbeweis (M.)
recalcitrance (N.) Unbotmäßigkeit (F.)
recalcitrant (Adj.) unbotmäßig
recall (N.) Abberufung (F.) (Abberufung eines Botschafters)
recall (V.) abberufen (einen Botschafter zurückrufen), abrufen
receipt (N.) Beleg (M.), Einnahme (F.),

Empfang (M.), Erhalt (M.), Übernahme (F.) (Übernahme einer Schuld)
receipt (V.) quittieren
receivable (Adj.) ausstehend
receive (V.) einnehmen, empfangen, erhalten, übernehmen
receiver (M. bzw. F.) Empfänger (M.), Sequester (M.), Zwangsverwalter (M.)
receiver (M. bzw. F.) of stolen goods Hehler (M.)
receivership (N.) Geschäftsaufsicht (F.), Zwangsverwaltung (F.)
receive stolen goods (V.) hehlen
receiving (N.) Empfang (M.)
receiving (N.) property obtained by tax evasion Steuerhehlerei (F.)
receiving (N.) stolen goods Hehlerei (F.)
reception (N.) Rezeption (F.)
recess (N.) Gerichtsferien (Pl.)
recidivism (N.) Rückfall (M.)
recidivist (M. bzw. F.) Rückfallstäter (M.)
recidivous (Adj.) rückfällig
recipient (M. bzw. F.) Empfänger (M.)
reciprocal (Adj.) gegenseitig, korrespektiv, reziprok, wechselbezüglich
reciprocal agreement (N.) gegenseitiger Vertrag (M.)
reciprocal clause (N.) Junktimklausel (F.)
reciprocal will (N.) gegenseitiges Testament (N.), korrespektives Testament (N.), reziprokes Testament (N.), wechselbezügliches Testament (N.)
reciprocity (N.) Gegenseitigkeit (F.), Reziprozität (F.), Synallagma (N.)
recitals (N.Pl.) Rubrum (N.)
reckless (Adj.) leichtfertig, rücksichtslos
recklessly ignoring (N.) the law Rechtsblindheit (F.)
recklessness (N.) bewußte Fahrlässigkeit (F.), Leichtfertigkeit (F.)
reckon (V.) kalkulieren
reclaim (V.) herausverlangen, rückfordern, zurückfordern
reclamation (N.) Rückforderung (F.)
recognition (N.) Anerkennung (F.) (Anerkennung im Völkerrecht)
recognition (N.) of liability Schuldversprechen (N.)
recognize (V.) erkennen
recommend (V.) empfehlen

recommendation (N.) Befürwortung (F.), Empfehlung (F.)

recommit (V.) zurückverweisen

recommitment (N.) Zurückverweisung (F.)

reconstruct (V.) sanieren

reconstruction (N.) Sanierung (F.)

record (N.) Aufzeichnung (F.), Nachweis (M.), Niederschrift (F.), Protokoll (N.) (Niederschrift einer Gerichtsverhandlung), Verzeichnis (N.)

record (N.) as it stands Aktenlage (F.)

record (N.) of proceedings Protokoll (N.) (Niederschrift einer Gerichtsverhandlung)

record (V.) aufzeichnen (mitschreiben), beurkunden, erfassen, niederschreiben, protokollieren, registrieren, verzeichnen

recorded letter (N.) (br.) Einschreiben (N.)

recording (N.) Aufzeichnung (F.), Eintragung (F.), Erfassung (F.)

recording official (M. bzw. F.) Urkundsbeamter (M.)

recoupment (N.) Aufrechnung (F.), Zurückbehaltungsrecht (N.)

recourse (N.) Regreß (M.), Rekurs (M.), Rückgriff (M.)

recourse to legal process (N.) Rechtszug (M.)

recover (V.) beitreiben, wiederbeschaffen

recovery (N.) Beitreibung (F.) (Beitreibung im Privatrecht), Wiederbeschaffung (F.)

recreation (N.) Ruhe (F.)

recruit (M. bzw. F.) Rekrut (M.)

recruit (V.) werben (Arbeitskräfte anwerben)

rectification (N.) Berichtigung (F.)

rectification (N.) of the land register Grundbuchberichtigung (F.)

rectify (V.) berichtigen

rector (M. bzw. F.) Rektor (M.) (Rektor einer Universität)

rector's office (N.) Rektorat (N.) (Rektorat einer Universität)

recurrent obligation (N.) Wiederkehrschuldverhältnis (N.)

redeem (V.) ablösen (tilgen), abzahlen, einziehen (einkassieren), tilgen, zurückzahlen

redeemable (Adj.) kündbar

redemption (N.) Ablösung (F.) (Tilgung), Amortisation (F.), Einziehung (F.) (Einsammlung), Rückzahlung (F.), Tilgung (F.)

red-handed (Adj.) in flagranti (lat.)

redhibition (N.) Wandlung (F.)

redhibitory defect (N.) Sachmangel (M.)

rediscounting (N.) Rediskontierung (F.)

redress (N.) Abhilfe (F.), Genugtuung (F.), Regreß (M.)

redress (V.) abhelfen

reduce (V.) ermäßigen, herabsetzen, kürzen, mindern, vermindern

reduced (Adj.) vermindert

reduction (N.) Ermäßigung (F.), Herabsetzung (F.), Minderung (F.), Rabatt (M.), Reduktion (F.), Verminderung (F.)

reduction (N.) of capital Kapitalherabsetzung (F.)

refer (V.) to verweisen

referee (M. bzw. F.) Schiedsrichter (M.) (im Sport)

reference (N.) Aktenzeichen (N.), Hinweis (M.), Verweis (M.) (Hinweis)

reference number (N.) Aktenzeichen (N.)

referendum (N.) Referendum (N.), Volksabstimmung (F.), Volksentscheid (M.)

referring back (N.) Rückverweisung (F.)

reform (N.) Reform (F.)

reform (V.) reformieren, verbessern

reformation (N.) Besserung (F.)

Reformation (N.) Reformation (F.)

Reformed Act (N.) on trademarks Markenrechtsreformgesetz (N.)

refresher course (N.) Repetitorium (N.)

refuge (N.) Asyl (N.)

refuge (N.) for women Frauenhaus (N.)

refugee (M. bzw. F.) Flüchtling (M.)

refund (N.) Erstattung (F.), Rückerstattung (F.), Vergütung (F.)

refund (V.) erstatten (ersetzen), rückerstatten, vergüten, zurückzahlen

refusal (N.) Ablehnung (F.), Absage (F.), Verweigerung (F.), Weigerung (F.), Zurückweisung (F.)

refusal (N.) of justice Rechtsverweigerung (F.)

refusal (N.) to give evidence Zeugnisverweigerung (F.)

refusal (N.) to perform Leistungsverweigerung (F.)

refusal (N.) to serve in the armed forces Wehrdienstverweigerung (F.)

refuse (V.) ablehnen, verweigern, weigern (sich), zurückweisen

refuse collection (N.) Müllabfuhr (F.)

refute (V.) widerlegen

regard (N.) Rücksicht (F.)

regarding information informationell

regency (N.) Herrschaft (F.)

regent (M. bzw. F.) Regent (M.), Reichsverweser (M.)

regime (N.) Regime (N.)

regiment (N.) Regiment (N.)

region (N.) Bezirk (M.), Gau (M.), Gebiet (N.), Land (N.) (Boden bzw. Gebiet), Raum (M.) (Gegend), Region (F.)

regional (Adj.) regional

regional appeal court (N.) Oberlandesgericht (N.)

regional authority (N.) Mittelbehörde (F.)

regional court (N.) Landgericht (N.)

regional planning (N.) Landesplanung (F.), Raumordnung (F.), Raumplanung (F.)

regional social insurance appeals tribunal (N.) Landessozialgericht (N.)

register (N.) Liste (F.), Matrikel (F.), Register (N.), Verzeichnis (N.)

register (N.) of associations Vereinsregister (N.)

register (N.) of births Geburtenbuch (N.)

register (N.) of births deaths and marriages (br.) Personenstandsbuch (N.)

register (N.) of births marriages and burials (am.) Personenstandsbuch (N.)

register (N.) of conviction Strafregister (N.)

register (N.) of craftmen Handwerksrolle (F.)

register (N.) of deaths Sterbebuch (N.)

register (N.) of marriages Heiratsbuch (N.)

register (N.) of obligations to construct and maintain Baulastenverzeichnis (N.)

register (N.) of places Ortsverzeichnis (N.)

register (N.) of shareholders (br.) Aktienbuch (N.)

register (N.) of societies Vereinsregister (N.)

register (V.) anmelden, eintragen, erfassen, melden, registrieren, verzeichnen, vormerken

registered association (N.) eingetragener Verein (M.), e. V. (M.) (eingetragener Verein)

registered capital (N.) Grundkapital (N.), Stammkapital (N.)

registered club (N.) eingetragener Verein (M.)

registered letter (N.) Einschreiben (N.)

registered mail (N.) Einschreiben (N.)

registered mortgage (N.) Buchhypothek (F.)

registered paper (N.) Namenspapier (N.)

registered seat (N.) Sitz (M.) (Standort)

registered security (N.) Namenspapier (N.)

registered share (N.) Namensaktie (F.)

registered society (N.) eingetragene Genossenschaft (F.)

registered user (M. bzw. F.) of a motor vehicle Fahrzeughalter (M.), Kraftfahrzeughalter (M.)

registrability (N.) Eintragungsfähigkeit (F.)

registrar (M. bzw. F.) (br.) Standesbeamter (M.)

registrar's office (N.) (br.) Standesamt (N.)

registration (N.) Anmeldung (F.), Eintragung (F.), Erfassung (F.)

registration matters (N.Pl.) Meldewesen (N.)

registration number (N.) Kraftfahrzeugkennzeichen (N.)

registry (N.) Register (N.), Registratur (F.)

registry office (N.) Standesamt (N.)

regrouping (N.) Umlegung (F.)

regular (Adj.) normal, ordentlich, ordnungsgemäß

regulate (V.) ordnen, regeln, regulieren

regulation (N.) Maßregel (F.), Regelung (F.), Regulation (F.), Regulierung (F.), Statut (N.)

regulation (N.) for the use of something Benutzungsordnung (F.)

regulation (N.) of business Wirtschaftslenkung (F.)

regulations (N.Pl.) concerning agricultural land Bodenordnung (F.)

regulations (N.Pl.) governing administrative courts Verwaltungsgerichtordnung (F.)

regulations (N.Pl.) on exparte costs Kostenordnung (F.)

regulatory authority (N.) Ordnungsbehörde (F.)

regulatory law (N.) Ordnungsrecht (N.)

regulatory offence (N.) Ordnungswidrigkeit (F.)

regulatory order (N.) Verwaltungsvorschrift (F.)

regulatory statute (N.) Ausführungsgesetz (N.)

rehabilitate (V.) rehabilitieren, resozialisieren, sanieren

rehabilitation (N.) Rehabilitation (F.), Resozialisierung (F.)

Reich (N.) Reich (N.) (Deutsches Reich 1871-1945)

Reich Chancellor (M.) Reichskanzler (M.)

Reich Government (N.) Reichsregierung (F.)

Reich Insurance Code (N.) Reichsversicherungsordnung (F.)

Reich law (N.) Reichsgesetz (N.)

Reich Law Gazette (N.) Reichsgesetzblatt (N.)

Reich President (M.) Reichspräsident (M.)

reign (N.) Herrschaft (F.)

reign (V.) herrschen

reimburse (V.) entschädigen, ersetzen (einen Verlust ausgleichen), erstatten (ersetzen), rückerstatten, vergüten

reimbursement (N.) Entschädigung (F.), Erstattung (F.), Rückerstattung (F.), Vergütung (F.)

reimbursement (N.) of expenses Aufwendungserstattung (F.)

reinstate (V.) wiedereinsetzen

reinstatement (N.) Wiedereinsetzung (F.) in den vorigen Stand

re-insurance (N.) Nachversicherung (F.)

reinsurance (N.) Rückversicherung (F.)

reinterpret (V.) umdeuten

reinterpretation (N.) Umdeutung (F.)

reiterate (V.) wiederholen (mehrmals wiederholen)

reiteration (N.) Wiederholung (F.)

reject (V.) ablehnen, abweisen, verwerfen, zurückweisen

rejection (N.) Ablehnung (F.), Abweisung (F.), Mißbilligung (F.), Verwerfung (F.), Zurückweisung (F.)

rejoinder (N.) Duplik (F.), Erwiderung (F.)

relapse (N.) Rückfall (M.)

relapsing (Adj.) rückfällig

related (Adj.) verwandt

related (Adj.) by marriage verschwägert

related (Adj.) to angehörig

relation (N.) Beziehung (F.), Relation (F.), Verhältnis (N.), Zusammenhang (M.)

relation (N.) to third parties Außenverhältnis (N.)

relational (Adj.) verwandtschaftlich

relationship (N.) Angehörigkeit (F.), Beziehung (F.), Relation (F.), Verbindung (F.), Verhältnis (N.), Verwandtschaft (F.) (Verwandtsein)

relationship (N.) by marriage Schwägerschaft (F.)

relationship (N.) of legal duties Pflichtenverhältnis (N.)

relationship (N.) of retirement Ruhestandsverhältnis (N.)

relationship (N.) of subordination Gewaltverhältnis (N.)

relationship (N.) of utilization Benutzungsverhältnis (N.)

relationship (N.) with a share in the profits partiarisches Verhältnis (N.)

relative (Adj.) relativ, verhältnismäßig

relative (M. bzw. F.) Angehöriger (M.), Verwandter (M.)

relative impossibility (N.) subjektive Unmöglichkeit (F.)

relative majority (N.) relative Mehrheit (F.)

relative right (N.) relatives Recht (N.)

relatives (M.Pl. bzw. F.Pl.) Verwandtschaft (F.) (Gesamtheit der Verwandten)

relator action (N.) Popularklage (F.)

release (N.) Befreiung (F.), Erlaß (M.) (Befreiung), Freigabe (F.), Freilassung (F.), Freistellung (F.), Verzicht (M.)

release (V.) befreien, freilassen, lösen

release (V.) from erlassen (befreien), freistellen (befreien)

relevance (N.) Belang (M.), Relevanz (F.)

relevancy (N.) Relevanz (F.)

relevant (Adj.) einschlägig, erheblich, relevant

reliability (N.) Zuverlässigkeit (F.)

reliable (Adj.) glaubhaft, zuverlässig

reliance (N.) Vertrauen (N.)

relief (N.) Entlastung (F.), Fürsorge (F.), Hilfe (F.), Klagebegehren (N.), Nachlaß (M.) (Minderung), Rechtsmittel (N.)

relieve (V.) entlasten

religion (N.) Religion (F.)

religious belief (N.) Konfession (F.)

religious education (N.) Religionsunterricht (M.)

religious freedom (N.) Religionsfreiheit (F.)
religious liberty (N.) Bekenntnisfreiheit (F.), Religionsfreiheit (F.)
religious society (N.) Religionsgesellschaft (F.)
relinquish (V.) abtreten (ein Recht abtreten), preisgeben
relinquishment (N.) Abandon (M.)
relocate (V.) versetzen (eine Person versetzen)
rely (V.) on vertrauen
remainder (N.) Anwartschaft (F.) (Anwartschaft im Erbrecht), Rest (M.)
remaining (Adj.) restlich
remains (N.Pl.) Leiche (F.), Leichnam (M.)
remand (N.) Untersuchungshaft (F.), Zurückverweisung (F.)
remand (V.) verweisen, zurückverweisen
remand home (N.) zwischenstaatlich
remand prisoner (M. bzw. F.) Untersuchungsgefangener (M.)
remark (N.) Äußerung (F.)
remarriage (N.) Wiederverheiratung (F.)
remarriage clause (N.) Wiederverheiratungsklausel (F.)
remedial statute (N.) Schutzgesetz (N.)
remedy (N.) Abhilfe (F.), Arznei (F.), Rechtsmittel (N.)
remedy (V.) abhelfen
remedy (V.) a defect nachbessern
remedying (N.) a defect Nachbesserung (F.)
remind (V.) erinnern, mahnen
reminder (N.) Mahnung (F.)
remission (N.) Nachlaß (M.) (Minderung), Verweisung (F.) (Übermittlung einer Rechtssache)
remit (V.) anweisen (Geld anweisen), überweisen, verweisen
remittal (N.) Verweisung (F.) (Übermittlung einer Rechtssache)
remittance (N.) Anweisung (F.), Überweisung (F.)
remonstrance (N.) Beschwerde (F.), Remonstration (F.)
remonstrances (N.Pl.) Gegenvorstellung (F.)
remonstrant (M. bzw. F.) Beschwerdeführer (M.)
remonstrate (V.) einwenden, protestieren
remonstration (N.) Einwendung (F.), Gegenvorstellung (F.)

remorse (N.) Reue (F.)
removal (N.) Beseitigung (F.), Entfernung (F.) (Wegnahme), Räumung (F.), Verweisung (F.) (Ausweisung einer Person), Wegnahme (F.)
removal (N.) from office Entfernung (F.) (Entlassung) aus dem Dienst, Entlassung (F.)
removal (N.) of one's name from the university register Exmatrikulation (F.)
remove (V.) absetzen (entlassen), beseitigen, entfernen, räumen, wegnehmen
remunerate (V.) besolden, dotieren (vergüten), entgelten, honorieren, vergüten
remuneration (N.) Besoldung (F.), Entgelt (N.), Gage (F.), Honorar (N.), Lohn (M.), Vergütung (F.)
remuneration (N.) in kind Deputat (N.), Naturallohn (M.)
remuneration seniority (N.) Besoldungsdienstalter (N.)
remunerative (Adj.) remuneratorisch
remunerative gift (N.) remuneratorische Schenkung (F.)
remunerativeness (N.) Entgeltlichkeit (F.)
render (V.) erlassen (ein Gesetz bzw. Urteil schaffen), leisten
render (V.) an account abrechnen
rendering (N.) account Rechnungslegung (F.)
rendering (N.) an account Abrechnung (F.)
rendering (N.) of account Rechenschaft (F.)
rendition (N.) Erlaß (M.) (Schaffung eines Gesetzes oder Urteils)
renew (V.) verlängern
renewal (N.) Verlängerung (F.)
renewal certificate (N.) Talon (M.)
renounce (V.) verzichten
renounce (V.) the throne abdanken
renouncement (N.) Ausschlagung (F.)
renouncement (N.) of succession Ausschlagung (F.)
renown (N.) Ruf (M.)
rent (N.) Miete (F.), Mietzins (M.), Pacht (F.) (Pachtgeld), Pachtzins (M.)
rent (N.) for business premises Geschäftsraummiete (F.)
rent (V.) leihen (sich etwas von jemandem anderen leihen), mieten (eine bewegliche

Sache mieten), mieten (eine unbewegliche Sache mieten), pachten, vermieten, verpachten

rental (N.) Mietzins (M.) (Mietzins bei einer beweglichen Sache)

rent controls (N.Pl.) Mietpreisbindung (F.)

rent court (N.) Mietgericht (N.)

rented flat (N.) Mietwohnung (F.)

renunciation (N.) Rücktritt (M.) vom Versuch, Verzicht (M.)

renunciation (N.) of inheritance Erbverzicht (M.)

renvoi (N.) Renvoi (M.), Rückverweisung (F.)

reopening (N.) Wiederaufnahme (F.)

reorganization (N.) Sanierung (F.)

Reorganization Tax Act (N.) Umwandlungssteuergesetz (N.)

repair (N.) Reparatur (F.), Wiederherstellung (F.)

repair (V.) instandsetzen, reparieren, richten

repairing (N.) Reparatur (F.)

repair work (N.) Reparatur (F.)

reparation (N.) Genugtuung (F.), Reparation (F.)

repatriate (M. bzw. F.) Aussiedler (M.)

repay (V.) erstatten (ersetzen), rückerstatten, tilgen, zurückzahlen

repay (V.) gradually amortisieren

repayment (N.) Rückerstattung (F.), Rückzahlung (F.), Tilgung (F.)

repeal (N.) Aufhebung (F.)

repeal (V.) aufheben

repealing (N.) obsolete statutes Rechtsbereinigung (F.)

repeat (V.) repetieren, wiederholen

repeated order (N.) wiederholte Verfügung (F.)

repentance (N.) Reue (F.)

repetition (N.) Wiederholung (F.)

replace (V.) ersetzen

replacement (N.) Ersatz (M.), Ersetzung (F.), Surrogation (F.)

replevin (N.) Vindikation (F.)

replication (N.) Replik (F.)

reply (N.) Antwort (F.), Erwiderung (F.), Gegendarstellung (F.), Replik (F.)

reply (V.) antworten, erwidern

reply comment (N.) Replik (F.)

report (N.) Anzeige (F.) (Anzeige bei der Polizei), Bericht (M.), Nachricht (F.), Rapport (M.), Referat (N.) (Vortrag)

report (V.) anzeigen, berichten, melden, referieren

reportable (Adj.) anzeigepflichtig

reporter (M. bzw. F.) Referent (M.) (Vortragender)

reprehension (N.) Rüge (F.)

represent (V.) repräsentieren, vertreten

representation (N.) Angabe (F.), Remonstration (F.), Repräsentation (F.), Stellvertretung (F.), Vertretung (F.)

representation (N.) of the people Volksvertretung (F.)

representation (N.) of young juveniles Jugendvertretung (F.)

representation allowance (N.) Aufwandsentschädigung (F.)

representative (Adj.) repräsentativ

representative (M. bzw. F.) Repräsentant (M.), Stellvertreter (M.), Vertreter (M.)

representative (M. bzw. F.) (am.) Abgeordneter (M.)

representative (M. bzw. F.) of the people Volksvertreter (M.)

representative action (N.) Prozeßstandschaft (F.)

representative authority (N.) Vertretungsmacht (F.)

representative democracy (N.) repräsentative Demokratie (F.)

represention (N.) Zusicherung (F.)

representional (Adj.) repräsentativ

repress (V.) unterdrücken

repression (N.) Repression (F.)

repressive (Adj.) repressiv

repressive interdiction (N.) repressives Verbot (N.)

reprieve (V.) begnadigen

reprimand (N.) Rüge (F.), Verwarnung (F.), Verweis (M.) (Tadel)

reprimand (V.) rügen, verwarnen

reprisal (N.) Repressalie (F.), Vergeltung (F.)

reproach (N.) Vorwurf (M.)

reproduce (V.) vervielfältigen

reproduction (N.) Vervielfältigung (F.)

republic (N.) Republik (F.)

republic (N.) governed by commissars Räterepublik (F.)

republican (Adj.) republikanisch
republican (M. bzw. F.) Republikaner (M.)
Republicans (Pl.) Republikaner (M.Pl.)
(politische Partei in den USA)
repudiate (V.) abweisen, leugnen, verstoßen (zurückweisen), zurückweisen
repudiation (N.) Ablehnung (F.), Erfüllungsverweigerung (F.)
repurchase (N.) Wiederkauf (M.)
reputation (N.) Leumund (M.), Ruf (M.)
repute (N.) Leumund (M.), Ruf (M.)
request (N.) Anforderung (F.), Antrag (M.), Aufforderung (F.), Begehren (N.), Bitte (F.), Ersuchen (N.), Gesuch (N.)
request (N.) for funds Abruf (M.)
request (N.) for relief Beschwerde (F.)
request (N.) for the delivery of Abruf (M.)
request (V.) anfordern, auffordern, begehren, bitten, ersuchen
requested judge (M. bzw. F.) ersuchter Richter (M.)
require (V.) brauchen, erfordern, fordern
required (Adj.) erforderlich
required reserve (N.) Mindestreserve (F.)
requirement (N.) Bedürfnis (N.), Erforderlichkeit (F.), Erfordernis (N.)
requirement (N.) in respect of publication Ausweispflicht (F.)
requirement (N.) of clarity and definiteness Bestimmtheitsgebot (N.)
requirement (N.) of explicit expression Ausdrücklichkeitsgebot (N.)
requirement (N.) of receipt Empfangsbedürftigkeit (F.)
requirement (N.) to notify a defect Rügepflicht (F.)
requirements (N.Pl.) Bedarf (M.)
requiring participation mitwirkungsbedürftig
requisite (Adj.) erforderlich
requisite (N.) Erfordernis (N.)
requisition (N.) Aufforderung (F.)
requisitioning (N.) Requisition (F.)
requisition order (N.) Leistungsbescheid (M.)
res (N.) judicata materielle Rechtskraft (F.)
rescind (V.) aufheben, außer Kraft setzen, lösen
rescission (N.) Annullierung (F.), Nichtigerklärung (F.)

rescission (N.) by the trustee in bankruptcy Konkursanfechtung (F.)
rescue (N.) Hilfeleistung (F.)
rescue (N.) of prisoners Gefangenenbefreiung (F.)
rescue (V.) bergen
reservation (N.) Buchung (F.) (Vertragsabschluß einer Reise), Einschränkung (F.), Reservation (F.), Vorbehalt (M.), Zweifel (M.)
reservation (N.) of dispensation Befreiungsvorbehalt (M.)
reservation (N.) of priority Rangvorbehalt (M.)
reservation (N.) of title Eigentumsvorbehalt (M.)
reservation (N.) on the granting of permission Erlaubnisvorbehalt (M.)
reserve (N.) Reserve (F.), Rücklage (F.)
reserve (V.) reservieren, vorbehalten, zurückbehalten
reserve (V.) (am.) bestellen
reserved price (N.) Mindestgebot (N.)
reserve fund (N.) Rücklage (F.)
reservist (M.) Reservist (M.)
reside (V.) wohnen
residence (N.) Aufenthalt (M.), Residenz (F.), Wohnort (M.), Wohnsitz (M.)
residence permit (N.) Aufenthaltserlaubnis (F.), Aufenthaltsgenehmigung (F.)
residence requirement (N.) Residenzpflicht (F.)
resident (Adj.) ansässig
resident (M. bzw. F.) Einwohner (M.)
residential construction (N.) Wohnungsbau (M.)
residential space (N.) Wohnraum (M.)
residual (Adj.) restlich
residuary (Adj.) restlich
residue (N.) Rest (M.)
resign (V.) abdanken, kündigen, zurücktreten
resign (V.) from membership austreten
resignation (N.) Demission (F.), Rücktritt (M.)
resignation (N.) of membership Austritt (M.)
resist (V.) wehren (sich)
resistance (N.) Widerstand (M.)
resistance (N.) to state authority Widerstand (M.) gegen die Staatsgewalt

resolution (N.) Beschluß (M.), Entschließung (F.), Resolution (F.)

resolution (N.) adopted by the partners Gesellschafterbeschluß (M.)

resolutory (Adj.) resolutiv

resolutory condition (N.) Resolutivbedingung (F.)

resolve (V.) auflösen, beschließen, entschließen (sich)

resort (N.) to the general courts of law ordentlicher Rechtsweg (M.)

respect (N.) Rücksicht (F.)

respect (V.) berücksichtigen

respite (N.) Stundung (F.)

respite (N.) in punishment Strafaufschub (M.)

respondent (M. bzw. F.) Beklagter (M.)

response (N.) Reaktion (F.) (Gegenhandlung)

responsibility (N.) Obliegenheit (F.), Verantwortlichkeit (F.), Verpflichtung (F.)

responsibility (N.) for executive organs Organhaftung (F.)

responsible (Adj.) kompetent (zuständig), verantwortlich, zuständig

responsible (Adj.) in law deliktsfähig

responsible capacity (N.) Zurechnungsfähigkeit (F.)

rest (N.) Rest (M.), Ruhe (F.)

rest (V.) ruhen

restatement (N.) (am.) Neuformulierung (F.) (Neuformulierung von Rechtssätzen)

restaurant (N.) Gasthaus (N.), Gaststätte (F.)

restaurant owner (M. bzw. F.) Gastwirt (M.)

restitute (V.) wiedereinsetzen

restitution (N.) Entschädigung (F.), Ersatz (M.) (Ersatz eines Schadens), Herausgabe (F.) (Besitzrückgabe einer Sache), Restitution (F.), Rückerstattung (F.), Rückgewähr (F.), Schadensersatz (M.)

restitution (N.) in kind Naturalherstellung (F.), Naturalrestitution (F.)

restitution (N.) to the previous condition Wiedereinsetzung (F.) in den vorigen Stand

restoration (N.) Herausgabe (F.) (Besitzrückgabe einer Sache), Rückerstattung (F.), Wiederherstellung (F.)

restoration (N.) of property Restitution (F.)

restoration (N.) to private ownership Reprivatisierung (F.)

restoration (N.) to the previous condition restitutio (F.) in integrum (lat.)

restore (V.) rückerstatten, wiedereinsetzen, wiederherstellen

restrain (V.) beschränken

restraint (N.) Beschränkung (F.), Einschränkung (F.), Gebundenheit (F.), Hemmung (F.)

restraint (N.) of competition Wettbewerbsbeschränkung (F.)

restraint (N.) of marriage Eheverbot (N.)

restraint (N.) on alienation Veräußerungsverbot (N.)

restraint (N.) on disposition Verfügungsverbot (N.)

restrict (N.) Beschränkung (F.)

restrict (V.) befristen, begrenzen, beschränken, einschränken, limitieren

restrict (V.) the transferability vinkulieren

restricted admission (N.) numerus (M.) clausus (lat.)

restricted area (N.) Schutzbereich (M.)

restricted easement (N.) beschränkte persönliche Dienstbarkeit (F.)

restricted right (N.) in rem beschränktes dingliches Recht (N.)

restriction (N.) Einschränkung (F.), Gebundenheit (F.)

restriction (N.) of discretion Ermessensreduzierung (F.)

restriction (N.) on individual property for the benefit of society Sozialbindung (F.)

restrictive (Adj.) restriktiv

resubmission (N.) Wiedervorlage (F.)

result (N.) Effekt (M.)

result (V.) folgen (eine Folge sein)

resume (V.) fortführen, wiederaufnehmen

resumption (N.) Fortführung (F.), Wiederaufnahme (F.)

retail (N.) Einzelhandel

retail trade (N.) Einzelhandel

retain (V.) nehmen, zurückbehalten

retainer (N.) Mandat (N.) (Vollmacht für Anwalt), Prozeßvollmacht (F.)

retaliate (V.) vergelten

retaliation (N.) Repressalie (F.), Retorsion (F.), Vergeltung (F.)

retalisation (N.) Rache (F.)
retard (V.) hemmen, verzögern
retardation (N.) Verzögerung (F.)
retention (N.) Eigentumsvorbehalt (M.), Festhalten (N.) (Zurückhalten), Retention (F.), Zurückbehaltung (F.)
retention (N.) of title Eigentumsvorbehalt (M.)
retire (V.) abdanken, zurücktreten
retire (V.) from an academic chair emeritieren
retired farmer's portion (N.) Altenteil (M.)
retired pay (N.) Pension (F.) (Rente), Ruhegehalt (N.)
retirement (N.) Ruhestand (M.)
retirement (N.) from an academic chair Emeritierung (F.)
retirement age (N.) Altersgrenze (F.)
retirement benefits (N.Pl.) Altersruhegeld (N.), Altersversorgung (F.)
retirement income (N.) Altersruhegeld (N.), Altersversorgung (F.)
retirement pension (N.) Altersruhegeld (N.), Altersversorgung (F.), Ruhegehalt (N.)
retorsion (N.) Retorsion (F.)
retort (V.) vergelten
retract (V.) widerrufen, zurückziehen
retraction (N.) Rücknahme (F.), Widerruf (M.)
retribution (N.) Vergeltung (F.)
retroactive (Adj.) rückwirkend
retroactive force (N.) Rückwirkung (F.)
retroactivity (N.) Rückwirkung (F.)
retrospective (Adj.) rückwirkend
return (N.) Ertrag (M.), Gewinn (M.), Rendite (F.), Rückerstattung (F.), Rückgewähr (F.)
return (V.) herausgeben, melden, rückerstatten, umkehren, zurückgeben
returning officer (M. bzw. F.) Wahlleiter (M.)
reunification (N.) Wiedervereinigung (F.)
revaluate (V.) aufwerten
revaluation (N.) Aufwertung (F.)
revalue (V.) aufwerten
reveal (V.) aufdecken, offenbaren
revenge (N.) Rache (F.)
revenge (V.) rächen
revenue (N.) Einkommen (N.), Einkunft (F.), Einnahme (F.), Ertrag (M.)

revenue (N.) from capital Kapitalertrag (M.)
revenue authorities (N.Pl.) Steuerbehörde (F.)
revenue court (N.) Finanzgericht (N.)
revenue investigation (N.) Betriebsprüfung (F.)
revenue law (N.) Steuerrecht (N.)
revenue office (N.) Finanzamt (N.)
revenue-producing assets (N.Pl.) Finanzvermögen (N.)
revenue-producing monopoly (N.) Finanzmonopol (N.)
reversal (N.) Aufhebung (F.), Kassation (F.), Umkehr (F.)
reverse (N.) Rückseite (F.)
reverse (V.) aufheben
reversible (Adj.) on error revisibel
reversion (N.) Heimfall (M.), Rückfall (M.)
reversionary heir (M. bzw. F.) Nacherbe (M.)
reversionary inheritance (N.) Nacherbschaft (F.)
reversionary legacy (N.) Nachvermächtnis (N.)
review (N.) Musterung (F.), Zeitschrift (F.)
review (N.) of remand in custody Haftprüfung (F.)
review (V.) mustern, prüfen
revile (N.) beschimpfen
revilement (N.) Beschimpfung (F.)
revise (V.) abändern
revision (N.) Abänderung (F.)
revisionary heir (M. bzw. F.) Ersatzerbe (M.)
revocable (Adj.) widerruflich
revocation (N.) Widerruf (M.)
revoke (V.) stornieren, widerrufen
revolt (N.) Aufruhr (M.), Rebellion (F.)
revolution (N.) Revolution (F.)
revolving assets (N.Pl.) Umlaufvermögen (N.)
rhetoric (N.) Rhetorik (F.)
Rhineland-Palatinate (F.) Rheinland-Pfalz (N.)
ride (V.) reiten
rider (N.) Allonge (F.), Anhang (M.)
rifle (N.) Gewehr (N.)
rifleman (M.) Schütze (M.)
right (Adj.) richtig
right (N.) Anrecht (N.), Anspruch (M.),

Berechtigung (F.), Recht (N.) (Rechtsanspruch), subjektives Recht (N.)

right (N.) in rem dingliches Recht (N.)

right (N.) of access Verkehrsrecht (N.) (Besuchsberechtigung)

right (N.) of action Aktivlegitimation (F.), Klagebefugnis (F.)

right (N.) of assembly Versammlungsfreiheit (F.), Versammlungsrecht (N.)

right (N.) of audience Postulationsfähigkeit (F.)

right (N.) of cancellation Rücktrittsrecht (N.)

right (N.) of chastisement Züchtigungsrecht (N.)

right (N.) of choice Option (F.)

right (N.) of coalition Koalitionsfreiheit (F.)

right (N.) of contribution Ausgleichsanspruch (M.)

right (N.) of domination Herrschaftsrecht (N.)

right (N.) of entry Eintrittsrecht (N.)

right (N.) of escheat Heimfallsrecht (N.)

right (N.) of exemption Befreiungsanspruch (M.)

right (N.) of habitation Wohnrecht (N.)

right (N.) of indemnity Befreiungsanspruch (M.), Freistellungsanspruch (M.)

right (N.) of initiative Initiativrecht (N.)

right (N.) of interpellation Interpellationsrecht (N.)

right (N.) of lien Pfandrecht (N.)

right (N.) of maintenance Unterhaltsanspruch (M.)

right (N.) of passage Wegerecht (N.) (Wegerechtsberechtigung)

right (N.) of personality Persönlichkeitsrecht (N.)

right (N.) of petition Petitionsrecht (N.)

right (N.) of possession Besitzrecht (N.)

right (N.) of preemption Eintrittsrecht (N.), Vorkaufsrecht (N.)

right (N.) of private warfare Faustrecht (N.)

right (N.) of purchase Kaufrecht (N.) (Kaufrechtsanspruch)

right (N.) of recourse Freistellungsanspruch (M.)

right (N.) of redemption Ablösungsrecht (N.), Herausgabeanspruch (M.)

right (N.) of residence Wohnrecht (N.)

right (N.) of retention Retentionsrecht (N.), Zurückbehaltungsrecht (N.)

right (N.) of reversion Heimfallsrecht (N.)

right (N.) of sale Vertriebsrecht (N.)

right (N.) of sanctuary Asylrecht (N.) (Asylrechtsanspruch)

right (N.) of self-determination Selbstbestimmungsrecht (N.)

right (N.) of self-redress Selbsthilferecht (N.)

right (N.) of settlement Niederlassungsfreiheit (F.)

right (N.) of stoppage in transitu Folgerecht (N.)

right (N.) of succession Erbrecht (N.) (Erbrechtsanspruch), Erbschaftsanspruch (M.)

right (N.) of the key Hausrecht (N.)

right (N.) of user Nutzungsrecht (N.)

right (N.) of usufruct Nutzungsrecht (N.)

right (N.) of way Vorfahrt (F.), Wegerecht (N.) (Wegerechtsberechtigung)

right (N.) of withdrawal from a contract Rücktrittsrecht (N.)

right (N.) to alter a legal relationship Gestaltungsrecht (N.)

right (N.) to an inheritance Erbrecht (N.) (Erbrechtsanspruch), Erbschaftsanspruch (M.)

right (N.) to augmentation of compulsory portion Pflichtteilergänzungsanspruch (M.)

right (N.) to be elected passives Wahlrecht (N.)

right (N.) to build Baurecht (N.) (Anspruch auf Ausführung eines Bauvorhabens)

right (N.) to claim Forderungsrecht (N.)

right (N.) to decide on the budget Budgetrecht (N.)

right (N.) to follow the asset Folgerecht (N.)

right (N.) to forbearance Unterlassungsanspruch (M.)

right (N.) to give instructions Direktionsrecht (N.), Weisungsrecht (N.)

right (N.) to have justice administered Justizgewährungsanspruch (M.)

right (N.) to have something removed Beseitigungsanspruch (M.)

right (N.) to issue a writ of certiorari Evokationsrecht (N.)

right (N.) to one's business establishment

Recht (N.) am eingerichteten und ausgeübten Gewerbebetrieb
right (N.) to possession Besitzrecht (N.)
right (N.) to publish Verlagsrecht (N.)
right (N.) to refrain someone from acting Unterlassungsanspruch (M.)
right (N.) to refuse to give evidence Zeugnisverweigerungsrecht (N.)
right (N.) to refuse to give information Auskunftsverweigerungsrecht (N.)
right (N.) to remain silent Aussageverweigerungsrecht (N.)
right (N.) to repossess Wegnahmerecht (N.)
right (N.) to resist Widerstandsrecht (N.)
right (N.) to social security benefits Sozialversicherungsanspruch (M.)
right (N.) to strike Streikrecht (N.)
right (N.) to sue Aktivlegitimation (F.)
right (N.) to take away Wegnahmerecht (N.)
right (N.) to the abatment of a nuisance Beseitigungsanspruch (M.)
right (N.) to the custody Sorgerecht (N.)
right (N.) to the use of a name Namensrecht (N.)
right (N.) to vote aktives Wahlrecht (N.), Stimmrecht (N.)
right (N.) to wind up voluntarily Selbstauflösungsrecht (N.)
right (N.) to withhold performance Leistungsverweigerungsrecht (N.)
rightless (Adj.) rechtlos
rightlessness (N.) Rechtlosigkeit (F.)
rigorous (Adj.) streng
ringleader (M. bzw. F.) Rädelsführer (M.)
riot (N.) Auflauf (M.), Aufruhr (M.), Zusammenrottung (F.)
riot (V.) zusammenrotten (sich)
riotous assembly (N.) Zusammenrottung (F.)
riot police (N.) Bereitschaftspolizei (F.)
rise (N.) Anstieg (M.)
rise (N.) (am.) Erhöhung (F.)
rise (V.) ansteigen
risk (N.) Gefahr (F.), Risiko (N.)
risk (N.) of absconding Fluchtgefahr (F.)
risk (N.) of flight Fluchtgefahr (F.)
risk (N.) of life Lebensrisiko (N.)
risk (N.) of remuneration Vergütungsgefahr (F.)

ritual (N.) Agende (F.)
rival (Adj.) konkurrierend
rival (M. bzw. F.) Konkurrent (M.)
rival (V.) konkurrieren (im Wettbewerb sein)
rivalry (N.) Konkurrenz (F.) (Wettbewerb)
river (N.) Strom (M.) (Wasserstrom)
road (N.) Straße (F.) (Landstraße)
road accident (N.) Verkehrsunfall (M.) (Verkehrsunfall auf einer Überlandstraße)
roadborne traffic (N.) Kraftverkehr (M.)
road construction (N.) Straßenbau (M.) (Bau einer Landstraße)
road construction office (N.) Straßenbaubehörde (F.)
road haulage (N.) Güterkraftverkehr (M.)
roads (N.Pl.) Reede (F.)
road sign (N.) Verkehrszeichen (N.)
roadsteed (N.) Reede (F.)
road traffic (N.) Straßenverkehr (M.)
road traffic authority (N.) Straßenverkehrsbehörde (F.)
road traffic law (N.) Straßenverkehrsrecht (N.), Verkehrsrecht (N.) (Rechtsordnung des Straßenverkehrs)
road traffic ordinance (N.) Kraftverkehrsordnung (F.)
road traffic regulations (N.Pl.) Straßenverkehrsordnung (F.)
road transport (N.) Kraftverkehr (M.)
roadway (N.) Fahrbahn (F.)
rob (V.) berauben, rauben, wegnehmen
robber (M. bzw. F.) Räuber (M.)
robbery (N.) Raub (M.)
robe (N.) Robe (F.), Talar (M.)
rocket (N.) Rakete (F.)
rogatory letters (N.Pl.) Amtshilfeersuchen (N.)
roll (N.) Rolle (F.)
Roman (Adj.) römisch
Roman law (N.) römisches Recht (N.)
room (N.) Platz (M.), Raum (M.) (Platz)
roomer (M. bzw. F.) (am.) Untermieter (M.)
rotation (N.) Rotation (F.), Turnus (M.)
rough (Adj.) grob
rough (V.) up (am.) mißhandeln
rough copy (N.) Entwurf (M.)
rough estimate (N.) of cost Voranschlag (M.)

round (V.) off arrondieren
roundup (N.) Razzia (F.)
row (N.) Schlägerei (F.)
royal (Adj.) königlich
royalty (N.) Königtum (N.), Lizenzgebühr (F.), Tantieme (F.)
rubbish (N.) Müll (M.)
rubble (N.) Schutt (M.)
ruffian (M. bzw. F.) Schläger (M.) (Person)
ruin (V.) zerrütten
rule (N.) Beherrschung (F.), Herrschaft (F.), Maßregel (F.), Norm (F.), Regel (F.), Richtlinie (F.), Verwaltungsvorschrift (F.), Vorschrift (F.)
rule (N.) of ethics Sittengesetz (N.)
rule (N.) of evidence Beweisregel (F.)
rule (N.) of law Rechtsnorm (F.), Rechtsstaatsprinzip (N.)
rule (N.) of reasonableness Übermaßverbot (N.)
rule (V.) beherrschen, bestimmen, gelten, herrschen
rule (V.) on entscheiden
rule (V.) out ausschließen
ruler (M. bzw. F.) Herr (M.), Herrscher (M.), Landesherr (M.), Regent (M.)
Rules (N.Pl.) and Regulations (N.Pl.) for the bar Bundesrechtsanwaltsordnung (F.)
rules (N.Pl.) for private-law transactions of public bodies Verwaltungsprivatrecht (N.)
rules (N.Pl.) of procedure Geschäftsordnung (F.) (Gerichtsgeschäftsordnung), Verfahrensvorschriften (F.Pl.)
rules (N.Pl.) of study Studienordnung (F.)
rules (N.Pl.) of the court Gerichtsordnung (F.)
rules and regulations (N.Pl.) Geschäftsordnung (F.)
ruling (Adj.) geltend
ruling (N.) Bescheid (M.), Entscheid (M.), Entscheidung (F.), Richterspruch (M.)
ruling (N.) on an objection Widerspruchsbescheid (M.)
run (N.) Laufzeit (F.)
run (V.) betreiben, brechen, führen, leiten
run (V.) for kandidieren
run (V.) for (am.) aufstellen
run (V.) round umlaufen
run (V.) up to belaufen

runaway (M. bzw. F.) Deserteur (M.)
running account (N.) Kontokorrent (N.)
running amok (N.) Amoklauf (M.)
running period (N.) Laufzeit (F.)
run-off vote (N.) Stichwahl (F.)
rupture (N.) Abbruch (M.) (Beendigung von Verhandlungen)
ruthless (Adj.) rücksichtslos

s

Saarland (F.) Saarland (N.)
sabotage (N.) Sabotage (F.)
sabotage (V.) sabotieren
sacrament (N.) Sakrament (N.)
Sacred Roman Rota (N.) Rota (F.) Romana (lat.)
sacrifice (N.) Aufopferung (F.), Opfer (N.) (Einbuße)
sacrifice (V.) aufopfern, opfern
sacrilege (N.) Frevel (M.), Sakrileg (N.)
sacrilegist (M. bzw. F.) Frevler (M.)
sadism (N.) Sadismus (M.)
safe (Adj.) sicher
safe-custody business (N.) Depotgeschäft (N.)
safe deposit (N.) Depot (N.)
safe-deposit contract (N.) Verwahrungsvertrag (M.)
safeguard (V.) schützen
safeguarding (N.) Sicherstellung (F.), Sicherung (F.)
safeguarding proceedings (N.Pl.) Sicherungsverfahren (N.)
safekeeping (N.) Gewahrsam (M.), Verwahrung (F.)
safety (N.) Sicherheit (F.)
safety measure (N.) Schutzmaßnahme (F.)
safety regulations (N.Pl.) Sicherheitsvorschrift (F.)
safety rule (N.) Sicherheitsvorschrift (F.)
sailor (M.) Matrose (M.), Seemann (M.)
saint (Adj.) heilig
salaried judge (M. bzw. F.) Berufsrichter (M.)
salary (N.) Besoldung (F.), Gage (F.), Gehalt (N.)
salary (V.) besolden
salary earner (M. bzw. F.) Angestellter (M.)

salary scheme (N.) Besoldungsordnung (F.)
sale (N.) Absatz (M.) (Verkauf), Ausverkauf (M.), Veräußerung (F.), Verkauf (M.)
sale (N.) by sample Kauf (M.) nach Probe
sale (N.) of livestock Viehkauf (M.)
sale (N.) of unascertained goods Gattungskauf (M.), Genuskauf (M.)
sale (N.) on approval Kauf (M.) auf Probe
sale (N.) on trial Kauf (M.) auf Probe
sale (N.) subject to buyer's specification Spezifikationskauf (M.)
sale (N.) without resort to legal process Selbsthilfeverkauf (M.)
sales (N.Pl.) Umsatz (M.), Vertrieb (M.)
sales bill (N.) Rechnung (F.)
sales contract (N.) Kaufvertrag (M.)
saleslady (F.) Verkäuferin (F.)
salesman (M.) Verkäufer (M.)
sales promotion (N.) Werbung (F.)
sales tax (N.) Umsatzsteuer (F.)
salvage (N.) Hilfeleistung (F.)
salvage (N.) (money) Bergelohn (M.)
salvage (V.) bergen
salvage-money (N.) Reugeld (N.)
sample (N.) Muster (N.), Probe (F.) (Muster)
sanatorium (N.) Heilanstalt (F.)
sanatorium (N.) (brit.) Heilanstalt (F.)
sanction (N.) Genehmigung (F.), Sanktion (F.)
sanction (V.) genehmigen, sanktionieren
sanctuary (N.) Asyl (N.)
sane (Adj.) zurechnungsfähig
sanitarium (N.) (am.) Heilanstalt (F.)
sanitary board (N.) Gesundheitsamt (N.)
sanitate (V.) sanieren
sanitation (N.) Sanierung (F.)
satisfaction (N.) Befriedigung (F.), Buße (F.), Erfüllung (F.), Genugtuung (F.), Satisfaktion (F.)
satisfy (V.) befriedigen, büßen, überzeugen
save (V.) sichern, sparen
saver (M. bzw. F.) Sparer (M.)
saving deposit (N.) Spareinlage (F.)
savings bank (N.) Sparkasse (F.)
savings-bank book (N.) Sparbuch (N.)
savings deposit (N.) Bankeinlage (F.)
Saxony (F.) Sachsen (N.)
Saxony-Anhalt (F.) Sachsen-Anhalt (N.)
scaffold (N.) Schafott (N.)

scale (N.) Tabelle (F.), Tarif (M.)
scale (N.) of charges Gebührenordnung (F.), Tarif (M.)
scale (V.) down herabsetzen
scare (V.) schrecken
scare (V.) away abschrecken
scene (N.) Tatort (M.)
schedule (N.) Liste (F.), Tabelle (F.), Verzeichnis (N.)
schedule (N.) of fees Gebührenordnung (F.)
schedule (N.) of penalties Bußgeldkatalog (M.)
schedule (V.) ansetzen
schedule (V.) (am.) festsetzen
scheme (N.) Plan (M.)
schemer (M. bzw. F.) Ränkeschmied (M.)
schism (N.) Schisma (N.)
schizophrenia (N.) Schizophrenie (F.)
Schleswig-Holstein (F.) Schleswig-Holstein (N.)
scholarship (N.) Stipendium (N.)
school (N.) Fakultät (F.), Schule (F.)
school (N.) of law Rechtsschule (F.)
school-leaving examination (N.) Abitur (N.), Abschlußprüfung (F.), Matura (F.), Reifeprüfung (F.)
school report (N.) Zeugnis (N.) (Schulzeugnis)
science (N.) Wissenschaft (F.)
science (N.) of administration Verwaltungslehre (F.)
scientific (Adj.) wissenschaftlich
scion (M. bzw. F.) Abkömmling (M.)
scode (V.) schelten
scold (V.) schimpfen
scolding (N.) Schelte (F.)
scope (N.) Bereich (M.), Geltungsbereich (M.), Rahmen (M.), Wirkungskreis (M.)
scope (N.) for judgement evaluation Beurteilungsspielraum (M.)
scorn (N.) Hohn (M.)
script (N.) Skript (N.), Skriptum (N.)
scroll (N.) Rolle (F.)
sea (N.) Meer (N.), See (F.) (Meer)
seal (N.) Petschaft (F.), Plombe (F.) (Verschlußsicherung), Siegel (N.), Verschluß (M.)
seal (V.) plombieren, siegeln, versiegeln
seal (V.) off absperren
sealing (N.) Versiegelung (F.)

seaman (M.) Matrose (M.), Seemann (M.)
seamen's agreement (N.) Heuervertrag (M.)
sea protest (N.) Verklarung (F.)
search (N.) Durchsuchung (F.), Fahndung (F.)
search (N.) for wanted persons by screening devices Rasterfahndung (F.)
search (V.) durchsuchen, suchen
search (V.) for fahnden
sea-route (N.) Seeweg (M.)
sea-shore (N.) Strand (M.)
seashore (N.) Ufer (N.) (Meeresufer)
seasonal sale (N.) Schlußverkauf (M.)
seat (N.) Mandat (N.) (Volksvertretungsrecht im Parlament), Platz (M.), Sitz (M.) (Sitz in einem Gremium), Sitz (M.) (Standort)
secession (N.) Sezession (F.)
secondary activity (N.) Nebentätigkeit (F.)
secondary attachment (N.) Anschlußpfändung (F.)
secondary office (N.) Nebenamt (N.)
secondary punishment (N.) Nebenstrafe (F.)
secondary right (N.) Nebenrecht (N.)
secondary school (N.) Gymnasium (N.)
second bail (M. bzw. F.) Nachbürge (M.)
second-class mail (N.) (am.) Drucksache (F.)
second decision (N.) Zweitbescheid (M.)
second distress (N.) Anschlußpfändung (F.)
secrecy (N.) Geheimnis (N.), Verschwiegenheit (F.)
secrecy (N.) of elections Wahlgeheimnis (N.)
secrecy (N.) of letters Briefgeheimnis (N.)
secrecy (N.) of mail (am.) Postgeheimnis (N.)
secrecy (N.) of telecommunications Fernmeldegeheimnis (N.)
secret (Adj.) geheim, heimlich
secret (N.) Geheimnis (N.)
secretariat (N.) Sekretariat (N.)
secretary (M. bzw. F.) Schriftführer (M.), Sekretär (M.)
secretary (M. bzw. F.) (am.) Minister (M.)
secretary (M. bzw. F.) general Generalsekretär (M.)
secretary (M. bzw. F.) of legation Legationssekretär (M.)

secretary (M. bzw. F.) of state Staatssekretär (M.)
Secretary (M. bzw. F.) of State (am.) Außenminister (M.)
Secretary of State for the Home Department (M. bzw. F.) (brit.) Innenminister (M.)
Secretary of the Interior (M. bzw. F.) (am.) Innenminister (M.)
Secretary of the Treasury (M. bzw. F.) (am.) Finanzminister (M.)
secret ballot (N.) geheime Wahl (F.)
secret police (N.) Geheimpolizei (F.)
secret service (N.) Geheimdienst (M.)
secret society (N.) Geheimbund (M.)
secret voting (N.) geheime Wahl (F.)
sect (N.) Sekte (F.)
section (N.) Absatz (M.) (Teil eines Gesetzes), Abschnitt (M.), Dezernat (N.), Paragraph (M.), Sektion (F.) (Abteilung im Verwaltungsrecht)
sectional strike (N.) Teilstreik (M.) (Branchenstreik)
sector (N.) Sektor (M.)
secularization (N.) Säkularisation (F.)
secularize (V.) säkularisieren
secure (Adj.) sicher
secure (V.) decken (Verlust bzw. Schulden bezahlen), gewährleisten, sichern
securing (N.) Sicherung (F.)
securities (N.Pl.) Effekten (M.Pl.)
securities deposit law (N.) Depotgesetz (N.)
security (N.) Bürgschaft (F.), Deckung (F.) (Absicherung), Gewähr (F.), Gewährleistung (F.), Papier (N.), Pfand (N.), Schutz (M.), Sicherheit (F.), Wertpapier (N.)
security (N.) of tenure Kündigungsschutz (M.)
security bond (N.) Kaution (F.)
Security Council (N.) Sicherheitsrat (M.)
security deposit (N.) Depot (N.), Sicherheitsleistung (F.)
security deposit business (N.) Depotgeschäft (N.)
security note (N.) of a bank Bankbürgschaft (F.)
security transaction (N.) Sicherungsgeschäft (N.)
sedition (N.) Hochverrat (M.)
seduce (V.) verführen

seduction (N.) Verführung (F.)

seeding (N.) Saat (F.) (Aussäen)

seeds (N.Pl.) Saat (F.) (Saatgut)

seek (V.) suchen, trachten

seek (V.) information erkundigen

segregate (V.) absondern, aussondern

segregation (N.) Aussonderung (F.)

seigniory (N.) Grundherrschaft (F.)

seisin (N.) Besitzstand (M.)

seize (V.) beschlagnahmen, einziehen (einkassieren), kapern, konfiszieren, pfänden

seizin (N.) Besitzergreifung (F.), Besitzstand (M.)

seizure (N.) Arrest (M.), Beschlag, Beschlagnahme (F.), Festnahme (F.), Konfiskation (F.), Pfändung (F.)

select (V.) auswählen, wählen (auswählen)

selection (N.) Auswahl (F.), Wahl (F.) (Auswahl)

self-administration (N.) Selbstverwaltung (F.)

self-contracting (N.) Insichgeschäft (N.)

self-dealing (N.) Insichgeschäft (N.), Selbstkontrahieren (N.)

self-defence (N.) Selbstverteidigung (F.)

self-defence (N.) (br.) Notwehr (F.)

self-defense (N.) (am.) Notwehr (F.)

self-determination (N.) Selbstbestimmung (F.)

self-employed (Adj.) selbständig

self-employed person (M. bzw. F.) Selbständiger (M.)

self-engagement (N.) Selbstbindung (F.)

self-executing norm (N.) Vollzugsnorm (F.)

self-given authority (N.) Eigenmacht (F.)

self-governing body (N.) Selbstverwaltungskörperschaft (F.)

self-government (N.) Selbstverwaltung (F.)

self-help (N.) Selbsthilfe (F.)

self-integrated inter-company relation (N.) Selbstorganschaft (F.)

self-redress (N.) Selbsthilfe (F.)

sell (V.) veräußern, verkaufen

sell (V.) by public auction versteigern

sell (V.) off räumen

seller (M.) Verkäufer (M.)

seller's risk (N.) as to the loss of the purchase price Preisgefahr (F.)

selling (N.) Absatz (M.) (Verkauf)

selling (N.) short Blankogeschäft (N.)

selling off (N.) Ausverkauf (M.)

semblance (N.) Anschein (M.)

semester (N.) Semester (N.)

semi-luxury (N.) Genußmittel (N.)

seminar (N.) Seminar (N.) (Lehrveranstaltung in der Universität)

seminary (N.) Seminar (N.) (Priesterseminar)

semi-official (Adj.) offiziös

senate (N.) Senat (M.)

senator (M. bzw. F.) Senator (M.)

send (V.) absenden (einen Brief absenden), schicken

send (V.) off versenden

sender (M. bzw. F.) Absender (M.) (Briefabsender)

senior (M. bzw. F.) Vorsteher (M.)

senior (M. bzw. F.) in rank Vorgesetzter (M.)

senior city manager (M. bzw. F.) (am.) Oberstadtdirektor (M.)

senior employee (M. bzw. F.) leitender Angestellter (M.)

senior executive officer (M. bzw. F.) Regierungsrat (M.) (Beamtentitel)

seniority (N.) Vorrang (M.)

senior share (N.) Vorzugsaktie (F.)

senior town clerk (M. bzw. F.) (brit.) Oberstadtdirektor (M.)

sense (N.) ratio (F.) (lat.)

senselessness (N.) Unverstand (M.)

sentence (N.) Richterspruch (M.), Satz (M.) (in sich geschlossene Abfolge von Wörtern), Strafe (F.), Straferkenntnis (F.), Urteil (N.)

sentence (N.) for juveniles Jugendstrafe (F.)

sentence (N.) of imprisonment Freiheitsstrafe (F.)

sentence (V.) strafen, verurteilen

sentencer (M. bzw. F.) Strafrichter (M.)

sentimental interest (N.) Affektionsinteresse (N.)

sentimental value (N.) Affektionswert (M.), Liebhaberwert (M.)

separable (Adj.) teilbar

separate (Adj.) getrennt

separate (V.) absondern, teilen, trennen

separated (Adj.) getrennt

separate finding (N.) of guilt Schuldinterlokut (N.)

separate property (N.) Sondervermögen (N.)
separation (N.) Getrenntleben (N.), Trennung (F.)
separation (N.) of powers Gewaltenteilung (F.)
separation (N.) of property Gütertrennung (F.)
seperate use (N.) Sondernutzung (F.)
sequel (N.) Fortsetzung (F.)
sequence (N.) of authorities Instanzenweg (M.)
sequence (N.) of courts Instanzenzug (M.)
sequestrate (V.) beschlagnahmen, sequestieren
sequestration (N.) Beschlagnahme (F.), Sequestration (F.)
sequestrator (M. bzw. F.) Sequester (M.)
sergeant (M.) Feldwebel (M.)
seriously disabled person (M. bzw. F.) Schwerbeschädigter (M.)
servant (M.) Diener (M.), Bediensteter (M.) (Bediensteter des öffentlichen Dienstes), Dienstbote (M.)
serve (V.) ausüben, bedienen, dienen, fungieren, verbüßen
serve (V.) a summons laden (herbestellen), vorladen
service (N.) Dienstleistung (F.), Dienst (M.)
service (N.) by publication öffentliche Zustellung (F.)
service contract (N.) Arbeitsvertrag (M.)
service (V.) instandhalten
serviceable (Adj.) tauglich (dienlich)
service charge (N.) Verwaltungsgebühr (F.)
service mark (N.) Dienstleistungsmarke (F.)
service regulations (N.Pl.) Dienstrecht (N.)
services (N.Pl.) rendered Dienstleistung (F.)
service status (N.) Dienstverhältnis (N.)
servient estate (N.) dienendes Grundstück (N.)
serving (Adj.) public purposes gemeinnützig
serving (N.) Insinuation (F.) (Zustellung)
servitude (N.) Dienstbarkeit (F.), Knechtschaft (F.), Servitut (F.)
servitude (N.) required by law Legalservitut (F.)
session (N.) Session (F.), Sitzung (F.), Sitzungsperiode (F.)
set (N.) Satz (M.) (zusammengehörige Ge-

genstände)
set (V.) a time limit befristen
set (V.) down anberaumen
set (V.) forth grounds begründen
set (V.) free befreien, freilassen
set (V.) off (br.) aufrechnen
set (V.) one's hand unterschreiben
set (V.) right richten
set (V.) up aufstellen, niederlassen (Geschäft eröffnen)
set off (N.) Verrechnung (F.) (Aufrechnung)
setoff (N.) (am.) Aufrechnung (F.)
set-off (N.) (br.) Aufrechnung (F.)
set off (V.) verrechnen (aufrechnen)
setting (N.) Rahmen (M.)
setting free (N.) Freilassung (F.)
setting-(N.) up Niederlassung (F.) (Geschäftseröffnung)
setting up (N.) Aufstellung (F.)
settle (V.) abdingen, abfinden, abmachen, begleichen, beilegen, bereinigen, bezahlen (tilgen), erledigen, lösen, ordnen, regeln, regulieren, saldieren, verrechnen (aufrechnen)
settle (V.) amicably schlichten (einen Streit friedlich beenden)
settle (V.) on vermachen
settle down (V.) niederlassen
settlement (N.) Abfindung (F.), Beilegung (F.), Bereinigung (F.), Bezahlung (F.) (Tilgung), Einigung (F.), Niederlassung (F.) (Ansiedelung), Regelung (F.), Regulierung (F.), Schlichtung (F.), Tilgung (F.), Übereinkunft (F.), Verfügung (F.) (Willenserklärung), Vergleich (M.) (Vergleich im Privatrecht), Verrechnung (F.) (Aufrechnung)
settlement (N.) of accounts Abrechnung (F.)
settlor (M. bzw. F.) Treugeber (M.)
sever (V.) lösen, trennen
severable (Adj.) teilbar
severance (N.) Trennung (F.)
severance (N.) of action Prozeßtrennung (F.)
severe (Adj.) streng
severely handicapped person (M. bzw. F.) Schwerbehinderter (M.)
severity (N.) of guilt Schwere (F.) der Schuld

sewage (N.) Abwasser (N.)

sewage plant (N.) Kläranlage (F.)

sex (N.) Geschlecht (N.) (natürliches Geschlecht), Sex (M.)

sex criminal (M. bzw. F.) Triebtäter (M.)

sex murder (N.) Lustmord (M.)

sexual (Adj.) geschlechtlich, sexuell

sexual abuse (N.) sexueller Mißbrauch (M.)

sexual act (N.) sexuelle Handlung (F.)

sexual desire (N.) Geschlechtstrieb (M.)

sexual impulse (N.) Geschlechtstrieb (M.)

sexual intercourse (N.) Beischlaf (M.), Beiwohnung (F.), Geschlechtsverkehr (M.), Koitus (M.), Sex (M.)

sexually motivated murder (N.) Lustmord (M.)

sexual offence (N.) Sexualdelikt (N.), Sittlichkeitsdelikt (N.)

sham (V.) heucheln

shame (N.) Schande (F.)

sham transaction (N.) Scheingeschäft (N.)

shape (N.) Gestaltung (F.)

share (N.) Anteil (M.), Beitrag (M.), Beteiligung (F.) (Beteiligung im Handelsrecht), Geschäftsanteil (M.), Kontingent (N.), Teil (M.)

share (N.) (br.) Aktie (F.)

share (N.) of capital Kapitalanteil (M.)

share (N.) of the inheritance Erbteil (M.)

share (V.) aufteilen, verteilen

share and share alike gleich

share certificate (N.) Anteilsschein (M.)

shareholder (M. bzw. F.) Gesellschafter (M.) (Gesellschafter bei Gesellschaft mit beschränkter Haftung)

shareholder (M. bzw. F.) (br.) Aktieninhaber (M.), Aktionär (M.), Anteilseigner (M.)

shareholders' resolution (N.) Hauptversammlungsbeschluß (M.)

share register (N.) Aktienbuch (N.)

shell (N.) Granate (F.)

shelter (N.) Beherbergung (F.), Obdach (N.)

shelterless (Adj.) obdachlos

sheriff (M. bzw. F.) (am.) Sheriff (M.) (Sheriff im angloamerikanischen Recht)

sheriff's officer (M. bzw. F.) Gerichtsvollzieher (M.)

sheriff's sale (N.) Zwangsversteigerung (F.)

shield (V.) schützen

shift (N.) Schicht (F.) (Arbeitszeit)

shift (N.) of the burden of proof Beweislastumkehr (F.)

shift work (N.) Schichtarbeit (F.)

shilling (N.) Schilling (M.)

ship (N.) Schiff (N.)

ship (V.) absenden (eine Fracht absenden), verladen, verschiffen, versenden

shipment (N.) Ladung (F.) (Aufladung von Gütern), Versendung (F.)

shipowner (M. bzw. F.) Reeder (M.)

shipper (M. bzw. F.) Absender (M.) (Frachtabsender), Verfrachter (M.)

shipping (N.) Schiffahrt (F.)

shipping articles (N.Pl.) Heuervertrag (M.)

shipping bill (N.) Konnossement (N.), Ladeschein (M.), Manifest (N.) (Manifest im Seeverkehrsrecht)

shipping business (N.) Reederei (F.) (Schiffahrtswesen)

shipping company (N.) Reederei (F.) (Schiffahrtsunternehmen)

shipping note (N.) Frachtbrief (M.), Verladeschein (M.)

shipping trade (N.) Reederei (F.) (Schiffahrtswesen)

ship's protest (N.) Verklarung (F.)

shipwreck (N.) Schiffbruch (M.)

shock (N.) Schock (M.)

shoot (V.) schießen

shooter (M. bzw. F.) Schütze (M.)

shooting rights (N.Pl.) Jagdausübungsrecht (N.)

shop (N.) Geschäft (N.) (Unternehmen), Laden (M.)

shop agreement (N.) Betriebsvereinbarung (F.)

shop assistant (M. bzw. F.) Handlungsgehilfe (M.), Ladenangestellter (M.)

shop closing (N.) Ladenschluß (M.)

shop committee (N.) Betriebsrat (M.)

shop-lifter (M.bzw.F.) Ladendieb (M.)

shoplifting (N.) Ladendiebstahl, Ladendiebstahl (M.)

shopping precinct (N.) Fußgängerzone (F.)

shore (N.) Küste (F.), Ufer (N.) (Meeresufer), Ufer (N.) (Seeufer)

shortage (N.) Mangel (M.) (Knappheit)

shortcoming (N.) Mangel (M.) (Knappheit)

shorten (V.) kürzen

shortfall (N.) Ausfall (M.), Defizit (N.)
short hours (N.Pl.) Kurzarbeit (F.)
short-term detention (N.) Kurzarrest (M.)
short-time work (N.) Kurzarbeit (F.)
shot (N.) Schuß (M.)
show (N.) Messe (F.)
show (V.) bewähren, offenbaren
shun (V.) meiden
shut (V.) schließen (zumachen)
shut-down (N.) Schließung (F.)
sick (Adj.) krank
sick certificate (N.) Krankenschein (M.)
side (N.) Seite (F.)
sidewalk (N.) Gehweg (M.)
sight (N.) Sicht (F.)
sight bill (N.) Sichtwechsel (M.)
sight draft (N.) Sichtwechsel (M.)
sign (N.) Zeichen (N.) (Anzeichen)
sign (V.) unterschreiben, unterzeichnen
signature (N.) Unterschrift (F.), Unterzeichnung (F.)
signature (N.) in blank Blankounterschrift
signet (N.) Petschaft (F.), Siegel (N.)
significance (N.) Belang (M.), Relevanz
(F.)
significant (Adj.) relevant
silence (N.) Ruhe (F.), Schweigen (N.)
similar (Adj.) gleichartig
similarity (N.) Gleichartigkeit (F.)
simplify (V.) vereinfachen
simulate (V.) vorspiegeln, vortäuschen
simultaneous (Adj.) gleichzeitig, simultan
sin (N.) Sünde (F.)
sincerity (N.) Redlichkeit (F.)
sinecure (N.) Pfründe (F.)
single (Adj.) ledig
single (V.) out aussondern
Single European Act (N.) Europäische
Akte (F.)
single judge (M. bzw. F.) Einzelrichter (M.)
Single Market (N.) Binnenmarkt (M.)
singular succession (N.) Einzelrechtsnachfolge (F.)
siphoning (V.) off Abschöpfung (F.)
sister (F.) Schwester (F.)
sister-in-law (F.) Schwägerin (F.)
site (N.) Ort (M.), Platz (M.), Standort (M.),
Stätte (F.), Stelle (F.) (Ort)
sitting fee (N.) Verhandlungsgebühr (F.)
situate (Adj.) belegen (Adj.)

situated (Adj.) gelegen (befindlich)
situs (N.) Belegenheit (F.), Ort (M.)
skeleton key (N.) Dietrich (M.)
skeleton wage agreement (N.) Manteltarif
(M.), Manteltarifvertrag (M.)
skilful (Adj.) kundig
skill (N.) Können (N.)
skilled (Adj.) qualifiziert (gut ausgebildet)
skilled clerk (M. bzw. F.) in a law office
Rechtsanwaltsfachangestellter (M.)
skilled labour (M. bzw. F.) Facharbeiter
(M.)
skilled worker (M. bzw. F.) Facharbeiter
(M.)
skim (V.) off abschöpfen
slander (N.) Lästerung (F.), üble Nachrede
(F.), Verleumdung (F.)
slander (V.) diffamieren, lästern, verleumden
slanderer (M. bzw. F.) Verleumder (M.)
slap (N.) Ohrfeige (F.)
slap (V.) ohrfeigen
slave (M. bzw. F.) Sklave (M.)
slave traffic (N.) Menschenhandel (M.)
slay (V.) morden
slight (Adj.) geringfügig
slip (N.) Beleg (M.), Bon (M.), Versehen
(N.)
slogan (N.) Devise (F.)
sloppy (Adj.) nachlässig
slot machine (N.) Automat (M.) (Verkauf)
slump (N.) Baisse (F.)
slush money (N.) (am.) Schmiergeld (N.)
small claim (N.) Bagatellsache (F.)
small matter (N.) Bagatelle (F.)
small state (N.) Kleinstaat (M.)
small trader (M. bzw. F.) Minderkaufmann (M.)
smart money (N.) Schmerzensgeld (N.)
smash (N.) (br.) Pleite (F.)
smear (V.) verunglimpfen
smog (N.) Smog (M.)
smoke (N.) Rauch (M.)
smoke (V.) rauchen
smuggle (V.) schmuggeln
smuggled prison message (N.) Kassiber (M.)
smuggler (M. bzw. F.) Schmuggler (M.)
smuggling (N.) Schmuggel (M.)
social (Adj.) gesellschaftlich, sozial
social adjustment (N.) Resozialisierung (F.)

social court (N.) Sozialgericht (N.)
social crime (N.) Frevel (M.)
social ethics (N.Pl.) Sozialethik (F.)
social insurance (N.) Sozialversicherung (F.)
social insurance contribution (N.) Sozialversicherungsbeitrag (M.)
social insurance institution (N.) Sozialversicherungsträger (M.)
social insurance pension (N.) Rente (F.), Sozialrente (F.)
social insurance pensioner (M. bzw. F.) Rentner (M.)
social insurance tribunal (N.) Sozialgericht (N.)
socialism (N.) Sozialismus (M.)
socialist (Adj.) sozialistisch
socialist (M. bzw. F.) Sozialist (M.)
socialization (N.) Sozialisierung (F.), Vergesellschaftung (F.), Verstaatlichung (F.)
socialize (V.) sozialisieren, verstaatlichen
social legislation (N.) Sozialgesetzgebung (F.)
socially harmful (Adj.) sozialschädlich
socially subsidized flat (N.) Sozialwohnung (F.)
social obligation (N.) Sozialpflichtigkeit (F.)
social pension insurance (N.) Rentenversicherung (F.)
social plan (N.) Sozialplan (M.)
social question (N.) soziale Frage (F.)
social security (N.) Sozialhilfe (F.)
social security (N.) (am.) Sozialversicherung (F.)
social security benefit (N.) Sozialleistung (F.)
social security benefits quota (N.) Sozialleistungsquote (F.)
social security code (N.) Sozialgesetzbuch (N.)
social security pension (N.) Sozialrente (F.)
social security tax (N.) (am.) Sozialversicherungsbeitrag (M.)
social state (N.) Sozialstaat (M.)
social station (N.) Stand (M.)
social surroundings (N.Pl.) Milieu (N.)
social therapeutic institution (N.) sozialtherapeutische Anstalt (F.)
social welfare (N.) Wohlfahrt (F.)
social welfare law (N.) Sozialrecht (N.)

social welfare state (N.) Wohlfahrtsstaat (M.)
social worker (M. bzw. F.) Sozialarbeiter (M.)
society (N.) Gesellschaft (F.), Sozietät (F.), Verein (M.)
society (N.) of miners Knappschaft (F.)
society matter (N.) Vereinssache (F.)
sociology (N.) Soziologie (F.)
sociology (N.) of law Rechtssoziologie (F.)
sodomy (N.) Sodomie (F.)
soften (V.) mildern
soft law (N.) soft law (N.) (engl.)
soft ware (N.) Software (F.) (engl.)
soil (N.) Boden (M.), Grund (M.) (Land), Land (N.) (Boden bzw. Gebiet)
sojourn (N.) Aufenthalt (M.)
soldier (M.) Soldat (M.)
soldierly (Adj.) militärisch
soldier's pay (N.) Sold (M.)
sole authority (N.) Einzelvollmacht (F.)
sole heir (M. bzw. F.) Universalerbe (M.)
sole judge (M. bzw. F.) Einzelrichter (M.)
solemnization (N.) of marriage Eheschließung (F.)
solemn promise (N.) Gelöbnis (N.), Gelübde (N.)
sole proprietorship (N.) Einmanngesellschaft (F.)
sole reign (N.) Monokratie (F.)
sole right (N.) of the state to institute criminal proceedings Anklagemonopol (N.)
sole trader (M. bzw. F.) Einzelkaufmann (M.)
solicit (V.) anwerben, bitten, werben (Kunden bzw. Abonnenten anwerben)
solicitation (N.) Anstiftung (F.)
soliciting agent (M. bzw. F.) Vermittlungsvertreter (M.)
solicitor (M. bzw. F.) (br.) Rechtsanwalt (M.)
solicitor (M.F.) (br.) Anwalt (M.)
solicitude (N.) Sorge (F.) (Fürsorge)
solid (Adj.) stabil
solidarity (N.) Solidarität (F.)
solidarity contribution (N.) Solidaritätsbeitrag (M.)
solidary (Adj.) solidarisch
solitary confinement (N.) Einzelhaft (F.)
solve (V.) lösen

solvency (N.) Liquidität (F.), Solvenz (F.), Zahlungsfähigkeit (F.)

solvent (Adj.) kreditfähig, kreditwürdig, liquide, solvent, zahlungsfähig

son (M.) Sohn (M.)

son-in-law (M.) Schwiegersohn (M.)

sorrow (N.) Sorge (F.) (Besorgnis)

sort (N.) Sorte (F.), Typ (M.)

sort (V.) ordnen

sort (V.) out aussondern

sound (Adj.) kreditfähig, kreditwürdig, vernünftig

sound (V.) out ausforschen

sounding (N.) out Ausforschung (F.)

soundness (N.) Bonität (F.)

source (N.) Quelle (F.)

source (N.) of law Rechtsquelle (F.)

souteneur (M.) Zuhälter (M.)

sovereign (Adj.) hoheitlich, souverän

sovereign (M. bzw. F.) Fürst (M.), Herrscher (M.), Landesherr (M.), Monarch (M.), Regent (M.), Souverän (M.)

sovereign act (N.) Hoheitsakt (M.)

sovereign emblem (N.) Hoheitszeichen (N.)

sovereign power (N.) Hoheitsgewalt (F.)

sovereign right (N.) Hoheitsrecht (N.)

sovereignty (N.) Hoheit (F.) (Hoheitsgewalt), Souveränität (F.)

sovereignty (N.) of the people Volkssouveränität (F.)

Soviet Union (F.) Sowjetunion (F.)

space (N.) Platz (M.), Raum (M.) (Platz), Weltraum (M.)

spare time (N.) Freizeit (F.)

speak (V.) sprechen

speaker (M. bzw. F.) Sprecher (M.)

special (Adj.) besonderer, speziell

special administrative board (N.) Sonderbehörde (F.)

special administrative union (N.) Zweckverband (M.) (Zweckverband von Gemeinden)

special authority (N.) Einzelvollmacht (F.)

special commercial power (N.) Spezialhandlungsvollmacht (F.)

special contigency reserve (N.) Rückstellung (F.)

special deposit (N.) Mindestreserve (F.)

special dividend (N.) Bonus (M.)

special expenditure (N.) Sonderausgabe (F.)

special fund (N.) Sondervermögen (N.)

special indication (N.) of guilt spezielles Schuldmerkmal (N.)

specialist (M. bzw. F.) Fachmann (M.), Sachverständiger (M.), Spezialist (M.)

speciality (N.) Spezialität (F.)

specialized solicitor (M. bzw. F.) Fachanwalt (M.)

special law (N.) Sonderrecht (N.) (Sonderrechtsordnung)

special legal relationship (N.) Sonderrechtsverhältnis (N.)

specially allowed tax reduction (N.) Sonderausgabe (F.)

special majority (N.) qualifizierte Mehrheit (F.)

special ordinance (N.) Sonderverordnung (F.)

special part (N.) besonderer Teil (M.)

special property (N.) Sondergut (N.)

special reason (N.) wichtiger Grund (M.)

special relationship (N.) of subordination besonderes Gewaltverhältnis (N.)

special reserve (N.) Rückstellung (F.)

special right (N.) Privileg (N.), Sonderrecht (N.) (besonderes Vorrecht)

special sacrifice (N.) Sonderopfer (N.)

special statutory offence (N.) Sonderdelikt (N.)

special succession (N.) to property upon death Sondererbfolge (F.)

special tribunal (N.) Ausnahmegericht (N.), Sondergericht (N.)

special waste (N.) Sonderabfall (M.)

species (N.) Gattung (F.), Spezies (F.)

specific (Adj.) bestimmt

specification (N.) Aufstellung (F.), Spezifikation (F.)

specific judicial review (N.) konkrete Normenkontrolle (F.)

specific obligation (N.) Speziesschuld (F.)

specific property item (N.) unvertretbare Sache (F.)

specified (Adj.) qualifiziert (bestimmt)

specified currency clause (N.) Effektivklausel (F.)

specify (V.) a date terminieren (zeitlich festlegen)

specimen (N.) Blankett (N.), Probe (F.) (Muster)

speculate (V.) spekulieren
speculation (N.) Spekulation (F.)
speculative dealer (M. bzw. F.) Spekulant (M.)
speculator (M. bzw. F.) Spekulant (M.)
speed (N.) Geschwindigkeit (F.)
spend (V.) aufwenden, ausgeben
spendthrift trust (N.) Trustverwaltung (F.) zur Verschwendungsverhinderung
sphere (N.) Sphäre (F.)
sphere (N.) of functions Wirkungskreis (M.)
spite (N.) Tücke (F.)
spiteful (Adj.) schikanös
splitting (N.) Splitting (N.) (engl.)
spokesman (M.) Obmann (M.), Sprecher (M.)
sponsor (M. bzw. F.) Bürge (M.), Pate (M.), Patron (M.), Schirmherr (M.), Sponsor (M.) (engl.)
sponsor (V.) befürworten, bürgen, fördern (unterstützen), protegieren
sponsoring (N.) Sponsoring (N.) (engl.)
sponsorship (N.) Patenschaft (F.), Patronat (N.)
sport (N.) Sport (M.)
sports (N.Pl.) Sport (M.)
spot contract (N.) Platzgeschäft (N.)
spouse (F.) Gattin (F.), Gemahlin (F.)
spouse (M.) Gatte (M.), Gemahl (M.), Ehegatte (M.)
spring (V.) stammen
spy (M. bzw. F.) Spion (M.)
spy (V.) spionieren
squad (N.) Dezernat (N.)
squadron (N.) Geschwader (N.)
squander (N.) Verschwendung (F.)
squander (V.) verschwenden
squire (M. bzw. F.) (am.) Friedensrichter (M.) (Friedensrichter in den Vereinigten Staaten)
stabilize (V.) sanieren
stable (Adj.) stabil
stable value clause (N.) Wertsicherungsklausel (F.)
staff (N.) Personal (N.), Stab (M.)
staff bonus (N.) Gratifikation (F.)
staff committee (N.) Betriebsrat (M.)
staff council (N.) Personalrat (M.)
staff lawyer (M. bzw. F.) Syndikusanwalt (M.), Syndikus (M.)

staff meeting (N.) Betriebsversammlung (F.), Personalversammlung (F.)
staff member (M. bzw. F.) Bediensteter (M.), Mitarbeiter (M.)
staff representation (N.) Personalvertretung (F.)
stage (N.) Stufe (F.)
stages (N.Pl.) of appeal Instanzenweg (M.), Instanzenzug (M.)
stake (V.) einsetzen (Geld bzw. Leben einsetzen)
stamp (N.) Briefmarke (F.), Stempel (M.)
stamp (V.) frankieren, stempeln
stamp duty (N.) Stempelgebühr (F.) (Stempelgebühr im angloamerikanischen Recht)
stand (V.) for bedeuten
stand (V.) for (brit.) aufstellen
standard (N.) Durchschnitt (M.), Norm (F.), Standard (M.)
standard agreement (N.) Mustervertrag (M.)
standard building contract terms (N.Pl.) Verdingungsordnung (F.) für Bauleistungen (VOB)
standard contract (N.) Mustervertrag (M.)
standard German (Adj.) hochdeutsch
standardize (V.) eichen
standardized (Adj.) einheitlich
standard provision (N.) Normativbestimmung (F.)
standard regulation (N.) Normativbestimmung (F.)
standard value (N.) Einheitswert (M.)
standard wage (N.) Ecklohn (M.)
stander (N.) Beleidigung (F.)
standing (Adj.) ständig
standing (N.) Halten (N.) (Stehenbleiben), Ruf (M.), Status (M.), Stellung (F.)
standing (N.) to sue Prozeßführungsbefugnis (F.)
standing (N.) to sue doctrine Prozeßstandschaft (F.)
standing order (N.) Dauerauftrag (M.)
standing rules (N.Pl.) Geschäftsordnung (F.)
stand sponsor (M. bzw. F.) Pate (M.)
standstill (N.) Stillstand (M.)
stand surety (V.) bürgen
stare-decisis-rule (N.) Regel (F.) der Präjudizienbindung

state (N.) Land (N.) (Bundesland), öffentliche Hand (F.), Staat (M.), Zustand (M.)

state (N.) of dependence Abhängigkeitsverhältnis (N.)

state (N.) of emergency Ausnahmezustand (M.)

state (N.) of facts Sachverhalt (M.), Tatbestand (M.) (im Verfahrensrecht)

state (V.) angeben, aufstellen, feststellen

state authority (N.) Staatsgewalt (F.)

state chancellery (N.) Staatskanzlei (F.)

state church (N.) Staatskirche (F.)

state commissioner (M. bzw. F.) Staatskommissar (M.)

State Department (N.) (am.) Außenministerium (N.)

state emergency (N.) Staatsnotstand (M.)

state examination (N.) Staatsprüfung (F.)

state government (N.) Landesregierung (F.)

state law (N.) Landesgesetz (N.), Landesrecht (N.)

state legislation (N.) Landesgesetzgebung (F.)

stateless (Adj.) staatenlos

stateless alien (M. bzw. F.) heimatloser Ausländer (M.) .

statelessness (N.) Staatenlosigkeit (F.)

state liability (N.) Staatshaftung (F.)

stateliness (N.) Würde (F.)

statement (N.) Angabe (F.), Aufstellung (F.), Feststellung (F.)

statement (N.) (am.) Gewinnrechnung und Verlustrechnung (F.)

statement (N.) of account Kontoauszug (M.)

statement (N.) of an account Faktura (F.)

statement (N.) of a witness Aussage (F.)

statement (N.) of claim Klagebegründung (F.), Klageschrift (F.)

statement (N.) of defence Klageerwiderung (F.)

state party (N.) Staatspartei (F.)

state penal law (N.) Landesstrafrecht (N.)

state power (N.) Staatsgewalt (F.)

state power (N.) over school-bodies and pupils Schulgewalt (F.)

state religion (N.) Staatsreligion (F.)

state secret (N.) Staatsgeheimnis (N.)

state security (N.) Staatsschutz (M.)

state's evidence (M. bzw. F.) (am.) Kronzeuge (M.)

statesman (M.) Staatsmann (M.)

state treaty (N.) Staatsvertrag (M.)

state tribunal (N.) Staatsgerichtshof (M.)

station (N.) Station (F.)

stationery (N.) Papier (N.)

statistics (N.) Statistik (F.)

status (N.) Rang (M.), Stand (M.), Status (M.), Stellung (F.)

status (N.) of a public officer Beamtenverhältnis (N.)

status (N.) of legitimacy Ehelichkeit (F.)

status (N.) of the case Aktenlage (F.)

status (N.) quo (lat.) status (M.) quo (lat.)

statute (N.) Gesetz (N.), Statut (N.)

statute (N.) of limitations Verjährung (F.)

statute book (N.) codex (M.) (lat.)

statute book (N.) (br.) Gesetzessammlung (F.)

statutory (Adj.) gesetzlich, satzungsgemäß

statutory bar (N.) Hindernis (N.)

statutory copy (N.) Pflichtexemplar (N.)

statutory definition (N.) Legaldefinition (F.)

statutory definition (N.) of a breach of trust Treubruchstatbestand (M.)

statutory definition (N.) of a crime Straftatbestand (M.)

statutory duty (N.) of care for a minor's property Vermögenssorge (F.)

statutory heir (M. bzw. F.) Noterbe (M.)

statutory instrument (N.) Rechtsverordnung (F.)

statutory law (N.) Gesetzesrecht (N.), Satzungsrecht (N.)

statutory lien (N.) gesetzliches Pfandrecht (N.)

statutory obligation (N.) gesetzliches Schuldverhältnis (N.)

statutory order (N.) Rechtsverordnung (F.), Verordnung (F.), Verwaltungsverordnung (F.)

statutory pensions equalization (N.) Versorgungsausgleich (M.)

statutory portion (N.) Pflichtteil (M.)

statutory regime (N.) of matrimonial property gesetzlicher Güterstand (M.)

statutory requirement (N.) to submit Vorlegungspflicht (F.)

statutory reserve (N.) Mindestreserve (F.)

stay (N.) Aufenthalt (M.), Einstellung (F.) (Unterbrechung bzw. Beendigung)

stay (N.) of execution Aufschub der Strafvollstreckung (M.), Sistierung (F.)

stay (N.) of proceedings Sistierung (F.)

stay (V.) aussetzen (unterbrechen), einstellen (unterbrechen bzw. beenden), sistieren, suspendieren

steady (Adj.) stabil

steal (V.) entwenden, stehlen

stealing (N.) Diebstahl (M.), Entwendung (F.)

steam (N.) Rauch (M.)

steer (V.) lenken (ein Fahrzeug lenken)

step (N.) Maßnahme (F.), Stufe (F.)

step (N.) in the proceedings Prozeßhandlung (F.)

step (V.) in eintreten (hineingehen)

step-brother (M.) Stiefbruder (M.)

step-child (M. bzw. F.) Stiefkind (N.)

step-daughter (F.) Stieftochter (F.)

step-father (M.) Stiefvater (M.)

step-mother (F.) Stiefmutter (F.)

step-sister (F.) Stiefschwester (F.)

step-son (M.) Stiefsohn (M.)

sterile (Adj.) steril (keimfrei), steril (unfruchtbar)

sterilization (N.) Sterilisation (F.)

sterilize (V.) sterilisieren

steward (M. bzw. F.) Obmann (M.)

stick-up (N.) Raubüberfall (M.)

stiffen (V.) verschärfen

stillbirth (N.) Totgeburt (F.)

stipendiary magistrate (M. bzw. F.) Berufsrichter (M.)

stipulate (V.) festsetzen, vereinbaren

stipulate (V.) exemption freizeichnen (sich)

stipulated penalty (N.) Konventionalstrafe (F.)

stipulation (N.) Bedingung (F.), Bestimmung (F.), Klausel (F.), Vereinbarung (F.)

stir (V.) up aufhetzen, aufwiegeln

stock (N.) Gesellschaftskapital (N.), Grundkapital (N.) (Grundkapital einer Aktiengesellschaft), Inventar (N.), Lager (N.) (Warenlager), Papier (N.), Stammkapital (N.) (Stammkapital einer Gesellschaft mit beschränkter Haftung), Stamm (M.), Vorrat (M.)

stock (N.) (am.) Aktie (F.)

stock (N.) (br.) Anleihe (F.)

stock (N.) on hand Bestand (M.)

stock company (N.) Kapitalgesellschaft (F.)

stock exchange (N.) Börse (F.)

Stock Exchange Act (N.) Börsengesetz (N.)

Stock Exchange quotation (N.) Notierung (F.)

stockholder (M. bzw. F.) (am.) Aktieninhaber (M.), Aktionär (M.), Anteilseigner (M.)

stock market (N.) Börse (F.)

stock option (N.) Bezugsrecht (N.)

stock record book (N.) (am.) Aktienbuch (N.)

stocks and bonds (N.Pl.) Effekten (M.Pl.)

stocks and shares (N.Pl.) Effekten (M.Pl.)

stock-taking (N.) Inventur (F.)

stoma (N.) Mund (M.)

stool pigeon (M. bzw. F.) Spitzel (M.)

stop (N.) Halten (N.) (Stehenbleiben), Pause (F.)

stop (V.) sperren

stop order (N.) Sperrung (F.)

stoppage (N.) Stillstand (M.)

storage business (N.) Lagergeschäft (N.)

storage contract (N.) Lagervertrag (M.)

store (N.) Geschäft (N.) (Unternehmen), Laden (M.), Lager (N.) (Warenlager), Magazin (N.) (Lager), Vorrat (M.)

store-house (N.) Lagerhaus (N.)

storehouse (N.) Magazin (N.) (Lager)

store-room (N.) Lager (N.) (Warenlager)

storey (N.) (br.) Stockwerk (N.)

story (N.) (am.) Stockwerk (N.)

straighten (V.) richten

straighten (V.) up ordnen

strain (V.) schinden

stranded goods (N.Pl.) Strandgut (N.)

strangle (V.) strangulieren

strangulation (N.) Strangulation (F.)

straw man (M.) Strohmann (M.)

street (N.) Straße (F.) (Stadtstraße in bebautem Gebiet)

street accident (N.) Verkehrsunfall (M.) (Verkehrsunfall in der Stadt)

street prostitution (N.) Strich (M.) (Straßenstrich von Prostitutierten)

street works (N.Pl.) Straßenbau (M.) (Bau einer Stadtstraße)

strict (Adj.) peremptorisch

strict evidence (N.) Strengbeweis (M.)

strict law (N.) formelles Recht (N.)

strict liability (N.) Erfolgshaftung (F.), Gefährdungshaftung (F.)

strict-liability tort (N.) Gefährdungsdelikt (N.)

strict personal (Adj.) höchstpersönlich

strict private (Adj.) höchstpersönlich

strife (N.) Hader (M.)

strike (N.) Ausstand (M.), Streik (M.)

strike (V.) schlagen, streiken

strike ballot (N.) Urabstimmung (F.)

strike-breaker (M. bzw. F.) Streikbrecher (M.)

strike vote (N.) Urabstimmung (F.)

stroke (N.) Schlag (M.)

structural defect (N.) Baumangel (M.), Konstruktionsfehler (M.)

structure (N.) Bau (M.), Bauwerk (N.), Gebäude (N.)

structure (N.) projecting over a boundary Überbau (M.)

struggle (N.) Kampf (M.)

struggle (V.) kämpfen

stub (N.) Talon (M.)

student (M. bzw. F.) Student (M.)

student (M. bzw. F.) (am.) Schüler (M.)

student body (N.) Studentenschaft (F.)

students (Pl.) Studentenschaft (F.)

students' committee (N.) allgemeiner Studentenausschuß (M.)

students' representative council (N.) Studentenausschuß (M.)

students' union (N.) Studentenwerk (N.)

students' union (N.) of a department Fachschaft (F.)

student welfare organization (N.) Studentenwerk (N.)

studies (N.Pl.) Studium (N.)

study (N.) Studium (N.)

study (V.) lernen

stuff (N.) Stoff (M.)

stun (V.) betäuben

stunning (N.) Betäubung (F.)

stupefy (V.) betäuben

subaltern (Adj.) subaltern

sub-committee (N.) Unterausschuß (M.)

subcontractor (M. bzw. F.) Subunternehmer (M.)

subject (Adj.) to abhängig

subject (Adj.) to be contracted away abdingbar

subject (Adj.) to notice kündbar

subject (Adj.) to registration meldepflichtig

subject (M. bzw. F.) Staatsangehöriger (M.), Staatsbürger (M.)

subject (N.) Subjekt (N.), Thema (N.)

subject (N.) of international law Völkerrechtssubjekt (N.)

subject (N.) of litigation Streitgegenstand (M.)

subject (N. bzw. M. bzw. F.) Sujet (N.) (franz.)

subjective (Adj.) subjektiv

subjective element (N.) of legal justification subjektives Rechtfertigungselement (N.)

subjectivity (N.) to tariffs Tarifgebundenheit (F.)

subject matter (N.) Gegenstand (M.), Inhalt (M.)

subject-matter (N.) Stoff (M.)

subject specialist (M. bzw. F.) Sachbearbeiter (M.)

subject to confirmation freibleibend

sub judice (Adj.) rechtshängig

sublease (N.) Untermiete (F.), Untermietvertrag (M.), Unterpacht (F.)

sublegacy (N.) Untervermächtnis (N.)

sublessee (M. bzw. F.) Untermieter (M.), Unterpächter (M.)

submission (N.) Antrag (M.), Vorbringen (N.), Vorlage (F.) (Vorlegen), Vorlegung (F.)

submission (N.) of accounts Rechnungslegung (F.)

submission (N.) of evidence Beweisantritt (M.)

submissive (Adj.) gefügig, hörig

submit (V.) beibringen, einreichen, vorlegen

subordinate (Adj.) hörig, subaltern, untergeordnet

subordination (N.) Hörigkeit (F.), Subordination (F.)

suborn (V.) verleiten

subornation (N.) Anstiftung (F.), Verleitung (F.)

suborner (M. bzw. F.) Anstifter (M.)

sub-participation (N.) Unterbeteiligung (F.)

subpartnership (N.) Innengesellschaft (F.), Unterbeteiligung (F.)

sub-property (N.) Untereigentum (N.)

subrogation (N.) Rechtsübertragung (F.), Sonderrechtsnachfolge (F.), Zession (F.)

subscribe (V.) bestellen, beziehen, unterschreiben, zeichnen (unterschreiben)

subscription (N.) Abonnement (N.), Bestellung (F.), Bezug (M.) (Erwerb), Subskription (F.)

subscription (N.) in kind Sacheinlage (F.)

subscription right (N.) Bezugsrecht (N.)

subsequent (Adj.) nachträglich

subsequent act (N.) Nachtat (F.)

subsequent delivery (N.) Nachlieferung (F.)

subsequent impossibility (N.) nachträgliche Unmöglichkeit (F.)

subsequent improvement (N.) Nachbesserung (F.)

subsequent insurance (N.) Nachversicherung (F.)

subsequent intent (N.) dolus (M.) subsequens (lat.)

subsequent offence (N.) Nachtat (F.)

subsequent payment (N.) Nachschuß (M.)

subsequent presentation (N.) Nachschieben (N.)

subservience (N.) Dienstbarkeit (F.)

subsidiarity (N.) Subsidiarität (F.)

subsidiary (Adj.) subsidiär

subsidiary coin (N.) Scheidemünze (F.)

subsidiary company (N.) Tochtergesellschaft (F.)

subsidiary right (N.) Nebenrecht (N.)

subsidize (V.) subventionieren

subsidy (N.) Subsidie (F.), Subvention (F.), Zuschuß

subsistance level (N.) Existenzminimum (N.)

subsistance minimum (N.) Existenzminimum (N.)

substance (N.) Körper (M.), Stoff (M.), Tenor (M.)

substantial (Adj.) erheblich, real (dinglich), wesentlich

substantiation (N.) Glaubhaftmachung (F.)

substantive (Adj.) materiell, real (dinglich)

substantive law (N.) materielles Recht (N.)

substitute (M. bzw. F.) Stellvertreter (M.)

substitute (N.) commodum (N.) (lat.), Ersatz (M.), Substitut (N.), Surrogat (N.)

substitute (V.) austauschen, ersetzen

substituted inheritance right (N.) Erbersatzanspruch (M.)

substituted qualifying period (N.) Ersatzzeit (F.)

substituted service (N.) Ersatzzustellung (F.)

substitute insolvency pay (N.) Konkursausfallsgeld (N.)

substitute performance (N.) Ersatzvornahme (F.)

substitution (N.) Austausch (M.), Ersetzung (F.), Substitution (F.)

substitutional bequest (N.) Ersatzvermächtnis (N.)

substitutional coercive detention (N.) Ersatzzwangshaft (F.)

substitutional heir (M. bzw. F.) Ersatzerbe (M.)

substitutional legacy (N.) Ersatzvermächtnis (N.)

substitutional social health insurance institution (N.) Ersatzkasse (F.)

substitutional transaction (N.) Ersatzgeschäft (N.)

substitutionary (Adj.) stellvertretend

subsume (V.) subsumieren

subsumption (N.) Subsumtion (F.)

sub-suretyship (N.) Nachbürgschaft (F.)

subtenancy (N.) Untermiete (F.)

subtenant (M. bzw. F.) Untermieter (M.), Unterpächter (M.)

subversive (Adj.) subversiv

success (N.) Erfolg (M.)

succession (N.) Erbfall (M.), Erbfolge (F.), Nachfolge (F.), Rechtsnachfolge (F.), Sukzession (F.)

succession (N.) in governmental functions Funktionsnachfolge (F.)

succession (N.) in property rights Vermögensnachfolge (F.)

succession (N.) in title Rechtsnachfolge (F.)

succession (N.) of states Staatennachfolge (F.)

succession (N.) of title derivativer Eigentumserwerb (M.)

succession tax (N.) Erbschaftsteuer (F.)

successive (Adj.) sukzessiv

successive act (N.) fortgesetzte Handlung (F.)

successor (M. bzw. F.) Erbe (M.), Nachfolger (M.)

successor (M. bzw. F.) in interest Rechtsnachfolger (M.)

sue (V.) einklagen, klagen, prozessieren, verklagen

suffer (V.) dulden

sufferance (N.) Duldung (F.)
sufficient (Adj.) ausreichend
suffragan (M.) Suffragan (M.)
suffrage (N.) Stimmrecht (N.), Wahlrecht (N.) (subjektives Wahlrecht)
suffragette (F.) Suffragette (F.)
suggest (V.) anregen, empfehlen
suggestion (N.) Anregung (F.), Empfehlung (F.)
suggestive (Adj.) suggestiv
suicide (M. bzw. F.) Selbstmörder (M.)
suicide (N.) Freitod (M.), Selbstmord (M.)
sui juris (lat.) geschäftsfähig
suit (N.) Klage (F.), Rechtsstreit (M.), Verfahren (N.)
suit (N.) for a declaration Feststellungsklage (F.)
suit (N.) for discontinuance Unterlassungsklage (F.)
suitable (Adj.) richtig, zweckmäßig
suit money (N.) Prozeßkostenvorschuß (M.)
sum (N.) Betrag (M.), Geldbetrag (M.), Summe (F.)
sum (N.) in dispute Streitwert (M.)
sum (N.) insured Versicherungssumme (F.)
sum (V.) up plädieren
summary (Adj.) beschleunigt, summarisch
summary judge (M. bzw. F.) Ermittlungsrichter (M.)
summary notice (N.) to pay Zahlungsbefehl (M.)
summary offence (N.) Ordnungswidrigkeit (F.)
summary payment warrant (N.) Vollstreckungsbefehl (M.)
summary proceedings (N.Pl.) beschleunigtes Verfahren (N.)
summary proceedings (N.Pl.) concerning administrative penalties Bußgeldverfahren (N.)
summary return (N.) to native country Abschiebung (F.)
summary sentence (N.) Strafbefehl (M.)
summer (N.) Sommer (M.)
summer-time (N.) Sommerzeit (F.)
summing up (N.) Plädoyer (N.), Schlußvortrag (M.)
summon (V.) laden (herbestellen), vorladen
summoned third party (N.) Beigeladener (M.)

summons (N.) Ladung (F.) (Herbestellung), Vorladung (F.)
sunday (N.) Sonntag (M.)
superhighway (N.) (am.) Autobahn (F.)
superintend (V.) überwachen
superintendence (N.) Überwachung (F.)
super-intendent (M. bzw. F.) Superintendent (M.)
superintendent (M. bzw. F.) Inspekteur (M.)
superior (M. bzw. F.) Vorgesetzter (M.)
superior finance directorate (N.) Oberfinanzdirektion (F.)
superior force (N.) höhere Gewalt (F.)
superior official (M. bzw. F.) Dienstvorgesetzter (M.)
superstructure (N.) Überbau (M.)
supervise (V.) beaufsichtigen, überwachen
supervising authority (N.) Fachaufsicht (F.)
supervising duty (N.) Aufsichtpflicht (F.)
supervision (N.) Aufsicht (F.), Dienstaufsicht (F.), Überwachung (F.)
supervision (N.) of conduct Führungsaufsicht (F.)
supervision (N.) of local authorities by the state Kommunalaufsicht (F.)
supervision (N.) of mergers Fusionskontrolle (F.)
supervisor (M. bzw. F.) Aufseher (M.), Dienstvorgesetzter (M.), Inspekteur (M.), Kontrolleur (M.)
supervisory authority (N.) Aufsichtsbehörde (F.)
supervisory board (N.) Aufsichtsrat (M.) (einer Gesellschaft)
supervisory control (N.) Rechtsaufsicht (F.)
supervisory council (N.) Kuratorium (N.)
supervisory guardian (M. bzw. F.) Gegenvormund (M.)
supervisory power (N.) Fachaufsicht (F.)
supplement (N.) Ergänzung (F.), Nachtrag (M.), Zusatz (M.)
supplement (V.) ergänzen
supplementary (Adj.) zusätzlich
supplementary benefits (N.Pl.) Sozialhilfe (F.)
supplementary budget (N.) Nachtragshaushalt (M.)
supplementary charge (N.) Nachtragsanklage (F.)

supplementary curatorship (N.) Ergänzungspflegschaft (F.)

supplementary interpretation (N.) contract ergänzende Vertragsauslegung (F.)

supplementary law (N.) Novelle (F.)

supplementary penalty (N.) Nebenstrafe (F.)

supplementation (N.) Ergänzung (F.)

supplementing judgement (N.) Ergänzungsurteil (N.)

supplier (M. bzw. F.) Lieferant (M.)

supply (N.) Bestand (M.), Lieferung (F.), Versorgung (F.), Vorrat (M.)

supply (V.) beibringen, beschaffen, besorgen (beschaffen), liefern

supply (V.) (with) versorgen

supply note (N.) Lieferschein (M.)

support (N.) Befürwortung (F.), Beistand (M.), Hilfe (F.), Unterhalt (M.)

support (V.) befürworten, unterhalten (unterstützen)

supporting fact (N.) Anhalt (M.)

supportive administration (N.) Förderungsverwaltung (F.)

suppose (V.) mutmaßen

supposed (Adj.) vermutlich

suppress (V.) unterdrücken, verschweigen (Material unterdrücken)

suppression (N.) Verschweigung (F.) (Unterdrückung von Material)

suppression (N.) (of a document) Unterdrücken (N.) (einer Urkunde)

suppression (N.) of documents Urkundenunterdrückung (F.)

supranational (Adj.) supranational

supremacy (N.) Herrschaft (F.)

supreme court (N.) Höchstgericht (N.)

Supreme Court (N.) (am.) Oberster Gerichtshof (M.) (Oberster Gerichtshof in den Vereinigten Staaten), oberstes Bundesgericht (N.)

Supreme Court (N.) of the German Reich Reichsgericht (N.)

supreme power (N.) Hoheit (F.) (Hoheitsgewalt)

surcharge (N.) Aufgeld (N.), Zuschlag (M.) (Aufpreis)

surety (M. bzw. F.) Bürge (M.), Garant (M.)

surety (N.) Bürgschaft (F.), Garantie (F.), Kaution (F.), Sicherheit (F.)

suretyship (N.) Aval (M.)

surname (N.) Eigenname (M.), Familienname (N.), Nachname (M.), Zuname (M.)

surplus (N.) Überschuß (M.) (Warenüberschuß)

surplus value (N.) Mehrwert (M.)

surrender (N.) Herausgabe (F.) (Besitzrückgabe einer Sache), Kapitulation (F.), Preisgabe (F.)

surrender (N.) of land Grundabtretung (F.)

surrender (V.) herausgeben, kapitulieren, überantworten (der Polizei übergeben), übergeben, zurückgeben

surreptitious (Adj.) betrügerisch, heimlich

surrogate's court (N.) Nachlaßgericht (N.)

surrogation (N.) Surrogation (F.)

surroundings (N.Pl.) Umwelt (F.) (Umgebung)

surveillance (N.) Überwachung (F.)

surveillance (N.) of drafting Wehrüberwachung (F.)

survey (N.) Vermessung (F.)

survey (V.) vermessen (V.)

survived (Adj.) hinterblieben

surviving dependant (M. bzw. F.) Hinterbliebener (M.)

survivor (M. bzw. F.) Hinterbliebener (M.)

suspect (Adj.) verdächtig

suspect (M. bzw. F.) Verdächtiger (M.)

suspect (V.) verdächtigen

suspecting (N.) Verdächtigung (F.)

suspend (V.) aussetzen (unterbrechen), sistieren, suspendieren, unterbrechen

suspension (N.) Aussetzung (F.) (Unterbrechung), Entzug (M.), Suspension (F.)

suspension (N.) of payments Zahlungseinstellung (F.)

suspension (N.) of proceedings Ruhen (N.) des Verfahrens, Stillstand (M.) des Verfahrens

suspension (N.) of sentence Strafaufschub (M.), Strafaussetzung (F.)

suspensive (Adj.) suspensiv

suspensive condition (N.) aufschiebende Bedingung (F.), Suspensivbedingung (F.)

suspensive effect (N.) aufschiebende Wirkung (F.)

suspensory (Adj.) suspensiv

suspensory effect (N.) aufschiebende Wirkung (F.), Suspensiveffekt (M.)

suspicion (N.) Argwohn (M.), Tatverdacht (M.), Verdacht (M.), Zweifel (M.)
suspicious (Adj.) suspekt, verdächtig
sustenance (N.) Versorgung (F.)
suzeranity (N.) Suzeranität (F.)
swap (N.) Tausch (M.)
swear (V.) geloben, schwören
swear (V.) in vereidigen
swear (V.) to beeiden, beeidigen
swearing (N.) in Beeidigung (F.), Vereidigung (F.)
sweep (V.) räumen
swindle (N.) Betrug (M.)
swindle (V.) hochstapeln
swindler (M. bzw. F.) Betrüger (M.), Hochstapler (M.)
Switzerland (F.) Schweiz (F.)
syllabus (N.) Leitsatz (M.) (Leitsatz eines Urteils)
syllogism (N.) Syllogismus (M.)
symbol (N.) Symbol (N.)
symbol (N.) of law Rechtssymbol (N.)
syndicate (N.) Kartell (N.), Konsortium (N.), Konzern (M.), Syndikat (N.)
syndicate member (M. bzw. F.) Konsorte (M.)
synod (N.) Konzil (N.), Synode (F.)
system (N.) Organismus (M.), System (N.)
system (N.) of administrative tribunals Verwaltungsgerichtsbarkeit (F.)
system (N.) of judicature Gerichtsverfassung (F.)
system (N.) of marital property Güterstand (M.)
system (N.) of remuneration Besoldungsordnung (F.)
systematic (Adj.) methodisch, systematisch
systematic interpretation (N.) systematische Interpretation (F.)
systematics (N.Pl.) Systematik (F.)

t

table (N.) Liste (F.), Tabelle (F.)
table (N.) of fares Tarif (M.)
taboo (N.) Tabu (N.)
tabu (N.) Tabu (N.)
tabulation (N.) Tabelle (F.)
tacit (Adj.) stillschweigend

tacit hypothecation (N.) gesetzliches Pfandrecht (N.)
tack (N.) Pachtvertrag (M.)
tactics (N.Pl.) Taktik (F.)
take (N.) Einnahme (F.)
take (V.) brauchen, entnehmen, kapern, nehmen
take (V.) action vorgehen
take (V.) away entwenden, entziehen, nehmen, wegnehmen
take (V.) care betreuen
take (V.) care of pflegen, schonen, sorgen (für)
take (V.) delivery abnehmen (entgegennehmen beim Kaufvertrag)
take (V.) depreciation on abschreiben (als Verlust anrechnen)
take (V.) down the minutes protokollieren
take (V.) gradually over a foreign system of law rezipieren
take (V.) in einnehmen
take (V.) in execution pfänden
take (V.) into account berücksichtigen, erwägen
take (V.) into consideration berücksichtigen
take (V.) into custody arrestieren, einsperren, festnehmen, inhaftieren, verhaften
take (V.) legal action klagen
take (V.) legal proceedings verklagen
take (V.) notice of beachten
take (V.) on discount diskontieren
take (V.) on lease pachten
take (V.) over übernehmen
take (V.) part beteiligen
take (V.) place ereignen (sich)
take (V.) possession of besetzen, übernehmen
take (V.) priority vorgehen
take (V.) the oath schwören
take (V.) to court verklagen
take (V.) to law verklagen
take (V.) unfair advantage (N.) of mißbrauchen
takeover (N.) Fusion (F.), Übernahme (F.) (Übernahme eines Betriebes)
take-over (N.) of capital Vermögensübernahme (F.)
taker (M. bzw. F.) Nehmer (M.)
taking (N.) Einnahme (F.), Entnahme (F.), Wegnahme (F.)

taking (N.) a view Lokaltermin (M.)
taking (N.) delivery Abnahme (F.) (Entgegennahme beim Kaufvertrag)
taking (N.) evidence Beweisaufnahme (F.), Beweiserhebung (F.)
taking (N.) into custody Arrest (M.), Verhaftung (F.)
taking (N.) into possession Inbesitznahme (F.)
taking (N.) notice Kenntnisnahme (F.)
taking (N.) of hostages Geiselnahme (F.)
taking (N.) possession Besitzergreifung (F.), Besitznahme (F.)
taking back (N.) Rücknahme (F.)
taking delivery (N.) Annahme (F.)
taking-over (N.) Übernahme (F.) (Übernahme eines Betriebes)
taking-over (N.) of a contract Vertragsübernahme (F.)
taking-over (N.) of a mortgage Hypothekenübernahme (F.)
takings (N.Pl.) Einnahmen (F.Pl.)
talion (N.) Talion (F.)
talk (V.) sprechen
talon (N.) Talon (M.)
tangible (Adj.) beweglich
tank (N.) Panzer (M.) (Panzerfahrzeug)
tare (N.) Tara (F.)
target (N.) Soll (N.) (Plansoll)
tariff (N.) Preis (M.) (Kaufpreis), Tarif (M.), Zoll (M.)
task (N.) Aufgabe (F.)
taskmaster (M.) Schinder (M.)
task wage (N.) Akkordlohn (M.)
tatoo (N.) Zapfenstreich (M.)
tattoo (N.) Zapfenstreich (M.)
tax (N.) Abgabe (F.), Steuer (F.), Taxe (F.)
tax (N.) at source Quellensteuer (F.)
tax (N.) on donations Schenkungsteuer (F.)
tax (N.) on earned and unearned income Besitzsteuer (F.)
tax (N.) on earnings Ertragsteuer (F.)
tax (N.) on profits Ertragsteuer (F.)
tax (N.) on transactions Verkehrsteuer (F.)
tax (V.) besteuern
tax (V.) away abschöpfen
taxable (Adj.) steuerpflichtig
taxable person (M. bzw. F.) Steuerpflichtiger (M.)
taxable value (N.) Einheitswert (M.)

tax assessment (N.) Steuerbescheid (M.), Veranlagung (F.) (Festsetzung einer Steuer)
taxation (N.) Besteuerung (F.), Veranlagung (F.) (Festsetzung einer Steuer)
taxation (N.) of costs Kostenfestsetzung (F.)
taxation procedure (N.) Besteuerungsverfahren (N.)
tax balance (N.) Steuerbilanz (F.)
tax code (N.) Abgabenordnung (F.)
tax concession (N.) Steuervergünstigung (F.)
tax consultant (M. bzw. F.) Steuerberater (M.)
tax court (N.) Finanzgericht (N.)
tax credit (N.) (am.) Steuerfreibetrag (M.)
tax declaration (N.) Steuererklärung (F.)
tax demand (N.) Steuerbescheid (M.)
tax evasion (N.) Steuerflucht (F.), Steuerhinterziehung (F.)
tax-exempt (Adj.) steuerfrei
tax exemption (N.) Steuerbefreiung (F.)
tax factor (N.) Hebesatz (M.)
tax-free (Adj.) steuerfrei
tax-free allowance (N.) Freibetrag (M.)
tax free allowance (N.) (brit.) Steuerfreibetrag (M.)
tax holiday (N.) Steuerbefreiung (F.)
taxi (N.) (br.) Taxi (N.)
taxing (N.) Besteuerung (F.)
taxing power (N.) Steuerhoheit (F.)
tax law (N.) Steuerrecht (N.)
tax liability (N.) Steuerpflicht (F.)
tax payer (M. bzw. F.) Steuerpflichtiger (M.)
taxpayer's suit (N.) Popularklage (F.)
tax privilege (N.) Steuervergünstigung (F.)
tax representative (M. bzw. F.) Steuerbevollmächtigter (M.)
tax return (N.) Steuererklärung (F.)
tax secrecy (N.) Steuergeheimnis (N.)
tax shelter company (N.) Abschreibungsgesellschaft (F.)
tax sovereignty (N.) Ertragshoheit (F.), Steuerhoheit (F.)
teach (V.) lehren, unterrichten
teacher (M. bzw. F.) Lehrer (M.)
teaching (N.) Lehre (F.) (Lehren)
technic (N.) Technik (F.) (Vorgehensweise)
technical (Adj.) technisch
technical college (N.) Fachhochschule (F.)
technical competence (N.) Sachkunde (F.)

Technical Control Board (N.) Technischer Überwachungsverein (M.) (TÜV), TÜV (M.) (Technischer Überwachungsverein)
telecommunication (N.) Telekommunikation (F.)
tele-communications (N.Pl.) Fernmeldewesen (N.)
telefax (N.) Telefax (N.)
telegramm (N.) Telegramm (N.)
teleologic (Adj.) teleologisch
teleologic interpretation (N.) teleologische Auslegung (F.)
teleologic reduction (N.) teleologische Reduktion (F.)
teleology (N.) Teleologie (F.)
telephone (N.) Fernsprecher (M.), Telefon (N.)
television law (N.) Fernsehrecht (N.)
temporary (Adj.) einstweilig, gelegentlich, kommissarisch, vorübergehend
temporary association (N.) Gelegenheitsgesellschaft (F.)
temporary ban (N.) on alterations Veränderungssperre (F.)
temporary board (N.) Notvorstand (M.)
temporary law (N.) Zeitgesetz (N.)
temporary order (N.) einstweilige Anordnung (F.)
tenancy (N.) Miete (F.), Mietverhältnis (N.)
tenancy (N.) in common Bruchteilsgemeinschaft (F.)
tenancy agreement (N.) Mietvertrag (M.) (Mietvertrag über eine unbewegliche Sache)
tenant (M. bzw. F.) Besitzer (M.), Mieter (M.), Pächter (M.)
tend (V.) hüten
tendency (N.) Neigung (F.), Tendenz (F.)
tender (N.) Angebot (N.), Offerte (F.)
tender (V.) anbieten, offerieren
tenement (N.) Mietwohnung (F.)
tenement house (N.) Mietskaserne (F.)
tenenment (N.) Mietshaus (N.)
tenor (N.) Tenor (M.)
tenure (N.) Amtszeit (F.), Besitz (M.), Innehabung (F.)
tenure (N.) of land Landpacht (F.)
term (N.) Bedingung (F.), Begriff (M.), Dauer (F.), Laufzeit (F.), Quartal (N.), Semester (N.), Sitzungsperiode (F.)
term (N.) of guarantee Garantiefrist (F.)

term (N.) of imprisonment Freiheitsstrafe (F.)
term (N.) of office Amtszeit (F.)
term deposit (N.) Termineinlage (F.)
terminability (N.) Befristung (F.), Betagung (F.)
terminable (Adj.) kündbar
terminate (V.) beenden, beendigen, kündigen, lösen, zurücktreten
termination (N.) Beendigung (F.), Erledigung (F.), Kündigung (F.), Schluß (M.) (Beendigung)
termination (N.) of pregnancy Schwangerschaftsunterbrechung (F.)
terms (N.Pl.) and conditions (N.Pl.) of trade Geschäftsbedingungen (F.Pl.)
terms control (N.) Inhaltskontrolle (F.)
territorial (Adj.) territorial
territorial army (N.) Landwehr (F.)
territorial authority (N.) Gebietskörperschaft (F.)
territorial entity (N.) Gebietskörperschaft (F.)
territorial force (N.) Landwehr (F.)
territorial sovereignty (N.) Gebietshoheit (F.), Hoheitsgewalt (F.)
territorial state (N.) Territorialstaat (M.)
territorial waters (N.Pl.) Hoheitsgewässer (N.)
territory (N.) Gebiet (N.), Territorium (N.)
territory (N.) of occupation Besatzungsgebiet (N.)
terror (N.) Terror (M.)
terrorism (N.) Terrorismus (M.)
terrorist (M. bzw. F.) Terrorist (M.)
test (N.) Probe (F.) (Prüfung), Prüfung (F.), Test (M.), Versuch (M.)
test (V.) prüfen
testament (N.) Testament (N.)
testamentary (Adj.) testamentarisch
testamentary capacity (N.) Testierfähigkeit (F.)
testamentary power (N.) Testierfähigkeit (F.)
testamentary succession (N.) gewillkürte Erbfolge (F.)
testate (V.) testieren (ein Testament anfertigen)
testator (M.) Erblasser (M.), Testator (M.)
testatrix (F.) Erblasserin (F.)

test case (N.) Musterprozeß (M.)
tester (M. bzw. F.) Prüfer (M.)
testify (V.) aussagen, bezeugen
testimonium clause (N.) Beglaubigungsvermerk (M.)
testimony (N.) Aussage (F.), Zeugnis (N.)
testimony (N.) of a witness Zeugenaussage (F.)
testimony (N.) under duress Aussagenotstand (M.)
the amenity (N.) and advantage (N.) of using Gebrauchsvorteil (M.)
the bar (N.) Anwaltschaft (F.)
the Churches etc. Tendenzbetrieb (M.)
the Congress (N.) of the U.S.A. Kongreß (M.)
the foregoing action (N.) vorangegangenes Tun (N.)
theft (N.) Diebstahl (M.)
theft (N.) by breaking and entering Einbruchsdiebstahl (M.)
theft (N.) committed by a gang Bandendiebstahl (M.)
the naming (N.) of the author Urheberbenennung (F.)
theocracy (N.) Theokratie (F.)
theology (N.) Theologie (F.)
theory (N.) Theorie (F.)
theory (N.) of adequate causation Adäquanztheorie (F.)
theory (N.) of adequate remuneration of public officials Alimentationstheorie (F.)
theory (N.) of denial damage Aufopferungstheorie (F.)
theory (N.) of equivalent consideration Äquivalenztheorie (F.)
the press Tendenzbetrieb (M.)
therapy (N.) Therapie (F.)
the right (N.) to withdraw a matter from the cognizance of another court Evokationsrecht (N.)
thesis (N.) Dissertation (F.), These (F.)
the third (M. bzw. F.) Dritter (M.)
thief (M. bzw. F.) Dieb (M.)
thing (N.) Ding (N.) (Sache), Gegenstand (M.), Sache (F.) (Ding)
thinking distance (N.) Reaktionszeit (F.)
third (Adj.) dritte
third-integrated inter-company relation (N.) Drittorganschaft (F.)

third party (M. bzw. F.) Dritter
third party action (N.) against execution Drittwiderspruchsklage (F.)
third party complaint (N.) (am.) Streitverkündung (F.)
third party debtor (M. bzw. F.) Drittschuldner (M.)
third party indemnity (N.) Haftpflicht (F.)
third party insurance (N.) Haftpflichtversicherung (F.)
third party notice (N.) Streitverkündung (F.)
third party opposition (N.) Drittwiderspruchsklage (F.)
thirty day's maintenance (N.) Dreißigster (M.)
thought (N.) Gedanke (M.)
thoughtless (Adj.) leichtfertig
thoughtlessness (N.) Leichtfertigkeit (F.), Unverstand (M.)
thraldom (N.) Knechtschaft (F.)
threat (N.) Androhung (F.), Bedrohung (F.), Drohung (F.)
threat (N.) of bankruptcy Pleitegeier (M.)
threaten (V.) androhen, bedrohen, drohen
threatened (Adj.) gefährdet
threatening (Adj.) drohend
threatening letter (N.) Drohbrief (M.)
three-class franchise (N.) Dreiklassenwahlrecht (N.)
three-cornered relationship (N.) Dreiecksverhältnis (N.)
three-course rotation (N.) Dreifelderwirtschaft (F.)
three field system (N.) Dreifelderwirtschaft (F.)
throne (N.) Thron (M.)
thug (M. bzw. F.) Schläger (M.) (Person)
Thuringia (F.) Thüringen (N.)
thwart (V.) vereiteln
ticket (N.) Bon (M.), Fahrkarte (F.), Fahrschein (M.)
ticket inspector (M. bzw. F.) Kontrolleur (M.)
tidings (N.) Nachricht (F.)
tidy (V.) ordnen
tie (N.) Verbindung (F.)
tie (V.) binden, vinkulieren
tied (Adj.) gebunden
time (N.) Zeit (F.)

time (N.) for appearance Einlassungsfrist (F.)

time (N.) of delivery Lieferzeit (F.)

time (N.) of performance Leistungszeit (F.)

time (N.) of preclusion Ausschlußfrist (F.)

time bargain (N.) Fixgeschäft (N.)

time deposit (N.) (am.) Festgeld (N.)

time limit (N.) Befristung (F.), Frist (F.)

time limitation (N.) Klagefrist (F.), Verjährung (F.)

time wages (N.Pl.) Zeitlohn (M.)

tinsmith (M. bzw. F.) Klempner (M.)

tip (N.) Trinkgeld (N.)

tipple (V.) trinken

tipstaff (M. bzw. F.) Justizwachtmeister (M.)

title (N.) Anspruch (M.), Eigentum (N.), Rechtsanspruch (M.), Titel (M.)

title (N.) of execution Vollstreckungstitel (M.)

title (N.) to a trade mark Markenrecht (N.) (Markenrechtsanspruch)

title paramount (N.) Obereigentum (N.)

title reference (N.) Rubrum (N.)

to a certain extent teilweise

token (N.) Zeichen (N.) (Zeichen eines Unternehmers)

tolerance (N.) Toleranz (F.)

toleration (N.) Duldung (F.)

toll (N.) Benutzungsgebühr (F.) (Straßenbenutzungsgebühr), Maut (F.)

toll bar (N.) Schlagbaum (M.)

to no purpose gegenstandslos

tool (N.) Instrument (N.), Werkzeug (N.)

top copy (N.) Original (N.)

topic (N.) Thema (N.)

torment (V.) foltern, martern

tort (N.) Delikt (N.), unerlaubte Handlung (F.)

tort (N.) by condition Zustandsdelikt (N.)

tort (N.) by state Zustandsdelikt (N.)

tortfeasor (M. bzw. F.) Schädiger (M.) (Schädiger im Privatrecht), Täter (M.) (Straftäter)

tortious (Adj.) unerlaubt

tortious act (N.) Delikt (N.), unerlaubte Handlung (F.)

tortious liability (N.) Deliktsfähigkeit (F.)

torture (N.) Folter (F.), Marter (F.), Tortur (F.)

torture (V.) foltern, martern

toss (V.) losen

total (Adj.) absolut, gesamt

total (N.) Gesamtheit (F.)

total incapacity (N.) Erwerbsunfähigkeit (F.)

total intoxication (N.) Vollrausch (M.), Volltrunkenheit (F.)

total strike (N.) Vollstreik (M.)

touch (N.) Kontakt (M.)

town (N.) Stadt (F.)

town clerk (M. bzw. F.) (br.) Stadtdirektor (M.)

town council (N.) Stadtrat (M.)

town hall (N.) Rathaus (N.)

town-meeting (N.) Bürgerversammlung (F.)

town planning (N.) (brit.) Stadtplanung (F.)

toxic Adj.) giftig

trace (N.) Spur (F.)

trace (V.) aufspüren, ermitteln, verfolgen

tracing (N.) Ermittlung (F.)

track (N.) Spur (F.)

trade (Attrib.) gewerblich

trade (N.) Gewerbe (N.), Handel (M.), Warenverkehr (M.)

trade (N.) in human beings Menschenhandel (M.)

trade (V.) handeln (Handel treiben)

trade agreement (N.) Handelsabkommen (N.), Handelsvertrag (M.)

trade and industry (N.) Wirtschaft (F.)

trade balance (N.) Handelsbilanz (F.)

trade business (N.) Handelsgewerbe (N.)

trade court (N.) Gewerbegericht (N.), Kaufmannsgericht (N.)

trade custom (N.) Handelsbrauch (M.)

trade exhibition (N.) Messe (F.)

trade expense (N.) Betriebsausgabe (F.)

trade fair (N.) Messe (F.)

trade inspection (N.) Gewerbeaufsicht (F.)

trade law (N.) Gewerbeordnung (F.)

trademark (N.) Marke (F.)

trademark (N.) (am.) Warenzeichen (N.), Zeichen (N.) (Zeichen eines Unternehmers)

trade mark (N.) (br.) Warenzeichen (N.), Zeichen (N.) (Zeichen eines Unternehmers)

trade police (N.) Gewerbepolizei (F.)

trader (M. bzw. F.) Händler (M.), Kaufmann (M.)

trader (M. bzw. F.) on own account Properhändler (M.)

trade representative (M. bzw. F.) Handelsvertreter (M.)

trade secret (N.) Geschäftsgeheimnis (N.)

tradesman (M.) Gewerbetreibender (M.), Händler (M.)

tradesman (M.) (am.) Handwerker (M.)

trade tax (N.) Gewerbesteuer (F.)

trade union (N.) Gewerkschaft (F.)

trade-unionist (Adj.) gewerkschaftlich

trade-unionist (M. bzw. F.) Gewerkschaftler (M.)

trading (Adj.) gewerbetreibend, kaufmännisch

trading (N.) Handelsverkehr (M.)

trading association (N.) Handelsgesellschaft (F.)

trading estate (N.) Gewerbegebiet (N.), Industriegebiet (N.)

trading firm (N.) Handelsgeschäft (N.) (Unternehmen)

trading year (N.) Geschäftsjahr (N.)

traditional (Adj.) hergebracht

traditional principles (N.Pl.) hergebrachte Grundsätze (M.Pl.)

traffic (N.) Verkehr (M.) (Straßenverkehr)

traffic (N.) in women Frauenhandel (M.)

traffic-free zone (N.) Fußgängerzone (F.)

traffic jam (N.) Stau (M.) (Verkehrsstau)

traffic offence (N.) (br.) Verkehrsdelikt (N.)

traffic offense (N.) (am.) Verkehrsdelikt (N.)

traffic police (N.) Verkehrspolizei (F.)

traffic regulation (N.) Verkehrsvorschrift (F.)

traffic safeguarding (N.) Verkehrssicherung (F.)

traffic sign (N.) Verkehrszeichen (N.)

train (V.) ausbilden, lehren

trained worker (M. bzw. F.) Facharbeiter (M.)

trainee (M. bzw. F.) Auszubildender (M.), Praktikant (M.), Volontär (M.)

trainee (M. bzw. F.) in the judicial service Rechtsreferendar (M.)

trainee lawyer (M. bzw. F.) Rechtsreferendar (M.)

trainer (M. bzw. F.) Lehrer (M.)

training (N.) Ausbildung (F.), Lehre (F.) (Ausbildung)

trait (N.) Merkmal (N.)

traitor (M. bzw. F.) Hochverräter (M.), Landesverräter (M.), Verräter (M.)

traitoress (F.) Verräterin (F.)

traitorous (Adj.) verräterisch

traitress (F.) Verräterin (F.)

tramp (M. bzw. F.) Landstreicher (M.)

transaction (N.) Geschäft (N.) (Rechtsgeschäft)

transaction (N.) at a fixed date Fixgeschäft (N.)

transaction (N.) by agency Vertretergeschäft (N.)

transaction (N.) for the purpose of evading a law Umgehungsgeschäft (N.)

transaction (N.) in accordance with ordinary trade usage Verkehrsgeschäft (N.)

transaction (N.) involving a consumer Verbrauchergeschäft (N.)

transaction (N.) subject to causation Kausalgeschäft (N.)

transactions (N.Pl.) Verkehr (M.) (Geschäftsverkehr)

transcript (N.) Abschrift (F.), Ausfertigung (F.)

transfer (N.) Transfer (M.), Übertragung (F.) (Übertragung eines Rechtes), Überweisung (F.), Versetzung (F.) (Versetzung einer Person), Zession (F.)

transfer (N.) by hand Übergabe (F.)

transfer (N.) of a firm Betriebsübergang (M.)

transfer (N.) of ownership Eigentumsübertragung (F.)

transfer (N.) of ownership by way of security Sicherungsübereignung (F.)

transfer (N.) of property Eigentumsübertragung (F.), Übereignung (F.)

transfer (N.) of title Rechtsübertragung (F.)

transfer (N.) of title by constructive delivery brevi manu traditio (F.) (lat.)

transfer (N.) to another post Versetzung (F.) (Versetzung einer Person)

transfer (N.) to private ownership Privatisierung (F.)

transfer (V.) transferieren, überführen (übergeben), übertragen (ein Recht weitergeben), überweisen, umlegen

transfer (V.) by will vererben

transfer (V.) ownership übereignen

transfer (V.) to another post versetzen (eine Person versetzen)

transfer (V.) to private ownership privatisieren

transferable (Adj.) übertragbar

transfer duty (N.) Verkehrsteuer (F.)

transferee (M. bzw. F.) Erwerber (M.), Zessionar (M.)

transference convention (N.) Überleitungsvertrag (M.)

transfer order (N.) Überweisungsbeschluß (M.)

transferred malice (N.) aberratio (F.) ictus (lat.)

transformation (N.) Transformation (F.), Umwandlung (F.)

transgress (V.) übertreten

transgression (N.) Überschreitung (F.) (Verletzung eines Verbotes), Übertretung (F.)

transit (N.) Transit (M.)

transition (N.) Übergang (M.) (Übergang eines Rechtes), Überleitung (F.)

transition agreement (N.) Überleitungsvertrag (M.)

translate (V.) into action verwirklichen

transmission (N.) Übergang (M.) (Übergang eines Rechtes), Weitergabe (F.)

transmission (N.) of claims Forderungsübergang (M.)

transmission (N.) of rights Rechtsübergang (M.)

transplant (V.) transplantieren

transplantation (N.) Transplantation (F.) (Organtransplantation)

transport (N.) Transport (M.), Verkehr (M.) (Straßenverkehr)

transport (V.) befördern, transportieren

transport (V.) through durchführen (hindurchleiten)

transportation (N.) Beförderung (F.) (im Verkehr)

transportation contract (N.) Beförderungsvertrag (M.) (von Sachen)

travel (V.) reisen

travel contract (N.) Reisevertrag (M.)

travel expenses (N.Pl.) (am.) Reisekosten (Pl.)

travel expenses law (N.) (am.) Reisekostenrecht (N.)

travel insurance (N.) Reiseversicherung (F.)

traveller's check (N.) (am.) Reisescheck (M.), Travellerscheck (M.)

traveller's cheque (N.) (br.) Reisescheck (M.), Travellerscheck (M.)

travelling expenses (N.Pl.) (br.) Reisekosten (Pl.)

travelling expenses law (N.) (br.) Reisekostenrecht (N.)

treacherous (Adj.) heimtückisch, hinterlistig

treacherous murder (N.) Meuchelmord (M.)

treacherous murderer (M. bzw. F.) Meuchelmörder (M.)

treachery (N.) Heimtücke (F.), Hinterlist (F.), Verrat (M.)

treason (N.) Landesverrat (M.), Verrat (M.)

treasonable (Adj.) landesverräterisch, verräterisch

treason felony (N.) Hochverrat (M.)

treasure (N.) Schatz (M.)

treasurer (M. bzw. F.) Kämmerer (M.)

treasure-trove (N.) Schatzfund (M.)

treasury (N.) Fiskus (F.)

treasury bond (N.) Schuldverschreibung (F.)

treat (V.) bearbeiten, behandeln

treaties (N.Pl.) with East bloc countries Ostverträge (M.Pl.)

treatment (N.) Bearbeitung (F.), Behandlung (F.)

treatment centre (N.) for alcoholics and drug addicts Entziehungsanstalt (F.)

treaty (N.) Abkommen (N.), Übereinkommen (N.), Vertrag (M.)

treaty (N.) of commerce Handelsvertrag (M.)

treaty (N.) of friendship Freundschaftsvertrag (M.)

Treaty (N.) of Versailles Versailler Vertrag (M.)

trend (N.) Entwicklung (F.), Richtung (F.), Tendenz (F.)

trespass (N.) Besitzstörung (F.), Eigentumsstörung (F.), rechtswidrige Einwirkung (F.)

trespass (V.) betreten (V.), freveln

trial (N.) Gerichtsverhandlung (F.), Probe (F.) (Prüfung), Prozeß (M.), Prüfung (F.), Versuch (M.)

trial (N.) by the record Urkundenprozeß (M.)

trial (N.) of indictment Hauptverhandlung (F.)

trial conduct (N.) Prozeßführung (F.)

trial court (N.) Prozeßgericht (N.)

trial date (N.) Haupttermin (M.), Termin (M.) (Verhandlungszeitpunkt)

trial judge (M. bzw. F.) Spruchrichter (M.)

tribunal (N.) Gericht (N.), Schiedsgericht (N.), Tribunal (N.)

tribute (N.) Tribut (M.)

trichotomy (N.) Trichotomie (F.)

trip (N.) Fahrt (F.), Reise (F.)

troublemaker (M. bzw. F.) Querulant (M.)

troublemaking (N.) Querulanz (F.)

trousseau (N.) Aussteuer (F.), Mitgift (F.)

truce (N.) Waffenstillstand (M.)

trucking (N.) Güterkraftverkehr (M.)

truck system (N.) Trucksystem (N.)

true (Adj.) echt, wahr

trunk road (N.) Fernstraße (F.)

trust (N.) Obhut (F.) (Verwahrung), Treuhand (F.), Treuhandschaft (F.), Treuhandverhältnis (N.), Trust (M.), Vermögensverwaltung (F.), Vertrauen (N.)

trust (N.) (am.) Kartell (N.), Konzern (M.), Syndikat (N.)

trust (V.) trauen, vertrauen

trust account (N.) Anderkonto (N.)

trust company (N.) Treuhandgesellschaft (F.)

trustee (M. bzw. F.) Kurator (M.), Treuhänder (M.), Treunehmer (M.), Vermögensverwalter (M.)

trustee (M. bzw. F.) in bankruptcy Konkursverwalter (M.), Masseverwalter (M.)

trustee (M. bzw. F.) in insolvency Insolvenzverwalter (M.)

trusteeship (N.) Pflegschaft (F.), Treuhänderschaft (F.)

trust money (N.) Mündelgeld (N.)

trustor (M. bzw. F.) Treugeber (M.)

trustworthiness (N.) Zuverlässigkeit (F.)

trust-worthy (Adj.) kreditfähig, kreditwürdig

trustworthy (Adj.) glaubwürdig, zuverlässig

truth (N.) Wahrheit (F.)

truthful (Adj.) wahr

try (V.) trachten, versuchen

turn (N.) Turnus (M.)

turn (V.) back umkehren

turn down (V.) abweisen

turning (N.) down Ausschlagung (F.)

turnover (N.) Umsatz (M.)

turnover tax (N.) Umsatzsteuer (F.)

turnpike (N.) (am.) Autobahn (F.)

tussle (V.) raufen

tutelage (N.) Kuratel (F.), Pflegschaft (F.), Vormundschaft (F.)

tutor (M. bzw. F.) Repetitor (M.), Tutor (M.), Vormund (M.)

twin (M. bzw. F.) Zwilling (M.)

two-sided (Adj.) zweiseitig

two-stage theory (N.) Zweistufentheorie (F.)

two-state theory (N.) Zweistaatentheorie (F.)

tying contract (N.) Knebelungsvertrag (M.)

type (N.) Art (F.) (Gattung), Genus (N.), Sorte (F.), Typ (M.)

type (N.) of guilt Schuldform (F.)

type approval (N.) Typengenehmigung (F.)

tyrannical (Adj.) despotisch

tyranny (N.) Despotie (F.)

tyrant (M. bzw. F.) Despot (M.), Tyrann (M.)

u

ultimate jurisdiction (N.) for appointments Personalhoheit (F.)

ultimatum (N.) Ultimatum (N.)

ultra-vires-action (N.) Überschreitung (F.) der satzungsmäßigen Befugnisse

umpire (M. bzw. F.) Obmann (M.)

unable (Adj.) to pay zahlungsunfähig

unacceptable (Adj.) unzumutbar

unacceptibility (N.) Unzumutbarkeit (F.)

unalterability (N.) Unabdingbarkeit (F.) (Unabdingbarkeit eines Rechts)

unappealable (Adj.) rechtskräftig

unascertained (Adj.) unbestimmt

unascertained debt (N.) Genusschuld (F.)

unauthorized (Adj.) nichtberechtigt, unbefugt

unauthorized party (M. bzw. F.) Nichtberechtigter (M.)

unauthorized use (N.) Gebrauchsanmaßung (F.)

unavoidable (Adj.) unvermeidbar, unvermeidlich

unavoidable event (N.) unabwendbares Ereignis (N.)

unawareness (N.) Unkenntnis (F.)

unbiased (Adj.) unparteiisch, unvoreingenommen

unblemished (Adj.) unbescholten

unborn (Adj.) ungeboren

unborn child (N.) Leibesfrucht (F.), nasciturus (M.) (lat.)

unburden (V.) entlasten

uncertainty (N.) Zweifel (M.)

uncertainty (N.) as to what the law is Rechtsunsicherheit (F.)

uncertified mortgage (N.) Buchhypothek (F.)

uncharged (Adj.) franko

uncle (M.) Onkel (M.)

unconditional (Adj.) bedingungsfeindlich, vorbehaltlos

unconscious (Adj.) bewußtlos, unbewußt

unconscious negligence (N.) unbewußte Fahrlässigkeit (F.)

unconsciousness (N.) Bewußtlosigkeit (F.)

unconstitutional (Adj.) verfassungswidrig

unconstitutionality (N.) Verfassungswidrigkeit (F.)

uncontrollable impulse (N.) Affekt (M.)

uncovered transaction (N.) Blankogeschäft (N.)

uncrossed cheque (N.) Barscheck (M.)

undefended (Adj.) nichtstreitig

under age (Adj.) minderjährig, unmündig

underhand (Adj.) unredlich

underlease (N.) Untermiete (F.), Untermietvertrag (M.), Unterpacht (F.)

underlie (V.) unterliegen

underlying debt relationship (N.) Zuwendungsverhältnis (N.)

underpossessor (M. bzw. F.) Besitzdiener (M.)

understanding (N.) Abrede (F.), Einsicht (F.) (Verständnis), Übereinkunft (F.), Vereinbarung (F.)

undertake (V.) eingehen, übernehmen, verpflichten (sich), vornehmen

undertaking (N.) Unternehmen (N.) (Geschäft), Vornahme (F.)

undertenancy (N.) Untermiete (F.)

undertenant (M. bzw. F.) Untermieter (M.), Unterpächter (M.)

under the Copyright Act urheberrechtlich

underwriter (M. bzw. F.) Versicherer (M.)

undisclosed association (N.) Innengesellschaft (F.)

undisclosed participation (N.) stille Gesellschaft (F.)

undue pressure (N.) on electors Wählernötigung (F.)

uneffectiveness (N.) as between the parties relative Unwirksamkeit (F.)

unemployed (Adj.) arbeitslos, erwerbslos

unemployed benefit (N.) Arbeitslosengeld (N.)

unemployment (N.) Arbeitslosigkeit (F.)

unemployment insurance (N.) Arbeitslosenversicherung (F.)

unemployment support (N.) Arbeitslosenhilfe (F.)

unencumbered (Adj.) lastenfrei (unbelastet)

unendorsable title (N.) Rektapapier (N.)

unenforceable claim (N.) Naturalobligation (F.)

unequitable (Adj.) unbillig

unessential (Adj.) unwesentlich

unevitable (Adj.) unabwendbar

unevitable event (N.) unabwendbares Ereignis (N.)

unfair (Adj.) parteiisch, ungerecht, unlauter, unrecht

unfair competition (N.) unlauterer Wettbewerb (M.)

unfairness (N.) Unbilligkeit (F.)

unfaithfulness (N.) Untreue (F.)

unfeeling (Adj.) rücksichtslos

unfit (Adj.) untauglich (dienstunfähig)

unfit (Adj.) for work arbeitsunfähig

unfit (Adj.) to plead prozeßunfähig

unfitness (N.) to drive Fahruntüchtigkeit (F.)

unfitness (N.) to work Arbeitsunfähigkeit (F.)

unfolding (N.) Entfaltung (F.)

unicameral system (N.) Einkammersystem (N.)

unification treaty (N.) Einigungsvertrag (M.)

uniform (Adj.) einheitlich

uniform (N.) Uniform (F.)

uniform law (N.) (am.) einheitliches Gesetz (in den USA)

uniform law (N.) on the international sale of goods internationales Einheitskaufsrecht (N.)

uniform law (N.) on the sale of goods einheitliches Kaufrecht (N.)

uniform ticket election (N.) Blockwahl (F.)

unify (V.) vereinen, vereinigen

unilateral (Adj.) einseitig

unilateral engagement (N.) Selbstbindung (F.)

unilateral juristic act (N.) einseitiges Rechtsgeschäft (N.)

unilaterally obligating (Adj.) einseitig verpflichtend

uninjured (Adj.) heil

union (N.) Bund (M.), Staatenbund (M.), Union (F.), Verband (M.), Zusammenschluß (M.)

union agreement (N.) Tarifvertrag (M.)

unionist (Adj.) gewerkschaftlich

unit (N.) Einheit (F.)

unitary (Adj.) einheitlich

unite (V.) verbinden, vereinen, vereinigen

United Nations (N.Pl.) (U.N.) Vereinte Nationen (UNO) (F.Pl.) (UNO)

United States (N.Pl.) of America Vereinigte Staaten von Amerika (M.Pl.)

unity (N.) Einheit (F.)

unity (N.) of crime Tateinheit (F.)

unity (N.) of the law Gesetzeseinheit (F.)

universal (Adj.) universal

universal copyright convention (N.) Welturheberrechtsabkommen (N.)

universal heir (M. bzw. F.) Universalerbe (M.)

universality (N.) Universalität (F.)

universal object (N.) of legal protection Universalrechtsgut (N.)

universal partnership (N.) allgemeine Gütergemeinschaft (F.)

Universal Postal Union (N.) (UPU) Weltpostverein (M.)

universal succession (N.) Gesamtrechtsnachfolge (F.), Universalsukzession (F.)

universal validity (N.) Allgemeinverbindlichkeit (F.)

university (N.) Hochschule (F.), Universiät (F.)

university degree (N.) akademischer Grad (M.)

university professor (M. bzw. F.) Hochschuldozent (M.)

university teacher (M. bzw. F.) Dozent (M.), Hochschuldozent (M.)

unjust (Adj.) ungerecht, unrecht

unjust enrichment (N.) ungerechtfertigte Bereicherung (F.)

unjustified (Adj.) ungerechtfertigt

unlawful (Adj.) gesetzwidrig, illegal, rechtswidrig, unerlaubt, ungesetzlich, unzulässig (rechtswidrig), widerrechtlich

unlawful assembly (N.) Auflauf (M.)

unlawful compulsion (N.) Nötigung (F.)

unlawful detention (N.) Freiheitsberaubung (F.)

unlawful entry (N.) Hausfriedensbruch (M.)

unlawful interference (N.) with possession verbotene Eigenmacht (F.)

unlawfulness (N.) Gesetzwidrigkeit (F.), Illegalität (F.), Rechtswidrigkeit (F.), Unzulässigkeit (F.) (Rechtswidrigkeit), Widerrechtlichkeit (F.)

unlawfulness (N.) of arbitrary rule Willkürverbot (N.)

unlawful recovery (N.) of pledged goods Pfandkehr (F.)

unlimited capacity (N.) of a minor concerning all legal transactions linked to the management of a business undertaking Handelsmündigkeit (F.)

unlimited power (N.) Blankovollmacht (F.)

unload (V.) ausladen, löschen (ausladen)

unloading (N.) Löschung (F.) (Ausladung)

unmarried (Adj.) ledig

unofficial (Adj.) inoffiziell

unpaid magistrate (M. bzw. F.) Schöffe (M.)

unprejudiced (Adj.) unvoreingenommen

unprotected mark (N.) Freizeichen (N.) (Freizeichen im Handelsrecht)

unreasonable (Adj.) unzumutbar

unreasonableness (N.) Unzumutbarkeit (F.)

unreliable (Adj.) unzuverlässig

unreserved (Adj.) vorbehaltlos

unrestrained (Adj.) unbenommen

unrestricted (Adj.) freizügig, unbeschränkt

unrestricted mobility (N.) Freizügigkeit (F.)

unseizable (Adj.) unpfändbar

unship (V.) ausladen

unskilful treatment (N.) Kunstfehler (M.)
unsocial (Adj.) asozial
unspecified legacy (N.) Gattungsvermächtnis (N.)
unsuitable (Adj.) untauglich (nicht dienlich)
unsuspecting (Adj.) arglos
untenable (Adj.) unvertretbar (nicht vertretbar)
untraceable (Adj.) verschollen
untrue (Adj.) unwahr
untrustworthiness (N.) Unzuverlässigkeit (F.)
untrustworthy (Adj.) unzuverlässig
untruth (N.) Unwahrheit (F.)
unveil (V.) offenbaren
unwitting (Adj.) unbewußt
unworthiness (N.) of inheritance Erbunwürdigkeit (F.)
upbringing (N.) Erziehung (F.), Kindererziehung (F.)
updating (N.) of the law Rechtsfortbildung (F.)
uprightness (N.) Redlichkeit (F.)
uprising (N.) Aufstand (M.)
up-to-date aktuell
UPU (N.) (Universal Postal Union) Weltpostverein (M.)
upward tendency (N.) Hausse (F.)
urban (Adj.) städtisch
urge (N.) Drang (M.), Trieb (M.)
urgent (Adj.) aktuell, dringend, dringlich
urgent necessity (N.) Notstand (M.)
urn (N.) Urne (F.) (Totenurne)
ursurp (V.) aneignen
ursurpation (N.) of office Amtsanmaßung (F.)
usage (N.) Anwendung (F.), Benutzung (F.), Gebrauch (M.), Sitte (F.), Übung (F.), Usance (F.)
use (N.) Anwendung (F.), Benutzung (F.), Gebrauch (M.), Genuß (M.), Nießbrauch (M.), Nutznießung (F.), Nutzung (F.), Verwendung (F.)
use (N.) and enjoyment (N.) Gebrauchsvorteil (M.)
use (V.) anwenden, aufwenden, benutzen, gebrauchen, nützen (benützen), verwenden, verwerten
use (V.) chicanery schikanieren

use (V.) up verbrauchen
useful (Adj.) nützlich
usefulness (N.) Tauglichkeit (F.)
useful outlay (N.) nützliche Verwendung (F.)
use order (N.) Baunutzungsverordnung (F.)
user (N.) Anwender (M.)
usual (Adj.) gemein (allgemein), gewöhnlich, normal
usucapt (V.) ersitzen
usucaption (N.) Ersitzung (F.)
usufruct (N.) Nießbrauch (M.), Nutznießung (F.)
usufructuary enjoyment (N.) Nießbrauch (M.)
usurer (M. bzw. F.) Wucherer (M.)
usurious enrichment (N.) Sachwucher (M.)
usurious rent (N.) Mietwucher (M.)
usurp (V.) usurpieren
usurpation (N.) Usurpation (F.)
usury (N.) Kreditwucher (M.), Wucher (M.)
utensil (N.) Gerät (N.)
utilitarism (N.) Utilitarismus (M.)
utility (N.) Nutzen (M.)
utility article (N.) Gebrauchsgegenstand (M.)
utility model (N.) Gebrauchsmuster (N.)
utility patent (N.) Gebrauchsmuster (N.)
utilization (N.) Anwendung (F.), Benutzung (F.), Nutzung (F.), Verwendung (F.), Verwertung (F.)
utilize (V.) anwenden, benutzen, nützen (benützen), verwenden, verwerten
utter (V.) äußern

v

vacancy (N.) Lücke (F.), Vakanz (F.)
vacate (V.) räumen
vacation (N.) (am.) Urlaub (M.)
vacation (N.) of the court Gerichtsferien (Pl.)
vacation business (N.) Feriensache (F.)
vaccinate (V.) impfen
vaccination (N.) Impfung (F.)
vaccination certificate (N.) Impfschein (M.)
vaccine damage (N.) Impfschaden (M.)

vagabond (M. bzw. F.) Landstreicher (M.)
vagrant (Adj.) obdachlos
vagrant (M. bzw. F.) Landstreicher (M.)
valid (Adj.) gültig
validate (V.) bestätigen
validation (N.) Bestätigung (F.)
validity (N.) Geltung (F.), Gültigkeit (F.)
valuable (Adj.) kostbar
valuable (N.) Kostbarkeit (F.)
valuable consideration (N.) Gegenleistung (F.)
valuable property (N.) Wertgegenstand (M.), Wertsache (F.)
valuables (N.Pl.) Wertgegenstand (M.), Wertsache (F.)
valuation (N.) Bewertung (F.)
value (N.) Valuta (F.) (Währungswert), Wert (M.)
value (N.) in dispute Streitwert (M.)
value (N.) of a transaction Geschäftswert (M.)
value (N.) of money Geldwert (M.)
value (N.) of the subject matter Gegenstandswert (M.)
value (N.) of token Wertzeichen (N.)
value (V.) taxieren
value added tax (N.) (VAT) Mehrwertsteuer (F.), Umsatzsteuer (F.)
value guarantee (N.) Wertsicherung (F.)
value judgement (N.) Werturteil (N.)
valueless (Adj.) wertlos
value system (N.) Wertesystem (N.)
vapour (N.) Rauch (M.)
variation (N.) Veränderung (F.)
variety (N.) Sorte (F.)
vary (V.) abändern, verändern
vassal (M.) Vasall (M.)
VAT (N.) (value added tax) Mehrwertsteuer (F.), Umsatzsteuer (F.)
Vatican (N.) Vatikan (M.)
Vatican Council (N.) Vatikanisches Konzil (N.)
vehicle (N.) Fahrzeug (N.)
vehicle log (N.) Fahrtenbuch (N.)
venality (N.) Bestechlichkeit (F.)
vend (V.) verkaufen
vendee (M. bzw. F.) Erwerber (M.)
vending (N.) Verkauf (M.)
vengeance (N.) Rache (F.)
venture (N.) Spekulation (F.)

venue (N.) Gerichtsstand (M.), örtliche Zuständigkeit (F.), Tagungsort (M.)
verbal (Adj.) mündlich
verbal insult (N.) Formalbeleidigung (F.)
verdict (N.) Richterspruch (M.), Spruch (M.), Urteil (N.), Verdikt (N.)
verdict (N.) of guilty Schuldspruch (M.)
verdict (N.) of not-guilty Freispruch (M.)
verification (N.) Beglaubigung (F.)
verify (V.) beglaubigen, bestätigen, bewähren, prüfen
verity (N.) Wahrheit (F.)
version (N.) Fassung (F.)
versus the law contra legem (lat.)
vertical (Adj.) vertikal
vertical fiscal adjustment (N.) vertikaler Finanzausgleich (M.)
vessel (N.) Schiff (N.)
vest (V.) bestallen, einweisen
vest (V.) with authority ermächtigen
vested (Adj.) wohlerworben
veto (N.) Einspruch (M.), Veto (N.)
veto (V.) verbieten
vex (V.) schikanieren
vexation (N.) Schikane (F.)
vexatious (Adj.) schikanös
vexatious litigation (N.) schikanöse Prozeßführung (F.)
vicarious (Adj.) stellvertretend
vicarious agent (M. bzw. F.) Erfüllungsgehilfe (M.), Verrichtungsgehilfe (M.)
vicarious liability (N.) in tort Geschäftsherrnpflichtverletzung (F.)
vicarious performance (N.) Erfüllungsübernahme (F.)
vicarious substitute (N.) stellvertretendes commodum (N.)
vice (N.) Laster (N.), Mangel (M.) (Fehler)
vice-chancellor (M. bzw. F.) Vizekanzler (M.)
vice-chancellor (M. bzw. F.) (br.) Rektor (M.) (Rektor einer Universität)
vice-chancellor's office (N.) (br.) Rektorat (N.) (Rektorat einer Universität)
vice-king (M.) Vizekönig (M.)
Vice-President (M. bzw. F.) Vizepräsident (M.)
vice-queen (F.) Vizekönigin (F.)
vice-regent (M. bzw. F.) Verweser (M.)
vicereine (F.) Vizekönigin (F.)

viceroy (M.) Vizekönig (M.)

vicious (Adj.) fehlerhaft

victim (M. bzw. F.) Geschädigter (M.), Opfer (N.) (Verletzter)

victory (N.) Sieg (M.)

videotext (N.) Bildschirmtext

view (N.) Ansicht (F.), Sicht (F.)

viewing (N.) the scene Lokaltermin (M.)

views (N.Pl.) Richtung (F.)

village community (N.) with common property Realgemeinde (F.)

violate (V.) brechen, übertreten, verletzen (eine Vorschrift übertreten), verstoßen (verletzen)

violation (N.) Bruch (M.), Übertretung (F.), Verletzung (F.) (Übertretung einer Vorschrift), Verstoß (M.)

violation (N.) of contract Vertragsverletzung (F.)

violation (N.) of law Rechtsverletzung (F.)

violation (N.) of moral principles Sittenwidrigkeit (F.)

violation (N.) of official duty Amtspflichtverletzung (F.)

violation (N.) of the peace Friedensbruch (M.)

violence (N.) Gewalt (F.) (Kraftanwendung), Gewalttätigkeit (F.), Tätlichkeit (F.)

violent (Adj.) gewaltsam, gewalttätig, tätlich

violent act (N.) Gewalttat (F.)

violent larceny (N.) räuberischer Diebstahl (M.)

virgin (F.) Jungfrau (F.)

vis (N.) maior (lat.) höhere Gewalt (F.)

visa (N.) Sichtvermerk (M.), Visum (N.)

visé (N.) Sichtvermerk (M.)

visit (V.) besuchen

visiting right (N.) Verkehrsrecht (N.) (Besuchsberechtigung)

visitor (M. bzw. F.) Gast (M.)

vituperate (V.) beschimpfen

vituperation (N.) Beschimpfung (F.)

vivisection (N.) Vivisektion (F.)

vocation (N.) Beruf (M.)

vocational association (N.) Berufsverband (M.)

vocational college (N.) Fachhochschule (F.)

vocational disability (N.) Berufsunfähigkeit (F.)

vocational education (N.) Berufsbildung (F.)

vocational guidance office (N.) Berufsberatung (F.)

vocational instructor (M. bzw. F.) Ausbildender (M.)

vocational practice (N.) Berufsausübung (F.)

vocational school (N.) Berufsschule (F.)

vocational training (N.) Ausbildung (F.)

void (Adj.) nichtig, ungültig, ungültig (Adj.)

voidability (N.) Anfechtbarkeit (F.) (Willenserklärungsanfechtbarkeit)

voidableness (N.) Anfechtbarkeit (F.) (Urteilsanfechtbarkeit)

voidness (N.) Nichtigkeit (F.)

volition (N.) Wollen (N.)

volume (N.) Buch (N.)

voluntary (Adj.) freiwillig, gewillkürt, unentgeltlich

voluntary insurance (N.) freiwillige Versicherung (F.)

voluntary jurisdiction (N.) freiwillige Gerichtsbarkeit (F.)

voluntary nonsuit (N.) Klagerücknahme (F.)

voluntary winding up (N.) Selbstauflösung (F.)

vote (N.) Abstimmung (F.), Stimme (F.) (Wählerstimme), Votum (N.), Wahl (F.) (politische Entscheidung)

vote (N.) by division Hammelsprung (M.)

vote (N.) of confidence Vertrauensvotum (N.)

vote (N.) of no confidence Mißtrauensvotum (N.)

vote (V.) abstimmen, wählen (einen Vertreter durch Stimmabgabe bestimmen)

vote (V.) down überstimmen

voter (M. bzw. F.) Wähler (M.)

voting (N.) Abstimmung (F.), Stimmabgabe (F.)

voting box (N.) Wahlurne (F.)

voting offence (N.) (br.) Wahldelikt (N.)

voting offense (N.) (am.) Wahldelikt (N.)

voting paper (N.) Stimmzettel (M.), Wahlzettel (M.)

voting right (N.) Stimmrecht (N.), Wahlrecht (N.) (subjektives Wahlrecht)

Voting Rights Act (N.) (am.) Wahlrechtsgesetz (N.)

vouch (V.) bürgen, verbürgen
voucher (M. bzw. F.) Bürge (M.)
voucher (N.) Beleg (M.), Gutschein (M.)
vow (N.) Gelöbnis (N.), Gelübde (N.), Schwur (M.)
vow (V.) geloben
voyage (N.) Fahrt (F.)
voyage insurance (N.) Reiseversicherung (F.)
vulgar (Adj.) ordinär, vulgär

w

wage (N.) Arbeitslohn (M.), Lohn (M.)
wage (N.) in kind Naturallohn (M.)
wager (N.) Wette (F.)
wager (V.) wetten
wages (N.Pl.) Heuer (F.)
wage tax (N.) Lohnsteuer (F.)
waggon (N.) Wagen (M.) (Eisenbahnwagen)
waiting allowance (N.) Karenzentschädigung (F.)
waiting period (N.) Karenz (F.), Karenzzeit (F.)
waive (V.) verzichten
waiver (N.) Verzicht (M.)
waiver (N.) of hereditary titles Erbverzicht (M.)
waiver (N.) of right to appeal Rechtsmittelverzicht (M.)
walkout (N.) Ausstand (M.), wilder Streik (M.)
wane (V.) nachlassen
want (N.) Not (F.)
wanted circular (N.) Steckbrief (M.)
"wanted" notice (N.) Fahndungsschreiben (N.)
wanton (Adj.) mutwillig, willkürlich
war (N.) Krieg (M.)
war captivity (N.) Kriegsgefangenschaft (F.)
ward (M. bzw. F.) Mündel (N.), Pflegling (M.)
ward (N.) Station (F.)
ward (V.) off abwehren
warden (M. bzw. F.) Direktor (M.)
warder (M. bzw. F.) Aufseher (M.), Vollzugsbeamter (M.), Wärter (M.)
warding (N.) off Abwehr (F.)
ward money (N.) Mündelgeld (N.)

wardship (N.) Vormundschaft (F.)
ware-house (N.) Lagerhaus (N.)
warehouse (V.) lagern
warehouse keeper (M. bzw. F.) Lagerhalter (M.)
warehouse keeper's warrant (N.) Lagerschein (M.)
warehouse receipt (N.) (am.) Lagerschein (M.)
warehousing (N.) Lagergeschäft (N.)
warehousing contract (N.) Lagervertrag (M.)
warn (V.) abmahnen, androhen, ermahnen, mahnen, verwarnen, warnen
warning (N.) Abmahnung (F.), Alarm (M.), Androhung (F.), Ermahnung (F.), Mahnung (F.), Verwarnung (F.), Warnung (F.)
warning charge (N.) Verwarnungsgeld (N.)
warning notice (N.) Abmahnungsschreiben (N.)
warrant (N.) Vollmacht (F.)
warrant (N.) of apprehension Steckbrief (M.)
warrant (N.) of arrest Haftbefehl (M.)
warrant (N.) of attorney Mandat (N.) (Vollmacht für Anwalt)
warrant (V.) garantieren, gewährleisten, rechtfertigen, verbürgen, zusichern
warrantor (M. bzw. F.) Garant (M.)
warranty (N.) Garantie (F.), Gewähr (F.), Gewährleistung (F.), Rechtfertigung (F.), Zusicherung (F.)
warranty (N.) of quality Zusicherung (F.) einer Eigenschaft
warrent (N.) Befugnis (F.)
war service (N.) Kriegsdienst (M.)
wastage (N.) Verschwendung (F.)
waste (N.) Abfall (M.), Verschwendung (F.)
waste (N.) dust (N.) (br.) Müll (M.)
waste (V.) verschwenden
waste disposal (N.) Abfallbeseitigung (F.)
waste management (N.) Abfallentsorgung (F.)
waste water (N.) Abwasser (N.)
watch (N.) Wache (F.)
water board (N.) Wasserverband (M.)
water regulations (N.Pl.) (br.) Wasserrecht (N.)
water resources (N.Pl.) Wasserhaushalt (M.)

water resources act (N.) Wasserhaushaltsgesetz (N.)
waters (N.Pl.) Gewässer (N.)
water supply (N.) Wasserhaushalt (M.)
way (N.) Weg (M.)
way (N.) of looking at Betrachtungsweise (F.)
way (N.) of necessity Notweg (M.)
way bill (N.) Frachtbrief (M.)
weaken (V.) nachlassen
weakness (N.) of mind Geistesschwäche (F.)
weal (N.) Wohl (N.)
wealth (N.) Vermögen (N.)
wealth tax (N.) Vermögensteuer (F.)
weapon (N.) Waffe (F.)
weapon (N.) of war Kriegswaffe (F.)
wear (N.) and tear (N.) Abnutzung (F.)
wearing off (N.) Abnutzung (F.)
wed (V.) ehelichen, heiraten, vermählen (sich)
wedding (N.) Hochzeit (F.), Vermählung (F.)
wedding ceremony (N.) Trauung (F.)
wedlock (N.) Ehe (F.)
week (N.) Woche (F.)
week-by-week wöchentlich
weekend arrest (N.) Freizeitarrest (M.)
weekly (Adj.) wöchentlich
weight (N.) Gewicht (N.)
weighting allowance (N.) Ortszuschlag (M.)
welfare (N.) Fürsorge (F.), Wohl (N.)
welfare officer (M. bzw. F.) Fürsorger (M.)
welfare state (N.) Sozialstaat (M.), Wohlfahrtsstaat (M.)
welfare work (N.) Wohlfahrtspflege (F.)
well-founded (Adj.) begründet
Welsh mortgage (N.) Antichrese (F.), Nutzungspfand (N.)
Western European Union (N.) Westeuropäische Union (N.) (WEU), WEU (F.) (Westeuropäische Union)
whereabouts (N.Pl.) Aufenthaltsort (M.)
whip (V.) prügeln
whipping (N.) Prügelstrafe (F.)
white-collar criminality (N.) Wirtschaftskriminalität (F.)
whole (Adj.) gesamt, heil, vollständig
whole (N.) Gesamtheit (F.), Komplex (M.)
wholesale (N.) Großhandel (M.)

wholesale business (N.) Großhandel (M.)
wholesale dealer (M. bzw. F.) Großhändler
wholesaler (M. bzw. F.) Großhändler
wholesale trade (N.) Großhandel (M.)
whore (F.) Hure (F.)
whorehouse (N.) Puff (M.)
wicked (Adj.) verrucht
wide-spread (Adj.) häufig
widow (F.) Witwe (F.)
widower (M.) Witwer (M.)
wife (F.) Ehefrau (F.), Gattin (F.), Gemahlin (F.)
wife's authorization (N.) to purchase necessaries Schlüsselgewalt (F.)
wild animals (N.Pl.) Wild (N.)
wildcat strike (N.) wilder Streik (M.)
wilful (Adj.) mutwillig, vorsätzlich
wilful deceit (N.) arglistige Täuschung (F.)
will (N.) Wille (M.), Wollen (N.)
will (N.) in favour of a disabled person Behindertentestament (N.)
willed succession (N.) gewillkürte Erbfolge (F.)
willing (Adj.) bereit
willingness (N.) to create legal consequences Rechtsfolgewille (M.)
willingness (N.) to enter into a commitment Rechtsbindungswille (M.)
willingness (N.) to work Arbeitsbereitschaft (F.)
win (V.) gewinnen, werben (Kunden bzw. Abonnenten anwerben)
wind (V.) up abwickeln (ein Unternehmen bzw. einen Nachlaß abwickeln), liquidieren
winding-up (N.) Liquidation (F.)
wine-grower (M. bzw. F.) Winzer (M.)
wire (N.) Telegramm (N.)
wireless (N.) (br.) Funk (M.)
wireless (V.) (br.) funken
wish (V.) begehren
witch (F.) Hexe (F.)
witch trial (N.) Hexenprozeß (M.)
with criminal intent dolos
withdraw (V.) abheben, austreten, widerrufen, zurücktreten, zurückziehen
withdraw (V.) from circulation einziehen (beschlagnahmen)
withdraw (V.) from public use entwidmen
withdrawal (N.) Abhebung (F.), Austritt (M.), Einziehung (F.) (Papiergeldbeschlag-

nahme), Entnahme (F.), Entzug (M.), Rücknahme (F.)
withdrawal (N.) from Rücktritt (M.)
withdrawal (N.) from public use Entwidmung (F.)
withdrawal (N.) of an action Klagerücknahme (F.)
withhold (V.) verschweigen (nicht kundgeben), vorenthalten
withholding (N.) Vorenthaltung (F.)
withholding tax (N.) Quellensteuer (F.)
within (Adv.) binnen
with malice aforethought böswillig
without delay unverzüglich
without fail unvermeidlich
without fee gebührenfrei
without notice fristlos
without payment gratis
without proof beleglos
without rights rechtlos
witness (M. bzw. F.) Zeuge (M.)
witness (M. bzw. F.) to a marriage Trauzeuge (M.)
witness (V.) beiwohnen
woman (F.) Frau (F.)
wood (N.) Wald (M.)
woodland (N.) Forst (M.)
word (N.) Wort (N.)
word (N.) of honor (am.) Ehrenwort (N.)
word (N.) of honour (br.) Ehrenwort (N.)
word (V.) formulieren
wording (N.) Formulierung (F.)
word processing (N.) Textverarbeitung (F.)
work (N.) Arbeit (F.), Tätigkeit (F.), Werk (N.) (Tätigkeit bzw. Ergebnis)
work (V.) arbeiten
work (V.) on bearbeiten
workday (N.) Werktag (M.)
worker (M. bzw. F.) Arbeiter (M.), Arbeitskraft (F.)
work-fellow (M. bzw. F.) Mitarbeiter (M.)
work hours (N.Pl.) Arbeitszeit (F.)
working (Adj.) werktätig
working (N.) Bearbeitung (F.)
working day (N.) Werktag (M.)
working expense (N.) Betriebsausgabe (F.)
working time (N.) Arbeitszeit (F.)
working up (N.) Verarbeitung (F.) (Verarbeitung von Material)
work permit (N.) Arbeitsbewilligung (F.)

works agreement (N.) Betriebsvereinbarung (F.), Dienstvereinbarung (F.)
works meeting (N.) Betriebsversammlung (F.)
works security (N.) Betriebsschutz (M.)
World Bank (N.) (IBRD) Weltbank (F.)
world-wide (Adj.) global
worsening (N.) of sentence on appeal reformatio (F.) in peius (lat.)
worth (N.) Wert (M.)
worthless (Adj.) wertlos
wound (N.) Wunde (F.)
wound (V.) verwunden
wreck (N.) Schiffbruch (M.), Wrack (N.)
wreck (V.) zerstören
writ (N.) Klageschrift (F.)
writ (N.) of error Revision (F.) (Revision im Zivilprozeßrecht)
writ (N.) of execution Vollstreckungsanordnung (F.), Vollstreckungsklausel (F.), Vollstreckungstitel (M.)
writ (N.) of habeas corpus Haftprüfung (F.)
writ (N.) of process Ladung (F.) (Herbestellung)
write (N.) off Abbuchung (F.)
write (V.) down niederschreiben
write-down (N.) Abschreibung (F.)
writer (M. bzw. F.) Autor (M.)
writing (N.) Schrift (F.)
written (Adj.) schriftlich
written examination (N.) Klausur (F.) (Prüfungsarbeit)
written form (N.) Schriftform (F.), Schriftlichkeit (F.)
written law (N.) Gesetzesrecht (N.)
written notice (N.) Abmahnungsschreiben (N.)
written pleading (N.) Schriftsatz (M.)
written proceedings (N.Pl.) schriftliches Verfahren (N.)
written proof (N.) Urkundenbeweis (M.)
written receipt (N.) Quittung (F.)
wrong (Adj.) falsch, unrecht, unrichtig
wrong (N.) Unrecht (N.)
wrong-doer (M. bzw. F.) Übeltäter (M.)
wrongful (Adj.) ungesetzlich
wrongful act (N.) Missetat (F.)
wrong good (N.) aliud
wrong shipment (N.) Falschlieferung (F.)

y

year (N.) Jahr (N.)
year and a day (N.) Jahr und Tag
yearly (Adv.) jährlich
yellowdog contract (N.) Arbeitsvertrag
(M.) mit Gewerkschaftsbeitrittsverbot
yield (N.) Ertrag (M.), Rendite (F.)
yielding (Adj.) nachgiebig
young (Adj.) jung
young adult (M. bzw. F.) Heranwachsender (M.)
young nobleman (M.) Junker (M.)
young person (M. bzw. F.) Jugendlicher
(M.)

youth (N.) Jugend (F.)
youthful offender (M. bzw. F.) jugendlicher Straftäter (M.)
youth welfare (N.) Jugendarbeit (F.), Jugendhilfe (F.), Jugendwohlfahrt (F.)
youth welfare office (N.) Jugendamt (N.)

z

zip code (N.) (am.) Postleitzahl (F.)
zone (N.) Zone (F.)
zone (N.) of occupation Besatzungsgebiet
(N.), Besatzungszone (F.)
zoning (N.) Bauleitplanung (F.)
zoning map (N.) Bauleitplan (M.)